Schadenfreude

Islamforschung und Antisemitismus in Deutschland nach 9/11

Edition Critic

The Berlin International Center for the Study of Antisemitism (BICSA) (Inhaber: Clemens Heni) – Studien zum Antisemitismus/Studies on Antisemitism, Band 1/Vol. 1

Clemens Heni

Schadenfreude

Islamforschung und Antisemitismus in Deutschland nach 9/11

Berlin: Edition Critic

Impressum

Berlin: Edition Critic / Verlag Clemens Heni
Umschlaggestaltung: Marek Felten, Berlin
Lektorat: Alex Feuerherdt, Köln
Satz und Layout: Edition Critic

ISBN 978-3-9814548-0-2

Gedruckt in der Cambria (Text 10,5 pt), Überschriften in der Calibri
Werkdruckpapier Pamo Special 80g
Druck: Euro PB, s.r.o., CZ-262 01Pribram
Gedruckt in der Tschechischen Republik

Bibliografische Information der Deutschen Nationalbibliothek
Die Deutsche Nationalbibliothek verzeichnet diese Publikation in der Deutschen Nationalbibliografie; detaillierte bibliografische Daten sind im Internet über http://dnb.d-nb.de abrufbar.

Postanschrift:
Edition Critic
Postfach 610345
10925 Berlin

Verlagssitz:
Sophie-Charlotten-Straße 9–10
14059 Berlin
www.editioncritic.de
e-mail: editioncritic@email.de
Fax: (+49) 03212 414 5566

Dieses Buch ist dem Andenken an meinen Großonkel George Buerklein gewidmet, der 1928 das Schwabenland verließ und in Amerika eine Zukunft fand. Schorsch hat mir in den 1970er und 1980er Jahren seine Eindrücke vom World Trade Center geschildert und mir eigene Fotografien von diesem Gebäude und von Manhattan geschenkt. Er starb im hohen Alter vor 9/11.

Inhaltsverzeichnis

– Ausführliches Inhaltsverzeichnis auf Seite 392 –

Transliteration

Die meisten nahöstlichen Namen werden nach dem durch den 19. Internationalen Orientalistenkongress 1935 in Rom gesetzten Standard umschrieben, der hier leserfreundlich in einer leichten Version ohne diakritische Zeichen verwendet wird. In Ausnahmefällen werden auch Begriffe oder Namen benutzt, die dem Duden zufolge eingedeutscht worden sind (wie Scharia), oder in ihrer englischen Angleichung geschrieben (wie Jihad).

Abkürzungsverzeichnis

a. D.	außer Dienst
ADL	Anti Defamation League
AFPC	American Foreign Policy Council
AJC	American Jewish Committee
AKP	Adalet ve Kalkinma Partisi (Partei für Gerechtigkeit und Entwicklung, Türkei)
APA	Austria Presse Agentur
APuZ	Aus Politik und Zeitgeschichte
ARD	Arbeitsgemeinschaft der öffentlich-rechtlichen Rundfunkanstalten der Bundesrepublik Deutschland
B.A.	Bachelor of Arts
BAB	Bundesarchiv Berlin
BDB	Bundesverband der Bürgerbewegungen
BDC	Berlin Document Center
BDS	Boycott, Divestment and Sanctions
BKA	Bundeskriminalamt
BMW	Bayerische Motorenwerke
BpB	Bundeszentrale für politische Bildung
BPE	Bürgerbewegung Pax Europa
BPV	Bayerischer Philologenverband
BZÖ	Bündnis Zukunft Österreich
bzw.	beziehungsweise
CDU	Christlich Demokratische Union
CIA	Central Intelligence Agency
CMIP	The Center for Monitoring the Impact of Peace

CNMS	Centrum für Nah- und Mitteloststudien (Uni Marburg)
CNN	Cable News Network
CPF	Columbia Palestine Forum (Columbia University)
CSU	Christlich Soziale Union
CT	Connecticut
CU	Columbia University
d.V.	der Verfasser
D.C.	District of Columbia
DAAD	Deutscher Akademischer Austauschdienst
DAVO	Deutsche Arbeitsgemeinschaft Vorderer Orient für gegenwartsbezogene Forschung und Dokumentation
DDR	Deutsche Demokratische Republik
DFG	Deutsche Forschungsgemeinschaft
DIG	Deutsch-Israelische Gesellschaft
DLVH	Deutsche Liga für Volk und Heimat
DM	Deutsche Mark
DNA	Deoxyribonucleic acid (Deutsch DNS: Desoxyribonukleinsäure)
DNVP	Deutschnationale Volkspartei
ebd.	ebenda
ECFR	European Council for Fatwa and Research
etc.	et cetera (Lateinisch: und so weiter)
EZIRA	Erlanger Zentrum für Recht & Islam in Europa
FAIR	Forum Against Islamophobia and Racism
FAZ	Frankfurter Allgemeine Zeitung
FDP	Freie Demokratische Partei
FES	Friedrich-Ebert-Stiftung
FIFA	Fédération Internationale de Football Association
FIOE	Federation of Islamic Organisations in Europe
FMF	Finanzberatung für Muslime & Freunde. Zinsfreie Finanzen
FPÖ	Freiheitliche Partei Österreichs
FU	Freie Universität (Berlin)
GCJZ	Gesellschaft für christlich-jüdische Zusammenarbeit
GDV	Gesamtverband der Deutschen Versicherungswirtschaft
ggf.	gegebenenfalls
GIGA	German Institute of Global and Area Studies/Leibniz-Institut für Globale und Regionale Studien
GMF	Gruppenbezogene Menschenfeindlichkeit

GTZ	Gesellschaft für Technische Zusammenarbeit
Hg.	Herausgeber
HRW	Human Rights Watch
IAMS	International Association of Muslim Scholars
IDC	Interdisciplinary Center (Herzliya, Israel)
IDF	Israel Defense Forces
IGD	Islamische Gemeinschaft in Deutschland
IGMG	Islamische Gemeinschaft Milli Görüs
IHH	Insani Yardim Vakfi (Internationale Humanitäre Hilfsorganisation)
IKG	Institut für interdisziplinäre Konflikt- und Gewaltforschung (Universität Bielefeld)
ilb	internationales literaturfestival berlin
INPUTS	Institut für postkoloniale und transkulturelle Studien (Universität Bremen)
IRIB	Islamic Republic of Iran Broadcasting
JCPA	Jerusalem Center for Public Affairs
Jg.	Jahrgang
Jh.	Jahrhundert
JME	Jameeye Motalefeye Eslami (Iran)
JN	Junge Nationaldemokraten (Jugendorganisation der NPD)
JPSR	Jewish Political Studies Review
JSA	Journal for the Study of Antisemitism
KAS	Konrad-Adenauer-Stiftung
KdF	Kraft durch Freude
KZ	Konzentrationslager
M.A.	Magister Artium (Englisch: Master of Art)
MCB	Muslim Council of Britain
MdB	Mitglied des Bundestages
MEMRI	Middle East Media Research Institute
MEQ	Middle East Quarterly
MESA	Middle East Studies Association
MMZ	Moses Mendelssohn Zentrum für europäisch-jüdische Studien (Universität Potsdam)
MPAC	Muslim Public Affairs Committee
NATO	North Atlantic Treaty Organization
NGO	Non-Governmental Organization

NPD	Nationaldemokratische Partei Deutschlands
NRW	Nordrhein-Westfalen
NS	Nationalsozialismus
NSDAP	Nationalsozialistische Deutsche Arbeiterpartei
NSLB	Nationalsozialistischer Lehrerbund
NUMOV	Nah- und Mittelost-Verein
NZZ	Neue Zürcher Zeitung
o.Ä.	oder Ähnliches
OLG	Oberlandesgericht
OWL	Ostwestfalen-Lippe
PA	Palestinian Authority (Palästinensische Autonomiebehörde)
PDS	Partei des Demokratischen Sozialismus (1989–2007, heute: Die Linke)
PFLP	Popular Front for the Liberation of Palestine
PI	Politically Incorrect
PLO	Palestine Liberation Organization
PPS	Parti Populaire Syrien
PTTS	postcolonial, transnational and transcultural studies (Universität Münster)
RAF	Rote Armee Fraktion
RAF	Royal Air Force
RBB	Rundfunk Berlin-Brandenburg
REP	Die Republikaner
RSHA	Reichssicherheitshauptamt
SA	Sturmabteilung
SICSA	The Vidal Sassoon International Center for the Study of Antisemitism (Hebräische Universität Jerusalem)
SPD	Sozialdemokratische Partei Deutschlands
SPME	Scholars for Peace in the Middle East
SPON	Spiegel Online
SS	Schutzstaffel
SWC	Simon Wiesenthal Center
SWG	Staats- und Wirtschaftspolitische Gesellschaft
SWP	Stiftung Wissenschaft und Politik
SWR	Südwestrundfunk
taz	die tageszeitung
TU	Technische Universität (Berlin)

TV	Television
UCL	University College London
UCLA	University of California/Los Angeles
UdSSR	Union der Sozialistischen Sowjetrepubliken
UK	United Kingdom
UMO	Union of Muslim Organisation
UN (UNO)	United Nations (Organization)
UNRWA	United Nations Relief and Works Agency for Palestine Refugees in the Near East
URL	Uniform Resource Locator
USHM	United States Holocaust Memorial
UTB	Uni-Taschenbücher
vgl.	vergleiche
Vol.	Volume (hier zumeist: Jahrgang)
VW	Volkswagen
WDR	Westdeutscher Rundfunk
WJ	Wissenschaft des Judentums
WM	Weltmeisterschaft
WTC	World Trade Center
YIISA	Yale Initiative for the Interdisciplinary Study of Antisemitism
YMMA	Young Muslim Men's Organization (Ägypten)
z.B.	zum Beispiel
ZDF	Zweites Deutsches Fernsehen
ZfA	Zentrum für Antisemitismusforschung (Technische Universität Berlin)
ZMD	Zentralrat der Muslime in Deutschland
ZMO	Zentrum Moderner Orient (Berlin)

Einleitung

„War Entebbe der Anlass, mich von meinen linken Freunden zu verabschieden, so hatte 9/11 weiter reichende Konsequenzen. (...) Eine WG, in der darüber diskutiert wird, ob man sich über den Tod eines Massenmörders freuen darf, hat nicht alle Tassen im Schrank; ein Volk aber, das solchen Schabernack treibt, hat sich politisch und moralisch aufgegeben, ein Club der toten Seelen, getrieben vom Willen zur Ohnmacht. Alles, was es zu seinem Glück braucht, findet es bei OBI. Und wenn es mal auf die Barrikaden geht, dann nur, um den Abriss eines hässlichen Bahnhofs zu verhindern. Wolfgang Pohrt hat recht: ‚Früher haben die Deutschen der Welt den Krieg erklärt, heute erklären sie ihr den Frieden.' Schwer zu sagen, was langfristig schlimmer ist."

HENRYK M. BRODER, 2011[1]

Am 11. September 2001 attackierten Jihadisten das Festland der USA, ermordeten 3.000 Menschen in den Zwillingstürmen des *World Trade Center* in New York City, dem amerikanischen Verteidigungsministerium (*Pentagon*) sowie den vier entführten Flugzeugen und setzten ein Fanal des Krieges gegen die westliche Zivilisation. Seither gibt es in der Bundesrepublik so viele und intensive Debatten über Islam, Islamismus, Terrorismus, Antisemitismus und Israel wie nie zuvor. Viele Beiträge hierzulande sind zu einem kritischen Verständnis wenig geeignet oder unterstützen, in welch gewundener oder offener Form auch immer, wesentliche Elemente des Islamismus wie den Jihad, die Scharia, den Antiamerikanismus und den Antisemitismus/Antizionismus.

Die Islamwissenschaft hat eine wichtige Funktion und kann Aufschluss geben über die politischen Strukturen, Entwicklungen und Tendenzen in der arabischen wie der muslimischen Welt insgesamt. Doch wird sie ihrer Funktion gerecht?

Dieses Buch erscheint anlässlich des zehnten Jahrestages des 11. September. Das Verbrechen wurde unter anderem in Deutschland geplant. Nur wenige Tage nach 9/11 kam mir zu Ohren, dass manche Leute an jenem Dienstag feixend „Bin-Ladin-Cocktails" in ihren Lieblingskneipen bestellten. Am 22. September 2001 fand in Bremen eine linke ‚Antikriegs'-Demonstration mit über 1.000 Teilnehmern statt. Demo-Parolen der '68er wie „Schlagt die Zionisten tot, macht den Nahen Osten rot!"[2] und der Autonomen der 1980er Jahre wie

„USA–SA–SS"[3] erhielten ein Echo: Nur elf Tage nach 9/11 wurden auf besagter Demonstration Sprechchöre wie „U–S–A – Völker–mord–zentrale" skandiert.[4] Wissenschaftler reagierten ähnlich, wovon noch die Rede sein wird.

Was hat die Islamwissenschaft in Deutschland seither geleistet? Wird islamistische Ideologie analysiert? Wie werden wichtige Vordenker des Islamismus wie Hasan al-Banna, Gründer der Moslembrüder im Jahre 1928 in Ägypten, Abu al-Ala Maududi, ein indisch-pakistanischer Islamist, Gründer der islamistischen Organisation Jamaat-e-Islami sowie einer der Väter des *Islamic banking*, oder Yusuf al-Qaradawi, der heute einflussreichste öffentlich auftretende Islamist überhaupt, charakterisiert? Werden Selbstmordattentäter, Antizionismus, Antisemitismus und Islamismus in ihrer Beziehung zueinander analysiert? Werden Scharia, religiöser Fanatismus und Geschlechterverhältnisse im Islam analysiert, ohne in religionsapologetische oder religionskritische Allgemeinplätze zu flüchten? Welche Bedeutung haben Theorien des Post-Kolonialismus und Post-Orientalismus in der gegenwärtigen Islamforschung? Wird Antisemitismus als spezifisches historisches und gegenwärtiges Phänomen wahrgenommen?

Diese Fragen könnten sich bezüglich der Situation seit dem 11. September stellen. Die Forschung wie die Publizistik und der gesellschaftliche Trend gehen allerdings in eine andere Richtung, das Stichwort für die Abwehr jedweder substanziellen Islam- und Islamismuskritik heißt „Islamophobie".

Dabei ist Religionskritik in Europa eine Errungenschaft der Aufklärung. Wer das Christentum ablehnt, wird nicht der „Christentumphobie" geziehen. Wer in Bibliotheken Weimars, Londons, Paris', Madrids, Roms, Wiens, Berlins oder Duisburgs Friedrich Nietzsches „Antichrist" liest und offen auf dem Tisch liegen lässt, bekommt keine Todesdrohungen. Man stelle sich dagegen ein Buch „Der Antimohammed" und die Reaktionen dazu vor.

Die Kritik am Christentum hat sich seit dem 18. Jahrhundert als unersetzlich für die europäische (politische) Kultur erwiesen. Islamkritik hingegen wird noch im 21. Jahrhundert verfemt. Und es geht um Islamkritik, nicht nur um Islamismuskritik.

Es gibt einen zentralen Unterschied zwischen einem säkularisierten, aufgeklärten und nicht mehr an den Buchstaben der Bibel klebenden Christentum einerseits sowie der „Buchstäblichkeit" und der Obsession von Islamisten und Jihadisten, den Koran wörtlich und für alle Zeiten als gültig anzuerkennen, andererseits. Es gibt aber auch Muslime, die den Koran ‚modern' interpretieren.

Warum sollte – ganz *a priori*, unabhängig von 9/11 – der Islam nicht radikal in Frage gestellt werden dürfen, und zwar von Muslimen, von fälschlich als Muslimen Kategorisierten, von Ex-Muslimen, wie von allen anderen Menschen? Der Begriff „Islamophobie" ist phänomenologisch gesehen ein Unikum und ein Kampfbegriff, lanciert von Islamisten. Der Begriff wird gerne aufgegriffen von naiven, braven oder aber aggressiv-kulturrelativistischen Wissenschaftlern, Politikern und Aktivisten unterschiedlichster Provenienz.

Diese Studie möchte zur Analyse und Kritik der historisch-ideologischen Genese des Islamismus anregen. In sieben Kapiteln werden Tendenzen deutscher Islam- und Nahostforschung sowie der Antisemitismusforschung untersucht. Denn Deutschland spielt aus vielerlei Gründen eine entscheidende Rolle: Die islamistischen Haupttäter des Massenmordes vom 11. September 2001 kamen aus Deutschland. Manche haben jahrelang in der Bundesrepublik gelebt, eine naive Multikulti-Ideologie hat geholfen, Entwicklungen des Islamismus zu verschlafen. Zur Geschichte des Islamismus in Deutschland werden einige Hinweise gegeben, die sowohl für weitere Detailstudien wie auch für umfassendere Arbeiten von Interesse sein könnten.

Bereits Anfang der 1990er Jahre haben sich der Psychologe Neil J. Kressel und der Journalist Adam Brodsky aus USA kritisch mit Multikulturalismus und Antisemitismus befasst:

> „Die Multikulturalisten lehnen Antisemitismus oft nur ganz abstrakt ab. In völlig unkontroversen Fällen (wie zum Beispiel der Ablehnung des Neonazismus des Ku Klux Klan), stehen sie an der Seite der Juden. (...) Allerdings ist die multikulturelle Gemütsverfassung blind gegenüber dem Antisemitismus, der von nicht-jüdischen Minderheiten ausgeht, von den Armen, den Nicht-Europäern und der Linken. (...) Der Judenhass der antiwestlichen Radikalen kann bis zu Heideggers Gegnerschaft zu westlichem Rationalismus und Humanismus zurückverfolgt werden, welche ihn dazu führte, den Nazismus zu unterstützen."[5]

Während meiner Zeit als Post-Doctoral Researcher in den Jahren 2008 und 2009 an der *Yale Initiative for the Interdisciplinary Study of Antisemitism* (YIISA), die zur *Yale University* in New Haven im US-Bundesstaat Connecticut gehörte, lernte ich Neil Kressel kennen, und wir diskutieren häufig über das Versagen der Wissenschaft bei der Analyse von Antisemitismus, sobald es um Antisemiten jenseits des neonazistischen Spektrums geht.

Worum geht es in diesem Buch? Kapitel eins und Teile der Kapitel zwei und drei untersuchen eine führende deutsche islamwissenschaftliche Fachzeitschrift (*Die Welt des Islams*) und deren thematische Schwerpunkte seit Ende

2001. Es werden die so modischen wie problematischen Theorien des Postorientalismus und Postkolonialismus vorgestellt. Beide Theorien sind eng mit Edward Said (1935–2003) verbunden, einem der wirkungsmächtigsten ‚palästinensisch'-amerikanischen Antizionisten seit 1978, als er seinen Bestseller *Orientalism* publizierte. Said ist einer der Erfinder der Rede von den Muslimen und Arabern als ‚den neuen Juden'. Diese Form von Wohlfühlantisemitismus und der Verdrehung von Tätern und Opfern wird en detail untersucht.

Kapitel zwei stellt drei führende Islamisten und deren Ideologeme vor, Hasan al-Banna, Yusuf al-Qaradawi und Hassan Hanafi. Es wird untersucht, ob es angemessen ist, wenn die deutsche Islamwissenschaft diese drei wahlweise als „charismatisch", als „moderat" oder als „Muslim Luther" kennzeichnet.

In Kapitel drei geht es um die Beziehung von Antisemitismus und Antizionismus, unter anderem dargestellt am Beispiel zweier Künstler, die im Jahr 2010 in Berlin ganz offenherzig Plakate mit der Überschrift „Endlösung" verklebten. Das vierte Kapitel stellt zentrale Aspekte der Islamismuskritik der Soziologin Necla Kelek vor. Dabei geht es um die Analyse des Kopftuches, das Hinterfragen von „Übervätern" aller Art sowie die politische Geschichte des Islamismus in der Bundesrepublik seit 1958. Kapitel fünf geht auf aktuelle Tendenzen der Antisemitismusforschung am *Zentrum für Antisemitismusforschung* (ZfA) der *Technischen Universität Berlin* ein (Kapitel 5.1–5.4). Anschließend wird der sozialwissenschaftliche Ansatz eines Forscherteams an der *Universität Bielefeld* zur Untersuchung „gruppenbezogener Menschenfeindlichkeit" analysiert: Wie kommen Forscher dazu, Antisemitismus und Judenhass (die zum Holocaust führten und mit denen heute Israel dämonisiert wird) mit der (angeblichen oder tatsächlichen) Ausgrenzung von Hartz-IV-Empfängern auf eine Stufe zu stellen (Kapitel 5.5)?

Kapitel sechs und sieben gehen auf weitere Tendenzen der Forschung ein. Zuerst wird ein Projekt junger Forscherinnen und Forscher an der *Humboldt-Universität zu Berlin,* geleitet von der Politologin Naika Foroutan, über „hybride Identitäten von Muslimen in Deutschland" untersucht. Es stellt sich dabei die Frage, ob nicht gut ausgebildete Wissenschaftler mit ‚Hybridantrieb' womöglich mehr zur Akzeptanz, Verharmlosung oder Unterstützung des Islamismus beitragen, wenn sie die Islamkritik als „Islamophobie" diskreditieren, als weniger ‚gebildete' Kreise.

Ein neuer Blick auf das Problem von Bildung, Ideologie und Extremismus ist vonnöten: Müsste es nicht in erster Linie auf die Inhalte der Forschung ankommen statt auf Abschlüsse und gute Zeugnisse? Waren nicht die Jihadisten vom 11. September auch ‚gebildete' Studenten an deutschen Hochschulen?

Abschließend wird in Kapitel sieben der angesprochene neue Blick auf Bildung kontextualisiert und eine Analyse der *Dialektik der Bildung* versucht. Daran schließt sich eine kritische Analyse des Ansatzes des Politologen Bassam Tibi an.

Historische Aspekte des Verhältnisses der Deutschen zum Islam durchziehen die gesamte Studie: Von der Beziehung des Großmuftis von Jerusalem Muhammad Amin al-Husaini zum Nationalsozialismus und der Nähe vieler in der arabischen Welt zum Antisemitismus der Deutschen sowie der Beziehung von „Halbmond und Hakenkreuz" (Kapitel 1.4) über die Erfindung des „Jihad" als politisches Programm einer westlichen Großmacht durch Kaiser Wilhelm II. im Ersten Weltkrieg (Kapitel 1.7.9) bis hin zur Frühgeschichte des Islamismus zu Beginn der Bundesrepublik (Kapitel 4.6) geht die Reise entlang ideologischer Linien des Islamismus bis heute.

Im Gegensatz zur beliebten, häufig langweiligen, bloßen *Darstellung* des Islamismus geht es in dieser Arbeit um die *Analyse und Kritik* auch seiner Freunde und Anhänger in der Wissenschaft. Unter der Hand entwickelte sich diese Studie darüber hinaus zu einer *kleinen Geschichte der deutsch-islamischen Freundschaft von 1898 bis 2011.*

Als Politikwissenschaftler bin ich kein Experte für Arabisch, Persisch, Türkisch, Paschtu, Urdu oder eine andere relevante Sprache in vom Islam dominierten Ländern. Das weckt bei manchen Fachwissenschaftlern *a priori* Argwohn. Eine ideologiekritische Analyse islamwissenschaftlicher Studien von Ende 2001 bis Ende 2010 in Deutschland mag aus Sicht eines Politologen einen Sinn ergeben – manchmal hilft der Blick von außen. Man kann wie ein Ethnologe sich manchen deutschen Forschern nähern und deren Arbeiten als exotisch, fremd und unbekannt untersuchen. Eine solche Herangehensweise kann erhellend sein, da die Blickwinkel andere sind.

In den letzten Jahren, insbesondere seit Ende 2008 (vgl. Kapitel fünf), gibt es verstärkt hörbare Kritik am Islamismus und der Art und Weise, wie in Deutschland damit umgegangen wird. Diese Kritik von wissenschaftlicher Seite zu untermauern, zu ergänzen und mit Quellen, Hinweisen und Analysen zu füttern: dazu möchte dieses Buch einen Beitrag leisten.

Diese Studie erhält mit dem unerwarteten Ende von Osama Bin Ladin eine Klammer und umfasst den Zeitraum vom 11. September 2001 bis zum 2. Mai 2011. Sie beleuchtet die politische Kultur und die Forschung zum Islamismus in Deutschland in diesen knapp zehn Jahren.

Die Entscheidung des amerikanischen Präsidenten und Oberbefehlshabers der Streitkräfte, Barack Obama, den al-Qaida-Chef Osama Bin Ladin zu töten, ist von großer Bedeutung. Sie steht gleichwohl in scharfem Kontrast zu Obamas umstrittener Außenpolitik.[6] Das Auffinden Bin Ladins wäre ohne die Präsenz der US Army in Afghanistan und die damalige Politik des Präsidenten George W. Bush nicht möglich gewesen. Die Aktion vom 2. Mai 2011 zeigt, dass die Vereinigten Staaten von Amerika in der Lage sind, jeden Terroristen, Massenmörder und Jihadisten an jedem Ort der Welt zu finden und seiner gerechten Strafe zuzuführen. Ob Bin Ladin allerdings „kein muslimischer Führer" war, wie Obama sagt[7], ist mehr als zweifelhaft. Die islamistische Terrororganisation Hamas jedenfalls spricht von Bin Ladin als einem „arabischen heiligen Krieger", dessen Tod sie betrauert.[8]

Einen ähnlichen Tenor hatten die Reaktionen auf den Tod Bin Ladins in Deutschland. Während die ansonsten selten von der herrschenden Meinung abweichende Bundeskanzlerin Angela Merkel die Tötung des Terroristen als „gute Nachricht"[9] begrüßte (und umgehend von Parteikollegen wie Philipp Mißfelder, dem außenpolitischen Sprecher der *CDU/CSU-Bundestagsfraktion*, zurückgepfiffen wurde[10]), bezeichnete im Fernsehen Jörg Schönenborn, der Chefredakteur des WDR-Fernsehens und Träger des *Axel-Springer-Preises*[11], in seinem Kommentator für die *ARD-Tagesthemen* am Abend des 2. Mai 2011 „Amerika als ziemlich fremdes Land", das sich „nicht mehr aus eigener Stärke definiert, sondern aus Tod und Niederlage" seiner Gegner.[12] Ein Kollege Schönenborns beim *Westdeutschen Rundfunk* nannte Bin Ladin am selben Tag voller Verständnis und Mitleid einen „54jährigen Familienvater"[13]; der Journalist und Mitherausgeber der *Frankfurter Allgemeinen Zeitung* (FAZ), Frank Schirrmacher, schmiegte sich der christlichen Ideologie an, welche es verbietet, dass Menschen von Gott geschaffene Kreaturen dem Leben entreißen, und drückte sein „Bedauern" über die Tötung Bin Ladins aus.[14] Das führende deutschsprachige Nachrichtenportal im Internet, *Spiegel Online* (SPON), sprach mit der Stimme seines Kolumnisten Jakob Augstein von Bin Ladin als einem „unbewaffneten alten Mann", „der von Frauen und Kindern umgeben war" und „von 79 Elitesoldaten überfallen und erschossen" worden sei. Augstein schloss sich knapp zehn Jahre nach 9/11 den Worten der antiwestlichen indischen Agitatorin Arundhati Roy an, die schon damals von Bin Ladin als dem „dunklen Doppelgänger des amerikanischen Präsidenten" sprach.[15] Schließlich sagte die Grünen-Politikerin und Bundestagsvizepräsidentin Katrin Göring-Eckart (geborene Eckart) zum Tod des meistgesuchten Terroristen, für sie als „Christin" sei es „kein Grund zum Feiern", „wenn jemand gezielt getötet wird".[16] Die Beispiele zeigen ein reanimiertes, sich gut fühlendes deutsches Herrenmenschentum im 21. Jahrhundert, das sich Amerika als moralisch, philosophisch und ethisch überlegen ansieht. So wenig 9/11 in Deutschland ein Schock für Islamwissenschaftler, Feuilletonisten, Journalisten, Politiker und Nahostexperten war (weil eher offene oder klammheimliche Schadenfreude überwog), so deutlich ist in gleicher Intensität die offene oder klammheimliche Trauer ob des Todes des bekanntesten Islamisten und Jihadisten.

Das wurde schon vor dem Tod Bin Ladins deutlich: Einige Nachwuchswissenschaftler, alle zwischen 1972 und 1985 geboren, publizierten 2011 ein Buch mit dem Titel *9/11. Kein Tag, der die Welt veränderte*.[17] Das Cover zeigt in geradezu zynischer Weise den Rauch der beiden attackierten Türme des *World Trade Center* in New York City im Hintergrund, während im Vordergrund einige junge Menschen am gegenüberliegenden Ufer in Freizeitkleidung sich angeregt unterhalten, so, als sei der 11. September ein ganz normaler Tag gewesen. Kein einziger der zehn Beiträge des Buches befasst sich mit dem Islamismus. Entgegen aller Empirie behaupten die Autoren, in den USA bewege sich die politische Kultur seit 9/11 tendenziell in die gleiche Richtung wie schon zuvor. Dabei gehen sie völlig ernsthaft auf Themen wie „Umwelt", „Kunst", „Wirtschaft" oder „Männer" ein, und auch im Beitrag über „Religion" wird keine Analyse und Kritik des Jihad geübt, eher werden Muslime als Opfer dargestellt[18]. Die beruflichen Positionen einiger der Autoren deuten an, dass hier ein typischer Teil der zukünftigen deutschen Elite gesprochen hat.[19] Das abstoßende Coverbild in Verbindung mit dem Inhalt zeigt an: Ein solches popkulturelles Potpourri ist angesagt.

In Wirklichkeit ist vielen Amerikanern und weiten Teilen der westlichen Welt die historische Zäsur von 9/11 bewusst. Noch nie zuvor wurde in Amerika (und auch in Europa) so intensiv (und auf ganz unterschiedlichem Niveau, häufig mit durchaus problematischem Einschlag) über Islamismus und die Bedeutung dieser spezifischen Ideologie für die USA, Europa und die gesamte Welt diskutiert wie seit jenem Dienstag im September 2001.

9/11 veränderte die Welt. Seit diesem Tag sind die westliche Zivilisation und die freie Welt herausgefordert, Gegenaufklärung, Jihad und Terror als Programmpunkte des Islamismus zu erkennen und ihnen entsprechend zu begegnen.

Erschreckend sind seit Jahren Tendenzen im deutschen Feuilleton, die gleichwohl nur ein Spiegelbild der Gesellschaft sind. Da wird von „Islamophobie" geredet, Antisemitismus mit Islamismuskritik verglichen oder gleichgesetzt, und antiwestliche Ideologen und Prediger werden mit demokratischen, prowestlichen[20] sowie mit amerika- und israelfreundlichen Autoren in eins gesetzt.

Der Historiker und Antisemitismusforscher Wolfgang Benz (Jg. 1941) etwa, bis Frühjahr 2011 amtierender Leiter des *Zentrums für Antisemitismusforschung* (ZfA) an der *Technischen Universität Berlin* (TU), wendet sich aggressiv gegen Kritiker des Islamismus, worauf an mehreren Stellen in dieser Arbeit ausführlich Bezug genommen werden wird. Zwei der größten deutschen Tageszeitungen, die *Süddeutsche Zeitung* und die *Frankfurter Allgemeine Zeitung*, beschäftigen mit Thomas Steinfeld (und Andrian Kreye) bzw. Patrick Bahners als Feuilleton-Chefs jeweils gegenaufklärerische Journalisten. Bahners publizierte Anfang 2011 sein Buch *Die Panikmacher. Die deutsche Angst vor dem Islam. Eine Streitschrift* und meint mit ‚Panikmacher' nicht etwa Islamisten, die Menschen in Zügen, U-Bahnen, Bussen, Hotels, Synagogen, Flugzeugen oder auf öffentlichen Plätzen ermordeten wie in New York, London, Madrid, Djerba, Istanbul, Bali, Mumbai oder Moskau, um nur einige der Tatorte zu nennen. Vielmehr agitiert der *FAZ*-Feuilleton-Chef gegen Kritiker des Islamismus und Jihadismus.[21]

Die aggressiven Verteidiger des antiisraelischen, antisemitischen und den Islamismus verharmlosenden oder bejahenden Status quo, von den muslimischen „Wächtern des Islam" (vgl. Kapitel 4) über Leiter von Forschungszentren zum Antisemitismus bis hin zu Mainstream-Journalisten, denunzieren Islamismuskritikerinnen wie Seyran Ates und Necla Kelek sowie andere (kritische) Autoren wie Henryk M. Broder, Ralph Giordano oder Matthias Küntzel als „Hetzer mit Parallelen" (Benz)[22], „Hassprediger" (Steinfeld)[23] oder eben „Panikmacher" (Bahners).

Bahners

> „nennt viele Namen und zitiert viele Beispiele, nur eine Information verkneift er sich: wie die ‚Islamkritik' als Diskursgegenstand in die Welt gekommen ist. Dabei

> kann man den Zeitpunkt auf die Minute genau festlegen: Es war der 11. September 2001, um 8.46 Uhr New Yorker Zeit. Bis dahin beschränkte sich ‚Islamkritik' auf die Frage, ob man als Urlauber in Ägypten oder in Tunesien mehr für sein Geld bekommt. Der Unterschied zwischen Islam und Islamismus wurde, wenn überhaupt, in Doktorandenseminaren thematisiert. Dann kam der Tag, da Mohammed Atta die Welt das Fürchten lehrte."[24]

Der Autor und *FAZ*-Redakteur Patrick Bahners (Jg. 1967) vergleicht in seinem Buch sowie in der bekannten ‚links-liberalen' Monatszeitschrift *Blätter für deutsche und internationale Politik* Heinrich von Treitschke – dessen Slogan „die Juden sind unser Unglück" zu einem der Leitsprüche des Nationalsozialismus avancierte – mit der Islamismus- und Antisemitismuskritik des Holocaust-Überlebenden Ralph Giordano und des Publizisten Henryk M. Broder[25], dessen Eltern ebenso zufällig die Shoah überlebten.[26] Die Salonfähigkeit dieser Form von Antisemitismus zeigte sich nicht zuletzt im überschwänglichen Lob für Bahners von Seiten des Bundesvorsitzenden von *Bündnis 90/Die Grünen*, Cem Özdemir.[27]

Hätten zum Beispiel extraterrestrische Wesen in den Jahren 2008, 2009 oder 2010 einen Spontantrip auf den blauen Planeten nach Deutschland unternommen und sich zunächst nur anhand von TV-Sendungen sowie durch die Lektüre des Feuilletons über die Situation der Muslime informiert, dann hätten sie den Eindruck gewinnen können, Muslimen drohe ein ‚Holocaust' und islamische Länder seien von der Vernichtung bedroht. Ferner hätten sie zur Ansicht gelangen können, die Polizei müsse vor jeder Moschee und jedem islamischen Kulturzentrum in Deutschland Wache schieben und die Gebäude mit Anti-Terror-Pollern sichern.

Tatsächlich müssen in Deutschland jedoch Synagogen und jüdische Kindergärten vor antisemitischen Angriffen, ausgehend vor allem von Neonazis und Islamisten, aber auch von muslimischen Jugendlichen, Kindern und anderen geschützt werden – was in Deutschland deshalb geschieht, weil es ‚dem Ansehen' der Bundesrepublik im Ausland schaden würde, wenn Juden und jüdische Einrichtungen offen attackiert werden könnten.

Bei der Lektüre deutschsprachiger Periodika und beim Konsum von deutschen Radio- und TV-Sendungen könnten die extraterrestrischen Wesen zu dem Schluss kommen, dass nicht etwa islamistische Selbstmordattentäter die ganze Welt in Atem halten und in Asien (z.B. in Pakistan, Afghanistan, Indien, Indonesien), dem Nahen Osten, Europa und Amerika zehntausende Menschen ermorden. Eher würden sie zum Schluss gelangen, ‚der Islam' oder ‚die muslimische Welt' seien in Bedrängnis geraten. Jihadistische Prediger loben Hitler und den Holocaust und werden von deutschen Islamwissenschaftlern gleichwohl als „moderat" vorgestellt. Ein UN-Mitgliedsstaat wie der Iran droht Israel (das es nur „das zionistische Regime" nennt) mit Vernichtung – doch deutsche Forscher warnen vor einem „Alarmismus" der Kritiker.

Ein Arabist wie der Historiker Wolfgang G. Schwanitz, ein Kollege des Historikers und weltberühmten Islamwissenschaftlers Bernard Lewis[28], steht mit seinen Forschungen *relativ* alleine unter den deutschsprachigen Islam- und Nahostwissenschaftlern da.

Es ist kein Zufall, dass Schwanitz aus Deutschland emigrierte und seitdem in den USA forscht. Er kann von rot-grünen (sozialistisch-islamischen) Achsen erzählen, von Lenin bis zur DDR. Hinzu kommen neben anderen die braun-grünen Achsen des Nationalsozialismus oder die Beziehung von Kaiser Wilhelm II. zur islamischem Welt. Siehe die von Schwanitz 2011 publizierte und mit diesem Buch korrespondierende Studie (beide sind Teil eines gemeinsamen Projektes) *Islamismus und Euroislam. Deutsche Mitteloststudien nach 9/11.*[29]

Kritik am Antisemitismus muss auf der Höhe der Zeit sein. Nach Auschwitz und der Shoah wechselte der Schwerpunkt judenfeindlicher Aktivitäten von Deutschland (und Europa) in den Nahen Osten und die islamische Welt, ohne dass mit dieser Feststellung die Bedeutung des sowjetischen Antizionismus und der seiner Satelliten unterschlagen werden sollen.

Eine islamwissenschaftliche Quelle meiner Studie ist wie erwähnt die Zeitschrift *Die Welt des Islams*. Sie drängte sich geradezu auf, weil dort mehrere führende Islamwissenschaftlerinnen und Islamwissenschaftler publizieren und sie eine Art Aushängeschild der deutschen Islamforschung ist. Gleichwohl gibt es eine Vielzahl anderer Quellenbestände, gedruckter wie ungedruckter, die zur Analyse deutscher Islam- und Nahostforschung prädestiniert wären: Die Aktenbestände deutsch-islamischer Kooperationen seit dem 19. Jahrhundert etwa sind von Bedeutung; hinzu kommen Zeitschriften – um nur einige zu nennen – wie *Orient. Deutsche Zeitschrift für Politik, Wirtschaft und Kultur des Orients*[30], *Der Islam. Zeitschrift für Geschichte und Kultur des Islamischen Orients*[31], *Wiener Zeitschrift für die Kunde des Morgenlandes*[32], *Zeitschrift der Deutschen Morgenländischen Gesellschaft*[33], *inamo. Informationsprojekt Naher und Mittlerer Osten*[34], *Spektrum Iran. Zeitschrift für Islamisch-Iranische Kultur*[35], *Zenith – Zeitschrift für den Orient*[36] oder die Forschungen und Berichte des Hamburger *GIGA German Institute of Global and Area Studies/Leibniz-Institut für Globale und Regionale Studien.* Eine Analyse der Forschungen und Aktivitäten der islam- und nahostwissenschaftlichen Institute an deutschen Universitäten wäre genauso eine Studie wert. Auch Texte im Umfeld der *Deutschen Arbeitsgemeinschaft Vorderer Orient für gegenwartsbezogene Forschung und Dokumentation* (DAVO) böten sich an. Einrichtungen wie das *Zentrum Moderner Orient* (ZMO) in Berlin oder einer der einflussreichsten deutschen und europäischen Thinktanks, die staatlich unterstützte *Stiftung Wissenschaft und Politik* (SWP) in Berlin, sollten in Zukunft ebenfalls unter die Lupe genommen werden; das ZMO wie auch die SWP werden in dieser Studie noch angesprochen.

Diese Auflistung macht deutlich, dass für eine kritische Islam- und Nahostforschung viel zu tun wäre.

Es bleibt zu hoffen, dass Studien wie diese sowohl Forscher als auch andere interessierte Autoren ermuntern, Fragen zu stellen: Woher kommt die Nähe mancher heutiger Neonazis und vieler Linker zu den Islamisten und umgekehrt? Warum geht bezüglich der Vernichtungsdrohungen des Iran gegenüber Israel kein hörbarer Aufschrei durch das Land?[37] Sind nur deutsche Wirtschaftsinteressen der Grund dafür, oder ist es womöglich auch die inhaltliche, ideologische Nähe vieler Deutscher – von der Elite bis zum Stammtisch – zum Jihad, zu Antizionismus („Israelkritik"[38]) und Antisemitismus? Sind deutsche Islamwissenschaftler lediglich ein „Geschlecht erfinderischer Zwerge, die für alles gemietet werden können", wie es Bassam Tibi bezüglich der internationalen Beziehungen und der Entwicklungsländerforschung Anfang der 1970er Jahre in Anlehnung an Bertolt Brechts *Leben des Galilei* ansprach?[39]

Der Ausgangspunkt kritischer Forschung sollte es sein, adäquate Fragen zu stellen, um sodann Antworten zu formulieren und auf Perspektiven hinzuweisen. Seit der bahnbrechenden Studie von Daniel Jonah Goldhagen über *Hitler's willing executioners* aus dem Jahr 1996[40] ist die Analyse des Antisemitismus ein Schwerpunkt meiner Forschung und Publizistik.

Im Winter 2000/2001, während der zweiten „Intifada", publizierte die Gruppe m.e.l.a.n.g.e aus Bremen die Broschüre *We don't like your love-song. Kritik des Antizionismus der Revolutionären Zellen – und anderer Linker heute.* Darin ging es um eine Darstellung und Kritik des linken Antisemitismus im Zuge der Flugzeugentführung durch ein deutsch-palästinensisches Terrorkommando im Jahr 1976, die in Idi Amins Uganda, auf dem Flughafen von Entebbe, ihr Ende fand. Bei der Befreiungsaktion der israelischen Armee (IDF) für die jüdischen Geiseln kam der Kommandeur der IDF-Einheit, Yoni Netanyahu, ums Leben. Es gibt in Philadelphia ein Memorial für ihn[41], das ich zu Beginn der Arbeit an diesem Buch im Frühsommer 2009 entdeckte.

Während ich mich in meiner Dissertation (2007) mit der *Salonfähigkeit der Neuen Rechten. ‚Nationale Identität', Antisemitismus und Antiamerikanismus in der politischen Kultur der Bundesrepublik Deutschland 1970 – 2005: Henning Eichberg als Exempel* befasse[42] und in meinem zweiten Buch (2009) *Antisemitismus und Deutschland. Vorstudien zur Analyse einer ‚innigen' Beziehung* historische Aspekte des Antisemitismus wie den Rembrandtdeutschen Julius Langbehn im Kaiserreich, den katholischen *Bund Neudeutschland* in der Weimarer Republik sowie in den ersten Jahren des Nationalsozialismus und den Naturschutz und Antisemitismus im SS-Staat behandle[43], geht es in dieser Monografie um Islamwissenschaft und Antisemitismus nach dem 11. September 2001.

Es gibt linken, rechten, islamischen und gesamtgesellschaftlichen Antisemitismus in Deutschland. Es gilt, alle diese Facetten des Antisemitismus zu untersuchen und nicht bei der bloßen Kritik an Rechten und (Neo-)Nazis stehen zu bleiben, wie es so viele ‚Gutmenschen' tun. Dabei ist Kritik am Rechtsextremismus und gewissen konservativen bis reaktionären Kreisen von großer Bedeutung: der norwegische Massenmörder Anders Behring Breivik, der am 22. Juli 2011 in Oslo und auf einer kleinen Insel westlich der norwegischen Hauptstadt über 70 Menschen mit einer Bombe sowie Exekutionen per Schussfeuerwaffen ermordete, hat gezielt den sozialdemokratischen Regierungssitz und ein sozialistisches/linkes Jugendlager attackiert. Er hat ein Manifest mit dem Titel „2083" publiziert, worin er seinen abgrundtiefen Hass auf „kulturellen Marxismus" (schon diese Wortprägung trägt den Geruch des Nationalsozialismus sowie der *Konservativen Revolution* der 1920er Jahre *und* später), die „Frankfurter Schule" (kritische Theorie) und die „Islamisierung" Europas zum Ausdruck bringt. Breivik ist ein stolzer Paneuropäer, das Cover seines kruden Manifests trägt das Kreuz des Templerordens, der nach dem ersten Kreuzzug von 1096 Anfang des 12. Jahrhunderts gegründet wurde. Der Massenmord von Breivig ist eines der größten Verbrechen des europäischen Rechtsextremismus nach 1945. Auch in Deutschland gibt es viele Menschen, die sich als ‚politisch inkorrekt' stilisieren, von der „Islamisierung" Europas (oder dem Ende Deutschlands etc.) daher reden und stolz auf das ‚Abendland' sind. Diese Leute kritisieren den Islamismus nicht wegen dessen autoritären Charakter und Antisemitismus, vielmehr z.B. aufgrund einer paneuropäischen oder ‚abendländischen' Ideologie, die aus rassistischen (oder/und theologischen) Motiven keine (oder nur wenige) Muslime und andere ‚Fremden' in Europa dulden möchte (vgl. hierzu Kapitel 1.7.2). Unter den ersten Opfern der Nazis waren 1933 (und schon zuvor) Kommunisten, Sozialdemokraten, Sozialisten, Anarchisten, Linke, Demokraten und Liberale. Der Kampf gegen den (organisierten) politischen Gegner war schon damals ein klares Ziel.

Gleichwohl muss die Verhältnismässigkeit erkannt werden: rechte, sich ‚abendländisch' gebende Extremisten sind eine Gefahr, die aber nicht annähernd zu vergleichen ist mit der Bedrohung durch den (nach Atomwaffen strebenden) Iran und seine Verbündeten (Hamas, Hizballah, das derzeitige syrische Regime), den weltweit operierenden Jihad mit tausenden (selbst)-mörderischen Anschlägen allein seit dem 11. September 2001 oder der weltweit produzierten und propagierten antiisraelischen Ideologie.

Der Islamismus mit seinen beiden wesentlichen Ingredienzien Scharia und Antisemitismus ist eine der größten Gefahren für die Menschheit im 21. Jahrhundert. Der Gefahr muss man begegnen – als Bürger, Politikerin, Journalist, Wissenschaftler, Autorin, Publizist sowie als Zeitgenosse.

1) Die Zeitschrift *Die Welt des Islams*

> „Spätestens seit den islamistisch motivierten Anschlägen des 11. September 2001 ist deutlich geworden, dass die von Francis Fukuyama aufgestellte Hypothese, nach dem ‚unexpected collapse of communism' sei ein Ende der Geschichte zu erwarten (...) nicht aufrechterhalten werden kann. Anstelle einer zumindest stellenweise kalkulierbaren Blockkonfrontation, basierend auf dem ‚Gleichgewicht des Schreckens' und den Kriegsszenarien nach Clausewitz'schem Verständnis, manifestierten sich nach einigen Jahren der trügerischen Entspannung asymmetrische Konfliktanatomien, die von Mary Kaldor (...) und Herfried Münkler (...) als ‚neue Kriege' bezeichnet werden. Militante Islamisten spielen in dieser Auseinandersetzung eine besonders exponierte Rolle und nehmen mittlerweile einen Status ein, der sie als den wichtigsten Gegenspieler demokratischer Strukturen und Konzeptionen kennzeichnet."
>
> CHRISTOPH SCHUCK, Politologe, 2008[44]

Die Zeitschrift *Die Welt des Islams* ist eine führende Fachzeitschrift, sie nennt sich „International Journal for the Study of Modern Islam" und publiziert Aufsätze und Rezensionen auf Deutsch und Englisch. Wie es bei vielen akademischen Zeitschriften zum Orient und zum Islam der Fall ist und von deren Nähe zur Philologie herrührt, behandeln Artikel häufig historische Themen und haben eher selten einen Gegenwartsbezug. Doch selbst in solchen Fachzeitschriften sind in den letzten Jahren tagesaktuelle Texte publiziert worden.

Eine Analyse aller Ausgaben von *Die Welt des Islams* von Ende 2001 bis 2010 ergibt einen repräsentativen Querschnitt durch die heutige Islamforschung in Deutschland. Im genannten Zeitraum sind 28 Hefte der Zeitschrift erschienen, mit 109 wissenschaftlichen Artikeln, drei Miszellen, einem „Dokument" sowie einem „Viewpoint". Für Kapitel eins und Teile der Kapitel zwei und drei dieser Studie werden neben Rezensionen 18 Artikel sowie der *Viewpoint* analysiert; die restlichen Artikel in *Die Welt des Islams* in besagtem Zeitraum befassen sich nicht oder kaum mit Themen wie dem Islamismus oder dem Jihad.

In dieser Untersuchung werden vor allem (aber nicht ausschließlich) Artikel oder Rezensionen herangezogen, die von in Deutschland forschenden Wissenschaftlern (häufig auf Englisch) geschrieben worden sind.

Ein Zitat der bekannten und in Deutschland verehrten und geehrten Islamforscherin Annemarie Schimmel mag wegweisend sein für viele Nahost- und Islamforscher: „Ich kann nicht über etwas arbeiten, was ich nicht liebe".[45] Diese Affinität zum Untersuchungsgegenstand ist bei ehemaligen Orchideenfächern mit zunehmender politischer Tragweite von nicht zu unterschätzender Bedeutung. Wer gelernt hat, Wissenschaft primär als Kritik zu verstehen und skeptisch an seinen Gegenstand heranzugehen, wird vom positiven Grundton (oft nur, solange es nicht um Juden, Israel, Zionismus, universelle Werte und den Westen/Amerika geht) vieler Forscherinnen und Forscher zum Nahen Osten und zur islamischen Welt überrascht sein.

1.1) „Schadenfreude" – der 11. September 2001

Als erster Autor sei ein nicht in Deutschland lehrender Philosoph untersucht, der mit seinem Text aus mehreren Gründen eine herausgehobene Stellung hat: Er ist kein Islamist, sondern eher ein Kritiker des Islam, er genießt hohes Ansehen im Westen, und er repräsentiert einen wichtigen Aspekt der politischen Kultur in der arabischen Welt. Es handelt sich um den international bekannten syrischen Professor Sadik J. al-Azm (Jg. 1934). Der in Yale promovierte Forscher ist in Deutschland und dem Westen ein gern gesehener Nahostexperte und Philosoph, wird als Dissident vorgestellt und hatte in der Tat massive Probleme, nachdem er 1969 seine Studie *Kritik des religiösen Denkens* publiziert hatte.[46] Das von der Bundesregierung finanzierte Online-Portal *www.qantara.de* nennt ihn heutzutage einen „streitbaren Aufklärer"[47], die *Tagesschau* stellte ihn im Interview als Kritiker der islamischen Attacken gegen westliche Botschaften im Zuge der Mohammed-Karikaturen vor, wenngleich er die Karikaturen als „[d]änische[n] Fauxpas"[48] bezeichnete. Die *Eberhard Karls Universität Tübingen* verlieh al-Azm 2004 den Dr.-Leopold-Lucas-Preis, benannt nach einem im Holocaust ermordeten Juden.[49]

Al-Azm hat eine distanzierte Haltung zum Islamismus, da er philosophisch eine religionskritische Position vertritt, verbunden mit einer Version von Marxismus. Er kritisiert mitunter den Antisemitismus alten Stils sowie Antimodernismus, Antiamerikanismus und Wissenschaftsfeindlichkeit, betont dabei vehement die christliche Herkunft des Antisemitismus und möchte den Antisemitismus im Islam nicht als solchen, vielmehr als Spiegelbild des katholischen untersucht wissen.[50]

Viele nahöstliche Despoten stehen al-Azm feindselig gegenüber, und sein Image ist deshalb in Deutschland das eines Kritikers der Zustände in der arabischen und muslimischen Welt. Kritik an arabischen Diktatoren oder Regimen wie bei den Umbrüchen in Tunesien, Ägypten oder auch Libyen muss allerdings keineswegs bedeuten, dass die gegenwärtig verfügbaren oder möglichen Alternativen grundsätzlich und immer besser wären. Vielmehr sind insbesondere die Muslimbrüder, die bei Weitem größte politische Bewegung in Ägypten mit starken Beziehungen zu Europa und anderen Teilen der Welt, antisemitisch und israelfeindlich. Mehr noch: Selbst Nicht-Islamisten haben im Nahen Osten häufig den Antizionismus mit im Gepäck, wie am Fall al-Azms gezeigt werden wird.

In Deutschland ist Antisemitismus kein Grund, um nicht als Gesprächspartner akzeptiert zu werden, im Gegenteil: Einladungen an die Hamas wie im Jahr 2010 durch die Evangelische Akademie Bad Boll[51] oder Reisen deutscher Delegationen in den Iran (und iranischer Delegationen nach Deutschland) belegen die Unbekümmertheit von Deutschen, wenn sie es mit Antisemiten und Islamisten zu tun haben.

Der Nicht-Islamist al-Azm wird eher als ‚moderat‘ oder liberal angesehen, was sich daran zeigt, dass die *Friedrich-Ebert-Stiftung* (FES) ihn als Mitglied in einem „Berliner Forum für Fortschrittliche Muslime“ führt.[52] Al-Azm hat die bis dato einzige Stellungnahme respektive den einzigen Artikel in der Zeitschrift *Die Welt des Islams* zum 11. September verfasst. Sein Text erschien allerdings erst im Jahr 2004, was bereits anzeigt, wie wenig der 11. September weite Teile der deutschen Islamwissenschaft und Nahostforschung zum kritischen Nachdenken brachte. Es ist bezeichnend, dass ein nicht in Deutschland lebender oder forschender Philosoph eine solche Stellungnahme publizierte.

Was schreibt al-Azm? Sein Text versteht sich als „persönliche“, „politische“ und „kulturelle“ Antwort auf jenen Tag und die Folgen.[53] Am 11. September war er „Gastprofessor“[54] an der *Tohoku Universität* in Japan:

> „Ich war in Sendai, Japan, als Gastprofessor an der Tohuku-Universität, als die Angriffe aus der Luft am 11. September 2001 im World Trade Center in New York und in der Festung Pentagon in Washington D.C. sich ereigneten. Ich schaute gerade fern, als das überwältigende Bild des rauchenden ersten Turms auf dem Bildschirm aufblitzte. Sobald ich mich vergewissert hatte, dass dies weder der Science-Fiction-Kanal noch ein Hollywoodfilm über städtische Angst und Panik war und das, was ich sah, die Wirklichkeit war, konnte ich nicht umhin, ein starkes Gefühl von Schadenfreude zu verspüren, welches ich zurückzuhalten, zu kontrollieren und zu verstecken versuchte.“[55]

Al-Azm versuchte also, seine Schadenfreude zu verbergen und sich zu beherrschen. Es handelt sich um die Schadenfreude eines weltbekannten Philosophen, der über Kant und Menschenrechte schreibt. Er erklärt sie so: Die News aus „Palästina" seien die letzten Tage vor dem 11. September schlecht gewesen; das Bedürfnis, die „Arroganz der Macht" der Amerikaner attackiert zu sehen, sei deshalb naheliegend.[56]

Seinen verdutzten japanischen Kollegen, denen es ein Rätsel war, warum jubelnde Araber bzw. Palästinenser aus Freude über den Massenmord im *World Trade Center* Süßigkeiten verteilten, erklärte al-Azm, dass es wohl kaum Menschen im Nahen Osten gebe – wie „nüchtern, kultiviert oder gebildet" sie auch immer seien –, die nicht auch „Schadenfreude"[57] verspürten. Offenbar eine ganz natürliche Reaktion für Araber und Muslime, schien al-Azm mit Nachdruck sagen zu wollen.

Der Islam, so glaubt er, sei viel zu schwach für einen „Kampf der Kulturen", wie ihn Samuel Huntington vorhersagte. Zugleich zeiht er Huntington des „Essentialismus"; der „klassische orientalistische Essentialismus" sei von Edward Said „so schön" „zerstört" worden.[58] Edward Said hatte, wie in der Einleitung angesprochen, 1978 das Buch *Orientalism* veröffentlicht[59] und warf der westlichen Welt einen grundsätzlich antiarabischen und antimuslimischen Rassismus vor. Sein Buch ist für viele Forscher und Aktivisten ein Vorbild, insbesondere weil Said (vgl. Kapitel 1.7.6 und Kapitel 1.7.2) ein Feind Israels und des Westens war. Er gilt als einer der Väter des Konzepts des Post-Orientalismus wie auch des Post-Kolonialismus.[60] Die postorientalistische und postkoloniale Ideologie[61] wird in dieser Studie *en detail* untersucht (Kapitel 1.7).

Antisemitismus und Israelfeindschaft sind für Edward Said grundlegend, worauf in dieser Studie an mehreren Stellen näher eingegangen werden wird. Al-Azm lobt Said und betont, „Schadenfreude" („shamata"[62] auf Arabisch) im Falle eines Todes, selbst wenn es sich um den der schlimmsten Feinde handle, sei in der arabisch-islamischen Kultur verboten.

Der ‚liberale', nicht islamistische arabische Philosoph al-Azm argumentiert in seinem 2004 veröffentlichten Text gegen Israel und die in seinen Augen „aggressive Agenda"[63] von Ariel „Scharon" im Jahr 2002, ohne die Selbstmordanschläge gegen Juden und Israelis im selben, fürchterlichen Jahr zu erwähnen. Schließlich findet al-Azm es übertrieben, aus dem 11. September ein historisches Datum zu machen, denn das sei „pseudo-apokalyptische Rhetorik".[64]

Der Text von al-Azm zeigt die Position der deutschen Herausgeber von *Die Welt des Islams*: Der einzige Text, der bis 2010 in der islamwissenschaftlichen Zeitschrift zum 11. September publiziert wurde, äußert Schadenfreude. Al-Azm rechtfertigt den Massenmord auf elaborierte Weise, indem er lamentiert, die ‚arroganten‘ Europäer hätten bei der Entwicklung der Moderne vergessen, die Araber und Muslime zu konsultieren:

> „Die Moderne ist hauptsächlich eine europäische Erfindung. Europa hat die moderne Welt gemacht, ohne die Araber, Muslime oder irgendjemand sonst in dieser Hinsicht zu konsultieren. Es hat die Moderne obendrein auf Kosten aller anderen gemacht. Man kann nicht die Augen davor verschließen, dass die Araber auf der einen Seite stoßend und schreiend in die Moderne hineingezogen und auf der anderen Seite mit überlegener Macht, Effizienz und Darbietung eingewickelt wurden.“[65]

Der 11. September wird als eine Art Rache für ein verweigertes ‚Beratungsgespräch‘ über das Für und Wider der Moderne verstanden – eine raffinierte Rationalisierung des Massenmords. Es gibt eine deutschsprachige Version dieses Artikels, der in einer österreichischen Zeitschrift erschien.[66] Der Text ist gekürzt, und die antiisraelische Stoßrichtung kommt nicht vor, was gleichsam eine Verleugnung einer der Intentionen dieses Beitrags ist. In der gleichen Ausgabe von *Wespennest* mit dem Schwerpunkt Islam haben die Islamwissenschaftler Katajun Amirpur, Navid Kermani und Stefan Weidner publiziert, auf die in dieser Studie noch einzugehen sein wird.

Es gibt jedoch auch andere Reaktionen auf 9/11 als jene von al-Azm. Der Publizist Ralph Giordano schreibt in seinen Lebenserinnerungen:

> „11. September 2001. Als ich an diesem Tag die brennenden twin towers von New York sehe, diese qualmende Kriegserklärung an die gesittete Welt, an alles, was das Leben lebenswert mach, denke ich: ‚Da zeigt ein neuer Todfeind seine Visitenkarte, da wird gerade ein anderes Zeitalter eingegongt – ade, du heimliche Hoffnung auf ein geruhsameres Alter.‘ Die Feuersbrunst auf kleinstem Raum, tausend Grad und mehr; das Grauen in den steckengebliebenen Fahrstühlen; die Menschen oberhalb der Flammen abgeschnitten, die darunter auf meist aussichtsloser Flucht; durch die Luft von hoch herabwirbelnde Gestalten, wie vereiste Vögel, wenn da nicht die rudernden Arme wären; schließlich die in hunderttausend Einzelfetzen zerstiebenden Wolkenkratzer – Bilder, die sich für immer in das Bewußtsein eingerammt haben. Wer tut so etwas? Wer?“[67]

Von anderer Stoßrichtung und daher bezeichnend ist dagegen die Reaktion des in deutschen Medien häufig zitierten Islamwissenschaftlers, Publizisten und Mitglieds der *Deutschen Islamkonferenz* Navid Kermani. In einem Text vom 13. September 2001 stellt er die Muslime als Opfer dar. Im Gegensatz zu al-Azm ist er der Auffassung, die ganze muslimische Welt (bis auf die wenigen hundert jubelnden Palästinenser) sei so schockiert gewesen wie die nichtmuslimische. Kermani negiert die Spezifik des islamischen Jihad und sieht keine dezidiert antisemitische und antiwestliche Ideologie als Motivation hinter diesem Massenmord:

> „Aber in der Reduktion alles Bösen auf den saudischen Millionär [Osama Bin Ladin, d.V.] und den islamischen Fundamentalismus geht völlig unter, daß wir keinen Kampf der Kulturen erleben, sondern einen Kampf, der sich mitten durch die islamische, aber auch – wenn man an Oklahoma oder den Gasangriff auf die U-Bahn Tokios denkt – durch andere Kulturen zieht."[68]

Es zeigt sich der gekränkte Stolz von Kermani als Muslim, dass die Jihadisten wie die Ideologie des Islamismus in den Fokus der Weltöffentlichkeit geraten. Der Vergleich des Terrors einer Sekte in Japan mit dem weltweit operierenden Jihadismus befriedigt das Bedürfnis, von der spezifischen Gefahr durch den Islamismus zu schweigen. Die Abwehr einer Kritik am Islamismus[69] ist ebenso kennzeichnend für die Publikationen der mit Kermani verheirateten Journalistin und Iranistin Katajun Amirpur (Jg. 1971) – siehe ihr vor Stolz auf den Islam geradezu überschäumendes Vorwort[70] eines auch ansonsten problematischen, weil Islamisten und Pro-Jihadisten wie Yusuf al-Qaradawi (vgl. Kapitel 2.3) lobenden Bandes. Das folgende Zitat des von Amirpur (vgl. Kapitel 3.3) zusammen mit dem Islamwissenschaftler Ludwig Ammann (Jg. 1961) im Jahr 2006 herausgegebenen Bandes *Der Islam am Wendepunkt* ist bemerkenswert. Die Autoren behaupten, der „Hass" der arabischen und islamischen Welt gründe sich darauf, dass der Westen seine Versprechen von Demokratie oder Menschenrechten nicht einhalte. Damit verwechseln die beiden Ressentiment mit Kritik und Reflexion:

> „‚Why do they hate us?', hat George W. Bush seit dem 11. September immer wieder gefragt. Doch ‚sie' hassen uns nicht, und wenn doch, dann nicht für das, wofür wir behaupten zu stehen: für Demokratie, für Menschenrechte, für Freiheit."[71]

Der Islamismus und der Jihad sind gegen Demokratie und westliche Freiheit gerichtet, was die beiden Autoren jedoch verneinen. Sie nehmen die islamistische Ideologie nicht ernst.

Die Leugnung des islamistisch und antiamerikanisch motivierten Anschlags von 9/11 zeigte sich auch in weiteren, zwischen Schadenfreude und der Gleichsetzung von Terror und Demokratie (Amerika) oszillierenden Stellungnahmen, die unmittelbar nach dem Massenmord die Debatte in Deutschland bestimmten. Ist es nicht dreist und patriarchal, überhaupt Hochhäuser zu bauen? Und symbolisierten die Twin Towers nicht einen „Doppelphallus"? Das fand jedenfalls der Germanist und ‚Männerforscher' Klaus Theweleit[72], während der Historiker und Antisemitismusforscher Wolfgang Benz die „Symbole von Stolz und Reichtum und von Arroganz"[73] geißelte, ARD-Tagesthemen-Frontmann Ulrich Wickert die „gleichen Denkstrukturen" bei Osama Bin Ladin und George W. Bush[74] zu entdecken glaubte und schließlich die *Partei des Demokratischen Sozialismus* (PDS) Plakate mit dem Slogan „Sowas kommt von sowas" klebte. Der Politikwissenschaftler Volker Heins analysierte:

> „In seiner zugespitzten Form verlässt somit das neutralistische Narrativ die pazifistische Überzeugung der moralischen Gleichwertigkeit aller Gewaltopfer, indem es die vermeintlichen ‚Ursachen' der Terrorangriffe thematisiert, die im Verhalten der USA selbst gesehen werden. Sowohl die postkommunistische PDS als auch die rechtsradikale NPD beziehen sich auf diese Deutung. So klebte die Hamburger PDS nach den Anschlägen in den USA schadenfrohe Plakate mit dem Text ‚Sowas kommt von sowas'. Der Mitbegründer der terroristischen Rote Armee Fraktion (RAF) und heutige NPD-Anwalt Horst Mahler feierte die Anschläge auf seiner Homepage gar als ‚Independence Day Live'."[75]

Darauf wurde und wird selten reflektiert, und es ist kein Zufall, dass mit Volker Heins ein Politologe die Schadenfreude nach 9/11 untersuchte. Das islamwissenschaftliche, politische, kulturelle, religiöse und sozialarbeiterische Establishment hingegen machte sich eher daran, zu ‚verstehen', was für Gründe Menschen haben könnten, sich und andere in einem Flugzeug zur fliegenden Bombe zu machen und Menschen zu verbrennen, zu pulverisieren oder zu zerquetschen. Dabei wird die Analyse des Islamismus außen vor gelassen, das (pädagogische) Einfühlen in die Täter ist bestimmend. Der Jihad wird eher rationalisiert, es werden Gründe gesucht, die verständlich machen sollen, warum Jihadisten morden. Die Irrationalität und die Ideologie des Islamismus werden von Islamforschern selten untersucht.

Der Text von al-Azm wurde von einer islamwissenschaftlichen Fachzeitschrift in Deutschland veröffentlicht, und er passt zur politischen Kultur in Europa insgesamt. Antiamerikanismus und Antisemitismus sind nicht auf die Eliten beschränkt, eher handelt es sich um Massenphänomene. Der Politologe Andrei S. Markovits, Professor für Politikwissenschaft und Soziologie an der *University of Michigan* in Ann Arbor, USA, hat sich intensiv mit dem europäischen und deutschen Antiamerikanismus nach 9/11 beschäftigt und ist einer der bekanntesten wissenschaftlichen Kritiker des antiamerikanischen Ressentiments. Er analysierte die „Schadenfreude" beim „Philosophen Jean Baudrillard", der von den „,tollen Bildern'" und der „,immensen Freude'" am 11. September redete.[76]

> „Der Komponist Karlheinz Stockhausen lobte die Fantasie und Präzision der Angriffe auf die Twin Towers und nannte dieses Verbrechen ‚das größte nur denkbare Kunstwerk im ganzen Kosmos'."[77]

Markovits betont die Bedeutung der kulturellen und politischen Eliten bzw. der ideologischen Vordenker für die Ausbreitung von Schadenfreude, Antiamerikanismus und Antisemitismus in Europa. Hierzu zählen irrationale Verschwörungstheorien wie jene von Bestsellerautoren in Frankreich (Thierry Meyssan) oder Deutschland (Mathias Bröckers).[78] Markovits macht schließlich eine breite Basis für die Schadenfreude aus:

> „Dass die weitverbreitete und deutlich geäußerte Schadenfreude und die Wut bezüglich 9/11 zügig von Europas Intellektuellen und Eliten zu einem großen Prozentsatz der Bevölkerungen sich ausbreitete, zeigt sich am deutlichsten in Umfragen, die im Sommer 2003 eindeutig belegen, dass zum Beispiel ein Drittel der Deutschen unter 30 glaubten, die US Regierung hätte die Anschläge vom 11. September auf New York und Washington gesponsert."[79]

Ein starkes Gefühl der Schadenfreude am 11. September 2001 und die Ideologie der Täter-Opfer-Verkehrung eint die *Die Welt des Islams*, Sadiq al-Azm und einen erheblichen Teil der deutschen Bevölkerung.

1.2) Scharia

Der Jurist, Richter und Islamwissenschaftler Mathias Rohe (Jg. 1959) von der *Friedrich-Alexander-Universität Erlangen-Nürnberg*[80] gab 2004 ein Schwerpunktheft der Zeitschrift *Die Welt des Islams* zum Thema „Scharia" heraus. Er ging dabei von folgender Einschätzung aus:

> „Viele Muslime in Europa tendieren dazu, nach praktischen Lösungen zu suchen, um ihr Leben entsprechend den Anforderungen der europäischen gesetzlichen Regelungen wie auch gemäß den islamischen, religiösen Befehlen zu gestalten."[81]

Damit übernimmt Rohe die islamistische Annahme, dass es tatsächlich einen Konflikt für Muslime gebe, die Gesetze in Europa zu befolgen und gleichzeitig Muslime zu sein. Er unterstützt von vornherein die Grundannahme des Islamismus und der Scharia, nach der Religion und Politik nicht zu trennen seien. Womöglich gibt es viel mehr Muslime, die nicht nach „praktischen Lösungen" suchen, um „religiösen Befehlen" entsprechend ihr Leben zu gestalten. Der deutsche Islamforscher setzt einfach voraus, dass „viele Muslime" danach suchen. Das Praktische daran ist: Rohe schafft sich selbst eine Legitimation für seine Jobs, denn er möchte bei der ‚Suche' der „vielen Muslime", „entsprechend den Anforderungen der europäischen gesetzlichen Regelungen wie auch gemäß den islamischen, religiösen Befehlen [!]", das Leben „zu gestalten", behilflich sein.

Er stellt verschiedene Bereiche der Scharia dar und betont die Vereinbarkeit (Kompatibilität) der Scharia mit westlich-universellem Recht:

> „Dennoch gibt es eine riesige Anzahl von Scharia-Regeln, welche dem europäischen Recht nicht widersprechen und welche daher aufgrund der verfassungsmäßig garantierten Religionsfreiheit oder im Rahmen der existierenden Gesetze erfüllt werden können."[82]

Manche Aspekte der Scharia wie drakonische Strafen verstießen zwar gegen die europäischen Menschenrechte[83], und die Trennung von Staat und Religion wie in Frankreich oder der Schweiz sei kein Vorbild.[84] Kopftuch[85], *Islamic banking*[86], Aspekte des islamischen Familienrechts sowie die Anwendung der Scharia in solchen Angelegenheiten in England[87] seien jedoch mögliche Komponenten eines zukünftigen islamischen Rechts in Europa und Deutschland.

Rohe betont, es sei gut, dass manche Banken bei der Auswahl von Firmen, in welche für Islamisten und gläubige Muslime zu investieren sich lohne, solche Unternehmen ausschlössen, die Glücksspiel, Alkohol, Tabak oder die Sexindustrie zum Gegenstand hätten.[88] Er bezieht sich zudem affirmativ auf die „Islamische Charta" des *Zentralrats der Muslime in Deutschland* (ZMD) aus dem Jahr 2002, deren Kompatibilität mit dem Grundgesetz er betont.[89] Rohe wendet sich aggressiv gegen „rechte wie linke Radikale, extremistische Feministinnen, christlichen Fundamentalisten" oder schlicht „Rassisten"[90], die er mit islamistischen Gruppierungen wie den in Deutschland mittlerweile verbotenen Hizb ut-Tahrir gleichsetzt.[91] Ohne Namen zu nennen, agitiert der Forscher also gegen Feministinnen, die er als „extremistisch" bezeichnet – weil sie sich, anders als er selbst, ganz generell gegen die Scharia stellen.

Alexandre Caeiro, zurzeit Lehrbeauftragter am *Erlanger Zentrum für Recht & Islam in Europa* (EZIRA)[92], welches von Mathias Rohe gegründet wurde und derzeit von ihm geleitet wird[93], schrieb in der gleichen Ausgabe von *Die Welt des Islams* im Zusammenhang mit der Scharia über Häuserkauf, Zinsdarlehen und das *Islamic banking*.[94] Letzteres ist ein bekannter Aspekt der Scharia, wie der Verfassungsschutzbericht des Landes Baden-Württemberg aus dem Jahr 2003 festhält.[95] Dass es absurd ist, eine spezifisch islamische Form des Wirtschaftens zum Thema zu machen, fällt vielen Menschen nicht auf. Dabei würde niemand von buddhistischem, atheistischem, jüdischem, schintoistischem, christlichem oder hinduistischem *banking* sprechen. Der Kapitalismus hat eine universelle Form und Struktur, das Finanzwesen ist ein zentraler Teil davon. Das Ressentiment gegen Geld, Handel und Börse ist nicht vom Islam erfunden worden. Das Christentum, das die Juden jahrhundertelang von vielen Berufen aussperrte, ließ Juden das Geschäft mit dem Geld und dem Zins machen und verteufelte solche Tätigkeiten. Das *Islamic banking* wird auch als *halal banking* bezeichnet.

Alexandre Caeiro bezieht sich in seinem Beitrag auf eine Fatwa des *European Council for Fatwa and Research* (ECFR) aus dem Jahr 1999, die sich mit Muslimen und dem Darlehenskauf eines Hauses in einer westlichen Gesellschaft beschäftigt. Aus Sicht des Islamismus ist „riba" („Wucher") die Grundlage jeglichen auf Zins basierenden Geschäfts. Auf dieses pseudo-antikapitalistische Ressentiment gegen die Zirkulationssphäre des Geldes geht der Autor jedoch nicht ein, dabei ist diese Art von Agitation auch für Rechtsextremisten und früher die Nationalsozialisten ein wichtiges Feld (gewesen). Der Antisemitismus beinhaltet als ein wesentliches Element die Lobpreisung konkreter Arbeit bei gleichzeitiger Abwehr abstrakter Vergesellschaftung und vor allem des Geldwesens. Der Verfasser von *Die Welt des Islams* verschwendet keine Gedanken an eine solche Kritik, es geht ihm nur um das *Wie* des *Islamic banking*. Dabei müsse eventuell auch mal in den sauren Apfel namens Zins gebissen werden, so der Tenor.

Der Präsident jenes *Fatwa-Rates* (ECFR) ist Yusuf al-Qaradawi[96]; er wird wie selbstverständlich eingeführt, und Caeiro erwähnt, die in Frage stehende Fatwa zum Zinsdarlehen beim Häuserkauf sei gar von einer schiitischen Gruppe auf deren Website im Internet veröffentlicht worden. Das zeige an, wie wichtig diese Frage für alle Muslime sei, jenseits der heftigen und historisch begründeten Differenz von Sunniten und Schiiten.[97] Die islamistische Ideologie der Einheit von privater und öffentlicher Sphäre wird nicht kritisch hinterfragt. Vielmehr wird überlegt, ob es eine Lösung des Konflikts gibt: einerseits den Zins umgehen, andererseits die Situation erkennen, dass beispielsweise in Frankreich nur 10% der Muslime gegenüber 56% der nicht muslimischen Franzosen Haus- oder Wohnungseigentümer sind.[98] Eine Begründung für die Fatwa und die Lockerung des Zinsverbots ist folgende: Die Muslime benötigten genügend Platz in den eigenen vier Wänden, um dem Islam angemessen dienen zu können. Diese Position will die Fatwa, die den Kauf von Immobilien mit Hilfe von Zinsdarlehen erlaubt, unterstützen.[99]

Die „Islamische Ökonomie", in der *Islamic banking* ein zentraler Aspekt ist, wurde von einem der wirkungsmächtigsten Islamisten des 20. Jahrhunderts eingeführt: dem indisch-pakistanischen Islamisten Abu al-Ala Maududi (1903–1979). Der Ökonom Timur Kuran befasst sich seit Jahren mit dem *Islamic banking* und hat nach 9/11 eine Kompilation einiger seiner Texte vorgelegt.[100] Maududi sah die *Islamic economics* nicht als eine ökonomische Methode an sich an, eher als großes Puzzleteil, um den Islam in alle Bereiche des Lebens einzubetten und die Überlegenheit des Islam gegenüber dem Westen zu demonstrieren.[101]

> „Auf diese Weise ist für Mawdudi die islamische Ökonomie in erster Linie ein Mittel, um die Vorherrschaft des Islam wieder einzufordern, und erst in zweiter Linie ein Instrument für einen radikalen ökonomischen Wandel."[102]

Die am weitesten verbreitete Form des *Islamic banking* ist das „Murabaha".[103] Wenn ein gläubiger Muslim ein Auto kaufen möchte, kann er zu einer mit der Scharia konformen Bank gehen. Angenommen, der Wagen kostet 20.000 Euro, dann kauft die Bank das Auto zu diesem Preis und verkauft den Wagen für 22.000 Euro an den Interessenten. Der Betrag wird anschließend in Raten zurückgezahlt. Die 2.000 Euro werden in Wahrheit Zinsen genannt, nicht jedoch für der Scharia verfallene Muslime bzw. Islamisten – sie nennen es ‚Gewinn', ‚Resultat ökonomischen Handelns' etc.

Der Leiter des *Zentrums für Antisemitismusforschung*, Wolfgang Benz, nahm am 22. März 2011 zusammen mit seiner viel jüngeren Kollegin und Doktorandin Yasemin Shooman an einer *Islamwoche* in Berlin teil, die unter anderem von der *Finanzberatung für Muslime & Freunde. Zinsfreie Finanzen* (FMF)[104] promotet wurde. Letztere nehmen den Koran wörtlich und propagieren, ganz im Einklang mit dem internationalen Islamismus, unter Bezugnahme auf Mohammed das Verbot des Zinses.[105]

Benz und Shooman unterstützten diese Art von Islamismus bereits mit ihrer aktiven Teilnahme an der *Islamwoche*. Benz verglich zudem in seinem Vortrag die bloße Nennung der Tatsache, dass 70% der in Gefängnissen einsitzenden Gewalttäter Berlins Muslime seien (worauf angeblich manche ‚Kritiker' anspielen), mit der Hetze von Hitler aus den 1930er Jahren gegen jüdische Kinderärzte, die in diesem Beruf mit 89% vertreten seien.[106]

Wie kommt ein Forscher wie Benz darauf, muslimische Kriminelle (unabhängig von ihrem tatsächlichen Anteil an allen Gefängnisinsassen) mit jüdischen Kinderärzten zur Zeit des Nationalsozialismus auch nur in einem Atemzug zu nennen?

Auf der *Islamwoche* wurde, wie erwähnt, über das *Islamic banking* gesprochen[107], das heißt: über die Möglichkeiten der Scharia in Deutschland. Und dies alles mit Unterstützung durch den Schirmherrn Günter Piening[108], Beauftragter des Berliner Senats für Integration und Migration, oder eben von Wolfgang Benz, von dem man eher erwarten sollte, sich als Antisemitismusforscher zusammen mit seinem *Zentrum für Antisemitismusforschung* (ZfA) mit den Antisemitismus-kompatiblen Elementen eines Ressentiments gegen den Zins zu befassen.

Dilwar Hussain schrieb in der von Mathias Rohe herausgegebenen Schwerpunktausgabe von *Die Welt des Islams* zur Scharia und sprach dabei über die islamische Rechtsprechung und den politischen Aktivismus von Muslimen in Großbritannien.[109] Im Brustton der Überzeugung lobte der Autor den Gründer der Muslimbrüder, Hasan al-Banna, für dessen angeblich pro-westlichen Politikstil[110] und betonte, muslimische Aktivisten und Verteidiger der Demokratie hätten nicht zufällig oft Beziehungen zu den Muslimbrüdern.[111] Die islamistische Ideologie der Muslimbrüder wird im Text hingegen nicht dargestellt, geschweige denn hinterfragt. Vielmehr geht Hussain positiv auf politische muslimische Organisationen in Großbritannien ein, wie auf die „Union of Muslim Organisation (UMO)", die größte Dachorganisation der Muslime auf der Insel, den „Muslim Council of Britain (MCB)"[112], das „Forum Against Islamophobia and Racism (FAIR)" oder auch das „Muslim Public Affairs Committee (MPAC)".[113]

Dilwar Hussain ist Mitarbeiter der *Islamic Foundation* im englischen Leicester[114] und „Leiter des Politik-Forschungs-Zentrums" („Head of Policy Research Centre") dieser 1973 gegründeten Stiftung. 2008 hatte sie Einnahmen von über 2,2 Millionen Britischen Pfund[115] (ca. 2,5 Millionen Euro, Stand 23. März 2011), ein wichtiger Aspekt ihrer Arbeit ist der Aufbau einer der größten Bibliotheken in Europa zum Islam. Die Übersetzung islamistischer Werke[116] wie jene von Maududi oder von Sayyid Qutb[117] gehört dazu.

In Markfield, unweit von Leicester, befindet sich die *Föderation der Islamischen Organisationen in Europa* („Federation of Islamic Organisations in Europe", FIOE), ein ehemaliger Leiter dieser Vereinigung ist Ahmed al-Rawi. In seiner Geschichte über den Islamismus (vgl. Kapitel 4.6) schreibt der Publizist Ian Johnson:

> „Das Markfield Conference Center gehört der Islamic Foundation, deren Gründer und Organisatoren der pakistanischen Jamaat-e-Islami nahestehen. Diese Stiftung

zur Förderung des interreligiösen Dialogs besuchte sogar Prinz Charles. Das geschah allerdings, bevor allgemein bekannt wurde, dass die Stiftungsdozenten die terroristische Hamas unterstützen und dass ihre Buchhandlung mit Klassikern der islamistischen Literatur bestückt ist, wie zum Beispiel Sayyid Qutb, Harun Yahya[118] und natürlich Youssef Qaradawi, dem allgegenwärtigen geistlichen Führer der Bruderschaft. In dieses geistige Umfeld passt auch Rawi. Wie Qaradawi glaubt er, Selbstmordanschläge seien gerechtfertigt, solange sie gegen israelische Juden gerichtet sind – sogar wenn es sich bei den Opfern um Kinder handelt. Qaradawi begründet dies ausdrücklich damit, israelische Kinder würden irgendwann erwachsen sein und seien folglich Freiwild."[119]

Die Welt des Islams hat sich von ihrem Autoren Dilwar Hussain, der schon 2004 die *Islamic Foundation* vertreten hat, keineswegs distanziert. Auffallend ist, dass kein einziger Autor dieser Zeitschrift – auch keiner der wenigen halbwegs islamismuskritischen unter den Verfassern – sich traut, problematische Personen oder Ideologeme, die den eigenen wissenschaftlichen Erkenntnissen zutiefst zu widersprechen scheinen, zu kritisieren. Damit bleiben auch Texte wie jener Hussains, der den Islamismus der *Islamic Foundation* und anderer englischer Islamisten unterstützt, unwidersprochen.

In Bezug auf die Verteidigung der Scharia in *Die Welt des Islams* hat der Politologe Bassam Tibi einen wichtigen Aspekt analysiert: Private Spiritualität (so merkwürdig sie einem auch vorkommen mag) verwandelt sich in eine Ordnungsvorstellung. Islam als Glauben wird zu Islamismus:

„Im modernen Europa glaubte man, das Konfliktpotential, das mit den Problemfeldern Religion und Politik korrespondiert, durch die Säkularisierung überwunden zu haben. Die Trennung des Privaten und des Öffentlichen als positives Ergebnis dieser europäischen Entwicklung ist seit dem Westfälischen Frieden, der Reformation und der Französischen Revolution eine gesellschaftliche Realität. (...) Es geht keineswegs um Toleranz gegenüber einer Art der Bekleidung, sondern schlicht darum: Schari'a oder Laicité."[120]

Die herrschende Islamforschung in Deutschland wehrt diese Kritik am Islamismus ab. In einem in einer juristischen Fachzeitschrift veröffentlichten Text zur Scharia bezog sich der oben eingeführte Mathias Rohe 2009 in kämpferisch positiver Weise auf das islamische Gesetz und plädierte dafür, über „‚unproblematische' Aspekte der Scharia" besser zu informieren, also gleichsam Propaganda für den Islamismus zu machen.[121] Interessant ist, in welcher Weise Rohe das Konzept der „taqiyya" erwähnt. Taqiyya besagt, jedenfalls nach der Auslegung renommierter Islamwissenschaftler und Zeitschriften (wie der

Peer-Review-Zeitschrift *Middle East Quarterly* (MEQ)[122], dass Muslime in ‚feindlicher' Umgebung lügen, ihren wahren Glauben verbergen oder beschmutzen können, um schließlich doch zum Ziel der Herrschaft des Islam zu gelangen. Dieses durchaus bemerkenswerte Konzept streift Rohe in seinem Beitrag lediglich im Vorübergehen, ohne es kritisch zu analysieren; mehr noch: er verwirft es.[123] Rode bezieht sich zudem auf die Nichtregierungsorganisation *Human Rights Watch* (HRW) und deren Plädoyer, die in einigen deutschen Bundesländern verhängten Kopftuchverbote wieder abzuschaffen.[124]

Dabei wäre Kritik an der taqiyya wichtig, wie die Analyse des Islamforschers Raymond Ibrahim[125] sowie ein Bericht des 86jährigen Religionswissenschaftlers Richard L. Rubenstein auf der ersten internationalen Tagung der Zeitschrift *Journal for the Study of Antisemitism* (JSA) Anfang Oktober 2010 in New York zeigen: Einer seiner Studenten, den er als Muslim und freundlichen Menschen kennen gelernt hatte, entpuppte sich als jener Times-Square-Jihadist, der mitten in Manhattan am 1. Mai 2010 mit Sprengsätzen in einem abgestellten Auto so viele Menschen wie möglich ermorden wollte. Nur durch Zufall und Glück wurde der Anschlag vereitelt. Rubenstein berichtete, wie schockierend die Erfahrung war, einem Menschen persönlich vertraut und ihm auch an der Universität (in Bridgeport im Bundesstaat Connecticut) kein Misstrauen entgegengebracht zu haben, um dann im Wortsinne schwer enttäuscht worden zu sein. Das geschah, obwohl sich Rubenstein seit längerem intensiv mit Jihadismus beschäftigt und auch die islamistische Strategie des taqiyya kennt. Taqiyya: Genau diesem Konzept ist Faisal Shahzad, der verhinderte Attentäter, gefolgt.

Doch zurück zu *Die Welt des Islams*. Die Professorin für Islamwissenschaft am *Institut für Islamwissenschaften* der *Freien Universität Berlin* Birgit Krawietz[126] schrieb 2002 einen Beitrag über islamisches Recht und „islamische Norm". Dabei stand eine Art ‚Zusammenstückeln' verschiedener Rechtsnormen im Islam im Vordergrund, die „talfiq".[127] Ohne jede Distanz werden in diesem Text unterschiedliche islamische Normen und Gesetze dargestellt. Talfiq wird als ‚Hinterfragen' von einer (noch) rigideren islamischen Auffassung, dem „taqlid", unterschieden.[128] Nur am Rande sei erwähnt, dass im vorherrschenden sunnitischen Islam vier bestimmende Rechtsschulen existieren: Hanafiyya, Malikiyya, Schafi'iyya und Hanbaliyya. Daneben gibt es für den schiitischen Islam Rechtsschulen wie die dort vorherrschende Schule der Dschafariya.

Krawietz stellt verschiedene Stränge einer Diskussion über das Wechseln von einer zur anderen Rechtsschule dar, ohne auch nur im Geringsten das Prinzip der islamischen Rechtsnorm, der Scharia, zu hinterfragen. Es geht ihr nur um die Frage, *welche* Art von Scharia die jeweils richtige ist.

In einem anderen Text über Humor, Witz und Islam äußert Krawietz[129] Grundsätzliches über die Scharia, was aufhorchen lässt:

> „Auch religiöses Recht, welches nicht staatlicherseits verankert wurde, vermag Verhaltenserwartungen gläubiger Muslime zu steuern. Ohnehin ist nur ein Bruchteil der Normbestimmungen islamischer Jurisprudenz einer sanktionierenden, richterlichen Entscheidung zugänglich, das Gros der Vorschriften wird erst im Jenseits abgeprüft. In diesem Sinne kann die Scharia gar nicht abgeschafft werden."[130]

Eine solche Behauptung ist für eine Wissenschaftlerin bemerkenswert. Denn Krawietz geht a priori von der Existenz eines Jenseits und der Vorstellung aus, in einem solchen Jenseits würden dann „Vorschriften" „abgeprüft" werden.

Auch andere Gläubige, wie Christen, Buddhisten oder Hinduisten, glauben an solche „Prüfungen" nach dem Tod und betrachten das Diesseits mit Bitterkeit sowie als unter dem bösen, alles überwachenden Auge der Religion stehend. Kinder können mit solchen A-priori-Setzungen (a posteriori kann es solche Aussagen nicht geben, da kein Toter von den ‚Prüfungen' nach dem Tode berichten kann) mächtig eingeschüchtert werden: Ihnen wird Angst vor dem alles sehenden Gott gemacht. Viele muslimische wie auch christliche und andere religiös erzogene Kinder sind ein Leben lang, in ganz unterschiedlichem Maße, gezeichnet von der Furcht vor solchen „Prüfungen" nach dem Tod.

Krawietz sagt ganz offen, dass die Scharia, das islamische Gesetz in all seinen Formen, nicht abgeschafft werden könne. Eine solche Sichtweise setzt jedoch voraus, dass die Scharia existiert. Moderate Muslime und eher kritische Islamforscher wie Bassam Tibi (vgl. Kapitel 7.2) sehen die Behauptung, dass es die Scharia gibt und dass die Menschen nach dem Tod nach den (eingebildeten) Regeln der Scharia „abgeprüft" werden, als Hybris von Islamisten an. Krawietz hingegen, zu diesem Zeitpunkt (2008) Mitarbeiterin am *Zentrum Moderner Orient* (ZMO), nimmt die Vorgabe der Islamisten und die Scharia als etwas für immer Gegebenes an, jedenfalls im „Jenseits". Sie legitimiert de facto sogar die Todes-Fatwa gegen Salman Rushdie, wenn sie schreibt:

> „Humor darf nicht zur Missachtung religiöser Kernbestandteile einladen und in Untersagtes oder gar Verbotenes ausarten. Klassisches islamisches Recht kennt ferner die Sanktionierung von Nichtmuslimen im islamischen Reich, welche sich blasphemisch geäußert haben. Die Proteste verunsicherter Muslime gegen Rushdie und

> Co. knüpfen auch an solche Erwartungen von Respekt an und sind eben kein Ausdruck einer irgendwie gearteten essentiellen Humorferne des Islam."[131]

Die bis heute fortdauernde islamistisch motivierte Agitation gegen Rushdie – propagiert vor allem vom Iran, wo die Todesfatwa von Ayatollah Khomeini erlassen wurde – wird in der Rede von den „verunsicherte[n]" Muslimen, denen Rushdie nicht genügend „Respekt" erwiesen habe, weggewischt. Nur zur Erinnerung, was es mit dem Fall Rushdie auf sich hat:

> „Als der Buckingham Palace ankündigte, dass Salman Rushdie in den Ritterstand erhoben würde, hagelte es Proteste gegenüber Elisabeth II. aus islamischen Räumen. In Teheran und Islamabad wurden die britischen Botschafter einbestellt und hörten Unmut über den ‚verhassten Apostaten'. In Malaysia wurde der Mob gewalttätig. Ein islamischer Verein für Märtyrer setzte ein Kopfgeld auf den Dichter aus. Alles schlug am 16. Juni 2007 hohe Wellen, als Rushdie zum Geburtstag der Königin den Ritterschlag erhielt. Der Al-Qa'ida- Führer Aiman az-Zawahiri nannte dies ‚Anschlag auf den Islam' und drohte eine präzise Reaktion an. Zwei Jahrzehnte zuvor hatte sich auch das Ostberliner Ministerium für Staatssicherheit mit dem indisch-britischen Autoren befasst. In der Hauptabteilung ‚Terrorabwehr' hieß es am 2. März 1989 (...): Auf den Schriftsteller Salman Rushdie soll am 15. März 1989 ein Anschlag verübt werden. Die Ankündigung eines Mordes in zwölf Tagen kam aus Kreisen der Westberliner Palästinenser. Der einst in London lebende Poet schwebte in Gefahr, denn ein Jahr zuvor hatte ihn Irans Revolutionsführer Ayatullah al-Khumaini durch eine Fatwa zum Tode verurteilt. Rushdies (viertes) Buch (1988), ‚Die Satanischen Verse', erklärte der Iraner in Radio Teheran, sei eine Blasphemie gegen den Islam. Am 7. März 1989 brachen daher Teheran und London ihre Beziehungen ab, was ein Jahrzehnt anhielt."[132]

Auf diese Fakten und Hintergründe geht Krawietz jedoch nicht ein. Die Islamwissenschaftlerin verharmlost vielmehr den weltweiten Aufruhr und die über 200 Toten, die es im Gefolge der gezielten Ausschreitungen aus Anlass der dänischen Mohammed-Karikaturen Anfang 2006 gab. Krawietz hat ein unfreies Verständnis von Humor und Cartoons, wenn sie ähnlich wie die Islamisten behauptet, religiöse Gefühle dürften nicht verletzt werden; sie nennt es „Erwartungen von Respekt". Warum aber sollte man vor einer Person wie einem Propheten grundsätzlich „Respekt" haben müssen und ihn (oder sie) nicht karikieren dürfen?

Interessant zu wissen wäre es in diesem Kontext, was Krawietz zu antisemitischen Karikaturen aus der islamischen Welt sagt, etwa zu den „Holocaust-Karikaturen", die 2006 im Zuge eines iranischen Cartoon-Wettbewerbs angefertigt wurden, und zu Websites, die in der Folge entstanden sind.

Mehr noch: Die – offene oder faktische – Entsolidarisierung gegenüber den dänischen Karikaturisten ist ein bezeichnender Ausdruck des deutschen Nicht-Verhältnisses zur Freiheit. Während Gerechtigkeit (genauer gesagt: das, was viele in Deutschland darunter verstehen) und Gemeinschaft (man denke hier vor allem an die ‚Volksgemeinschaft') weiterhin hoch im Kurs stehen, sind Individuen, die sich für die Freiheit einsetzen, verpönt.

1.3) Jihad

„Im Haß auf ‚die, die schwelgen und genießen, wie das Vieh genießt' (Sure 47, 13 – El Koran 1995: 576) verschärft der Islam noch die Haltung des Christentums: ‚Mein Feind ist mein Leib', sagte Franz von Assisi. Die ganze Welt niederzwingen wollen, heißt, mit dem eigenen Körper zu beginnen: Als Gegenstand des *Jihad* wird *Nafs* in der Literatur ‚mit ‚niederes Selbst', ‚niedere Triebe' oder ‚fleischliches Begehren' wiedergegeben. *Jihad an-Nafs* ist demnach die islamische Bezeichnung für die Bezwingung der eigenen ‚Triebhaftigkeit'. Sie gilt als notwendig, um die Einheit Gottes (Tawhid) zu erreichen' (Marian 2003: 26). Da Islam wörtlich Selbstaufgabe und Unterwerfung bedeutet, hat jeder Muslim zunächst sich selbst aufzugeben und zu unterwerfen; was aufgegeben und unterworfen wird, ist aber nichts anderes als eine Beziehung zum Trieb, die relative Autonomie gegenüber der repressiven Instanz auszubilden vermag. Der *Jihad an-Nafs* wäre somit ‚der Inbegriff des *Jihad*, weil erst durch ihn die Unterwerfung unter Gottes Willen, die den Islam ausmacht, gesellschaftliche Praxis wird' (Ebd.)."

GERHARD SCHEIT, Suicide Attack, 2004[133]

Psychoanalytische Kritik findet man in islamwissenschaftlichen Studien kaum. Daher kann Gerhard Scheits Analyse, die hier im Prolog anklingt, als Anregung für die Islamwissenschaft und alle anderen Interessierten verstanden werden, nachzuhaken. Eine Hinterfragung des Jihad-Begriffs ist von zentraler Bedeutung, da es nicht ‚nur' um den politischen und militärischen Kampf der Islamisten mit ihrer Umwelt geht, sondern darüber hinaus um den Kampf der Jihadisten gegen ein ‚Ich' und gegen Autonomie. Sie haben einen obsessiven Zwang zur Heteronomie, bestimmen daher auch nur allzu gerne, wann andere Menschen sterben sollen, und exekutieren ihre Opfer mit Selbstmordanschlägen. Im Folgenden wird gezeigt werden, inwiefern sich die islamwissenschaftliche Fachzeitschrift *Die Welt des Islams* mit dem Jihad befasst.

2002 erschien in *Die Welt des Islams* eine Darstellung von Jihad und Islam im 19. und frühen 20. Jahrhundert; darin geht es um den heiligen Krieg („jihad") 1828–1859, 1877 und 1919–1921 in Dagestan und dem Nordkaukasus sowie in der frühen Sowjetunion.[134] Es werden Netzwerke von „Naqshbandiyya Khalidiyya", eines Zweiges der Sufi-Version des Islam, analysiert. Scheichs und deren „Flexibilität" in schwierigen Zeiten sind dabei von Interesse, Bündnisse von unterschiedlichen Gruppen, die den Jihad anstreben, entweder einen äußeren gegen die ‚Feinde' oder/und einen ‚inneren'. Der Autor

Michael Kemper hebt gegen Ende des Textes die Bedeutung mancher ideologischer und taktischer Aspekte des Islamismus für die Situation der Muslime im heutigen Dagestan hervor[135], ohne allerdings näher auf die Frage einzugehen, ob es nicht eine große, bis heute währende Gefahr einer „Sharia Monarchy“ in einem „North Caucasian Emirate“ gibt. Er erwähnt lediglich, dass eine solche islamistische Monarchie im Jahr 1919 von Udhun-Hajji ausgerufen wurde.[136] Die Bedeutung der Muslime, zumal die der strenggläubigen und islamistischen unter ihnen, für die Geschichte der bis heute konfliktbeladenen Region Nordkaukasus wird betont, ohne dass die Gefahr des islamistischen Wirkens seit dem 19. Jahrhundert analysiert wird.

Ein weiterer von Kemper verfasster Text, die Rezension eines Buches über den Sohn des sudanesischen Mahdi, Abd al-Rahman al-Mahdi[137], hat trotz der kritischen Sichtweise wenig zum islamistischen Konzept des Sudan im 19. bzw. 20. Jahrhundert zu sagen. Dafür werden Fotografien gewürdigt – darunter die Reproduktion eines Briefes des Gründers der Muslimbrüder, Hasan al-Banna, an Abd al-Rahman al-Mahdi sowie dessen Antwort –, ohne dass ausgeführt wird, was das für die Muslimbrüder und den Sudan bis heute bedeuten könnte.[138] Eminent politisch-historische Entwicklungslinien werden nicht verfolgt. Der Islamismus als Problem der Weltpolitik lange vor 9/11 wird nicht in den Fokus gerückt.

Interessant, aber eher eine Ausnahme für die Zeitschrift *Die Welt des Islams*, ist die Analyse von Armin Hasemann über Apostasie (‚Abfallen vom Glauben‘) in Ägypten. Dabei stellt der Verfasser den Mord an Farag Foda, einem ägyptischen Intellektuellen und Journalisten, am 8. Juni 1992 durch zwei Angehörige der „militanten Untergrundorganisation Islamische Gemeinschaften (al-Gamaat al-Islamiya)“ in den Kontext der Abkehr vom Glauben und der Beziehung zur Islamkritik.[139] Die beiden Verteidiger der Mörder, Mahmud Muhammad Marzu'a und der Prediger Muhammad al-Gazzali, rechtfertigten den Mord. Die Angeklagten wurden zum Tode verurteilt und hingerichtet. Der Staatsmufti Sayyid Tantawi befand, das Urteil bewege sich im Rahmen der Scharia.[140] Hasemann behauptet, dem Koran könne nicht entnommen werden, dass Apostasie mit dem Tode zu bestrafen ist. Sie sei gleichwohl eine schwere Sünde, die in jedem Fall nach dem Tode gesühnt werden müsse – bereits dieses typische islamistische Muster der Einschüchterung ist schon bemerkenswert genug. Auffällig ist, wie sich heutige so genannte Reformisten zu den Apostaten äußern:

> „Bemerkenswert ist darüber hinaus, daß es auch gemäßigten Reformisten nicht gelungen ist, sich völlig von der Apostasiestrafe zu distanzieren. Jene Reformisten, deren Ziel es war, sich vom ‚Ballast der Doktrin' zu befreien und durch direkten Rückgriff auf die Quellen zu den Wurzeln des Islams und einer Erneuerung im Sinne der Altvorderen zu gelangen, bleiben bei der Interpretation der Quellen selbst traditionellen Denkmustern verhaftet. Sooft die zweifelhafte Gültigkeit eines hadit al-ahad betont und gar das Nichtvorhandensein koranischer Belege eingestanden wird – die Konsequenz, diese nur mittels gedanklicher Hilfskonstruktionen zu rechtfertigende Kapitalstrafe für Andersdenkende fallenzulassen, bleibt dennoch aus. Auch über die Art der Strafe wird nicht diskutiert. Ein Paradebeispiel für diese Argumentationsweise ist as-Samarra'i. Anders als Mazur'a, der, wie gesehen, vor allem diejenigen Zitate aus den Quellen herausgreift, die seine Sichtweise untermauern, scheint er über weite Strecken seines Werkes tatsächlich bemüht, den ‚wahren' Geist der Quellen zu extrahieren und kommt dabei letztendlich zu dem besagten Schluß, daß die Tötung friedfertiger Apostaten in diesen – und vor allem im Koran – nicht nachweisbar ist. Unter diesen Umständen scheint es überraschend, wenn er die Tötung dennoch rechtfertigt und bemerkt, der Islam sei eben nicht nur Religion, sondern auch eine Nationalität, und der Abfall komme dem Verlust derselben gleich[141] da er Verrat bedeute. Daß aber Feinde des Islams zu bekämpfen seien, bejahen aufgrund der Quellenlage sogar liberale Gelehrte. Für den Fall Foda bedeutet dies, daß er ohnehin hätte getötet werden müssen, denn er galt mehr als ein bloßer Apostat, da er öffentlich für seine Überzeugungen eintrat."[142]

Hasemann kommt zu dem Schluss, es müsse darum gehen, die „Beschränkung der Religion auf die Privatsphäre" zu erkämpfen, wiewohl er anmerkt, es sei völlig offen, ob es eine Akzeptanz für „die Lösung von der Tradition im Bewußtsein der islamischen Massen" geben werde.[143]

Ein anderer Text in *Die Welt des Islams* ist weniger islamkritisch. Die deutsche Übersetzung des Buches *Imperialismus in Namen Allahs* des international bekannten Islam- und Nahostforschers Efraim Karsh[144] wurde dort wie folgt besprochen:

> „Imperialismus im Namen Allahs ist das Buch eines kenntnisreichen Historikers, der dem modischen Trend der pauschalisierenden Verunglimpfung des Islams und der Araber folgt und dessen politische Interessen seine Terminologie und Geschichtsanalyse deutlich dominieren."[145]

Dem Rezensenten Thomas Philipp gefällt bereits die Fragestellung nicht, ob der Islam gefährliche, imperiale, oder, sagen wir, seine Herrschaft ausdehnende Tendenzen hat. Er moniert, der Begriff „Imperialismus" sei ganz unzutreffend, da es sich nicht um eine funktionale „Arbeitsteilung in der Wirtschaft zwischen Peripherie und Metropole unter ungleichen Machtverhältnissen"[146] handele. In diesem Zusammenhang ist es fraglich, ob ein solch alter Begriff von Imperialismus überhaupt eine Rolle spielt; vielmehr müsste es darum gehen, einer interessierten Öffentlichkeit zu zeigen, ob oder/und wie der Islam sich ausbreitete.

Die Rezension stellt nicht dar, inwiefern sich nach den Ausführungen von Karsh der Islam als imperialistisch (oder seine Herrschaft ausweitend) definieren lässt. Der *Welt des Islams* ist der Ansatz eines kritischen Zugangs zu Geschichte, Politik und Ideologie des Islam suspekt, womit die Tendenz deutscher Nahost- und Islamforschung geradezu prototypisch auf den Punkt gebracht wird:

> „Der Titel [von Karsh, d.V.] ist Programm. Er fügt sich geschmeidig in eine Reihe von Titeln rezenter Veröffentlichungen: ‚Weltherrschaft des Islam', ‚Schreckens Männer' ‚Versiegelte Zeit'. Sie alle bedienen einen wachsenden Markt von Lesern, die ‚schon immer' wussten, dass der Islam in seinem Wesen aggressiv (Kampfaxt) und expansiv (Imperialismus, Weltherrschaft) ist und das gerne noch einmal schwarz auf weiß bestätigt sehen."[147]

Es gibt im heutigen Deutschland, zumal unter Akademikern an Universitäten oder Forschungsinstituten, kaum Debatten über mögliche imperiale Gelüste des Islam. Wolfgang G. Schwanitz kommt in einer kritischen Rezension des Buches von Karsh (der englischen Ausgabe) gleichwohl zu anderen Resultaten als der Mainstream, ungeachtet einer Kritik mancher Begrifflichkeit bei Karsh wie Imperium, Weltherrschaft und insbesondere „Ware und Weltmarkt". Schwanitz weist auf eine Paradoxie hin, die darin bestehen könnte, dass durch eine „Islamisierung" auch des Westens eine weltumfassendere Herrschaft des Islam als Gefahr im Raum schwebt.[148] Dabei geht es ihm nicht darum, dass Muslime im Westen leben, vielmehr um die zunehmende Ideologisierung, die man genau genommen eine „Zunahme der islamistischen Tendenzen" nennen müsste. Viele rechte, konservative oder reaktionäre Autoren und Aktivisten, vermeintliche ‚Islamkritiker', die jedoch gerade nicht auf den Islamismus als spezifisches und gefährliches, weltweites Phänomen zielen, sind eher als Rassisten zu bezeichnen, wenn sie die bloße Existenz von Muslimen in Europa oder dem Westen thematisieren.

Beiträge, die grundsätzlich das Konzept oder die verschiedenen Versionen des Jihad im heutigen Islam untersuchen, gab es nach 9/11 in der Zeitschrift *Die Welt des Islams* kaum. Zwar kommt der Jihad immer wieder einmal als Thema vor, doch es gibt keinen einzigen längeren Text, der sich der heutigen Bedeutung und Ausprägung des Jihad-Konzepts widmet. Auch das Fehlen einer kritischen Analyse der je persönlichen Beweggründe, zum Jihadisten zu werden oder ‚Jihad zu machen', ist für die Post-9/11-Islamforschung charakteristisch. Die Verbindung von Jihad und islamischem Imperialismus ist in der internationalen Forschung hingegen seit langem ein wichtiges Thema, siehe z.B. die Forschungen von Efraim Karsh. Er geht auf die ‚Liebe' der Islamisten ‚zum Tod' ein; der ehemalige Al-Qaida-Führer Osama Bin Ladin (1957–2011) stellte selbst darauf ab:

> „Warum aber sollten die Muslime in diesem Krieg gegen die weitaus reichere und besser ausgerüstete ‚Koalition der Juden und Kreuzfahrer' die Oberhand behalten? Weil sie den Tod so liebten wie der Feind das Leben. ‚Wo war eure angebliche Tapferkeit nach der Explosion in Beirut [von 1983]?', spottete bin Laden über die Versicherung der US-Regierung nach dem Anschlag von Khobar, den Kampf gegen den Terror zu verstärken. ‚Ihr wurdet damals zerfetzt und in Stücke gerissen; 241 Marines wurden getötet. Und wo war diese eure Tapferkeit, als euch zwei Explosionen binnen nicht einmal 24 Stunden aus Aden vertrieben?' – ‚Unsere jungen Leute glauben an das Paradies nach dem Tod', fuhr bin Laden voll Verachtung fort."[149]

Bin Ladin sprach die Todessehnsucht als wesentliches Element der Ideologie des Islamismus unverfroren aus. Wie Karsh zeigt, stellte sich Bin Ladin in eine Kontinuität des islamischen Imperialismus seit Mohammed:

> „Seiner Ansicht nach ist sein jihad gegen die ‚Allianz aus Juden und Kreuzfahrern' die natürliche Fortsetzung des jahrhundertealten Kampfes des Islam um die Weltherrschaft, der bis zum Propheten Mohammed zurückreicht. ‚Wir haben unser Land für einen jihad auf dem Wege Gottes verlassen', erklärte bin Laden 1999 gegenüber dem arabischen Fernsehsender al-Dschasira. ‚Und für Gott (gelobt und gepriesen sei Er!) haben wir diese heilige hijra unternommen, um die Einrichtung der Scharia zu erleichtern.' Dass bin Laden den Begriff hijra verwendet, um die Aktivitäten von al-Qaida zu beschreiben, ist kein Zufall. So wie Mohammed gezwungen war, aus seiner Geburtsstadt Mekka zu fliehen, um für die weltweite Ausbreitung des Islam kämpfen zu können, sieht sich bin Laden, der ebenfalls aus dem Hedschas stammt, als Diener Gottes, der von einem abtrünnigen Regime aus seiner Heimat vertrieben wurde und sein Exil nun als Ausgangspunkt für einen Heiligen Krieg auf dem Wege Gottes nutzt."[150]

1.4) Halbmond und Hakenkreuz

Im folgenden Kapitel geht es um die Beziehung des Nationalsozialismus zum Islamismus. Darüber hinaus wird ein Blick auf den Antisemitismus in Ägypten nach Ende des Zweiten Weltkriegs geworfen, um zu prüfen, ob die Nazi-Ideologie und die antijüdische Praxis im Nahen Osten fortwirkten (vgl. Kapitel 3.1).

Ein Jahr nach dem Massenmord vom 11. September trafen sich einige Nahost- und Islamwissenschaftler im *Zentrum Moderner Orient* (ZMO) in Berlin zu einer internationalen Tagung über die „komplexen Beziehungen zwischen dem nationalsozialistischen Deutschland und der arabischen Welt".[151] Einer der beiden Herausgeber des 2004 erschienenen Tagungsbandes ist der Historiker René Wildangel (Jg. 1973), der im Jahr 2009 als Fraktionsreferent von *Bündnis 90/Die Grünen* für Kerstin Müller, Bundestagsabgeordnete und außenpolitische Sprecherin der Partei, auf einer Reise nach Israel und in die „palästinensischen Gebiete" dabei war.[152] Vor diesem Hintergrund ist es interessant, was Wildangel unter Forschung versteht und wie er sich dem Nahen Osten methodisch und thematisch nähert. Er und sein Co-Herausgeber Peter Wien schrieben in der Einleitung des Bandes von 2004:

> „Unter den Bedingungen des Nahostkonflikts ist die Thematik zu einem verbreiteten historiographischen wie populärwissenschaftlichen Topos geworden, der sich teilweise zu einem regelrechten Mythos ausgewachsen hat. Besonders israelische und ‚westliche' Autoren vermitteln bis heute den Eindruck besonderer, quasi genuiner und auflöslicher Affinität der Araber zu nationalsozialistischer, faschistischer bzw. neofaschistischer Politik und Ideologie. Zuletzt hat Dan Diner in seiner Aufsatzsammlung ‚Gedächtniszeiten' im Hinblick auf die israelische Historiographie bemerkt, dass ‚marginale und gemessen an den relevanten ereignisgeschichtlichen Persönlichkeiten der arabischen Nationalbewegung mit den deutschen Nazis regelrecht zu einem Forschungszweig aufgewertet' wurden. Im Verlauf des Nahostkonflikts hat der Mythos der ‚profaschistischen Araber' verschiedene Formen angenommen und unterschiedliche Funktionen erfüllt: Auf seinem Höhepunkt erlaubte er, die arabischen Kriegsanstrengungen und palästinensischen Kommandoaktionen gegen Israel mit Hinweis auf einen dämonisierten ‚Großmufti' in die Nähe der nationalsozialistischen Judenverfolgung zu rücken, sie gar als eine Fortsetzung des Holocaust zu interpretieren."[153]

Diese Suada gegen jedwede Kritik am deutsch-arabischen Verhältnis haben die Autoren *nach* 9/11 verfasst. Sie tun so, als ob Islamisten sowie arabische und andere Antizionisten und Antiamerikaner in den Jahren 2001 und 2002 nicht mörderisch aktiv gewesen wären.

Der Historiker Robert Wistrich beispielsweise kam bei einem Mordanschlag an der *Hebräischen Universität* in Jerusalem auf dem Mount Scopus im Juli 2002 nur deshalb nicht ums Leben, weil er zufällig nicht vor Ort war, als ein Sprengsatz der Hamas neun Israelis und Amerikaner in der von ihm regelmäßig (auch an jenem Tag) besuchten „Frank Sinatra Cafeteria" tötete und 80 verletzte. In Gaza-Stadt wurde das Massaker gefeiert.[154]

Im Jahr 2008 wandte sich eine Gruppe von Kritikern an eines der größten Museen zur Geschichte des Holocaust, das *United States Holocaust Memorial* (USHM) in Washington D.C., und protestierte gegen eine deplatzierte sowie die Rolle jenes Großmufti zur Zeit des Nationalsozialismus verleugnende, ihn tendenziell eher als „moderat" präsentierende Darstellung. Doch Wildangel und Wien behaupten (wie oben zitiert), der Großmufti von Jerusalem werde „dämonisiert". [155]

In einem Dokumentenband des *Zentrums Moderner Orient* (ZMO), einer Sammlung von „Mufti-Papieren", herausgegeben von dem in der DDR ausgebildeten Arabisten Gerhard Höpp, proklamiert der Herausgeber in der knappen Einleitung, den Großmufti „nicht denunzieren" zu wollen. Dabei stellt sich die Frage, warum man einen Großmufti, der eng mit den Nationalsozialisten kooperierte, wie aus den Briefen hervorgeht, eigentlich nicht denunzieren und kritisieren soll.[156] Auch René Wildangel, der für die junge Generation im Umfeld des ZMO steht, wehrt in seiner Dissertation luzide Kritik von muslimischem und arabischem Antisemitismus ab.[157] Er wendet sich zudem gegen die Verwendung des Begriffs „Islamofaschismus". Bezeichnend ist, wie er das Thema einführt:

> „Dass mit dem Erstarken neokonservativer Kräfte in den Vereinigten Staaten besonders nach den Anschlägen des 11. September 2001 auch das ‚Pro-Nazi-Narrativ' (Gershoni) neuen Auftrieb bekommen hat, scheint kaum verwunderlich."[158]

Kein Wort der Trauer ob der Ermordeten und kein Wort über die islamistische Ideologie, die zu diesem Massenmord führte. Wildangel attestiert dem Historiker Robert Wistrich vielmehr eine „unkritische Vorgehensweise", da er vom „‚Arab-Nazi-Nexus'" spreche.[159] Dann wehrt der jungdeutsche Forscher die Analyse des Holocaust-Historikers Yehuda Bauer, der den „radikale[n] Islamismus eine neue totalitäre Bewegung" nenne, als „grob vereinfachend" ab.[160] Wildangel attackiert auch die Forscher Daniel Pipes, Josef Joffe und Matthias Küntzel:

> „In Anlehnung an Pipes wittert Küntzel eine Verschwörung der deutschen Nahostwissenschaftler, welche die Thematik des Muftis und entsprechende Veröffentlichungen, ‚in Fachbüchern, in Universitätsseminaren (zum Beispiel den Islamseminaren der Freien Universität Berlin) wie auch in der medialen Öffentlichkeit systematisch ignoriert' hätten. Josef Joffe hat in einem Leitartikel in der Zeit nach den terroristischen Anschlägen den Begriff des Islamofaschismus an prominenter Stelle benutzt und den Europäern vorgeworfen, aufgrund von Schuldgefühlen dieses Phänomen zu ignorieren. (...) Um eine weitere Instrumentalisierung zu verhin-

> dern, ist eine Versachlichung der Debatte mit historischen, soziologischen und kulturwissenschaftlichen Beiträgen geboten."[161]

Schon 2004 hat Wildangel zusammen mit der Islamwissenschaftlerin Sonja Hegasy für die *Süddeutsche Zeitung* den Begriff *Islamofaschismus* wie folgt beschrieben:

> „Der ‚Islamo-Faschismus' ist die bisher letzte Wortkreation im Wettrüsten der Antagonismen. Sie dient dazu eine ganze Religion zu diffamieren. Unterschwellig formiert sich hier gerade ein neuer gesellschaftlicher Konsens: ‚Wir sind es nicht – es sind die Muslime...' Nein, es sind nicht alle Muslime. Weltweit sind muslimische Gesellschaften – trotz Armut und Demütigung à la Versailles – keine faschistischen Gesellschaften geworden. Diesen wesentlichen Unterschied sollte man vor Augen haben, wenn man über eine Konfliktlösung für Nahost nachdenkt."[162]

Doch wer soll behauptet haben, „alle Muslime" oder „die Muslime" seien Vertreter eines Islamofaschismus? Das ist nichts als eine Einbildung von Wildangel und Hegasy; sie bringen keine Belege für ihre Behauptung und basteln stattdessen lieber Pappkameraden, die abzuschießen ihnen offenbar Freude bereitet und eine einfache Übung darstellt. Vermutlich sind die allerwenigsten Muslime (politisch aktive und organisierte) Faschisten, aber jene, die es sind, sind wahr- und ernst zu nehmen (vgl. z.B. Kapitel 1.7.4 zu den deutsch-türkischen Hitler-Fans im Jahr 2010 und Kapitel vier über die Beziehung der Nazis zu Muslimen im Zweiten Weltkrieg und über die Entwicklung des Islamismus nach 1945).

Hegasy und Wildangel gehen nicht darauf ein, was die Befürworter des Begriffs „islamischer Faschismus" für Quellen und Analysen bieten. So schreibt Robert Wistrich in einer 2002 erschienenen Bestseller-Broschüre für das *American Jewish Committee* über „Muslimischen Antisemitismus"[163], der Nationalsozialismus habe viele Ähnlichkeiten mit der Ideologie der „muslimischen Fundamentalisten". Die Agitation der Letztgenannten gegen Amerika und den Zionismus, die Verbreitung antisemitischer Verschwörungstheorien und auch der offene „Dank an Hitler"[164], wie er in einem Text in einer regierungsnahen Zeitung in Ägypten im April 2001 deutlich wird, belegen das.

Sodann bedienen die beiden Forscher des ZMO die These, Hitler sei wegen der „Demütigung" von „Versailles" an die Macht gekommen. Es ist beachtlich, wie Wildangel und Hegasy mit dem Codewort „Versailles" umgehen. Entweder sie benutzen bewusst diesen rechtsextremen und völkischen Topos der Weimarer Republik, oder sie sind kenntnislos; in jedem Fall bedienen sie (unbewusst, gleichsam automatisch) das Muster der Schuldabwehr. In der Weimarer Republik war die Agitation gegen den Friedensvertrag von Versailles ein essenzieller Bestandteil antirepublikanischer Propaganda. Die *Deutschnationale Volkspartei* (DNVP) beispielsweise agitierte im Jahr 1924 in ihrem Aufruf für die Wahl im Mai jenes Jahres wie folgt:

> „‚Wir wollen frei sein, wie die Väter waren!' – Diese Losung steht am Anfang und Ende aller deutschnationalen Politik. Frei von äußerer Fremdherrschaft; frei vom Marxismus, der uns Frieden, Freiheit und Brot versprach, aber Unfrieden, Knechtschaft und Not gebracht hat, frei von dem mit dem Marxismus allzeit verbündeten Judentum! Darum wollen wir: Zerreißung des Lügengewebes von deutscher Kriegsschuld. Los von dem Diktat von Versailles! Ablehnung aller Versuche, zu den alten Ketten neue zu schmieden."[165]

Näher am Kenntnisstand der beiden Mitarbeiter des *Zentrums Moderner Orient* ist vermutlich die Benutzung des Begriffs „Versailles" durch den Guru des Postorientalismus, Edward Said. Er bedient ein sowohl den Nationalsozialismus als auch den arabischen und muslimischen Extremismus, Islamismus und Antisemitismus entwirklichendes Muster, wie der Germanist und Publizist Gerhard Scheit analysiert:

> „Said bezeichnet das Friedensabkommen von Oslo als ‚ein palästinensisches Versailles'. (...); darin aber spricht sich eine Drohung gegenüber den Israelis aus, die in ihrer Unheimlichkeit wirklich etwas vom inneren Wesen der Selbstmord-Attentate verrät: der Holocaust erscheint in dieser Perspektive schließlich auch als ein ‚Akt der Schwäche und Verzweiflung' – eben des deutschen Volks. (Übrigens hat der deutsche Friedensfreund Ludwig Watzal inzwischen diese Formulierung vom ‚palästinensischen Versailles' (...) dankbar aufgegriffen)."[166]

Im Gegensatz zu Wildangel – der eine Analyse der möglichen Beziehung von Islamismus und Faschismus abwehrt und damit für weite Teile der jüngeren wie der herkömmlichen Historiografie, Islam- und Nahostforschung in Deutschland steht – kommt man bei einer empirischen Analyse schnell auf ganz andere Fährten. Wiederum ist Ägypten, das größte und bedeutendste arabische Land, ein Beispiel. Aus Anlass des 28. Jahrestags der *Balfour Declaration* bereiteten Antizionisten in Kairo Aktionen für den 2./3. November 1945 vor. Nur wenige Monate nach dem Ende des Holocaust schrieben sie:

> „Am 2. November 1917 versprach Lord Balfour im Namen der Britischen Regierung den Juden, Palästina zu ihrer nationalen Heimstätte zu machen. Streikt an diesem Tag, um eurem Ärger über dieses Versprechen Luft zu machen. Arbeitet mit euren arabischen Brüdern zusammen im Kampf gegen den Zionismus." (...) „Bereitet euch

auf den Kampf gegen den Zionismus und seine Unterstützter vor, die Palästina und die arabischen Länder zu einem Land für den Zionismus machen wollen."[167]

Eine Darstellung und Kritik des Antizionismus findet man bei deutschen Islamforscherinnen und Islamforschern gleichwohl selten. Eine der führenden Islamwissenschaftlerinnen in Deutschland, Gudrun Krämer (Jg. 1953), Leiterin des *Islamwissenschaftlichen Instituts* an der *Freien Universität Berlin* (FU), wird in dieser Studie an mehreren Stellen mit ihren Arbeiten näher analysiert (vgl. insbesondere die Kapitel 2.2, 2.3 und 3.2). Der von ihr und vielen anderen führenden Islamforschern als harmlos, charismatisch und freundlich vorgestellte Gründer der Muslimbrüder, Hasan al-Banna (vgl. Kapitel 2.2), war beim Straßenkampf gegen Juden in Kairo im November 1945 aktiv beteiligt. Der Historiker Michael M. Laskier berichtet:

„Nach ergänzenden Informationen der Jewish Agency wurden antibritische und antizionistische Abhandlungen an den verschiedenen Universitäten in Kairo verteilt. Das wurde von der Muslimbruderschaft, der Young Men's Association (YMMA) und dem Jungen Ägypten unterstützt. Auf den Grundstücken dieser Organisationen wurden von den jeweiligen Führern Reden gehalten, mit der Absicht, die Zuhörer zu einer antibritischen Front zu ermutigen. Hasan al-Banna von der Muslimbruderschaft, Ahmad Husayn vom ‚Young Egypt' und Muhammad Salih Harb Pasha (dessen Unterstützung für den Panislamismus wohl bekannt war) waren offenbar unter den lokalen Vertretern der studentischen Gruppen. Am Morgen des 2. November [1945] gingen Delegierte dieser drei Organisationen durch die Straßen der Stadt, zu Fuß oder in Autos, und forderten die Inhaber auf, ihre Geschäfte zu schließen. Wer dem nicht nachkomme, werde als Unterstützer der Briten und als Pro-Zionist betrachtet werden. Die Bewegung entschied, ihr Freitagsgebet in der Azhar-Straße abzuhalten. Tausende hatten sich dort versammelt, und eine große Zahl von Arbeitern schloss sich ihnen an. Angeführt von Mitgliedern der Muslimbruderschaft schrien die jungen Leute und die Arbeiter ‚Nieder mit den Juden. Keine Juden mehr. Nieder mit der Kolonisation. Lang lebe Palästina'. Sie marschierten vom 'Abidin-Platz über die Straßen Ibrahim Pasha und Imad al-Din hin zur Al-Azhar-Straße. Demonstranten von anderen Stadtteilen Kairos wie 'Abbasiyya, Shubra und Bulaq kamen mit der Straßenbahn oder zu Fuß. Zu diesem Zeitpunkt hatte sich eine große Menge in der Al-Azhar-Straße versammelt. Sie warfen Geschäften mit jüdischen Namen in den Straßen Imad Al-Din, Malika Farida und Ibrahim Pasha mit Steinen die Schaufensterscheiben ein. Dann sind sie gegen elf Uhr am Vormittag in die Läden eingebrochen. Später wurde die große Demonstration, die sich aus der Muslimbruderschaft, dem ‚Jungen Ägypten' und dem YMMA zusammensetzte (die alle ihre Banner trugen), von weiteren Massen unterstützt, und sie liefen von der Al-Ahzar- und der 'Abd-al-Aziz-Straße zum 'Abidi-Platz. Hasan al-Banna sprach zu ihnen und riet ihnen dann, sich zu zerstreuen."[168]

Danach wurde als ‚Höhepunkt' für den antisemitischen Mob die aschkenasische Synagoge in Muski angezündet.[169]

Der israelische Historiker Israel Gershoni wehrt die Analyse und Kritik des Pro-Nazismus der Araber jedoch vehement ab und behauptet, der Nazismus sei in Ägypten (von Ausnahmen abgesehen) als Gegner, als imperialistische Gefahr und nicht als Verbündeter der Araber oder Ägypter gesehen worden. Gershoni bezieht sich in seiner Analyse auf lediglich eine (!) Wochenzeitung, die ihm für seine steile These als Beleg genügt.[170] Doch schon der antisemitische Pogrom vom 2. November 1945 straft seine These Lügen, von den Schriften al-Bannas aus den 1930er Jahren nicht zu reden. Im Jahr 2010 wurde Gershoni vom *Zentrum für Antisemitismusforschung* zu einer Tagung eingeladen, in Kooperation mit dem *Zentrum Moderner Orient*. Es ist kein Zufall, dass Historiker wie Gershoni[171] ans ZfA eingeladen werden[172] und einem Nachwuchsforscher wie Wildangel als Kronzeugen dienen, um den Antisemitismus zu verharmlosen.

Die Autorin Sophie Wagenhofer orientiert sich ebenfalls an Wildangel und Höpp und publizierte 2004 ihre Magisterarbeit über das „Araberbild" im Nationalsozialismus.[173] In ihr schreibt sie, wie schockierend es sei, dass Deutschen im Nahen Osten regelmäßig herzlichste Begrüßungen durch Araber widerführen, mit Sprüchen wie „Hitler – good"[174]. Wagenhofer erwähnt gleich zu Beginn ihrer Studie die typische Versicherung eines arabischen Taxifahrers „‚Hitler was good'", ohne darauf zu reflektieren, ob das nicht die ideologische Nähe von Arabern/Muslimen zum Antisemitismus Hitlers und der Deutschen andeuten könnte, über 60 Jahre nach der Shoah. Sie möchte zeigen, dass die Nazis gar nicht araberfreundlich oder islamfreundlich gewesen sind und dass sich die heutigen, pro-nazistischen und pro-deutschen Taxifahrer böse irren. Wagenhofer geht also den einfachen Weg und versucht lediglich (entgegen der Faktenlage) zu zeigen, dass Hitler und der Nationalsozialismus nicht pro-arabisch gewesen sind und dass die Araber sich bis heute täuschen. In methodischer Hinsicht ist ihre Herangehensweise ohnehin amüsant: Wie kann sie das heutige Verhalten von (manchen?) Arabern und Muslimen im Nahen Osten erklären, wenn sie sich Quellen des Nationalsozialismus anschaut? Dass die Araber die Deutschen und Hitler womöglich bis heute vor allem deshalb verehren, weil Letztere die Juden ermordeten – das wird gar nicht erst thematisiert. Auch hier zeigt sich: Wichtig ist, welche Fragen man stellt. Wenn arabische Taxifahrer Deutsche mit „Hitler – good" begrüßen, ist es dann nicht viel naheliegender, sich mit der politischen Kultur der arabischen und muslimischen Länder des

Nahen Ostens in den letzten Jahrzehnten und den psycho-sozialen Befindlichkeiten der jeweiligen Individuen zu befassen? Wie kommt ein Araber in Jerusalem darauf, in den Jahren 2001, 2005 oder 2009 eine deutsche (oder österreichische) Touristin mit solchen pro-nazistischen, also den Holocaust bejahenden Äußerungen umgarnen zu wollen? Was für Gespräche über Geschichte, Politik, Deutschland und Hitler laufen beim Frühstück, beim Frisör, beim Obsthändler oder im Teesalon in solchen arabischen oder muslimischen Communities bis heute ab? Das sind wichtige Fragen für die Forschung.

Doch zurück zu René Wildangel. Interessant ist, wie er sich mit Sati al-Husri (1880–1968) beschäftigt, einer zentralen Figur des arabischen Nationalismus.

> „Manchmal werden ‚deutsche Anleihen' im arabischen nationalen Denken direkt mit einer angeblichen späteren Bereitschaft, auch den NS als vorbildhaftes Modell zu akzeptieren, verknüpft. Ein Beispiel dafür ist die Replik von David Wurmser auf einen Artikel von Efraim Karsh im Middle East Quarterly."[175]

Wildangel stellt nicht näher dar, inwiefern im „arabischen nationalen Denken" eine Germanophilie, eine Vorliebe für Deutschland, (gewisse) deutsche Dichter und Denker vorgeherrscht hat oder nicht. Er geht nicht darauf ein, warum gesagt wird, al-Husri „habe die Idee des ‚völkischen Nationalismus' in den arabischen Diskurs eingeführt."[176] Wildangel bezieht sich nur auf vier Texte und verwahrt sich gegen Analysen der Ba'th-Partei und deren mögliche Affinitäten zu Deutschland. Auf die Kritik an Sati al-Husri und der Ideologie des arabischen Nationalismus in der Dissertation des Politologen Bassam Tibi aus dem Jahre 1971 geht Wildangel gar nicht erst ein, er scheint sie nicht zu kennen.[177] Dabei hat Tibi dem völkischen Denken al-Husris zwei Kapitel gewidmet und seine Analyse unter anderem auf 21 arabischsprachige Werke al-Husris gestützt (während Wildangel kein einziges Werk al-Husris heranzieht[178]):

> „Zum anderen ist die Germanophilie der arabischen Nationalisten auf den Einfluß des Werkes von Sati' Husri zurückzuführen. Husris Ideen wurden, wie wir zeigen werden, überhaupt grundlegend für die Germanophilie der arabischen Nationalbewegung nach dem Ersten Weltkrieg. Die Ablösung der Franko- und Anglophilie durch eine Germanophilie bei den arabischen nationalistischen Intellektuellen kann freilich nicht als bloßer Ersatz eines nationalen Attributs intellektueller Rezeption durch ein anderes gesehen werden. Sie verweist in erster Linie auf eine substantielle Veränderung der konkret-historischen Konstellation, die den arabischen Nationalismus nährte. Zudem handelt es sich um eine verkürzte einseitige Germanophilie: Die Rezeption deutschen Gedankenguts beschränkte sich auf Ideen, die von nationalistischen Strömungen insbesondere während der Napoleonischen Kriege hervorgebracht worden sind und die den romantischen Irrationalismus und

den Franzosenhaß auf die Spitze getrieben haben. Jene deutschen Denker, die der abendländischen Aufklärung verpflichtet waren, wie Lessing, Kant, Hegel u.a., werden von den germanophilen arabischen Nationalisten als Kosmopoliten abgetan."[179]

Anfang der 1940er Jahre wurde die Ba'th-Partei von einer „Gruppe syrischer Studenten, die an der Sorbonne in Paris studierten, unter der Führung von Michel 'Aflaq gegründet."[180] Wenn Wildangel behauptet, es gebe keine Hinweise auf die Nähe des arabischen Nationalismus zu Hitler, beweist die Analyse Tibis das Gegenteil:

„'Aflaq strebte eine Synthese aus Nationalismus und Sozialismus, wie er beide verstand, an, die in einem großarabischen Staat, vom ‚Arabischen' Golf im Osten bis zum Atlantischen Ozean im Westen, realisiert werden sollte. Die theoretischen Grundlagen dieser Synthese hatte 'Aflaq sich 1937 während seines Aufenthalts in Paris mit der Lektüre Alfred Rosenbergs Buch ‚Der Mythos des zwanzigsten Jahrhundert' in der von Gosclaude besorgten französischen Übersetzung erworben. Die syrischen Parteifreunde fanden 'Aflaq voller Begeisterung für Rosenberg und Hitler. Im nationalsozialistischen Deutschland sah 'Aflaq ein Vorbild für die ihm vorschwebende Synthese aus Nationalismus und Sozialismus. Nach dem Staatsstreich der germanophilen und mit dem Dritten Reich kollaborierenden arabischen Nationalisten unter Raschid Ali Gailani 1941 im Irak gründete Aflaq ein Komitee, das dem Gailani-Regime volle Unterstützung zusicherte."[181]

Soviel als ‚Anregung', sich publizistisch oder wissenschaftlich mit der Germanophilie der arabischen Nationalisten zu befassen und es nicht bei den diesbezüglichen Leerstellen in der Dissertation von René Wildangel aus dem Jahr 2007 zu belassen – die Forschung war schon im Jahr 1971 deutlich weiter.[182] Wildangel behauptet, der Antisemitismus der Araber und Muslime sei in den 1930er und frühen 1940er Jahren, also zur Zeit des Nationalsozialismus, keine bemerkenswerte Größe gewesen. Was aber sagt er zu der damals von (angeblich nichtnazistischen) antizionistischen Vordenkern vorgenommenen Unterscheidung zwischen Juden und Zionisten?

„Dies ist besonders bedeutsam für die Diskussion über den NS und die antijüdische Politik in Deutschland; informierte Leser konnten sehr wohl zwischen der zionistischen Politik in Palästina, in der sie einhellig eine Gefahr sahen, und der Verfolgung in Deutschland unterscheiden. Filastin veröffentlichte bereits 1934 folgende Erklärung: ‚Die arabischen Palästinenser haben keine Faschisten oder Nazis nötig, um gegen die Zionisten motiviert zu werden.'"[183]

Damit reproduziert Wildangel einen Kernpunkt deutscher Islam-, Nahost- und Antisemitismusforscher: gegen Zionisten zu sein, heiße nicht, gegen Juden zu sein – das ist die absurde Logik. Eine Jüdin und ein Jude, die 1939 aus Oberhausen und Wien nach Palästina fliehen und sich der Jugendaliyah anschließen, es mit letzter Kraft und mit Glück schaffen, aus Nazi-Deutschland über das mit ihm verbündete faschistische Italien per Schiff nach Israel (bzw. das Britische Mandatsgebiet ‚Palästina') zu fliehen, werden dort von Arabern umgehend als Feinde gesehen und mit dem Tode bedroht. Und das soll sich nicht gegen sie als Juden, sondern nur gegen sie als Zionisten gerichtet haben? Auf dieser Lüge basieren weite Teile der Forschung.

Der Historiker Robert Wistrich geht in seinem Lebenswerk aus dem Jahr 2010, der über 1.100 Seiten umfassenden Studie *A Lethal Obsession. Antisemitism from Antiquity to the Global Jihad*, auf die gesamte Geschichte des Antisemitismus seit der vorchristlichen Antike ein.[184] Bezüglich des Antisemitismus im Nahen Osten zur Zeit des Nationalsozialismus erwähnt er viele Beispiele für eine pro-nazistische Haltung der Araber (und zwar christlicher wie muslimischer). Der wahabitische saudische König Ibn Saud etwa wandte sich 1937 an einen britischen Diplomaten, betonte seinen „Hass auf die Juden" und wollte dem britischen Christen seinen Antisemitismus schmackhaft machen, indem er unterstrich, Juden hätten Mohammed als Propheten abgelehnt, so wie sie auch Jesus verfolgt hätten.[185] Der König betonte, dass ein Muslim durch das „Töten eines Juden" oder durch das „Getötetwerden von einem Juden" unmittelbaren Zutritt „zum Himmel" erhalte.[186]

Studenten und Professoren an der „Universität von Beirut" gründeten 1932 die „Parti Populaire Syrien (PPS)", die eine „ausgesprochen faschistische Orientierung" hatte.[187] Der Gründer Anton Sa'adah war ein „orthodoxer Christ", dem insbesondere die militärische Disziplin der Deutschen imponierte.[188] Im Irak waren, neben dem oben erwähnten Michel Aflaq, Sami Shawkat und Fadhil al-Jamali einflussreiche Führer. Laut Wistrich versuchten sie „seit den frühen 1930er Jahren, das Schulsystem im Irak zu nazifizieren".[189] Syrische und palästinensische Lehrer halfen Shawkat, dem „Generaldirektor des irakischen Erziehungsministeriums", „eine starke Dosis Antisemitismus in das Erziehungssystem einzuführen".[190] Shawkat sah Juden „als inneren Feind" und lobte „Hitler und Mussolini dafür, sie im Zuge der deutschen und italienischen faschistischen Wiedergeburt ausgelöscht zu haben".[191]

In Syrien gab es ein Kinderlied, das einen bemerkenswerten Aspekt der politischen Kultur der damaligen Zeit zum Ausdruck bringt – denn ein solches Lied ist mehr als nur eine Marotte von Einzelnen:

„Bala misyu, bala mister fi-l-sama‘ Allah, wa'l-ard Hitler“ (No more ‚Monsieur', no more ‚Mister' / God in Heaven, and on earth Hitler)“ – „Nicht mehr Monsieur und nicht mehr Mister / Gott im Himmel und auf Erden Hitler.“[192]

All das sind Gründe, sich mit dem Antisemitismus und Pro-Nazismus im Nahen Osten seit den 1930er Jahren kritisch zu befassen und nicht eine Kritik am offenkundigen Islamofaschismus abzuwehren, wie es Wildangel/Hegasy und weiteste Teile der deutschen islamwissenschaftlichen und nahöstlichen Mainstream-Forschung tun.

Im Jahr 2011 wäre eine Analyse des Islamofaschismus angesichts des zehnten Jahrestages des islamistisch motivierten Massenmordes vom 11. September dringend geboten. Die faschistischen und Pro-Hitler-Bekundungen von hunderten Deutsch-Türken im Jahr 2010 im Zuge der Aufbringung der so genannten Gaza-Flottille im Mittelmeer vor der Küste des Gazastreifens durch eine israelische Spezialeinheit wären ein weiterer Grund, sich dem heutigen Rechtsextremismus und Islamismus unter Muslimen, Arabern und Türken zu widmen. Der *Deutsche Bundestag* unterstützte auf seine Weise die Aktion der Flottillen-Aktivisten, indem er am 1. Juli 2010 einen Beschluss für die Beendigung der Blockade des Gazastreifens fasste. Erstmals haben dabei alle im *Bundestag* vertretenen Parteien und Fraktionen bzw. deren Abgeordnete einen Antrag bezüglich des Nahen Ostens einstimmig befürwortet. Mit keinem Wort wurde der Antisemitismus auf Facebook (vgl. Kapitel 1.7.4) oder die Teilnahme von Bundestagsmitgliedern der Partei *Die Linke* wie Inge Höger und Anette Groth auf einem der Terrorschiffe kritisiert. Vielmehr werden die beiden Politikerinnen namentlich von ihrem Kollegen Gehrcke gelobt; *namentlich* kritisiert werden sie hingegen nicht, vielmehr bedankte sich später in der Debatte der (verglichen mit den Politikern der Linken viel einflussreichere und die Bundesregierung repräsentierende) *CDU*-Politiker Philip Mißfelder (der sich als pro-israelisch versteht), neben Kerstin Müller von *Bündnis 90/Die Grünen* der federführende Initiator der Resolution, bei Wolfgang Gehrcke von der Partei *Die Linke*.[193] Dieses Verhalten von Politikern steht in einer Beziehung zur jahrzehntelangen Forschung der Islam- und Nahostwissenschaften, beide ergänzen sich sozusagen gegenseitig. So geht es auch den Forschern Peter Wien und René Wildangel in ihrem oben zitierten Text vor allem um die „Gewaltpolitik des Staates Israel“.[194] Das stellt nach 9/11 und der zweiten *Intifada* mit so vielen Selbstmordanschlägen in Israel wie nie zuvor seit 1948 ein klares politisches Statement dar und zeigt den zukünftigen Schwerpunkt der Forschung an.

Somit ist die Rezeption eines neue Quellen untersuchenden Bandes über die Beziehung des Nationalsozialismus zur arabischen Welt in weiten Teilen der Fachwissenschaft Deutschlands vorgezeichnet. In einer Rezension in *Die Welt des Islams* wird dann auch eine der ganz wenigen Studien über den Antisemitismus im Nahen Osten und die Kollaboration des Großmufti von Jerusalem mit den Deutschen im Nationalsozialismus denunziert und ihr wissenschaftlicher Wert in Frage gestellt.[195] Dabei ist diese Studie von Klaus-Michael Mallmann und Martin Cüppers, *Halbmond und Hakenkreuz. Das Dritte Reich, die Araber und Palästina*[196], ein wichtiger Schritt in Richtung einer Analyse der Rolle der Araber während des Holocaust. Die beiden Historiker analysieren die Beziehung des Großmufti zu den Deutschen im Nationalsozialismus und belegen, dass es konkrete Pläne für einen Holocaust an den Juden im Nahen Osten gab.[197] Sie betonen die ideologischen Affinitäten vieler Araber im Nahen Osten zum Antisemitismus der Deutschen und gehen auch auf die Einrichtung muslimischer Verbände in der Waffen-SS, der Wehrmacht und der Sicherheitspolizei ein. Darunter waren die Turkestanische und die Kaukasisch-Mohammedanische Legion sowie Nordkaukasische und Wolgatatarische Legionen[198]. Ferner gab es muslimische Einheiten als Teil der 11. Armee der Wehrmacht, 54 Infanteriebataillone der Ostlegionen waren muslimisch.[199] Sodann wurden die 13. SS-Division Handschar[200] wie auch die 21. Waffen-Gebirgsdivision der SS Skanderberg[201] als muslimische Formationen eingerichtet.

> „Zur Ausbildung der Geistlichen für die mohammedanischen SS-Divisionen wurde unter der Regie des Mufti im April 1944 eigens ein ‚Imamen-Institut' eröffnet. Das Haus, ein kleines Hotel im sächsischen Guben, war el-Husseini vom SS-Hauptamt überantwortet worden. In der Eröffnungsrede, die der Mufti am 21. April in Anwesenheit [Gottlob] Bergers hielt, drückte er seine Freude über die Schaffung dieser Einrichtung aus, die Beleg für die ‚Erfolge der Zusammenarbeit zwischen den Moslimen [sic] und dem Großdeutschen Reich' sei und auf ‚gemeinsamen Interessen und Zielen basiert'. Die späteren Imame rief er dazu auf, ‚Eure Kameraden, genau wie Euch selbst in den islamischen Vorzügen und Tugenden zu führen, die zur Besserung der Menschheit beigetragen haben, wie es auch die Geschichte zeigt'. In der Praxis arbeiteten die Imame eng mit den weltanschaulichen Schulungsoffizieren aus Deutschland zusammen. Das Konzept der muslimischen Waffen-SS schien bald aufzugehen. Divisionskommandeur Sauberzweig konnte im April 1944 über seine 13. SS-Division berichten, die Rekruten nähmen ‚nur zu gern (...) nationalsozialistische Lehren' an. Euphorisch sah sich der Brigadeführer in seiner Arbeit schon soweit, ‚daß die Muselmanen, SS-Männer der Division und Zivilisten, beginnen, in unserem Führer die Sendung eines 2. Propheten zu sehen'."[202]

Mallmann und Cüppers zitieren aus einer Rede des Großmufti al-Husaini vom 21. April 1943, in der er sowohl „die islamistische als auch die rassenideologische Seite seines Antisemitismus" offenlegte und sagte, man könne die „Juden" „mit krankheitstragenden Insekten vergleichen", und schon der Koran habe sie mit „dem ewigen Fluch" belastet.[203]

In ihrem Epilog betonen Mallmann und Cüppers, wie wenig Beachtung eine Analyse des arabischen Antisemitismus und die Zusammenarbeit des Großmufti mit den Deutschen im SS-Staat bei deutschen Historikern und Islamwissenschaftlern findet.[204] Für diese Ansicht sind auch Rezensionen ihres Bandes ein Sinnbild. Der Rezensent und Islamwissenschaftler Götz Nordbruch (Jg. 1974) von der *University of Southern Denmark*[205] konzediert in *Die Welt des Islams* zwar, dass der Antisemitismus *ein* relevanter Aspekt[206] der deutsch-arabischen Beziehungen war, doch offenbar war er nicht der wichtigste. Nordbruch erwähnt Stimmen aus Ägypten oder Syrien, die nicht oder nicht bemerkenswert antisemitisch gewesen seien. Eine solche Kleinredung des Antisemitismus im arabischen Raum ist die typische Reaktion deutscher Nahostforscher, sobald eine Studie etwas grundsätzlicher die Ideologie des *Islamic Jihad* oder auch des arabischen Nationalismus zu hinterfragen beginnt. Die Dissertation von Nordbruch befasst sich offenbar primär deshalb mit pro-nationalsozialistischen Gruppen, Parteien und Tendenzen in Syrien und dem Libanon der 1930er und 1940er Jahre, um lediglich zu konstatieren, dass es *auch* pro-nazistische Tendenzen gab.[207] Diese seien aber nicht bedeutend und schon gleich gar nicht bestimmend für die Muslime und Araber gewesen. Nordbruch schreibt, es habe im Nahen Osten Zustimmung zu ‚manchen' Aspekten des Nationalsozialismus gegeben, was jedoch keineswegs impliziert habe, den SS-Staat in seiner Gesamtheit zu unterstützen – eine problematische Ansicht, da de facto nicht behauptet werden kann, dass manche einen autoritär-diktatorischen Führungsstil Deutschlands gut fanden, den Antisemitismus des SS-Staates hingegen nicht. Das Hakenkreuz als Symbol des Nationalsozialismus ist das antisemitische Zeichen der deutschen Volksgemeinschaft wie ihrer Freunde und Alliierten im Nahen Osten. Nordbruch schreibt, eine positive Bezugnahme auf den Nazismus beinhalte „nicht notwendigerweise" eine „Bejahung des gesamten" Nazismus – doch das ist analytisch dürftig:

> „Trotzdem beinhalten verteidigende Bezugnahmen auf den Nazismus nicht notwendigerweise eine absolute Bejahung oder Ablehnung des gesamten Sets von Ideen und Konzepten, welche aktuell von der deutschen Gesellschaft praktisch umgesetzt wurden. Tatsächlich war eine vorbehaltlose oder fast bedingungslose Zu-

> stimmung zum Nazismus selten. Es gab sie zwar, aber ambivalente Anspielungen, wie die Würdigung bestimmter Aspekte und die Ablehnung anderer Aspekte, waren viel häufiger."[208]

Was soll das heißen – morgens ein bisschen Lob für Goebbels, Julius Streicher und den Großmufti, nachmittags Skepsis bezüglich des Vegetarismus des ‚Führers', oder worauf möchte Nordbruch anspielen? Gibt es für ihn Teilzeit-Nazis? Was würde er zu Neonazis sagen, die abends Nazilieder singen, aber morgens zum Frühstück türkischen Trinkjoghurt schlürfen? Sind das dann auch „ambivalente" Rassisten?

Es ist erwähnenswert, dass Nordbruch seine Arbeit ausschließlich historisch angelegt hat (und 1945 aufhört) und eine solche Studie *nach* 9/11 schreibt, ohne wenigstens in einem Kapitel auf die Tatsache einzugehen, dass Hitlers *Mein Kampf* in vielen muslimischen Ländern des Nahen Ostens bis heute ein Bestseller ist. Da müsste man von der Forschung doch zumindest Hinweise bekommen, ob und wie sich eine politische Kultur des Pro-Nazismus im Nahen Osten seit den 1930er Jahren verfestigte, zu einem Sediment oder zu einer ‚politischen Sozialkultur' wurde, wie die politische Kulturforschung es nennt[209], ob sie Brüchen unterworfen war etc. Wie oben am Beispiel der Taxifahrer im Nahen Osten erwähnt: Die Tatsache, dass Hitler und der Nationalsozialismus bis heute hohes Ansehen unter Arabern genießen, bedarf der wissenschaftlichen Analyse.

Aus der Beziehung von „Kreuz und Halbmond" zu Zeiten Wilhelms II. (vgl. Kapitel 1.7.9) wurde ab 1933 die staatlich geförderte Liaison von „Halbmond und Hakenkreuz", wie Mallmann und Cüppers schreiben.[210] Die Autoren betonen, dass

> „wir uns spätestens seit dem 11. September 2001 mitten in einem Zusammenstoß der Kulturen, in einem militanter werdenden Aufeinandertreffen von gewachsenen westlichen Werten und sich fundamentalistisch radikalisierenden Teilen des Islam [befinden]. Asymmetrischer Krieg, Ahmadinedschads Drohungen mit der Bombe in erster Linie gegen Israel, aber auch gegen die Vereinigten Staaten und Europa, der Wahlsieg der terroristischen Hamas in den palästinensischen Autonomiegebieten und jüngst der in weiten Teilen der muslimischen Welt auf die Straßen getragene ‚Karikaturenstreit' lauten die aktuellen Stichworte dazu (...)."[211]

Der Vorwurf, Mallmann und Cüppers seien keine Arabisten und stützten sich nur auf deutsche Quellen[212], ist wenig stichhaltig. Nordbruch ist weniger an interdisziplinärer Forschung, dafür an einer Abwehr luzider Kritik von Antisemitismus, Islamismus und arabischem Nationalismus interessiert.

Der österreichische Arabist Thomas Schmidinger rezipiert Mallmann und Cüppers etwas positiver.[213] Er betont den Antisemitismus in arabischen Ländern wie Ägypten, wo die als Fälschung bekannten *Protokolle der Weisen von Zion* angepriesen und vertrieben werden. Hitlers *Mein Kampf* wird dort in Buchhandlungen verkauft, neben Büchern des iranischen Präsidenten Ahmadinejad. Bei Schmidinger ist jedoch eine (typisch linke[214]) Zurückhaltung zu spüren, Antisemitismus bei vielen Muslimen und Arabern nicht nur als Randthema, sondern als heute *bestimmendes*, gleichsam ‚metapolitisches' Sujet zu erkennen.

Götz Nordbruchs Vorwurf, Mallmann und Cüppers seien keine Arabisten und stützten sich nur auf deutsche Quellen[215], ist wie erwähnt zu einfach. Abseits der Islamwissenschaft (im engeren Sinne) wurden in den letzten paar Jahren von Historikern, Politologen, anderen Wissenschaftlern und Publizisten Arbeiten zur deutsch-arabischen und deutsch-islamischen Geschichte und Ideologie veröffentlicht, die interessant sind. Darunter sind neben dem Band von Mallmann und Cüppers zum Beispiel Publikationen des Politologen Matthias Küntzel[216] oder Forschungen des Historikers Jeffrey Herf.[217]

Gleichwohl kann bei Küntzel und Herf – in Form einer konstruktiven Kritik – mitunter gefragt werden, ob die Nazi-Ideologie, so eine ihrer Thesen, wirklich nur via Radio exportiert wurde. In diese Richtung gingen Vorträge der Genannten in Berlin am 6. Juni 2010 in der Jüdischen Gemeinde zu Berlin. Die Grundlagen und Vorbedingungen sowie die politischen, theologischen und gesellschaftlichen Hintergründe (oder eben Prädispositionen) der nahöstlich-islamischen Welt für den Antisemitismus wurden später in der Diskussion zwar angesprochen, die Vorträge selbst blieben gleichwohl bei einem recht einfachen Ursache-Wirkung-Schema, sprich: Radiosendungen aus Nazi-Deutschland hätten demnach bewirkt, dass Araber und Muslime im Nahen Osten antisemitisch geworden seien. Das verkennt jedoch die Wirkmächtigkeit politischer Kultur und von Ideologie. Ein Blick auf die Geschichte der Judenfeindschaft im Nahen Osten könnte den ‚Erfolg' antisemitischer Propaganda des NS-Regimes zwar unterstreichen. Die These eines reinen *Imports* des Antisemitismus via Radio ist allerdings nicht überzeugend. Logisch zu Ende gedacht, könnten Historiker des Nationalsozialismus dann sogar behaupten, antisemitische Radioprogramme in Deutschland hätten selbst die Deutschen erst richtig zu Antisemiten gemacht. Dies nur als Anregung, auf solche Ursache-Wirkung-Schemata zu reflektieren.

Stefan Wild (Jg. 1937) ist ein deutscher Islamwissenschaftler und langjähriger Herausgeber von *Die Welt des Islams*, von 1977 bis 2002 war er Professor für „Semitische Sprachen und Islamwissenschaft" an der *Universität Bonn*. 2005 erhielt er den Preis der *Helga und Edzard Reuter-Stiftung* „für seine wissenschaftliche Arbeit auf dem Gebiet der islamisch-arabischen Geistesgeschichte".[218] 2003 schrieb Wild einen Nachruf auf die Islamwissenschaftlerin und Publizistin Annemarie Schimmel (1922–2003).[219] Schimmel wird darin als sprachbegabt, reisefreudig und dem Islam zugeneigt beschrieben. Sie habe sich schon in frühen Jahren während des Nationalsozialismus von der Politik ab- und der Religion zugewandt, behauptet Wild: „Ihr vitales Interesse für ‚das Religiöse' bildet einen Gegenentwurf zur NS-Ideologie;"[220] das ist nicht haltbar. Tatsächlich hatte der NS-Staat viele religiöse Elemente, und bekanntlich waren sowohl die katholische als auch die evangelische Kirche eng mit dem Nationalsozialismus verbunden, von den heidnischen Religionsgemeinschaften wie der *Deutschen Glaubensbewegung*[221] ganz zu schweigen. Wilds Behauptung hat mit der Wirklichkeit des NS-Staates nichts zu tun. Zudem wird dadurch vernebelt, dass auch die Nazis eine gewisse Nähe zum Islam verspürten, im Kampf gegen die Juden und die jüdische Besiedlung Palästinas sowie in der Sehnsucht nach einer Gemeinschaft und einem Führer. Schimmel wollte ‚religiöse Empfindlichkeiten' von Muslimen nicht stören, Kritik am Islam war ihr fremd. Diese „Empfindlichkeiten" der Muslime wollte auch der Nationalsozialismus keineswegs verletzen. In einem Buch von Prof. Hans Lindemann aus dem Jahr 1941, *Der Islam im Aufbruch, in Abwehr und Angriff*, heißt es:

> „Es dürfte manch einem Leser einigermaßen in Erstaunen setzen, an dieser Stelle den Nachweis zu erhalten, daß zwei so grundverschiedene Welten: der Islam und der Nationalsozialismus mannigfache Parallelen und analoge Erscheinungen aufzuweisen haben, in ihrer geschichtlichen Entwicklung sowohl wie in ihren Anschauungen und Grundsätzen.[222]

Es ist zumal die Umma, die Gemeinschaft der Gläubigen weltweit, die sich selbst und ganze Gesellschaften dem Islam unterwerfen will, was dem Nationalsozialismus mächtig imponierte, wie das Beispiel Lindemann aus dem Jahr 1941 verdeutlicht:

> „Die nationalsozialistische Weltanschauung stellt in der Staatsverwaltung wie auch sonst das Führerprinzip an die erste Stelle; so erstrebt auch der Panislamismus (...)

> die Wiederherstellung des Khalifats, die künftige Zusammenfassung aller Mohammedaner unter einem gemeinsamen Oberhaupt, dem ‚Führer der Gläubigen'."[223]

Lindemann zitiert Mohammed mit Sätzen über die „straffe Zucht" im Islam, das Geben von „Almosen" oder den „Stolz" auf die eigene (geistige?) „Armut"; ferner wird der für Atatürk nicht unwichtige Theoretiker Zia Gökalp herangezogen und postuliert:

> „Der Leiber sind viele, der Herzen ist nur eins; einzelne gibt es nicht, nur die Gesellschaft gibt es!"[224]

Das Resümee von Lindemann ist ein bezeichnender Ausdruck für die Islamophilie des NS-Staates:

> „Über die Politik der islamischen Staaten, über Panarabismus und Panislamismus, ist hinlänglich gesprochen worden; hier besteht freilich eine große Gefahr – aber, wie die Dinge jetzt liegen, nur für die westlichen Demokratien, vielleicht auch für Holland (in Niederländisch-Indien). Deutschland und Italien haben von einer politischen Bedrohung durch den Islam wohl kaum etwas zu fürchten. Er betrachtet diese Länder als mit sich auf gleicher Stufe stehend. Freilich ist es auch für sie von großer Wichtigkeit, in ihrer Politik – besonders in den Kolonien – die richtige Art der Behandlung der Mohammedaner zu finden und ihre religiöse Empfindlichkeit nicht zu verletzen."[225]

Das alles sollte ein Islamwissenschaftler wie Stefan Wild wissen – und nicht eine imaginäre Distanz zum NS-Staat via Zuwendung zum „Religiösen" und zum Islam bei der jungen Annemarie Schimmel herbeireden (die zudem während des Nationalsozialismus als Dolmetscherin im *Auswärtigen Amt* arbeitete, auch für den Großmufti[226]). Die Islamforschung im NS-Staat wollte eher die Nähe des Islam zum Nationalsozialismus herausstreichen, wie das Beispiel Hans Lindemann zeigt. Hinzu kommen die intensiven Beziehungen des Großmufti von Jerusalem zu den Nazis, die zeigen, dass Schimmels Hinwendung zum Islam und zum „Religiösen" nichts mit einer Distanz zum NS-Staat zu tun haben muss. Wild erwähnt die Debatte um Schimmel im Jahr 1995, als sie den Friedenspreis des Deutschen Buchhandels erhielt.[227] Er geht allerdings nicht darauf ein, dass Schimmel sich viele Jahre lang positiv und unterstützend gegenüber dem islamistischen Iran zeigte.

1.5) Elfenbeintürme auf Sand

Im folgenden Kapitel werden einige aktuelle Forschungen sowie Beispiele aus der Zeitschrift *Die Welt des Islams* untersucht, die sich gegen die Kritik am

Postorientalismus wenden. In Kapitel 1.7 wird dann ausführlich auf die Debatte um Edward Said, Postkolonialismus und Postorientalismus eingegangen.

Der Islamwissenschaftler Markus Schmitz forscht derzeit an der *Westfälischen Wilhelms-Universität Münster* am Englischen Seminar im Programm „PTTS" – „postcolonial, transnational and transcultural studies".[228] So genannte postkoloniale Studien sind derzeit weltweit der letzte Schrei[229], was umso mehr verwundert, als die größte Gefahr für den Weltfrieden derzeit eher von Regimen wie jenen im Iran, in Nordkorea und in Syrien sowie vom internationalen islamistischen Terrorismus – also von der (teils ehemaligen) Dritten Welt – ausgeht. Je mehr also die Gewalt von Seiten vorgeblich Unterdrückter kommt, desto weniger befasst sich die Forschung damit. Das lässt sich vor allem im Bereich der Islamforschung feststellen.

Schmitz agitiert 2008 in seiner Dissertation *Kulturkritik ohne Zentrum. Edward W. Said und die Kontrapunkte kritischer Dekolonisation*[230] unter anderem gegen die Islamforscher Daniel Pipes und Bernard Lewis sowie gegen den von Pipes gegründeten und geleiteten Thinktank *Middle East Forum* (MEF) in Philadelphia. Er wendet sich zudem gegen die 2001 publizierte, Aufsehen erregende Studie des Islam- und Nahostwissenschaftlers Martin Kramer *Ivory Towers on Sand. The Failure of Middle Eastern Studies in America (Elfenbeintürme auf Sand. Das Versagen der Nahostforschung in Amerika)*.[231] Kramer, ein Kollege von Pipes, untersucht in seiner Studie die Forschung zum Nahen Osten und die Bedeutung von Islamismus, Jihadismus, Antizionismus und antiwestlicher Ideologie in den Nahoststudiengängen in den USA. Er zeigt dabei nicht nur die Bedeutung staatlicher Gelder für Fellowships auf[232], sondern analysiert insbesondere die Ideologie und den Einfluss des post-orientalistischen Vordenkers Edward Said. Laut Kramer begründete Said eine Theorie-Schule, der zufolge Palästinenser, Araber und die islamische Welt Opfer von „westlichem Rassismus, amerikanischem Imperialismus und israelischem Zionismus"[233] seien. Diese Schule kann man als ein Kernelement des heutigen *Postorientalismus* und des *Postkolonialismus* betrachten, die beide in der Literaturwissenschaft, der Soziologie, den Nahost- und Islamstudiengängen, den Kulturwissenschaften, der Historiografie, der Politologie, der Amerikanistik und weiteren Forschungsbereichen im Trend liegen. Für Said sei westlicher „Orientalismus", so Kramer, ein „Vorurteil" *wie* „Antisemitismus"[234]; bereits nach dem ersten islamistisch motivierten Anschlag auf das *World Trade Center* im Jahr 1993 sprachen manche aufgrund der Kritik am Islamismus von einem „neuen Antisemitismus"[235], der sich nun gegen Muslime richte. Kramer schloss seine Studie noch vor dem 11. September 2001 ab (sie wurde dann wenige Wochen nach 9/11 publiziert) und betont, die Nahostforscher in USA würden die Bedeutung des Islamismus und Terrorismus systematisch unterbelichten. Viele Forscher hätten sich mit zwar unterschiedlichen „Muslim Luthers"[236], also (vermeintlich) reformorientierten Muslimen, befasst, aber vergessen, sich näher mit den bereits *vor* 9/11 öffentlich geäußerten Kriegserklärungen und Texten von Osama Bin Ladin, des Islamismus und Jihadismus zu befassen.[237] Der einflussreiche Nahostforscher John Esposito, Professor für Internationale Beziehungen und Islamwissenschaft an der *Georgetown University* in Washington D.C., sagte zum Beispiel 1998, man solle eine Einzelperson wie „Bin Ladin" nicht zu einer ernsthaften Gefahr stilisieren.[238] Wenig später zeigte sich die schreckliche Naivität oder vollkommene Unkenntnis von Esposito, der stellvertretend für weite Teile der amerikanischen Nahost- und Islamforschung steht: Osama Bin Ladin war der Auftraggeber und Chefplaner des internationalen Terrornetzwerkes al-Qaida und des Massenmords in New Yorks *World Trade Center* am 11. September 2001.

Ganz ähnlich sieht es in der deutschen Nahost- und Islamforschung aus: Auch hier ist zwar von den „Muslim Luthers" die Rede, die Analyse des Islamismus und Jihadismus fällt hingegen häufig unter den Tisch (vgl. Kapitel 2).

Islamismus und Antisemitismus zu analysieren und zu kritisieren, ist für Forscher wie Markus Schmitz a priori problematisch und suspekt. Daher wehrt er die Analyse von Martin Kramer ab und stilisiert antisemitische Agitation gegen den jüdischen Staat Israel zu einer ‚Kritik' der „israelischen Besatzungspolitik":

> „Man darf vermuten, dass neokonservative Kräfte die patriotisch aufgeladene Stimmung nutzen, um mit der intellektuellen Linken ihre inneren Feinde zu bekämpfen; schließlich sind es offenbar vorwiegend proisraelische Lobbyisten, welche den ideologischen Fahrtwind von George W. Bushs War on Terror nutzen, um arabische und (pro)palästinensische KritikerInnen der israelischen Besatzungspolitik als antisemitisch, irrational und extremistisch zu diskreditieren."[239]

Es ist beachtlich, wie viele (deutsche) Forscher zum Terror von Organisationen wie der Hamas, der Hezbollah, dem Islamischem Jihad und anderen Gruppen schweigen, und Kritiker des Antisemitismus, Islamismus und Jihadismus als „proisraelische Lobbyisten" bezeichnen. Das Schweigen über die Pro-Palästina-Lobby ist sozusagen die Ausgangsbasis weiter Teile der Forschung. Auffallend ist der antiamerikanische Tonfall bei Schmitz, der Kritik in den USA am Islamismus gar nicht anders fassen kann denn als ‚neokonservativ' und die Linke als ‚inneren Feind' darstellend. Dass Liberale, Linke oder ‚Progressive' (in USA werden Linksliberale häufig *progressives* genannt) Feinde eines islamischen Faschismus wie dem im Iran oder jenem der Hamas oder der Taliban sein *sollten*, wird gar nicht erst in Erwägung gezogen. Dabei ging es im Krieg in Afghanistan um die Befreiung eines Landes von der Herrschaft der Taliban und im Irak um die Befreiung des Landes von der Herrschaft des Massenmörders Saddam Hussein.

Der langjährige Islamwissenschaftler und oben bereits vorgestellte Stefan Wild rezensiert 2003 das Buch von Kramer *Ivory Towers on Sand* für *Die Welt des Islams*. Es sei ein „kampflustiges Buch" und würde den Nahoststudien in USA vorwerfen, den Islamismus und Terrorismus des *Islamic Jihad* nicht vorhergesehen zu haben. Damals war Kramer Herausgeber der Zeitschrift *Middle East Quarterly* (MEQ), des Flaggschiffs des *Middle East Forums* von Daniel Pipes aus Philadelphia. Süffisant und mit despektierlichem Gestus erzählt Wild die Geschichte des Buches:

> „Die Tragödie beginnt mit einem Schurkenstreich: mit Edward Said's 1978 veröffentlichtem akademischem Bestseller Orientalism, einem Generalangriff auf die herkömmliche Orientalistik und nach Kramer ‚eine Mischung aus palästinensischer Leidenschaft und akademischer Virtuosität' (S. 28). Saids diskursanalytische Entlegitimierung alter akademischer Autoritäten fiel laut Kramer historisch zusammen mit dem Aufkommen einer neuen Generation arabischer oder muslimischer oder beide Eigenschaften verbindender Nachwuchswissenschaftler an den Universitäten der USA. Das akademische Establishment, verkörpert in der Middle East Studies Association (MESA), übernahm mehrheitlich die Thesen Edward Saids. Die Trias westlicher Rassismus, US-amerikanischer Imperialismus und israelischer Zionismus wurde zum Charakterzug einer orientalistischen Mentalität erklärt, die es zu bekämpfen und abzulegen galt. Fachliche Kompetenz, so folgert Kramer, wurde weniger wichtig als ethnische Herkunft. Die auf solchen Fundamenten aufbauende Pseudo-Expertise profitierte von einem Gründungsrausch neuer ‚Zentren' und der massenhaften Errichtung neuer nahostbezogener area studies. Die neuen Mandarine an der Spitze dieser Zentren übersahen laut Kramer geflissentlich das weltweite Erstarken einer bedrohlichen islamischen Bewegung und reduzierten diese, wo sie nicht mehr weg zu interpretieren war, als Reaktion auf westliches Vorurteil nach dem Muster der sich selbst erfüllenden Prophezeiung."[240]

Ganz im Sinne des Kulturrelativismus wird abschließend von Wild in den Raum geworfen, dass Kramer wohl „bestenfalls ein Vorurteil durch ein anderes ersetzen" wolle, wenn er auf die „im wesentlichen wohltätige"[241] Rolle der USA verweise. So kritisch man die amerikanische Außenpolitik sehen kann, so (wissenschaftlich) problematisch ist die Gleichsetzung von „Vorurteilen": Demnach haben der nur kurz zuvor im Text von Wild erwähnte Osama Bin Ladin mit seinem fanatischen Antiamerikanismus und Antisemitismus die gleiche Vorurteilsstruktur, nur anders gepolt, wie der pro-amerikanische, westliche Nahostforscher Kramer. Diese Art Gleichsetzung ist von vielen Reaktionen nach dem 11. September bekannt; man denke nur an den Anchorman der ARD-*Tagesthemen*, Ulrich Wickert, der Osama Bin Ladin mit George W. Bush verglich[242], oder an den Kabarettisten Hagen Rether, der in der ARD-Kabarettsendung *Scheibenwischer* von den beiden als „Giftmischern" sprach[243]; Rether bekam 2008 den „Deutschen Kleinkunstpreis" in der Sparte Kabarett verliehen.[244]

Ein Band, mitherausgegeben von einem der jüngeren Islam- und Nahostwissenschaftler in Deutschland, Abbas Poya (Jg. 1967)[245], passt in dieses Bild.[246] Dort wird die Islamwissenschaft gleichsam als Opfer des 11. September gesehen, wohingegen Worte der Trauer über die Opfer dieses Verbrechens fehlen. Stattdessen findet man antiisraelische Invektiven des aus dem Fernsehen und anderen Medien seit Jahrzehnten bekannten Nahostwissenschaftlers Udo Steinbach.[247] Bezeichnend ist dessen Antizionismus. Er wehrt die Analyse der oben dargestellten Studie von Mallmann und Cüppers über die Beziehung der arabischen Welt zum Nationalsozialismus und zum Holocaust ab und schreibt:

> „Mit dieser ‚universalistischen' Position ziehen sich die beiden Autoren jedoch auf einen Punkt zurück, der der zionistischen Bewegung eine nicht mehr zu hinterfragende Rechtfertigung verleiht und ignoriert, dass durch sie die Lebensrechte palästinensischer Araber einseitig in Frage gestellt wurden."[248]

Die Erziehungs- und Sozialwissenschaftlerin Iman Attia von der *Alice Salomon Hochschule Berlin*[249] wiederum macht Täter zu Opfern, wenn sie schreibt, der Islamismus sei schon vor 9/11 zu einem „politische[n] Schreckgespenst" gemacht worden.[250] Die Opfer des Massenmordes vom 11. September sind ihr kein Wort und die antisemitischen, antiwestlichen und antiamerikanischen Beweggründe der Jihadisten (lange vor dem Anschlag) keine Analyse wert. Es sind demnach auch nicht die hetzerischen Predigten von Imamen im Nahen Osten wie auch im Westen, die eine Kritik am Jihadismus zumindest in einigen

Kreisen hervorgerufen haben, sondern das ‚Vorurteil' gegenüber ‚dem' Islam seit dem Mittelalter. Darauf wird unten in Kapitel 1.7 näher eingegangen.

Eine weitere Rezension in *Die Welt des Islams* zeigt den nächsten problematischen Aspekt herkömmlicher Islam- und Nahostforschung. Tariq Ramadan, der Islamist mit dem Lächeln auf den Lippen, wird wohlwollend rezensiert und es ist beachtlich mit welcher Selbstverständlichkeit in kurzen Abständen bekannte weitere Islamisten erwähnt werden:

> „Gleichwohl hat Ramadans familiärer Hintergrund bei manchem westeuropäischen Beobachter Misstrauen erregt und ihn in die fundamentalistische Ecke gedrängt, denn er ist Sohn von Sa'id Ramadan, dem wohl wichtigsten Chronisten der Muslimbrüder, und Enkel von Hasan al-Banna, dem Gründervater der ägyptischen Muslimbruderschaft. Dass ein entsprechender ideengeschichtlicher Rekurs in seinen Thesen durchaus nachweisbar ist, zeigt allein die Tatsache, dass Ramadan in seinen Ausführungen immer wieder auf Yūsuf al-Qaradawi verweist, der seit geraumer Zeit wesentlichen Einfluss auf die Diskurse der Islamisten in der arabischen Welt nimmt. Auch Ramadans Forderungen, ‚zu den Ursprüngen der Religion zurückkehren' und den Islam von ‚den ihn entstellenden lokalen Traditionen' zu befreien, um seine wahre Botschaft wieder zu entdecken, sind nun keineswegs neu und kennzeichnen gerade diejenigen, die sich seit dem späten 19. Jahrhundert der islamischen Reform verschrieben haben."[251]

Im Folgenden wird Ramadan für „ebenso anregende und kontrovers zu diskutierende Beiträge zur muslimischen Präsenz und Identität in Europa" gelobt und der Hoffnung Ausdruck gegeben, dass er in Zukunft weitere Publikationen dieser Art vorlegen wird.[252] Eine nähere Beschäftigung mit seinen Verwandten wie Vater Said Ramadan wird auch sonst in *Die Welt des Islams* nicht vorangetrieben. Dabei wäre das eine lohnende Angelegenheit. Der Journalist Ian Johnson hat sich die Vorgeschichte des *Islamischen Zentrums* München, das in den 1970er Jahren eröffnet wurde, näher angeschaut. Eine Rezension über die Wolgatataren steht (eventuell) in einem gewissen Zusammenhang zu Said Ramadan. Der Nazi-Funktionär und Turkologe Gerhard von Mende hat sich unter anderem mit wolgatatarischer Geschichte befasst und später dem Islamismus und Said Ramadan und vielen anderen eine Infrastruktur für ihre politischen Aktivitäten in der Bundesrepublik geliefert.[253] Von Mende hat wesentlichen Anteil an der Entwicklung des Islamismus in der Bundesrepublik (vgl. zu Johnson und von Mende Kapitel 4.6).

Der Islamwissenschaftler Stephan Rosiny schreibt in einer Rezension in *Die Welt des Islams* über ein Buch zur Hizballah und den Libanon:

> „Insgesamt ist die Darstellung sehr ausgewogen und sachlich, was sie positiv von anderen englischsprachigen Veröffentlichungen abhebt. Der Autor verfällt nicht in das besonders unter israelischen und US-amerikanischen Autoren aber auch deutschen ‚Terrorismusexperten' beliebte Klischee, die Hizb Allah als eine vom Iran ferngesteuerte Terrororganisation abzustempeln. Die Etiketten des Terrorismus und Fundamentalismus dienen häufig dazu, möglicherweise berechtigte Anliegen zu diskreditieren und den Geisteszustand der Anhänger zu pathologisieren."[254]

Diese Abwehr gegenüber Kritik am Islamismus, basierend auf antiamerikanischen und antizionistischen Ressentiments, ist beachtlich. Islamismus wird als „möglicherweise berechtigte[s] Anliegen" bejaht oder doch zumindest von einer ideologischen Radikalität freigesprochen. Wer immer nur „Anliegen" und soziale, politische oder religiöse *Gründe* sieht, hat kein wissenschaftliches Interesse, nach den philosophischen, historischen und zumal ideologischen *Hinter-Gründen* des Islamismus zu suchen. Das zeigt sich auch in einer weiteren Rezension von Rosiny in *Die Welt des Islams* aus dem Jahr 2002[255], in der es ebenfalls um die Hizballah geht. Rosiny anerkennt zwar die Quellengesättigtheit des besprochenen islamismuskritischen Werkes, hat aber politische Zweifel an ihm, da sein Verfasser, der libanesische Autor Waddah Scharara, seinen „säkularen Idealen treu"[256] bleibe bei der Analyse des „schiitischen Islamismus im Libanon"[257].

Ebenfalls typisch für Islamwissenschaftler und Orientforscher im heutigen Deutschland ist der Habilitationsvortrag der Islamwissenschaftlerin Ulrike Freitag vom 30. Januar 2002.[258] In ihm geht um ein historisches Thema, die Begegnung zwischen einem holländischen Forscher und einem Mufti in Mekka. Die Autorin versucht keine ideologiekritische Analyse des Islam, sie steht für ein lediglich beschreibendes (das heißt deskriptives) Verstehen-Wollen der beiden Seiten, es geht ihr um „Verständnishorizonte".[259] Diese Vorlesung ist deshalb interessant, da sie nur gut vier Monate nach dem 11. September 2001 gehalten wurde. Es wäre von einer jüngeren Forscherin bei einem für die eigene Karriere wichtigen Habilitationsvortrag ein wegweisendes Zeichen gewesen, hätte sie wenigstens in *einem* Absatz dieses Verbrechen erwähnt und die ungeheure Herausforderung für die Islamwissenschaft zumindest angesprochen. Seit 2002 ist Freitag Leiterin des *Zentrums Moderner Orient* (ZMO) in Berlin.[260]

In einem Artikel der Islamwissenschaftlerin Marielle Ourghi wird die eschatologische Ideologie des iranischen Präsidenten Mahmud Ahmadinejad untersucht. Sie schreibt:

> „Der Glaube an die Wiederkunft des Mahdi, des erwarteten Erlösers, bildet ein Kernstück des schiitischen Glaubens. Anders als bei den Sunniten ist in der Schia die Figur eindeutig an den zwölften Imam Muhammad b. al-Hasan al-Askari gebunden, der im Jahre 868 oder 869 in Samarra geboren und fünf Jahre später von Gott in die Verborgenheit (gaiba) entrückt worden sein soll. Wenn der Imam wieder erscheinen wird, wird er eine vollkommen gerechte Weltherrschaft errichten. Hervortreten wird er in Mekka in der Ka'ba."[261]

> „Seit seinem Amtsantritt im August 2005 hat der iranische Präsident Mahmud Ahmadinezad wiederholt seine Überzeugung bekundet, dass das Erscheinen des Mahdi nicht mehr fern sei."[262]

Die Autorin erwähnt eher am Rande, dass die „Ritualisierung des Feindbildes" USA und Israel „systemimmanent"[263] sei; dafür werden inneriranische theologische Kontroversen, wie um die „Hoggatiye"[264], eine gegen die Religion der Bahai gerichtete Strömung im iranischen Islam, näher betrachtet. Ahmadinejad werde letztlich toleriert, obwohl seine Mahdi-Begegnungen und der angebliche Auftrag des Mahdi an ihn für Aufregung sorgten. Die politische Bedeutung des Irrationalismus von Ahmadinejad und der Bezug zum Atomprogramm werden von Ourghi nicht angesprochen.

Im gleichen Heft von *Die Welt des Islams* wird in einer Rezension positiv auf Bettina Gräf Bezug genommen, die den Islamisten Yusuf al-Qaradawi als „Papst" des sunnitischen Islam bezeichnet (siehe ausführlich zu al-Qaradawi Kapitel 2.3). Der Rezensent sieht einen „neuen Synkretismus" in der Verbindung von liberalen (bzw. das, was hierbei als ‚liberal' firmiert) und konservativen Ansätzen.[265]

In einer anderen Rezension wird der Sufi-Islam gelobt und Religion als probates Mittel für ‚Sinnsucher' empfohlen:

> „Der Kulturkonvertit ist ein deutsch geborener Sufi, dem in seinem Ursprungsmilieu Ehre und Anerkennung durch seine Karriere und sozialen Beziehungen versagt blieben und ihn zum Suchertum verleiteten. Die körperliche Erfahrung des ‚Ganz-Anderen' durch sufische Riten und sein Erweckungserlebnis durch den shaykh verleihen ihm Selbstbewusstsein, das durch eine spätere Äußerung von Konversionsabsichten und die folgende Anerkennung der Alteingesessenen bestärkt wird."[266]

Die Entpolitisierung religiöser Sinnsucher ist problematisch und auf die Bedeutung von „Riten" oder einem religiösen „Erweckungserlebnis" wird überhaupt nicht kritisch reflektiert. Vor allem wird nicht diskutiert, warum sich viele Menschen gerade nach 9/11 dem Islam zuwenden, so als sei der Massenmord von 3000 Menschen irgendwie inspirierend. Der Rezensent Jamal Malik war bis 2009 Leiter eines großen wissenschaftlichen Projektes, das von der *Deutschen Bundesregierung* gefördert wurde: „Mobilisierung von Religion in Europa". An dem Projekt waren mehrere führende Islamwissenschaftler und andere Akademiker beteiligt.[267]

1.6) Antisemitismus, türkische Reformtheologen und Politiker

Der Islamwissenschaftler Lutz Berger befasst sich mit „islamischer Theologie".[268] In zwei Aufsätzen in *Die Welt des Islams* thematisiert er den Antisemitismus beim türkischen „Reformtheologen" Zekeriya Beyaz[269] bzw. bei der islamischen Strömung der Ibaditen in Oman. Letztere vertreten mitunter eine bizarre Form von Antisemitismus, indem sie den Wahhabiten und Saudis unterstellen, Juden zu sein und den Islam zu unterwandern.[270]

Der türkische Theologe Beyaz wird in der Türkei und von seinen deutschen Anhängern (wie bekannten Stiftungen und evangelischen Einrichtungen[271]) als ‚liberal' und ‚undogmatisch' angesehen. Es sei keine Sünde, wenn sich Menschen ein- oder zweimal im Leben einen Porno anschauten, so Beyaz, der gegen das Kopftuch und insofern Kemalist[272] ist und nur manche der Hadithen (damit sind die Überlieferungen und Berichte über Mohammed gemeint) für den Islam anerkennt. Zudem ist er gegen die Ausgrenzung der Aleviten in der Türkei wie auch gegen Vorurteile gegen „Zigeuner"[273]. Zugleich lehnt er Homosexualität wie auch Anal- und Oralverkehr beim Sex ab.[274]

Außerdem ist Beyaz ein glühender Antisemit:

> „Über die Verbrechen und Untaten, die der Jude an den muslimischen Türken, der ganzen islamischen Welt und der Menschheit insgesamt zu verantworten hat, ist bereits viel geschrieben worden und es wird und muss darüber auch ferner geschrieben werden. In dem Maße in dem es irgendwo den Juden gibt, wird man auch auf die von ihm verschuldete Verderbnis und seine feindselige Haltung (den anderen Menschen gegenüber) treffen (onun fesat ve düsmanligi da var olacaktir)."[275]

Der Turkologe Lutz Berger dokumentiert diese antisemitische Tiraden von Beyaz, nimmt dessen Antisemitismus aber offenbar nicht ernst:

> „Trotz seiner heftigen verbalen Ausfälle ist aber wohl auch Beyaz klar, dass in der Realität der jüdische Einfluss auf die Probleme der Türkei eher gering zu veranschlagen ist."[276]

Da sind die Analysen der Antisemitismusforschung schon lange weiter: Paranoide Verschwörungstheorien wie die Rede vom zerstörerischen Einfluss der Juden werden von Antisemiten sehr wohl als wahr angenommen. Berger jedoch findet Beyaz eher inkonsistent, er sieht den Antisemitismus nicht als konstitutiv für diesen in der Türkei anerkannten Theologen an. Vielmehr seien Kommunisten und ab den 1990er Jahren die Islamisten zu den Feinden Beyaz' avanciert. Dabei vergleicht Berger Beyaz mit dem Nazi Julius Streicher[277], dessen Antisemitismus sicher kein Randaspekt seiner Hetze im *Stürmer* war. Warum Beyaz nicht ebenso als einen Antisemitien kritisieren, der das, was er schreibt, auch so meint?

Ein Überblickswerk Bergers aus dem Jahr 2010 zu islamischer Theologie enthält kein einziges Kapitel zu Antisemitismus. Der Autor bezieht sich dafür positiv auf die heutige Türkei:

> „Die Milli-Görüş-Bewegung spielt auch im europäische-türkischen Islam eine große Rolle. (...) In der Türkei selbst hat sich die Milli-Görüş-Bewegung mittlerweile gespalten. Die in der ‚Partei für Gerechtigkeit und Entwicklung' (türk. Adalet ve Kalkinma Partisi) unter Führung des gegenwärtigen (2010) Ministerpräsidenten Recep Tayyip Erdoğan (geb. 1371/1954) zusammengeschlossene große Mehrheit ihrer Anhänger und Führer scheint ihren Frieden mit der liberalen Demokratie gemacht zu haben. An die Stelle des für viele Menschen in der Türkei abschreckenden islamistischen Radikalismus Necmettin Erbakans setzt die AK Parti (oder AKP, die vorgenannte Abkürzung wird von den Anhängern bevorzugt) ein breites Bündnis gesellschaftlicher Gruppen bis hin zu säkularistischen Liberalen. In gesellschaftlich-politischer Hinsicht wird an die Stelle von Feindschaft gegen die Moderne und die nicht islamische Welt eine selbstsichere Offenheit gestellt."[278]

Entgegen dieser Darstellung gilt es zu unterstreichen: Der Antisemitismus bei Milli Görüs spielt sehr wohl eine große Rolle (vgl. Kapitel 4.5). Worauf zielt Berger mit dem Wort „Lebenswirklichkeit"? Was heißt „selbstsichere Offenheit" der heutigen Türkei? Soll das womöglich den Wutausbruch des türkischen Ministerpräsidenten Erdogan gegen den israelischen Präsidenten Shimon Peres auf dem Davoser Weltwirtschaftsforum im Januar 2009 schön reden?

Die Medien berichteten über den Davoser Skandal und die antisemitischen Ausfälle des türkischen Premiers das Folgende:

> „Ein ‚Verbrechen gegen die Menschlichkeit' sei der israelische Feldzug im Gaza-Streifen, eine ‚Barbarei'. Ein ‚Fluch Gottes' werde den jüdischen Staat dafür treffen. Bei einem Treffen mit Uno-Generalsekretär Ban Ki Moon hatte er sogar angeregt, Israel aus der Uno auszuschließen. Kaum ein Staatsführer in der muslimi-

> schen Welt, von Iran einmal abgesehen, hatte sich bis dahin so scharf geäußert. Und während in der Türkei plötzlich so viele Menschen für Palästina auf die Straße gingen wie nie zuvor, trugen plötzlich auch in der arabischen Welt Demonstranten Erdoğan-Bilder mit sich. So dürfte die Popularität des ‚Helden von Gaza', wie türkische Zeitungen schrieben, nach seinem Auftritt beim Weltwirtschaftsforum in Davos noch gewachsen sein. Als ‚Helden von Davos' und ‚Eroberer von Davos' bejubelten ihn seine Anhänger auf dem Atatürk-Flughafen in Istanbul. So viele Menschen waren mitten in der Nacht herbeigeeilt, um Erdoğan und seine Frau Emine zu begrüßen, dass der Verkehr am Flughafen zusammenbrach."[279]

Wer Israel „Verbrechen gegen die Menschlichkeit" vorwirft und es mit Kriegsverbrechern und den Deutschen im Nationalsozialismus gleichsetzt, produziert Antisemitismus. Warum geht der Turkologe Lutz Berger darauf nicht ein und behauptet stattdessen, die AKP-Regierung unter Erdogan habe ihren Frieden mit der „Demokratie" gemacht?

Was sagt Berger zur Unterstützung des Terror-Schiffes *Mavi Marmara* durch die Türkei im Mai 2010 oder zur Produktion von antisemitischen Propagandafilmen mit türkisch-staatlicher Unterstützung wie „Tal der Wölfe – Palästina", der 2010 gedreht wurde und Anfang 2011 in die Kinos kam (vgl. Kapitel 5.2)? Sind das alles Indizien für eine reformorientierte, demokratische Türkei? 2011 hat Erdogan Kritik am Islamismus als „Islamophobie" diffamiert und als „Verbrechen gegen die Menschlichkeit" bezeichnet (vgl. Kapitel 7.1).

Dass die AKP ihren Frieden mit der Demokratie geschlossen habe, ist also eine gewagte These. Der Politologe Bassam Tibi weist auf die Gefahr für die Demokratie durch die AKP hin und schreibt 2009:

> „Eine gute Lösung für die Krisen geplagte Türkei ist weder das stillschweigende islamische Gesetz der AKP noch ein Coup durch türkische Säkularisten. Eher sollten die Europäische Union und die Vereinigten Staaten die Zivilgesellschaft ermuntern mehr Einfluss zu bekommen, indem die schwachen Institutionen der türkischen Demokratie gestärkt werden. Moderate Islamisten wollen islamisieren, nicht demokratisieren. Sie sind dem Prozedere der Demokratie verpflichtet, aber nicht zu deren pluralistischer und friedlicher politischer Kultur. Der politische Islam der Türkei ist eine wichtige Sache für Europa. Die Türkei hat nicht nur enge Beziehungen zum Westen, vielmehr hat sie auch mehr als vier Millionen Türken in der Diaspora der Europäischen Union. Während viele moderate Muslime versuchen den Islam zu europäisieren, ist der Islamismus wie er von der AKP vertreten wird, eine Ideologie der kulturellen Trennung, Spannung, und des

> Konflikts, trotz all der pro-europäischen Rhetorik, mit der die Islamisten in der Türkei die Europäische Union für ihre Agenda der Islamisierung ausnutzen."[280]

Lutz Berger hingegen sieht diese islamistischen Tendenzen in der Türkei nicht. Neben seinem Lob für die heutige Türkei ist die Thematisierung von Antisemitismus wie beim türkischen Reformtheologen Beyaz zwar wichtig, gleichwohl jedoch nur ein Unterpunkt eines längeren Aufsatzes und für die Conclusio des Textes ohne Bedeutung. In den Texten Bergers wird deutlich, dass er Antisemitismus thematisiert und ablehnt, was im islamwissenschaftlichen Mainstream schon bemerkenswert ist. Er verkennt aber die Wirkmächtigkeit antisemitischer Ideologeme, spielt den Islamismus der heutigen Türkei herunter und sieht den Islam primär unter dem Aspekt der Theologie und nicht als Ideologie und politisch-kulturelles Programm in einem globalen Kontext.

1.7) Islamwissenschaft, Postorientalismus, Antisemitismus

> „Kein Zeitungsknabe wird uns jemals erzählen, was grad alt oder brandneu ist. Damit wird er höchstens so viel erzielen wie ein Hund, der gegen Bäume pisst."
>
> „Das Wort zum Sonntag", DIE TOTEN HOSEN, 1986[281]

1.7.1) Ging es den Juden früher so wie den Muslimen heute?

Der Antizionismus als neue Form des Antisemitismus ist in der muslimischen Welt wie im Westen eine tödliche Gefahr für Juden. Seit dem 11. September 2001 wird nicht etwa der Jihad, der ‚Heilige Krieg' der Islamisten und die Ideologie des Islamismus, von Akademikern analysiert. Vielmehr kommt es zu Attacken gegen Amerika und die Verteidiger einer freien Welt inklusive Israels wie zu Angriffen unterschiedlichster Art gegen die im islamistischen Jargon ‚Ungläubige' Genannten. Der Iran baut an der Atombombe, deutsche Firmen und Politiker helfen dabei (direkt und indirekt), während deutsche Nahostforscher, Islamwissenschaftler, Historiker und Sozialwissenschaftler lieber von „Islamophobie" reden.

Die wenigen hörbaren Kritikerinnen und Kritiker des Islamismus werden häufig als ‚islamophob' diffamiert, während Mörderbanden wie die Taliban in Afghanistan oder die Hamas im Gaza-Streifen nicht selten – und zunehmend – Unterstützung erhalten. Das geschieht offenbar nicht nur trotz, vielmehr wegen deren islamistischer, antisemitischer und antiwestlicher Ideologie, brutalen Aktionen wie der Verstümmelung von selbstbewussten (muslimischen) Frauen[282], dem Attackieren der Zivilbevölkerung und den alliierten Soldaten in Afghanistan durch die Taliban[283], oder dem Abfeuern von Raketen aus dem Gazastreifen nach Israel und dem Entführen von israelischen Soldaten (wie Gilad Schalit) durch die Hamas.

Israel wird isoliert und die Agitation gegen den jüdischen Staat (genannt „Israelkritik") ist nicht nur eine der Lieblingsbeschäftigungen vieler Deutscher. Die Ausgrenzung Israels, das Bewerten seiner Politik nach anderen Maßstäben als üblich („double standard"), sowie die Veröffentlichung von antizionistischen Invektiven sind Alltag in den Medien der westlichen Welt, in Forschungskolloquien, Publikationen, der Tagespresse, in Karikaturen, Parolen auf Demonstrationen, Dissertationen, Magisterarbeiten, Hausarbeiten, Festvorträgen. Sie zeigt sich bei der Verleihung von Bundesverdienstkreuzen, wie an Felicia Langer[284], bei Hetzeinträgen auf Facebook (siehe unten), Bundestagsbeschlüssen, Reden oder wissenschaftlichen Beiträgen in Fachzeitschriften.

Im Folgenden geht es um Tendenzen heutiger Islamwissenschaft *und* Historiografie. Das obige Zitat der Punkrockband *Die Toten Hosen* mag als Anregung für andere Intellektuelle von Nutzen sein, sich nicht von den „Zeitungsknaben" vorschreiben zu lassen, „was grad alt oder brandneu ist". Der Song, als Kritik an den kommerziellen Boulevard-Musikzeitschriften gemeint, trifft auch auf andere führende Medien und mithin wissenschaftliche ‚Diskurse' zu.

Geht es den Muslimen in Europa und Deutschland wie den Juden Ende des 19. Jahrhunderts? Das ist eine zentrale Frage – doch schon ihre Existenz evoziert Kopfschütteln bei Historikern des Antisemitismus und bei Gesellschaftskritikern. Gleichwohl wird sie von nicht wenigen etablierten und aufstrebenden Wissenschaftlern nicht nur in Deutschland ungeniert und mit geschwollener Brust gestellt.

Das *Moses Mendelssohn Zentrum* (MMZ) Potsdam organisierte zusammen mit der *Akademie für Politische Bildung Tutzing* im Januar 2011 eine Tagung zum Thema Islamkritik und Antisemitismus. Es ist schwer zu sagen, ob der Titel, der Ankündigungstext oder die Referenten der Tagung das Erschreckendste daran sind.[285] Im Ankündigungstext der Tutzinger Tagung wird das Treiben eines der folgenreichsten Antisemiten der Geschichte, Heinrich von Treitschke („Die Juden sind unser Unglück"), mit gegenwärtiger Kritik am Islamismus in Beziehung gesetzt. Das ist ungeheuerlich und indiziert, mit was für Absurditäten man sich heute befassen muss.

Dabei ist der Leiter des *Moses Mendelssohn Zentrums* (MMZ), Julius H. Schoeps, eher als Kritiker eines Vergleichs von „Islamophobie" und Antisemitismus in Erscheinung getreten; er kritisiert dabei seinen Kollegen Wolfgang Benz.[286]

Eine Kritik der Ideologie der heutigen Zeit, eine Decodierung und Dechiffrierung des Zeitgeistes muss sich vorrangig um den Islamismus und zunehmend um seine Freunde und Helfer zum Beispiel in Europa und Nordamerika kümmern. Sie sollte dabei nicht zwischen Kritik und Affirmation des Zeitgeistes hin und her schwanken.[287]

Das Heft 7/8 der *Zeitschrift für Geschichtswissenschaft* aus dem Jahr 2010 wurde vom Leiter des *Zentrums für Antisemitismusforschung* (ZfA) an der *Technischen Universität Berlin*, Wolfgang Benz, persönlich herausgegeben; in ihm wird der Antisemitismus mit der Islam- und Islamismuskritik auf eine Stufe gestellt. Damit liegt es im Trend einer politisch, medial, gesellschaftlich und wissenschaftlich breit angelegten Verharmlosung des Antisemitismus sowie der Abwehr jedweder substanziellen Kritik am Islamismus. Dem publizistischen Mainstream zufolge hegen Antisemiten einerseits und so genannte Orientalisten andererseits auf ähnliche Weise Ressentiments gegen ‚das Fremde', ‚das Andere', gegen Juden wie gegen Araber, Muslime, Türken.

Die folgende Passage aus der *Zeitschrift für Geschichtswissenschaft* ist problematisch und steht exemplarisch für die heutige Islamwissenschaft:

> „Die aktuell zu verzeichnende gleichzeitige Zunahme antisemitischer wie auch antimuslimischer Ressentiments in Deutschland und anderswo verweist auf die strukturverwandte Funktion beider in ein und derselben ‚economy of Otherness'."[288]

Das Zitat stammt vom Islamwissenschaftler Achim Rohde, der 2006 an der FU Berlin promovierte (dazu unten mehr). Rohde ist seit 2011 Gastwissenschaftler am *Centrum für Nah- und Mitteloststudien* (CNMS) der *Philipps-Universität Marburg*[289], seine Texte zu Postorientalismus und Postkolonialismus werden in den folgenden Unterkapiteln (von Kapitel 1.7) eingehend untersucht. Rohde steht exemplarisch für die jüngere Generation von Islamforschern und vertritt den ‚Dernier Cri' der Forschung. Er imaginiert, Juden und Muslime in Deutschland würden gleichermaßen angefeindet. Er tut so, als seien vor jeder Moschee Polizeiwachen und Betonbarrieren nötig, so wie dies vor jedem jüdischen Kindergarten, jeder Synagoge und jedem jüdischen Gemeindehaus Realität ist. Er erweckt den Eindruck, *als ob* es Demonstrationen in Deutschland mit Hetzparolen wie „Tod, Tod den Muslimen" gäbe, ähnlich den tatsächlichen Parolen wie „Tod, Tod den Juden" oder „Olmert ist ein Hundesohn", die im Januar 2009 anlässlich der israelischen Militäroperation gegen die Hamas („Operation Cast Lead") in Deutschland von Muslimen und anderen Demonstrationsteilnehmern geschrien wurden. Rohde verkehrt Täter und Opfer; das ist eine offenbar *intendierte Inversion*, eine absichtliche Verkehrung.

1.7.2) Rassismus und Kooperation? Nazis und Islamisten

Ein Exkurs ist vonnöten: Es geht um rechte ‚Islamkritiker', um das Herbeireden von ‚Islamophobie', worauf in dieser Studie noch mehrfach eingegangen werden wird (u.a. in den Kapiteln 1.7.13, 5, 6 und 7), und um Rassismus. Von Rassismus, Nationalismus und Deutschtümelei zu sprechen, wäre viel zutreffender und realitätsgetreuer als von „Islamophobie" zu reden – und doch werden diese Begriffe so gut wie nie im ‚Diskurs' verwendet. Zudem werden im Folgenden einige Hinweise auf die Nähe von extrem Rechten zu Islamisten gegeben.

Es gibt rechte und rechtsextreme Ressentiments gegen den Islam und gegen Muslime wie gegen alle anderen als nichtdeutsch oder nichtdeutsch genug Stigmatisierten. Mehr noch: Manche wie der Islamwissenschaftler Rainer Glagow (1941–2010) sind islamkritisch[290], zugleich unterzeichnete Glagow einen revisionistischen Aufruf zum 60. Jahrestag des *unconditional surrender* der Deutschen am 8. Mai. Darin machen die Rechten die Deutschen zu Opfern der Befreiung vom SS-Staat.[291] Das christliche und extrem rechte Internet-Portal *Politically Incorrect* (PI) brachte einen Nachruf auf Glagow[292], inklusive einer Würdigung aus der Feder des Bundesgeschäftsführers der konservativen bis extrem rechten „Bürgerbewegung Pax Europa (BPE)", Conny Axel Meier.[293]

Schließlich gab es Krach in Berlin-Neukölln, als so genannte Deutsche mit Migrationshintergrund während der Fußball-Weltmeisterschaft 2010 eine riesige schwarzrotgoldene Deutschlandfahne an ihr Haus hängten.[294] Bei der Liebe zu Deutschland (oder zur „Heymat", vgl. Kapitel 6) stehen sich viele Rechte wie Linke, Muslime, Türken, Araber und andere in nichts nach, sie spiegeln den Zeitgeist in Deutschland[295] nur teils etwas greller wider.

Aggressiv geht es bei der Initiative „Linkstrend stoppen" zu, die von konservativen Einzelpersonen getragen wird.[296] Vorgeblich ist Islamismuskritik ein wichtiger Aspekt der Gruppe, wenngleich der Name („Linkstrend stoppen") etwas anderes aussagt. Einer der Erstunterzeichner der Initiative ist Menno Aden, der die antilinke und ‚islamkritische' Kampagne und gleichzeitig den islamistischen *Muslim-Markt* unterstützt. 2009 gab Aden diesen pro-iranischen und antisemitischen, zum Boykott Israels aufrufenden Agitatoren (vgl. Kapitel 5.4) ein freundliches Interview.[297] Schon diese Kollaboration zeigt, wie weit es mit Konservativen und Reaktionären und deren ‚Islamkritik' her ist: Aden unterstützt eine der aggressivsten islamistischen Internetseiten mit einem solchen Interview. Damit ist er jedoch nicht alleine: Der schon mehrfach erwähnte und in Deutschland bekannte Historiker, Antisemitismusforscher und langjährige Leiter (1990–2011) des *Zentrums für Antisemitismusforschung* (ZfA) an der *Technischen Universität Berlin*, Wolfgang Benz, der sich häufig polternd gegen wissenschaftliche und sonstige Kritik am Islamismus ausspricht, kooperiert konsequenterweise mit dem Muslim-Markt und gab den Islamisten 2010 ein Interview (vgl. Kapitel 5.4).[298]

Zurück zu den Konservativen: Deutschtümelei ist notwendig ein Bestandteil von Kampagnen wie „Linkstrend stoppen". Im Zuge der Wiedervereinigung ab 1989/90 wurden insbesondere in den 1990er Jahren und dann bis heute über 100 Menschen in der Bundesrepublik Deutschland von Rechtsextremisten und Neonazis ermordet. Während die Bundesbehörden von lediglich 47 Fällen von rechtsextremistisch motivierten Morden beziehungsweise Tötungsdelikten sprechen, kommen der Berliner *Tagesspiegel* und die Wochenzeitung *Die Zeit* für den Zeitraum zwischen 1990 und 2010 auf die Zahl von 137 Menschen, die durch rechte Gewalt zu Tode kamen.[299] Darunter fallen Asylbewerber, Migranten, Obdachlose, Linke, Punker und andere von den Mördern als nicht deutsch genug für die völkische Ideologie und das neue Deutschland erachtete Menschen. Neben den Morden gab es ungezählte Attacken, Prügeleien, Einschüchterungen, Brandanschläge etc., Juden und jüdische Einrichtungen wie Synagogen waren ebenso Angriffsziele der Stolzdeutschen.[300] Kaum jemand, wenn überhaupt irgendjemand, sprach damals, Anfang der 1990er Jahre, von ‚Islamophobie' – die Opfer wurden von den Neonazis nicht als Muslime ermordet, aber als nicht in die neu-deutsche Volksgemeinschaft gehörende Bürger. Linke, Migranten, Schwarze und andere werden bis heute in vielen Gegenden, zumal der ehemaligen DDR, in den so genannten ‚national befreiten Zonen', attackiert, eingeschüchtert, bedroht, geschlagen, verletzt und ermordet. Muslime als Muslime sind jedoch selten das Ziel von Nazis, Rechtsextremisten oder anderen.

Was in den letzten Jahren in der Wissenschaft wie in öffentlichen Debatten von Bedeutung ist, sind Analysen der ideologischen und gegenwärtigen Beziehungen von Islamisten zu Neonazis. Dazu kommen die historischen Verbindungen Deutschlands und nicht zuletzt des Nationalsozialismus zur islamischen Welt. Die Islamismusexpertin Claudia Dantschke schreibt zu den Verbindungen von Islamisten und der extremen Rechten:

> „Die analogen antiamerikanischen und antisemitischen Welterklärungsmuster lassen in bestimmten Kontexten, wie beispielsweise während einer Demonstra-

> tion gegen Israel, die anderen Feindbilder, Unterschiede und Abgrenzungen kurzzeitig in den Hintergrund rücken. Das zeigte sich erneut im Januar 2009 während des so genannten Gaza-Krieges, allerding nicht nur auf der Straße. So stellte sich der islamische Multifunktionär Ibrahim al-Zayat der neurechten Wochenzeitung ‚Junge Freiheit' in einem langen Interview zu Verfügung. In dem Gespräch versicherte al-Zayat der Leserschaft des Blattes, dass sie ‚die Muslime' nicht als Bedrohung fürchten müssen, denn auch ‚die Muslime' wissen zwischen den [pro-israelischen] Positionen der Bundeskanzlerin Angela Merkel und denen ‚der' Deutschen zu unterscheiden. Und auf die hoffnungsvolle Frage der ‚Jungen Freiheit', ob er darauf setze, ‚dass die muslimische Einwanderung zu einer Veränderung der deutschen Position im Nahost-Konflikt führt', verweist al-Zayat geschickt auf die lange Freund- und Partnerschaft Deutschlands mit der arabischen und muslimischen Welt. ‚Der Besuch Kaiser Wilhelm II. in Jerusalem 1898 ist noch heute unvergessen. Dieses besondere Verhältnis gilt es weiterzuentwickeln und zu pflegen.' (Junge Freiheit, Januar 2009) Eine Botschaft, die im Umfeld eines Blattes wie der ‚Jungen Freiheit' wohl verstanden wird."[301]

Für den einflussreichsten Vordenker des heutigen Rechtsextremismus und der Neuen Rechten in der Bundesrepublik, Henning Eichberg, waren schon in den 1980er Jahren der Islam und der „nativistische Islam der Moslembrüder" ein Vorbild an antiwestlichen Ressentiments.[302] „Odin" ist die zentrale Figur in der „Götterwelt" der „Germanen". Die Abwehr des jüdischen Monotheismus ist der paganistisch-neuheidnischen Ideologie inhärent. Rechtsextreme Heiden können zusammen mit Islamisten auf unterschiedliche Weise antisemitisch aktiv sein:

> „Heute hat der organisierte Rechtsextremismus und Neonazismus mit Islamisten im Hass auf Israel und die USA ein gemeinsames Terrain gefunden – Odin und Allah sollen Abhilfe schaffen."[303]

Der neuheidnische „Neo-Nazi-Anwalt Jürgen Rieger" findet es nachvollziehbar, wenn Muslime „in islamischen Staaten" „die Scharia praktizieren". Die Islamismus- und Rechtsextremismuskritikerin Claudia Dantschke schreibt darüber hinaus, Rieger meine, das

> „‚germanische Kulturerbe Deutschlands' sei in erster Linie [durch] die ‚jüdisch-amerikanischen Weltherrschaftsbestrebungen und Unterdrückungen' bedroht. Und deshalb, so Rieger, stelle sich die Frage, was ‚für unser Selbstbewusstsein schädlicher' ist, ‚die Pflichtlektüre des Tagebuchs der Anne Frank in den Schulen, oder eine muslimische Schülerin mit Kopftuch?'."[304]

Eine antisemitische Erinnerungsabwehr der Shoah geht Hand in Hand mit einer Nähe zum Islamismus.

Das Landesamt für Verfassungsschutz Brandenburg schreibt in seinem Verfassungsschutzbericht 2001:

> „Mahler sieht gar eine gemeinsame Front von Deutschen und Palästinensern. Denn die Zerstörungswut der amerikanischen ‚Ostküste' und Israels, so erklärte er bereits in einer Fernsehsendung vom 6. Dezember 2000, richte sich ebenso gegen das deutsche wie gegen das palästinensische Volk. Die Demonstration der JN [Junge Nationaldemokraten, Jugendorganisation der NPD, d.V.] am 14. April 2001 in Jena stand unter dem Motto: ‚Für eine Welt freier Völker – Solidarität mit Irak und Palästinensern!' Auf dem ‚7. Europäischen Kongress der Jugend', den die JN am 28. Oktober 2000 im pfälzischen Dreisen veranstalteten, trat der schon erwähnte [Ahmed, d.V.] Huber als Gastredner auf. Er beschloss seine Rede mit den Worten ‚Allah sei mit euch!' Der JN-Vorsitzende Sascha Roßmüller nahm diesen Gruß auf und steigerte die neue Islambegeisterung der Nationalrevolutionäre gar ins Sakrale, als er versicherte, man könne stolz darauf sein, Allah und Odin hinter sich zu wissen."[305]

Im März 2008 marschierten Neonazis zusammen mit Islamisten durch die Stadt Bielefeld für „‚ein freies Palästina'".[306] Die Islamisten haben jedoch erkannt, dass die Linken ihnen noch weit hilfreicher sind oder sein können, da der Antirassismus und die links-liberale Naivität dem Islamismus Tür und Tor öffnen, ohne den gesamtgesellschaftlichen Diskreditierungen des extrem rechten Milieus zu unterliegen:

> „War die Linke noch bis Ende der 80er Jahre aufgrund ihres Atheismus der Hauptfeind der Islamisten, so führt der Kampf gegen den US-Imperialismus Teile beider Szenen inzwischen zusammen. Maajid Nawaz, ein ehemaliges Mitglied der radikal-islamistischen Hizb ut-Tahrir, schildert nach seinem Ausstieg, wie er diese Kontakte erlebte. So war ‚gewissen Vertretern der westlichen Linken', wie Nawaz schreibt, der ‚Sieg über den Kapitalismus wichtiger' als ‚die Frage, mit wem sie sich ideologisch ins selbst Bett legten. Ich sah, wie Vertreter des Hibz ut-Tahrir von gutmeinenden Liberalen und ideologisch motivierten Linken hofiert und als politische Kommentatoren ans Mikrofon gebeten wurden, während sich die Islamisten ob solcher Naivität ins Fäustchen lachten.'"[307]

Der Islamismus ist eine große Gefahr für den Weltfrieden, und jene Muslime, die den Islamismus repräsentieren, sind spätestens seit dem 11. September zu einer Herausforderung für die politische Kultur in der Bundesrepublik geworden. Dabei handelt es sich um eine nicht klar umrissene Gruppe von Muslimen in Deutschland, deren Einsatz für den Islamismus offenkundig ist:

> „Die Entwicklung in den neunziger Jahren nahm eine andere Wendung. Die in Europa gebürtigen Muslime wurden von den erstarkten islamistischen Organisationen ‚islamisiert', was an der Steigerung der religiösen Praxis – Moscheebesu-

> che, Fasten, Beten, Kopftuch usw. – feststellbar ist. Selbst die infolge der intensiven Missionsarbeit dieser Organisationen zum Islam konvertierten Europäer, hauptsächlich Frauen, trugen zur Modernisierung des Islam wenig bei. Im Gegenteil, durch ihre Annahme eines überwiegend traditionellen bis fundamentalistischen Islam bestätigen sie die Islamisten in der Auffassung, dass die Religion des Islam in ihrer Entstehungsform allgemein gültig sei und keiner Aufklärung bedürfe. Der Islam stelle eben eine Alternative zum von der Aufklärung zerschlagenen Christentum und zur materialistischen, gottlosen und daher dekadenten Kultur des Westens dar."[308]

In jedem Falle fällt das beredte Schweigen der übergroßen Mehrheit der Muslime zu den *Terrorakten* der Jihadisten seit dem 11. September auf, von *offener* Zustimmung zu Terror und Jihad in manchen Teilen der islamischen Welt ganz zu schweigen.

Die wenigen bekannten muslimischen und anderen Islamismuskritiker werden häufig denunziert und ihre Analysen abgewehrt, wie es sich beispielhaft im unter Sozialwissenschaftlern populären *Verlag Sozialwissenschaften* in dessen Agitationsband *Islamfeindlichkeit* zeigt[309], wo einige bekannte Autoren[310] den Islamismus in Schutz nehmen. In der Einleitung des Herausgebers Thorsten Gerald Schneiders wird die Tagung des *Zentrums für Antisemitismusforschung* von Dezember 2008 mit dem Thema *Feindbild Muslim – Feindbild Jude* explizit verteidigt und als wegweisend betrachtet.[311] Des Weiteren wird der Massenmord vom 11. September benutzt, um ‚die' Muslime und ‚den' Islam als Opfer darzustellen, eine typische Täter-Opfer-Umkehrung:

> „Diese Abneigung gegenüber dem Islam ist keine Neuerscheinung, die mit den Terroranschlägen vom 11. September 2001 oder mit dem Mord an Theo van Gogh am 2. November 2004 neu entstanden ist. Islamfeindlichkeit ist ein historischer Makel, der sich seit Jahrhunderten tief in die europäische Seele eingebrannt und bis in unsere Tage sein hässliches Gesicht nie wirklich verloren hat."[312]

Das ist ein Märchen. Die Deutschen kooperierten mit Muslimen spätestens seit dem Ersten Weltkrieg auf der weltpolitischen Bühne (vgl. Kapitel 1.7.9) und waren keineswegs islamfeindlich. Es gibt zwar heutzutage weiterhin Rassisten und Nationalisten, die *auch* den Islam verteufeln, der als nicht deutsch genug ausgegrenzt und diffamiert wird, doch die gleichen Rassisten sind auch gegen Vietnamesen, Linke, Punker oder Obdachlose aktiv. Der Islam hingegen ist eine Religion mit gesellschaftspolitischen Zielen. Kritik oder Ablehnung einer Religion oder einer Ideologie kann gar nicht rassistisch sein. Gleichwohl sind Neonazis, Rechtsextremisten und andere, die nichtmuslimische Deutsche irgendwie höher bewerten oder stellen als Muslime, deutschnational, ausgrenzend und rassistisch.

Darüber hinaus gilt: Juden können nicht ohne weiteres mit einer Kippa oder mit einer Davidsternhalskette durch die Straßen Berlins, Duisburgs oder Dresdens laufen. Das liegt nicht nur an aggressiven, häufig (aber nicht immer) jugendlichen oder noch jüngeren Muslimen (und Neonazis, zumal im Osten); vielmehr ist es in Deutschland mitunter auch expressis verbis verschrien, als Jude öffentlich erkennbar zu sein oder sich offen auf einer privaten Feier als Freund des jüdischen Staates Israel zu zeigen. Wer jemals mit einer kleinen Israel-Fahne am Auto zum Beispiel durch eine Stadt wie Berlin gefahren ist, wird bestätigen können, wie alltäglich das antizionistische Ressentiment ist.

Deutsche mögen zwar tote Juden, aber mit den lebenden lebt sich's schwer[313], zumal wenn sie, wie die israelische Armee, sich den Antisemiten bewaffnet entgegenstellen.

Was heißt das? Es sind zwei Phänomene zu beobachten: Erstens wurde in den 1990er Jahren trotz Dutzender Morde an Nicht-Deutschen und anderen fast nie von „Islamophobie" geredet, da es offensichtlich war, dass es um Deutschtümelei, Rassismus, Nationalismus und Verbrechen von Neonazis oder Rechtsextremisten ging, die vielerlei Gruppen von Menschen als ihre Opfer auserkoren. Dagegen wird heutzutage nonstop von „Islamophobie" gesprochen, obwohl es keine mit Mölln, Solingen, Hoyerswerda etc. vergleichbaren Tendenzen gibt.

Zweitens wird die seit Jahren steigende Gefahr für Juden in Deutschland negiert und vernebelt. Antisemitismus wird in der Mitte der Gesellschaft produziert und unterstützt, während islamistische und antisemitische, Israel mit der Auslöschung bedrohende Regime wie die Islamische Republik Iran nicht in den Fokus geraten.

Das, wie gesagt, als *Exkurs*.

1.7.3) Kurzschluss von Kolonialismus und Nationalsozialismus

Methodisch zeigt sich in den Vergleichen von Rassismus und Antisemitismus und von Antisemitismus und ‚Islamophobie' sowie ‚Orientalismus' zunehmend die Unfähigkeit vieler Wissenschaftler in den Forschungsgebieten Geschichte, Politologie, Literatur- und Sprachwissenschaften wie auch in den Islam- und

Orientwissenschaften und anderen Fachbereichen, Antisemitismus als irrationales und aufklärungsresistentes Ressentiment zu erkennen.[314]

Modebewusste Forscher setzen Antisemitismus mit bloßem Rassismus gleich oder konstruieren Kontinuitäten des Kolonialismus und Imperialismus hin zum Nationalsozialismus. Namentlich in Deutschland hängen solche Vergleiche immer mit sekundärem Antisemitismus zusammen, da die Shoah als ein spezifisches und präzedenzloses Verbrechen von Deutschen an Juden auf die unterschiedlichste Art und Weise zerredet wird und oft in einem Orkus der Gewaltgeschichte des 20. Jahrhunderts (oder gar der Menschheit insgesamt) untergeht.

Nur zwei Beispiele seien hier angesprochen. *Erstens*: Ganz typisch war vor einigen Jahren (ab 1990–1992) die Rede vom „Fünfhundertjährigen Reich". Wolfgang Benz veröffentlichte 1992 in der ersten Ausgabe des *Jahrbuchs für Antisemitismusforschung* einen Text des Publizisten Henning Melber.[315] Melber bezog sich affirmativ auf diese Rede vom „Fünfhundertjährige Reich".[316] Es stellt sich die Frage, was das in einem solchen Jahrbuch zu suchen hat. Melbers Text fällt unter die Rubrik „Minoritätenkonflikte". Dabei geht es um die These, der europäische Kolonialismus, die Entdeckung Amerikas habe ein seit nunmehr 500 Jahren andauerndes Reich geschaffen, was zudem das nur zwölf Jahre existente ‚Tausendjährige Reich' des Nationalsozialismus als läppisch aussehen lässt, da der Holocaust in einer solchen Zahlenspielerei nicht auftaucht.

Melber baut auf älteren Forschungen wie jenen aus den 1970er Jahren von Peter Schmitt-Egner auf.[317] Der ökonomistische Blick auf die Geschichte und auf den Nationalsozialismus, der als „Faschismus" vorgestellt wird, ist im Kurzschluss von Kolonialismus und „Faschismus" bei Schmitt-Egner offensichtlich.[318] Antisemitismus wird als Ideologie sui generis (als eigene Ideologie also, die mehr ist als ein Nebenprodukt) negiert, die Gesellschaft wie jene des Nationalsozialismus sei vom Kapitalverhältnis und von der „Klassenfrage" präfiguriert, das abschließende Kapitel heißt „Die Rassenfrage als Klassenfrage".[319] Dabei wäre ein Hinterfragen der Motivation und Ideologie der Rede vom „Fünfhundertjährige Reich" naheliegend:

> „Um das Jahr 1992 herum gab es aus Anlass der fünfhundertsten Wiederkehr der Entdeckung der Neuen Welt (‚Westindien') durch Columbus Veranstaltungen und Publikationen von Linken unter dem Motto ‚Das Fünfhundertjährige Reich. Emanzipation und lateinamerikanische Identität: 1492–1992'. Dort werden die USA als ebenso schlimm wie die Nazis herbeigeredet, die kapitalistische Weltwirtschaft wird als ‚Reich' analog zur völkischen Volksgemeinschaft der Deutschen im NS-Staat diffamiert. Die Rechtfertigung der Vernichtung von Sklavenar-

> beitern durch Heinrich Himmler wird der gegenwärtigen ‚Politik des westlichen Kapitals' gegenüber der ‚Dritten Welt' anheimgestellt. Schließlich wird die palästinensische Intifada 1987 ff. als gerechtfertigt dargestellt und in antisemitischer Diktion von ‚US-jüdischen Führern' und deren Unterstützung Israels geredet. Das erinnert an heutige Debatten über die ‚Israel-Lobby' der amerikanischen Politologen Walt und Mearsheimer, von denen sich diese Linksradikalen weit entfernt dünken und vielmehr auf Seite des linken Antizionisten Noam Chomsky stehen, der in den Sammelbänden zum imaginierten ‚Fünfhundertjährigen Reich' auch publizierte."[320]

Diese Aspekte werden weder von Melber noch von Benz angesprochen, was analytisch und forschungsstrategisch bis heute Auswirkungen hat. Die Spezifik des Antisemitismus wurde schon in der ersten Ausgabe des *Jahrbuchs für Antisemitismusforschung* im Jahr 1992 mit Melbers Artikel vernebelt. Melber behauptet sogar, der Kolonialismus unterliege weit stärker einer „Tabuisierung" als der Holocaust:

> „Dennoch – oder vielleicht auch gerade deshalb – bleibt als Phänomen festzustellen, daß die Tabuisierung unseliger deutscher Geschichte mehr noch bezogen auf das koloniale Thema bisher Anwendung gefunden hat als in der Verdrängung der NS-Vergangenheit. Von einem der wenigen Kolonialhistoriker hierzulande wird die Zurückhaltung hinsichtlich der Aufarbeitung deutscher Kolonialgeschichte damit zu erklären versucht, da ‚sie die Erinnerung daran wecken kann, daß [...] in dieser Gesellschaft gewalttätige Traditionen vorhanden sind, die sich nicht auf den ‚Dämon' Hitler reduzieren lassen, sondern die in sozusagen ‚normalen' Zeiten sich vollzogen."[321]

Deutsche Traditionslinien sind eine relevante Größe in der Geschichte, es gibt aber keine Linie vom Kolonialismus hin zum sinn-losen Holocaust. Melber wehrt eine Analyse der Spezifik des Holocaust ab und fragt lieber nach dem ‚wem nützt es?'; solche *Cui-bono*-Fragen verfehlen Analysen des Antisemitismus wie der Shoah.

Ganz ähnlich verläuft die Analyse *zweitens* bei Jürgen Zimmerer in einem anderen Periodikum, der bereits erwähnten *Zeitschrift für Geschichtswissenschaft.* Dort schrieb er 2003 über „Holocaust und Kolonialismus":

> „Genozide in den Kolonien stellen keine grundsätzlich von den nationalsozialistischen Genoziden verschiedene Kategorie dar, sondern vielmehr frühere, weniger organisierte, bürokratisierte und zentralisierte Formen. Im Grunde lassen sich die verschiedenen kolonialen Ausprägungen des Genozids auch in der nationalsozialistischen Mordpolitik wiederfinden."[322]

Dabei verkennt Zimmerer, dass Auschwitz und den Holocaust eine Vernichtung um der Vernichtung willen kennzeichnete. Der eliminatorische Antisemitismus der Deutschen zielte auf den Völkermord an den Juden. Der Kolonialismus hingegen war primär an Verwertung interessiert, nur in Ausnahmefällen (zum Beispiel als Re-Aktion auf einen Aufstand) kam es zum Massenmord. Eine Analyse könnte den Charakter des „Zivilisationsbruches" Auschwitz (Dan Diner) in Abgrenzung zu solchen Vergleichen herausarbeiten.

Der in der linken Szene bekannte Publizist Mike Davis aus den USA schrieb im Jahr 2001:

> „In ihren düsteren Reflexionen, Reading the Holocaust, wagt Inga Glendinnen eine Meinung über das Abschlachten von Unschuldigen: ‚Wenn wir zugestehen, dass der ‚Holocaust', die absolute Konsumption der Opfer durch Feuer, unheimlich zutreffend ist für den Mord an den Millionen, die nur in der Luft ein Grab fanden, ist es genauso zutreffend für die Opfer von Hiroshima, Nagasaki und Dresden.' Ohne ihre Schreibweise des Holocaust mit Großbuchstaben (welche eine zu komplette Gleichsetzung der Shoah mit anderen Gemetzeln beinhaltet) zu übernehmen ist es die Last dieses Buches zu zeigen, dass imperiale Politiken gegenüber hungernden ‚Subjekten' häufig von der exakt gleichen moralischen Bedeutung sind wie Bomben, die aus 5.500 Metern herabfallen."[323]

Der ‚Linke' Mike Davis versteht nicht, dass Neonazis und weite Teile der Gesellschaft in Deutschland seit Jahrzehnten daran arbeiten, die *Royal Air Force* (*RAF*) Englands der Kriegsverbrechen zu beschuldigen, wo de facto der Bombenkrieg gegen Deutschland hilfreich und notwendig war im Kampf gegen den Nationalsozialismus. Davis möchte zwar die Shoah nicht „komplett" mit anderen „Massakern" („carnages") gleichsetzen, doch der Vergleich von Dresden, Hiroshima und Auschwitz ist grotesk. Der Holocaust war kein „Massaker", er war ein Zivilisationsbruch. Die Shoah war die industriell geplante und betriebene Vernichtung der europäischen Juden, und die Bombenangriffe auf Dresden halfen, den Holocaust zu beenden.

Davis setzt die Shoah mit Hungersnöten, dem Imperialismus oder dem Kapitalismus gleich. Er bedient mehrere Formen des Antisemitismus gleichzeitig, indem er den Dresden-Topos bedient, Auschwitz mit Hiroshima gleichsetzt, die Shoah als bloßes „Massaker" kleinredet und den Kapitalismus bzw. Imperialismus als „Holocaust" bezeichnet. Seine „politische Ökologie der Hungersnot"[324] ist ein weiterer Versuch, Auschwitz und den Holocaust einzubetten in eine Gewaltorgie der Moderne, womit Davis nicht nur deutschen Neonazis, sondern vielen Deutschen (und modischen Sozial- und Geisteswissenschaftlern) aus der Seele spricht und Deutschland von seiner Schuld an den präzedenzlosen Verbrechen der Shoah reinwäscht.

Davis ist ein Beiträger zu einem Buch, das sich gegen den Antiterrorzaun Israels richtet und damit den Terroristen von Hamas, Islamischem Jihad und anderen Gruppen, welche bevorzugt Selbstmordattentate in Israel durchführen, freies Geleit geben möchte.[325] Davis setzt die Berliner Mauer mit dem Antiterrorzaun gleich und nennt Letzteren ein Beispiel für die „größte Welle von Mauerbauten und Grenzbefestigungen in der Geschichte".[326] Den israelischen Antiterrorzaun als Zeichen des „Triumphes des neoliberalen Kapitalismus"[327] zu sehen, ist an Absurdität schwerlich zu überbieten. Israel könnte weit mehr kapitalistischen Mehrwert schaffen, wenn viele Palästinenser nicht antisemitisch fanatisiert wären und keinen Terror ausübten, dafür mit den Israelis wirtschaftlich kooperierten, wie das trotz der Barrieren zum Beispiel im Westjordanland (Stand: Anfang 2011) geschieht.

Der Antiterrorzaun Israels ist eine antifaschistische Maßnahme, und Davis stellt sich demnach auf die Seite der Faschisten. Es ist kein Zufall, dass er wenig später ein Buch über die „Autobombe" schrieb, um den islamistischen Terror zu entspezifizieren. Wenn schon Anarchisten in den 1920er Jahren Autobomben benutzten, was kann dann an al-Qaida schlimm oder am Selbstmordattentat irgendwie spezifisch islamistisch sein?, möchte Davis fragend raunen.[328]

Im Folgenden werden mit Wolfgang Benz und Achim Rohde zwei typische Vertreter der Antisemitismusforschung bzw. der Islamwissenschaft in Deutschland aus der älteren respektive jüngeren Generation unter die Lupe genommen. Die oben angesprochene Entspezifizierung, die Verallgemeinerung und Vernebelung des Antisemitismus ist dabei von Interesse.

1.7.4) Schweigen zu deutsch-türkischem Antisemitismus 2010

Die bereits erwähnte *Zeitschrift für Geschichtswissenschaft* (ZfG) wurde 1953 in der DDR gegründet und ab 1990 peu à peu von Wissenschaftlern aus dem Umfeld des *Zentrums für Antisemitismusforschung* (ZfA) an der Technischen Universität Berlin übernommen. Dort wird sie bis heute federführend von Wolfgang Benz herausgegeben, „verantwortlicher Redakteur"[329] ist Friedrich Veitl. Die ZfG ist eine Monatszeitschrift und wirbt für sich wie folgt:

> „Jährlich ca. 36 Aufsätze – Aktuelle Debatten – Großer Rezensionsteil – Über 1100 Seiten jährlich – Erscheint monatlich."[330]

Vor diesem Hintergrund ist davon auszugehen, dass das Heft 7/8 aus dem Jahr 2010 im Juni 2010 hergestellt wurde. Üblicherweise haben Monatszeitschriften zwischen dem 9. und 16. eines Monats ihren Redaktionsschluss und jedenfalls kaum vor dem 1. eines Monats.

Am 31. Mai 2010 provozierten Rechtsextremisten, Islamisten, Linke und andere Teilnehmer der so genannten Gaza-Flottille einen Militäreinsatz der israelischen Armee, indem diese Flottille gegen die völkerrechtlich abgesicherte Blockade des Gaza-Streifens vorging und ihre Nähe zur islamistischen und die Vernichtung Israels proklamierenden Hamas deutlich zum Ausdruck brachte. Während die Frauen auf dem „Frauendeck" aufgeregt (doch zärtlich) dem Sonnenaufgang entgegenzirpten und ihren männlichen Kollegen die Daumen drückten, bewaffneten sich Letztere mit Messern, Eisenstangen, Holzlatten und ähnlichem Gerät, überrumpelten die sich von Helikoptern abseilenden israelischen Soldaten, brachten einige in Todesgefahr, stachen mit Messern auf sie ein, verletzten und demütigten sie, was in letzter Konsequenz den Einsatz von Schusswaffen von Seiten der israelischen Armee notwendig machte. Neun türkische Angreifer starben, und es ist überliefert, dass einige Flottille-Reisende bereits beim Ablegen in der Türkei sagten, sie wollten auf der antisemitischen Mission zum Märtyrer („Shahid") werden.[331]

Sobald im Laufe des 31. Mai bekannt wurde, was – zumindest ungefähr – auf dem Mittelmeer geschehen war, rannten viele Dutzende, bald hunderte, zumeist deutsch-türkische und auch deutsch-arabische *Facebook*-Benutzer zu ihren Mobiltelefonen und Computern und tippten unfassbar brutale, zum Mord an Juden aufrufende sowie den Holocaust preisende Parolen ins Internet. Diese Antisemiten posteten Einträge wie die folgenden (die Namen der Autoren werden mit Initialen wiedergegeben):

> „A.S. Juden sind Kinder des Teufels, die stehlen, morden und ihren Kindern das gleiche beibringen. (Martin Luther)"; „J.M. hitler mach dir kein kopf den rest der juden übernehmen wir türken. Danke fuer alles. Hdl adolf. via Handy-Web"; „B.K. Der Adolf Hitler war der Lösung für die Juden...fuck u Israel"; „Y.Ş. Wir sind zwar alle weder nazis oder ähnliches... aber warum ist adolf bevor er alle juden vernichtet hat bloß gestorben... Naja beten wir gemeinsam dass israel in seiner eigenen scheiße untergeht"; „V.C. ich hab bock juden abzuballern. S.A. gefällt das."

Diese in der Geschichte Deutschlands seit 1945 hinsichtlich ihrer *Anzahl* und *Offenheit* wohl beispiellosen antisemitischen, zum Mord aufrufenden, hetzerischen Statements waren zumeist mit bürgerlichem Namen und einem Bild versehen und sind als Einträge auf *Facebook* auch für Nichtmitglieder einsehbar.[332] Es geht nicht nur um die einzelnen, autoritären und antisemitischen Charaktere, die solche Einträge schreiben. Vielmehr gilt es, eine politische Kultur in gewissen gesellschaftlichen Milieus oder Parallelgesellschaften zu untersuchen, die solche antisemitischen Parolen denk- und sagbar werden lässt.

Wie aber hat das *Zentrum für Antisemitismusforschung* darauf reagiert? Hat es umgehend eine Presseerklärung verfasst und die zitierten Aufrufe zum Judenmord kritisiert? Hat es diese antisemitische Hetze im Kontext des heutigen, überall auffindbaren („ubiquitären") antizionistischen Antisemitismus analysiert?

Nein, das *Zentrum für Antisemitismusforschung* schweigt zu diesen antisemitischen Attacken von ‚Deutschen mit Migrationshintergrund'. Vielmehr hat der Leiter dieses Zentrums selbst den Antizionismus verharmlost – wo nicht gar bejaht – und ihn ‚erst mal' vom bösen Verdacht, antisemitisch zu sein, befreit (vgl. Kapitel 3.5).

Insofern ist es nicht verwunderlich, dass in der Ausgabe 7/8 des Jahres 2010 der *Zeitschrift für Geschichtswissenschaft*, deren Editorial höchstwahrscheinlich nach dem 31. Mai verfasst wurde, die Aggression der Gaza-Flottille mit keinem Wort erwähnt wird. Die zitierten Einträge auf *Facebook*, die offen zur Vernichtung von Juden aufrufen sowie den Holocaust preisen, finden keine Erwähnung, geschweige denn der Umstand, dass die Texte ganz überwiegend von Migranten stammten.

Am 4. Juni 2010 fand ein Tagesseminar im *Jüdischen Museum Berlin* statt, mitorganisiert vom *Gesamtverband der Deutschen Versicherungswirtschaft* (GDV). Dabei ging es um die Geschichte der deutschen Versicherungswirtschaft im Nationalsozialismus. Gleich zu Beginn kamen zwei Redner auf die erwähnte antisemitische Hetze im größten Portal des „Web 2.0", *Facebook*, zu sprechen. Zuerst betonte Hartmut Rhein (der den Regierenden Bürgermeister von Berlin vertrat), den „Zerrbildern" müsse entgegengetreten werden. Weiter geißelte er die „Hassparolen der letzten Tage".[333] Im Anschluss daran sprach Jörg von Fürstenwerth, Vorsitzender des GDV und späterer Hauptreferent des Tages. Er zeigte sich schockiert von jenen Kommentaren, die dazu aufriefen, „Juden zu vergasen".[334]

Diese Reaktionen wenige Tage nach den Geschehnissen im Mittelmeer zeigen deutlich, dass der Antisemitismus von Deutsch-Türken sehr wohl von manchen zeitnah wahrgenommen und kritisiert wurde. Vor diesem Hintergrund hätte man eine ähnliche Reaktion auf die erwähnten *Facebook*-Einträge von Seiten eines *Zentrums für Antisemitismusforschung* erwarten dürfen.

1.7.5) Sind Antisemitismus und Orientalismus Verwandte?

Unabhängig davon, wann das Editorial des zuvor erwähnten Heftes der *Zeitschrift für Geschichtswissenschaft* verfasst wurde, sind folgende Äußerungen des Antisemitismusforschers Wolfgang Benz beachtlich:

> „Die derzeit mit mehr Leidenschaft als Sachkenntnis beschworene Gefahr einer ‚Islamisierung Europas', ausgetragen in Kopftuchdebatten, artikuliert im Verlangen nach Minarettverboten, agiert mit hasserfüllten Tiraden in der Blogger-Szene, greift auf jahrhundertealte Deutungsmuster zurück. Feindschaft gegen den Islam argumentiert seit dem Mittelalter mit schlichten Thesen der Abwehr, die durch Koran-Polemik Religion und Kultur des Islam als inhuman denunzieren und durch kulturrassistische Postulate den Muslimen generell negative Eigenschaften zusprechen. Der aktuelle ‚islamkritische' Diskurs hat erhebliche xenophobe Züge, bedient Überfremdungsängste, argumentiert durchgängig mit religiösen Vorbehalten, die seltsamerweise in den säkularisierten Gesellschaften Europas mit großem Ernst vorgetragen und nachempfunden werden. Die Vorstellungen von Despotie (beginnend in der Familie), Gewaltbereitschaft, Bildungsunlust reichen weit zurück."[335]

Aus dem Massenmord von 9/11, den weiteren jihadistischen Anschlägen weltweit oder auch den zitierten antisemitischen Hetzeinträgen auf *Facebook* werden „Vorstellungen" von „Gewaltbereitschaft". Kritik an Jihad und Islamismus wird diffamiert („hasserfüllten Tiraden in der Blogger-Szene"). Benz fährt fort:

> „Die Strategie des islamfeindlichen Diskurses zielt dahin, ‚Islam' als Einheit erscheinen zu lassen, für die islamistischer Terror typisch ist. Dazu lassen sich die Traditionen der Wahrnehmung des Islam gut instrumentalisieren. Achim Rohde betrachtet Parallelen und Überschneidungen in der Geschichte der Orientalistik im 19. Jahrhundert einerseits und der Judaistik andererseits. Die paradigmatische Funktion der beiden Wissenschaftsdisziplinen wurde im Diskurs um die Emanzipation der Juden und um das Bild des Orients politisch. Die ‚Wissenschaft des Judentums' trat als neue Disziplin, gefolgt von der Islamwissenschaft, auf den Plan, auch wenn sie erst im 20. Jahrhundert akademischen Status erhielten. Im Orientalismus und Antisemitismus des 19. Jahrhunderts entwickelten sich Feindbilder, die als vermeintlich dualer Gegensatz von Semiten und Ariern historisch wirkungsmächtig wurden. Dem rassistischen Nationalismus der deutschen Identitätsdebatte, die im Berliner Antisemitismusstreit 1879 gipfelte, folgte der wahnhafte Vernichtungskrieg der Nationalsozialisten gegen die europäische Judenheit – argumentativ begleitet von axiomatischen Ressentiments als ideologischer Begründung. Achim Rohde macht zugleich auf die Parallelen aufmerksam, die in der Bezugnahme auf einen konstruierten Orient in der Emanzipationsde-

> batte des 19. Jahrhunderts gegenüber Juden (als Fremden oder Anderen) und in der Gegenwart gegenüber Muslimen bestehen."[336]

„Orientalismus" und „Antisemitismus" sind Benz zufolge also Verwandte, ja, irgendwie sogar Zwillinge. Im 19. Jahrhundert sei gegen Juden als Teil eines „konstruierten Orient[s]" genauso vorgegangen worden, wie heute gegenüber „Muslimen" agiert werde. Weiter schreibt Benz, jener „rassistische Nationalismus" sei später in den „Vernichtungskrieg der Nationalsozialisten" gemündet. Damit wird ein direkter Zusammenhang von Antisemitismus, Nationalismus, Holocaust und der Situation von Muslimen im heutigen Deutschland hergestellt. Letztere stünden demnach, konsequent und logisch zu Ende gedacht, wie die Juden im 19. Jahrhundert wenige Jahrzehnte vor einem Holocaust. Eine Frage drängt sich förmlich auf: Gehört die Verharmlosung des Antisemitismus zum Aufgabenbereich eines *Zentrums für Antisemitismusforschung*?

Wie aber argumentiert der wissenschaftliche Beiträger und Kronzeuge für diese Thesen in der *Zeitschrift für Geschichtswissenschaft*, der Islamwissenschaftler Achim Rohde? Er schreibt zu Beginn seines für die postkolonialistischen Studien paradigmatischen Artikels *Unter Südländern. Zur Geschichte der Orientalistik und Judaistik in Deutschland*:

> „Forschungen zur Geschichte der westlichen Orientwissenschaften haben sich seit der Veröffentlichung von Edward Saids ‚Orientalism' unweigerlich mit dessen These auseinanderzusetzen, dass der Orient erst durch den westlichen Blick als der defizitäre Andere konstruiert worden sei; damit geriet die akademische Orientalistik pauschal unter den Verdacht, an der Genese eines hegemonialen westlichen Diskurses im Dienste der kolonialen Interessen europäischer Mächte mitgewirkt zu haben bzw. diese auch weiterhin zu bedienen. Seit den Terroranschlägen des 11. September 2001 konstatierte Said ein erneutes Erstarken des orientalistischen Paradigmas, dessen regionale Fokussierung auf den ‚Orient' nun in einen analogen Fokus auf die Religion des Islam umgeschlagen sei."[337]

Die 3.000 Opfer des islamistisch motivierten Massenmordes vom 11. September in den vier entführten Flugzeugen, im *World Trade Center* sowie im *Pentagon* (in Virginia[338]) und in Pennsylvania werden nicht erwähnt oder betrauert. Vielmehr wird in einem Satz der 11. September kurz erwähnt und unter Bezugnahme auf Edward Said lamentiert, „ein erneutes Erstarken des orientalistischen Paradigmas" sei gegen „die Religion des Islam" aufgekommen.

Bei Rohde werden im obigen Zitat Muslime eher als Opfer des Massenmordes namens 9/11 gesehen denn als Täter. Das ist eine bekannte Reaktion. Benz sprach zwei Tage nach dem 11. September über „Stolz und Reichtum und Arroganz“ von Gebäuden wie dem *World Trade Center* (vgl. Kapitel 1.1); der Publizist Henryk M. Broder berichtet:

> „Am 13. September, also zwei Tage nach dem Big Bang, lud die Senatsverwaltung für Wissenschaft, Forschung und Kultur zusammen mit der Akademie der Künste zu einer Diskussion in das Haus der Kulturen der Welt ein. Thema: ‚Terror-Gefahren für das Zusammenleben der Kulturen‘.[339] (...)
>
> ‚Was mir am meisten Angst macht‘, sagt Wolfgang Benz, Historiker und Direktor des Instituts für Antisemitismusforschung an der TU, ‚das ist die Martialität der Selbstgerechten, die jetzt die Zivilisation im Munde führen, um drastische Maßnahmen propagieren zu können.‘“[340]

Benz bekam Zustimmung vom Publikum und dem Islamwissenschaftler Peter Heine, die Berliner Politikerin Adrienne Goehler war auch engagiert dabei. Ihr erwiderte Benz, etwas skeptisch bezüglich des Adjektivs „phallisch“ (als nähere Bestimmung der *Twin Towers*), ansonsten jedoch mit gleicher Intention und in ähnlicher Tonlage:

> „Das hätte ich nicht gesagt, aber es sind Symbole von Stolz und Reichtum und von Arroganz. Solche Gebäude aufzurichten, das ist die äußerste Arroganz, und die Verletzlichkeit ist damit mit eingebaut.“[341]

Diese Stellungnahmen spiegeln die Stimmung in Deutschland unmittelbar nach dem islamistisch motivierten Massenmord von New York am 11. September 2001 wider.

Der Islamwissenschaftler Peter Heine (vgl. Kapitel 2.1) ist eher angetan, dass der Islam aufgrund von 9/11 in den Mittelpunkt des Interesses rückte und sich ihm dadurch die Möglichkeit bot, ein positives Buch über den Islam für die im Junius Verlag erscheinende, bekannte Reihe „Zur Einführung“ zu schreiben:

> „Seit dem 11. September ist der Islam wieder einmal in den Mittelpunkt des öffentlichen Interesses gerückt. Wenn die tragischen Ereignisse New York eine positive Konsequenz hatten, dann war es das sprunghaft wachsende Interesse einer breiten Leserschaft an objektiven Informationen über den Islam. Dabei standen vor allem Fragen nach dem ‚Heiligen Krieg‘ oder Märtyrer- und Paradiesvorstellungen im Vordergrund des Interesses. Dies sind aber nur Teilaspekte einer alten und komplexen Religion und Kultur.“[342]

Heine spricht ganz selbstverständlich aus, dass eine Analyse und Kritik des Islamismus oder des Jihad nicht das primäre Interesse sein solle oder dürfe. Er sieht sozusagen den islamistisch motivierten Massenmord als Möglichkeit, die Geschichte des Islam zu schreiben, ohne in allererster Linie, wenn überhaupt, nach den gefährlichen und mörderischen Aspekten im Islam zu suchen und Aufklärung über den Islamismus zu bieten. Im Gegenteil postuliert er:

> „Es wird die Aufgabe muslimischer Denker und westlicher Beobachter sein, für gemeinsame Lösungen der Aufgaben, vor denen die islamischen wie die westlichen Länder stehen, zu sorgen; denn es ist die Konsequenz der Globalisierung, dass die beiden Kulturen in einem immer stärkeren Maß voneinander abhängig sein werden. Zunächst aber ist es wichtig, einander kennen zu lernen und zu akzeptieren, dass auch die Position des anderen, zumindest aus seiner Sicht, nicht unvernünftig ist. Wenn dieses Buch ein wenig dazu beigetragen hat, ist schon viel gewonnen."[343]

Zu akzeptieren, dass das Handeln und Reden von Islamisten und Jihadisten aus deren Sicht „nicht unvernünftig" ist, verunmöglicht ein auf Vernunft basierendes Diskutieren. Denn Islamismus basiert nicht auf Vernunft, nicht einmal aus der Perspektive seiner Protagonisten und Adepten. Vielmehr ist die Unterwerfung unter Gott – Islamisten und viele Muslime sagen überheblich „Allah", um sich vom gleichen monotheistischen Gott der Christen und Juden abzugrenzen – grundlegend. Vor diesem Hintergrund ist die Zustimmung Heines zu der verbalen Attacke von Benz auf die „Arroganz" der *Twin Towers* in Manhattan die logische Konsequenz.

Der Islamwissenschaftler Achim Rohde kooperiert Jahre später konsequenterweise mit Benz und suggeriert, Muslime und der Islam würden heute zum Feindbild der ‚neuen Orientalisten' gemacht. Er behauptet eine historische Kontinuität eines solchen doppelten Feindbildes:

> „Ein dezidiertes Feindbild Orient, innerhalb dessen Muslime die externen politischen und Juden die internen theologischen Feinde darstellten, hat sich nach Gil Anidjar im christlichen Europa erst mit den Kreuzzügen verfestigt."[344]

Diese Gleichsetzung von Juden und Muslimen als Opfer Europas, die Ineinssetzung des Antisemitismus mit dem „Feindbild Orient", ist falsch; in den folgenden Kapiteln wird erläutert, warum.

1.7.6) Edward Said und die Stilisierung der Araber zu „Semiten"

Es gab historisch gesehen immer wieder konkrete Anlässe, um Türken, den Orient, Araber und Muslime als Gefahr zu sehen. Die Türken standen zum Beispiel als imperiale Macht und nicht als Multi-Kulti-Tanztruppe vor den Toren Wiens, zum letzten Mal 1683. Das Byzantinische Reich war 1453 mit der Belagerung und Eroberung Konstantinopels durch die Türken (die die dominierende Gruppe der Osmanen darstellten) aufgelöst worden. Die muslimischen Osmanen waren nicht nur Opfer europäischer Mächte; vielmehr gab es über Jahrhunderte hinweg Kämpfe um die Vorherrschaft in Europa, Vorderasien, Nordafrika und auf der arabischen Halbinsel sowie in weiteren Gebieten. Jegliche antitürkischen Ausfälle, wie jene von Luther, hatten zumindest einen geopolitischen und machtpolitischen Hintergrund. Damit sind die christlich-imperialen Gelüste und die antitürkische Agitation eines Luther keineswegs entschuldigt.

Die Kreuzzüge waren fürchterliche Verbrechen, die ersten Opfer waren jedoch *nicht die Muslime* – sondern die Juden. In Worms, Speyer, Trier, Mainz und anderen Orten wurden Juden ermordet, um nur den Ersten Kreuzzug von 1096ff. zu erwähnen. Das Ziel der Kreuzzüge war jeweils die Rückeroberung Jerusalems von den Muslimen. Sie waren immer auch ein Angriff auf das Judentum, denn Jerusalem ist die heilige Stadt der Juden.

Bevor ich näher auf Said und die Said-Apologeten eingehe, sei einer der wenigen Kritiker erwähnt. Der Germanist und Publizist Siegfried Kohlhammer kritisiert die herkömmliche Islamforschung, wendet sich in Beiträgen mit teilweise aufschlussreichen Passagen gegen Edward Said[345] und Michel Foucault wie auch gegen Wolfgang Benz[346] und gibt einige interessante Hinweise zum antiwestlichen Denken im Westen selbst. Kohlhammer schrieb 2011 folgendes über den Islam und die Behandlung von Nicht-Muslimen[347]:

> „Ihren alltäglichen Ausdruck fand dieses Prinzip der institutionalisierten Demütigung in Geboten und Verboten, die alle Formen der Begegnung von Muslimen und Ungläubigen regelten: wie und wann zu grüßen ist (von freundlichen oder tröstenden Worten wird abgeraten), daß der Ungläubige sich auf der Straße in bescheiden-unterwürfiger Haltung fortzubewegen und dem Muslim Platz zu machen hat, daß er nicht auf einem Pferd (einem edlen Tier) reiten darf, sondern allenfalls auf einem Maultier oder Esel und auch das nur im Damensitz, und daß er absteigen muß, wenn er einem Muslim begegnet, daß er diskriminierende Kleidung, Kopfbedeckung, Schuhe (im Extremfall sind ihm diese sogar verboten) oder dem Judenstern entsprechende Abzeichen zu tragen hat, daß er sich mit Steinen bewerfen, am Bart zerren, ins Gesicht schlagen und prügeln lassen muß, ohne sich wehren zu dürfen (...).“[348]

Inmitten dieses Satzes steht eine der wenigen Fußnoten in Kohlhammers Buch. Der Verfasser sieht darin offenbar ‚den‘ Islam als das Schlimmste überhaupt an, der Nationalsozialismus bis zum Beginn des Holocaust sei „toleranter“ gewesen; schließlich projiziert der Publizist die deutsche Schuld an der Shoah auf die Juden, die mit den Palästinensern so umgingen wie die Deutschen im SS-

Staat mit Juden (jedenfalls bis Anfang der 1940er Jahre) oder – in dieser völlig absurden ‚Logik' – die Muslime seit eh und je mit den ‚Ungläubigen':

> „Diese institutionalisierte Demütigung durch den Islam ähnelt nicht zufällig den Verhältnissen im südafrikanischen Apartheidstaat und den amerikanischen Südstaaten vom Ende des Bürgerkriegs bis in die sechziger Jahre des 20. Jahrhunderts. Auch dort ging es darum, einer vom Utilitas-Prinzip erzwungenen Kohabitation eine rechtliche und soziale Form zu geben, die deutlich machte, daß man die verachteten, inferioren Schwarzen nicht deshalb als Gleiche und Gleichberechtigte ansahen, weil man sie im selben Land, in derselben Stadt leben und die gleiche Luft atmen ließ. Vergleichbares läßt sich in Nazi-Deutschland im Verhältnis zu den Juden feststellen: Die rechtliche Situation der Juden (einschließlich der Nürnberger Gesetze) bis zum Beginn der Vernichtungspolitik war ‚toleranter' als das vollentwickelte Dhimma-Regelwerk; mit einer Ausnahme: Muslimische Männer durften andersgläubige Frauen heiraten, die Nazis verboten jede Form sexueller und ehelicher Beziehungen zwischen ‚arischen' Deutschen und Juden. Auch die Palästinenser in den besetzten Gebieten müssen das provozierende Verbleiben in ihrem eigenen Land mit der planvollen und systematischen Demütigung durch Israel bezahlen. Ihre Reduzierung zu einer inferioren Helotenschicht dient hier jedoch nicht der Konversion, sondern der Förderung der Emigration."[349]

Kohlhammer verwechselt nicht nur Rassismus und Antisemitismus, Ausbeutung und Vernichtung. Er diskreditiert sich als seriöser Islamismuskritiker selbst und positioniert sich eher als typischer Deutscher, der in Schuldabwehrmanier und mit der Methode des sekundären Antisemitismus (der Erinnerungsabwehr) versucht, die unvergleichlichen Verbrechen des Nationalsozialismus wie auch dessen Vorgeschichte zu minimieren. Er setzt im obigen Zitat die 1933 im NS-Staat beginnende Produktion der Juden zu „sozial Toten" (Goldhagen) mit der Geschichte der Juden als bloße Dhimmi des Islams in Beziehung. Wer zwischen der mittelalterlichen Diskriminierung von Juden (sowie Christen und anderen) unter dem Islam (so wie es, schlimmer noch, den Juden unter dem Christentum erging) und dem Zivilisationsbruch Auschwitz, den Deutschland mindestens seit 1933 anstrebte, keinen unüberbrückbaren Unterschied sieht, hat zur Geschichte und Ideologie des Antisemitismus nichts beizutragen. Auch zur Analyse der Geschichte des Faschismus und Nationalsozialismus, dem spezifischen Antiliberalismus und Antikommunismus (‚deutscher Sozialismus') hat Kohlhammer nichts Erhellendes zu bieten, wenn er verkennt, welche Gefahr für den Weltfrieden im Jahr 1933 herrschte. Für ihn scheint der Islam nicht etwa in einigen Momenten faschistisch zu sein (wie im Iran, bei der Hamas, vielen Theoretikern etc.), nein: Der Islam ist ihm zufolge schlimmer, 'intoleranter' als der Faschismus oder der Nationalsozialismus (bis zur Shoah). Womöglich hat Kohlhammer noch nie etwas von der Einrichtung von Konzentrationslagern ab 1933 im nationalsozialistischen Deutschland, Jahre vor dem Holocaust, gehört.

Die völlig undifferenzierte, dahingeschriebene Attacke von Kohlhammer auf 'den' Islam zielt nicht auf eine spezifische, luzide, politische oder wissenschaftliche Analyse und Kritik des Islamismus und seiner Verharmloser und Anhänger im Westen. Eher verwischt sie jede Grenze zwischen Islam und Islamismus und, schlimmer noch, banalisiert den Nationalsozialismus und ist eine Agitation gegen Israel. Der Publizist unterstellt dem jüdischen Staat sogar, die Palästinenser zur Emigration zu zwingen, was an Absurdität schwerlich zu überbieten ist. Schließlich ist die Zahl der Araber in Israel seit 1948 enorm gestiegen, von damals 156.000 auf über 1,5 Millionen Ende 2009.[350]

Zurück zur Mainstream-Islamforschung und ihrer These, Muslime seien wie Juden Opfer Europas. Worin liegt der Unterschied der Situation von Juden einerseits und Muslimen, Osmanen, Arabern und Türken andererseits? Juden waren Opfer von Christen und Muslimen, während die Muslime (und die Osmanen insgesamt) lediglich mit dem Christentum zu kämpfen hatten und inner-imperialistische Kämpfe der beiden großen proselytischen monotheistischen Religionen austrugen bzw. bis heute austragen.

Es mutet merkwürdig an, wenn Achim Rohde, wie dargestellt, in seinem von Wolfgang Benz 2010 herausgegebenen Beitrag Muslime und Juden gleichermaßen als Opfer der Christen darstellt. Er insinuiert, beide Gruppen seien als „südliche Rasse"[351] diskriminiert worden, es habe eine „Dichotomie zwischen arisch-germanischen und semitischen Völkern/Rassen"[352] gegeben. Der Plural ist fehl am Platze. De facto ging es um die rassistische und antisemitische Gegenüberstellung von *deutsch* versus *jüdisch*. Es ist ein durchschaubarer Trick, wenn Rohde und andere Islam- und Orientforscher suggerieren, Muslime bzw. Araber seien genauso Opfer der christlich-deutschen Mehrheitsgesellschaft gewesen. Jegliche Analyse der Spezifik des Antisemitismus und eine Analyse des Islamismus sollen auf diese Weise abgewehrt werden.

Dieser Trick funktioniert über die Stilisierung von Arabern, die wie die Juden „Semiten" seien, und geht im Post-Orientalismus-Diskurs auf den arabisch-amerikanischen Literaturwissenschaftler Edward Said zurück. Said behauptet in seinem Bestseller *Orientalism* von 1978, Araber seien Semiten. Er verleugnet in dieser Schrift den Antisemitismus und verallgemeinert ihn gleichermaßen.

Dabei stellt er Araber als Opfer des Antisemitismus dar, während ein Jude zum antisemitischen Täter gemacht wird:

> „Die in der modernen Orientalistik anzutreffende Theorie über die Schlichtheit der Semiten ist so tief verwurzelt, dass sie nicht nur in einem so wohlbekannten antisemitischen europäischen Schriftstück wie den ‚Protokollen der Weisen von Zion' durchscheint, sondern auch in einer Aussage Chaim Weizmans vom 30. Mai 1918 gegenüber Arthur Balfour: ‚Die oberflächlich schlau und schlagfertig wirkenden Araber beten im Grunde nichts anderes an als Macht und Erfolg (...) Beim gegenwärtigen Sachstand würde man fast zwangsläufig zur Einrichtung eines arabischen Palästina neigen, wenn es dort ein arabisches Volk gäbe. Allerdings wird es dazu nicht kommen, da der Fellache mindestens vierhundert Jahre hinter seiner Zeit zurück und der Effendi ... unehrlich, ungebildet, gierig und genauso unpatriotisch wie unfähig ist.' Danach bildet die orientalistische Perspektive den gemeinsamen Nenner, auf den Weizmann und die europäischen Antisemiten ihr Urteil über die von Natur aus bestehenden Defizite (zumindest eines Teils) der Semiten stützten."[353]

So kritikwürdig Chaim Weizmans Äußerungen über die Araber in diesem Fall eventuell auch sein mögen, so unüberbrückbar ist die Differenz zum Antisemitismus. Während Juden in den von Said explizit als Vergleichsmaßstab und primär aus der Motivation einer Täter-Opfer-Umkehr angeführten *Protokolle der Weisen von Zion* als besonders raffiniert, schlau und hinterhältig imaginiert werden und ihnen eine Weltverschwörung angedichtet wird, zitiert Said eine Äußerung Weizmans, in der Araber als „ungebildet" und rückständig beschrieben werden. Das mag zutreffend gewesen sein oder nicht, polemisch war es allemal. Es wurde jedoch keine Verschwörung herbeigeredet. Araber wurden nicht als die Triebfeder hinter „Macht und Erfolg" gesehen, sondern lediglich als Anbeter derselben.

Schon der Ausgangspunkt von Said ist unwissenschaftlich: Antisemitismus richtete sich zu keinem Zeitpunkt gegen eine andere Gruppe als Juden. Der Trick vieler Islam- und Nahostforscher seit Said ist es, auch Araber als Opfer des Antisemitismus zu betrachten, um damit den tatsächlichen Antisemitismus gegen Juden zu leugnen. Das ist praktisch, denn der arabische und muslimische Antisemitismus seit den 1920er Jahren fallen jenseits des Gesichtsfeldes, es handelt sich dann um ein „Skotom", einen Gesichtsfeldausfall[354] – Araber und Muslime werden ganz generell zu Opfern stilisiert, und ‚böse Juden' wie Chaim Weizman werden zu Antisemiten.

Said hatte mit solchen Propagandatricks zeitlebens Erfolg, und bis heute wird sein Werk als ernsthafte Lektüre rezipiert (vgl. zu Said auch Kapitel 7.2), dabei basiert das konfus aufgebaute Buch auf Antisemitismus und Israelhass.

Said ist zwar kein direkter Holocaustleugner. Seine Bezeichnung von Juden *und* Arabern als ‚Semiten‘ sowie die Stilisierung der Araber zu Opfern eines jüdischen, antiarabischen ‚Antisemitismus‘ bedeuten jedoch eine Leugnung der Tatsache, dass der Holocaust ein antijüdisches Verbrechen war. Said wird bis heute gehypt, was nicht zuletzt eine neue deutsche Übersetzung seines Werkes *Orientalismus* im Jahr 2009 belegt. Mancher antiisraelische Christ und mancher deutsche Politiker geriert sich nach einem ähnlichen Muster wie jenem Saids als nichtantisemitischer Aktivist.[355]

Die Rede von „Semiten“ hat nichts mit der Realität zu tun. Das wurde bereits in einer der ersten umfassenden kritischen Untersuchungen zum Antisemitismus mit 528 Seiten Umfang im Jahr 1901 von Heinrich Graf Coudenhove eingehend analysiert.[356] Gleichwohl hat sich bekanntermaßen der Begriff „Antisemitismus“ durchgesetzt, als Selbstbezeichnung der Judenfeinde. Analytiker und Kritiker des Antisemitismus kommen empirisch nicht umhin, dieses Wort zu verwenden. Coudenhove schreibt:

> „Es gibt keine semitischen Völker.“ „Wer also von einem Wesen der semitischen Rasse spricht, sagt einen Unsinn, und wer den Begriff dieses semitischen Wesens mit den Juden in Zusammenhang bringt, ebenfalls.“[357]

Eine Seite weiter heißt es:

> „Ich schliesse diese Abhandlung mit einem Ausspruche Friedrich Müllers, der mir aus der Seele geschrieben ist: ‚Rasse ist eine leere Phrase, ein purer Schwindel‘.“[358]

Heute betont der Historiker und Antisemitismusforscher Robert Wistrich, der Begriff „Antisemitismus“ meine „Judenhass“ und beziehe sich nicht auf „Semiten“, da es lediglich eine Gruppe semitischer Sprachen (wie Hebräisch, Arabisch, Aramäisch) gebe.[359]

Der Antisemitismus als in seiner Konsequenz genozidales Projekt gegen die Juden wird von Said, der UNO und anderen Protagonisten der entspezifizierten, beliebigen Verwendung des Begriffs „Antisemitismus“ geleugnet, indem er als Projekt *auch* von Juden gegen Araber vorgestellt wird. Kein Wunder, dass Said 2003 in einem Vorwort zu einer Neuauflage seines Buches *Orientalismus* den damaligen US-Verteidigungsminister Donald Rumsfeld, den islamistischen Terroristenführer Osama Bin Ladin, den damaligen israelischen Ministerpräsidenten Ariel Scharon und den damaligen amerikanischen Präsidenten George W. Bush gleichsetzte – alle vier wehrten sich, so glaubte Said, gegen ein weltweites „humanistische[s] Aufklärungs- und Emanzipationsstreben“.[360]

Schließlich ist der Israelhass von Edward Said obsessiv.[361] Man darf die Frage stellen, was einen renommierten deutschen Verlag wie *S. Fischer* dazu bringt, die Propaganda von Edward Said in *Orientalismus* im Jahr 2009 kommentarlos zu reproduzieren. Darin wird in neuer deutscher Übersetzung die Said'sche Ideologie verbreitet; Juden wie Scharon oder Chaim Weizman werden mit Islamisten und Antisemiten wie Bin Ladin bzw. den Autoren der *Protokolle der Weisen von Zion* gleichgesetzt.

Die Historikerin Birgit Schäbler ist seit 2002 Professorin für die Geschichte Westasiens an der *Universität Erfurt*[362] und „Gründungssprecherin der Plattform Weltregionen & Interaktionen: Area Studies Transregional".[363] Sie lobt Edward Said unter anderem deshalb, weil er sich

> „mit den großen Fragen der Emanzipation, revisionistischen Ansätzen in den Geschichts- und Kulturwissenschaften, und der Kritik an Eurozentrismus und Patriarchat verbunden"

fühlte.[364] Schäbler schreibt, Said sei es um eine Anerkennung des Holocausts gegangen und er habe die Palästinenser und Araber aufgefordert von Holocaustleugnung und Verschwörungstheorien Abstand zu nehmen;[365] dabei befasst sie sich aber überhaupt nicht näher mit Saids diesbezüglichen Schriften (z.B. ist Said durchaus tolerant zu Holocaustleugnern, vgl. Kapitel 1.7.12). Vielmehr stilisiert sie Said zu einem arabisch-amerikanischen Superhelden, dem in der arabischen Welt skeptisch begegnet würde (ohne zu sagen, warum und welche Art von Skepsis oder ‚Kritik' es dort gebe). Mit Saids Antisemitismus, der in der Leugnung des Existenzrechts des jüdischen Staates Israel unverkennbar ist, ist sie offenbar einverstanden. Dafür wendet sie sich gegen eine seit 1967 in den USA „politisch aufgeladene weitgehend pro-israelische politische Kultur" und sieht Said als ein armes Opfer derselben.[366] Merkwürdig ist es, wenn Schäbler Said eine Liebe zur „deutschen Kultur" zuschreibt und dabei Antisemiten wie Richard Wagner, dessen „Rheingold" Said in Bayreuth hörte, mit jüdischen Theoretikern wie Theodor W. Adorno gleichsetzt. Dabei bezieht sich Said unter anderem auf Adorno, indem er das Spielen von klassischer Musik in Auschwitz mit der „Folter" in israelischen Gefängnissen gleichsetzt, da dort palästinensische Insassen mit laut gespielter klassischer Musik gefoltert würden.[367] Eine solche antisemitische Projektion führt weder bei Schäbler noch bei anderen untersuchten Saidianern zu Widerspruch.

Es fällt auf, dass Schäbler den Islamforscher und Historiker Bernard Lewis als Gegner Saids erwähnt[368], aber nicht näher auf die Argumente von Lewis oder anderen Said-Kritikern eingeht. Vollends verlässt sie den Rahmen seriöser Wissenschaft, wenn sie in einem gemeinsam mit zwei Kolleginnen verfassten Tagungsbericht den israelischen Antiterrorzaun als Ergebnis des Kolonialismus schon vor 1948 darstellt.[369] Die drei Autorinnen behaupten, Israel sei von Anfang an ein koloniales Unterfangen gewesen, und leugnen, dass der Bau des Antiterrorzauns eine *Reaktion* Israels auf den Selbstmordterrorismus der Palästinenser während der zweiten Intifada seit Herbst 2000 war:

> „Der Vortrag von Nassar [ein Tagungsteilnehmer, d.V.] war den ideologischen und psychologischen Hintergründen der Kolonisierung Palästinas gewidmet. Unter diesem Fokus kann auch der aktuelle Bau der Trennungsmauer als Resultat einer bereits länger währenden Separierung eingeordnet werden, wie sie in der Nicht-Darstellung der Palästinenser in frühen bildlichen Darstellungen oder literarischen Beschreibungen zum Ausdruck kam."[370]

Schäbler und ihre Kolleginnen wollen Israel offenbar eine Art ‚Ontologie der Trennungsmauer' andichten (die es seit Anfang des 20. Jahrhunderts gebe) und verleugnen, dass es schließlich eine von der UNO beschlossene Resolution gab, die einseitig von den antisemitisch motivierten Arabern abgelehnt wurde – was den Beginn des Nahostkonflikts markierte. Hätten die arabischen Staaten den UN-Teilungsbeschluss anerkannt, dann gäbe es seit 1947/48 zwei gleichberechtigte Staaten Israel und Palästina (oder wie immer Letzterer sich nennen würde). Die drei Autorinnen schreiben:

> „Der Bau der Trennungsmauer stellt die logische Fortsetzung der kolonialen Aneignungspolitik dar, die bereits versuchte, eine soziale und ethnische Grenze aufzubauen. Auch durch die Trennungsmauer wird eine Abgrenzung geschaffen, die eher den Charakter zwangsweise abgetrennter Enklaven annimmt als den einer Grenze zwischen eigenständigen Staaten. Die Mauer stellt den endgültigen Versuch einer gewaltsamen Befriedung anstelle einer gleichberechtigten Friedenslösung dar und kann als Realisierung einer bereits seit langem in den Köpfen existierenden Mauer betrachtet werden."[371]

Sie sprechen von „Abgrenzung", ohne mit einer Silbe zu erwähnen, wie es sich für die jüdischen Kinder, alten und jungen Männer und Frauen, Greise und Babys angefühlt hat, als sich palästinensische Selbstmordattentäter in Israel in die Luft sprengten. Es geht den drei Autorinnen um eine „Abgrenzung" der Israelis durch die Mauer, die in einer Kontinuität „kolonialer Aneignungspolitik" stehe.

Solche Erzählungen sind wohlbekannt – schlimm ist, dass sie staatlich alimentiert an deutschen Hochschulen verbreitet werden, von vorgeblich seriösen, wissenschaftlichen Internet-Portalen publiziert werden und Menschen aufwiegeln können. Davon berichtet der israelische Historiker Benny Morris, der 2010 in München an der *Ludwigs-Maximilian-Universität* unterrichtete. Als er Anfang 2011 eine Hausarbeit einer Studentin erhielt, fiel ihm auf, in welch antisemitischer Manier junge Menschen heute den Krieg von 1948 rezipieren. Er erwähnt, die junge Frau zitiere fast ausschließlich den Historiker Ilan Pappe und vergleiche Juden bzw. Israelis mit Nazis. Morris ist schockiert.[372] Wer in Buchhandlungen in Deutschland geht, kann erahnen, warum Studentinnen und Studenten vor allem die Hetzschriften von Pappe und anderen Antizionisten kennen: Die Abteilungen zu Israel werden fast nur mit antiisraelischen Büchern bestückt, egal, ob man in große Filialen von Handelsketten, linke Szenebuchläden oder in die kleine, heimelige Buchhandlung im Stadtteil schaut. Es mag Ausnahmen geben, die gleichwohl nur die Regel bestätigen.[373]

Der Islamwissenschaftler, Autor und Übersetzer Stefan Weidner (Jg. 1967) ist ein Anhänger Edward Saids und verteidigt dessen Ansatz in einem 2011 erschienenen Beitrag, der von der *Bundeszentrale für politische Bildung* in ihrer bekannten Monatszeitschrift *Aus Politik und Zeitgeschichte* (APuZ) verbreitet wurde und wird.[374] Weidner nimmt die Pose des super-kritischen und reflektierten Forschers ein, der weder Jihad-Apologetik noch Islamkritik betreibe. Seine Äquidistanz ist leicht zu entschlüsseln: Er attackiert den berühmten Faschismusforscher Walter Laqueur[375], der den Politologen Hamed Abdel-Samad dafür kritisiert habe, ein „Ende des Islam" zu konstatieren bzw. zu prognostizieren und dabei den Kampf gegen den Islamismus vernachlässigt zu haben.[376] Was an der Kritik von Laqueur womöglich stimmig sein könnte, wird von Weidner nicht analytisch ausgebreitet. Abdel-Samad war während des Aufruhrs in Ägypten im Frühjahr 2011 ganz euphorisch; besonders gut kam in Deutschland seine Ignoranz bezüglich israelischer Befürchtungen an, Ägypten könnte evtl. den Friedensvertrag mit Israel in Frage stellen und insgesamt für eine instabilere Lage im Nahen Osten sorgen. Der Politikwissenschaftler Stephan Grigat kritisiert Abdel-Samad:

> „In Fernsehdiskussionen und Internet-Foren mokiert man sich über den ‚Spielverderber' Israel: Die Israelis würden den Arabern keine Demokratie gönnen und den Muslimen keinen Rechtsstaat zutrauen – wobei niemanden interessiert, dass sie selbst in einer parlamentarischen Demokratie mit rund 1,5 Millionen Araber leben. Man fordert Israel auf, die Gelegenheit zu nutzen und endlich

‚Checkpoints und Belagerung‘ zu beenden, ohne überhaupt noch zu erwähnen, warum diese Checkpoints in der Westbank existieren. Für solch eine Formulierung gibt es im deutschen Fernsehen tosenden Applaus. Vor allem, wenn man sie, wie es Hamed Abdel-Samad in der ZDF-Sendung ‚Was nun, Nahost‘ tat, Shimon Stein, dem ehemaligen israelischen Botschafter in Deutschland, vor den Latz knallt. Der Begeisterung, die ihm aus dem deutschen Publikum entgegenschlägt, das ihn als authentische Stimme der sich gegen eine Marionette des Westens - erhebenden Volksmassen feiert, misstraut Abdel-Samad offenbar kein bisschen.“[377]

Stefan Weidner wiederum benutzt Abdel-Samad (den er selbst nicht leiden mag) lediglich: Nur ein Muslim wie Abdel-Samad habe das Recht, kritisch über den Islam zu reden. Nichtmuslimische Islamismuskritiker hingegen (man stelle sich gar jüdische vor!) sollten sich zurückhalten:

„Der muslimische Islamkritiker sieht den Balken im eigenen Auge; der nichtmuslimische macht daraus den Splitter im Auge des anderen. Halten wir fest: Nichtmuslimische Islamkritik kostet den Kritisierenden nichts und tut ihm nicht weh.“[378]

Ein solches Wissenschaftsverständnis und Unverständnis für Demokratie, Meinungs- und Pressefreiheit aus der Feder eines jungen Islamforschers, publiziert von einer der größten staatlichen politischen Bildungseinrichtungen in der Bundesrepublik, ist bemerkenswert. Hat Weidner jemals etwas von der Freiheit der Wissenschaft gehört? Seine identitäre, kulturalistische Rede ist beachtlich: Seiner Logik zufolge dürften dann auch nur Deutsche den Nationalsozialismus, nur Iraner den Islamfaschismus in Teheran, nur Chinesen die Diktatur in China, nur Christen den christlichen Judenhass und nur (muslimische) Frauen die Genitalverstümmelung von muslimischen Mädchen kritisieren. Er möchte allen Nichtmuslimen eine Art Maulkorb verpassen, offenbar auch den Juden und Israelis – die sich demnach zum islamischen Terrorismus, zum Jihad und zu explizit islamistisch motivierten Morden an Juden nicht äußern dürfen –, das ist die Logik von Stefan Weidner, der zu den eher ‚moderaten‘ Islamforschern in Deutschland zählt. Er schließt sich Wolfgang Benz und dessen Vergleich von „Islamkritik“ und „Antisemitismus“ an[379]:

„Unabhängig vom Ergebnis eines solchen Vergleichs sollte an seiner Ergiebigkeit und Dringlichkeit kein Zweifel bestehen.“[380]

Dabei zeugt der Vergleich nicht nur von einer Verharmlosung oder Bejahung des Islamismus, er leugnet zudem die Spezifik des Antisemitismus.[381] Wer den Antisemitismus, der zum Holocaust führte, mit heutiger Islamkritik in Beziehung setzt, leugnet die Vorgeschichte der Shoah. Das Leben von Muslimen in

Deutschland im Jahr 2008 oder 2011 kann man nicht im Allergeringsten mit dem Leben von Juden in Deutschland im Jahr 1933, 1915, 1880 oder 1756 zur Zeit des Frankfurter Ghettos („Frankfurter Judengasse") vergleichen.

Die Einzigen, die heute weltweit Ressentiments ausgesetzt sind – von Brasilien und Venezuela über Malaysia, Pakistan, den Iran, den Gazastreifen und das Westjordanland, den Libanon, Ägypten und Südafrika; von großen Teilen der akademischen Eliten in Fächern wie Nahostforschung, Islamwissenschaft, Politologie/Soziologie, Kulturwissenschaft, Gender Studies und Post-Colonial Studies; von vielen nationalen und internationalen NGOs und Gruppierungen des extrem rechten, des radikal linken sowie des tiersmondistischen, ‚Friedens'bewegungs- oder ‚Menschenrechts'-Spektrums bis hin zu Dinner Partys der Eliten in Berlin, Paris oder Madrid, eingeschlossen die gemütlichen Stammtische und die Vereinten Nationen –, sind Juden und der jüdische Staat Israel.

Ähnlich problematisch wie der Vergleich von Antisemitismus und Islamkritik und die Leserinnen und Leser geradezu hinters Licht führend ist folgende Stelle bei Weidner:

> „Die Kritik des Islams ist zuerst die Aufgabe der Muslime selbst, eine Aufgabe übrigens, die jedenfalls die Intellektuellen unter ihnen in großer Zahl annehmen."[382]

Er wiederholt die kulturalistische These, nur (oder primär) Mitglieder der eigenen ‚Kultur' dürften Kritik üben. Dabei bezieht er sich in der dazu gehörenden Fußnote auf ein Buch, das von der *Bundeszentrale für politische Bildung* publiziert wurde:

> „Vgl. Ludwig Ammann/Katajun Amirpur (Hrsg.), Der Islam am Wendepunkt, Bonn 2007 (Schriftenreihe der bpb, Band 580)."[383]

Was an Pro-Islamistischem in diesem Buch zu lesen ist – zum Beispiel eine Lobrede auf den einflussreichsten Islamisten und spirituellen Führer der Muslimbrüder, Yusuf al-Qaradawi, aus der Feder der Islamwissenschaftlerin Bettina Gräf –, thematisiert Weidner nicht. Er fantasiert vielmehr, in dem Band von Ammann und Amirpur kämen „Intellektuelle" und „Muslime" zu Wort. Dabei ist al-Qaradawi einer der gefährlichsten muslimischen *Gegen*intellektuellen der islamischen Welt (vgl. Kapitel 2.3). Ähnlich verhält es sich mit der Einleitung von Ammann und Amirpur in jenem Band: Weidner behauptet, es gehe darin um Kritik und intellektuelle Reflexion, doch wer sie liest, bemerkt davon nichts.[384]

Weidner verleugnet die spezifische Gefahr, die vom Mullah-Faschismus des Iran ausgeht, wenn er das mörderische Regime, das für eine „Welt ohne Zionismus“ eintritt und die größte antisemitische Gefahr auf staatlicher Ebene darstellt, mit dem islamistischen Regime in Saudi-Arabien gleichsetzt.[385] Er verschweigt, dass die saudi-arabische Führung nicht öffentlich und nicht auf der weltpolitischen Bühne zur Vernichtung Israels aufruft und kein Atomprogramm unterhält, eher mit dem Westen (taktisch) kooperiert. Wer zwischen Kooperation und Konfrontation keinen Unterschied zu erkennen vermag, verlässt den Boden der Wirklichkeit.

Weidner sagt nicht, dass es selbstverständlich seit Langem Kritik am Antisemitismus in Saudi-Arabien (wie in vielen anderen arabischen und muslimischen Ländern) gibt. Er wird von der *Bundeszentrale* als Chefredakteur der „Dialogzeitschrift“ *Art & Thought/Fikrun wa Fann* vorgestellt, die auf Arabisch, Persisch und Englisch erscheint.[386] Organisationen wie die *Anti Defamation League* (ADL)[387], das *American Jewish Committee* (AJC) oder *The Center for Monitoring the Impact of Peace* (CMIP)[388] kritisieren den Antisemitismus in saudiarabischen Medien, Weidner hingegen unterstellt, nur der Iran stehe im Fokus der Kritik. Er möchte von der Gefahr ablenken, die der heutige, nach Atomwaffen strebende und den internationalen antisemitischen Terrorismus unterstützende Iran darstellt. Weidner sagt nichts zur antisemitischen Hetze Ahmadinejads oder zur deutsch-iranischen Wirtschaftspartnerschaft und fantasiert stattdessen über eine Gleichwertigkeit der Gefahr, die von Saudi-Arabien und dem Iran ausgehe.

Nach dem 11. September hat die antisemitische Umkehrung von Tätern und Opfern ungeahnte Dimensionen erreicht. Fast die komplette Islam- und Nahostforschung in Deutschland ist seitdem verschärft damit befasst, Araber und Muslime als Opfer – wahlweise Europas, Israels oder Amerikas – zu stilisieren. Das zeigt sich auch in der Antrittsvorlesung der Historikerin Ute Schneider an der *Technischen Universität Darmstadt* vom 19. Dezember 2002.[389] Ihr Text wurde in einer überarbeiteten Fassung ebenso in der *Zeitschrift für Geschichtswissenschaft* publiziert.[390] Schneider konstruiert eine Verwandtschaft von Antisemitismus und Türkenfeindschaft über die Jahrhunderte hinweg. Ein Antisemit wie der damalige Wiener Bürgermeister Karl Lueger ist ihr ein Beweis, da er sich 1895 gegen die „‚Türkennot‘“ und die „‚größere Not‘“, die „‚Judennot‘“, gewandt habe.[391] Sie übersieht dabei willentlich, dass Türken bzw. Osmanen und Christen in einem langen imperialen und politischen Konflikt standen. Dazu kommen antitürkische Ressentiments, die eine andere Struktur haben als der Antjudaismus und Antisemitismus.

Juden wird seit Jahrtausenden allerhand Unfassbares angedichtet; die Stereotype aus dem Arsenal des Antisemitismus sind so vielfältig wie mörderisch. Die Vorwürfe des Mordes am Gottessohn, der Hostienschändung, der Nichtannahme von Jesus als Messias, der Brunnenvergiftung und der Seuchenverbreitung; die Blutbeschuldigung am Beispiel des eingebildeten Kindsmordes zu religiösen Zwecken („Blood Libel"); das ewige Umherfahren und Nichtsterben-Können der Juden im Bild von Ahasver, wie es seit 1602 in deutschen Landen verstärkt verbreitet wurde[392] – all das sind Beispiele aus der Geschichte des Antisemitismus, die die Unvergleichbarkeit dieser Ressentiments mit anderen Verfolgungs- und Unterdrückungsgeschichten belegen. Im 19. Jahrhundert kamen viele weitere Facetten des Antisemitismus hinzu. Sie untermauern, dass es speziell Juden waren, gegen die sich die Angriffe der Christen, der Anti-Christen, der Muslime und anderer richteten.

Selbst die Unterwanderung nationaler Einheit, den „Staat im Staate", sieht Schneider gleichermaßen als antijüdisches und antitürkisches Feindbild. Das alles sagte Schneider im Jahr 2002 bei ihrer Antrittsvorlesung, sprich: Sie wehrt jede Kritik an Islamismus, Terrorismus und Jihad ab. Sie suggeriert vielmehr wie Achim Rohde und andere, die Muslime würden seit Langem – meistens wird geraunt, seit den Zeiten Luthers – zu Opfern und Projektionsflächen der Christen Europas und Deutschlands gemacht.

Dabei ist der Topos der ‚unsichtbaren Macht' der Juden, denen das Basteln an einem ‚Staat im Staate' vorgeworfen wird, ein ganz typisches Kennzeichen des Antisemitismus. Die späteren Verschwörungstheorien, wie die *Protokolle der Weisen von Zion*, bauten auf solchen Fantasien von unsichtbarer Macht und Herrschaft auf. Das verkennt Schneider – ob aus Unwissenheit oder als Teil einer akademischen Strategie, Antisemitismus in seiner genozidalen Dimension zu entwirklichen, ist dabei zweitrangig.

Die Weigerung, sich mit dem islamistischen Mullah-Regime in Teheran zu befassen, spricht sie klar aus, indem sie den Soziologen Peter L. Berger zitiert, der einer luziden Analyse des religiösen Fundamentalismus wie dem der „Iranian mullahs" ablehnend gegenübersteht und vielmehr „American university professors" untersucht wissen möchte. Berger erachtet offenbar wie Schneider Religionen grundsätzlich als wichtige Faktoren für Gesellschaften. Beide halten es demnach für falsch, den Fokus auf fundamentalistische oder essenzialistische Aspekte von Religion zu richten.[393]

Der Text von Rohde 2010 ergänzt die Forschung von Schneider 2002, unterstreicht eine klare Linie der *Zeitschrift für Geschichtswissenschaft* und wirft Licht auf einen paradigmatischen Fall gegenwärtiger, jüngerer Islamwissenschaft.

1.7.7) Wilhelm II. und der Antisemitismus

„In einer Erklärung zum 40. Jahrestag der ‚Reichskristallnacht' sagte Walter Scheel[394] über Funk und Fernsehen unter anderem auch den folgenden Satz: ‚Das deutsche Volk wurde zum Instrument nationalsozialistischer Gewalt erniedrigt.' Zum gleichen Anlaß erschien in der Allgemeinen Jüdischen Wochenzeitung eine Reihe von Gedenkartikeln. In einem dieser Artikel hieß es: ‚Die Masse des deutschen Volkes verabscheute die Ausschreitungen der Parteiorgane...Der Haß gegen das Judentum wurde von den nationalsozialistischen Diktatoren entfesselt und geschürt. Die Deutschen sahen keinen Anlaß, ihren jüdischen Mitbürgern, die deutsch fühlten und dachten und denen sie viel verdankten, Feindseligkeiten entgegenzubringen.' Die beiden Parteien sind sich also einig. Die Nazis fielen über Deutschland her wie eine Rockertruppe über ein friedliches Dorf, ‚erniedrigten' das deutsche Volk, das ein willenloses ‚Instrument' war und alles mit sich machen ließ; aber immerhin, das Volk ‚verabscheute', was die ‚Parteiorgane' anstellten, die ‚Ausschreitungen' wurden nicht von Menschen begangen, sie fanden auch fern vom deutschen Volk statt. Den Judenhaß hat es vor der NS-Zeit nicht gegeben, er wurde erst von den Diktatoren ‚entfesselt und geschürt', auch damit hatten die Deutschen nichts zu tun, denn erstens ‚verdankten' sie den Juden viel, und zweitens dachten und fühlten die Juden genauso deutsch wie die eigentlichen Deutschen. Dieses Gewebe aus Schwachsinn und Lüge ist die Grundlage der deutsch-jüdischen Nachkriegsmesalliance."

HENRYK M. BRODER, 1980[395]

Im Folgenden werden einige Hinweise zur Differenz von Antisemitismus und Rassismus/Kolonialismus/Orientalismus gegeben. Die Schimäre einer gleichermaßen antisemitischen und antiorientalischen/antimuslimischen Politik der Deutschen im Kaiserreich (und bis heute) wird bloßgelegt. In Kapitel 1.7.9 wird dann gezeigt, dass die Deutschen und das Osmanische Reich gar ganz neue Töne anschlugen, 1914, *Halbmond und Kreuz* Hand in Hand gegen die ‚Ungläubigen'.

Anfang der 1990er Jahre bemerkte der britische Historiker John C. G. Röhl, endlich rücke für die Forschung Kaiser Wilhelm II. als starke Persönlichkeit mit einer spezifischen Ideologie in den Mittelpunkt der Forschung, entgegen langjährigen Versuchen der Geschichtswissenschaft, dessen Rolle als Ideologe herunterzuspielen. Neben vielen anderen Aspekten sei aus einem Beitrag des Ger-manisten Hartmut Zelinsky zitiert, der die antisemitische „Werk-Idee" Richard Wagners in den Kontext der politischen Kultur des Kaiserreiches stellt.

So bedeutsam, gefährlich und mörderisch Rassismus im Kaiserreich war, inklusive der kolonialen Verbrechen wie in Deutsch-Südwest-Afrika: Zentral für die politische Kultur war der Antisemitismus, wie Zelinsky schreibt. Dabei bezieht er sich auf das Heftlein *Schlußbemerkungen* von Julius Langbehn, dem Erfolgsautor von *Rembrandt als Erzieher*[396], erste Auflage 1890. Diese *Schlußbemerkungen* wurden 1892 publiziert und

> „sind eines der furchtbarsten Dokumente haßerfüllter antisemitischer Vernichtungs- und Mord-Lust, die es in deutscher Vernichtungssprache gibt, und das Spracharsenal antisemitischer Hetzpropaganda ist vollständig vorgeführt: Brunnenvergiftung, Synagogengeschmeiß, Ungeziefer, Fliege, Laus, Floh, Berliner Judenpest, Pest und Cholera, vergiften, Fäulnisgeruch, jüdisch infiziert, Otterngezücht, Juden- und Hurenliteratur, Rittermoral gegen Drachenmoral, Verrat, Judenmalerei, unerbittliche Reinigungskur tut not, Michel wehr dich! – um diese Beispiele anzuführen. So wie Richard Strauss am 3. März 1890 an Cosima Wagner über seine Lektüre von Wagners Dramenentwurf ‚Jesus von Nazareth' berichtet und wenig später bemerkt: ‚Bayreuth und Jerusalem (und alles, was von des letzteren Geiste durchtränkt und zerfressen ist) sind eben Pole, die sich wohl nie berühren werden', so sind für Langbehn Christen und die elf Apostel ‚Galiläer, also nicht Juden, sondern ganz oder halb arischen Stammes' und der Jude ‚der stärkste Gegensatz des *Deutschen*'."[397]

„Der Jude" als „stärkster Gegensatz des Deutschen": Das ist der Kern des deutschen Antisemitismus. Es sind nicht – wie von Rohde falsch dargestellt – mehrere semitische „Rassen", die in Deutschland (oder Europa) den „Ariern" gegenübergestellt wurden; es hieß vielmehr: Deutscher versus Jude! Das wird in einem Brief, den Wilhelm II. am 15. Januar 1917 an Houston Stewart Chamberlain schrieb – einen der einflussreichsten antisemitischen Agitatoren, dessen Hauptwerk *Die Grundlagen des neunzehnten Jahrhunderts* 1899 erschien –, allzu deutlich:

> „‚Der Krieg ist der Kampf zwischen zwei Weltanschauungen; der germanisch-deutschen für Sitte, Recht, Treu und Glauben, wahre Humanität, Wahrheit und echte Freiheit, gegen ... Mamonsdienst, Geldmacht, Genuß, Landgier, Lüge, Verrat, Trug und nicht zuletzt Meuchelmord!' Diese beiden Weltanschauungen können sich nicht ‚versöhnen' oder ‚vertragen', eine muß siegen, die andre muß untergehen! Solange ‚muß gefochten werden'! ... Jetzt wird es dem deutschen Michel mit einemmal klar, daß der Kampf für ihn zum Kreuzzug geworden und daß er jetzt St. Michael geworden ist."[398]

Heutige Islamisten wissen, was sie an Wilhelm II. zu schätzen haben, wenn die *Islamische Zeitung* bezüglich der Orient-Reise des Kaisers im Jahr 1898 schreibt:

> „In Jerusalem weihte der Kaiser eine protestantische, sowie eine katholische Kirche ein, die jeweils auf einem Stück Land standen, das dem Kaiser zu diesem Zweck vom Kalifen des Osmanischen Reiches geschenkt worden war. Wenig später reiste das Kaiserpaar nach Damaskus weiter. Dort sagte Kaiser Wilhelm am Grab des aus der Zeit der Kreuzzüge legendären Sultan Salahuddin (Saladin) am 8.11.1898: ‚Möge der Sultan und mögen die 300 Millionen Mohammedaner, die, auf der Erde zerstreut lebend, in ihm ihren Kalifen verehren, dessen versichert sein, dass zu allen Zeiten der deutsche Kaiser ihr Freund sein wird.‘ Dieser Satz wurde vom Deutschen Reich in hoher Auflage als zweisprachige deutsch-osmanische Postkarte verbreitet, um die Freundschaft der Deutschen mit der Ummah der Muslime zu unterstreichen. Das in Damaskus anwesende Haupt der Ulema der damaligen islamischen Welt, Schaikh Abdullah Effendi, sprach ein begeistertes Dua (Bittgebet), in dem er ‚namens der Welt des Islam den Segen Allahs auf den Kaiser, das Deutsche Reich und alle Deutschen herabrief. ...‘"[399]

Es wäre viel naheliegender, wenn sich Islamwissenschaftler, Arabisten und Nahostforscher mit solchen Quellen und Texten heutiger deutscher Islamisten kritisch befassen würden.

Ein weiteres Beispiel für die politische Kultur des Deutschen Kaiserreiches ist von entscheidender Bedeutung, um die Vorrangigkeit des Antisemitismus für die Deutschen und ihre Ressentiments zu verstehen. Es ist zumal vor dem Hintergrund heutiger Boykotte gegen israelische Universitäten und Wissenschaftler für den universitären Betrieb ein eindrückliches Exempel: das Waidhofner Prinzip.

1.7.8) Das Waidhofner Prinzip

Der Historiker Norbert Kampe reichte 1983 am *Zentrum für Antisemitismusforschung* seine Dissertation *Bildungsbürgertum und Antisemitismus im Deutschen Kaiserreich. Der studentische Anteil an der Durchsetzung einer gesellschaftlichen Norm* ein. Ein interessantes und zentrales Beispiel seiner Studie stammt aus dem Jahr 1896, als am 11. März vom „Waidhofner Verband der wehrhaften Vereine" Vertreter von 22 österreichischen Burschenschaften folgenden Beschluss fassten:

> „‚In vollster Würdigung der Tatsachen, daß zwischen Ariern und Juden ein tiefer moralischer und psychischer Unterschied besteht, daß durch jüdisches Unwesen unsere Eigenart schon so viel gelitten; in Anbetracht der vielen Beweise, die auch der jüdische Student von seiner Ehrlosigkeit und Charakterlosigkeit gegeben, und da er überhaupt der Ehre nach unseren deutschen Begriffen völlig bar ist, faßt die heutige Versammlung deutscher wehrhafter Studentenverbindungen den Beschluß: Dem Juden auf keine Waffe mehr Genugtuung zu geben, da er deren unwürdig ist!‘"[400]

Juden sind für österreichische und deutsche Antisemiten ‚nicht satisfaktionsfähig'. Auf dem dritten „Verbandstag der Deutschen Freien Studentenschaft" am 23. Mai 1902 wurde die „Judenfrage, der Gegensatz zwischen arischen und semitischen Kommilitonen"[401] diskutiert. In einer Broschüre aus dem Jahr 1891 über *Das Judentum in der deutschen Studentenschaft* wird die Bedeutung des Begriffs ‚Orientale' deutlich:

> „Der Orientale war ja von alters her als Mediziner berühmt. Der jüdische Student der Medizin ist fleißig und eifrig; damit ersetzt er die Intelligenz."[402]

Die deutsche Gesellschaft und die deutsche Ideologie (an die sich Österreicher anlehnten) basierten auf dem Antisemitismus. Antiwestliche und antiuniversalistische Ressentiments waren ebenso grundlegend, wie die Forschungen von Peter Viereck über deutsche *Metapolitik*[403] bereits 1941[404] oder von George L. Mosse 1964 über die *völkische Revolution* zeigten. Wie Letzterer schrieb, kulminierte die völkische Ideologie in der „deutschen Revolution", die eine „antijüdische"[405] und selbstredend keine abstrakt antiorientalische war. Die Historiker John C. G. Röhl[406] und Paul Lawrence Rose[407] sowie Hartmut Zelinsky[408] und andere haben auf den spezifisch deutschen und antijüdischen bzw. antisemitischen Charakter deutscher Vergesellschaftung im Deutschen Kaiserreich hingewiesen.

Röhl schreibt über Wilhelm II.:

> „In den 1920er Jahren forderte Wilhelm die Gründung einer ‚Christlichen Internationale', die den ‚Kampf' gegen die ‚Verjudung' Deutschlands aufnehmen solle; nach der ‚Reinigung' Deutschlands müsse der Kampf sodann gegen ‚das Judentum' in der ganzen Welt durchgeführt werden. Er machte ‚Juda' für sämtliche Kalamitäten der Weltgeschichte verantwortlich: für die Kreuzigung des Heilands, die Weltrevolution, die Ermordung von Fürsten und Staatsmännern und den Weltkrieg. ‚Juda' sei identisch nicht nur mit dem internationalen Finanzkapital und der ‚Goldenen Internationale', sondern auch mit ‚Bolschewismus'."[409]

Juden wurden als Feinde gesehen und antisemitisch diffamiert, während Türken, Araber und Muslime eher als die Verbündeten der Deutschen galten.

1.7.9) Jihad „Made in Germany", 1914

Das oben zitierte Lob für Wilhelm II. aus der Feder heutiger deutscher Islamisten ist wohl begründet. Es waren keineswegs nur wirtschaftliche und geopolitische Interessen, die Deutschland am Osmanischen Reich und an dessen Konfrontation mit den Kolonialmächten England und Frankreich oder mit Russland hatte. Eine ideologische Nähe oder Wesensverwandtschaft („Affinität") zum Islamismus könnte nicht minder wegweisend gewesen sein.[410]

Am 11. November 1914 rief Sultan Muhammad Reschad V. die Muslime im Osmanischen Reich zum Jihad auf.[411] Drei Tage später wurde der Aufruf mit einer Fatwa des obersten „Vertreters islamischer Rechtsgelehrtheit" untermauert.[412] Der Jihad des Osmanischen Reiches wandte sich gegen die Russen, Engländer und Franzosen und stellte sich eindeutig und explizit an die Seiten Deutschlands, Österreichs und Ungarns. Das Interessante und Neue ist: Die Idee zu diesem Jihad wurde in Berlin unter Wilhelm II. entwickelt. Ein gewisser Max von Oppenheim spielte dabei eine tragende Rolle. Er schloss im Oktober 1914 eine *Denkschrift betreffend die Revolutionierung der islamischen Gebiete unserer Feinde* ab[413], wenig später kam es zur Proklamierung des Jihad, der vom osmanischen „Kriegsminister Enver Pasa schon früher angedacht war".[414] Es handelt sich bei der Denkschrift wie bei der deutsch-türkischen Jihad-Idee insgesamt um eines der interessantesten Kapitel deutsch-nah-östlicher bzw. deutsch-islamischer Beziehungen, die ein grelles Licht auf das 20. Jahrhundert werfen und bis heute von Bedeutung sind.

Während aktuelle Überblickswerke zum Ersten Weltkrieg die Rolle Max von Oppenheims und des „Heiligen Krieges" der Muslime an der Seite der Deutschen unterschlagen und den „Dschihad" nur am Rande ansprechen[415], gibt es seit langem fachwissenschaftliche Diskussionen über dieses Kapitel deutsch-islamischer/deutsch-türkischer Geschichte. 1961 publizierte der Historiker Fritz Fischer (1908–1999) seine Studie *Griff nach der Weltmacht. Die Kriegszielpolitik des kaiserlichen Deutschland 1914/18*[416], die zur bekannten Fischer-Kontroverse führte. Fischer erwähnte in seinem Werk den „Heiligen Krieg" im Ersten Weltkrieg und betonte, Kaiser Wilhelm II. habe sich schon 1898 zum „Schutzherrn von 300 Millionen Mohammedanern" aufgeschwungen:

> „Für die Bearbeitung der islamischen Welt wurde bei Kriegsausbruch schon am 2. August 1914 der Ministerresident a.D. Freiherr Max von Oppenheim erneut ins Auswärtige Amt berufen. Oppenheim, als Diplomat und Gelehrter im Orient tätig, war seinem ganzen Lebensgang nach für eine führende Stellung innerhalb der deutschen Revolutionierungsbestrebungen im Nahen Osten prädestiniert. Als Attaché beim deutschen Generalkonsulat in Kairo hatte er bereits am 5. Juli 1898 eine große Denkschrift über die Möglichkeiten, die panislamische Bewegung für die Ziele der noch jungen Orientpolitik Deutschlands zu mobilisieren, geschrieben."[417]

In einer 1994 erschienenen, voluminösen Festschrift für Fritz Fischer[418] schrieb der Historiker Martin Kröger zur deutschen Orientpolitik im Ersten Weltkrieg.[419] Er ging auf die Rolle von Oppenheims ein, ohne allerdings die neue Bedeutung des Jihad als Kriegsstrategie eines westlichen Landes näher zu untersuchen. 1987 erwähnte der amerikanische Historiker Donald M. McKale die Rolle von Oppenheims bei der Propagierung des Heiligen Krieges.[420] McKale ging auf die Geschichte des deutschen Diplomaten Curt Prüfer ein, der an der Propagierung des Jihad (in Ägypten) beteiligt war. McKale zeigte, wie Prüfer die Kontinuität deutscher Ideologie vom Ersten Weltkrieg bis hin zum Nationalsozialismus verkörperte.

In ihrer Magisterarbeit aus dem Jahr 2003 befasste sich die Historikerin Maren Bragulla mit der *Nachrichtenstelle für den Orient*.[421] Sie stellte die Geschichte dieser Nachrichtenstelle dar und geht auf die Rolle von Oppenheims[422] und einer ganzen Reihe von Protagonisten des Jihad im Ersten Weltkrieg ein, ohne allerdings die gegenwärtige Relevanz ihrer Forschung zu betonen.

Die Nachrichtenstelle publizierte Flugblätter und anderes Material. Eine wichtige Broschüre war *Die Wahrheit über den Glaubenskrieg* des „tunesischen Rechtsgelehrten Salih as-Saruf at-Tunisi“, die 1915 auf Deutsch, Französisch und Italienisch erschien.[423] Interessant ist, dass at-Tunisi die Deutschen darin im Gegensatz zu den Russen, Engländern und Franzosen nicht als Feinde sieht. Letzteren wirft er antiislamisches Handeln vor,

> „sie arbeiten auf das Verschwinden des Buches Gottes unter dem Volks hin und ebenso auf die Austilgung aller religiösen Wissenschaften, hebeln das Heilige Gesetz aus und ersetzen es durch grausame Regierungsverordnungen.“[424]

Es geht nicht um Freiheit und Selbstbestimmung, vielmehr seien die Ententemächte „Sklaven ihrer verruchten Leidenschaften und Genossen des Satans.“[425] Interessant ist die Gegenüberstellung des christlich-deutschen Kaiserreiches und der aus Sicht des osmanischen Reiches und der Deutschen antiislamischen Staaten England, Frankreich und Russland. Als Teil einer längeren deutsch-islamischen Geschichte, inklusive des Gewährenlassens der Türken beim Genozid an den Armeniern im Ersten Weltkrieg[426], ist die Ausrufung des Jihad 1914 und die eher zuvorkommende Behandlung von muslimischen Kriegsgefangen bemerkenswert. Obwohl Bragulla die politische Dimension in ihrer Arbeit ganz außer Acht lässt, bemerkt sie womöglich *contre cœur,* dass at-Tunisis Schrift aus dem Jahr 1915 von mehr als nur historiografischem Interesse ist, wenn sie schreibt:

> „Entscheidend ist die Kennzeichnung gemeinsamer Feinde und nachvollziehbarer politischer Ziele, die religiös legitimiert werden sollen. Auffällig ist besonders die Verwendung des Begriffes der Andersgläubigen, anstelle von Ungläubigen.

> Vermutlich sollte dem deutschen Publikum damit der Eindruck vermittelt werden, dass es sich in diesem ‚Glaubenskrieg' nicht um einen generellen Kampf zwischen Islam und Christentum handele, sondern um die politische und religiöse Gegnerschaft zu Frankreich, England und Russland. Diese Einschränkung des gihad auf bestimmte Gegner unter den Ungläubigen stand jedoch im Widerspruch zur traditionellen Konzeption."[427]

In Flugblättern der *Nachrichtenstelle für den Orient* wurde auf den „Djehad" zum Beispiel in Algerien abgehoben und einer „islamfreundlichen Gesinnung des Deutschen Reiches" ein „islamfeindliches Verhalten Frankreichs gegenüber gestellt."[428]

1994 veröffentlichte der Publizist Peter Hopkirk eine erste umfassendere Geschichte des deutschen Aufrufs zum Jihad im Ersten Weltkrieg:

> „Das vorliegende Buch erzählt erstmals die außergewöhnliche Geschichte, wie Deutschland in diesem Krieg mit Hilfe der befreundeten Türkei die Kräfte des militanten Islam für die eigene Sache einzuspannen versuchte. Wilhelm und die Falken unter seinen Beratern gedachten durch Entfesselung eines Heiligen Krieges die Briten aus Indien und die Russen aus dem Kaukasus und Zentralasien zu vertreiben. Das war eine ebenso kühne wie abenteuerliche Strategie, denn es gab ja für solch einen Dschihad in der modernen Kriegsführung keinerlei Präzedenzfall."[429]

Die Bedeutung Max von Oppenheims für die Analyse und Kritik des Islamismus und der Rolle Deutschlands in der Weltpolitik hat zuletzt der Arabist und Historiker Wolfgang G. Schwanitz herausgearbeitet. Nach 9/11 wurde die „Berliner Jihadisierung des Islam" in Deutschland durch ihn[430] thematisiert und bekannt:

> „Max von Oppenheim war als Archäologe und Diplomat der Chefarchitekt dieser muslimischen Revolutionierung. Dieser deutsche Abu Jihad hatte zwanzig Jahre Orienterfahrung und der Kaiser kannte seine Berichte. Als der Krieg Mitte 1914 seinen Lauf nahm, forderte der Generalstabschef Hellmuth von Moltke Kriegsminister Enver Pascha auf, nun den Jihad ausrufen zu lassen, um den Feind von innen zu schwächen. Auch der Kaiser bat Enver, in den Krieg einzutreten: der Sultan möge den Jihad in Asien, Indien, Ägypten und Afrika beginnen und die Muslime für das Kalifat kämpfen lassen. Deutsche und Osmanen kooperierten zum Heiligen Krieg. Gelehrte wie Ernst Jäckh, ‚Jäckh Pascha', hofften, ‚islamische Fanatiker' würden für Berlin das Schwert führen, also Kreuz und Halbmond, *croix et croissant*, gingen zusammen."[431]

Weiter berichtet Schwanitz:

> „Der Jihad war die Idee Max von Oppenheims. Ende Oktober 1914, also zu einer Zeit, in der das Osmanische Reich an der Seite der Mittelmächte in den Krieg ein-

> trat, legte er streng geheime 136 Seiten zur Revolutionierung der islamischen Feindgebiete vor. Wilhelm II. hieß dessen Idee gut, den Jihad durch die intensive Mitwirkung der Osmanen unter der Fahne des Sultan-Kalifs in zielbewusster Organisation zu führen. (...) [Danach, d.V.] bildete Max von Oppenheim die Nachrichtenstelle für den Orient. Sie war ein Übersetzungs- und Agitationsbüro mit Orientalen und Helfern im Nahen und Mittleren Orient. Der akademische Propagandadienst hatte in Berlin 15 Mitarbeiter, die das Auswärtige Amt bezahlte. Daneben gab es eine Reihe von prominenten Orientalen, die für diese Kollegialbehörde in der Zentrale und im Orient arbeiteten, wo Kaiserliche Gesandtschaften und Konsulate einbezogen wurden. Orientalisten, Orientalen und Militärs wurden vor Ort und auch in Expeditionen von Palästina nach Afghanistan miteinander verknüpft, wo Werner Otto von Hentig und Oskar von Niedermeier den Jihad inszenieren und Indien durch solche Aufruhren entflammen sollten. Die Nachrichtenstelle gab neben vielsprachigen Flugschriften ein wöchentliches Jihad-Blatt heraus."[432]

Die TV-Sendung *Panorama* der ARD strahlte am 12. Mai 2005 einen Bericht über die Jihad-Idee von Max von Oppenheim und Wilhelm II. im Ersten Weltkrieg aus und interviewte dabei Schwanitz.[433]

Schließlich legt der junge Historiker Sean McMeekin 2010 mit seiner Studie *The Berlin-Baghdad Express* die wohl bislang umfangreichste Darstellung zur Thematik vor.[434]

Kritik am postkolonialen Paradigma ist bedeutsam und kann eine Analyse des deutschen Programms für den Jihad im Ersten Weltkrieg mit einer Kritik des heutigen arabischen (und muslimischen) wie aus den kapitalistischen Metropolen kommenden, antiwestlichen *tiersmondistischen* Antisemitismus verbinden. Manche Historiker (wie Schwanitz) nehmen die Jihadisierung des Islam ernst und spielen sie nicht herunter wie der Historiker Salvador Oberhaus, der in seiner 2006 veröffentlichten Dissertation im Aufruf zum Jihad im Ersten Weltkrieg nur einen ‚Propagandatrick' sieht.[435]

Zu resümieren ist: Die Ausrufung des Jihad durch das Osmanische Reich im November 1914 war eine deutsche Idee und nur mit Hilfe des Deutschen Kaiserreichs möglich. Die Debatten um Islamismus und Jihad seit dem 11. September 2001 sind in Deutschland auch vor diesem Hintergrund zu sehen und betten die Abwehr einer Kritik am Islamismus, wie sie in dieser Studie untersucht wird, in lange Traditionslinien deutsch-islamischer Kooperationen ein. Schon die Thematisierung der Beziehung der Nazis zum Großmufti von Jerusalem wird von Islam- und Nahostforschern in Deutschland häufig abgelehnt (vgl. Kapitel 1.4), dabei ist die deutsch-islamische Geschichte noch älter, wie insbesondere sowohl die Reise Kaiser Wilhelms II. 1898 in das Osmanische

Reich als auch die Ausrufung des Jihad 1914 belegen. Statt sich mit einer eingebildeten *Islamophobie* zu befassen (vgl. Kapitel 5), wäre die Analyse und historische Entwicklung einer *Germanophilie* unter Muslimen, Arabern, Türken und Persern (heute: Iranern) in den Blick zu nehmen.

1.7.10) Muslimischer Sklavenhandel und Imperialismus

Krampfhaft versuchen Wolfgang Benz und die von ihm eingeladenen Autoren zu zeigen, Muslime/Araber/Türken seien genauso wie die Juden Opfer des christlich geprägten Europa. Achim Rohde schrieb in einer Art Vorläufertext zu seinem Beitrag aus dem Jahr 2010 in der Benz'schen *Zeitschrift für Geschichtswissenschaft* bereits fünf Jahre zuvor in *Die Welt des Islams*:

> „Christliche Gelehrte des Mittelalters setzten Muslime oft mit Juden gleich."[436]

Das mag es mitunter gegeben haben, es sagt analytisch, typologisch und ideologisch jedoch wenig aus. Christen fürchteten den großen politischen, militärischen und theologischen Konkurrenten Islam. Kriege und Vertreibungen hüben wie drüben, Gemetzel, Mord und Totschlag bestimmten viele Jahrhunderte. Dies dauerte bis in die frühe Neuzeit an; der Fall von Konstantinopel an die Türken 1453 sowie die Belagerung Wiens 1683 sind dafür zwei der letzten Ausrufezeichen.

Es würde zu weit führen, die Geschichte der Kämpfe und Kriege zwischen Christen und Muslimen im Mittelalter und in der frühen Neuzeit darzustellen. Wie bereits erwähnt, war das ein Konflikt zweier imperialer Systeme.

Bevor die Spezifik des Antisemitismus näher beleuchtet werden soll, sei ein weiterer Hinweis zu einem häufig übersehenen Aspekt der Geschichte des Islam seit dem Mittelalter gegeben. Bis heute wird in Deutschland relativ wenig über den Beginn des großen Sklavenhandels im islamischen Raum diskutiert: die Versklavung von Afrikanern durch Araber. Der senegalesische Anthropologe und Wirtschaftswissenschaftler Tidiane N'Diaye hat sich mit der Sklaverei durch die Araber befasst. Seine Studie *Der verschleierte Völkermord* ist 2010 auf Deutsch erschienen, 2008 bereits auf Französisch.[437] N'Diaye greift das Schweigen der Welt gegenüber dem arabisch-muslimischen, über 1400 Jahre dauernden Sklavenhandel scharf an. Es ist in der Tat für die Forschung von großer Bedeutung, Sklaverei keineswegs nur als Phänomen der Europäer und Amerikaner vom 15. bis 19. Jahrhundert auszumachen. Wie N'Diaye zeigt, wurde lange Zeit, bevor Europäer den Sklavenhandel mit Afrika begannen, dieses brutale und mörderische Geschäft von Arabern und Muslimen betrieben:

> „Im Darfur begann die Sklaverei und nahm eigentlich nie ein Ende. Noch heute äußert sich die Mißachtung der Araber für den Schwarzen in den nahezu unverhohlenen Unterjochungsmethoden und regelrechten ethnischen Säuberungen. Mit dem bakht von 652 begann gewissermaßen ein gewaltiger Menschenraub, der sich über den gesamten sudanesischen Streifen vom Atlantischen Ozean über Ostafrika bis hin zum Roten Meer erstreckte und weit über die Grenzen der muslimischen Welt bis ins 21. Jahrhundert andauert und vor unseren Augen in Darfur mit entsetzlichen Massakern, um nicht zu sagen einem Völkermord einhergeht. Lange bevor die Europäer in das Sklavengeschäft einstiegen, führten die Araber einen endlosen Heiligen Krieg mit blutigen Razzien, die, um die Pracht orientalischer Harems willen, ganze Bevölkerungsgruppen, Kinder, Frauen und Männer aus dem Herzen des Schwarzen Kontinents ins Unglück stürzten."[438]

Der Verfasser kommt auf eine geschätzte Zahl von über 17 Millionen Sklaven des arabisch-muslimischen Sklavenhandels vom 7. bis zu Beginn des 20. Jahrhunderts. Der transatlantische Sklavenhandel umfasste laut N'Diaye ca. 15 Millionen Sklaven.[439]

Es ist gleichwohl so unnötig wie falsch und vernebelt den Antisemitismus, wenn der Autor diese fürchterliche Geschichte der Sklaverei als „Holocaust"[440] bezeichnet. Es gab kein *cui bono* im Holocaust, beim islamischen wie beim transatlantischen Sklavenhandel hingegen selbstredend, um wenigstens diesen Aspekt zu erwähnen. N'Diaye betont das Schweigen der Araber und Muslime bezüglich ihrer Verbrechen im Sklavenhandel, während Hitler sich wenigstens zu seinen Verbrechen „bekannt" habe. Das ist absurd und nicht nachvollziehbar.

Festzuhalten bleibt, dass deutsche Nahost- und Islamforscher sich nach dem 11. September bislang kaum mit den problematischen, mörderischen und fortdauernden jihadistischen Aspekten des Islam befasst haben. Als weiteres Beispiel dafür, dass sich andernorts diesen Aspekten islamischer und arabischer Geschichte sehr wohl gewidmet wurde, wäre neben N'Diaye und seiner Auseinandersetzung mit dem arabisch-muslimischen Sklavenhandel die deutsche Erstausgabe und Übersetzung eines historisches Werkes von Winston Churchill über den Krieg Englands gegen den Mahdi von Sudan Ende des 19. Jahrhunderts zu nennen.[441]

1.7.11) Giorgio Agamben, Antisemitismus, Antiamerikanismus

Der italienische Mode-Philosoph Giorgio Agamben, der in Deutschland maßgeblich durch den Suhrkamp Verlag promotet wird, steht exemplarisch für die antimoderne Theorie, die Auschwitz in einem Orkus von ‚Lagern' und Ordnung untergehen lässt. Der *Zivilisationsbruch* Auschwitz hat demnach nicht stattgefunden. Nicht zufällig ist Agamben ein wichtiger Referenzpunkt für manche Islam- und Nahostforscher. Es gibt eine ideologische Verwandtschaft der Ansätze von Achim Rohde und Agamben, wie weiter unten deutlich werden wird.

Agamben spricht vom „Lager als nómos der Moderne"[442] und setzt die Festsetzung illegaler Einwanderer in Italien 1991 mit der Deportation von Juden aus Vichy-Frankreich und mit heutigen Warteräumen für Flüchtlinge auf internationalen Flughäfen gleich.[443] Diese Vergleicherei des Unvergleichbaren, diese Gleichsetzung von Völkermord und Abschiebung sowie die Ineinssetzung von westlicher Demokratie und Nationalsozialismus zeigt die Niveaulosigkeit gegenwärtiger Theoriebildung und Forschung. Es ist eine Diffamierung des Westens, wenn dieser mit dem Faschismus oder Nationalsozialismus verglichen oder sogar gleichgesetzt wird. Das ist ein Kernelement der heutigen so genannten Theorien von Postkolonialismus und Postorientalismus. Die Diffamierung Amerikas, das exemplarisch für den Westen und die freie Welt steht, geht dabei häufig Hand in Hand mit einem Schweigen über die tatsächlich gefährlichen Regime der heutigen Zeit wie vor allem Iran, aber auch Nordkorea, Nord-Sudan, Syrien oder China.

Die programmatische Erklärung des Herausgebers Gary Smith zu Beginn des Buches[444] ergänzt das antiwestliche Ressentiment des Trendsetters Agamben:

> „Das 20. Jahrhundert, dessen geistiges Erbe in dieser Buchreihe geprüft werden soll, hat durch einen unvorstellbaren Verlust an Ethik Geschichte gemacht. Es war uns vorbehalten, die Techniken der Naturbeherrschung so zu entfalten, daß sie auch an der inneren Natur des Menschen keine Grenze mehr fanden und damit das Jahrhundert der Völkermorde ermöglichten. Verdun und Vietnam, Auschwitz und der Archipel Gulag waren die inhumanen Stationen jenes Fortschrittzuges, den wir lieber zu Freud und Benjamin, Picasso und Godard fahren sahen."[445]

Auschwitz wird eingereiht in eine Reihe von „Völkermorden": Amerikas Krieg in Vietnam, der Erste Weltkrieg und die Sowjetunion werden als genauso schlimm vorgestellt wie der Nationalsozialismus. Das leugnet das Spezifische des Nationalsozialismus und des Holocaust, der trivialisiert wird, wenn er mit Kriegsereignissen in Verdun oder Vietnam in eine Reihe gestellt wird.

Agamben benutzt Auschwitz, um antiwestliche Ressentiments zu schüren; er suggeriert, die Moderne trüge Schuld an den Verbrechen und nicht die Deutschen.[446] ‚Das Lager' sei ein rechtsfreier Raum und typisch für den Staat an und für sich. Der Nationalsozialismus kommt lediglich in der Kontinuität dieses ‚Lagerdenkens' vor.

Perfide ist Agambens Benutzung des Wortes „Muselmann". Dieser Begriff bezeichnete diejenigen KZ-Häftlinge, die so abgemagert und körperlich wie psychisch dermaßen am Ende waren, dass der Tod unmittelbar bevorstand. Agamben kommt zu dem unsäglichen Satz:

> „Jedenfalls wissen die Juden in Auschwitz, und dies wirkt wie eine grausame Selbstironie, daß sie nicht als Juden sterben werden."[447]

Vor diesem Hintergrund ist es bemerkenswert, dass Herausgeber Smith in seiner Beschreibung der Publikationsreihe wie oben zitiert unter anderem den jüdischen Psychoanalytiker Sigmund Freud mit dem Regisseur Jean-Luc Godard in eine Reihe stellt. Dabei hat Godard, der 2010 einen „Ehrenoscar" erhielt, wie Agamben das Wort „Muselmann" benutzt, und er bedient die bekannte antisemitische Schuldprojektion auf die Juden, die vom Opfer zum Täter mutiert seien. Der Journalist Thierry Chervel berichtet:

> „Ist Jean-Luc Godard Antisemit?, fragt die FAZ heute. Nun ja, 1977 war er es jedenfalls, wenn man diese Passage aus einem hier dokumentierten Brief an den palästinensischen Lyriker Elias Sanbar liest. Godard denkt über das Foto eines ‚Muselmanen' nach. So nannte man in den KZ verhungernde Insassen im letzten Stadium. Auf französisch ist das Wort absolut identisch mit dem Wort für ‚Muslim' – nämlich ‚musulman'. Nach einer dunklen Passage über ein ‚Urbild des jüdischen Volkes' schreibt Godard: (...) ‚*Der aktuelle Krieg im Nahen Osten wurde in einem Konzentrationslager geboren, an dem Tag, als ein großer jüdische Clochard sich vor seinem Tod von irgendeinem SSler noch als ‚Muselmane' behandeln lassen musste.*' In den siebziger Jahren arbeitete Godard zusammen mit Anne-Marie Miéville an dem Essayfilm ‚Ici et ailleurs', in dem er die Gleichsetzung des Holocaust mit den Leiden des palästinensischen Volks mit den damaligen Mitteln des Videos umsetzt. Er montiert ein Bild Hitlers mit einem Bild Golda Meirs."[448]

Der poststrukturalistische Autor und Nahostforscher Gil Anidjar wird von Achim Rohde mehrfach zitiert[449], insbesondere weil Anidjar Juden wie Araber als Opfer des christlichen Europas definiert. Diese nominalistische, realitätsferne Gleichsetzung steigert der Columbia-Professor sogar noch, indem auch er – wie der oben zitierte Agamben – behauptet, Juden seien als „Muslime" gestorben.[450] In einem Interview mit Anidjar sind weitere antizionistische und antisemitische Attacken enthalten wie etwa die folgende Ablehnung der Analyse des neuen Antisemitismus sowie die Gleichsetzung von Juden und Muslimen, wobei Muslime als die ‚neuen Juden' herbeifantasiert werden:

> „Ich sollte auch betonen, dass es eine fürchterliche Ähnlichkeit zwischen der Art und Weise gibt, wie Israel und Europa öffentlich über ihre muslimischen Bevölkerungen als einer ‚demografischen Bedrohung' sprechen. Es ist unglaublich, obwohl es ein absolut legitimer Diskurs bleibt. Um das zu illustrieren, auch wenn ich das nur widerwillig tue, stellen wir uns einmal vor, Juden würden als demografische Bedrohung deklariert, und stellen wir uns vor, was passieren würde, wenn ein Staat und in der Öffentlichkeit stehende Persönlichkeiten (eher als unterdrückte Minderheiten, die in Armut leben und ohne Zukunftsperspektiven sind) eine solche Rhetorik anschlagen würden, so, als ob das überhaupt kein Problem wäre. Oder wenn ein wichtiger Politiker, nicht Le Pen, also sozusagen kein Faschist, sagen würde, die Aufnahme der Türkei in die Europäische Union würde die Integrität Europas bedrohen – eine Äußerung, die prompt vom Papst unter-stützt wurde, der damit natürlich übereinstimmt! Davor schreckt mein naiver Geist zurück. Stellen wir uns vor, ein bekannter französischer Politiker würde sagen, heute stellten die Juden eine demografische Bedrohung für Europa dar. Niemand sagt das. Bis dahin glaube ich nicht an das so genannte Konzept ‚neuer Antisemitismus'. So ein unverantwortliches Konzept!"[451]

Muslime würden von Europa und Israel als „demografische Gefahr" gesehen, behauptet Anidjar, womit er auf die historische Tatsache anspielt, dass früher die „Juden zu einer demografischen Gefahr" erklärt wurden. Solche sprachlichen Spielereien sind angesichts von Auschwitz zynisch und vergleichen de facto den Holocaust mit der heutigen Situation von Muslimen.

Agamben schmiegt sich an die Philosophie Martin Heideggers an; dessen Bremer Vorträge aus dem Jahr 1949 haben es ihm angetan. In diesen Vorträgen erwähnte der Schwarzwaldphilosoph teilnahmslos die Ermordung der Juden und anderer in den KZs. Im Kern geht es um das „Wesen des Todes", das das Denken von Heidegger bestimmte. Agamben zitiert aus einem der vier Bremer Vorträge, *Die Gefahr*.[452] Er zitiert unvollständig, teilweise falsch, und er lässt einiges weg, wie die Gleichsetzung von den KZ- und Vernichtungslagern mit an Hunger Sterbenden in China (siehe das unten stehende Zitat).

Bedeutsam ist eine Analyse des „ontologischen Negationismus" bei Heidegger, wie es der französische Philosoph Emmanuel Faye nennt.[453] Dabei gilt es, den ‚deutschen Denker' zu analysieren und nicht dessen Ideologie zu goutieren, wie es der Heidegger-Jünger Agamben oder der Suhrkamp Verlag tun. Faye zitiert den (von Agamben herangezogenen) Text Heideggers von 1949, *Die Gefahr*:

> „Hunderttausende sterben in Masse. Sterben Sie? Sie kommen um. Sie werden umgelegt. Sterben Sie? Sie werden Bestandsstücke eines Bestandes der Fabrikation von Leichen. Sterben Sie? Sie werden in Vernichtungslagern unauffällig li-

> quidiert. Und auch ohne Solches – Millionen verelenden jetzt in China durch den Hunger in ein Verenden. Sterben aber heißt, diesen Austrag vermögen. Wir vermögen es nur, wenn unser Wesen das Wesen des Todes mag. Doch inmitten der ungezählten Tode bleibt das Wesen des Todes verstellt. Der Tod ist weder das leere Nichts, noch ist er nur der Übergang von einem Seienden zu einem anderen. Der Tod gehört in das aus dem Wesen des Seyns ereignete Dasein des Menschen. So birgt er das Wesen des Seyns. Der Tod ist das höchste Gebirg der Wahrheit des Seyns selbst, das Gebirg, das in sich die Verborgenheit des Wesens des Seyns birgt und die Bergung seines Wesens versammelt. Darum vermag der Mensch den Tod nur und erst, wenn das Seyn selber aus der Wahrheit seines Wesens das Wesen des Menschen in das Wesen des Seyns vereignet. Der Tod ist das Gebirg des Seyns im Gedicht der Welt. Den Tod in seinem Wesen vermögen, heißt: sterben können. Diejenigen, die sterben können, sind erst die Sterblichen im tragenden Sinn dieses Wortes."[454]

Agamben bemerkt knapp, dass eine „flüchtige Anspielung auf die Vernichtungslager" „zumindest unangebracht" sei, wie manche Kritiker Heidegger vorgeworfen hätten, da er in den „Nazismus" verstrickt gewesen sei.[455] Emmanuel Faye hingegen analysiert und kritisiert Heideggers Text *Die Gefahr*:

> „Dieser Text übersteigt alles, was die Nationalsozialisten behauptet haben. (...) Die Redewendungen von der ‚Wahrheit des Seyns', vom ‚Gedicht der Welt' und vom ‚höchsten Gebirg' können die Abscheulichkeit des Gesagten nicht verdecken. Das dreimal wiederholte ‚Sterben sie?' verlangt nach einer unhaltbaren Antwort: *Heidegger zufolge ist in den Vernichtungslagern niemand gestorben, denn keiner der Ermordeten trug in seinem Wesen die Möglichkeit des Todes.* Man muss sich im Klaren darüber sein, dass diese Aussagen auf nichts anderem als auf dem schieren Gegenteil menschlicher Vernunft beruhen. Wir haben es hier nicht mehr mit Revisionismus zu tun, sondern mit totalem Negationismus, ja mit etwas, das alle Worte übersteigt und das recht eigentlich namenlos ist. (...)
>
> Mit Absicht verwendet Heidegger zu Beginn des Abschnittes, wo von den in den Vernichtungslagern Ermordeten gesprochen wird, niemals das Wort ‚Mensch'. Heidegger behauptet nämlich, dass nur der sterben ‚kann', der im ‚Gebirg' des ‚Wesens' des ‚Seyns' ist. Die in den Vernichtungslagern Ermordeten konnten nicht vom ‚Seyn' ‚geborgen' werden. Es waren keine ‚Sterblichen'. Es sind für Heidegger keine Menschen."[456]

Faye erwähnt abschließend den derzeit „stetig wachsenden Einfluss Heideggers auf die iranischen Fundamentalisten", wie eine Studie von Victor Farias belege.[457]

Die Islamisten ‚laufen vor zum Tode' mit ihrem *suicide bombing*, sie importieren Heidegger in den Vorderen Orient, wie sich in einer von Gudrun Krämer an der *FU Berlin* angenommenen Dissertation über den Islamisten Sayyid Qutb zeigt. In dieser Arbeit von Mohamed Soffar wird Heidegger für den Islamismus bezüglich des Kreisens um den „Tod" rezipiert. Soffar spricht von „Muslim Dasein."[458] Der Selbstmordterrorismus der Islamisten habe einen ‚philosophischen' Kern, so Soffar:

> „Indem er die Grenzen des Seins überschreitet, um ein bestimmtes Ziel zu erreichen, schreitet der Shahid das Level der Existenz zu einem anderen durch das Tor des Todes. Der Tod ist für ihn weniger schmerzvoll als ein Nadelstich."[459]

Für Soffar ist der Tod nur eine andere Form der „Existenz", wobei der Tod eine Art Durchgangsstation ist, ohne wirkliche Schmerzen. Der muslimische Mörder, hier natürlich in Märtyrersprache „Shahid" bezeichnet, „schreitet" im wörtlichen Sinne mit der Bombe am Körper zu seinen Opfern, um deren Existenz zu beenden und selbst in die (eingebildete) nächste Existenz zu kommen. In diesem Kontext ist ein Hinweis des Historikers und Iranwissenschaftlers Afshin Matin-Asgari (der ansonsten eher dem postorientalistischen Diskurs verpflichtet ist) interessant, der in einer 2009 erschienenen Schrift die Bedeutung Heideggers für die antiwestliche Ideologie des Iran vor und nach 1979 erwähnt. Dabei geht es um den für die iranische Variante des Islamismus wichtigen Begriff „Westoxication", eine „Vergiftung durch den Westen":

> „Irans eigene Kritik an der Moderne und ‚dem Westen' wurde zuerst in dem berühmten Buch von 1962 mit dem Titel *Westoxication* formuliert. Der Autor war der Exkommunist Jalal Al-e Ahmad, das Buch plädierte für eine Rückkehr zu einem authentischen Iran und einem islamischen ‚Selbst', frei von westlicher Dominanz, bei gleichzeitiger Meisterung der modernen Technologie. Durch die Mischung unterschiedlicher Dosen von Dritte-Welt-Marxismus, Schia-Mystizismus, französischem Existentialismus und reaktionärem deutschen Modernismus wurde der Diskurs um Westoxication enorm erfolgreich und umspannte bald die gesamte Breite der Elite und der Populärkultur. Al-e Ahmad war sich wohl nur am Rande seiner Anleihen bei reaktionär-modernistischen Denkern wie Ernst Junger [Jünger, d.V.] und Martin Heidegger bewusst. Die Bedeutung dieser Denker für den Westoxication-Diskurs wurde erst nach der Revolution vollends offensichtlich, als der philosophische Sprecher der Islamischen Republik ganz offen die Heideggersche Kritik der Moderne und seine Metaphysik des ‚authentischen Seins' umarmte. Rückblickend ist der intellektuelle Vater des iranischen Authentizitäts-Diskurses nicht Al-e Ahmad, sondern der französische Orientalist Henri Corbin. Er verbrachte viele Jahre in Iran und war die zentrale Figur bei der Konstruktion einer modernen theosophischen Schule, welche den Schiismus mit iranischem Zoroastrismus und der ‚arischen' Vergangenheit verband. Während der 1960er Jahre arbeitete Corbins intellektueller Zirkel in Teheran systematisch daran, Heideggers metaphysische Kritik am Westen mit einer modernen Umformung der religiösen und mystischen iranischen Traditionen zu verbinden."[460]

Zurück zu Agambens Beziehung zu Heidegger, die dem antimodernen Diskurs des Iran sekundiert. Heidegger ist gleichsam Vorbild für Postkolonialisten wie Agamben und Islamisten wie im Iran. In einem weiteren seiner Bremer Vorträge von 1949, *Das Ge-Stell*, redete Heidegger von der „Fabrikation von Leichen“, was Agamben zustimmend zitiert[461], ohne diese Formulierung zu analysieren oder den Kontext des Zitats kenntlich zu machen. Heidegger sagte:

> „Ackerbau ist jetzt motorisierte Ernährungsindustrie, im Wesen das Selbe wie die Fabrikation von Leichen in Gaskammern und Vernichtungslagern, das Selbe wie die Blockade und Aushungerung von Ländern, das Selbe wie die Fabrikation von Wasserstoffbomben.“[462]

Die Gleichsetzung der präzedenzlosen Vernichtung der europäischen Juden in Gaskammern mit modernem Ackerbau ist ein Antisemitismus neuen Typs, eine Banalisierung des Unfassbaren.[463]

Für Islamforscher wie Anidjar und für Philosophen wie Agamben besteht der Nutzen dieser Form des Antisemitismus darin, ‚die‘ Moderne oder ‚die‘ Technik zu beschuldigen, für den Massenmord und die Shoah verantwortlich zu sein. Deutsche (und ihre Helfer) werden dabei als Täter derealisiert, und die Ideologie des Antisemitismus wird geleugnet. Das ist praktisch und en vogue.

Der Philosoph Hassan Givsan[464] kritisiert den ‚deutschen Denker‘:

> „Das Ungeheuerliche und Grauenhafte des Heideggerschen Satzes [„Fabrikation von Leichen...“, d.V.] besteht darin, daß er die Vernichtung der Juden als Seinsgeschick faßt: denn das Ge-stell ist Seinsgeschick. Jene, die Heideggers Verabschiedung der Subjektphilosophie und des ‚Subjekts‘ als Wohltat feiern, müßten dann auch zur Kenntnis und in Kauf nehmen: die Vernichtung der Juden hat keine Subjekte. Denn es ist das Sein, das als Ge-stell west und die Vernichtung ins Werk setzt: es ist das Sein, das ‚dem Grimm‘ ‚Andrang zu Unheil‘ gewährt wie es in ‚Brief über den ‚Humanismus‘ (1946) heißt, und das ‚Wesen‘ des ‚Bösen‘ ‚besteht nicht in der bloßen Schlechtigkeit des menschlichen Handelns, sondern es beruht im Bösartigen des Grimmes‘. Nicht die Menschen haben ‚Böses‘ getan, niemand hat ‚Böses‘ getan – es ist das Sein, das Unheil schickt und das Böse gewährt. Die Menschen sind dabei bloß vom Sein gebraucht: sie sind bloß Werkzeuge des Sich-ins-Werk-setzens der Wahrheit des Seins. So gibt es keine ‚Schuld‘ und kein ‚Entschuldigen‘. Kurz: Das Ungeheuerliche und das Grauenhafte ist Heideggers Seinsdenken selbst. Heidegger hat nicht geschwiegen, auch nicht über den Holocaust.“[465]

2004 wurde deutlich, wie Antiamerikanismus, eine Verharmlosung des Antisemitismus sowie die Rede vom ubiquitären ‚Lager‘ bei Agamben jeglichen Realitätsbezug vermissen lassen. Denn ein Buch der Literaturwissenschaftlerin

Eva Geulen[466] zur Einführung in das Denken Agambens stellt sich unverhohlen hinter diesen modischen, antimodernen und antisemitischen Vordenker. Es ist eine typische Antwort heutiger *Gegenintellektueller* auf den Islamismus und den 11. September. Ein Gegenintellektueller ist in der Tradition der *Mandarine* zu sehen, also der früheren chinesischen Berater des Kaisers. Gegenintellektuelle wenden sich gegen Herrschaftskritik und Gesellschaftsanalyse im aufklärerischen Sinn, eher stehen sie für Gegenaufklärung und Restauration.[467] Viele Wissenschaftler und von der Öffentlichkeit als „Intellektuelle" wahrgenommene Personen sind eher Gegenintellektuelle, so kritisch sie sich auch gerieren mögen. Ein antiwestliches Ressentiment ist häufig grundlegend, so etwa die Diffamierung der USA als eine Art ‚Nazi-Land' bei Agamben; seine Verteidigerin Eva Geulen kokettiert damit:

> „Viel Ärger und viel Lob hat sich Agamben eingehandelt, als er unter skandalträchtigem Verweis auf die Tätowierung von KZ-Häftlingen im Frühjahr 2004 eine Gastprofessur an der New York University nicht antrat, weil er sich exemplarisch und öffentlich der von den USA nach den Terroranschlägen am 11. September 2001 von allen Einreisenden verlangten Abnahme eines DNA-Fingerabdrucks verweigerte (wer im Besitz einer green card ist, hat ihn längst hinterlegt). (...) Ihm einen direkten Vergleich zwischen der Immigrationszone des New Yorker Kennedy-Flughafens und einem Konzentrationslager zu unterstellen ist offensichtlich verfehlt. Schockiert könnte man sich aber darüber zeigen, dass wir uns an biopolitische Interventionen im Alltag offenbar schon so sehr gewöhnt haben, dass es der Auschwitz-Insinuation bedarf, um die Lethargie zu unterbrechen. Was in solchen Räumen geschieht, ist nicht mehr rechtlich abgesichert, sondern hängt ‚von der Zivilität und dem ethischen Sinn der Polizei' ab, die vorübergehend in solchen Räumen als Souverän agiert."[468]

Es ist antisemitisch, eine Kontinuität von den Lagern und den KZs hin zu vergleichsweise harmlosen DNA-Fingerabdrücken im 21. Jahrhundert zu imaginieren. Letztere sind zudem als Reaktion auf den von Islamisten verübten Massenmord im *World Trade Center* eingeführt worden. Die Forschung redet jedoch lieber von „Bio-Politik" statt von antimodernem Islamismus.

1.7.12) Akademische Karriere, antizionistisch

Unter Bezugnahme auf den marokkanisch-französischen Soziologen Abd al-Kabir Khatibi plädiert Achim Rohde in seiner Dissertation für ein ‚selbstbewusstes' („self-confident") politisches Konzept im Nahen Osten und in der arabischen Welt („Arab world"). Seine Dissertation wurde 2006 von Gudrun Krämer am *Institut für Islamwissenschaft* der *Freien Universität Berlin* angenommen. Rohde geht es um Geschlechterverhältnisse und das politische System im Irak unter der Herrschaft der Baathisten und von Saddam Hussein. Er kritisiert arabischen Nationalismus nur insofern, als dieser versagt und die Geschichte von Minderheiten in den arabischen Gesellschaften negiert habe. Entscheidend ist Rohdes abschließender Bezug auf Edward Said, der letzte Absatz seiner Arbeit. Der Autor schließt sich hoffnungsfroh einem Pan-Arabismus an, der die Verfehlungen des irakischen Baathismus überwindet:

> „Als ein Echo auf Saids Aufruf stellt die in Beirut ansässige unabhängige Zeitschrift Zawaya eine Plattform für Autoren aus allen arabischen Ländern bereit. Sie hat sich einem Pan-Arabismus verschrieben, zu dessen Hauptprinzipien das Festhalten am ‚Widerstand gegen das Dogma und die Hegemonie der Globalisierung' gehört. Hoffentlich werden Vertreter eines solchen wiedererrichteten Pan-Arabismus erfolgreich sein, da der Ba'thismus so fürchterlich versagt hat, namentlich bei der Ausformulierung einer Vision für die körperlich und psychisch dekolonisierte arabische Welt. Ein Pan-Arabismus also, der sich der Fallstricke der Identitätspolitik und ihrer unterdrückenden Potenziale bewusst ist und eine Vision entwickelt, die die Geschichte des eigenen arabischen Nationalismus bewältigt."[469]

Die Agitation gegen die „Hegemonie der Globalisierung"[470] geht *by the way* Hand in Hand mit dem pan-arabischen Kampf gegen Israel.

Rohde bezieht sich nicht nur auf den populären Said, auch andere Antizionisten wie Daniel Boyarin oder Jacqueline Rose[471] sind für ihn von Bedeutung. Die beiden Letztgenannten bezeichnet Alvin Rosenfeld als ‚Kronzeugen' und typische Beispiele für „progressive Juden", die jüdischen Antisemitismus vertreten.[472] Pikant: In der gekürzten und veränderten Buchversion der Dissertation von Achim Rohde aus dem Jahr 2010, die ideologisch den gleichen Pro-Pan-Arabismus vertritt, werden *an dieser Stelle* Boyarin, Rose und Said (sowie andere) nicht mehr angeführt.[473] Das Zitieren von Rose oder Boyarin[474] am Ende einer umfangreichen Dissertation, die als Manuskript am *Institut für Islamwissenschaft* der FU Berlin in der Bibliothek steht, ist beachtlich. Rohde möchte damit die eminente Bedeutung antizionistischer Agitation für seine Arbeit unterstreichen. Der Antizionismus ist besonders deshalb so auffallend, da es in Rohdes Dissertation eigentlich um Geschlechterverhältnisse, Politik und Gesellschaft im Irak geht.

Alvin Rosenfeld hat den Antisemitismus bei Jacqueline Rose analysiert:

> „Die Diskussion dreht sich nicht um Landesgrenzen, sondern um Israels Ursprung und sein Existenzrecht. Ein Merkmal des Neuen Antisemitismus ist zutiefst beunruhigend: Israel wird ausgesondert. Allein der jüdische Staat als politische Entität hat kein Recht auf Sicherheit und souveräne Existenz. Wie Jacqueline Rose, die Autorin von *The Question of Zion* (Princeton University Press 2005), es

> ausdrückt: ‚Die Seele dieser Nation war vom Tag der Staatsgründung an verloren.'"[475]

Weiter heißt es:

> „Rose symbolisiert ein erschütterndes Charakteristikum des Neuen Antisemitismus, und zwar die Beteiligung von Juden an diesem, insbesondere in seiner sich als Antizionismus gebärdenden Ausdrucksform. Ihr Buch ist ein erschreckend offenes Beispiel für diese Tendenz. *The Question of Zion*, mehr eine Anklage denn eine Untersuchung des Themas, gewidmet ‚der Erinnerung an Edward Said', ist als Spiegelbild von Saids *The Question of Palestine* zu verstehen."[476]

Rose agitiert gegen den jüdischen Staat und fungiert als jüdische Kronzeugin für den neuen Antisemitismus, wie Rosenfeld resümiert:

> „Zusammengefasst sei Israel in seiner heutigen Verfasstheit ‚schlecht für die Juden' (S. 154) und überhaupt für jeden anderen Menschen auf der Welt."[477]

Typisch für einen modischen und in den hier diskutierten Forschungsfeldern wie der Islamwissenschaft oder der Geschichtswissenschaft in Teilen geradezu obsessiven Komparatismus sind der Vergleich wie auch die Gleichsetzung von Antisemitismus und Rassismus, Kolonialismus, Imperialismus[478] oder ‚Orientalismus'. Achim Rohdes Zugang zur Kritik an der Maskulinität passt in dieses Schema. Da werden Männlichkeitskonstruktionen und patriarchale Prägungen von Deutschen (bzw. Nazis) wie selbstverständlich mit „sexual politics" im 20. Jahrhundert in den USA oder Israel in eine Reihe gestellt.[479] Damit projiziert Rohde die deutsche Schuld am Nazismus auf die Befreier vom SS-Staat wie die USA, und er vertauscht Täter und Opfer, wenn er Juden und Israelis sowie deren Männlichkeitsbilder mit denen der Deutschen (des Nationalsozialismus) in Beziehung setzt. Er verallgemeinert seine Kritik am Patriarchat, um Deutschlands Schuld am Holocaust zu relativieren und Juden sowie Amerikaner gleichermaßen zu Mittätern in Bezug auf repressive Männlichkeitsstrukturen zu machen. Es waren Armeen, die den Nationalsozialismus stoppten, was jedoch negiert oder diffamiert wird, wenn Rohde von Männlichkeitsstrukturen hüben wie drüben schwadroniert. Das ist gleichwohl ein Trend in den Kulturwissenschaften, der Geschichtswissenschaft und anderen Forschungsbereichen: Gegensätze wie Täter/Opfer, Befreier/Befreite und Mörder/Ermordete spielen keine Rolle mehr; Schuld wird universalisiert, Wahrheit gibt es nicht und Ideologieanalyse wird abgewehrt.

Rohde ist kein Holocaustleugner; vielmehr möchte er die arabischen bzw. muslimischen Antizionisten ermuntern, die Shoah anzuerkennen, um dann Israel besser mit antizionistischen Invektiven attackieren zu können. Er verweist auf Literatur aus dem arabischen Raum, die diese Strategie schon vor Jahren vorschlug:

> „Wenn wir die Aufnahme des Erbes des europäischen Faschismus im 20. Jahrhundert betrachten, speziell den deutschen Nationalsozialismus, war Edward Said unter den ersten wahrnehmbaren arabischen Intellektuellen, der öffentlich die Tendenz kritisierte, die historische Realität des Holocaust zu ignorieren oder zu leugnen, wie es in den Gesellschaften des Nahen Osten wahrnehmbar ist. Siehe seinen Artikel ‚Usus lil Ta'ayush,' Al-Hayat vom 5. November 1997, der am 14. August 1998 in Le Monde Diplomatique wieder veröffentlicht wurde. Ähnlich argumentieren auch Hazem Saghiyeh und Saleh Bashir in ihrem Artikel ‚Universalising the Holocaust', Palestine-Israel Journal 5, 3-4 (1998), der im Original am 18. Dezember 1997 in Al-Hayat publiziert wurde. Beide Beiträge sehen den Holocaust als präzedenzlosen Zivilisationsbruch und als ein Ereignis von universeller Bedeutung."[480]

Said wendet sich in dem von Rohde angeführten Beitrag zwar gegen eine direkte Holocaustleugnung à la Roger Garaudy (wiewohl er Holocaustleugner ansonsten durchaus toleriert[481]), sein Antisemitismus[482] ist aber unverkennbar: „Und wir müssen deutlich machen, daß dem Zionismus die Apartheid zugrunde liegt."[483] Für Rohde ist Said ein Vorbild.

Der Artikel *Universalising the Holocaust* von Hazem Saghiyeh und Saleh Bashir aus dem Jahr 1998 auf Englisch[484] (im Original 1997 auf Arabisch) erkennt laut Rohde den Holocaust als „präzedenzlosen Bruch menschlicher Zivilisation" an. Doch was steht tatsächlich in dem Beitrag? Da ist zunächst der Untertitel, den Rohde interessanterweise unterschlägt:

> „Wie Araber und Palästinenser sich auf den Holocaust beziehen und wie sich Juden auf die palästinensischen Opfer beziehen."[485]

Wer sich den Text von Saghiyeh und Bashir anschaut, der bemerkt, dass die Autoren den Holocaust rein instrumentell benutzen, um auf die palästinensische Geschichte aufmerksam zu machen. Sie wollen die Konsequenz der Weigerung der Araber, den Teilungsplan der UN von 1947 zu akzeptieren – das Verlassen des Landes (sie fantasieren von einer „Nakba", einer Katastrophe also, die einfach so über sie hereingebrochen sei[486]) –, mit dem Holocaust gleichsetzen:

> „Wenn das Ereignis der frühen vierziger Jahre in Europa die Palästinenser berührt und die Juden das erlauben, und wenn das Ereignis gegen Ende der vierziger Jahre im Nahen Osten die Juden berührt und die Araber das erlauben, dann wird ein erneuertes universelles Bewusstsein des Holocaust der Vorbote sein für die Trennung zwischen dem Ereignis und seiner näheren Bestimmung als jüdi-

> sches. Führen wir unsere Stimmen mit denen des Rests der Welt zusammen? Und wird Israel uns das erlauben, wenn das die Verinnerlichung des palästinensischen Moments im israelischen Bewusstsein zur Folge hat?"[487]

Diese Gleichsetzung der Shoah mit dem „palästinensischen Moment" ist antisemitisch und banalisiert den Holocaust nicht nur, sondern leugnet ihn.[488]

Weiter lamentieren die beiden arabischen Autoren, die Juden hätten den (angeblichen) Sinn und Zweck von Auschwitz, Theresienstadt, Babi Yar, Riga oder Sobibor überhaupt nicht begriffen:

> „Die Abspaltung der Anerkennung des Holocaust und dessen, was Israel tut, muss der Ausgangspunkt für die Entwicklung eines Diskurses sein, der die Juden oder den jüdischen Staat nicht aufgrund des Holocaust von der Haftung ausnimmt. Im Gegenteil, die Nazi-Verbrechen legen den Juden eine moralische Verantwortung auf und sollten sie dazu bringen, entsprechend zu handeln. Sie sind diejenigen, welche dem widerwärtigsten Verbrechen der Geschichte entkommen sind, und nun begehen sie verwerfliche Taten gegen ein anderes Volk."[489]

Auschwitz war – anders, als die abstoßenden Fantasien von Saghiyeh und Bashir es insinuieren – keine ‚Besserungsanstalt'.[490] Der Antizionismus wird mit einer anderen Form des Antisemitismus verstärkt, indem die beiden Autoren Letzteren mit Rassismus, Kolonialismus und Sklaverei auf eine Stufe stellen. Das ist eine bekannte Masche im antiimperialistischen Lager.

Die Ideologie des Postkolonialismus insgesamt propagiert eine Symmetrie von Ausbeutung (Sklaverei) und der Vernichtung um der Vernichtung willen (Holocaust). Das zeigte sich auch bei einer Sommerschule zu *Kolonialismus, Sklaverei und der Holocaust: Einführung der Option der Dekolonisation* an der *Universität Utrecht* in den Niederlanden im Juli 2011.[491] Organisiert wurde sie von der jungen britischen Soziologin Gurminder Bhambra von der *Universität Warwick* in Großbritannien, dem amerikanischen Literaturwissenschaftler Walter Mignolo und einigen anderen Forschern.[492] Das Skandalöse an der Sommerschule war und ist die gezielte Banalisierung des Holocaust, die in der Gleichsetzung von Sklaverei und Kolonialismus mit den Gaskammern von Auschwitz und Treblinka besteht.

Mit bestem Gewissen auf der Seite der ‚Guten' zu stehen und sich um (aus europäischer, amerikanischer und westlicher Sicht) ‚Unterdrückte' oder ‚Minderheiten'zu kümmern, ist ein durchsichtiger Trick und kennzeichnet diese Art von Forschung: Postkoloniale Theorie läuft darauf hinaus, alle Übel dieser Welt auf *den Westen* und *die Moderne* zu schieben. Das ist keine *Dialektik der Aufklä-*

rung[493], eher Ausdruck des postkolonialen, antiwestlichen Ressentiments. Dabei wird der Holocaust als westliches und nicht als spezifisch deutsches Projekt vorgestellt. Zudem werden heutige Herrschafts- und Machtverhältnisse monokausal auf die westliche Hegemonie früherer Zeiten, die es unzweifelhaft gab, projiziert.

Walter Mignolo ist außerdem ein Propagandist der Einstaatenlösung für den Nahostkonflikt; er kämpft gegen den jüdischen Staat Israel, wie aus einer Deklaration der „One Democratic State Group" vom Dezember 2007 hervorgeht.[494] Diese Deklaration ruft dazu auf, Israel als jüdischen Staat zu zerstören und einen binationalen Staat für Palästinenser und Juden zu bilden, in dem Juden binnen kürzester Zeit eine Minderheit darstellen würden.

Im Frühjahr 2011 war der Antizionist Mignolo Gastprofessor am *Institut für postkoloniale und transkulturelle Studien* (INPUTS) der *Universität Bremen*.[495] Er kooperiert regelmäßig mit der oben erwähnten Soziologin und Said-Anhängerin[496] Gurminder Bhambra[497], einer Kollegin des Soziologen Robert Fine, mit dem sie 2009 eine weitere ‚postkoloniale' Sommerschule organisierte.[498] Fine gibt sogar vor, gegen Antisemitismus (in all seinen Formen) zu sein, und gehört dem Board der Zeitschrift *Journal for the Study of Antisemitism* (JSA) an; er hat nichts gegen die Machenschaften seiner Kollegin Bhambra und von deren Partner Mignolo einzuwenden und begrüßt Mignolo als Gastforscher in England. Bhambra als neumodische Vertreterin postkolonialer Ideologie würde vermutlich sagen, sie befasse sich doch mit Antisemitismus, und fragen, wo das Problem liege. Nun: Wer die Ausbeutung von Menschen wie in der Sklaverei mit der gezielten und sinnlosen Vernichtung von sechs Millionen Juden gleichsetzt oder auch nur vergleicht, hat aus der Geschichte nichts gelernt. Wer zudem mit einem antiisraelischen Aktivisten wie Mignolo eng kooperiert, unterstützt den Antisemitismus gleich zweifach: als Antizionismus (das nennt die Forschung primären Antisemitismus) und als Abwehr der Erinnerung an den Holocaust (das nennt die Forschung sekundären Antisemitismus).

Oben wurde die Theorie des Postkolonialismus anhand der Ideologie vom *Fünfhundertjährigen Reich* ausgeführt (vgl. Kapitel 1.7.3). Doch die postkoloniale Ideologie hat noch mehr solcher und ähnlicher Vergleiche parat, wie an Saghiyeh und Bashir deutlich wird, wenn sie schreiben:

> „Das moderne jüdische Bewusstsein kann nicht länger aus der exklusiven Perspektive des Holocaust auf die Welt schauen, trotz des Ausmaßes des Ereignisses, seines enormen Ausmaßes. Innerhalb dieser Parameter wird es dringlich, das

Ereignis als einen Prozess menschlichen Leidens zu verstehen und nicht als ein rein und exklusiv jüdisches, vor allem seitdem die Juden in den letzten Jahrzehnten ihr lange währendes ‚Monopol' über dieses tragische Ereignis verloren haben. Die Türken in Deutschland, die Algerier in Frankreich sowie immer die Schwarzen an jedem Ort führen die Kolonnen der Opfer des Rassismus in der Welt an, obschon in anderen Proportionen und einem anderen Maß. Sie stehen in einer Kontinuität des Leides der Juden, wovon der Holocaust der Kulminationspunkt war."[499]

Ohne mit der Wimper zu zucken vergleichen die Autoren also die Situation von Türken in der Bundesrepublik Ende der 1990er Jahre mit dem Holocaust. Sie sehen Parallelen zwischen der Lebenssituation der Algerier unter französischer Kolonialherrschaft und danach in Frankreich, was nicht minder absurd ist. Schließlich verrühren sie die gesamte Geschichte der Unterdrückung der Schwarzen und des Rassismus mit jener des Antisemitismus. Damit leugnen sie den präzedenzlosen Charakter der Shoah und der Vorgeschichte des Holocaust ein weiteres Mal. Rassismus, Ausbeutung, Imperialismus verweisen *immer* auf das *cui bono* von Herrschaft, der irrationale Antisemitismus tut dies nicht.

Ein weiterer Zeuge für den Islamforscher Achim Rohde ist der bereits zitierte Nahostforscher Gil Anidjar von der *Columbia University* in New York, der irgendwie etwas Positives über Juden nach dem Holocaust sage möchte – und dabei kommt Folgendes heraus:

„Selbst wenn man die Verfolgung der Juden in Europa und den Holocaust in Betracht zieht, denke ich dennoch, es ist gut, dass es Juden und andere zahlreiche Minderheiten in Europa gibt, was so schwierig wie politisch bereichernd ist. Warum sollte es sie nicht geben? Es gibt absolut keinen Grund, mit der Idee übereinzustimmen, die Europa für sich selbst mehr oder weniger offen äußert: dass es nämlich sich selbst von den so genannten ‚fremden' Elementen säubern solle."[500]

Der poststrukturalistische Theoretiker Anidjar übernimmt damit die deutsche (respektive nationalsozialistische) Ideologie von der Fremdheit der Juden; Juden sind für ihn ein „fremdes Element" in Europa. Ideologisch macht er sich damit wie selbstverständlich die völkische These zu Eigen, Juden könnten nicht Deutsche oder Franzosen, Italiener, Engländer sein. Weiter sagt Anidjar in diesem 2003 geführten Interview:

„Ich denke, ich wäge meine Worte wohl ab, je pèse mes mots, wie man in Frankreich sagt. Das Argument, welches ich anführen möchte, ist folgendes: Es ist absolut notwendig, auf der kolonialen Dimension des Zionismus zu bestehen, und zwar kolonial im strikten, absoluten Sinne. Die Behauptung, dass es dort keine

> kolonialen Basis für Israel gab, ist lächerlich. Die Leute waren Bürger und handelten im Auftrag der westlichen Mächte, und die westlichen Mächte verstanden das sehr wohl. Wie natürlich auch Herzl und andere. Israel ist ein absolut koloniales Unternehmen, ein kolonialer Siedlerstaat, um genau zu sein.“[501]

Die jahrtausendealte Geschichte der Juden in Israel sowie die völkerrechtliche Legitimation Israels durch den UN-Beschluss von 1947 sind für Anidjar kein Thema. Er ist ein Aufwiegler wider die Juden, Israel und den Westen.[502] Das ist der Grund, warum sich die Islam- und die Nahostforschung hierzulande gerne auf einen Autor wie Anidjar beziehen, der Israel als den jüngsten Beweis für den „Orientalismus“ der westlichen Welt denunziert.

Das Erschreckende an Achim Rohdes Arbeiten ist: Er kombiniert, ganz im Sinne des Zeitgeistes, eine Kritik am Männlichkeitswahn, an patriarchalen Normen in der arabischen Welt und Geschichte (eine wichtige Kritik) mit einer nicht auf den ersten Blick erkennbaren Form von Antisemitismus. Er befasst sich mit Antisemitismus, allerdings rein instrumentell, um darunter Juden *und* Araber (wie zum Ende des 19. Jahrhunderts) als Opfer des christlichen Europa zu subsumieren. Er suggeriert, aufgeklärt zu sein und eine weltoffene Position zu vertreten.[503] Das geht einher mit einem Antizionismus, der den *jüdischen Staat* Israel zerstören will. Wer über Jacqueline Roses Texte informiert ist, wird das bestätigen können.[504] Nicht zufällig bezieht sich Rohde (wie oben zitiert) nach jahrelanger Forschung in seiner Dissertation, die vom *Evangelischen Studienwerk Villigst* unterstützt wurde, auf antizionistische Antisemiten.[505]

Es ist immer wieder bemerkenswert, mit welch heuchlerischer Unverfrorenheit sich Forschende auf israelische Archive und Institute stützen, aber gleichzeitig politisch im Kampf gegen Israel aktiv sind. Rohde beispielsweise bezieht sich auf Boyarin, Anidjar oder Rose; zugleich betont er die Wichtigkeit israelischer Archive für seine Forschung.[506]

In seinem Aufsatz in *Die Welt des Islams* von 2005[507] bedankt sich Rohde bei „Moshe Zuckermann, Omar Kamil, Ursula Wocköck, und Klaus Holz“[508] und schreibt:

> „Sollten sich bei dieser Darstellung Ähnlichkeiten zu heutigen Debatten um die Integration/Assimilation von muslimischen MigrantInnen in die zeitgenössische deutsche Gesellschaft ergeben haben, so sind diese Ähnlichkeiten weder beabsichtigt noch zufällig, sondern unvermeidlich.“[509]

„Antisemitische wie orientalistische Diskurse“ zeichneten sich durch eine „auffällige Sexualisierung“[510] aus, schreibt Rohde weiter. Die Spezifik des Antisemitismus mit seinen ungezählten Bildern und Codes wird hier nochmals geleugnet.

Worin liegt diese Spezifik des Antisemitismus?

- Juden wird im Universum der Antisemiten vorgeworfen, bösartige Händler zu sein, weshalb sie von Jesus aus dem Tempel geworfen worden seien.
- Sodann wird Juden unterstellt, Jesus auf seinem Weg mit dem Kreuz auf dem Rücken keine Rast gestattet zu haben, weshalb sie auf ewige Wanderschaft geschickt worden seien („Ahasver“).
- Juden seien für den Tod Christi verantwortlich,
- für Brunnenvergiftungen und
- für die Hostienschändung.
- Juden wird die Ablehnung von Christus als ‚Heiland‘ vorgeworfen.
- Juden wird vorgeworfen, nichtjüdische Kinder zu rituellen Zwecken zu schlachten („Blood Libel“, Blutbeschuldigung).
- Später werden die Juden sowohl für den Kapitalismus („Mammon“) als auch für den Kommunismus („jüdischer Bolschewismus“) verantwortlich gemacht.
- Alle vermeintlichen oder tatsächlichen Übel der Moderne werden auf Juden projiziert, was zumal im völkischen und antimodernen deutschen Antisemitismus eine große Rolle spielt.
- Seit Anfang des 20. Jahrhunderts gibt es die *Protokolle der Weisen von Zion*, eine Fälschung, in der behauptet wird, Juden schmiedeten geheime Weltherrschaftspläne.

All diese tödlichen Ressentiments werden durch den biologistischen Rassen-Antisemitismus – der sich vor allem im 19. Jahrhundert herausbildete, aber im spanischen ‚Diskurs‘ um ‚Blut und Reinheit‘ ab dem 15. Jahrhundert bereits eine Art Vorläufer hatte[511] – verschärft.

Keines der erwähnten tödlichen Ressentiments gegen Juden gibt es gegenüber Türken/Arabern/Muslimen. Auf keine andere Gruppe von Menschen wurden jemals so viele Ressentiments und tödliche Fantasien projiziert wie auf Juden. Keine andere Gruppe von Menschen wird seit tausenden von Jahren von ganz unterschiedlichen Seiten, von Polytheisten, Atheisten, Säkularisten, religiösen Fanatikern, von Heiden, Christen, Muslimen und anderen attackiert, diffamiert, bedroht und bei Gelegenheit ermordet.

So wenig wie es eine gerade Linie bis zu Auschwitz gab, so wenig sind die Vernichtungslager und die Aktionen der Polizeibataillonsdeutschen bloßer Zufall gewesen. Der Holocaust war eine von Deutschen geplante und durchgeführte Vernichtung der europäischen Juden.

Der Antisemitismus im Kaiserreich, die Hetze gegen Juden in allen gesellschaftlichen Klassen, an Universitäten, im Militär, in der Politik, der Musik, der Literatur und vielen anderen gesellschaftlichen Bereichen ist mit der Situation von Muslimen heutzutage nicht annähernd in Beziehung zu setzen. Wer das dennoch tut, leugnet die Vorgeschichte des Holocaust. Juden wurden diffamiert, ausgesondert und schließlich dem ‚sozialen Tod' ausgeliefert (Goldhagen), bevor sie im Holocaust vernichtet wurden, von Deutschen und ihren Helfern, darunter Araber und Muslime.

Juden wurden von den Deutschen als *das* Gegenbild, als „die Gegenrasse"[512] *vorgestellt* und zur Vernichtung bestimmt. Die deutsche Nation konstituierte sich gegen die Juden – darin liegt eine deutsche Spezifik des Antisemitismus.

Achim Rohde klammert in seinen Vergleichen von Juden und Arabern die Nazi-Zeit aus, mit der Begründung, ein solcher Vergleich sei „politisch nicht handhabbar"[513], sprich: womöglich ein Tabu. Rohde erwähnt den Holocaust vor allem, damit er umso unverblümter und reinsten Gewissens mit seiner Forschung gegen die lebenden Juden in Israel aktiv werden kann. Die antiimperialistische Ideologie des Postkolonialismus und Postorientalismus hat ihr Herzstück im obsessiven Diffamieren des Zionismus; deutlich wird das beispielsweise, wenn Rohde schreibt:

> „Die hier skizzierte spiegelverkehrte Übernahme einer eurozentrischen Weltsicht und zentraler Versatzstücke des modernen Antisemitismus im Zionismus, eine Art ‚Identifikation mit dem Aggressor', war dabei eine der möglichen jüdischen Reaktionen auf den Antisemitismus."[514]

Die Erinnerung an den Holocaust gereicht dem Islamwissenschaftler rein strategisch dazu, um eine ‚modernere' und aktualisierte Propaganda gegen den jüdischen Staat zu ermöglichen:

> „Leider wurden der europäische Antisemitismus und insbesondere der Holocaust allzu lange von vielen arabischen/muslimischen Intellektuellen als reine Propagandawaffe der Israelis im Kontext des Nahostkonflikts abgetan und entweder ignoriert oder verleugnet. Erst vor wenigen Jahren hat Said als einer der

ersten namhaften arabischen Intellektuellen eine ernsthafte Auseinandersetzung in der arabischen Welt mit diesem singulären Menschheitsverbrechen, seinen Voraussetzungen und Folgen angemahnt, ohne die eine Kritik staatlich sanktionierter Erinnerungskultur an die Shoah in Israel im Zusammenhang des israelisch-palästinensischen Konfliktes unglaubwürdig bleibt."[515]

Wie oben bereits angedeutet (vgl. Kapitel 1.7.6) wurde und weiter unten analysiert werden wird, erkennt Said - anders, als Rohde behauptet -, den Holocaust *nicht* als unvergleichbares Verbrechen an (vgl. Kapitel 7.2).

1.7.13) Vom Antizionismus zur „Islamophobieforschung"

Im November/Dezember 2008 solidarisierte sich Achim Rohde schließlich mit dem Politikwissenschaftler Ludwig Watzal, wie eine Unterschriftenliste im Internet deutlich macht.[516] Der Journalist Richard Herzinger (*Die Welt*) berichtete bereits im April 2008 über die bundesweite Kritik an Watzal:

> „Die Bundeszentrale für politische Bildung gerät unter Druck, sich von ihrem Mitarbeiter Ludwig Watzal zu trennen. Er war wiederholt durch drastische publizistische Angriffe gegen Israel aufgefallen. Vertreter jüdischer Organisationen haben sich bereits bei Innenminister Wolfgang Schäuble beschwert. (...) Watzal ist Mitarbeiter der Bundeszentrale für politische Bildung (bpb) (...). Die bpb ist dem Innenministerium nachgeordnet. Watzal arbeitet als Redakteur der von der Bundeszentrale herausgegebenen Zeitschrift ‚Aus Politik und Zeitgeschichte'. Er schreibt jedoch seit Jahren auch häufig in anderen Zeitungen, Zeitschriften und auf Internetseiten über den israelisch–palästinensischen Konflikt.
>
> Nun hat sich auch Franziska Drohsel, Bundesvorsitzende der Jungsozialisten in der SPD (Jusos), den Beschwerden über Watzal angeschlossen. Im Namen des Bundesvorstands der Jusos hat sie heute ein Schreiben an Schäuble gerichtet, in dem sie die Vorwürfe jüdischer Organisationen bekräftigt. Zur Begründung ihrer Initiative sagte Drohsel WELT ONLINE, sie wolle (...) dem Eindruck entgegenwirken, dass die Kritik an dem bpb-Mitarbeiter ‚ausschließlich von jüdischer Seite vertreten wird.' Mit dem Kampf gegen Antisemitismus dürften ‚jüdische Organisationen nicht allein gelassen werden.'"[517]

Der Islamwissenschaftler Achim Rohde stellt sich gleichwohl hinter Ludwig Watzal, bezieht sich positiv auf den Nahostforscher Gil Anidjar, der 2009 bei der *Israel Apartheid Week* auftrat[518], und rekurriert am Ende seiner Dissertation (wie zitiert) auf die jüdischen Antizionisten Jacqueline Rose und Daniel Boyarin.

Wolfgang Benz publizierte Rohde im Sommer 2010, offenbar um die Verharmlosung und Neujustierung des Antisemitismus auf neue Spitzen zu treiben. Juden seien wie Araber bzw. Muslime Opfer des christlichen Europa mit seinen Ressentiments seit dem Mittelalter.

Dagegen ist Folgendes festzuhalten:

- Es waren Muslime, die im 9. Jahrhundert eine Kennzeichnungspflicht für Juden (und Christen) einführten, wie der junge Islamwissenschaftler Jens J. Scheiner zeigt:

> „Die islamischen Erlasse sprachen – falls eine Begründung genannt wurde – durchweg von der Notwendigkeit, Juden am Äußeren erkennen zu müssen. Da dies letztlich keine tiefgründige Aussage ist, muss unterstellt werden, dass Muslime zum einen die nach der islamischen Lehre untergeordnete Stellung der Ahl ad-Dimma ‚veranschaulichen' wollten und zum anderen ein mögliches Fehlverhalten im Kontakt mit Juden ihrerseits vermeiden wollten."[519]

- Kaiser Wilhelm II. ließ den ‚heiligen Krieg' (Jihad) im Ersten Weltkrieg propagieren und unterstrich seine Nähe zum Islam (vgl. Kapitel 1.7.9).
- Die Araber, repräsentiert von ihrem geliebten Großmufti von Jerusalem, al-Husaini, waren Freunde der Deutschen im Nationalsozialismus, was auf Gegenseitigkeit beruhte (vgl. Kapitel 1.4 und 3.1). Der Rechtsanwalt, langjährige Rechtswissenschaftler an der *Harvard University* und bekannte Publizist Alan Dershowitz konstatiert:

> „Es ist angemessen festzuhalten, dass der offizielle Führer der Muslime in Palästina, Haj Amin al-Husseini, ein vollständiger Nazi-Kriegsverbrecher war; er wurde als solcher in Nürnberg bezeichnet, und Jugoslawien suchte ihn nach dem Krieg als Kriegsverbrecher. Er floh nach Ägypten, das ihm Asyl gewährte und ihm half, viele andere ehemalige Nazis und Nazisympathisanten gegen Israel zusammenzubringen. Es ist ebenso angemessen zu sagen, dass Husseinis Pro-Nazi-Sympathien und seine Unterstützung für die Nazis unter seinen palästinensischen Anhängern, die ihn selbst nach dem Krieg und der Aufdeckung seiner Rolle bei Nazi-Kriegsgräueln als Helden ansahen, weit verbreitet war."[520]

- Antisemitismus unterscheidet sich wesentlich von Rassismus – das kümmert den Leiter des *Zentrums für Antisemitismusforschung* an der *TU Berlin* jedoch wenig. Wolfgang Benz fungiert mittlerweile viel lieber als Teil des „Team[s]" für ein *Jahrbuch für Islamophobieforschung*[521] und steht damit für folgende Selbstdarstellung dieses Jahrbuches ein:

> „Seit vielen Jahren ist die Islamophobie keine Randerscheinung mehr, sondern hat vielmehr Eingang in etablierte Institutionen wie Medien und Politik gefunden. Der Islamophobie bedienen sich verschiedene AkteurInnen für das politische Geschäft ebenso wie für Schlagzeilen. Deswegen erschien die Publikation eines Jahrbuchs für Islamophobieforschung – JfI –, das sich nicht politisch, son-

> dern wissenschaftlich mit diesem wachsenden Phänomen auseinandersetzt, von Bedeutung."[522]

Damit beendet Benz die seriöse Antisemitismusforschung (vgl. Kapitel 5) und verwechselt seinen Beruf: Er wird vom Richter (über Antisemitismus) zum Verteidiger der Angeklagten (Islamisten) und wird für beide Funktionen bezahlt. Das ist kein schlechter Deal. Lediglich die Forschung ist die Verliererin, wenn ein Richter in Personalunion auch den Angeklagten verteidigt.

2) Anschmiegen an den Islamismus

„Ich spreche von meinen Intimfeinden, jener Riege von deutschen Illusionisten, xenophilen Einäugigen, Pauschalumarmern, Sozialromantikern, Beschwichtigungsaposteln und Gutmenschen vom Dienst, deren Kuschelpädagogik so tut, als handele es sich beim Migrations-/Integrationskomplex um eine Multikulti-Idylle mit kleinen Schönheitsfehlern. Unter ihnen auch Blindekuh spielende Politiker der 68er-Generation, die sich als unfähig entpuppen, angesichts einer neuen Lage in der Migrantenszene ihre Denkmuster von Toleranz und die Wertmesser ihrer Jugend einer Neudefinition zu unterziehen. (...) Es ist die Ehre der Nation, jeden Zuwanderer und Fremden vor der Pest des Rassismus zu schützen. Das kann aber nicht bedeuten zu schweigen oder abzutauchen, wo Sitten, Gebräuche, Traditionen und Mentalitäten der muslimischen Minderheit mit dem Grundgesetz unvereinbar sind. Das Verkehrteste, was man tun könnte, wäre, sich durch Beifall von der falschen Seite mundtot machen zu lassen. Diesen Triumph gönne ich den wahren Ausländerfeinden und Rassisten nicht."

RALPH GIORDANO, 2011[523]

2.1) „Eurozentrismus" und „Aufklärungsfundamentalismus"

Halten wir fest: Der Islamwissenschaftler Achim Rohde interpretiert die Einstellung gegenüber Orientalen, Osmanen, Türken, Arabern und Muslimen in der Geschichte Deutschlands im 19. und 20. Jahrhundert falsch. Er möchte die ohnehin nur in Ansätzen existierende Debatte um Islamismus und Jihad beenden und Islamisten wie alle anderen Muslime und Araber als Opfer Europas seit dem Mittelalter darstellen. Wie in Kapitel 1.7 analysiert, legt Rohde grundlos fest, diese Gruppe (Muslime, Araber, Türken) sei genauso wie die Juden als Feind der Deutschen betrachtet worden. Der Islamwissenschaftler vertauscht Opfer und Täter, wenn er Juden wie den als Begründer der Islamwissenschaft angesehenen ungarischen Gelehrten und Orientforscher Ignaz Goldziher (1850–1921) in die ‚eurozentristische', rassistische Ecke stellt:

„Goldziher wie [Abraham] Geiger und andere Vertreter der WJ [Wissenschaft des Judentums, d.V.] und jüdische Orientalisten entwickelten Argumentationsmuster, die die Gleichwertigkeit von Judentum und Christentum betonten und Juden einen gleichberechtigten Anteil an der europäischen Moderne zusprachen. Die Art und Weise ihrer Bezugnahme auf den Orient in diesem Zusammenhang bewegte sich zumeist innerhalb der Parameter eines positivistischen Wissenschaftsver-

> ständnisses und einer die Rationalität der europäischen Aufklärung verabsolutierenden Weltsicht. Insofern ist auch die WJ Teil jener objektivierenden eurozentrischen Wissenschaft, auf die Saids Kritik sich bezog."[524]

Wie können universalistische Werte der Aufklärung wie Freiheit oder Gleichheit „verabsolutiert" werden? Rohde vertritt einen modischen Kulturrelativismus und produziert ein zutiefst antiwestliches Ressentiment. Nicht zufällig stellt er Juden auf die Seite der von ihm abgelehnten ‚Orientalisten' (im Sinne Saids). Er kategorisiert sie quasi als Täter des ‚Orientalismus' – eine typische Reaktionsform des Schuldabwehrantisemitismus, vor allem in Deutschland und Österreich.

Der Islamwissenschaftler Rüdiger Lohlker argumentiert ähnlich wie Rohde. Lohlker (Jg. 1959) ist seit 2003 Professor für Orientalistik an der *Philologisch-Kulturwissenschaftlichen Fakultät* der *Universität Wien*.[525] In einer 2009 veröffentlichten Rezension zweier Bände über „Gottesstaat" und „politischen Islam" in Österreich attackiert er Kritiker des Islamismus und redet von einem „Aufklärungsfundamentalismus."[526]

Der in Österreich bekannte und umstrittene Prediger Adnan Ibrahim sagte im Januar 2009, wie die österreichische Tageszeitung *Der Standard* berichtete:

> „‚Israel ist die eigentliche Bestie, Israel ist der Verbrecher', rief er beim Freitagsgebet in der Al-Schura-Moschee in der Lassallestraße. (...) Es war ein Rundumschlag auf die westliche Politik, zu der Ibrahim ansetzte. Die USA geißelte er, weil sie dem Nahen Osten das ‚US-zionistische Projekt' aufzwinge, den französischen Präsidenten Nicolas Sarkozy, weil er die Hamas als Terroristen abstemple, ‚während die Hamas in Wahrheit für uns alle Widerstand leistet'."[527]

Ibrahim geriet bereits im Jahr 2007 wegen seines Islamismus und seines Aufrufs zum Jihad[528] in die Kritik. Lohlker hingegen stellt den Prediger recht wohlwollend vor:

> „Die verblüffende Tatsache, dass der aus Gaza stammende Prediger von den Segnungen der israelischen Besatzung nicht überzeugt ist, wird besonders erwähnt und soll – angesichts der im vorliegenden ‚Handbuch' dominierenden Tendenz – wohl die besondere Verwerflichkeit der Auffassungen Ibrahims dokumentieren."[529]

Ibrahim lobt dem obigen Zitat zufolge den Terror gegen die israelische Bevölkerung mit Qassam-Raketen, abgefeuert aus dem Gaza-Streifen, als „Widerstand". Im Jahr 2009 äußerte Lohlker unmissverständlich seine Zustimmung dazu, als er sarkastisch von den „Segnungen der israelischen Besatzung" sprach. Das überrascht umso mehr, als der Gaza-Streifen seit 2005 nicht mehr von Israel besetzt ist.

Lohlker übernimmt zudem die antisemitische Behauptung, die israelische Armee schieße bewusst auf Kinder:

> „An dieser Stelle kann nicht auf jeden einzelnen Punkt eingegangen werden [in dem Band von Larise/Schmidinger, d.V.]; einige Beispiele müssen genügen. Die Liga Kultur wird u.a. kritisiert, weil sie ‚propälästinensische beziehungsweise antiisraelische Agitation‘ (S. 113) betreibe. Einer der Belege für diese offenkundig negative Aktivität ist eine Stellungnahme eines Repräsentanten der Liga, der davon gesprochen habe, die israelische Polizei schieße mutwillig auf Kinder (S. 114). Rez. muss bekennen, durch jahrelange Medienrezeption selber diesen Eindruck gewonnen zu haben…“[530]

Der Wissenschaftler hat demnach durch bloße „Medienrezeption“ den Eindruck gewonnen, dass die israelische Armee (*Israel Defense Forces*, IDF) eine Kinder attackierende oder sogar eine Kinder mordende ist. Warum konnte Lohlker vor diesem Hintergrund im renommierten Verlag UTB (Uni-Taschenbücher) einen Band über *Dschihadismus* veröffentlichen?[531] Lohlker schreibt im oben zitierten Beitrag:

> „Auch für die dschihadistische Strömung kann die Zentralität des Antisemitismus nicht so umstandslos behauptet werden.“[532]

Diese Verharmlosung des Antisemitismus von Selbstmordattentätern hat mit einer wissenschaftlichen Analyse der Ideologie des Jihad nichts zu tun. Der weltweit bekannteste öffentlich auftretende Islamist, der in Qatar residierende Scheich Yusuf al-Qaradawi (vgl. Kapitel 2.3), fordert explizit das *suicide bombing* gegen Juden in Israel ein – doch der Verlag UTB publiziert das Buch eines Autors, der die Zentralität des Antisemitismus im Jihad herunterspielt. Dabei wird in der Antisemitismusforschung Izz al-Din al-Qassam, einer der Begründer des ‚modernen‘ Jihad-Konzepts, kritisiert, da er den antijüdischen Jihad bereits in den 1920er und 1930er Jahren zu einer „islamischen Notwendigkeit“ („Islamic necessity“)[533] erklärt hatte, was sich heute in Fatwas wie denen von al-Qaradawi zeigt.

Der Antisemitismusforscher Robert Wistrich schreibt zur Bedeutung von al-Qassam:

> „Dieses jihadistische Erbe von al-Qassam hat innerhalb des palästinensischen Lagers bis zum heutigen Tag zu Verwüstungen geführt, da nicht nur die Hamas und andere islamisch-fundamentalistische Gruppen al-Qassams Persönlichkeit und seine Methoden des Jihad auf ein Podest gestellt haben. Yasser Arafats Fatah-Organisation hat sich ebenso öffentlich auf ihn als ‚den ersten Kommandeur

> der palästinensischen Revolution' bezogen. George Habash – ein radikaler, säkularer Linker mit einem griechisch-orthodox-christlichen Hintergrund, Gründer der Popular Front for the Liberation of Palestine (PFLP) – war nicht weniger überschwänglich in seinen Lobpreisungen des Scheichs. Leila Khaled, die bekannte Heldin der PFLP aus den späten 1960er Jahren, fasste diesen palästinensischen Konsens zusammen, indem sie vorschlug, dass die PLO beginnen möge, ‚wo Qassam aufhörte: seine Generation startete die Revolution, meine Generation hat die Absicht, sie zu Ende zu bringen'."[534]

Für Lohlker ist „Aufklärung" kein zwingend positiv besetzter Begriff, vielmehr wendet er sich gegen eine „normative Sicht der aufklärerischen Moderne" und gegen „unfundierte Konzepte wie das der ‚halben Moderne' Tibis".[535] Lohlker fantasiert, „dem bloßen Muslimsein [Tibis werde, d.V.] eine Allgemeinkompetenz für ‚Islamfragen'"[536] zugestanden. An anderer Stelle führt er aus:

> „Wer nun die Konstrukte eines Bassam Tibi kennt, wird verstehen, dass eine Identifikation mit solchen Konzepten doch eine ziemliche Zumutung sein kann."[537]

Ohne zu konkretisieren, welche „Konstrukte" Tibi angeblich anfertigt, produziert Lohlker ein Ressentiment gegen einen muslimischen Islamismuskritiker.

Auch der palästinensische Wissenschaftler mit israelischem Pass Azmi Bishara wehrt Tibis Kritik am Islamismus ab. Bishara diffamiert Tibi als Opportunisten, der Islamkritik betreibe, um im Westen wohlgelitten zu sein:

> „Allerdings ist Bassam Tibi entgangen, daß die kulturelle Anomie eine weitere mögliche Folge hat, die er selbst repräsentiert: einen Haß auf die eigene kulturelle Identität und das damit verbundene, übersteigerte Bedürfnis, im hegemonialen akademischen Diskurs des Westen akzeptiert zu werden."[538]

Analytisch sagt Bishara damit gar nichts über die Forschungen Tibis, er wehrt sie ab und reflektiert nicht auf die Kritik Tibis. Auch Lohlker wendet sich vehement gegen ein positives Bild des Westens oder der freien Welt, er ist gegen eine „affirmativ verstandene Moderne". Für ihn wird „der politische Islam als Gegenbild konstruiert".[539]

Die von Lohlker kritisierten Thomas Schmidinger und Dunja Larise wenden sich in der Tat gegen einen „postmodernen Kulturalismus"[540], verwerfen jedoch selbst ohne Not den Begriff „Islamfaschismus"[541], was nicht zu überzeugen vermag.

Der Islamwissenschaftler Peter Heine (Jg. 1944), auf den in dieser Studie schon einige Male kurz Bezug genommen wurde, ist Professor für *Islamwissenschaft des nicht-arabischen Raumes* am *Institut für Afrika- und Asienwissen-*

schaften an der *Humboldt-Universität zu Berlin*. 1993 war er Gründungsdirektor des *Zentrums Moderner Orient* (ZMO), seit 2002 ist er Vizepräsident der *Deutschen Orient-Stiftung*.[542] Heine ist ein weiteres typisches Beispiel, wie von Seiten deutscher Islamwissenschaftler auf den 11. September reagiert wurde und wird. In seinem 2001 erschienenen Buch *Terror in Allahs Namen*, das als Band der *Bundeszentrale für politische Bildung* Verbreitung findet, schreibt er:

> „Der ‚neue Terrorismus‘ operiert weltweit, er kann sich aus jedem Konflikt entwickeln. Wir erleben das in Kolumbien ebenso wie in Tschetschenien oder auf den Philippinen. Globalisierung bedeutet in Zukunft auch die Globalisierung der Probleme der Welt. Dies ist ein Faktum. Mit dieser Tatsache werden wir umgehen müssen. Ich bin sicher: Die reichen Nationen werden verstehen, dass es ökonomischer ist, in die Verringerung des Elends zu investieren, als sich mit immensem Aufwand gegen Attentate von einem Ausmaß, wie wir sie erlebt haben, zu schützen.“[543]

Damit negiert der Islamforscher das Phänomen des Islamismus in seiner Spezifik und rationalisiert den jihadistischen Terrorismus. Er reduziert den Islamismus auf ein Problem des Kapitalismus („Globalisierung“) und rechtfertigt implizit den Jihadismus, der auf die strukturellen Probleme, die ursächlich von den „reichen Nationen“ zu verantworten seien, lediglich ‚antworte‘.

In einem weiteren Band von Heine aus dem Jahr 2009 – *Einführung in die Islamwissenschaft* –, erschienen in der Reihe *Studienbücher Kulturwissenschaft* des *Akademie Verlages*[544], zeichnet er von der Muslimbruderschaft ein recht rosiges Bild. Der geistige Vordenker dieser Vereinigung, Sayyid Qutb, wird als Freund der Freiheit vorgestellt; dabei ist jedoch Fremdbestimmung (Heteronomie) und nicht Autonomie gemeint:

> „Ein zentraler Begriff im Denken von Sayyid Qutb ist der der Freiheit. Er definiert ihn als die Freiheit, die Unterwerfung unter den Willen Gottes zu wählen. Dazu sind manche Menschen in der Lage. (...) Alles, was ohne Religion besteht, definiert Sayyid Qutb als ein System der Unwissenheit (Jahiliyya-System), das mit Stumpf und Stiel ausgerottet werden müsse.“[545]

Heine verliert kein Wort über den Antisemitismus der Muslimbrüder sowie Qutbs. Da seine Schrift ein „Studienbuch“ mit „Fragen und Anregungen“[546] ist, werden die Studentinnen und Studenten gezielt um die Erkenntnis gebracht, welche Bedeutung der Antisemitismus für die islamistische Bewegung und ihren Vordenker Qutb hat. Heine schreibt zu Selbstmordattentaten gegen Juden in Israel:

> „Anders verhält es sich dagegen mit den Selbstmordattentaten in Israel und Palästina. Gelehrte hatten seit 2001 auch diese Attacken als unvereinbar mit dem

islamischen Recht eingeschätzt.[547] Dies rief jedoch Widerspruch hervor. Es gab durchaus ambivalente Haltungen. Sie unterschieden zwischen Selbstmord und der ‚Suche nach dem Martyrium'. Innerhalb und außerhalb der islamischen Welt ergab sich eine recht große Übereinstimmung bei der Beurteilung von Selbstmordattentaten.[548] Die Attacken von New York, London oder Madrid wurden abgelehnt, vergleichbare Aktionen in Israel oder Palästina aber als vertretbar betrachtet. Das Selbstmordattentat wird angesichts der palästinensischen Unterlegenheit als rechtmäßiges Mittel im Kampf beurteilt. Diese Position wird übrigens auch von säkularer palästinensischer Seite vertreten, wie der Volksfront für die Befreiung Palästinas, die von dem Kinderarzt George Habasch, der aus einer christlichen Familie stammte, gegründet wurde."[549]

Was ist das für eine Verwendung des Wörtchens „übrigens"? Warum betont Heine, Habash sei „säkular" und ein „Kinderarzt" gewesen? Ist der Mord an Juden in Israel verständlicher, wenn ein weltlicher, nicht religiöser Kinderarzt ihn unterstützt? Welches Verständnis von Mord – und Selbstmordattentate sind Mord – hat der Islamwissenschaftler Peter Heine? Die Studierenden und alle anderen Leserinnen und Leser seines Bandes sollen offenbar denken, dass Habash ein weltlicher, christlicher Kinderarzt war und kein Mörder, Terrorist und Antisemit.[550] Und solches wird vom Verlag ernsthaft als *Einführung in die Islamwissenschaft* verkauft!

Da verwundert es nicht, dass Heine[551] mit Unterstützung eines Scheichs und Mitglieds des „Obersten Rates der Vereinigten Arabischen Emirate", Sultan Bin Mohammed al-Qasimi[552], einen Band über den *Dialog mit dem Islam* herausgegeben und nur den christlich-islamischen Dialog im Blickfeld hat. Juden sind von diesem autistischen, christlich-islamischen Dialog jedenfalls von vorneherein ausgeschlossen.[553]

Die Politologin und Nahostforscherin Muriel Asseburg (Jg. 1968) propagiert den Begriff „moderate Islamisten".[554] Sie ist Leiterin der *Forschungsgruppe Naher/Mittlerer Osten und Afrika* der *Stiftung Wissenschaft und Politik* (SWP), eines europaweit einflussreichen Thinktanks mit Sitz in Berlin. Asseburg behauptete im Jahr 2008, die Terrororganisation Hamas habe einen „Strategiewandel" vollzogen, da sie sich am politischen System der *Palästinensischen Autonomiebehörde* (PA) beteilige.[555] Im selben Jahr dementierte sich diese Fantasie, als die Hamas so viele Raketen auf Israel abgefeuerte wie nie zuvor, weshalb Israel im Dezember 2008 als Abwehrmaßnahme die militärische *Operation Cast Lead* begann. Asseburg erwähnt in ihrem Beitrag die Charta der Hamas und schreibt:

„Gleichzeitig hat die Hamas auch zu Zeiten, in denen sie sich an einen Waffenstillstand mit Israel gehalten hat, bewaffneten ‚Widerstand' gegen israelische Besatzung und Landaneignung als legitim erachtet. Die Bewegung hat diese Legitimität zwar in ihrer Charta religiös untermauert, die Auffassung beruht aber nicht auf einer spezifisch islamischen oder islamistischen Lesart, sondern wird vom Gros der nationalistischen palästinensischen Gruppierungen geteilt."[556]

Ein bemerkenswertes Argument: Wenn alle zum Judenmord aufrufen, ist es nichts Besonderes mehr, wovon man sich distanzieren müsste. Ungefähr so formuliert es, wie oben zitiert, auch der Islamwissenschaftler Peter Heine. In der Charta der Hamas aber steht:

„Der Prophet – Andacht und Frieden Allahs sei mit ihm, – erklärte: Die Zeit wird nicht anbrechen, bevor nicht die Muslime die Juden bekämpfen und sie töten; bevor sich nicht die Juden hinter Felsen und Bäumen verstecken, welche ausrufen: Oh Muslim! Da ist ein Jude, der sich hinter mir versteckt; komm und töte ihn!"[557]

Diese Passage erwähnt Muriel Asseburg nicht einmal, obwohl sie die Charta (vgl. dazu Kapitel 2.2) kennt und in ihrem Text heranzieht – sie ignoriert diesen Aufruf zum Judenmord also schlichtweg. Man stelle sich zum Vergleich eine deutsche Neonazi-Truppe vor, die offen zum Mord an Schwarzen aufruft – würde Asseburg dann auch von „moderaten Neonazis" sprechen, zum Beispiel deshalb, weil dieselbe Truppe als Partei zu Wahlen antritt, Kindergärten betreibt und Krankenhäuser bewacht? Derlei wäre in Deutschland illegal und würde umgehend zu einem Fall für die Staatsanwaltschaft werden. Bei der Hamas jedoch drücken deutsche Forscherinnen und Forscher offenbar gern ein Auge zu. Mit deren Antisemitismus haben sie anscheinend keine Schwierigkeiten; sie loben ihn zwar nicht ausdrücklich, aber eine Nichterwähnung einer solch extremen Form von Judenhass, wie er in der Charta der Hamas zu finden ist, kommt einem Einverständnis gleich.

Wie aber geht Asseburg im Zusammenhang mit der Hamas auf Israel ein?

„Vertreter der Hamas zeigen heute die Bereitschaft, wenn nicht die Legitimität des israelischen Staates, so doch zumindest seine *de facto* Existenz anzuerkennen."

Man muss solche Sätze ernst nehmen. Mit dem Antisemitismus der Hamas hat die Forscherin überhaupt kein Problem, da die Hamas ja die Tatsache, dass Israel offenbar existiert, nicht leugne. Das ist in etwa so, als würde ein deutscher Neonazi einem Kippa tragenden Juden in Berlin vor laufender Kamera sagen: „Ich erkenne dein Recht zu leben zwar nicht an, sehe aber, dass du derzeit am Leben bist." Dieser Vergleich möge die Absurdität und Infamie des ‚Arguments' für den „Strategiewandel" der Hamas verdeutlichen.

Der Islamismus der türkischen AKP (vgl. Kapitel 1.6) wiederum hat Asseburg zufolge einen „Modellcharakter" für die Region; sie äußert keinerlei Kritik an der Gefahr, die von dieser Partei und den derzeitigen türkischen Islamisten wie Milli Görüs ausgeht.[558] Genauso überschwänglich spricht die Forscherin der *Stiftung Wissenschaft und Politik* von den Muslimbrüdern und deren Gründer Hasan al-Banna, der in ihren Augen eine „antikolonialistische, pietistisch-islamische, bürgerliche Reformbewegung gegründet" hat.[559] Sie geht mit keiner Silbe auf die Ideologie von al-Banna ein; sein Antisemitismus und Israelhass wie auch seine Liebe zum Tod werden somit goutiert und der breiten Leserschaft der *Bundeszentrale für politische Bildung* angepriesen. Daher sei im nächsten Kapitel ein näherer Blick auf al-Banna und weitere deutsche Anhängerinnen dieses Mannes geworfen.

2.2) Hasan al-Banna und die Muslimbrüder

Hasan al-Banna (1906–1949) war Gründer der Muslimbruderschaft bzw. der Muslimbrüder („Muslim Brotherhood"), *Ikhwan*, in Ägypten im Jahr 1928. Gegenwärtig sind die Muslimbrüder die weltweit größte und einflussreichste islamistische Organisation. Al-Banna ist einer der Begründer des heutigen Jihad-Konzepts[560], des ‚Heiligen Krieges'. In seinem Text *Über Jihad*[561] aus den 1930er Jahren erklärt er den „Jihad" zu einer „religiösen Pflicht für jeden Muslim". Er fordert die Muslime auf, „Krieg zu führen", und behauptet, das sei „eine Garantie für den Frieden", da Muslime Krieg nicht zum Zwecke „der Unterdrückung" oder der „Befriedigung persönlicher Ambitionen" führten, sondern nur, um „den Islam zu verbreiten".[562] Al-Banna plädiert für den „noblen Tod" und stellt entsetzt die Frage, wie es kommen konnte, dass viele „diese Welt lieben und den Tod hassen".[563]

In seinem Traktat *Unsere Mission* schreibt al-Banna, er unterstütze „Patriotismus", wenn dieser dazu führe, im Namen des Islam „Länder zu erobern", da dies „der Islam angeordnet" habe. Er bezieht sich auf den Koran, der Eroberungen dieser Art einfordere, bis alle Menschen unter der Herrschaft Gottes stünden.[564] Der Historiker Jan Buschbom analysiert al-Banna in einer Untersuchung über den deutschen Jihadisten Eric Breininger (1987–2010):

> „‚Liederlichkeit, unziemliche Hingabe an die Maßlosigkeit' etc. gehörten denn auch zu dem ‚Katalog des Bösen', mit dem al Banna die westliche Zivilisation be-

> schrieben hatte, nämlich kurz: ‚Individuelle Selbstsucht, weil jeder Gutes nur für sich selbst will.' Doch der Text des Muslimbruders verbleibt nicht bei der Kritik an Egoismus und Selbstsucht. Im Vokabular des Verschwörungstheoretikers hatte al Banna verkündet, wie nach seiner Ansicht die europäische Welt ihre Vorherrschaft durchgesetzt und gesichert habe. Es sei ein ‚meisterhafter Plan' gewesen, zu dessen Punkten unter anderem der Import von ‚halbnackten Frauen ... zusammen mit Alkohol, von Theatern, Tanzhallen, allerlei Unterhaltungen, Erzählungen, Zeitungen, Romane, ihre Launen, ihre läppischen Spiele und ihre Laster' zählen, sowie ‚Schulen, wissenschaftliche und kulturelle Einrichtungen', die Zweifel und Häresien im Herz der islamischen Welt gesät hätten."[565]

Gegen Müßiggang, Wissenschaft, Reflexion, Denken, Kritik, Liebe, Sex und den *pursuit of happiness* stehen Hasan al-Banna wie der Islamismus insgesamt – und für die ‚Liebe' zum Tod, was insbesondere den geplanten Mord an den ‚Ungläubigen' und ‚Abgefallenen' beinhaltet. „Wer nach einem ehrenhaften Tod strebt, wird das perfekte Glück finden"[566], so al-Banna in seiner islamistischen Todessehnsucht.

Der Politologe Bassam Tibi zieht eine direkte Linie von al-Banna zum heutigen Islamismus:

> „Die Deutung der fundamentalistischen Herausforderung als Neo-Djihad deckt sich durchaus mit der Sicht der Islamisten, die sich selbst als Träger des Neo-Djihad verstehen. Dies hat der erste fundamentalistische Aktivist im Islam Hassan al-Banna 1928 verkündet. Die Anschläge in New York und Washington am 11. September 2001 waren ein Akt, der von bin Laden als Neo-Djihad bezeichnet wurde; dahinter steht die Ideologie des Djihadismus, die diesen Terrorismus legitimiert; der historische Beginn ist die Gründung der Muslimbruderschaft 1928. Bin Laden und seine al-Qaida sind Glieder in dieser historischen Kette."[567]

Tibi verweist auf einen Aufsatz al-Bannas, der „die Grundlage des islamistischen Terrorismus" sei.[568] Die islamistische Terrororganisation Hamas ist aus der Muslimbruderschaft hervorgegangen. In der Gründungserklärung der Hamas vom 18. August 1988 – der „Hamas-Charta" – wird al-Banna gleich zu Beginn zitiert:

> „‚Israel wird existieren und wird weiter existieren, bis der Islam es zerstört, so wie er zerstörte, was zuvor da war.' [Aus den Worten des] Märtyrers, Imam Hasan al-Banna', Allahs Segen sei mit ihm."[569]

Die Zerstörung des jüdischen Staates Israel ist der Hauptprogrammpunkt der Hamas und der zentrale Aspekt des Islamisten al-Banna, der wenige Jahre nach Auschwitz und dem Holocaust wieder zur Tötung von Juden aufrief.

Bevor Hasan al-Banna und die sich mit ihm befassenden deutschen Forscherinnen und Forscher näher untersucht werden, sei ein Blick auf die Terororganisation Hamas geworfen. Der Politikwissenschaftler Kai Hafez (Jg. 1964) behauptet, die Hamas sei nicht antisemitisch:

> „Ist die Hamas aber auch antisemitisch? Eine Reihe von Autoren haben diese Frage positiv beantwortet (Robinson 2004, S. 131, Küntzel 2002). Tatsächlich weist die Diktion der Charta der Hamas deutlich antisemitische Spuren auf, vor allem dort, wo Juden für die Probleme der Welt verantwortlich gemacht werden und sogar die ‚Protokolle der Weisen von Zion' als pseudo-wissenschaftlicher Beweis angeführt werden. Allerdings wird nicht die Vernichtung der Juden gefordert, sondern ausdrücklich der Standpunkt vertreten, Juden und Muslime könnten unter muslimischer Herrschaft (!) friedlich zusammenleben (Baumgarten 2006, S.58ff.). Selbst die Hamas also besitzt keine religiöse ideologische Basis zur Vernichtung der Juden und des Judentums, wendet sich aber in verschwörungstheoretischer Weise nicht nur gegen Israel, sondern Juden insgesamt und schafft damit ein ethno-religiöses Feindbild. Juden sind nicht als Juden, sondern als nationale Feinde von Belang."[570]

Sodann behauptet der an der *Universität Erfurt* lehrende[571] Professor Hafez:

> „Dass der Antisemitismus des Nahostkonflikts nicht faschistisch-genozidal, sondern nationalistisch geprägt ist, zeigt sich auch dadurch, dass es auf israelischer Seite Parallelen gibt. Nationalistische Feindbilder sind in aller Regel spiegelbildlich auf beiden Seiten nachweisbar."[572]

Judenmord wird hier rationalisiert und nicht als Resultat von Antisemitismus, hingegen als Ergebnis der Konkurrenz „nationaler Feinde" dargestellt. Selbst offenkundigste Bezugnahmen auf eines der am weitesten verbreiteten Dokumente des Antisemitismus, die *Protokolle der Weisen von Zion*, in der Hamas-Charta von 1988 sind für Kai Hafez kein Beweis für den Antisemitismus der Hamas, da Juden nach der Zerstörung Israels unter muslimischer Herrschaft ja als Dhimmis leben dürften.[573]

In der Hamas-Charta steht Folgendes:

> „Artikel 7: Weil Muslime, die die Sache der Hamas verfolgen und für ihren Sieg kämpfen (...), überall auf der Erde verbreitet sind, ist die Islamistische Widerstandsbewegung eine universelle Bewegung. (...) Hamas ist eines der Glieder in der Kette des Djihad, die sich der zionistischen Invasion entgegenstellt. Dieser Djihad verbindet sich mit dem Impuls des Märtyrers Izz a-din al-Quassam und seinen Brüdern in der Muslimbruderschaft, die den Heiligen Krieg von 1936 führten; er ist darüberhinaus (...) mit dem Djihad der Muslimbrüder während des Kriegs von 1948 verbunden, wie auch mit den Djihad-Operationen der Muslimbrüder von 1968 und danach. (...) Der Prophet – Andacht und Frieden Allahs sei mit ihm, – erklärte: Die Zeit wird nicht anbrechen, bevor nicht die Muslime die Juden bekämpfen und sie töten; bevor sich nicht die Juden hinter Felsen und

> Bäumen verstecken, welche ausrufen: Oh Muslim! Da ist ein Jude, der sich hinter mir versteckt; komm und töte ihn!“[574]

Vor dem Hintergrund dieser Fakten ist es bemerkenswert (und es zeigt das Niveau deutscher Islam- und Nahostforscher oder auch Politologen[575] an), wenn ein an einer deutschen Hochschule lehrender Wissenschaftler wie Kai Hafez in seinem zitierten *Buch Heiliger Krieg und Demokratie. Radikalität und politischer Wandel im islamisch-westlichen Vergleich* explizit behauptet, in der Charta der Hamas werde „nicht die Vernichtung der Juden gefordert.“[576] Hafez ist dabei keineswegs ein isolierter Professor, im Gegenteil: er ist, wie viele andere in dieser Studie analysierte Forscher, ein viel gefragter Experte. Er ist Interviewpartner und Gutachter und wird vom *Auswärtigen Amt* über das *Goethe-Institut*, das *ZDF* und die *ARD* bis hin zur *Deutschen Forschungsgemeinschaft* (DFG) regelmäßig befragt und zu Rate gezogen.[577]

Der Historiker und Antisemitismusforscher Robert Wistrich dagegen befasst sich intensiv mit dem Antisemitismus der Hamas. Er fand heraus, dass am 18. Mai 2006 ein Wochenblatt der Hamas, *Al-Risala*, stolz aufführte, Hitler habe sich während der Sudetenkrise 1938 positiv und lobend über den arabischen Aufstand gegen die Briten geäußert.[578] Ein weiteres Beispiel: Auf einer Zeremonie für 1.600 Kindergartenkinder posierten die Kleinen mit selbst gebastelten Gewehren; ein fünfjähriges Mädchen zeigte dabei seine roten Hände – eine Reminiszenz an jenen palästinensischen Mörder, der einige Monate zuvor einen Israeli gelyncht hatte und anschließend stolz seine blutigen Hände vor die laufenden Kameras hielt.[579] Im Juli 2007 sagte der Kopf der politischen Abteilung der Hamas, Khalid Mashaal, die ‚Verbrechen‘ der Juden seien „‚zehn mal schlimmer‘“ als jene der Nazis.[580] All dies ist für Kai Hafez jedoch ebenfalls kein Beweis für Antisemitismus.[581]

Doch wie sieht es mit der Forschung zu Hasan al-Banna aus? Über ihn publizierte Gudrun Krämer, die Leiterin des *Islamwissenschaftlichen Instituts* an der *Freien Universität Berlin* und eine der bekanntesten deutschen Islamwissenschaftlerinnen, 2010 eine kleine Monografie.[582] Darin schreibt sie, die Abschaffung des Kalifats durch Mustafa Kemal Atatürk in der Türkei 1923 sei für al-Banna und viele andere in der islamischen Welt kein positives Signal für mehr *Freiheit von* Religion gewesen. Schon 1926 habe al-Banna im Alter von 20 Jahren gefordert, „für den Islam zu kämpfen“, und aggressive Reden bzw. Predigten gehalten.[583] 1928 gründete er Krämer zufolge auf Bitten einiger Muslime die Muslimbruderschaft („Jam'iyyat al-Ikhwan al-Muslimun") bzw. „Ikhwan".[584] Die Vorbereitung auf den „Jihad" habe Sport und Scouts, also paramilitärische Gruppen, verlangt. Krämer will jeder kritischen Analyse den Wind aus den Segeln nehmen und setzt die Muslimbrüder unversehens mit zionistischen Gruppen gleich, die einem ähnlichen Körperkult gefrönt hätten.[585] Sie schreibt zwar, al-Banna sei der Autor eines 1937 veröffentlichten Beitrags zur ‚Todesindustrie' – „the art of death" (Kunst des Todes)[586] – gewesen, analysiert diesen historisch bedeutsamen und folgenreichen Text jedoch überhaupt nicht.

Schon 1999 hat Krämer al-Banna in ihrer (überarbeiteten) Habilitationsschrift gelobt und mit keiner Silbe seinen Antisemitismus und seine Todes-Propaganda kritisiert.[587] Die gesamte Studie kreist um das ‚Wie' der Scharia und um das ‚Wie' des ‚Gottesstaats'. Krämer ist eine der Hauptapologetinnen des Islamismus in der jüngeren deutschen Islamwissenschaft. Sie ist geradezu vernarrt in ihr Sujet; Kritik oder Distanz kennt sie nicht. Insbesondere verteidigt sie seit Jahrzehnten die Muslimbruderschaft in Ägypten (diesbezüglich trifft sie sich faktisch mit dem Neuen Rechten Henning Eichberg, vgl. Kapitel 1.7.2). Sie rezipiert Sayyid Qutb wie al-Banna eher positiv[588], ohne deren Judenhass zu erwähnen; beide ordnet sie einer vermeintlich harmlosen Variante des Islam zu, indem sie sie als „Vertreter der gemäßigt-pragmatischen Strömung"[589] begreift. Das zeigt sich auch in Krämers Studie aus dem Jahr 2010. Al-Banna rekurrierte laut Krämer in den 1930er Jahren auf die in seinen Augen glorreichen frühen islamischen Eroberungen. Doch die Islamwissenschaftlerin nimmt hierzu keine Distanz ein; vielmehr bezeichnet sie den Rekurs auf diese frühislamische Zeit des siebten Jahrhunderts als Modeerscheinung („much in vogue") der 1930er Jahre.[590] Im Kern ging es al-Banna darum, das ganze Leben vom Islam bestimmen zu lassen:

> „Unsere Mission ist am besten und umfassend mit dem Ausdruck ‚islamisch' beschrieben. Dieses Wort hat eine breite Bedeutung, entgegen der normalerweise von den Leuten verstandenen. Wir glauben, dass der Islam ein allumfassendes Konzept ist, welches alle Aspekte des Leben regelt und für jedes Bedürfnis eine feste und detaillierte Ordnung vorschreibt."[591]

Krämer stellt dar, wie al-Banna 1941 auf der sechsten Generalkonferenz der Muslimbrüder die „Ausbeutung durch die Juden" und die „Fremdherrschaft" attackierte.[592] Auch dazu ist von ihr kein kritisches Wort zu vernehmen.

Am Ende schreibt Krämer trotzig und hoffnungsfroh über die Zukunft der Muslimbrüder, deren heutiger Antisemitismus, militanter Islamismus sowie

Unterstützung für den Terrorismus (vor allem für jenen der Hamas) an keiner einzigen Stelle thematisiert werden:

> „Noch immer hat sich al-Bannas Vorhersage, dass die Organisation verboten und ihr Vermögen beschlagnahmt werden könnte, die Muslimbruderschaft damit aber nicht zerstört und ihre Botschaft nicht ausgelöscht würde, als wahr erwiesen. Sechzig Jahre nach seinem Tod ist die Muslimbruderschaft in Ägypten immer noch illegal. Aber sie existiert und beschwört immer noch sein Erbe herauf."[593]

Mit der Revolte in Ägypten Anfang 2011 hat sich das insofern geändert, als die Muslimbruderschaft zu einem wichtigen politischen Faktor im Land geworden ist und legal agieren kann. Die damit verbundenen Gefahren sind unabsehbar.

Problematisch ist auch das Schweigen Krämers zu al-Bannas Einforderung und Glorifizierung des mörderischen Jihad, der „Kunst des Todes" und der Liebe zum Tod. Seit dem Massenmord im *World Trade Center* am 11. September 2001 sind zehntausende Menschen bei Selbstmordanschlägen von Jihadisten ermordet worden, in Tunesien, Spanien, England, Indonesien, Indien, Israel, Irak, Afghanistan, Russland und anderen Ländern. Die Islamwissenschaft müsste also ein herausgehobenes Interesse daran haben, sich wissenschaftlich mit der Geschichte des *suicide bombing* und des militanten Jihad-Konzepts zu befassen.

1969 veröffentliche Richard Mitchell seine bereits 1959 abgeschlossene Dissertation über *Die Gesellschaft der Muslimbrüder*. Darin spricht er al-Bannas Jihad-Konzept an:

> „Der Tod, ein wichtiges Ende des Jihad, wurde von Banna mit einem Ausdruck, der ein wichtiger Aspekt seines Erbes wurde, erhöht: ‚die Kunst des Todes' (fann al-mawt). ‚Der Tod ist Kunst' (al-mawt fann). Der Koran hat bestimmt, dass die Menschen den Tod mehr lieben sollen als das Leben."[594]

Der Politologe Matthias Küntzel schreibt zu al-Banna in seinem 2002 erschienenen, bekannten Buch *Jihad und Judenhass. Über den neuen antijüdischen Krieg*:

> „Der Koran, so al-Banna, habe es den Gläubigen aufgegeben, den Tod mehr zu lieben als das Leben. Unglücklicherweise seien die Muslime jedoch von einer ‚Liebe zum Leben' erfaßt: ‚Die Illusion, die uns gedemütigt hatte, besteht in nichts anderem, als der Liebe zum weltgewandten Leben und dem Haß auf den Tod.' Solange die Moslems ihre Liebe zum Leben nicht durch die im Koran geforderte Liebe zum Tod ersetzten, sei ihre Zukunft hoffnungslos."[595]

Krämer hingegen lobt al-Banna, den Gründer der weltweit einflussreichsten islamistischen Vereinigung, und wird gar euphorisch:

„Dabei wirkte Banna weniger durch seine (wenig originellen) Schriften, als vielmehr durch seine starke Persönlichkeit, die von vielen Zeitgenossen als charismatisch wahrgenommen wurde. Er war ein Mann der Tat, seine Ideen Ausdruck eines ‚aktivistischen Denkens', das im Angesicht der kolonialen Situation die Muslime zu entschlossenem, einigem Handeln aufrief (Krämer 1999: 181–192). Zentrale Anliegen waren ihm die innere Umkehr des Individuums, seine moralische Läuterung, sein Handeln in der Gemeinschaft engagierter Muslime und die Reform der Gesellschaft im Geist des von allen historischen Verfälschungen gereinigten Islam. Ganzheitlich, wie er die islamische Botschaft verstand, sollte die Muslimbruderschaft auch in die Gesellschaft wirken, sämtliche spirituellen und materiellen Bedürfnisse ihrer Anhänger erfüllen und sie gewissermaßen ‚von der Wiege bis zur Bahre' durch ihr gesamtes Leben begleiten."[596]

Es stellt sich die Frage, was die Erwähnung der „kolonialen Situation" Ägyptens mit „moralische[r] Läuterung" oder einem „Handeln" im Sinne eines purifizierten (‚gereinigten') Islam zu tun hat. Ägypten war seit Anfang der 1920er Jahre ein formell unabhängiges Königreich. Der Islamismus wird als „Reform" dargestellt – das ist eines der zentralen Codewörter im heutigen ‚Diskurs' um diese Ideologie. Krämer hält die ägyptischen Muslimbrüder allen Ernstes für die „einzig authentische Alternative" im heutigen Ägypten und findet den „Diskurs der Reinheit, Einheit und Macht" „bestechend".[597]

Gudrun Krämer wirft den Forschungsstand zu al-Banna und den Muslimbrüdern um Jahrzehnte zurück. Das zeigt auch ein weiterer Blick in die Forschung. Der Politologe Manfred Halpern (1924–2001) musste als Jude mit seinen Eltern 1937 aus Nazi-Deutschland fliehen und ging nach Amerika; gegen Ende des Zweiten Weltkriegs half er als Soldat der US-Army, die Deutschen zu besiegen.[598] Halpern war von Ende der 1950er Jahre bis 1994 Professor für Politikwissenschaft an der *Princeton University* (in New Jersey, USA) und befasste sich bereits 1963 in seiner Studie *The politics of social change in the Middle East and North Africa* („Die Politik des sozialen Wandels im Nahen Osten und in Nordafrika") mit dem Islamismus, den Muslimbrüdern und Hasan al-Banna.[599] Halpern gehörte zu den ersten Forschern, die den Islamismus als eine „faschistische Bewegung"[600] bezeichneten.

Er geht in seiner Studie auf die Todessehnsucht von al-Banna ein und schildert, wie dieser in seiner Jugend einmal mit anderen von einem Kaufmann auf einen Friedhof geführt und aufgefordert wurde, sich sozusagen als Übung in ein frisch ausgehobenes Grab zu legen – aus dieser Geschichte spricht al-Bannas Todessehnsucht.

Halpern zitiert ausführlich aus al-Bannas Schriften und dokumentiert dessen islamistische ‚Kunst des Todes':[601]

„Allahu ghayatuna.	God is our goal! (Gott ist unser Ziel.)
Al-Rasula Za'immuna.	The Prophet is our leader. (Der Prophet ist unser Führer.)
Al-Qur'anu dusturuna.	The Koran is our constitution. (Der Koran ist unsere Verfassung.)
Al-jihadu sabiluna.	Holy War is our path! (Der Heilige Krieg ist unser Weg!)
Al-mawt fi sabil Illah asma amanina.	Death in God's service is our loftiest hope! (Gott zu dienen und zu sterben ist unsere erhabenste Hoffnung!)
Allahu akbar, Allahu akbar.	God is greatest, God is greatest! (Gott ist der Größte, Gott ist der Größte!)"

Halpern zitiert auch eine Schrift der Muslimbrüder aus dem Jahr 1938, in der sie den „muslimischen Glauben" mit dem „Deutschen Reich" vergleichen.[602] Der Vergleich fällt für die Deutschen insofern schlecht aus, als es den Muslimen nicht genügt, wie die Deutschen nur die ‚Blutsbrüder/-schwestern' zu vereinen, wie es das deutsch-völkische Programm vorsah. Die Muslimbrüder sahen (und sehen) sich vielmehr als antinationale Bewegung, die alle Muslime zu vereinen trachtet und Territorien wie den Balkan, Südspanien, große Teile des Mittelmeerraumes etc. zurückerobern wollen, wie sie 1938 schrieben.[603]

Die heutige Forschung in der Bundesrepublik – wie die Arbeit von Krämer, publiziert in Princeton, USA, wo Halpern jahrzehntelang forschte –, geht andere Wege. Bereits in ihrer 1982 veröffentlichten Dissertation *beschreibt* Gudrun Krämer Hasan al-Bannas Ideologie lediglich, ohne schockiert zu sein über diese nach dem Tode schreiende Ideologie des Islamismus.[604] Eine Sympathie gegenüber dem Gründer der Muslimbrüder ist bei ihr schon damals offenkundig:

> „Den Muslimbrüdern unter dem charismatischen Hasan al-Banna gelang es, trotz der fast ununterbrochenen Unterdrückung ihrer Bewegung und Presse, ihre Agitation gegen Briten, Juden, Parteipolitiker und inzwischen sogar gegen den König selbst aufrechtzuerhalten."[605]

Von Antisemitismus spricht die Forscherin nicht. Der Zionismus ist für sie von vornherein ein ‚Problem', er trage bestenfalls keine „Alleinschuld":

> „Um auf die ganz am Anfang angesprochenen Urteile über die Lage der Juden in Ägypten, in den arabischen Ländern, ‚im Islam' überhaupt, zurückzukommen, lassen sich zumindest die extremeren Standpunkte – Verfolgung und Terror vs. ungestört harmonisches Zusammenleben bis zum Auftritt des Zionismus bzw. Gamal Abd an-Nasirs – zurückweisen. Die These von der Allgegenwart des Antisemitismus und der prinzipiellen Intoleranz ‚des Islam' wird durch den großen wirtschaftlichen und gesellschaftlichen Erfolg der jüdischen Mittel- und Oberschicht im Ägypten der 20er, 30er und 40er Jahre und selbst noch die Auswirkungen der sozioökonomischen und politischen Krise der 40er und 50er Jahre widerlegt. Ebenso aber auch die These von der Alleinschuld des Zionismus oder Gamal Abd an-Nasirs, die die Probleme zwischen (muslimischen) Ägyptern und überwiegend nicht-ägyptischen Juden erst mit der Machtübernahme dieser, zumindest in gewissen westlichen Kreisen negativ belasteten Figur beginnen läßt und die schon vorher manifest gewordenen Spannungen ignoriert. Zurück bleibt ein vielfach gebrochenes Bild, das Aussagen immer nur [über] bestimmte Perioden und bestimmte Gruppen erlaubt, aber geradlinig einfach war die historische Wirklichkeit eben noch nie."[606]

Diese kruden Ausführungen sind ein Sinnbild analytischer Hilflosigkeit. In der englischen Ausgabe ihrer (überarbeiteten) Dissertation aus dem Jahr 1989 wiederholt Krämer gleichwohl ihre methodisch wie inhaltlich zweifelhaften Ausführungen.[607] Ihr zufolge ist der „große wirtschaftliche Erfolg der jüdischen Mittel- und Oberschicht" ein Beweis für den – ihrer Ansicht nach keineswegs starken – Antisemitismus.[608] Doch was ist das für ein Argument? Antisemitismus lässt sich nicht daran messen, ob Juden in Wohlstand leben oder nicht. Weiter führt Krämer aus, nur „ökonomischer Wettbewerb und kulturelle Differenz" führten zu Antisemitismus in Ägypten.[609] Die Ideologie des Islamismus, der arabische Nationalismus und andere Facetten des nahöstlichen Antisemitismus fallen dabei vollkommen aus dem Analyserahmen.

Antizionismus wird nicht als Ideologie untersucht, dafür als Folge des „Palästinakonflikts"[610] kleingeredet. Dadurch wird er von dem ihm inhärenten Antisemitismus gereinigt. Das ist bereites 1982 (bzw. 1989 in der englischen Ausgabe) Gudrun Krämers These gewesen. Konsequenterweise wehrt sie kritische Studien wie jene des britischen Historikers Martin Gilbert über Antisemitismus in Ägypten ziemlich aggressiv als „tendenziös" ab.[611] Gar „besonders tendenziös" ist für die deutsche Forscherin eine Broschüre des *American Jewish Committee* (AJC) aus dem Jahr 1957. Dabei ist in dieser Publikation einiges über die Verfolgung und Verhaftung von Juden zu erfahren: über ihre Ausweisung aus Ägypten etwa, ihre ökonomische „Strangulation" und den Entzug der Staatsbürgerschaft. Die Broschüre enthält außerdem Informationen über die Protektion von Nazis in Ägypten nach 1945:

> „Es ist wohlbekannt, dass Ägypten viele ausländische Berater beschäftigt, darunter kommunistische Techniker aus Russland und dessen Satelliten. Aber die Beschäftigung von deutschen Nazis und ehemaligen Wehrmachtsoffizieren sowie von Mitgliedern des Afrika-Korps wurde vor der Welt weitgehend geheim gehalten. Derzeit wird geschätzt, dass ungefähr 200 oder mehr von ihnen in Ägypten arbeiten, darunter: SS-General Wilhelm Voss – verantwortlich im zentralen ägyptischen Planungsbüro und wichtigster Berater des Kriegsministers. Dr. Johann von Leers, Mitarbeiter von Goebbels und notorischer Antisemit – er ist Berater in anti-jüdischer Propaganda. Bezeichnend für den Versuch Ägyptens, seine Nazis zu verstecken, ist die Tatsache, dass William Stevenson vom Toronto Star 24 Stunden nach seinem ersten Interview mit von Leers des Landes verwiesen wurde. General Otto Remer – er leitete das ägyptische Trainingsprogramm, mit dem die Guerillakämpfer der Fedayeen ausgebildet wurden.“[612]

Sich nach dem Holocaust mit Nazis und Antisemiten in der islamischen Welt zu befassen, hält Krämer jedoch bereits in ihrer Doktorarbeit 1982 für „besonders tendenziös“ und ablehnungswürdig:

> „Das Enddatum 1952 [für den Zeitraum der Studie von Krämer, d.V.], auf die allgemeine ägyptische Geschichte stärker abgestimmt als auf die jüdische Gemeinde, für die die Kriege von 1948 und 1956 die entscheidenden Zäsuren darstellten, ist anfechtbarer. Das Enddatum 1948 hätte die weitere Entwicklung allzu offen gelassen, ein Abschluß mit den Jahren 1956/57 aber die Einbeziehung eines neuen Kapitels ägyptischer Geschichte erfordert, das sich, solange die Archive nicht geöffnet sind, einseitig auf Interviews, Zeitungsberichte und besonders tendenziöse Publikationen wie ‚The Plight of the Jews in Egypt. A Fact Sheet from the American Jewish Committee‘ oder ‚The Black Record. Nasser's Persecution of Egyptian Jews' stützen müßte“.[613]

Ganz ähnlich sieht es bei der Islamwissenschaftlerin Ivesa Lübben aus. Auch sie fühlt sich in einem Essay eher in al-Banna ein und lobt dessen „offenes Geschichtsverständnis“.[614] Dieses angebliche ‚offene Geschichtsverständnis‘ bestand darin, Islamismus zu predigen und später zum Kampf gegen Juden und Israel aufzurufen, was Lübben mit ihrem Lob für al-Banna gleichwohl stillschweigend akzeptiert.

Die Politikwissenschaftlerin Ana Belén Soage befasst sich kritisch mit al-Banna und zeigt auf der Grundlage zahlreicher Quellen, dass dieser ein Freund des Faschismus bzw. des Nationalsozialismus war und eine islamische Variante des Faschismus bzw. Nationalsozialismus zu entwickeln versuchte.[615]

2.3) Der „Global Mufti" Yusuf al-Qaradawi

Die Organisatoren des zehnten *internationalen literaturfestivals berlin* (ilb) 2010 luden den ‚Gen- und Intelligenz-Forscher' und SPDler Thilo Sarrazin wieder aus[616] – mit einer Lobeshymne auf einen der gefährlichsten und beliebtesten Islamisten, der öffentlich zum Mord an Juden aufruft, hatten sie dagegen keine Probleme.[617]

Das Festival ist ein großer Event, gesponsert von der *Heinrich-Böll-Stiftung*, der *Robert Bosch Stiftung*, *le Monde diplomatique*, der *taz*, *radio eins* und der *Deutschen Bundesregierung* via *Auswärtiges Amt*. Veranstalter sind die *Peter-Weiss-Stiftung für Kunst und Politik e.V.* und die *Berliner Festspiele* in Kooperation mit dem *Haus der Kulturen der Welt*.

Am 16. September 2010 wurde der „Global Mufti"[618] Yusuf al-Qaradawi auf diesem Festival de facto geehrt.[619] Seine Predigten werden wöchentlich von etlichen Millionen Muslimen gehört und im TV gesehen. Seine etwa einhundert Bücher und nicht zuletzt seine im Internet veröffentlichen Fatwas („islamische Rechtsgutachten") haben eine große Verbreitung. Der alte Islamist ist ein Superstar für Fans des antiisraelischen Jihad.

Al-Qaradawi dankte zuletzt im Januar 2009 Hitler für den Holocaust und rief dazu auf, gegen Israel aktiv zu werden. Selbst wenn er eines Tages an den Rollstuhl gefesselt wäre, würde er sich weiterhin wünschen, Juden in Israel zu ermorden und dann von den IDF (*Israel Defense Forces*) getötet zu werden, um als „Märtyrer" zu sterben. Man kann diese Äußerung in einem Mitschnitt auf dem Video-Portal *Youtube* im Internet sehen und hören, in englischer Übersetzung des arabischen Originals (vgl. unten).

Al-Qaradawi wurde 1926 geboren und wird von seinen Anhängern als „moderat" bezeichnet. Im Folgenden wird gezeigt, was diese unter „moderat" verstehen.

Die Islamwissenschaftlerinnen Gudrun Krämer, wie erwähnt Leiterin des *Instituts für Islamwissenschaft* an der *Freien Universität Berlin* (FU)[620], und Bettina Gräf vom ebenfalls in Berlin ansässigen *Zentrum Moderner Orient* (ZMO) wurden eingeladen, auf dem besagten Festival mehrere ihrer Bücher zu al-Qaradawi vorzustellen. Vor einem kurzen Blick in die diesbezüglichen wissenschaftlichen Arbeiten von Krämer und Gräf seien einige Fakten genannt.

Seit Oktober 2001 und bis heute wurden mehrere tausend so genannte Qassam-Raketen aus dem Gaza-Streifen auf Israel abgefeuert. 28 Israelis wurden dabei ermordet und mehr als 600 verletzt (Stand: August 2010).[621] Die Qassam-Raketen sind nach dem oben erwähnten (vgl. Kapitel 2.1) Scheich Izz ad-Din al-Qassam (1882–1935) benannt, der ein militanter palästinensischer Jihadist war und bis heute als ‚Märtyrer' verehrt wird. Er ermordete 1935 einen Juden, wurde wenig später von britischen Einheiten gestellt und kam im Kampf um. Gudrun Krämer schreibt dazu:

> „Wie bei Hasan al-Banna und den ägyptischen Muslimbrüdern gingen bei Qassam und seinen Anhängern ein reformierter Islam und ein kämpferischer Nationalismus Hand in Hand. Zentral war für Banna wie für Qassam die individuelle Erneuerung verbunden mit der Reform der praktizierten Religion, so daß individuelle Umkehr und gemeinschaftliches Handeln ineinandergriffen und sich gegen-seitig verstärkten."[622]

Wie aber sah dieses „gemeinschaftliche Handeln" aus? Bestand es aus Kartenspielen, Fußballspielen, Tanzen, Singen?

> „Den Jihad begriff Qassam wie andere muslimische Aktivisten vor und nach ihm als intensives Bemühen um ein gottgefälliges Leben (al-jihad fi sabil allah), reduzierte ihn also keineswegs auf die politische oder gar die militärische Dimension. Das hielt ihn nicht davon ab, Gewalt zu predigen – und sie zu praktizieren: Angesichts der bedrohlichen Lage in Palästina erklärte er den bewaffneten Kampf zur individuellen Pflicht jedes Muslims (fard al-'ain) und verkündete das Ideal des Märtyrers, der sich für die Sache des Islam opfert."[623]

Krämer erwähnt den Tod von Qassam im Oktober 1935, ohne darauf einzugehen, dass er zuvor einen jüdischen Polizisten ermordet hatte. Sie kommt dafür zu dem Schluss:

> „In seinem Aktivismus, der im Märtyrerakt gipfelte, lag das Neue, Faszinierende, auch Überraschende, das weit über die religiösen Kreise hinaus Bewunderung und Nachahmung weckte."[624]

Man hört die Begeisterung der Berliner Islamwissenschaftlerin heraus, wenn sie so über den Namensgeber der tödlichen Qassam-Raketen schreibt.

Die Historiker Michael Mallmann und Martin Cüppers kritisieren Krämer:

> „Daß ein Terrorist dieses Schlages [wie al-Qassam, d.V.] auch nach dem 11. September 2001 in der wissenschaftlichen Literatur noch als ‚Märtyrer' bezeichnet wird (...) kann nur mit einer Mischung aus Blindheit und unkritischer Verliebtheit jener Autoren in ihren Gegenstand erklärt werden."[625]

Krämer schreibt über den Islamisten Yusuf al-Qaradawi und bezeichnet ihn als „moderat". Wie begründet sie das?

> „Während er die Krankheiten und das Böse der modernen Zeit geißelt, lädt er nicht zu Gewalt gegen andere ein und nimmt diese auch nicht hin, sei es gegen Muslime oder Nicht-Muslime (die Ausnahmen sind fremde Besatzer, Kolonialismus, Zionismus und Israel). In diesem Sinne kann er als Vertreter des moderaten Islam betrachtet werden, oder wie er sagen würde, von islamischem Zentrismus (al-wasatiyya al-islamiyya)."[626]

Für Krämer kann al-Qaradawi also als „Vertreter des moderaten Islam" betrachtet werden. Er rufe „nicht" zur „Gewalt gegen andere" auf, „Ausnahmen" seien „fremde Besatzung, Kolonialismus, Zionismus und Israel". Sind Juden, Zionisten und (jüdische) Israeli keine Menschen oder keine „anderen"?

Wie kann sich diese führende deutsche Islamwissenschaftlerin aus einem Aufruf zur Gewalt gegen Juden/Israelis und ‚Kolonialisten' ein Plädoyer *gegen* Gewalt zurechtfantasieren?

Ist jemand, der „nur" zum Völkermord an Juden aufruft, aber nicht sofort die ganze Welt in Schutt und Asche legen möchte, ein zärtlicher Friedensfreund?

Die erwähnte Islamwissenschaftlerin Bettina Gräf (Jg. 1970) ist wissenschaftliche Mitarbeiterin am *Zentrum Moderner Orient* (ZMO) in Berlin.[627] Sie ist eine Schülerin von Gudrun Krämer und befasst sich seit vielen Jahren mit al-Qaradawi. In ihrer aus dem Jahr 2000[628] datierenden Magisterarbeit untersucht Gräf die Fatwa *Der politische Islam* von al-Qaradawi, die in zwei Teilen 1979 bzw. 1993 entstanden ist[629], zitiert nach der Fassung aus dem Jahr 1994[630] und resümiert:

> „Al-Qaradawis Projekt lenkt den Blick auf die religiöse Autorität der Religions- und Rechtsgelehrten und ihre Bedeutung für die islamischen Gesellschaften bzw. die islamische Gemeinschaft. Nicht mehr länger sollen sie als rückständig und reaktionär bezeichnet werden. Als politische Akteure mit ungeahnten medialen Möglichkeiten soll von ihnen die Chance genutzt werden, auf nicht-radikalen Wegen und unabhängig von Regierungspolitik in die politische Debatte über die Veränderung der Gesellschaft einzugreifen."[631]

In dieser Fatwa sind für al-Qaradawi Islam und Staat untrennbar verbunden, womit er den Kern des Islamismus anspricht:

> „Denn der Islam ist kein theologischer Glaube oder stellt lediglich Anbetungsriten dar. Das heißt, er ist nicht bloß eine Beziehung zwischen dem Einzelnen und seinem Herrn, ohne Verbindung zur Organisation des Lebens und Lenkung der Gesellschaft sowie des Staates. Es heißt im Gegenteil, daß er Glaube und religiöse Pflicht, Moral und umfassendes islamisches Recht (saria) ist."[632]

Weiter schreibt al-Qaradawi in seiner Fatwa:

> „Der Islam erlegt jedem Muslim eine politische Verantwortung auf: Er muß in einem Land leben, das von einem muslimischen Führer gemäß dem Buch Gottes geführt wird. Die Menschen müssen ihn im Amt anerkennen. Ohne dies ist er mit den Unwissenden. In 'As- sahih heißt es: ‚Wer ohne die Anerkennung eines Imam stirbt, stirbt den Tod eines Ungläubigen.'"[633]

Den Zusammenhang von Antizionismus und Islamismus kann man unschwer erkennen, wenn Gräf unter Zustimmung zu al-Qaradawi ausführt:

> „Besonders bemerkenswert sind hier die Beispiele zur Praxis der Erstellung von Rechtsgutachten im ‚politischen Interesse der Herrschenden', welche al-Qaradawi wiederum in die Vorstellung einbettet, daß im Islam Welt und Religion nicht getrennt gedacht werden können. Diejenigen, die zur Trennung von Staat und Religion aufriefen, seien auch die, die z. B. Rechtsgutachten zur Legitimation ihrer Politik anfertigen ließen. Zum einen erwähnt er die Rechtsgutachten, die das für al-Qaradawi verräterische Friedensabkommen mit Israel im Jahr 1978 legitimierten. Zum anderen erinnert er an die Fatwa des Großmuftis Sayyid Tantawi im Jahr 1989, die das Erheben von Bankzinsen und die Verwendung von Schuldverschreibungen rechtfertigte."[634]

Ebenso schreibt al-Qaradawi in der Fatwa:

> „Außerdem erinnere ich mich – und erinnern sich die Leute – wie von den Rechtsgelehrten (ahl al-fatawa) gefordert wurde, Rechtsgutachten zur Legitimität des Friedens mit Israel zu erstellen. Um ihre verlorene Politik zu verewigen, nachdem bereits fatawa erstellt worden waren, die den Frieden mit Israel für unerlaubt erklärt hatten. Dies wurde als Verrat an Gott, seinem Gesandten und den Gläubigen betrachtet!"[635]

Mit keiner Silbe kritisiert die junge Islamwissenschaftlerin Gräf den in diesen Fatwas und weiteren Texten al-Qaradawis enthaltenen Antisemitismus und Antizionismus.[636] Vielmehr lobt sie den Scheich ganz grundsätzlich und fantasiert über ‚liberalen Islamismus' – eine Chimäre. Gleichwohl ist die Rede vom ‚liberalen Islamismus' ein wichtiger Code, um Gewalt und Extremismus als zart, bunt und vielfältig anzupreisen:

> „Das Ziel von Yusuf al-Qaradawi ist nicht eine Reform des Islam und die Anpassung des Islam an veränderte gesellschaftliche Bedingungen, wie es die islamischen Reformer Ende des 19. Jahrhunderts zum Ziel hatten. Er strebt umgekehrt eine Reform der Gesellschaft an, die von den Grundlagen und Zielen des Islam getragen werden soll, was ihn zu einem Islamisten macht. Obwohl Yusuf al-Qaradawi für die Veränderung der derzeitigen gesellschaftlichen Verhältnisse in Ägypten und der islamischen Welt eintritt, vertritt er keine radikalen islamistischen Ansichten. Vielmehr schließt er beispielsweise die Möglichkeit einer parlamentarischen Demokratie als Staatsform für Muslime nicht aus, womit er eine

> liberale islamistische Position einnimmt, die auch Erfahrungen von nicht-islamischen Gesellschaften akzeptiert, solange diese der Sache der islamischen Gemeinschaft dienen. Mit den islamischen Reformern teilt der Islamist al-Qaradawi jedoch deren Internationalismus. Er setzt sich für das Projekt einer globalen islamischen Gemeinschaft ein."[637]

2005 wurde Gräf vom Internet-Portal *www.qantara.de*, das von der deutschen Bundesregierung finanziert wird, vorgestellt[638]; in einem dort veröffentlichen Beitrag von ihr heißt es:

> „Al-Qaradawi unterstützt entschieden den Unabhängigkeitskampf der Palästinenser, insbesondere seit der zweiten Intifada im Jahr 2000. Er initiiert Solidaritätsaktionen, sammelt Geld, bezieht Stellung im Fernsehen, im Internet, in Freitagspredigten, auf Konferenzen gegen die Besetzung Palästinas. Er rechtfertigt in islamischen Rechtsgutachten Selbstmordattentate der Palästinenser und Palästinenserinnen als Mittel der Verteidigung gegen die Politik Israels. Für Yusuf al-Qaradawi sind die Attentäter Märtyrer und keine Selbstmörder. Selbstmord gilt im Islam als Sünde, der Märtyrertod nicht. In Palästina werde islamischer Boden und die heilige Stadt Jerusalem verteidigt. So äußerte er sich auf al-Jazeera in der Sendung ‚Das islamische Recht und das Leben': ‚Nicht ich allein sage, dass diese Attentate legitim sind, sondern auch Hunderte anderer muslimischer Rechtsgelehrter sehen das so. (...) Ein Mensch, der sich für eine große Sache opfert, ist kein Selbstmörder'. Diese Sicht erlaubt die Rechtfertigung der palästinensischen Selbstmordattentate als Märtyrerakt, der Terroranschlag auf das WTC sowie die Anschläge auf Zivilisten in Indonesien und in Saudi Arabien werden hingegen klar verurteilt."[639]

Damit übernimmt Gräf die Verteidigung (Apologie) des *suicide bombing*, das in islamistischen Kreisen als „Märtyrerakt" bezeichnet wird. Al-Qaradawi habe den „Terroranschlag" auf das *World Trade Center* „klar verurteilt", schreibt sie – dass er andere antisemitisch motivierte Anschläge wie jene in Israel explizit verteidigt hat und einfordert, wird hingegen unkommentiert und ohne Distanz auszudrücken hingenommen. Mit dem Ausdruck „klar verurteilt" beabsichtigt Gräf womöglich anzuzeigen, dass al-Qaradawi ein friedvoller und nicht aggressiver Muslim ist. Und wenn es bei ihm gegen Juden geht, wird das von Gräf hinter einer betont ‚unblutigen Sprache' des „Selbstmordattentat[s]" und der „Verteidigung gegen die Politik Israels" versteckt.

Gegen Ende ihres Textes stellt Gräf heraus, wie „gespannt" sie sei im Hinblick auf die innerislamischen Debatten um Recht und Autorität in der von al-Qaradawi mitgegründeten *Internationalen Vereinigung Muslimischer Rechtsgelehrter.*[640] Den Antisemitismus al-Qaradawis und seine Befürwortung und Einforderung von Selbstmordanschlägen auf Juden kritisiert die Forscherin mit keiner Silbe. Zu den prinzipiell gemeingefährlichen Aspekten der Scharia sagt die Islamforscherin nichts Kritisches.

In einem weiteren Text zu al-Qaradawi[641] erwähnt Gräf, dieser befürworte zwar Selbstmordattentate gegen Israel und Juden, lehne hingegen Anschläge wie auf das *World Trade Center* oder wie in London ab. Daraus schlussfolgert sie allen Ernstes, al-Qaradawi sei von ganzem Herzen bei einer „Antigewalt-kampagne" des ihm nahestehenden Internetportals *www.islamonline.net* aktiv. Doch *gegen* Gewalt ist er – wenn überhaupt – nur dann, wenn sie sich *nicht* gegen Juden und Israel oder *nicht* gegen Amerikaner, Briten oder „Kolonialisten" in „fremdem" Gebiet richtet; von der Gewalt gegen Musliminnen und Muslime, die nicht ‚islamisch' genug oder gar antiislamisch sind, ganz zu schweigen.

Weiter schreibt Gräf:

> „Im Widerstand gegen koloniale und imperiale Übergriffe und ungerechte Herrschaft zeigt sich Yusuf al-Qaradawi kämpferisch – vor allem gegenüber den USA und Israel. Umso fragwürdiger erscheint seine Unterstützung des sudanesischen Regimes. Hier tappt er in die Falle des Freund-Feind-Denkens (‚Der Islam gegen den Westen') und wird seinen eigenen Ansprüchen nicht gerecht."[642]

Hinsichtlich des Sudan ‚kritisiert' die Islamforscherin al-Qaradawi, doch wenn es um – von ihr als „Widerstand" verharmloste – Terrorangriffe gegen „koloniale und imperiale Übergriffe" von Amerika und Israel geht, rechtfertigt sie ihn.

Al-Qaradawi befürwortete mehrfach die Ermordung von Juden bzw. Israelis, zum Beispiel in einem exklusiven Interview für *BBC newsnight* im Jahr 2004.[643] In England gab es im Sommer 2004 Widerstand gegen einen öffentlichen Auftritt al-Qaradawis: Eine unter anderem aus Juden, Sikhs, Hindus, Lesben und Schwulen bestehende Koalition protestierte vehement gegen seine Einladung durch muslimische Verbände und den Londoner Bürgermeister Ken Livingstone.[644] Der Antizionist Livingstone (Spitzname: „der rote Ken") und seine guten Beziehungen zu al-Qaradawi werden vom Antisemitismusforscher Robert Wistrich als typisches Beispiel für die sozialistisch-islamistische „rot-grüne Achse" analysiert.[645] Gräf hat mit al-Qaradawi am 23. Dezember 2005 in Doha, Qatar, persönlich gesprochen.[646] 2007 schrieb sie einen Beitrag über al-

Qaradawi für *Die Welt des Islams*[647]; darin betont sie die Präsenz des Islamisten im Internet und beschreibt detailliert seine Online-Aktivitäten. Cyber-Islamismus wird aufgrund seiner ‚modernen' Form von ihr gelobt. Gräf betont auch hier mit Nachdruck, al-Qaradawi habe die Anschläge vom 11. September verurteilt. Direkt im Anschluss erwähnt sie eine Fatwa des Predigers, die den Boykott von amerikanischen und israelischen Waren zum Inhalt hat. Sie stellt diese Fatwa positiv dar, als „Unterstützung für die zweite Intifada", und schmiegt sich der Position al-Qaradawis an.[648] So kann man in jedem antisemitischen und antiamerikanischen Ressentiment und in jeder Attacke gegen die USA und Israel etwas Positives sehen.

Am 30. Januar 2009, auf den Tag genau 76 Jahre nach der Machtübergabe an Adolf Hitler, sagte Yusuf al-Qaradawi im arabischen Fernsehsender *al-Jazeera*:

> „Durch die Geschichte hindurch hat Allah Leute eingesetzt, um die Juden für ihre Korrumpiertheit zu bestrafen. Die letzte Strafe wurde von Hitler durchgeführt."[649]

Dieser islamistischen ‚Logik' zufolge wurde Hitler von Allah eingesetzt – der Nazi als muslimischer Führer also. Am 28. Januar 2009 äußerte al-Qaradawi im selben TV-Sender, gegen Ende seines Lebens am liebsten in das Land des Jihad reisen zu wollen, um auf „die Feinde Allahs, die Juden", „zu schießen". Selbst in einem „Rollstuhl" würde er dorthin fahren und sodann als „Märtyrer" sterben.[650]

Gudrun Krämer ist ehrlich und unterstreicht, wie unwichtig es für sie als Forscherin und Bürgerin zu Beginn einer Recherche ist, ob ein Muslim, Scheich oder Imam ein Antisemit ist. Der Berliner *Tagesspiegel* berichtet wohlwollend über die Islamwissenschaftlerin:

> „Und wie steht Krämer zur Gewaltfrage? Al-Banna sei ‚verbal radikal, aber in der Praxis vorsichtig' gewesen. Seinen Aufruf zum Widerstand gegen die britischen Besatzer im Kontext des Kolonialismus zu sehen, hieße keinesfalls, Attentate zu rechtfertigen, betont sie. Eine Gratwanderung, die Krämer in jüngster Zeit ins Visier von Islamkritikern gebracht hat. Wie andere Islamwissenschaftler sieht sie sich einer Kampagne ausgesetzt. ‚Campus Watch', eine Initiative des konservativen US-amerikanischen Middle East Forum, die angeblich israelfeindliche oder antisemitische Äußerungen in Vorträgen und Vorlesungen in Blogs anprangert, ist auch in Deutschland angekommen. Sie lasse sich aber nicht das Recht absprechen, sich etwa mit der Wirkung einflussreicher Imame zu beschäftigen, ‚ohne immer als Erstes zu sagen, der ist aber israelfeindlich', sagt Krämer."[651]

Wenn eine Wissenschaftlerin ganz offensiv sagt, sie schaue nicht als erstes nach, ob ein „einflussreicher Imam" „israelfeindlich", sprich: antisemitisch ist, dann indiziert das ein Versagen. Krämer spricht aus, was die politische Kultur Deutschlands wie Europas seit vielen Jahren prägt: Antisemitismus wird toleriert, forciert und als nicht skandalös angesehen. Sie spricht un-verschämt aus, Israelfeindlichkeit oder antizionistischer Antisemitismus animiere sie keineswegs zu einem umgehenden Widerspruch. Ganz im Gegenteil: Antisemiten wie al-Qaradawi ziehen Forscherinnen wie Krämer offenbar eher an – warum sonst sollte sie regelmäßig und *positiv* über ihn schreiben?

Krämer steht dabei für den Mainstream in Deutschland, sie ist kein Einzelfall. Es dürfte noch sehr lange dauern, bis sich Wissenschaftler selbstverständlich in der Verantwortung sehen, zuallererst danach zu schauen, ob ein „einflussreicher Imam" israelfeindlich ist oder nicht.

Der offensive Kampf gegen den Antisemitismus ist der kategorische Imperativ nach Auschwitz.

Im selben Jahr 2009, in dem al-Qaradawi Hitler und den Holocaust lobte, erschien in London das Buch *Global Mufti*. Co-Herausgeberin ist Bettina Gräf[652], die al-Qaradawi wie Krämer als Vertreter einer „Vision von einem moderaten Islam"[653] bezeichnet. Das Vorwort zu *Global Mufti* stammt von Krämer selbst.[654] Dieses Buch wurde auf dem eingangs erwähnten Berliner Literaturfestival vorgestellt.

Der bereits oben dargestellte (vgl. Kapitel 1.4) Islamwissenschaftler Götz Nordbruch lobt in einer Rezension auf dem geschichtswissenschaftlichen Internet-Portal *H-Soz-u-Kult* den Band *Global Mufti*. Das Bejahen des *suicide bombing* gegen Israel durch al-Qaradawi erwähnt er lediglich en passant, so, als könne man im Folgenden kommentarlos über diesen Antisemiten referieren.[655] Seltsam war es zudem, dass Nordbruch vor zehn Jahren einen unbedeutenden, den Soziologen Klaus Holz und Gudrun Krämer unkritisch zitierenden Text über die Holocaustleugnung und Roger Garaudys Rezeption im arabischen Nahen Osten publizierte.[656] Darin gibt er vor, gegen Antisemitismus zu sein, wo immer er auftrete. Einige Jahre später rezensierte er *Global Mufti* und damit die Lobhudelei auf einen der weltweit einflussreichsten Antisemiten, Yusuf al-Qaradawi. Nordbruch bezieht sich in seiner Besprechung positiv auf die oben analysierten (vgl. Kapitel 1.7.12) Antizionisten und Holocaust-Verharmloser Saghiyeh und Bashir:

> „Während einige Journalisten und Akademiker (Hazem Saghiyed und Azmi Bishara, zum Beispiel) [Nordbruch bezieht sich wohl auf Saghiyeh/Bashir 1998,

> ‚Universalizing the Holocaust', d.V.] die Anerkennung des Holocaust als außergewöhnliches Verbrechen gegen die Menschheit verlangen, bleiben die Gegner jedweder Konzession gegenüber dem jüdischen oder israelischen Kollektivgedächtnis zahlreicher und prominenter."[657]

Im Band *Global Mufti* von Gräf und Skovgaard-Petersen wird al-Qaradawi geradezu obsessiv als Superstar der islamischen Welt präsentiert, und seine Rechtfertigung von Selbstmordanschlägen auf Juden in Israel durch muslimische Frauen wird explizit gewürdigt, da es sich dabei um einen „defensiven Jihad" und nicht um einen „aggressiven Jihad" handele. Auch die Autorin Barbara Freyer Stowasser[658], Islamwissenschaftlerin (Abschluss an der *Universität Münster*) und Direktorin des *Center for Contemporary Arab Studies* an der *Georgetown University* in Washington, D.C.[659], findet al-Qaradawis Fatwa – die Frauen alleine, ohne männliche Begleitung und die Bitte um Erlaubnis, den Weg zum Judenmord erlaube[660], den Gang zum „defensiven Jihad" also – bemerkenswert. Judenmord gilt in diesen Kreisen als „defensiv". Die Autorin lässt sich eine ganze Seite lang darüber aus:

> „Zentral für Qaradawis Argument, dass diese Praxis [„Teilnahme als Selbstmordbomber", d.V.] gesetzmäßig ist, sind folgende Punkte: Der palästinensische Kampf gegen Israel ist ein defensiver Jihad, wobei die Teilnahme eine individuelle, keine kollektive Pflicht ist (fard 'ayn); Frauen können daher ohne die Erlaubnis ihres Ehemannes und die jungen Frauen ohne Erlaubnis des Vaters teilnehmen; die Teilnahme einer Frau an Selbstmordanschlägen in Palästina [damit meint die Autorin Israel, d.V.] ist eine fromme Tat und ihr Tod ein Martyrium, für welches, wenn Gott will, sie die Auszeichnung für die Sache erhält. Frauen sind vollwertige Schwestern der Männer. Der Koran legt in Sure 9:71 fest, dass ‚die gläubigen Männer und Frauen Beschützer des anderen sind, er legt fest, was richtig ist, und verbietet, was falsch ist', und Gott sagt in Sure 3:195: ‚Ich werde niemals die Arbeit von einem von euch, männlich oder weiblich, vergessen, ihr seid Mitglieder einer für die andere', und dann geht der Vers weiter in der näheren Bestimmung, für welche Taten Gott beide Geschlechter auszeichnet: Auswanderung, Ertragen von Verletzung und Leiden, Kämpfen und Tod für die Sache Gottes. Das unterscheidet sich vom aggressiven Jihad (jetzt üblicherweise ‚präventiver Krieg' genannt), wenn Muslime nicht-muslimische Gegenden angreifen; in diesen Kriegen können Frauen nur mit der Erlaubnis ihres Ehemanns (wenn sie verheiratet sind) teilnehmen oder mit Erlaubnis des Vaters, wenn sie unverheiratet sind. Da die Teilnahme von Frauen am defensiven Jihad eine religiöse Pflicht darstellt, darf die Frau sogar im letzen Moment vor der Aktion ihr Kopftuch abnehmen (Kopfbedeckung, khimar), um den Feind zu täuschen und um es zu vermeiden, dass er auf sie aufmerksam wird, was unter das Gesetz der Notwendigkeit fällt, wie es in der Sure 2:172 geschrieben steht: ‚Wenn er aber durch

> die Notwendigkeit gezwungen ist, ohne eigenen Wunsch oder gezielter Grenzüberschreitung, dann ist er straflos.' Qaradawi betont, dass alle von ihm in seiner Fatwa vorgebrachten Argumente vom Konsens der fuqaha anerkannt werden. In dieser Situation zeigt sich, dass Qaradawis Definition der Frauenrechte nicht nur die Gleichheit der Geschlechter anzeigt, sondern vielmehr die wahre Übereinstimmung der Geschlechter."[661]

Damit beendet Freyer Stowasser ihren Text. Frauen dürfen ihren Schleier also lüften und ablegen, kurz bevor sie ihre jüdischen Opfer zerfetzen. Junge muslimische Mädchen dürfen das ‚sogar', ohne vorher die Eltern gefragt zu haben.

Es ist eine ‚feministische' Verteidigung des Selbstmordattentats, wenn die Autorin schreibt, ‚wahre Geschlechter-Gleichberechtigung' sei es, wenn Frauen ohne Schleier oder/und ohne um Erlaubnis fragen zu müssen morden dürften. Sie nennt das jedoch nicht ‚morden', sondern „defensiven Jihad", den Kampf gegen Israel. Gleichberechtigt morden, ist das die islamistische Antwort auf die neue Frauenbewegung des Westens?

Nach Matthias Küntzel stößt bei Gudrun Krämer

> „der drakonisch durchgesetzte Schleierzwang (...) auf eine geradezu empathische Sympathie. Sie erwähnt ‚die Frauen der Jerusalemer Aristokratie', die ‚als Damen der Gesellschaft' gern ‚europäisch gewandet und das Gesicht frei' spazierengingen, und fährt fort: ‚Gegen diese Zeichen der Verwestlichung, gegen den Verfall der Sitten, für Moral und Anstand und in diesem Zusammenhang auch für den Schleier sprachen sich islamische Gelehrte und Aktivisten vom Mufti ... aus.' Mehr noch: Die gewalttätig erzwungene Unterwerfung unter das islamistische Diktat lobt die Berliner Professorin als Ausdruck für ‚ausgeprägtes Bewußtsein für soziale Gerechtigkeit und Gleichheit', das ‚mit sozialen Ressentiments gegen *die da oben*' verbunden gewesen sein könne."[662]

Wistrich analysiert al-Qaradawis Antisemitismus und dessen Legitimierung von *suicide bombings* durch unverschleierte Frauen; er betont, al-Qaradawi sei der „spirituelle Führer der Muslimbrüder und der Hamas".[663]

Orient. Deutsche Zeitschrift für Politik, Wirtschaft und Kultur des Orients wird herausgegeben vom *Deutschen Orient-Institut* in Berlin; gegründet wurde sie im Jahr 1960 vom *Nah- und Mittelost-Verein* (NUMOV), der seine Anfänge im Nationalsozialismus hatte. Der heutige „Ehrenvorsitzende" des NUMOV ist Altbundeskanzler Gerhard Schröder (SPD).[664]

Wie selbstverständlich – so, als sei es nichts Besonderes gewesen, während des Nationalsozialismus eine Gesellschaft zu gründen – schreibt der NUMOV in einer am 1. Juni 2004 veröffentlichten Pressemeldung (die bis heute auf der Homepage der Organisation zu lesen ist):

> „Der Nah- und Mittelost-Verein feiert heute in Berlin seinen 70. Geburtstag und blickt auf eine lange Tradition zurück. Er wurde 1934 in Berlin zum Zweck der gemeinnützigen Förderung der wirtschaftlichen und kulturellen Beziehungen Deutschlands zum ‚Orient' durch führende Männer der Wirtschaft gegründet. Bereits zwei Jahre später wurde vom Verein die Deutsch-Iranische Handelskammer gegründet, weil Iran einen besonderen Stellenwert einnahm."[665]

Diese deutsche Kontinuität zeigt an: Es gab nach dem 8. Mai 1945 keine „Stunde Null".

Die Autorin Bettina Gräf – wer sonst? – vom *Zentrum Moderner Orient* hat (wie zitiert) für die NUMOV-Zeitschrift *Orient* einen Artikel über Yusuf al-Qaradawi verfasst, insbesondere zu seinen Fatwas und zu seiner Stellung als islamische Autorität. Sie beschreibt darin Formen der Online-Präsenz von Muslimen, ohne mit einem Wort die ideologischen Positionen von al-Qaradawi zu kritisieren. Eine obsessive Hingabe zur Website *von www.qaradawi.net* und deren ausführliche Beschreibung runden dieses affirmative Bild ab.[666] Es geht Gräf nur um die Form, nicht um den Inhalt. Letzterer wird einfach goutiert.

Bezeichnend ist auch, wer dem *Board of the German Orient-Foundation* angehört; die Zeitschrift *Orient* dokumentiert die Besetzung[667]: Prof. Dr. Christina von Braun von der *Humboldt-Universität*, Bernd Romanski vom Board der NUMOV und Direktor des Managements von *Hochtief* sowie Prof. Dr. Günter Stock, Präsident der *Berlin-Brandenburgischen Akademie der Wissenschaften*. Auf dem *Board of Trustees* sitzen u.a. Dr. Peter Frey, Chef des ZDF-Hauptstadtstudios in Berlin, Dr. Max Stadler, MdB und Parlamentarischer Staatssekretär, Thomas Ellerbeck, ebenfalls Mitglied des NUMOV-Boards, Vertreter von *Vodafone D2 GmbH*, Jürgen Chrobog, Mitglied des NUMOV-Boards sowie Herbert Quandt, Vorsitzender des Boards der *BMW Stiftung*. Zudem ist der Präsident der *Qatar Universität*, Sheikha Abdullah Al Misnda, Teil des *Board of Trustees.*

Die Förderung der deutsch-arabischen respektive deutsch-muslimischen Wirtschaftsbeziehungen wie auch der diesbezüglichen politischen Beziehungen ist ein offenkundiges Ziel der Zeitschrift. Hierzu passt die Entscheidung des Weltfußballverbandes FIFA (*Fédération Internationale de Football Association*), die Fußball-Weltmeisterschaft der Männer im Jahr 2022 im *wüsten Land* Qatar stattfinden zu lassen.[668]

Al-Qaradawis Aufruf zum Judenmord vom Januar 2009 wird von Gräf in ihrem 2010 in der Zeitschrift *Orient* erschienen Beitrag nicht erwähnt. Al-Qaradawi wandte sich außerdem am 4. Dezember 2001 gegen Fatwas, die einen Selbstmordanschlag auf Israelis, bei dem 26 Menschen ermordet wurden, verurteilten.[669]

Aus all diesen Gründen konnte Gräf auf dem *internationalen literaturfestival berlin* 2010 zusammen mit ihrem Co-Herausgeber, dem Religionshistoriker Jakob Skovgaard-Petersen[670], und ihrer Doktormutter Gudrun Krämer ihre Dissertation zu al-Qaradawi wie auch die Lobhudelei in *Global Mufti* präsentieren. Es ist demnach heutzutage normal, einen Antisemiten und Islamisten wie Yusuf al-Qaradawi hochleben zu lassen und die Lüge[671] zu verbreiten, er sei „moderat".[672]

Die beiden Autoren Gräf und Skovgaard-Petersen stellen deskriptiv dar, al-Qaradawi befürworte „suicide attacks", und führen in antizionistischer Manier aus, er befürworte diese Mordanschläge in „Palestine". Dieses Land gibt es jedoch nicht; vielmehr finden die Anschläge in Israel statt. Sodann schreiben die Autoren wie selbstverständlich, ohne al-Qaradawis Antisemitismus anzusprechen:

> „Allerdings sehen viele arabische Muslime Yusuf al-Qaradawi als einen Moderaten, und das ist sicherlich auch seine Sichtweise."[673]

Schließlich erwähnen sie, es gebe „muslimische Gruppen und Scheichs mit einer radikalen Agenda", die al-Qaradawi „attackieren".[674] Damit wird aus jemandem, der zum *suicide bombing* in Israel aufruft, ein moderater Muslim, da es ja *noch* aggressivere Islamisten gebe. Wie zitiert, bezeichnet Gräf al-Qaradawi als Vertreter einer „Vision eines moderaten Islam".[675]

Al-Qaradawi ist gegen Homosexualität, gegen Abtreibung[676] und gegen selbstbestimmte Sexualität und steht zudem für einen

> „Euro-Islamismus, der mit einem freiheitlich-demokratischen Rechtsstaat und mit unveräußerlichen Menschenrechten unvereinbar ist."[677]

Der neueste Trend von Antisemiten *auch* im Westen ist das Feiern des Holocaust, wie es unter anderem im deutschsprachigen Teil des Internet-Portals *Facebook* in hunderten von Einträgen zumeist von Deutsch-Türken unmittelbar nach dem Aufbringen der Gaza-Flottille und ihres größten Schiffs, der *Mavi Marmara*, durch die israelische Marine am 31. Mai 2010 geschah (vgl. Kapitel 1.7.4).

Ein ägyptischer Fernsehsender feierte am 26. Januar 2009 in einem Hetzbeitrag des ägyptischen Predigers Amin al-Ansari[678] die Ermordung der europäischen Juden durch die Deutschen. Der Theologe Richard L. Rubenstein, Autor des 2009 veröffentlichten Buches *Jihad and Genocide*, schrieb 2010 zu al-Ansari:

> „Im Gegensatz zum iranischen Präsidenten Mahmoud Ahmadinejad unternimmt Al-Ansari keinen Versuch, den Holocaust zu leugnen. Im Gegenteil, er glorifiziert ihn als Allahs ‚Weg der Rache' an den Juden. Al-Ansari zeigt grafisches Filmmaterial der schrecklichsten Nazi-Grausamkeiten und sieht darin das Verhalten, welches Allah von den gläubigen Muslimen erwartet. In Al-Ansaris Erzählung sind die Deutschen unschuldige Opfer und die Juden die bösen Unterdrücker."[679]

Rubenstein analysiert, al-Qaradawi rufe nicht in einem unkontrollierten Ausbruch, vielmehr aus gezielter, islamistischer Perspektive heraus zum „Genozid" an den Juden auf. Judenmord sei gleichsam muslimische „Pflicht".[680]

Würde ein deutscher Neonazi, zum Beispiel Horst Mahler, den Holocaust lobende Reden halten, es würde mit großer Wahrscheinlichkeit keine Präsentation eines unkritischen Buches über ihn auf dem *internationalen literaturfestival berlin* geben. Wenn aber ein ägyptischer, in Qatar lebender Muslim wie Yusuf al-Qaradawi sich öffentlich genauso äußert und Hitler für den Holocaust dankt – dann ist das kein Grund, eine Lesung zu Ehren dieses Islamisten abzusagen. Es wird also mit zweierlei Maß gemessen: Neonazis: unerwünscht – Islamisten: gerne!

Man kann sich nicht neutral oder äquidistant zu Antisemitismus verhalten. Jedes Gewährenlassen ist eine Einverständniserklärung.

Gräfs Dissertation wird vom *Zentrum Moderner Orient* wie folgt beworben:

> „Die vorliegende Studie befasst sich mit den Veränderungen von Fatwas (islamische Rechtsmeinungen) durch Mediennutzung. Aus einem Genre des Rechts, so die These, entwickelt sich ein Genre der Medien, das nach anderen Regeln funktioniert und dementsprechend zu analysieren ist. Exemplarisch stehen ein Akteur, sein soziales Umfeld und seine Fatwas im Zentrum der Untersuchung. Es handelt sich um den 1926 in Ägypten geborenen Azhar-Gelehrten und sogenannten ‚Medien-Shaykh' Yusuf al-Qaradawi, der seit 1961 im Golfstaat Katar lebt, dem Sitz des Satellitenfernsehsender Al-Jazeera. Durch die Untersuchung des Form- und Funktionswandels seiner Fatwas in diversen Medien wird gezeigt, dass isla-misches Recht popularisiert und öffentlich in verschiedene Legitimations-diskurse integriert wird."[681]

Gräf und Skovgaard-Petersen nehmen in *Global Mufti* eine vorgeblich neutrale Haltung ein; sie geben vor, al-Qaradawi weder „zu verteidigen" noch „zu attackieren": „Our book is not intended to be a defence of, or an attack on, Yusuf al-Qaradawi".[682]

Antisemiten müssen aber attackiert werden – das ist die Lehre aus dem Holocaust. Wenn Lehrer in Deutschland einfordern würden, über den Nationalsozialismus neutral zu unterrichten, ihn weder zu verteidigen noch zu attackieren – was wäre dann los? Ein solches Ansinnen würde sofort und selbstverständlich abgelehnt werden – warum aber sollte bei Islamisten, die sich häufig explizit positiv auf den SS-Staat, Hitler und die Deutschen des Nationalsozialismus beziehen, anders verfahren werden?

Das Promoten des Antisemiten und Islamisten al-Qaradawi von Seiten deutscher Islamwissenschaftler beruht nicht auf Naivität. Sie wissen, was sie tun, und ignorieren ganz gezielt längst bekannte Kritiken wie jene des Islamwissenschaftlers Herbert Landolin Müller, eines bekannten Islamismusexperten in der Bundesrepublik, der sich schon in seiner Dissertation 1991 mit der Beziehung zwischen Deutschland und dem Jihad befasste.[683] 2005 schrieb Müller:

> „Wenn einer der einflussreichsten, aber auch schillerndsten Gelehrten der islamistischen Bewegung, Yusif al-Qaradawi, in Deutschland als ein ‚Beispiel für islamischen Pluralismus' bezeichnet wird, Experten zur Relativierung seines Einflusses islamistische Positionen bemühen, weist das durchaus auf nicht vereinbare Positionen hin. Problematisch ist, dass eine solche Expertise ihren Rezipientinnen die Diskussion um einen solchen Vordenker in der arabisch-islamischen Welt verschweigt oder einfach nicht à jour ist hinsichtlich der Tatsache, dass arabische Intellektuelle den einflussreichen Rechtsgelehrten ‚als geistigen Brandstifter' einstufen und ‚ihn in die Nähe von Terroristen wie al-Zarqawi' stellen."[684]

2.4) Hanafi: Ägyptischer Antiimperialismus und Antisemitismus

Nach dem Sturz des ägyptischen Präsidenten Hosni Mubarak im Februar 2011 stellen sich viele Fragen. Die offensichtliche Gefahr, die von der Muslimbruderschaft ausgeht, wird häufig negiert oder komplett ausgeblendet. Die meisten Kommentatoren betonen euphorisch, die Islamisten bestimmten die Szenerie nicht; vielmehr habe jetzt die Demokratie eine Chance. Viele Journalisten gerieren sich als Nahost- und Ägyptenexperten, häufig ohne substanziell und hintergründig über die Politik, Kultur und Wissenschaft dieses Landes zu berichten.

Der Blick auf einen in Deutschland verehrten marxistischen Linken Ägyptens mag aufschlussreich sein: Hassan Hanafi, einer der bekanntesten Philosophen Ägyptens und langjährigen Professor an der Universität Kairo. Hanafi – Jahrgang 1935, früher (wie in den 1950er Jahren) ein glühender Anhänger von

Präsident Nasser[685] und als junger Mann Mitglied bei den Muslimbrüdern – ist heute ein Anhänger der Antiglobalisierungsbewegung.

Er wird im Westen und in Deutschland gern als ‚Dissident' dargestellt, der sich kritisch über den Islam äußere. Die Leiterin des *Instituts für Islamwissenschaft* der FU Berlin, Gudrun Krämer, bezeichnet Hanafi als „Muslim Luther".[686] Seit 2001 ist Hanafi Vizepräsident der *Arabisch-Philosophischen Gesellschaft* und seit 1976 Generalsekretär der *Ägyptisch-Philosophischen Gesellschaft*. 1998 war er Gastprofessor an der *Universität Bremen*[687], die *Johann-Wolfgang-von-Goethe-Universität Frankfurt am Main* engagierte Hanafi im Sommersemester 2009 als Gastprofessor und konstatierte lapidar, er sei „einer der bekanntesten islamischen Philosophen unserer Zeit".[688] 2008 präsentierte die *Konrad-Adenauer-Stiftung* (KAS) Hanafi als Teil einer Gruppe von ägyptischen „Muslim freethinkers".[689]

Die *Neue Zürcher Zeitung* (NZZ) publizierte 2006 einen Artikel des jordanischen Schriftstellers Fakhri Salih. Darin wird Hanafi verteidigt; lediglich Salafisten wie auch andere Islamisten, die den Koran bis heute wortwörtlich nehmen, werden kritisiert:

> „Vor diesem Hintergrund ist unlängst eine erhitzte Debatte aufgebrochen, als der Islamwissenschafter Hassan Hanafi den Koran als einen ‚Supermarkt' bezeichnete, aus dem sich jeder herausgreifen kann, was ihm dienlich ist. Hanafi, der an der Universität Kairo gelehrt hat und als Fachmann für islamische Geistesgeschichte gilt, brachte diesen Gedanken im Rahmen eines Symposiums in der Bibliotheca Alexandrina vor. Die Reaktion in den arabischen Medien war – weit über die Grenzen Ägyptens hinaus – heftig und trug dem Gelehrten den Vorwurf der Blasphemie ein."[690]

Es ist schrecklich, wenn Islamisten Hanafi bedrohen. Zeitweise stand er deshalb unter Polizeischutz.[691] Die Existenz radikalerer Strömungen im Islamismus sagt jedoch gar nichts darüber aus, was Hanafi selbst über den Islam und die Geschichte des Islam zu sagen hat. 2003 äußerte sich in einem aufschlussreichen Interview mit dem Internet-Portal *www.qantara.de*[692]:

> „Der Islam ging von der Idee des Glaubens an den Einen Gottes aus, das heißt, dass die ganze Welt vor einem einzigen Gott gleich ist und einem einzigen Prinzip und den gleichen humanistischen Werten verpflichtet ist, unabhängig von der Zugehörigkeit zu einer Rasse oder einer Nation. Der Islam hat keine Kinder oder alten Menschen getötet, keine Häuser zerstört, wie es Israel derzeit in Palästina tut. Als die arabischen Muslime nach Ägypten kamen, wurden sie von den Ägyptern als Befreier begrüßt. Der Islam kam nicht als Eroberer, sondern als Befreier zu den Völkern."[693]

Man könnte ganz aktuell die Bewohner des (Süd-)Sudan – und vor allem jene der (westlichen) Region Darfurs – fragen, wie befreit sie sich fühlten, als die Islamisten und Araber des Nord-Sudan sie terrorisierten und in den letzten Jahren zu Hunderttausenden ermordeten.

Wie selbstverständlich vertritt Hanafi eine Form der Blutbeschuldigung, der „Blood Libel", wenn er, wie oben zitiert, Juden und Israelis unterstellt, gezielt Kinder zu töten.

2004 nahm Hanafi an einem Projekt über den „Fortschritt weltweit" teil. In einem dort publizierten Artikel *From Orientalism to Occidentalism* spricht er sich in antisemitischer Manier gegen „apartheid in South-Africa and Zionism" aus.[694] Er setzt die ehemals tatsächliche Apartheid in Südafrika mit einer angeblichen Apartheid im jüdischen Staat Israel gleich; das ist ein bekanntes Muster des heutigen Antisemitismus. Bemerkenswert ist, dass die deutsche Bundesregierung, das *Goethe-Institut* und die *Gesellschaft für Technische Zusammenarbeit* (GTZ) derlei fördern und publizieren; der Text ist bis heute online einsehbar.[695]

Der Islamwissenschaftler Martin Riexinger befasst sich in seiner an der *Universität Tübingen* eingereichten Magisterarbeit aus dem Jahr 1996 kritisch mit Hanafi.[696] Hanafi ist ein Vertreter einer „islamischen Linken", er ist im „Widerstand gegen den Imperialismus" zuhause und will die muslimische „Umma" hinter sich vereinen, wie Riexinger schreibt.[697]

Demnach gibt es für Hanafi sieben Hauptprobleme, denen sich die islamische Welt gegenübersieht: 1) besetzte muslimische Gebiete, vor allem „Palestine"; 2) Freiheit versus arabische Tyranneien; 3) soziale Gerechtigkeit; 4) Einheit statt Fragmentierung; 5) Identität statt Verwestlichung; 6) materieller Fortschritt für die Massen; 7) die Mobilisierung der Massen gegen deren Passivität.[698]

Riexinger analysiert Hanafis Ideologie und den von westlichen Forschern (gern) übersehenen Antisemitismus:

> „Die Analyse von Hanafis Schriften über Kapitalismus hat gezeigt, dass er Gebrauch macht von dem rhetorischen Repertoire des konservativen Antikapitalismus. Im Islam, wie auch in der westlichen Welt, geht diese Form von Antikapitalismus fast immer mit der negativen Stereotypisierung der Juden als der unbarmherzigen Kraft hinter dem System einher. Das ist auch bei Hanafi der Fall. Mit der Ausnahme von Yadlin gehen alle westlichen Autoren über diesen verstörenden Aspekt in Hanafis Oeuvre hinweg! Zudem zwingen einen seine Attacken den angeblich progressiven Charakter seiner neuen Hermeneutik des Koran in

> Frage zu stellen: Sein Artikel ‚Hal yajuzu shar'an al-sulh ma'a Bani Israel'il', in welcher er auf die Juden allgemein einschlägt, ist eines der Beispiele für tafis al-madmun. Der Artikel ist als Fatwa konzipiert. Hanafi sagt, dass er lediglich das Problem von einem rechtlichen Standpunkt aus betrachten möchte. Darüber hinaus fußt sein Text ausschließlich auf Äußerungen des Korans zu den Juden. Seine Absicht ist es, der staatlich kontrollierten Propaganda der Medien, welche Israel in einem positiven Licht darstellen, etwas zu entgegen. Ebenso möchte er den Meinungen einiger ‚anderer von uns' (Autoren und Filmdirektoren), welche die Juden als gewöhnliche Menschen und nicht als hakennasige Shylock-Figuren darstellen, entgegen treten."[699]

1984 sprach Hanafi in Tunesiens Hauptstadt Tunis auf einem Kongress, der dem „Zionist Crusade against the Islamic Heritage"[700] („zionistischen Kreuzzug gegen das islamische Erbe") gewidmet war, was sprachlich besonders perfide ist, da Juden im Mittelalter Opfer der Kreuzzüge waren. Die Freimaurerei sei von den Juden unterwandert worden, um „nationale Identität" zu zerstören und einen „Kosmopolitismus" zu propagieren. Hanafi wendet sich gegen die Religion der Bahai, die die Muslime vom „Jihad" entfremdeten.[701] Er unterstellt den Juden in der Tradition der *Protokolle der Weisen von Zion* einen „zionistische Kreuzzug" und die Kontrolle von Forschungsinstituten. Die Juden seien wesentliche Figuren im Diskurs des „Orientalismus". Hanafi erwähnt die *Protokolle der Weisen von Zion* explizit als Quelle und sieht die Juden als Drahtzieher hinter dem „Orientalismus", wie Riexinger analysiert.[702]

Hanafi wandte sich gegen den ehemaligen ägyptischen Präsidenten Sadat, der mit Israel Frieden schloss und deshalb ermordet wurde. Sadat, der Jahrzehnte zuvor dem Nationalsozialismus positiv gegenüberstand und mit den Deutschen im Zweiten Weltkrieg kooperierte[703], plante ein interreligiöses Zentrum auf der Sinai-Halbinsel, wo für Hanafi fälschlicherweise eine Versöhnung von Arabern und Juden angestrebt werden sollte, was für ihn undenkbar ist, da es keine Vermittlung zwischen „den Völkern (shu'ub) und dem Imperialismus"[704] geben könne. Diese Analyse von Riexinger steht ziemlich alleine im Mainstream deutscher Islamwissenschaft. Sie liefert quellenbasierte Analysen über die gegenwärtige Philosophie in Ägypten am Beispiel Hanafis, der in Deutschland bis heute unkritisch rezipiert und honoriert wird.

Wenn heute viele euphorisch und kopflos die Revolte in Ägypten unterstützen, sollte man wissen, was für ‚Philosophen' dieses Land hervorgebracht hat und wer Hassan Hanafi ist. Er steht für eine sozialistische, gegen die Globalisierung gerichtete Form des Antizionismus und ergänzt den Islamismus der Muslimbrüder und anderer Organisationen auf international anerkannte Weise. Das sollte nachdenklich stimmen, ist die Reputation, wie sie Hanafi seit Jahrzehnten genießt, doch ein Zeichen dessen, was *en vogue* ist. Sein Antisemitismus hat Hanafi nicht geschadet – eher wirkte er wie ein Türöffner.

Hosni Mubarak wurde auf den Demonstrationen im Januar und Februar 2011 häufig als Freund Israels, als Jude und als Nazi dargestellt und zum Abschuss freigegeben. Plakate mit seinem Gesicht wurden mit Davidsternen versehen, ein typisches Muster des Antisemitismus – die Herrschenden werden als abhängig von Israel imaginiert, eine Verschwörung wird dabei herbeifantasiert. Das *American Jewish Committee* hat einige dieser Plakate dokumentiert.[705]

Zudem wurde in Ägypten kurz zuvor von Seiten des Gouverneurs des Süd-Sinai die Verschwörungstheorie verbreitet, Israel habe Haie angeheuert, um die Touristen aus Ägypten zu verscheuchen.[706] Und schließlich lehrt Hassan Hanafi seit Jahrzehnten, Israel sei ein Apartheidstaat, Teil des Imperialismus und gegen ‚das gute Volk'. Hanafi nennt sich selbst einen „aufgeklärten Islamisten", wie die Pulitzer-Preisträgerin Caryle Murphy ihn 2002 zitierte.[707]

Aufklärung ist Religionskritik und jede Form von Islamismus das Gegenteil davon. Wer Religion als wichtig für die Gesellschaft und die politische Gestaltung erachtet und sie nicht *ausschließlich* als Teil der Privatsphäre betrachtet, ist kein Aufklärer.

Wie steht es um die Kritik am Apriori des Islam, das man während des Aufruhrs in Ägypten unter anderem beim öffentlichen Beten und beim Tragen von Kopftuch und Schleier sehen konnte? Eine Analyse der Ideologie Hanafis kann lehren: Wirkliche und nicht ‚islamistische' Aufklärung sollte auf die Tagesordnung gesetzt werden.

Die linke Revolutionsromantik von den grundsätzlich ‚guten (arabischen) Massen' ist kontraproduktiv. Wenn selbst ein ‚Dissident' oder ‚Kritiker' wie Hanafi, dem es in seinen Texten oft um ‚die guten Massen' geht, seit Jahrzehnten Islamismus, Antisemitismus und Antizionismus verbreitet, ist das ein Indikator, *wie tief* Antisemitismus und der Islamismus in der arabischen und muslimischen Welt des Nahen Ostens verankert sind.

3) Antisemitismus

> „Der Antisemitismus ist eine schwerwiegende Kränkung des Menschen im allgemeinen. Die Juden wurden verfolgt, weil sie es waren, und nicht auf Grund ihrer Meinungen oder ihres Glaubens: Die Existenz selbst wurde ihnen verweigert; man warf ihnen nicht vor, dies oder jenes zu äußern, man warf ihnen vor, zu sein. Bis zu einem gewissen Punkt erstreckt sich diese Verweigerung noch heute auf die Existenz des Staates Israel. Man glaubt Israel eine außerordentliche Konzession, ein Gratisgeschenk zu machen, wenn man ihm das Recht einräumt, zu existieren..., als wäre diese Anerkenung nicht das elementare und vitale Recht, das jeder Mensch bei jedem anderen Menschen zu respektieren hat, und zwar ohne Verhandlungen irgendwelcher Art, ohne irgendeinen Anspruch auf Dankbarkeit."
>
> VLADIMIR JANKÉLÉVITCH, Philosoph, 1971[708]

Antisemitismus ist Feindschaft gegen Juden und gegenüber dem jüdischen Staat Israel. Nazis, Rechtsextreme und Islamisten agitieren häufig explizit gegen Juden und produzieren alle möglichen antisemitischen Ressentiments. Viele Linke hingegen geben vor, gegen Nazis zu sein. Sie produzieren jedoch eine viel salonfähigere Agitation gegen Juden, indem sie sich gegen den jüdischen Staat Israel wenden. Manche plädieren ganz offen für einen binationalen Staat, andere kämpfen für ein ‚Rückkehrrecht' der so genannten palästinensischen Flüchtlinge. Das jedoch ist ein Phantasma, da nur wenige der 1948 auf israelischem Gebiet lebenden Araber („Palästinenser") damit gemeint sind; zu den mehreren Millionen ‚Flüchtlingen', von denen in diesem Zusammenhang die Rede ist, gehören vor allem die Kinder und Kindeskinder der damaligen Flüchtlinge. Das ist an Absurdität nicht zu übertreffen. Wie kann ein Mensch, der nie in „Palästina" lebte und 1995 oder 1971 in Berlin oder Paris geboren wurde, ein ‚Rückkehrrecht' haben? Dieses ‚Recht' wird von den Eltern oder Großeltern vererbt, so die abstruse Logik. Wer für ein ‚Rückkehrrecht' dieser Personengruppe eintritt, möchte die Mehrheitsverhältnisse in Israel kippen. Israel ist ein jüdischer Staat, ein für allemal. Der jahrtausendealte Antisemitismus Europas wie auch der Antisemitismus der Araber und Muslime insbesondere seit dem 20. Jahrhundert machen diesen Extrastatus notwendig. Hinzu kommt die Tatsache, dass Juden die längste Siedlungsgeschichte in Israel haben. Lange bevor es das Christentum gab – und erst recht lange bevor der Islam entstand –, lebten schon Juden in Jerusalem und in Israel.

Wie aber befasst sich die Islam- und Nahostforschung mit dem Antisemitismus? Im Jahr 2006 war die Islamwissenschaftlerin Gudrun Krämer Gastherausgeberin einer Ausgabe von *Die Welt des Islams* zu diesem Thema. Neben ihr schrieben Michael Kiefer, Alexander Flores und Stefan Reichmuth die Beiträge dieses Heftes.

Der Historiker und Islamwissenschaftler Alexander Flores (Jg. 1948) von der *Hochschule Bremen*, wo er „Wirtschaftsarabistik"[709] lehrt, verneint in seinem Beitrag[710], dass der arabische Antisemitismus die Ursache des Nahostkonflikts ist, und schiebt die Schuld stattdessen der „zionistischen Bewegung"[711] seit Ende des 19. Jahrhunderts zu. Die Ablehnung des Teilungsplans durch die Araber im Jahr 1947 erwähnt er nicht; er schreibt lediglich, es sei kein palästinensischer Staat entstanden.[712] Flores behauptet, der Antisemitismus unter Palästinensern und Arabern werde nach dem Ende des Nahostkonflikts zurückgehen oder sich sogar auflösen. Der Historiker Robert Wistrich kritisiert ihn:

> [Flores] „reduziert einfach die Verbreitung von antisemitischen Einstellungen auf das jeweilige Niveau des israelisch-palästinensischen Konflikts."[713]

3.1) Simon Wiesenthal über den Großmufti, 1947

Alexander Flores[714] wehrt Analysen des neuen Antisemitismus wie beispielsweise jene von Matthias Küntzel genauso ab[715], wie er die frühe Kritik des Holocaustüberlebenden Simon Wiesenthal am Großmufti von Jerusalem, al-Husaini, aus dem Jahr 1947 aggressiv abfertigt:

> „Für ein hochgradig negatives Bild des Mufti siehe Simon Wiesenthal, Großmufti – Großagent der Achse, Salzburg/Wien: Ried 1947."[716]

Flores behauptet, antisemitische Statements von al-Husaini seien das Resultat der Politik der Zionisten gewesen – damit produzieren er und *Die Welt des Islams* das antisemitische Ressentiment, wonach Juden sowohl historisch als auch gegenwärtig selbst schuld am Judenhass seien. Flores schreibt:

> „Der Mufti kollaborierte mit Nazi-Deutschland, und er gab antisemitische Statements von sich. Allerdings war sein Antisemitismus nicht mit dem europäischen gleichzusetzen. Er war in erster Linie eine Folge der zionistischen Politiken und des Schadens, den diese den Palästinensern zufügten."[717]

Simon Wiesenthal wird wenige Zeilen später als „Feind der Palästinenser" vorgestellt – und nicht etwa als ein Jude, der mit knapper Not die Shoah überlebte.[718]

Die Leser von *Die Welt des Islams* erfahren nicht, was in Wiesenthals Schrift *Großmufti – Großagent der Achse* steht. Statt zu betonen, dass Simon Wiesenthal (1908–2005) sich bereits 1947 intensiver mit dem Großmufti beschäftigt hat als die meisten deutschen Islamforscher seither, wird 2006 von der in Deutschland führenden islamwissenschaftlichen Fachzeitschrift die Analyse und Kritik des Großmufti aus der Feder Wiesenthals abgetan.

Dabei ist ein Blick in diese Broschüre von Simon Wiesenthal aufschlussreich.[719] Manche Aspekte des Islamismus und der deutsch-arabischen Beziehungen, die in den letzten Jahren von wenigen Publizisten, Historikern und Politologen (selten von Islamwissenschaftlern) etwas näher beleuchtet wurden (manchmal mit dem Duktus, etwas gänzlich Neues entdeckt zu haben), wurden bereits damals angesprochen. Einige zentrale Ergebnisse seien hier stichpunktartig aufgeführt. Dabei geht es nicht darum, alle Einzelheiten mit heute zugänglichen Archivquellen und wissenschaftlicher Literatur zu stützen oder zu verifizieren; vielmehr gilt es zu zeigen, was man bereits 1946/1947 wissen konnte und worauf zu reflektieren wäre:

- Wiesenthal dokumentiert zu Beginn der Arbeit eine ganze Reihe von Fotografien[720], die das innige Verhältnis al-Husainis zu den Nazis bzw. den Deutschen und Österreichern des Nationalsozialismus veranschaulicht: Ein Bild aus der *Wiener Illustrierten* vom 12. Januar 1944 zeigt, wie der Großmufti beim Abschreiten eines „mohammedanischen Totenkopfverbandes" in Sarajevo den „Nazigruß" entbietet; andere Fotos zeigen al-Husaini mit Hitler in der Reichskanzlei am 9. Dezember 1941 [das Datum ist wohl falsch; gemeint ist vermutlich das Treffen vom 28. November 1941, d.V.[721]); die Eröffnung des *Islamischen Zentralinstituts* in Berlin am 18. Dezember 1942 mit dem Großmufti als Redner; die *13. Freiwillige bosnisch-herzegowinische SS-Gebirgsdivision Kroatien*; Adolf Eichmann, der dem Großmufti einen „tapferen" SS-Mann vorstellt. Hinzu kommt ein Zeitungsausschnitt mit dem Schriftzug „Der Großmufti von Jerusalem bei den bosnischen Freiwilligen der Waffen-SS".
- Simon Wiesenthal betont, wie gefährlich es ist, unmittelbar nach dem Ende des Nationalsozialismus einen Mann, der von den Verbrechen gegen die Juden wusste und sogar aktiv daran beteiligt war, nicht zu bestrafen. Das würde in der arabischen Welt als Schwäche des Westens bzw. der Alliierten aufgefasst werden. Ein

wichtiger Aspekt, wenn man an die Schwäche vieler Staaten, insbesondere der geistigen Eliten im Westen, im Verhalten gegenüber dem Iran und dem Islamismus insgesamt seit 9/11 denkt. Wiesenthal schreibt: „Die Straflosigkeit seiner Taten hat sein Prestige unter den Arabern gehoben und die Phantasie der auf niedrigem sozialen und kulturellen Niveau stehenden Halbnomaden gereizt. In dieser Straflosigkeit sehen sie nicht nur eine Schwäche der Europäer, sondern auch Absolution für geschehene und kommende Ereignisse."[722]

- Al-Husaini agitierte bereits Anfang der 1920er Jahre gegen Engländer und Juden und projizierte die Schuld für die Armut der Fellachen (Bauern) in Palästina auf diesen beiden Gruppen, was unter anderem zu antijüdischen Attacken wie jener am 1. Mai 1921 in Jaffa führte.[723]
- Die Nazis sahen ihre „Bewegung" als „Volkstumsbewegung", wobei Deutschen im Ausland eine große Bedeutung zukam. Seit dem 19. Jahrhundert lebten nichtjüdische Deutsche in Palästina, darunter „Nachkömmlinge der Württembergischen ‚Unitarier'". „Die vielen Waisenhäuser, Lehrseminare und Institute in Jerusalem, Bethlehem, Beirut, Smyrna und anderen Orten des Nahen Ostens entwickelten sich zu Pflanzstätten nationalsozialistischer Geisteshaltung und zu Schulungsburgen brauner Terroristen, Sabotageagenten und Spionen des deutschen Imperialismus."[724]
- „Die deutschen Kolonien hißten die Hakenkreuzfahnen, um ihre Verbundenheit mit der Naziideologie zu dokumentieren."[725]
- Der Großmufti kooperierte mit den Deutschen im Nahen Osten; Wiesenthal betont, dass eines der Ziele al-Husainis „die Vernichtung des palästinensischen Judentums und die Streichung aller historischen Rechte der Juden auf Palästina"[726] war.
- Al-Husaini unterstützte die Ermordung der europäischen Juden, wie zum Beispiel aus einem Brief an den ungarischen Außenminister vom 22. Juni 1944 hervorgeht. Darin heißt es: „Daher möchte ich die ungarische Regierung bitten, alle erforderlichen Befehle an die zuständigen Stellen zu erteilen, daß den Juden die Ausreise verhindert wird und Maßnahmen zu treffen, damit die Auswanderung der Juden nach Palästina offen oder geheim aufhört."[727]

- Der Großmufti wusste vom führenden Organisatoren des Holocaust Adolf Eichmann persönlich, was mit den Juden geschah. Nachdem Eichmann im März 1944 in Linz mit seinen engsten Mitarbeitern seine Pläne für Ungarn dargelegt hatte, teilte er kurze Zeit später al-Husaini mit, dass dieser „‚Zeuge wichtiger Ereignisse sein werde'". „Eichmann fand sich veranlaßt seinen Freund Haj Amin eine Freude zu bereiten. Er lud ihn nach Ungarn ein. Tatsächlich kam der Großmufti in Begleitung von Rashid Ali Beg Kaylani[Rashid Ali al-Kailani, d.V.] nach Budapest, um der Hinschlachtung wehrloser unschuldiger Menschen als zukünftiger Herr des geeinten Islams beizuwohnen und als Vertreter Allahs auf Erden zu segnen. Das Verderben des ungarischen Judentums ging seinen Weg. Massendeportationen und Ausrottungen nach dem in den besetzten Ostgebieten angewandten System sollten dazu dienen, die Endlösung im Sinne der nordischen Herrenrasse und des arabischen Feudal-Nationalismus herbeizuführen."[728]
- Am 13. Mai 1941 berichtete der *Völkische Beobachter*, wie Zeitungsverkäufer in Deutschland auf den Straßen riefen: „Der Großmufti ruft zum heiligen Krieg." Für eine Analyse der politischen Kultur und der antisemitischen Volksgemeinschaft der Deutschen ist es von großem Interesse zu sehen, wie der Islam, repräsentiert durch den Großmufti al-Husaini, im nationalsozialistischen Deutschland ganz offensiv als Freund der Deutschen angepriesen wurde.[729]
- Sodann erwähnt Wiesenthal drei Beispiele, wie der Großmufti via Radio seine Propaganda verbreitete: 1) zeigt er, wie im Mai 1941 der Aufstand im Irak gegen England von al-Husaini durch das Radio unterstützt wurde.
- Dann geht es 2) um das italienische „Impero Romano": „Diesem Zweck diente der Rundfunksender Bari, der regelmäßige Sendungen in arabischer Sprache an die Mohammedaner Afrikas und des Nahen Ostens sendete. In diesen Sendungen wurde Benito Mussolini als größter Freund des Islams gefeiert. (...) Regelmäßig sprach el Husseini im Sender Bari, durch den er die Moslems zum Widerstand gegen die Alliierten aufrief. (...) Die Agenten der Achsenmächte wußten zu berichten, daß während der Senderzeiten des

Bari-Rundfunks sich die Kaffeehäuser im Nahen Osten leerten und die Efendis nach Hause gingen, um den Großmufti zu hören."[730]

- Die in letzter Zeit näher betrachtete Bedeutung von Rundfunksendungen, die von Nazi-Deutschland aus in die arabische Welt übertragen wurden (vgl. Kapitel 1.4[731]), war 3) bereits Wiesenthal wohlbekannt: So „wurde in Berlin in der Reichskanzlei am 9. Dezember 1941 [er meint vermutlich, wie oben bereits erwähnt, das Treffen vom 28. November 1941, d.V.] in Anwesenheit des Reichsaußenministers von Ribbentrop, der Großmufti durch Hitler feierlich empfangen. Dieser Empfang wurde durch die Nazipresse als Staatsaktion von größter Bedeutung dargestellt. Bei diesem Empfang wurden allgemeine Fragen des Nahen Ostens besprochen und die Einrichtung arabischer Sendungen im Berliner Rundfunk gutgeheißen. Der Großmufti hat zu diesem Zwecke einen arabischen Speaker vorgeschlagen – Yurmas el Bari vom irakischen Informationsministerium, welches Rashid Ali Kaylani gründete."[732]
- Ebenso erwähnt Wiesenthal die Gründung des „Islamischen Zentralinstituts" in Berlin[733], das die Radiosendungen in Berlin und Bari unterstützen sollte. „Jede noch so infantile Lüge Goebbels wird vom Großmufti als Großkundgebung an die mohammedanische Welt durch den Nazirundfunk in den Äther hinausgeschrien."[734]
- Bei einem Empfang im Reichsluftfahrtministerium im Mai 1943, zwei Jahre nach dem irakischen Aufstand, sprachen der Großmufti und Rashid Ali Beg Kaylani und betonten „die ‚Ewige deutsch-arabische Freundschaft'."[735]
- Schließlich erwähnt Wiesenthal die Situation der Muslime in der Sowjetunion und die Versuche der Deutschen, diese Muslime sowie später muslimische sowjetische Kriegsgefangene[736] für Hitler zu begeistern und sie zum Kampf gegen die UdSSR zu animieren. Dabei spielten Fallschirmspringer eine Rolle: „Am 30. August 1942 wurde diese, vom Großmufti gesegnete Gruppe, 70 km südöstlich von Grosnyi, hinter den sowjetrussischen Linien im Kaukasus abgesetzt. Diese Gruppe sollte ein Netz von Agenten bilden, die Sabotageakte gegen die sowjetischen Frontverbindungslinien durchführen sollten. Diese Aktion war in den deutschen Geheimakten als ‚Plan Mohammed' bezeichnet."[737]

- Wir wissen heute um die Bedeutung der muslimischen (Ex-) Sowjetbürger für die Entwicklung des Islamismus nach 1945 (vgl. Kapitel 4.6). Bemerkenswert ist allerdings, dass die islamistisch-antikommunistische und pro-nationalsozialistische Position des Großmufti bei einigen seinerzeit führenden Muslimen in der Sowjetunion offenbar auf Ablehnung stieß, wie Wiesenthal zu berichten weiß: „Die mohammedanischen Sowjetbürger und speziell die religiösen Kreise, ließen sich nicht durch die Söldner Haj Amins mißbrauchen, sondern nahmen sofort scharfe Stellung gegen ihn ein. Der erste Scheich des Islams von Transkaukasien, Ahmed Aga Ali Zade und der Mufti von Ufa, Abdul Rahman Rasulajew [Abd ar-Rahman Rasulajew, d.V.], offiziell ‚das Haupt des Zentralrates der religiösen mohammedanischen Zentren in der Sowjetunion' genannt, griffen den Großmufti sehr heftig an. Rasulajew, den man volkstümlich den Sowjetmufti nennt, richtete mehrere sehr leidenschaftliche Anklagen gegen den Großmufti von Jerusalem, die an Heftigkeit kaum zu überbieten sind. Er beschrieb ihn als ‚jämmerlichen Verräter', ‚Gestapoagent' und als ‚Faschistensöldling'. Einmal war er so aufgebracht gegen den Großmufti, daß er ihn als ‚Anbeter des Nazigottes Wotan' bezeichnete."[738]
- Ob diese Muslime selbst in ihren Gebieten nicht auch Vertreter des Islamismus waren, sei dahingestellt. Es ist in jedem Fall bedeutsam, wenn sie sich ausgesprochen antifaschistisch über die Nationalsozialisten äußerten. Eine Befassung mit der Geschichte der antinazistischen Muslime in der Sowjetunion wäre interessant – es könnte zum Beispiel zum Vorschein kommen, dass die Position des Großmufti nicht unhinterfragt blieb, jedenfalls in der Sowjetunion –, da der Mufti in der Tat ein „Faschistensöldling" war (der von sich aus die Nähe zu den Nazis suchte). All diese Fragen scheinen das Fachjournal *Die Welt des Islams* jedoch nicht zu interessieren – warum sonst fertigte sie diese sehr aufschlussreiche Broschüre von Simon Wiesenthal aus dem Jahr 1947 im Jahr 2006 ab?

3.2) *Die Welt des Islams* und der Antisemitismus

In der untersuchten Ausgabe von *Die Welt des Islams* zum Antisemitismus geht Stefan Reichmuth[739] auf den ersten Blick etwas vorsichtiger zu Werke als der oben analysierte Alexander Flores. Reichmuth ist Professor für „Orientalistik" an der *Ruhr-Universität Bochum*[740] und seit 2002 Herausgeber[741] von *Die Welt des Islams*. Seine Analyse eines saudi-arabischen Autors, Safar al-Hawali, und von dessen Schrift *Day of Wrath* („Tag des Zorns") dreht sich um das apokalyptische Denken und die antiisraelische Agitation dieses nicht nur in Saudi-Arabien, sondern auch darüber hinaus bekannten Islamisten. *Day of Wrath* wurde Ende 2000 oder Anfang 2001 publiziert und bezieht sich auf die zweite *Intifada*, die seit Herbst 2000 im Gange war. Al-Hawali wendet sich gegen die strategische Partnerschaft Saudi-Arabiens mit den USA und wird von Reichmuth als ein Vordenker Bin Ladins dargestellt.[742] Reichmuth setzt christliches (‚pro-zionistisches') und jüdisch-apokalyptisches Denken mit muslimischem und arabischem Antisemitismus gleich, um nichts Substanzielles über den heutigen Antisemitismus im arabischen Raum sagen zu müssen:

> „Für sich allein genommen mag ‚Day of Wrath' als blinde und ätzende Attacke erscheinen, welche auf verfälschten Interpretationen des biblischen Texts aufbaut. Wie aber gezeigt wurde, muss das Buch im Kontext der gegenwärtigen jüdischen und christlichen apokalyptischen Tendenzen gelesen werden, da es sich so stark mit ihnen befasst und sogar viele ihrer Konzepte und Interpretationen der Bibel übernimmt. Zusammengenommen illustrieren sie eine allgemeine Re-Sakralisierung der politischen Sprache, welche im Nahen Osten insgesamt in den letzten Jahrzehnten beobachtet werden kann. In Israel selbst wurde der weltliche Zionismus nach 1967 scharf vom militanten, religiösen Messianismus der Gush Emunim und anderer orthodoxer jüdischer Gruppen herausgefordert, und amerikanische politische Einstellungen zu der Region sind zunehmend unter den Einfluss des christlichen Zionismus geraten."[743]

Reichmuth insinuiert, christliches oder jüdisches apokalyptisches Denken bestimme den Alltag in Israel, in pro-israelischen Kreisen der USA, Europas oder anderen Teilen der Welt – und das setzt er in Beziehung zum Selbstmordterrorismus des Islamismus à la Bin Ladin, der, wie Reichmuth zugesteht, von al-Hawali inspiriert worden zu sein scheint. Reichmuth setzt Täter (Islamisten) und Opfer (vor allem Juden, aber auch Christen, siehe etwa die Massaker an Christen in Ägypten und im Irak im Jahr 2010) gleich. Der Herausgeber von *Die Welt des Islams* wehrt jedwede Analyse der Spezifik des heutigen arabischen und muslimischen Antisemitismus ab. Al-Hawali lobe neuerdings Amerika, da es eine Vorliebe für die „Theologie des Unitarismus" habe, behauptet er zudem.[744] Al-Hawali hatte am 15. Oktober 2001, wenige Wochen nach 9/11, einen offenen Brief an den US-Präsidenten George W. Bush geschrieben, in dem er unter anderem die Sehnsucht der Muslime nach einer Rückeroberung Spaniens zum Ausdruck brachte.[745]

Reichmuth behauptet, im Nahen Osten könne „in den letzten Jahrzehnten" *allgemein* eine „Re-Sakralisierung der politischen Sprache" „beobachtet werden".[746] Diese Rationalisierung des arabisch-muslimischen Antisemitismus spricht Bände. Dann bezieht sich der Islamforscher positiv auf die Heftherausgeberin und Kollegin Gudrun Krämer und einen ihrer Aufsätze zu al-Qaradawi, selbstredend ohne zu erwähnen, dass sie in diesem Artikel den in Qatar lebenden islamistischen Antisemiten als Vertreter eines „moderaten Islam"[747] bezeichnet.[748]

Der Islamwissenschaftler Michael Kiefer[749] von der *Universität Erfurt*[750] erwähnt in der gleichen Ausgabe viele Beispiele für antisemitische arabische und muslimische Autoren – wie Sayyid Qutb und dessen Schrift *Unser Kampf mit den Juden*[751], *die Juden im Koran* von Afif al-Fattah Tabarra, einem Hitler-Anhänger[752], und den Islamisten Sayyid Tantawi sowie dessen Schrift *Das Volk Israels in Koran und Sunna*[753] – und gesteht, der Antisemitismus in Nahen Osten basiere auf dem Koran, den Hadithen sowie den *Protokollen der Weisen von Zion*. Kiefer weigert sich jedoch, von islamischem oder muslimischem Antisemitismus zu sprechen; er plädiert stattdessen für den Ausdruck „islamisierter Antisemitismus".[754] Zwei weitere Aspekte seines Artikels sind problematisch: Kiefer behauptet, der Antisemitismus im Nahen Osten habe sich erst Ende der 1970er Jahre entwickelt, nach dem am 26. März 1979 in Camp David geschlossenen Friedensvertrag Ägyptens mit Israel und nach der iranischen Revolution von 1979. Darüber hinaus behauptet Kiefer, Israel sei erst ungefähr ab diesem Zeitpunkt zu einem Feindbild der Araber und Muslime geworden, zuvor sei der „postkoloniale Staat" der Angriffspunkt von Islamisten und anderen Radikalen gewesen.[755] Das ist vor dem Hintergrund der Weigerung der Araber, die 1947 von der UNO beschlossene Zweistaatenlösung anzunehmen, angesichts des Krieges gegen Israel 1948 sowie eingedenk der Vertreibung hunderttausender Juden aus den arabischen Ländern ab 1948 eine gewagte These. Kiefer wendet sich zudem gegen die „umstrittene Studie von Küntzel"[756], das ist sozusagen der Ausgangspunkt vieler arrivierter deutscher Nahost- und Islamforscher.

Gudrun Krämer[757] erwähnt in ihrem Beitrag zunächst die *Protokolle der Weisen von Zion* und die *Charta der Hamas*, die auf den Protokollen fußt.[758] Es folgt ein ‚Ja – aber':

> „Weiterhin müssen Angriffe auf Juden oder das Weltjudentum als Teil eines größeren Bildes gesehen werden, in welchem der Islam sich mächtigen Feinden ge-

> genübersieht: Nach dem Zweiten Weltkrieg waren dies der westliche Imperialismus (der als Fortsetzung der christlichen Kreuzzüge angesehen wird), der Zionismus und das Weltjudentum sowie der atheistische Kommunismus (der gleichzeitig für moralische Verdorbenheit stand)."[759]

Die Islamwissenschaftlerin möchte den Antisemitismus rationalisieren, ihn erklärbar und verständlich machen. Paranoide Verschwörungstheorien, welche Krämer zuvor erwähnt, sind aber nicht ‚verstehbar'. Die Autorin erwähnt die *Protokolle der Weisen von Zion*, beginnt ihren nächsten Absatz jedoch mit dem oben zitierten Wort „still", was hier mit „trotzdem" übersetzt werden kann. Auf die Ideologie und den Wahn von Verschwörungstheorien geht sie nicht ein. Sie rechtfertigt und rationalisiert vielmehr den Antisemitismus: Der bösartige „westliche Imperialismus", der Zionismus, die „Weltjudenheit" (oder das „Weltjudentum") wie auch der „atheistische Kommunismus" hätten sozusagen die Attacken auf Juden provoziert.

Der Islamwissenschaftler Daniel Pipes, der sich eingehend mit Verschwörungstheorien beschäftigt, analysiert:

> „So wie die Protokolle der Weisen von Zion heben alle Schriften des antisemitischen Verschwörungsdenkens immer wieder bestimmte Themen hervor, insbesondere die Allgegenwart, das Ausmaß, die Organisation und den Beinahe-Erfolg der jüdischen Verschwörertätigkeit. – Juden sind unentwegte Ränkeschmiede. Die Antisemiten stellen sich eine kosmische Auseinandersetzung vor, in der Juden immer und allerorten im verborgenen Drängen nach Macht engagiert sind. Heinrich Himmler sah seine SS-Truppen eine Schlacht kämpfen, die mit den Ursprüngen menschlichen Lebens auf der Erde begann. Der erstaunliche Titel des Traktats *Der Bolschewismus von Moses bis Lenin*, das ein früher Mentor Hitlers geschrieben hat, fängt diese Vorstellung einer Kontinuität ein: Moses war Kommunist, Lenin Jude."[760]

Krämer hingegen attackiert kritische Wissenschaftler und bezeichnet die Arbeiten zum islamischen Antisemitismus und zum *Islamic Jihad* von Matthias Küntzel oder Robert Wistrich als „offen polemisch".[761] Sie unterstellt Wistrich sogar einen „more aggressive"[762] Ansatz und lehnt die Benutzung des Begriffs „Islamo-Fascism" ab, womit sie auf Wistrich und Henryk M. Broder zielt.[763] Wie schon 1982 in ihrer Dissertation[764] wendet sich die Islamwissenschaftlerin auch hier gegen Martin Gilbert.[765]

Krämer macht keinen Hehl aus ihrer Unterstützung für bestimmte – das heißt arabische oder/und muslimische – Verharmloser des Holocaust, wenn sie sich auf Said, Saghiyeh oder Bashir bezieht und Israel vorwirft, den Holocaust „auszunutzen", um „Kritik an der israelischen Politik zum Schweigen zu bringen":

> „Eine ganze Reihe von arabischen Intellektuellen, Journalisten und politischen Aktivisten, angefangen bei Edward Said, Azmik Bishara, Josef Samah, Hazem Saghiyeh und Saleh Bashir (welche alle kritisch gegenüber dem politischen Islam und der islamistischen Bewegung eingestellt sind), haben begonnen, das Problem zu erkennen und öffentlich den Holocaust als eine bedeutende Tatsache sowohl für die jüdische als auch für die arabisch-palästinensische Geschichte und Identität zu diskutieren. Immer noch fragen sich aber andere, warum sie sich selbst mit einem Verbrechen, das nicht ihres ist und von dem sie selbst, wenn auch indirekt, ein Opfer sind, befassen sollen. Noch mehr Leute prangern an, was sie als jüdische und israelische Ausnutzung des Holocaust betrachten. Mit dieser Ausnutzung wird versucht, die Unterstützung westlicher Staaten, die (zurecht) mit einem schlechten Gewissen geplagt sind, zu erpressen, um damit Kritik an der israelischen Politik zum Schweigen zu bringen."[766]

De facto erkennen Saghiyeh und Bashir wie auch Said den Holocaust nur an, um ihn sogleich mit dem Rassismus oder mit der „Nakba" gleichzusetzen. Sie leugnen den Holocaust also nicht direkt, erkennen ihn jedoch nur an, um so ‚gestärkt' gegen Israel aktiv werden zu können (vgl. Kapitel 1.7.12).

3.3) Kein „Alarmismus"

Der Islamwissenschaftler Michael Kiefer hat sich nicht nur 2006, wie im vorigen Unterkapitel analysiert, sondern bereits 2002 mit dem Islam und dem Antisemitismus befasst. Er vertritt die These, der Antisemitismus sei aus Europa in die islamische Welt und in den Nahen Osten exportiert und dann „islamisiert" worden.[767] Wenigstens vier analytische Fehler Kiefers sind auffallend: *Erstens* erkennt er offenbar nur dann Antisemitismus, wenn es sich um „Verschwörungstheorien" im Anschluss an die *Protokolle der Weisen von Zion* handelt. Er zitiert das islamistische Online-Portal *Muslim-Markt*, das in einem „Palästina-Spezial" gläubige Juden getrennt von „Zionisten" und vom „Pseudostaat ‚Israel'" behandelt wissen will. Das jedoch ist für Kiefer offenbar nicht antisemitisch, denn er schreibt:

> „Diese ‚Klarstellung', die sich scheinbar um eine deutliche Trennungslinie zwischen Antizionismus und Antisemitismus bemüht, entpuppt sich jedoch bei näherer Betrachtung der inhaltlichen Beiträge als Verschleierungsmanöver. Das Palästina-Spezial enthält mehrere Texte, die mit antisemitischen Verschwörungstheorien angereichert sind."[768]

Das ist falsch: Bereits die vom *Muslim Markt* verwendete Bezeichnung „Pseudostaat ‚Israel'" ist antisemitisch, da mit ihr per se abgestritten wird, dass Juden ein Recht auf einen jüdischen Staat Israel haben. Kiefer sieht das offenbar anders, wenngleich er an diesem Punkt 2006 etwas differenzierter argumentiert.[769] Er schreitet hauptsächlich dann ein, wenn Verschwörungstheorien *additiv*, also ergänzend hinzukommen.

Zweitens ist die Gründung des Staates Israel für ihn ausschließlich eine Konsequenz aus dem Holocaust:

> „Wenige Jahre nach der Vernichtung der europäischen Juden, als deren Konsequenz die Staatsgründung Israels aufgefasst werden kann, breitete sich in der arabischen Welt der Antisemitismus wie ein Flächenbrand aus. Diese katastrophale Entwicklung hat eine lange Vorgeschichte, die einmal mehr zeigt, wie unsinnig in der gegenwärtigen Fundamentalismusdiskussion die scharfe Trennung zwischen ‚moderner' europäischer Kulturtradition und ‚vormoderner' islamischer Kulturtradition ist."[770]

Das negiert den zionistischen Anspruch auf Israel, sowohl den torazionistischen wie den politisch-zionistischen; beide Richtungen entstanden lange vor dem Holocaust.

Drittens ist Kiefers Ansatz problematisch, da er Tibis Analyse, der Islam habe keine Aufklärung und keine Modernisierung erlebt, verwirft, ohne glaubhafte Gründe zu nennen:

> „Bassam Tibi z.B. behauptet, dass der Islam (die islamische Welt) eine vormoderne Kultur sei, da sie nicht den politisch-ideologischen Prozess durchlaufen habe, der Europa zu einer ‚geschichtlichen Idee' gemacht habe. Der Islam habe weder Aufklärung, Reformation noch Französische Revolution erfahren, welche das Reflexiv-Werden des Glaubens und die Entfesselung der subjektiven Freiheit möglich gemacht hätten."[771]

Hat Tibi mit seinen Thesen Unrecht? Er betont, Islamisten seien ‚moderne' Phänomene mit gegenaufklärerischer Intention. Kiefer hingegen lehnt sich an den umstrittenen Islamwissenschaftler Reinhard Schulze an und behauptet, die „islamischen Gesellschaften" hätten „schon im 16. Jahrhundert" „einen Prozess" durchlaufen, „der in mehrfacher Hinsicht deutliche Parallelen zur europäischen Kulturgeschichte aufweist".[772] Andernorts spricht Schulze von einer islamischen Aufklärung im 18. Jahrhundert, eine These, die von mehreren Historikern und Islamwissenschaftlern widerlegt wurde.[773]

Schließlich zeigt sich *viertens* ein weiterer problematischer Zug in den Forschungen von Michael Kiefer, wenn er die wenigen kritischen Studien zu Antisemitismus und Islamismus attackiert, die existenzielle Gefahr für Israel leugnet und sich in einer 2008 veröffentlichten Rezension für die *tageszeitung* (taz) darüber ereifert, dass Forscher wie Küntzel die Vernichtungsdrohungen des derzeitigen iranischen Regimes und Mahmud Ahmadinejads ernst nehmen:

> „Wenn Küntzel den islamischen Antisemitismus anprangert, verfällt er leider oftmals in einen alarmistischen Ton. So spricht er bereits in der Einleitung von einer ‚Stahlwand des Fanatismus‘. Befremdlich wirken auch manche terminologischen Fehlgriffe. Den Islamisten und der iranischen Führung unterstellt Küntzel mehrfach einen ‚eliminatorischen Antisemitismus‘ und erweckt hierbei den Eindruck, als ob Eichmann und Hitler in Teheran auferstanden seien.
>
> Übertrieben wirkt schließlich auch der im Epilog erhobene Vorwurf, in Deutschland diskutiere man den islamischen Antisemitismus nicht, ‚weil man eine Sichtweise, die hauptsächlich Juden (heute: Israel) für die Spannungen der Weltpolitik verantwortlich macht, teilt‘.“[774]

Das Interessante ist: Kiefer fühlt sich womöglich von Küntzel gleichsam ertappt, wenn er sich gegen den „Vorwurf“ wendet, in Deutschland diskutiere man den islamischen Antisemitismus nicht, weil man dessen Sichtweise teile, nach der Juden die Schuldigen bzw. die Auslöser für Gewalt und „Spannungen in der Weltpolitik“ sind.

Kiefer setzt in seiner 2002 erschienenen Schrift *Antisemitismus in islamischen Gesellschaften* wie folgt ein:

> „Ariel Scharon wusste sehr genau, was er tat, als er am 28. September 2000 in Begleitung von fast 1000 Polizisten den Tempelberg betrat. Der ‚Besuch‘ des sensiblen muslimischen Heiligtums – vor dem alle gemäßigten israelischen und palästinensischen Kräfte fast flehend gewarnt hatten – war angelegt als ein großes Wahlkampfspektakel. Scharon, wild entschlossen Premierminister zu werden, ging es vor allem darum, die Ultrarechten auf seine Seite zu ziehen. Für die Palästinenser war der ‚Besuch‘ eine kaum zu überbietende Provokation.“[775]

Mit diesen ersten Sätzen unternimmt Kiefer keine Analyse des islamischen Antisemitismus und der palästinensischen Politik. Er sucht das Problem vielmehr bei anderen und beginnt seine Studie, indem er den Fokus auf das Verhalten eines Juden wie Scharon richtet. Damit verfehlt er eine Analyse des Antisemitismus und ignoriert wichtige Fakten, wie gleich gezeigt werden wird.

In einer Rezension schreibt die Historikerin und Antisemitismusforscherin Susanne Wein bezüglich des Ansatzes von Kiefer und anderen:

> „Für Michael Kiefer, Götz Nordbruch und Jochen Müller sind es der Nahostkonflikt und die anhaltend schlechte wirtschaftliche Situation, die die Übernahme der westlichen antisemitischen Stereotype in der arabischen Welt beförderten. Das Argument der wirtschaftlichen Krise war aber bereits weder für die massenhafte

> Zustimmung zum Nationalsozialismus erklärungskräftig, noch ist es bezüglich rechtsextremer, rassistischer Gewalt von Neonazis hinreichend. Kiefers Sicht, ‚dass es in der vormodernen islamischen Geschichte keine tief verwurzelte Feindseligkeit gegen die Juden gab, die mit dem vormodernen europäischen Antijudaismus vergleichbar wäre' (S. 73), übergeht, dass Juden (und andere nichtmuslimische Minderheiten) als ‚Dhimmis' in islamischen Gesellschaften stigmatisiert waren – etwa durch bestimmte Kleidung und rechtliche Ungleichbehandlung."[776]

Ausgangsbasis der Forschung von Kiefer ist offenbar, die Juden seien irgendwie selbst schuld (oder zumindest mitschuldig) am Antisemitismus, vor allem ‚nicht gemäßigte' Israelis wie Scharon. Wer sich an die politische Kultur und den öffentlichen Antisemitismus in Deutschland im Jahr 2002 erinnert (Möllemann, FDP-Wahlkampf, Walser u.a.[777]), wird in dieser Hinsicht erkennen, dass Kiefer ein Spiegelbild der Gesellschaft ist.

Tatsächlich war es keineswegs Scharons Besuch auf dem Tempelberg, der die zweite *Intifada* ausgelöst hat. Der palästinensische Kommunikationsminister Imad al-Faluji hat dies wenig später mehrfach zugegeben, als er sagte, die *Intifada* sei vielmehr von Yasir Arafat und seinen Gefolgsleuten in der PLO nach den von ihnen zum Scheitern gebrachten Friedensgesprächen von Camp David im Sommer 2000 geplant worden:

> „,Wer auch immer denkt, die Intifada sei aufgrund des von vielen als Grund betrachteten Besuchs Sharons zur Al-Aqsa-Moschee [bzw. dem Tempelberg, d.V.] ausgebrochen, liegt falsch... Diese Intifada wurde in voraus geplant, seit der Rückkehr von Präsident Arafat von den Verhandlungen in Camp David', gibt der palästinensische Kommunikationsminister ‚Imad Al-Faluji sechs Monate später zu (Al-Safir, 3. März 2001, von MEMRI übersetzt). Schon zuvor hatte Al-Faluji erklärt, dass die Intifada als Resultat einer strategischen Entscheidung der Palästinenser initiiert wurde (Al-Ayyam, 6. Dezember 2000)."[778]

Ein Beitrag in der Zeitschrift *Middle East Quarterly* analysiert den Beginn der zweiten *Intifada* ganz ähnlich:

> „Der palästinensische Kommunikationsminister, Mad al-Faluji, sagte einem palästinensischen Radioprogramm am 5. Dezember [2000], dass ‚Arafat unmittelbar nach dem Treffen in Camp David Vorbereitungen für die gegenwärtige Intifada als Teil der Verhandlungen mit Israel angeordnet hat.'"[779]

‚Alarmismus' ist also nicht angebracht, wenn es ‚nur' um die antiisraelischen Vernichtungsdrohungen des Iran geht? Wenn Kiefer wie zitiert schreibt:

> „Den Islamisten und der iranischen Führung unterstellt Küntzel mehrfach einen ‚eliminatorischen Antisemitismus‘ und erweckt hierbei den Eindruck, als ob Eichmann und Hitler in Teheran auferstanden seien“[780],

dann möchte er die Vernichtungsdrohungen von Seiten des Iran gegenüber Israel entwirklichen oder vernebeln. Am 26. Oktober 2005 sprach Ahmadinejad in Teheran auf einer Konferenz mit dem Thema „Eine Welt ohne Zionismus“; die nicht gerade als israelfreundlich bekannte *New York Times*[781] dokumentierte eine Übersetzung seiner Rede aus dem Persischen:

> „Unser lieber Imam sagte, dass das Regime der Besatzer von der Landkarte gewischt werden muss, und dies war ein sehr weises Statement. Wir können bei der Palästina-Frage keinen Kompromiss eingehen.“[782]

Weiter sagt der islamische *Führer*:

> „Viele sind vom Kampf zwischen der islamischen Welt und den Ungläubigen enttäuscht und versuchen, Schuldige zu suchen. Sie sagen, es ist nicht möglich, eine Welt ohne die Vereinigten Staaten und den Zionismus zu haben. Aber wir wissen, dass dies ein mögliches Ziel und ein möglicher Slogan ist.“[783]

Das sind eindeutige Aussagen. Für Ahmadinejad ist eine „Welt ohne die Vereinigten Staaten und den Zionismus“ ein „mögliches Ziel“. Die staatliche Nachrichtenagentur des Iran, *Islamic Republic of Iran Broadcasting* (IRIB), überschrieb auf ihrer englischsprachigen Homepage die Rede Ahmadinejads auf der Konferenz „A World without Zionism“ am 26. Oktober 2005: „Israel must be wiped off the map“, „Israel muss von der Landkarte gewischt werden“.

Im von Wolfgang Benz 2009 herausgegebenen *Handbuch des Antisemitismus* heißt es gleichwohl in einem von der Islamwissenschaftlerin Katajun Amirpur verfassten Eintrag zu Ahmadinejad:

> „Die iranische Nachrichtenagentur IRNA übersetzte mit ‚Israel must be wiped off the map‘ und alle Nachrichtenagenturen folgten ihr. (...) Allerdings ließ Ahmadinedschad den Übersetzungsfehler auch auf Nachfrage hin bestehen und es dauerte lange, bis er zu der Anschuldigung Position bezog: ‚Iran hat keine Pläne, Israel anzugreifen.‘ So deutlich äußerte er sich erst am 8. Juli 2008.“[784]

Amirpur und mit ihr der Herausgeber Benz leugnen also, dass Ahmadinejad am 26. Oktober 2005 zur Vernichtung Israels aufgerufen hat.

Der Nahostwissenschaftler und Politologe Joshua Teitelbaum hat für das Forschungsinstitut *Jerusalem Center for Public Affairs* (JCPA) eine textgenaue Analyse der Rede des iranischen Präsidenten vorgenommen und zitiert aus ihr.

Die Transliteration lautet:

> „Va Imam-e aziz-e ma farmudand ke in rezhim-e eshghalgar-e Qods bayad az safhe-ye ruzegar mahv shaved. In jomle besyar hakimane ast.“

Auf Englisch:

> „Our dear Imam [Khomeini] ordered that this Jerusalem occupying regime [Israel] must be erased from the page of time. This was a very wise statement."[785]

In deutscher Übersetzung:

> „Unser lieber Imam [Khomeini] hat angeordnet, dass dieses Regime, welches Jerusalem besetzt hält [Israel], von den Seiten der Geschichte getilgt werden muss. Das war eine sehr weise Äußerung."

Anders als jene, die den auf die Vernichtung Israels zielenden Wahnsinn Ahmadinejads und seiner Anhänger verharmlosen, kommt der Antisemitismusforscher Robert Wistrich zu dem Schluss, den iranischen ‚Führer' könne man durchaus mit dem deutschen ‚Führer' vergleichen:

> „Ahmadinejads Reden können genausowenig als hohle Drohungen betrachtet werden wie die Worte Adolf Hitlers vom 30. Januar 1939, als er vorhersagte, dass ein neuer Weltkrieg die ‚Vernichtung der jüdischen Rasse in Europa' zur Folge haben wird. Der gleiche genozidale Inhalt ist bei Ahmadinejad erkennbar."[786]

Vernichtungsdrohungen auch nach Auschwitz nicht wörtlich zu nehmen, ist mehr als fahrlässig. Doch nicht nur in Deutschland wird lieber von „Übersetzungsfehlern" fabuliert.

3.4) Der böse ~~Jude~~ Zionist

Wer Kritik am Islam als große Gefahr für Muslime in Deutschland bezeichnet, verlässt die Wirklichkeit und baut Pappkameraden auf. Das ist einfach, billig und passt in die ach so friedliche Multikultiphraseologie, die sich weder um Ungläubige oder (selbst-)kritische Muslime noch um säkulare, universelle Menschenrechte schert. Denn sobald eine Distanz zu Religion, Ethnie, Authentizität oder kultureller Identität eingenommen wird, werden Multikulturalisten verbissen, zornig und böse.

Die Medienwissenschaftlerin und Publizistin Sabine Schiffer ist eine Protagonistin der Rede von der „Islamophobie". Sie trat mehrfach mit dem Historiker Wolfgang Benz zusammen auf, um über die Ähnlichkeiten von Antisemitismus und „Islamophobie" zu sprechen.[787] In einem Beitrag denunziert sie den Islamforscher Daniel Pipes (http://de.danielpipes.org) und stellt ihn in eine Reihe mit Homepages und Internet-Blogs extrem rechter, nationalistischer, deutschtümelnder oder/und extrem christlicher Gruppierungen wie der so genannten Pro-Bewegung (unter anderem *Pro Köln*[788]) oder dem Internetblog *Politically Incorrect.*[789] Das nennt sie „Grenzenloser Hass im Internet", womit sie jegliches Differenzierungsvermögen vermissen lässt. Schiffer betreibt gezielte Gegenaufklärung und Propaganda *gegen jede* Form von Kritik am Islamismus. Sie setzt Kritik und Ressentiment gleich und diffamiert und entstellt damit Erstere.[790]

Dass die Aussage, Daniel Pipes sei „islamfeindlich", falsch ist, wird jeder Leser der Texte dieses Autors bestätigen können. Pipes tritt regelmäßig im US-Fernsehen auf, er ist ein gefragter Kommentator und Interviewpartner und einer der weltweit bekanntesten Nahost- und Islamforscher. Er lebte mehrere Jahre in Ägypten. Der häufig gelesene, in 33 Sprachen übersetzte Islamismuskritiker[791] ist zudem als vehementer Unterstützer und Verteidiger so genannter moderater Muslime bekannt. Pipes ist *nicht antiislamisch*, allerdings auch ohne Illusionen angesichts der geringen Zahl solcher ‚Moderaten', die seine Alliierten sind.[792]

Pipes sagte zum Beispiel im Jahr 2000, Islamismus und Islam seien keineswegs identisch:

> „Man kann gar nicht nachdrücklich genug die Unterscheidung zwischen Islam – purem Islam – und seiner fundamentalistischen Version betonen."[793]

2010 wandte er sich zudem gegen „anti-islamische Blogger".[794] Die Islamwissenschaftlerin Birgit Krawietz ergänzt gleichwohl auf gewisse Weise Schiffer und attackiert den Jihad-Kritiker Pipes auf bemerkenswerte Weise:

> „Der zionistische campus-watcher Daniel Pipes versuchte sogar, ihn [Abu Al-Fadl, d.V.] als ‚just another Muslim extremist' zu deklarieren."[795]

Sie analysiert nicht, ob und inwiefern Khalid Abu Al-Fadl (Jg. 1963), ein kuwaitischer Rechtswissenschaftler an der *University of California/Los Angeles* (UCLA), ein (durchaus einflussreicher) Islamist ist, wie Pipes wissenschaftlich belegt hat.[796] Warum nennt Krawietz Pipes einen „zionistische[n] campus-watcher"? Sie spielt damit auf das Projekt *Campus Watch* des von Pipes gegründeten Thinktanks *Middle East Forum* (MEF) in Philadelphia an, das problematische, islamistische oder den Islamismus verharmlosende, antiamerikanische sowie antiisraelische, antisemitische und antizionistische Wissenschaftler in Amerika analysiert und kritisiert. Krawietz sagt nicht „der jüdische Pipes", sie versteckt sich hinter dem Begriff *zionistisch*, der ein bekannter Code vieler heutiger Israelfeinde ist.

Antizionisten – seien es Forscher, Politiker, Industrielle, Gewerkschafter, Journalisten oder Demonstranten, Aktivisten und Blogger – bekämpfen im Staat Israel den ideellen Gesamtjuden. Der *Zeit*-Mitherausgeber Josef Joffe kritisiert den neuen Antisemitismus und spricht von „Israel as the Über-Jew".[797] Der Publizist Hans Mayer analysierte den neuen Antisemitismus schon Mitte der 1970er Jahre und schrieb vom „jüdischen Außenseiterstaat":

> „Wer den ‚Zionismus' angreift, aber beileibe nichts gegen die ‚Juden' sagen möchte, macht sich oder anderen etwas vor. Der Staat Israel ist ein Judenstaat. Wer ihn zerstören möchte, erklärtermaßen oder durch eine Politik, die nichts anderes bewirken kann als solche Vernichtung, betreibt den Judenhaß von einst und von jeher."[798]

3.5) Antisemitische Künstler in Aktion: „Endlösung" für Israel

Am 26. Mai 2010 strahlte der Fernsehsender *3sat* in seiner Sendung *Kulturzeit* einen Beitrag über die dänische Künstlergruppe *Surrend* aus, die kurz zuvor in Berlin Plakate verklebt hatte. Diese waren mit dem Wort „Endlösung" überschrieben und zeigten eine Karte, auf der das Staatsgebiet Israels nicht mehr existierte, sondern stattdessen „Ramallah" hieß.[799] Solche Fantasien sind seit 1948 in der arabischen und muslimischen und später in der westlichen (zuvor schon östlichen, der Sowjetunion hörigen) Welt gang und gäbe.

Dieses Plakat mit der Überschrift „Endlösung" wurde unter anderem von der internationalen Nichtregierungsorganisation *Simon Wiesenthal Center* (SWC) als antisemitisch kritisiert, wie der Berliner Korrespondent der israelischen Tageszeitung *Jerusalem Post*, Benjamin Weinthal, berichtete:

> „Das dänische Straßenkünstlerduo ‚Surrend' begann am Mittwoch, ausgewählte Berliner Bezirke mit Plakaten mit der Überschrift ‚Endlösung' vollzukleistern, auf denen der Staat Israel nicht mehr zu sehen ist. Für Kritiker schüren die Künstler Jan Egesborg und Pia Bertelsen mit ihrer Taktik der provokativen ‚Kunst der Hot Spots' und der Verwendung der Sprache der Nazis einen genozidalen Antisemitismus. Klaus Wowereit, der sozialdemokratische Bürgermeister von Berlin, sagte der Jerusalem Post am Donnerstag, dass es ‚keinen Zweifel an Israels Existenzrecht geben könne. Diese Art von Satire mag ich nicht.' Dr. Shimon Samuels, Leiter der Abteilung für internationale Beziehungen des Simon Wiesenthal Centers in Paris, sagte der Post, diese ‚Künstler sollten wegen Aufstachelung zum Völkermord angezeigt werden', und sie ‚redeten' ‚wie Ahmadinejad'. (...) Das österreichische Nachrichtenportal Wien online und die englischsprachige Copenhagen Post berichten, dass sich Egesborg selbst als Jude betrachtet und Israel als ‚historischen Fehler' ansieht. Die Künstler benannten auf ihrer Karte den jüdischen Staat in ‚Ramallah' um."[800]

Das dänische Künstler-Duo Surrend fühlte sich dadurch in seiner Annahme bestätigt, Kritik an Israel sei „ein Tabu". Dabei stellt ein solches Plakat keine

Kritik dar; das ist reine Agitation. Im Nahen Osten wird Israel nonstop als inexistent präsentiert, wie beispielsweise das in arabischen Staaten und von den Palästinensern verwendete Kartenmaterial der letzten Jahrzehnte zeigt. Man erinnere sich zudem an Mahmud Ahmadinejad und seine Drohung, Israel von der Landkarte zu wischen. Ressentiment wird von *Surrend* als „Kunst" verkauft und vom öffentlich-rechtlichen Fernsehen honoriert.

Der Begriff des „konformistischen Rebellen" passt in Bezug auf „Israelkritiker" wie *Surrend* und deren Fans und Verteidiger ausgezeichnet, wie eine Analyse des Historikers Thomas Haury aus dem Jahr 1992 zeigt:

> „So ist der Antizionismus gleichsam eine ‚doppelt verschobene' und damit doppelt konformistische Rebellion. Er verschiebt nicht nur alles Böse auf das Abstraktum mit dem Namen ‚Zionismus', sondern delegiert auch noch den Widerstand an die Palästinenser, die als Brückenkopf nationalrevolutionärer deutscher Bedürfnisse Israel von der Landkarte tilgen sollen (und sind diese zu derlei Selbstaufopferung nicht bereit, wird eben auch die PLO des kleinbürgerlichen Verrats geziehen)."[801]

Der Fernsehsender *3sat* suchte zur Verteidigung der dänischen Israelfeinde Wolfgang Benz auf, den Leiter des *Zentrums für Antisemitismusforschung*, um gemeinsam mit ihm und den beiden Künstlern das zweite Plakat in dieser antizionistischen Serie von *Surrend* in Berlin zu betrachten. Auf diesem Plakat werden Kritiker von *Surrend* wie das *Simon Wiesenthal Center* oder Lala Süsskind, die Vorsitzende der Jüdischen Gemeinde zu Berlin, lächerlich gemacht. Der Journalist Benjamin Weinthal wird als Autor der Nazizeitung *Der Stürmer* dargestellt und damit vom Juden zum Nazi gemacht. Benz schaute sich dieses Plakat an und sagte in der *3sat*-Sendung:

> „Antisemitismus ist zunächst etwas Anderes als Antizionismus. Diese Plakate sind unfreundlich gegenüber Israel, deshalb müssen sie nicht antisemitisch sein, aber es ist so praktisch, alles als antisemitisch zu denunzieren, was einem nicht gefällt. Das ist das ärgste politische Schlagwort."[802]

Doch anders, als Benz glaubt, ist das Plakat sehr wohl antisemitisch, und das nicht nur, weil der heutige Antisemitismus antizionistisch argumentiert; es verkehrt zudem Täter und Opfer und macht einen Juden zu einem Nazi. Dem Antisemitismusforscher des ZfA fällt das jedoch entweder nicht auf, es ist ihm gleichgültig, oder er bejaht diese Sichtweise. Darüber hinaus ist die Differenz von Antisemitismus und Antizionismus längst hinfällig; das von Benz in Bezug auf die Plakate verwendete Adjektiv „unfreundlich" zeigt deshalb vor allem die begriffliche und analytische Unfähigkeit des (inzwischen ehemaligen) ZfA-Leiters an.

Drei Analysen anderer Forscher zum Antisemitismus bekräftigen, wie wissenschaftlich falsch die Stellungnahme von Benz ist. Er kann die Frage „Was ist Antizionismus?" jenseits ansonsten mitunter geäußerter Kritik an der ganz offenen und vulgären islamistischen Variante weder analytisch noch kritisch beantworten, diese Sprachlosigkeit zeigt sich auch in seinem Band „Was ist Antisemitimsus" von 2004.[803] Daher ist ein Blick in die internationale Forschung zum Antizionismus vonnöten.

Zuerst sei der französische Philosoph und Kämpfer der Résistance Vladimir Jankélévitch (1903–1985)[804] zitiert, der im Prolog zu diesem Kapitel zitiert wurde und der bereits 1971 Folgendes schrieb:

> „Dieses schändliche Geheimnis, das wir nicht benennen können, ist das Geheimnis des Zweiten Weltkrieges und in gewisser Weise das Geheimnis des modernen Menschen: Auf unserer Moderne lastet nämlich der ungeheure Holocaust wie ein unsichtbares Schuldgefühl, selbst wenn man nicht darüber spricht. Comment s'en débarrasser? Dieser Titel eines Stücks von Ionesco mag recht gut die Beunruhigungen des sichtlich guten zeitgenössischen Gewissens kennzeichnen. Das Verbrechen war zu schwer, die Verantwortung zu schwerwiegend, bemerkt Rabi mit bitterer Klarheit. Wie werden sie sich von ihrem latenten Schuldgefühl befreien? Der ‚Antizionismus' ist in dieser Hinsicht ein ungesuchter Glücksfall, denn er gibt uns die Erlaubnis und sogar das Recht, ja selbst die Pflicht, im Namen der Demokratie Antisemit zu sein! Der Antizionismus ist der gerechtfertigte, schließlich jedermann verständlich gemachte Antisemitismus. Er ist die Erlaubnis, demokratischerweise Antisemit zu sein. Und wenn die Juden selbst Nazis wären? Das wäre wunderbar. Es wäre nicht länger nötig, sie zu bedauern; sie hätten ihr Los verdient. So entlasten sich unsere Zeitgenossen von ihrer Sorge."[805]

Das nächste Zitat datiert aus dem Jahr 2004 und stammt von dem Literaturwissenschaftler Alvin Rosenfeld, der über 30 Jahre lang Direktor der Jüdischen Studien an der *Indiana University* in Bloomington, USA, war und 2010 dort ein neues, kleines Institut für Antisemitismusforschung gründete[806]:

> „Mehr als ein Vierteljahrhundert zuvor publizierte der Holocaustüberlebende und Autor Jean Améry einen überzeugenden Artikel, ‚Antisemitismus und die Linke'. Améry bemerkte, dass durch den Antizionismus der ‚Antisemitismus das wird, was er seit der Enthüllung des Horrors des Nationalsozialismus nicht sein konnte: respektabel'. Er nannte mehrere Gründe, warum er so nicht angesehen werden könne, darunter vor allem die Gewissheit, dass ‚Antizionismus unweigerlich zu Antisemitismus führt und für jeden Juden, egal wo er lebt und welche po-

litische Überzeugung er hat, eine tödliche Bedrohung ist‘. Indem er diese Warnung ausgab, hoffte Améry, den Antizionismus unten seinen Kollegen der Linken zu diskreditieren und somit die Gefahr, welche durch die Propagierung des Antizionismus unweigerlich ausgeht, zu verhindern. Um seine Analyse zu stärken, zitierte er den einflussreichen marxistischen Literaturwissenschaftler Hans Mayer:

‚Wer immer den Zionismus angreift, aber nicht gegen die Juden sagen möchte, führt sich selbst oder andere hinters Licht. Der Staat Israel ist ein jüdischer Staat. Wer immer ihn zerstören will, ob nun offen oder durch politische Maßnahmen, die zu nichts anderem als zu seiner Zerstörung führen können, praktiziert den Judenhass von gestern und von jeher.‘

Améry war auf seinem Arm der Judenhass mit einer Zahl eintätowiert, und er widmete einen großen Teil seines Lebens als Autor nach Auschwitz dem Kampf gegen die ekelhafte Leidenschaft des Antisemitismus, insbesondere wenn er unter seinen Kollegen auf der Linken hervorbrach.

Seine Erwiderung auf die ‚respektablen Antisemiten‘ war scharf, da er vorhersah, wie deren Politiken die nahöstliche Frage in eine ‚neue Judenfrage‘ verwandeln. Seine Worte waren vor nahezu 30 Jahren so stichhaltig, wie sie es heute sind. Wenn sie doch nur beherzigt würden.“[807]

Als dritter Historiker und Forscher zum Antisemitismus sei Robert Wistrich herangezogen. Wistrich ist seit Herbst 2002 der Leiter des *Vidal Sassoon International Center for the Study of Antisemitism* (SICSA) an der *Hebrew University* in Jerusalem. 2010 schrieb er zur deutschen Variante von Antizionismus und Antisemitismus:

„Die antifaschistische Deutsche Demokratische Republik (DDR), wie man so sagte, marginalisierte die ganze Thematik um Antisemitismus und den Holocaust bis in die späten 1980er Jahre. Seit Anbeginn hat das Regime den Zionismus als eine Form der ‚rassischen Exklusivität‘, des Chauvinismus und der bürgerlichen Ideologie angeprangert – so wie es die meisten kommunistischen Staaten und Bewegungen taten.

Seit den späten 1960er Jahren war die deutsche radikale Linke zunehmend besessen in ihrer Auseinandersetzung mit dem Zionismus. In einem offenen Brief an seine linken Kameraden, der 1980 publiziert wurde, forderte der deutsche Journalist Henryk Broder (der selbst einen polnisch-jüdischen Hintergrund hat) diese Vorstellungen des künstlichen guten Gewissens der Nachkriegsgeneration heraus. Er beschrieb deren Antizionismus als ‚nichts anderes als eine linke Variante des Antisemitismus‘ – die gleiche Logik und Methode und das gleiche Vokabular, lediglich das Wort ‚Jude‘ wurde durch ‚Zionist‘ ersetzt. Mit Nachdruck bemerkte er, dass Israel als der ‚Super-Jude‘ gesehen wird, welcher mit völlig anderen Maßstäben beurteilt wird als die nicht-jüdischen Staaten.“[808]

Wolfgang Benz hätte in der Tat bereits 1976 bei Henryk M. Broder lesen können:

> „Der Antizionismus ist in seinem Wesen, seiner Methodik und seiner Zielrichtung mit dem Antisemitismus identisch. Dreierlei macht den Charakter des Antisemitismus aus. Erstens: Er war und ist irrational und willkürlich, was er an Argumenten gegen die Juden vorbringt, dient nur dazu, ein längst gefälltes Urteil zu rechtfertigen. Zweitens: er behandelt die Juden prinzipiell ungleich, sie dürfen sich weniger erlauben als andere, ihnen darf aber mehr zugemutet werden. Drittens: er zielt auf die Auslöschung der jüdischen Identität, weil ihn nicht irgendwelche jüdischen Eigenschaften stören, sondern die Tatsache, daß es Juden gibt. Gleichzeitig hintertreibt er die Assimilation der Juden. Dieser Widerspruch mußte zur physischen Endlösung der Judenfrage führen."[809]

Soweit der internationale Forschungsstand zum antisemitischen Antizionismus[810], der modischsten Form des Antisemitismus nach dem Holocaust.

Das *Zentrum für Antisemitismusforschung* (ZfA) hingegen vergleicht „Islamophobie" und „Islamkritik" mit dem Antisemitismus und verharmlost Letzteren dadurch (vgl. Kapitel 5). Doch es gibt auch Kritik an anderen Arbeiten des Zentrums. Der Historiker Peter Schäfer (Jg. 1943)[811] wies in einer Studie über den Antisemitismus in der Antike darauf hin, wie das ZfA schon vor Jahrzehnten, vertreten durch Christhard Hoffmann (Jg. 1952) und Werner Bergmann (Jg. 1950), den antiken Antisemitismus vernebelte und den Antisemitismus nicht als eigenständiges Phänomen untersuchte, hingegen politische Konflikte als ursächlich für die Attacken auf Juden ansah. Antisemitismus wird dabei also eher nach dem Nützlichkeits-Prinzip betrachtet und nicht als irrationaler Wahn.

Die Analyse der antiken Judenfeindschaft und des antiken Antisemitismus[812] kann grundsätzlich erhellen, unter welchen methodischen und theoretischen Prämissen Bergmann, Hoffmann und das Berliner *Zentrum für Antisemitismusforschung* insgesamt den Antisemitismus analysieren. Schäfer schreibt in seiner 2010 auf Deutsch erschienenen Studie:

> „Unter dieser Voraussetzung bleibt die Kernfrage, ob die Anerkennung der politischen Dimension des Konflikts (wozu natürlich die politische Dimension der Beziehungen zwischen Rom und seinen griechischen und jüdischen Untertanen genommen werden muß) ausreicht, um alle Aspekte des Streits zu erklären. In ihrem Aufsatz *Kalkül oder ‚Massenwahn'? Eine soziologische Interpretation der antijüdischen Unruhen in Alexandria 38 n.Chr.* haben Werner Bergmann und Christhard Hoffmann gegen fast die gesamte einschlägige Forschungsliteratur genau diesen Standpunkt vertreten. Wieder und wieder beharren sie darauf, in Ale-

> xandria sei es um ‚reale Interessenkonflikte' gegangen, um eine ‚konkrete politische Konkurrenzsituation', um ‚ganz klar umrissene politische Ziele', um ‚rationales politisches Handeln' und ‚gezielte politische Aktion' im Gegensatz zu angeblichem ‚Massenwahn', um ‚reale Macht- und Interessenkollisionen'. Antisemitismus erscheint in dieser Darstellung als die Folge ‚realer Interessenkonflikte' und nicht als ihre Ursache. Er ist nicht motiviert durch einen ‚grundlegenden kulturell-religiösen Gegensatz', sondern durch eine ‚konkrete politische Konkurrenzsituation'; Antisemitismus ist die Folge, nicht die Ursache der Spannung in Alexandria. Von diesem Standpunkt aus ist die Annahme eines ‚tiefverwurzelten Hasses' oder ‚eines verbreiteten Antisemitismus' unter der griechischen Bevölkerung Alexandrias unnötig."[813]

Schäfers Analyse ist methodisch aufschlussreich. Demnach stellen sich der Antisemitismusforschung zwei Fragen. Erstens: Ist Antisemitismus ein abgeleitetes Phänomen, also *keine Ursache*, sondern *nur eine Folge* politischer oder anderer Konflikte? Oder ist Antisemitismus, zweitens, eher ein Ressentiment und eine Ursache für Konflikte?

Praktisch kann man diese Kritik auf heutige Phänomene anwenden: Als im Januar 2009 viele tausend (alleine in Berlin waren es ca. 9.000) Muslime, Araber (bzw. Palästinenser) und andere während der israelischen *Operation Cast Lead* in Deutschland auf die Straße gingen, Parolen skandierten wie „Jude, Jude, feiges Schwein", „Juden raus aus Palästina", „Tod, Tod Israel"[814] oder „Tötet die Juden" und Plakate mit der Aufschrift „stopp deinen Holocaust – Israel" präsentierten, während die Polizei in Duisburg unter dem Beifall der Antisemiten zwei Israelfahnen aus einer Privatwohnung entfernte[815], wiegelte Bergmann in einem Interview mit der *Neuen Zürcher Zeitung* ab:

> „[Bergmann:] Man muss sich vor allem davor hüten, den Antisemitismusvorwurf zu nutzen, um ein Unbehagen über die Zuwanderung zu legitimieren, indem man Muslime pauschal zu Antisemiten und Frauenfeinden macht. [Frage:] Sie verharmlosen den Hass der Demonstranten. [Bergmann:] Keineswegs. Aber wenn Palästinenser, die um ihre Angehörigen und Freunde im Gazastreifen fürchten und vielleicht Familienmitglieder im Konflikt mit Israel verloren haben, ihre Wut und Angst artikulieren, dann ist das erst einmal eine Reaktion auf einen aktuellen Konflikt. Man muss das anders bewerten, als wenn deutsche Rechte oder Linke aus ideologischen Gründen so etwas tun. Akzeptabel ist es in keinem Fall, hat aber einen jeweils anderen Hintergrund. Den kann man nicht ausblenden, auch wenn nicht zu verkennen ist, dass sich Wut und Hass leicht unterschiedslos auf alle Juden ausdehnen und ideologisch aufladen können und von islamistischen Organisationen instrumentalisiert werden."[816]

Damit derealisiert Bergmann den arabischen und muslimischen Antisemitismus und verkennt, dass islamistische Organisationen „Wut und Hass“ nicht „instrumentalisieren“, sondern der Antisemitismus vielmehr zum elementaren Bestandteil des Islamismus gehört. Auf die Frage, was abstoßende antisemitische Rufe, die Juden (wie den damaligen israelischen Ministerpräsidenten Ehud Olmert) mit Hunden gleichsetzen, mit der „Sorge“ um „Angehörige“ zu tun haben sollen, bleibt der Antisemitismusforscher die Antwort schuldig.[817]

Die oben angesprochene Kritik Peter Schäfers ist nur ein Baustein einer umfangreicheren Analyse der Forschungsleistung des erwähnten Berliner Instituts und seiner Mitarbeiterinnen und Mitarbeiter über die Jahrzehnte hinweg. Die wohl folgenreichste Tagung des ZfA in jüngerer Zeit („Feindbild Muslim – Feindbild Jude“) fand am 8. Dezember 2008 statt und vernachlässigte die heutige Gefahr des Islamismus, um stattdessen vermeintliche Parallelen zwischen der Judenfeindschaft im 19. Jahrhundert (und später) und heutiger Kritik am Islamismus zu thematisieren (siehe Kapitel fünf).

Die Diffamierung substanzieller Kritik am Antisemitismus hat dabei Methode und ist für die heutige Debatte über den Islam, die Islamwissenschaft und die Nahostforschung kennzeichnend. Als charakteristisch für die genannte Tagung sowie für die Forschungsrichtung am ZfA insgesamt kann ein Beitrag von Werner Bergmann aus dem Jahr 1988 gelten, aus der Zeit vor dem Amtsantritt von Wolfgang Benz (der 1990 Leiter des ZfA wurde). In diesem Beitrag heißt es:

> „Auch Henryk Broder nimmt an, daß es einen ‚Antisemitismus wegen Auschwitz‘ gibt (1986, S. 11). Doch wird diesem keine spezifische Dynamik zuerkannt, sondern er wird in den ‚ewigen Antisemitismus‘ eingereiht als eine neue Variante im endlosen Strom seiner Erscheinungsformen. (…) Kaum haben die Forscher eine Erklärung formuliert, schon sind die flexiblen Antisemiten ein Stück weiter und die Forschung hinkt hinterher (ebd., S. 219). Diese Kritik an der Antisemitismusforschung arbeitet mit einem Trick: Für Broder gibt es den Antisemitismus schon von jeher (und es wird ihn weiter geben), und er unterstellt der Wissenschaft, Erklärungsmodelle für eben diesen ‚ewigen Antisemitismus‘ zu suchen, was jedoch gar nicht der Fall ist. (…) Will man sich nicht der Mühe historisch-partikularer Forschung unterziehen, dann bleibt als typischer Ausweg der Ruf nach einer ‚anthropologischen Konstante‘, in den Broder denn auch einstimmt (ebd., S. 217). (…) Aber auch wenn der Antisemitismus sicherlich ein integraler Bestandteil des abendländischen ‚Kulturerbes‘ und emotional stark besetzt ist – wie jedes Vorurteil –, so steckt im Begriff des ‚ewigen Antisemiten‘ doch die gleiche falsche Anthropologisierung und Naturalisierung wie im ‚ewigen Juden‘.“[818]

Der Weigerung, den Antisemitismus als spezifisches Phänomen und als „longest hatred" (Robert Wistrich) zu untersuchen, entspricht bei Bergmann die Floskel vom „Vorurteil" und die Abwehr der zionistischen Position bezüglich des immerwährenden Antisemitismus.

Ein Zitat aus einer Ankündigung des Films *Der ewige Jude* möge genügen, um zu zeigen, wie ungeheuerlich es ist, dass ein (staatlich bezahlter) Forscher wie Bergmann Broders Analyse und Kritik mit antisemitischer Hetze auf eine Stufe stellt, wenn er von der „Naturalisierung wie im ‚ewigen Juden'" spricht, die Broders Kritik am „ewigen Antisemiten" kennzeichne.

Der Film *Der ewige Jude* hatte am 28. November 1940 im Berliner *Ufa-Palast* Premiere und wurde als „Dokumentarfilm über das Weltjudentum" vorgestellt. Die Filmwissenschaftlerin Dorothea Hollstein hat 1968 über den Antisemitismus im nationalsozialistischen Spielfilm promoviert. Sie zitiert in ihrer Arbeit aus der Ankündigung dieses Films, wie sie 1940 im *Illustrierten Film-Kurier* zu lesen war:

> „Eine verblüffende Parallele dazu sehen wir in den Wanderwegen der Ratten, die die Schmarotzer und Giftträger unter den Tieren, wie es die Juden unter den Menschen sind. – Der Jude hat sich in seinem Äußeren stets an seine Gastvölker anzupassen verstanden (...) Aber sein inneres Wesen konnte er nicht wandeln."[819]

Wie kommt Werner Bergmann dazu, diese Hetze mit einer Analyse über die politische Kultur und die Tradition des Antisemitismus in Deutschland zu vergleichen? Broder hat seine Kritik am „ewigen Antisemiten" so begründet:

> „Kann es denn eine antisemitische Erbanlage geben? Kommt ein Kind schon als Antisemit zur Welt? Solche Einwände, die umso heftiger vorgetragen werden, je stärker der Antisemitismus zu einem Problem mangelnder Aufklärung oder ‚Toleranz' reduziert wird, gehen am Kern der Sache vorbei. Wenn vom ‚Kulturerbe' zum Beispiel die Rede ist, bedeutet das nicht, dass ein Erstklässler, der ‚Alle meine Entchen' auf der Blockflöte übt, ein paar Begabungsreste von Bach in seinen Chromosomen mit sich herumschleppt. Natürlich gibt es keine antisemitischen Gene, aber es gibt eine antisemitische Disposition, die in der Tat vererbt oder, wie Silbermann es im soziologischen Fachjargon sagt, ‚tradiert', von Generation zu Generation weitergegeben wird. Gerade wenn man unter ‚Vererbung' nicht einen biologischen Mechanismus versteht, sondern die Pflege und Weitergabe gemeinschaftlicher Haltungen, kann man von einem ‚antisemitischen Erbe' sprechen, ist der Begriff ‚anthropologische Konstante' genau und richtig."[820]

Der theoretischen Hilflosigkeit Bergmanns, die symptomatisch für viele in Deutschland arbeitenden Antisemitismusforscher ist, entspricht dabei die Unverfrorenheit, einem Juden vorzuwerfen zu übertreiben, nicht zu differenzieren und „kaum theoretische Anstöße“[821] zu geben.

4) Muslimische Islamkritik

4.1) Necla Kelek und die Islamkritik

> „Es ist, als würde man einem Kind einen Film über das Fahrradfahren zeigen, damit es weiß dass es so etwas gibt, ihm vielleicht sogar ein Fahrrad schenken, es dann aber daran hindern, sich selbst draufzusetzen, weil Allah das verbiete. Das Kind wird nie eine Vorstellung davon bekommen, was es heißt, Fahrrad zu fahren, es wird in seiner Entwicklung dort stehenbleiben, wo es steht. Und vielleicht wird es das Fahrradfahren sogar als etwas Schlimmes betrachten. So wie man etwas schlechtmacht, weil man es nicht haben kann. Dazu gibt es einen wahrhaft passenden türkischen Spruch: *Kedi ete ulaşamazsa, mundar dermiş*. Das bedeutet: Wenn eine Katze nicht an das Fleisch herankommt, dann sagt sie, das Fleisch stinkt."
>
> SEYRAN ATES, Der Islam braucht eine sexuelle Revolution[822]

Mohammed Atta war einer der Hauptattentäter des 11. September 2001. Er war einer der fünf Entführer des Fluges *American Airlines 11* von Boston nach Los Angeles. Atta steuerte die Maschine schließlich in den Nordturm des *World Trade Center* in New York und ermordete 87 Personen an Bord des Flugzeuges sowie über 1.300 Menschen, die sich im nördlichen Turm der *Twin Towers* in Manhattan aufhielten. Atta wuchs nicht in Deutschland auf, sondern wurde in Ägypten groß, doch er hat einige Jahre in der Bundesrepublik gelebt. Er studierte in Hamburg und plante von Deutschland aus 9/11 – Atta ist der bekannteste Jihadist „Made in Germany".

Eine der wenigen offiziellen Reaktionen der Politik in der Bundesrepublik nach dem 11. September und den zahllosen Diskussionen über Islam, Islamismus und Terrorismus bestand in der Einrichtung von so genannten Islamkonferenzen durch den damaligen Bundesinnenminister Wolfgang Schäuble im Jahr 2006.[823] Ausgangspunkt war jedoch nicht die stringente Analyse der jihadistischen oder islamistischen Ideologie und des Umfelds von Jihadisten, zu dem Moscheen in Hamburg und andernorts gehören. Vielmehr war es von Anfang an das Ziel, Muslime *einzubinden*, weshalb mehrere umstrittene Organisationen zu den Konferenzen eingeladen wurden. Eine Analyse und Kritik der beteiligten Gruppierungen und Einzelpersonen wäre eine eigene ideologiekritische Studie wert.

Die Struktur der *Deutschen Islamkonferenz* scheint sich derzeit allerdings ein wenig zu ändern: Der neue Bundesinnenminister Hans-Peter Friedrich hat die Muslime in Deutschland aufgefordert, den Islamismus zu bekämpfen und dabei zu helfen, (potenzielle) Islamisten und Jihadisten zu überwachen bzw. ausfindig zu machen (vgl. Kapitel 5.4).

In der Debatte um Islam und Islamismus in Deutschland wird häufig auf ‚Bildungsdefizite' der muslimischen Bevölkerung abgestellt. Dabei wäre eine Analyse der Aktivitäten von Islamisten mit Schulabschluss, Abitur und Studium womöglich viel aufschlussreicher. Ideologen sind oft gut ausgebildet – darauf sollte der Fokus liegen, ergänzend zu den Debatten um Integration und Bildung, da Emanzipation ohne Bildung in der Tat nicht möglich ist. Auch die Gegenaufklärung nutzt die Möglichkeiten des Bildungssystems (vgl. die Kapitel 6 und 7.1).

Die Soziologin und Publizistin Necla Kelek war eine der ersten Teilnehmerinnen der *Deutschen Islamkonferenz.* Sie sieht sie mittlerweile jedoch als gescheitert an und nimmt nicht mehr daran teil. 2010 erschien ihr Buch *Himmelsreise. Mein Streit mit den Wächtern des Islam*. Ihr Buch wird im Folgenden vorgestellt und es werden mögliche Ansatzpunkte für weiterführende wissenschaftliche und sonstige Analysen aufgezeigt.

Der byzantinische Kaiser Nikephoros I. erlitt im Jahr 804 unerwartet eine schwere Niederlage gegen die muslimischen Araber unter Harun al-Raschid. Der unvorhersehbare Massenmord am 11. September 2001 im *World Trade Center* in New York City weist das gleiche Muster auf: Die islamistischen Selbstmordattentäter waren ‚metaphysisch gedopt'. Wie das? Islamisten lieben den Tod, ‚Ungläubige' das Leben, sagen die Jihadisten spätestens seit Hasan al-Banna in den 1930er Jahren. Die Amerikaner, Briten, die anderen Alliierten und die Bundeswehr stehen in Afghanistan einem irrational agierenden und in dieser Irrationalität überlegenen Gegner gegenüber. Islamisten sehen sich tot oder lebendig als ‚Sieger', wie Kelek in ihrem Buch analysiert:

> „In fast zweihundert Versen des Korans wird der Kampf gegen die Ungläubigen zu einer heiligen Sache erklärt. ‚Er (Gott) ist es, der seinen Gesandten mit der Rechtleitung und der Religion der Wahrheit gesandt hat, um ihr die Oberhand zu verleihen über alle Religionen' (Sure 9, Vers 33; auch: Sure 48, Vers 28, oder: Sure 61, Vers 9). Die Muslime haben solche Verse seit Hunderten von Jahren als Auftrag begriffen, mit dem Djihad alles zu überrennen, was sich ihnen in den Weg stellte, zumal als Lohn weltliche Beute oder himmlische Wonnen winken – die Aussicht auf direkten Zugang zu den weinberankten ‚Gärten des Paradieses' (18, 107), wo ‚ewig junge Knaben' (u.a. Sure 76, Vers 19) oder ‚großäugige Huris,

Jungfrauen mit schwellenden Brüsten‘ (u.a. Sure 78, Vers 31–33) zu Diensten stehen würden.

Mit solchen religiösen Stimulanzien vor Augen waren und sind die muslimischen Glaubenskrieger kaum aufzuhalten – ob lebendig oder tot, sie konnten und können immer nur ‚gewinnen‘. Ostrom tat sich schwer dagegen. Nikephoros I. musste ohne ein solches metaphysisches Doping antreten und erlitt 804 gegen Harun al-Raschids Truppen eine schwere Niederlage.“[824]

Das ist zugespitzt die Kernthese von Necla Keleks Kritik am Islam in *Himmelsreise*. Das Buch ist ein Aufruf einer Muslimin gegen die Zumutungen des Islamismus und die gegenintellektuelle[825] Denkfaulheit, Trägheit und Boshaftigkeit sowie gegen die Verständnisinnigkeit gegenüber dem Islamismus und dem mörderischen Jihad, wie sie in Deutschland, Europa und der Welt alltäglich geworden ist.

4.2) Projektionen im deutschen Feuilleton: „Deutungshoheit“

Die Wochenzeitung *Freitag* wirft Kelek vor, „antiislamische Klischees“[826] zu bedienen, die *Süddeutsche Zeitung* fantasiert über „Keleks Furor“, der „kein Maß“[827] kenne, und der Berliner *Tagesspiegel* kritisiert, die Soziologin wolle nur die „Deutungshoheit“ erringen, festigen, postulieren. Es wäre ein weiterer Fall für Sigmund Freud, dass die *Tagesspiegel*-Rezensentin Claudia Keller ihr eigenes Bedürfnis und jenes der übergroßen islamophilen Parallelgesellschaft auf die intellektuellen Islamismuskritiker projiziert: „Deutungshoheit“.[828]

Begünstigt werden solche Anwürfe durch ein generelles Klima der Diffamierung von Islamkritik. Spätestens seit der Konferenz des *Zentrums für Antisemitismusforschung*, auf der im Dezember 2008 die Islamkritik mit den antisemitischen Stereotypen, Imagi (Bildern) und Ressentiments des 19. Jahrhunderts oder später gleichgesetzt wurde, werden Kritikerinnen und Kritiker des Islamismus als das eigentliche Problem angegriffen.

Und das begann schon Stunden und Tage nach dem islamistisch, antiamerikanisch und antisemitisch motivierten Massenmord im *World Trade Center* in New York City am 11. September 2001. Nicht die Täter wurden in Haftung genommen, vielmehr waren (heimliche oder offene) Schadenfreude über die Toten von New York und antiamerikanische Ressentiments allüberall anzutreffen (vgl. Kapitel 1.1). Nicht etwa der Islamismus und der *Islamic Jihad* gerieten in die Schusslinie; es waren vielmehr die Ziele der muslimischen Mörder – Amerika, die Moderne, Israel, Juden, der Westen und die freie Welt –, die ins Visier genommen wurden.

Der amerikanische Präsident George W. Bush nannte den Islam nur wenige Tage nach 9/11 eine „Religion des Friedens“[829], womit er vermutlich zum Ausdruck bringen wollte, dass die meisten Muslime keine Terroristen sind. Damit hatte er sicherlich Recht, er sprach seine Einschätzung aber in einer unglücklichen Übernahme islamistischer Termini (‚Islam ist die Religion des Friedens‘) aus. Es ist eine unerträgliche Überheblichkeit und Anmaßung, Religion, noch dazu den Islam, mit „Frieden“ in einem Atemzug nennen.

Schlimmer noch: Kritiker des Islamismus werden häufig aus kulturrelativistischer Sicht diffamiert. So spricht die Autorin Carolin Emcke[830] in der *Zeit* in einem intellektuellen Amoklauf, bei dem zwischen islamistischen Selbstmordattentätern und den Fußball-Fans des FC St. Pauli kein nennenswerter Unterschied gesehen wird, von einem „liberalen Rassismus“ der Islamismuskritiker. Die Autorin formuliert eine Art Glaubensbekenntnis des Kulturrelativismus:

> „Eine Glaubensfreiheit, die eigentlich Zwangsatheismus als einzige Form der Modernisierung akzeptiert, ist keine. Eine Glaubensfreiheit, die nur den christlichen Glauben meint, ist auch keine. Toleranz ist in Wahrheit immer Toleranz von etwas, das einen anwidert oder irritiert. Toleranz dämmt Abneigung, nicht Zuneigung. Und in modernen, pluralistischen Gesellschaften mit unterschiedlichsten existenziellen, sexuellen oder ästhetischen Neigungen wird das Tolerieren von Praktiken und Überzeugungen anderer von jedem verlangt: Die Geißelungen bei den Osterprozessionen in Sevilla erscheinen den einen so pervers wie anderen die Sadomaso-Spielchen auf den Christopher-Street-Day-Paraden in Paris oder Berlin; der männliche Blick, der junge Mädchen unter den Schleier zwingt, erscheint den einen ebenso sexistisch wie anderen der, der sie sich in High Heels quetschen und rundum entblößen lässt; die Vorstellung der Eucharistie ist den einen so befremdlich wie den anderen der Glaube an 72 Jungfrauen im Paradies; die Wagner-Begeisterten in Bayreuth wirken auf die einen so befremdend wie auf andere die St.-Pauli-Fans am Millerntor“.[831]

Der Politologe Johannes Kandel von der *Friedrich-Ebert-Stiftung* (FES) antwortet ihr:

> „Und warum eigentlich hält es die Autorin für degoutant, dass ‚eine Diskussion um den Islam in Europa entbrannt‘ ist, ‚die nicht mehr nur am rechten Rand Gemüter erhitzt, sondern das bürgerliche Zentrum erreicht hat‘? Nein, diese Diskussion auch im ‚bürgerlichen Zentrum‘ ist uneingeschränkt zu begrüßen, denn sie ist von entscheidender Bedeutung für die Zukunft Europas. Aber Emcke will auf etwas anderes hinaus: Die Diskussion soll als fremdenfeindlicher Misstrauensdiskurs denunziert werden. Opfer sind allein ‚die Muslime‘. Weil wir in Europa Probleme mit der eigenen ‚Identität‘ haben, so ihre Logik, profilieren wir uns in aggressiver Verteidigung der ‚Werte einer aufgeklärten sympathisch plu-

ralistischen Lebensweise ... gegen den Islam.' Diese Denkfigur vom ‚Feindbild Islam' als Ersatz für verloren gegangene ‚Feindbilder' ist heute so falsch wie bei der Ersterwähnung vor vielen Jahren."[832]

Zurück zu Necla Kelek. Ihre Studie ist eine der wenigen kritischen Antworten – von einer Nicht-Islamwissenschaftlerin und Soziologin – auf die Situation nach 9/11. Kelek geht mit den Deutschen ins Gericht. Von Wolfgang Schäuble über Thomas de Maizière bis hin zu Hans Küng und Vertretern aller großen Parteien sowie allen möglichen Fraktionen in der Gesellschaft insgesamt – bei allen sieht sie ein „Verstehen-Wollen" der Islamisten:

> „Dieses Konzept des ‚Von-innen-Verstehens' und die Methode des ‚Nachfühlens' sind im interreligiösen Dialog weitverbreitet, ebenso in der Migrationsforschung und der praktischen Sozialarbeit."[833]

Kelek nimmt auch die gefährliche Ideologie des Kulturrelativismus in den Blick:

> „In meinen Augen hat sich diese Art des ‚Kulturrelativismus' der ‚verstehenden Soziologie' als verantwortungslos erwiesen. Sie gibt nicht nur die Grundrechte des Einzelnen preis, sondern sie ist auch wissenschaftlich nicht haltbar. Schon gar nicht darf sie sich auf den großen Max Weber berufen, den Begründer der verstehenden Soziologie. Denn der lehnte das vage und beliebige ‚Verstehen' entschieden ab und forderte von der Sozialforschung vielmehr, ‚soziales Handeln deutend (zu) verstehen und dadurch in seinem Ablauf und seinen Wirkungen ursächlich (zu) erklären.' Aus dieser Erkenntnis entsteht die soziale Verantwortung des Wissenschaftlers. Sprechen wir also über die soziale und politische Realität dieser Religion, über ihre Sinn- und Handlungszusammenhänge, über ihr Welt- und Menschenbild. Fragen wir."[834]

Dass der *Tagesspiegel* seine ideologisch aufgeladene Rezension mit „Ein Hoch auf Atatürk" betitelt, stellt eine Simplifizierung dar, die Keleks Buch nicht im Entferntesten gerecht wird. Kelek äußerte sich im Februar 2010, Wochen vor dem Verriss im *Tagesspiegel*, gegen „Überväter" aller Art:

> „In der muslimischen Welt sind Zweifel, Neugier nicht erlaubt, oder Fragen wie: woher kommen wir, was ist Allah, was will er von uns. Als völlig undenkbar gilt, ihn sogar grundsätzlich in Frage zu stellen. Wir sind die Überväter nicht losgeworden. Ich kenne kaum einen Muslim, der ein freier Geist wäre. Das heißt, dass er sich von Übervätern befreien muss, wie das vielen Europäern gelungen ist. Das heißt, sich zu lösen von Übervater Allah, Übervater Prophet, Übervater Atatürk, dann vom eigenen Vater, den Brüdern, Nachbarn, Tanten, Onkeln – dieser gesamten Struktur, die den einzelnen bewacht und ihm sagt, du bist nicht du, du bist ein Teil von uns. Wir müssen aus diesem Gewölbe heraus, wenn wir freie Geister und ein Teil der freien, bürgerlichen Gesellschaft werden wollen."[835]

Bei Kelek finden sich positive wie kritische Töne zum Begründer der Türkei; in jedem Fall plädiert sie dafür, sich vom „Übervater Atatürk“ zu „lösen“:

> „Atatürk hat versucht, die türkische Gesellschaft zu revolutionieren, auch indem er den Frauen gleichen Rechte und besondere Aufgaben in der von ihm favorisierten Kleinfamilie zuwies und viele Maßnahmen einleitete, um den Frauen eine Berufstätigkeit zu ermöglichen. Aber er blieb dem alten Pathos verhaftet, indem er verkündete: ‚Die wichtigste Aufgabe einer Frau ist das Muttersein‘, auch wenn er gleichzeitig die Schulen für Mädchen öffnete.“[836]

Zudem bietet Kelek viele Anknüpfungspunkte für eine Gesellschafts- und Islamkritik:

> „Für Sigmund Freud hält die Religion die Triebe unter Kontrolle und ‚verwaltet‘ die Schuldhaftigkeit des Menschen. Die islamische Lehre versucht, durch die Umma als ‚Über-Ich‘ das triebhafte ‚Es‘ des Menschen unter Kontrolle zu halten. Wichtig für einen modernen Menschen ist es aber, das ‚Ich‘ zu entwickeln. In der islamischen Gemeinschaft ist der Mensch ein Sozialwesen, hat keine Ich-Identität, sondern ist Teil der Gemeinschaft.“[837]

Viele Deutsche scheinen den Islam zu bewundern, da er als Ideologie dieses Gemeinschaftsbedürfnis unterstützt. Dabei sind Bewunderung und Abscheu, Exotismus und Grusel ineinander verwoben.

4.3) „Entschleiert euch!“

Keleks Buch ist ein Reservoir an Kritik am Islamismus. Viele Beispiele zeugen davon. Da wäre etwa Fethullah Gülen, im Jahr 2008 laut *Prospect Magazine* aus England und *Foreign Policy* aus Amerika der Top-„Public-Intellectual“ der Welt. Der in den USA lebende Gülen vertritt nach außen eine „‚Islam light‘“-Ideologie[838], der sich laut Kelek weltweit vier Millionen Anhänger des „Turanismus“, der „Einheit der Turkvölker“, angeschlossen haben[839]:

> „Für wissenschaftliche Erkenntnis, für Vernunft bleibt da kein Raum. Sie ist auch gänzlich überflüssig, schließlich steht schon alles Wissenswerte im Koran, der Gläubige muss es sich nur aneignen: ‚Nicht die Wissenschaft‘, schreibt dieser ‚geistige Führer‘, lässt ‚die Wahrheit erkennen, sondern der Glaube an Gott, aus der Rechtleitung Gottes‘. ‚Beweise‘ für den uneinholbaren Vorsprung des Korans, selbst bei physikalischen Erkenntnissen, liefert er gleich mit: Auf die Erdanziehung und -abstoßung, auf Rotationen und Umbrüche im Universum verweise schon die 13. Sure, Vers 2: ‚Allah ist es, der die Himmel, die ihr sehen könnt, ohne Stützpfeiler emporgehoben hat.‘ Oder Sure 22, Vers 65: ‚Und er hält den Himmel zurück, damit er nicht auf die Erde fällt, es sei denn mit seiner Erlaubnis.‘ Nicht Newton und Einstein verdanken wir nach Gülen die moderne Physik, sondern Allah und den Muslimen.“[840]

Ähnlich wie Gülen sieht einer der Begründer des Islamismus im 20. Jahrhundert, der indisch-pakistanische Islamist Maududi, den Islam als „„wahre Wissenschaft'". Damit wendet sich Maududi, der zudem ein Protagonist des *Islamic banking* ist (vgl. Kapitel 1.2), gegen die These, der Islam sei mit moderner Wissenschaft kompatibel – für ihn sind Wissenschaft und Forschung ohnehin „islamisch".[841]

Begriffe wie „Ehre", „Würde", „Ansehen" und „Stolz" sowie deren Bedeutung für das Sozialverhalten in den muslimischen Gemeinschaften in Deutschland entsprechen einer eher „parochialen" politischen Kultur. „Parochial" meint hier das Englische „engstirnig" oder „kleinkariert". Die Politische Kulturforschung – ein Zweig insbesondere der Politikwissenschaft – versteht unter parochial eine vormoderne politische Kultur, in der die Menschen sich kaum oder gar nicht aktiv am politischen System beteiligen. Das trifft selbst auf Communities in der Bundesrepublik zu, wobei es sich hier um einen Prozess der Abwendung von der Mehrheitsgesellschaft handelt. Theoretisch haben hier alle Bürger die Möglichkeit am politischen Entscheidungsprozess teilzuhaben und westliche Freiheiten zu genießen. Doch in Teilen der Gesellschaft, wo „Ehre", „Stolz", „Tradition" und „Familie" mehr zählen als Freiheit, Selbstbestimmung, Reflektion oder gar Emanzipation, Gleichberechtigung und Kritik handelt es sich um eine parochiale politische Kultur. Die vormodernen Vorstellungen wie von „Stolz" und „Ehre" werden von Kelek zerpflückt. Sie erklärt, manche Beispiele beleuchteten Extreme, wie jenes einer Mutter, die ihren Sohn anschreit, sich auf die Knie wirft und tatsächlich sagt: Hätte „ich doch Steine geboren", und hätte der arme Kerl „Gift gesäugt statt meine Milch". Die ganze Aufregung gab es nur, weil der junge Muslim offenbarte, er wolle mit seiner nichtmuslimischen Freundin zusammenziehen und sie später vielleicht heiraten – was für ein Verbrechen!

Von großer Bedeutung ist für Kelek die Analyse und Kritik des Schleiers und des Kopftuches. 28% der Musliminnen in Deutschland tragen das Kopftuch, die meisten von ihnen haben zwischen dem vierten und dem 13. Lebensjahr eine Koranschule besucht, 92,3% der Kopftuchträgerinnen halten das Kopftuch für eine „religiöse Pflicht", 43,3% wollen unbedingt als Muslima erkannt werden.[842] Kelek legt dar, der Koran schreibe das Kopftuch nicht vor. Der damalige Bundesinnenminister Schäuble verteidigte es auf der Islamkonferenz gleichwohl und konnte oder wollte Keleks Nachfrage im Plenum nicht verstehen:

> „Ich glaubte, meinen Augen nicht trauen zu können, als ich Ende Juni 2009, zwei Tage vor einer erneuten Tagung der Deutschen Islam Konferenz, die ‚Empfehlungen' der Arbeitsgruppe ‚Religionsfragen im deutschen Verfassungsverständnis' las. Dort stand: ‚In Ausübung ihrer Religionsfreiheit steht es Schülerinnen und Schülern an öffentlichen Schulen frei, Zeichen ihrer Religionszugehörigkeit zu tragen oder sich religiösen Vorschriften gemäß zu kleiden. Das Tragen des Kopftuches kann daher nicht in Schulordnungen, Elternverträgen o.Ä. untersagt werden.' (...) Als ich im Plenum der Konferenz heftig gegen diese Weichenstellung protestierte, korrigierte mich der damalige Innenminister – die ‚Rechtslage' in dieser Frage sei kompliziert, von der ‚Scharia' könne aber doch gar nicht die Rede sein. Da irrte Herr Schäuble und mit ihm ein großer Teil der Öffentlichkeit, weil den meisten der Zusammenhang zwischen dem vermeintlich harmlosen Kopftuch und der wesentlich umstritteneren Scharia gar nicht bewußt ist."[843]

An dieser Stelle wäre eine eingehende religionskritische Analyse von Islam und Kopftuchgebot aufschlussreich. Der Politologe und Islamwissenschaftler Ralph Ghadban hat dazu eine wissenschaftliche Studie vorgelegt. Ghadban untersucht die fünf relevanten Stellen im Koran bezüglich des Hijab und resümiert:

> „Seit den 1970er Jahren findet weltweit eine Reislamisierung statt. Die alten islamischen Vorstellungen sind unter weiten Teilen der muslimischen Bevölkerung in Deutschland und im Westen verbreitet. Unter dem Vorwand der Religionsfreiheit wird versucht, eine Gesellschaftsordnung einzuführen, die höchst problematisch ist. Das Kopftuch ist ein zentrales Element dieser Ordnung und symbolisiert die Position der Frau. Es ist nicht, wie im Diskurs ständig wiederholt wird, allein ein Zeichen ihrer Unterdrückung, denn man kann die Frau auch ohne Kopftuch unterdrücken, es ist vor allem ein Zeichen ihrer Entwürdigung, weil es die Frau auf ihre Sexualität reduziert. Sie ist eine ‚Aurah' und da man nicht mit entblößten Geschlechtsteilen auf die Straße geht, muss sie sich verhüllen. Deshalb sprechen die Muslime davon, dass die Frau durch das Kopftuch ihre Würde gewinnt. Sie sagen auch, dass das Kopftuch sie beschützt. Wer sich als sexuelles Objekt betrachtet, braucht natürlich einen Schutz, vor allem, wenn man die Männer als unkontrollierte triebhafte Wesen sieht."[844]

Diese Kritik ist interessant: Jene, die das Kopftuch propagieren, tragen oder verteidigen, glauben, Männer reagierten irrational auf weibliche Kopfbehaarung. Diese zwischen Lächerlichkeit und Frechheit oszillierende, männerfeindliche Annahme ist ein weiterer Grund, gegen das Kopftuch zu sein. Muslime machen junge, teilweise unter zehn Jahre alte Mädchen zu Sexualwesen, deren Haare Jungen oder Männer verrückt machen könnten. Die männerverachtende Dimension des Kopftuchs wird selten thematisiert, dabei ist die Annahme, Männer seien krankhaft-sexuelle Triebwesen, die sich allein durch das Haupthaar von Mädchen und Frauen elektrisieren ließen, nicht nachvollziehbar. Umso bemerkenswerter ist es, wie wenige Forscherinnen und Forscher diese Absurdität erkennen.

Kelek kritisiert die Sexualisierung von Kindern im heutigen Islam; dass Mädchen unter 14 Jahren das Kopftuch tragen müssen, ist für sie ein Verstoß gegen die „Menschenwürde und gegen das Diskriminierungsverbot".[845] Dabei könnten die Muslime in Deutschland und ihre nichtmuslimischen Verteidiger durchaus etwas von der islamischen Welt lernen:

> „1923 warfen die Frauen der Ägyptischen Feministischen Union ihre Schleier demonstrativ ins Meer. 1927 legten 87.000 Frauen in Usbekistan öffentlich ihre ‚schwarzen Kutten' ab, 300 wurden dafür von ihren Männern ermordet. 1925 verbot Atatürk in der Türkei den Schleier, 1936 ließ Schah Reza Pahlewi im Iran den Tschador verbieten, in den Fünfzigerjahren entschleierten sich tunesische Frauen. (...)
>
> Das Kopftuch soll Mädchen lehren, fügsam zu sein. Dagegen müssen wir Frauen uns dafür einsetzen, dass sie frei an allem teilhaben können – am Schwimmunterricht, an Ausflügen, an Tanzveranstaltungen – an allem, was ihnen hilft, selbstbewusst und stark zu werden. Frauen müssen nicht beweisen, dass sie ‚rein' sind. Sie selbst – und nicht die Umma oder die Familie – entscheiden, was ehrbar ist. Frauen können sich nur selbst befreien – wenn es so weit ist, werden sie vielleicht wie 1923 die Frauen in Ägypten ihre Kopftücher wegwerfen und sie in Nord- oder Ostsee, im Rhein oder Main, in der Elbe oder der Spree untergehen lassen."[846]

4.4) Stellung zum Islam

Kelek untersucht in ihrem Buch drei Bereiche: „Islam als Glaube", „Islam im Alltag" und „Islam und Politik". Sie besuchte Moscheen wie jene in Duisburg-Marxloh, vor der „Europas größte Hochzeitsmeile entstanden" sei.[847] Kelek wunderte sich auf ihrem Weg zur Moschee in der S-Bahn über Jungs, die sich auf eine bemerkenswert sexualisierte, aber offenbar alltägliche Weise gegenseitig die Bälle zuschoben: „Anani sickerim, ulan" – zu Deutsch: „Ich fick' deine Mutter, du Schwuchtel". Diese primitive Rede, Homophobie und Frauenverachtung (wie Vergötterung) stehen durchaus in einem Zusammenhang zum Islamismus und neuen Großmoscheebauten, die nicht unbedingt bekannt sind für ein besonders aufgeklärtes, traditionelle Geschlechterverhältnisse hinterfragendes Klima. Kelek beschreibt die neue Moschee in Duisburg:

> „Am Ende der Straße wird die Moschee sichtbar. In der grauen Ruhrgebiets-Vorstadt wirkt sie mit ihren im osmanischen Stil errichteten Haupt- und Seiten-

> kuppeln aus schimmerndem Zinkblech, mit ihren Rundbogenfenstern und dem Minarett, das einer Mondrakete gleich in den Himmel ragt, wie ein türkisches Ufo, das geradewegs aus Ankara oder Bursa hier gelandet ist. Marxloh schechrine hoschgeldiniz, die türkische Begrüßungsformel kommt mir in den Sinn – willkommen in der Stadt Marxloh.
>
> Ein Minarett wie hier in Marxloh, das jetzt bei vielen in Deutschland neu errichteten repräsentativen Bauten zu finden ist, gehörte früher nicht zur Moschee."

So formulierte

> „1997 der damalige Bürgermeister von Istanbul, Tayyip Erdoğan, als er ein bekanntes Gedicht rezitierte: ‚Die Demokratie ist nur der Zug, auf den wir aufspringen, die Moscheen sind unsere Kasernen, die Minarette unsere Speere, die Gläubigen unsere Soldaten.' Die ‚Speere' werden inzwischen immer länger: 34 Meter hoch ist das Marxloher Minarett, über 50 Meter sollen es bei der in Köln geplanten Moschee werden."[848]

Kelek hat ihre Zweifel an der Kunde Allahs, nach der der „Mensch schwach" und die Frau „teuflisch" sei, er „Hingabe" fordere und Engel die „Wächter der Hölle" seien. Mohammed sei, fährt Kelek fort, als religiöser Führer in Mekka gescheitert, nach Yathrib (das spätere Medina) gegangen und mit dem Engel Gabriel auf einem Reittier mit Flügeln gen Jerusalem geflogen, um in die sieben Himmel zu gelangen. Was sich anhört wie ein Märchen aus 1001 Nacht für Kinder, ist todernst gemeint. Insbesondere der Mythos Jerusalem ist für Muslime wichtig und basiert auf dieser Geschichte von der Himmelsreise.[849]

Ähnlich wie schon Abraham Geiger in seiner Bonner Dissertation im Jahr 1833[850] sieht Kelek den Koran als „Ghazu – de[n] geistige[n] Diebstahl", was zumindest als Korrektiv zu den oft überheblichen Darstellungen des Islam von Seiten der Islamisten und stolzer Islam-Verfechter von Interesse ist.

Es geht um Zweifel und Selbstkritik, die Kelek in der islamischen Welt (von ganz wenigen Ausnahmen abgesehen) seit Mohammeds Zeiten vermisst:

> „Das Prinzip einer Religion ohne Zweifel, die damit in striktem Gegensatz zu dem rabbinischen Judentum steht, das eine Streit- und Debattenkultur pflegt, wurde Jahrhunderte später zur alles ‚versiegelnden' Norm."[851]

Selbst wenn man einmal von den Zwängen und der Gewalt absieht, die die Geschichte des Islam seit dem 7. Jahrhundert eben *auch* prägen, enthält bereits die Forderung nach einem ‚freiwilligen' Übertritt zum Islam eine Gewaltandrohung. Erst nach einer solchen Konversion, nach der Internalisierung der Idee des einen Gottes mit Mohammed als seinem Propheten, sei „Frieden" möglich:

> „Die Menschheit wird erst dann befriedet sein, wenn alle den Islam angenommen haben – das ist mit dem Spruch ‚Islam ist Frieden' gemeint."[852]

Natürlich sehen das nicht alle Muslime so. Kelek hat überhaupt kein Problem mit gläubigen Muslimen (immerhin ca. 1,3 Milliarden Menschen werden als Muslime kategorisiert, wobei zu bedenken ist, dass längst nicht alle gläubig sind oder sich selbst als Muslime bezeichnen) – solange Religion und Spiritualität als Privatsache gesehen werden und nicht als politisches Statement inklusive Schleier, Minarett und aufgeblasener Moschee. Philosophisch gesehen ist das Desolate an der Geschichte und der Gegenwart des Islam gleichwohl der geistige Stillstand, der ewige wortwörtliche Bezug auf den Koran und andere heilige Schriften des Islam. Kelek attackiert den „nachahmenden Konformismus“:

> „Damit wurde das Prinzip des ‚nachahmenden Konformismus‘ zur Norm erhoben – in der muslimischen Welt als taqlid gängige Praxis – und all das begraben, was in der westlichen Philosophie als ‚Untersuchung‘, als ‚Versuch‘ oder ‚Experiment‘ sowohl die Sozial- wie die Naturwissenschaften im Lichte von Veränderungen kontinuierlichen Realitätsprüfungen aussetzt. Im islamischen Denken aber werden neu auftauchende Fragen rechtsgutachterlich beantwortet, unter Hinzuziehung von Koran und Hadithen, und dann zu ‚Fällen‘ erklärt, an denen sich weitere Auslegungen abarbeiten müssen – ein höchst zirkuläres Verfahren, das notwendigerweise dazu führt, dass sich die Ausgangsfrage mehr und mehr von der Realität entfernt.“[853]

Selbstredend kritisiert Kelek Martin Luthers antitürkische und antijüdische Schriften; zudem zeigt sie eine gewisse Verwandtschaft von Luthers Protestantismus und Innerlichkeit auf der einen und dem Islam auf der anderen Seite auf. Damit meint sie Luthers „Verzicht auf die Gnadenbürokratie des katholischen Klerus“; im „direkten“ Kommunizieren von Protestanten wie Muslimen mit Gott sieht sie eine womöglich frappierende Ähnlichkeit.[854]

4.5) Gegen *Milli Görüs*

Die Lobhudelei des *Suhrkamp Verlages* und seines Autoren Werner Schiffauer auf den Islamismus der in Deutschland einflussreichen Organisation *Milli Görüs* ist bemerkenswert.[855] Diese große islamistische Vereinigung wird schöngeredet, und Schiffauer badet mit ihr im von ihm selbst erfundenen „Postislamismus“. Liberale, aufgeklärte, antiislamistische Intellektuelle wie Bassam Tibi werden en passant abgefertigt, ohne sie immer beim Namen zu nennen. Folgende Stelle zielt sicherlich auf Tibi, den bekanntesten Vertreter und Protagonisten eines „Euro-Islam“:

> „Eine gewisse Rolle spielt auch das Ressentiment, der Ärger über europäische Hybris, die von einem Euro-Islam spricht und damit nichts anderes meint als einen Islam, der westliche (oder christliche) Werte unkritisch und ohne Prüfung übernommen hat."[856]

Realitätsfern ist die Gleichsetzung (Schiffauer nennt es „bemerkenswerte Parallele") von islamistischen und antisemitischen Verschwörungstheorien, die in der Türkei existieren, mit der Kritik am Islamismus.[857] Gar abstrus wird es, wenn Schiffauer Folgendes schreibt:

> „Ähnliche Blindheit auf europäischer Seite schwingt in dem Argument mit, dass die Säkularisierung ein Garant gegen Machtmissbrauch darstelle – als ob nicht die größte Tyrannis von kämpferisch laizistischen Systemen wie dem Nationalsozialismus oder dem Stalinismus ausgegangen wäre."[858]

Nicht nur die Gleichsetzung der Shoah und des Stalinismus fällt hier auf, sondern auch die Darstellung des SS-Staates als „laizistisch". Schiffauer verschweigt die Aktivitäten der Christen im Nationalsozialismus und sagt nichts zu den *Deutschen Christen,* dem katholischen *Bund Neudeutschland* oder der paganistischen *Deutschen Glaubensbewegung.*[859] Vor allem aber blendet er die politische Religion des Führertums und des Antisemitismus aus. Dabei waren die politische Religion, die antisemitische Volksgemeinschaft und die Vergöttlichung des alle Lebensbereiche durchdringenden „Deutschtums" und „Führertums" im Nationalsozialismus vorherrschend. Es kann keinen größeren Gegensatz zum französischen Topos der Trennung von Staat und Religion – darauf spielt Schiffauer mit dem Begriff „laizistisches System" an – geben.

Kelek sieht *Milli Görüs* wesentlich kritischer als Schiffauer:

> „2001 soll es innerhalb der Organisation einen Generationswechsel gegeben haben, mit dem angeblich sogenannte ‚bürgerliche' Kräfte die Regie übernahmen. Erkennbar ist das nicht, wohl aber scheint der Verband seitdem fundierte juristische Beratung durch deutsche Konvertiten zu erhalten. Die IGMG [Islamische Gemeinschaft Milli Görüs, d.V.] ist Vorreiter bei dem Versuch der juristischen Durchsetzung islamischer Praktiken – dem Kopftuch bei Lehrerinnen, dem Schächten, der Abmeldung vom Schwimmunterricht. Auffällig ist auch, dass sich Milli-Görüs-Mitglieder inzwischen häufiger in den deutschen Parteien organisieren, vor allem in der CDU Fuß zu fassen versuchen."[860]

Report München berichtete am 8. Februar 2010 über *Milli Görüs* und legte Beweise für den Antisemitismus dieser Organisation vor:

> „Vor wenigen Tagen besuchten wir eine Internetseite einer Milli Görüs-Organisation in Remscheid. Darauf: diese Rede von Necmettin Erbakan. Necmettin Erbakan: ‚*Der Zionismus ist ein Krokodil, das die Menschheit bedroht. Der Oberkiefer sind die USA, der Unterkiefer ist Europa und der Schwanz ist Israel*'."[861]

Weiter berichtete *Report München*:

> „Wofür steht die größte islamistische Organisation in Deutschland, die Milli Görüs? So präsentierte sich die Islamische Gemeinschaft Milli Görüs, abgekürzt IGMG, Ende der 90er Jahre. Zehntausende Anhänger strömten damals, wie hier in Amsterdam, in die Fußballstadien. Umjubelte Leitfigur der Milli Görüs-Bewegung war damals Necmettin Erbakan, der erste islamistische Ministerpräsident der Türkei. Rufe wurden damals laut: Müjehid Erbakan – Gotteskrieger Erbakan. Erbakans zentrale Schrift die ‚Gerechte Wirtschaftordnung' ist durchsetzt von Antisemitismen. Zitat: ‚Der Zionismus ist ein Glaube und eine Ideologie, dessen Zentrum sich bei den Banken der New Yorker Wallstreet befindet.' Heute ist Milli Görüs Teil des politischen Establishments. Milli Görüs-Mitglieder nahmen unter dem Vorsitz des damaligen Bundesinnenministers Wolfgang Schäuble an Untergremien der Islamkonferenz teil. In Rendsburg in Schleswig-Holstein wird Ende 2009 eine neue Moschee eingeweiht. Die Moscheegemeinde wird dem Milli Görüs-Netzwerk zugerechnet. Ehrengast ist Ministerpräsident Peter-Harry Carstensen."[862]

Der oben bereits zitierte Politikwissenschaftler und Referatsleiter für „Interkulturellen Dialog" bei der *Friedrich-Ebert-Stiftung* (FES), Johannes Kandel, ergänzt diese Kritik in seinem 2011 erschienenen Buch *Islamismus in Deutschland.*[863] Entgegen der herkömmlichen Forschung an deutschen Universitäten sind Kandel, Meining[864] und Kelek skeptisch in Bezug auf *Milli Görüs*, die mit ca. 29.000 Mitgliedern bei Weitem größte islamische und islamistische Organisation in Deutschland.[865] Kandel zitiert aus der Schrift „Gerechte Wirtschaftsordnung" (*Adil Ekonomik Düzen*), die der inzwischen verstorbene türkische Politiker Necmettin Erbakan 1991 verfasste und die den *Islamic economics* im Sinne des Islamisten Maududi entsprechen möchte:

> „‚Der Zionismus ist ein Glaube und eine Ideologie, dessen Zentrum sich bei den Banken der New Yorker Wall Street befindet. Die Zionisten glauben, dass sie die tatsächlichen und auserwählten Diener Gottes sind. Ferner sind sie davon überzeugt, dass es ihre Aufgabe ist, die Welt zu beherrschen. Sie verstehen die Ausbeutung der anderen Menschen als Teil ihrer Glaubenswelt. Die Zionisten haben den Imperialismus unter ihre Kontrolle gebracht und beuten mittels der kapitalistischen Zinswirtschaft die gesamte Menschheit aus.'"[866]

Kandel analysiert *Milli Görüs* ausführlich und zeigt, dass diese Organisation Teil eines Netzwerks vieler islamistischer Organisationen in der Bundesrepublik ist. Insbesondere kritisiert er den Antisemitismus des Islamismus, wie er sich in der Nachfolge des Koran, der Hadithen sowie insbesondere Sayyid Qutbs und dessen 1950 publizierter Schrift *Unser Kampf gegen das Judentum* zeigt.[867]

Allerdings unternimmt es Kandel leider nicht, die Mainstream-Forschung in Deutschland zu untersuchen und zu kritisieren, von einigen wenigen diesbezüglichen Bemerkungen abgesehen. Auf die intensiv geführte Debatte um „Islamophobie“ geht er nicht ein, obwohl er ein profunder Kritiker der Rede von der „Islamophobie“ ist.[868]

4.6) Islamismus in der Bundesrepublik seit 1958

Es gibt einen spezifisch islamischen Antisemitismus und eine lange Geschichte der Judenfeindschaft im Islam, worauf hier nicht eingegangen werden kann. Spätestens mit der Damaskuser Blutbeschuldigung („Blood Libel“) von 1840 wurde der Antisemitismus im Islam europäisch-christlich *angereichert*. Der Post-Holocaust-Antisemitismus ist in der muslimischen Welt besonders stark ausgeprägt.

Hervorzuheben ist die bemerkenswerte ‚deutsch-islamische Freundschaft‘. Wer den heutigen organisierten Islam in Deutschland verstehen will, muss sich die Gründungsgeschichte des Islamismus nach 1945 in Europa anschauen. Mehr noch: Die positiven Beziehungen Deutschlands zur islamischen Welt gehen zeitlich mindestens auf Kaiser Wilhelm II., seine berühmte Reise in das Osmanische Reich im Jahr 1898 und seine Unterstützung und Entwicklung der Idee eines „Jihad“ im Ersten Weltkrieg zurück (vgl. Kapitel 1.7.9). Später kooperierte der Großmufti von Jerusalem al-Husaini mit den Nationalsozialisten. Das sind die Hintergründe, vor denen die folgende, erst in jüngster Zeit von einigen wenigen Forschern etwas näher beleuchtete Geschichte des Islamismus in Deutschland nach 1945 zu sehen ist.

Necla Kelek zeigt, dass Yasir Arafat ein Schüler des Großmufti von Jerusalem war, der ihm beibrachte, den israelisch-palästinensischen Konflikt zu „islamisieren“.[869] Der Großmufti Muhammad Amin al-Husaini wollte 1944 „Tel Aviv und Jerusalem“ bombardiert wissen.[870] Es gab mehrere muslimische Verbände in der Waffen-SS, wie Akten über ein „Ostmuselmanisches SS-Regiment“ belegen.[871] Was aber geschah mit den Islamisten nach 1945? Wie entwickelte sich der Islamismus in der Bundesrepublik Deutschland?

Keleks Bericht basiert dabei vor allem auf den Forschungen des Journalisten, Autors und Pulitzer-Preisträgers Ian Johnson, dessen Arbeiten eng mit den Forschungen des Historikers und Redakteurs des Politmagazins *Report München* Stefan Meining verbunden sind.[872]

Von historischer Bedeutung ist der 26. Dezember 1958, die Geburtsstunde des Islamismus in der Bundesrepublik Deutschland:

> „Die Bundesrepublik war der Frontstaat im Kalten Krieg, auch hier hatten die Amerikaner bei der Gründung der ‚Geistlichen Verwaltung der Muslimflüchtlinge' 1951 im Münchener Löwenbräukeller ihre Finger im Spiel. Ibrahim Gacaoglu, ein von der CIA geführter Muslim, übernahm den Vorsitz des kleinen Vereins, der die Muslime organisieren sollte. Im Hintergrund wirkten die alten Naziseilschaften, wie der Turkologieprofessor Gerhard von Mende, ehemals für den organisatorischen Kontakt zu den Muslimen in der SS und Reichswehr [Wehrmacht, d.V.][873] zuständig. (...) Er unterhielt in Düsseldorf ein vom Verfassungsschutz und der Bundesregierung finanziertes ‚Büro für heimatlose Ausländer'. Und da war der Vertriebenenminister Theodor Oberländer, im Dritten Reich Leiter des Sonderverbandes Bergmann, einer Truppe von muslimischen Soldaten der Reichswehr, und ab 1953 Mitglied der CDU-Regierung unter Konrad Adenauer.
>
> 1956 wurde der CIA-Mann Gacaoglu durch einen alten Kämpfer ersetzt: Nur ad-Din Namanjani, Imam und ‚Hauptmann' der SS-Einheit ‚Brigade Dirlewanger', die an der Niederschlagung des Aufstandes im Warschauer Ghetto beteiligt gewesen war. Von Mende und Oberländer wollten die Muslime nicht dem amerikanischen Geheimdienst als Einflussagenten überlassen.
>
> Am zweiten Weihnachtsfeiertag des Jahres 1958 trafen sich 86 Männer im Gemeindesaal der Paulskirche in München. Es war ein Freitag, sie beteten gen Mekka und berieten dann ein gemeinsames Projekt: den Bau einer repräsentativen Moschee in München. An diesem Tag organisierte sich in der Bundesrepublik zum ersten Mal wieder der politische Islam."[874]

Diese Geschichte ist ein Kapitel der besonderen Art: von der Schutzstaffel (SS) über die CIA hin zur Adenauer-Regierung und der frühen Bundesrepublik. Ian Johnson stellt die vier Protagonisten der Geschichte des Islamismus in der Bundesrepublik vor: 1) Gerhard von Mende, Professor für Türkeistudien, 2) SS-Imam Nur ad-Din Namanjani, 3) den charismatischen muslimischen Führer Said Ramadan und 4) den arabischen Finanzier und Banker Ghalib[875] Himmat.

Gerhard von Mende stammt aus Riga, er war ein Russlandforscher und Experte für „Turkologie". Während des Zweiten Weltkrieges erkannte er die Möglichkeit, sowjetische Kriegsgefangene auf die andere Seite zu locken, was vor allem bei Muslimen häufig gelang. Sie wurden Nazis und Soldaten für Hitler, worauf bereits Simon Wiesenthal 1947 hinwies (vgl. Kapitel 3.1). Von Mende organisierte auf diese Weise Einheiten von Tataren, Türken, Georgiern, Aserbaidschanern und Armeniern.[876]

> „In seinem 1938 erschienenen Buch *Die Völker der Sowjetunion* vertrat Mende antisemitische und antibolschewistische Ansichten, die an Hitlers *Mein Kampf* erinnerten. Gerhard von Mende hielt die Juden in der Sow-jetunion für gefähr-

> lich: ‚Der Bolschewismus hat gerade der Ausbreitung der jüdischen Kreise Vorschub geleistet, die für sich selbst außer einem blutmäßig bedingten kliquenhaften Helfershelfertum alle Bindungen verneinten und in einem Machtanspruch und einer Machtausübung ohnegleichen jeden gewachsenen Zusammenhalt, vor allem jede völkische Einheit in ihrem Bereich zersetzten und schädigten. (...) Auch den Krieg gegen die Sowjetunion verurteilte von Mende nie. 15 Jahre nach der deutschen Kapitulation, dem Holocaust und Millionen von Toten stellte er fest: ‚Die Auseinandersetzung des deutschen Reiches mit der Sowjetunion unter den Bedingungen, die 1941 geboten waren, war eine einmalige geschichtliche Chance, die nach allem, was wir sehen können, sich nie wieder bieten wird'."[877]

Nach der bedingungslosen Kapitulation (*unconditional surrender*) der Deutschen kümmerte sich von Mende offenbar rührend um ‚seine' muslimischen Gefährten, die in den westlichen Besatzungszonen und später in der Bundesrepublik lebten. Dann bekam er ab 1956 Konkurrenz aus Amerika bei der Kollaboration mit den Islamisten: Das *American Committee for Liberation from Bolshevism* (Amcomlib) wurde aktiv.

Da von Mende der CIA- und US-Einfluss zu viel wurde, wandte er sich einem anderen Nazi-Soldaten zu, dem früheren SS-Mann und Imam bei der SS Nur ad-Din Namanjani. Wie oben bei Kelek zitiert[878], war er Teil der berüchtigten *Brigade Dirlewanger*, die bis heute im Visier des Nazi-Jägers Efraim Zuroff[879] vom *Simon Wiesenthal Center* (SWC) steht. Die Gründung der Moschee in München sahen auch die Muslimbrüder, die ihre eigene Version des Islamismus durchgesetzt wissen wollten, als Startsignal. Der Antikommunismus ließ US-Präsident Dwight D. Eisenhower blind für die durch den *Islamic Jihad* drohende Gefahr werden. Eisenhower lud Said Ramadan – Schwiegersohn und enger Vertrauter des Gründers der Muslimbrüder, Hasan al-Banna, und Vater des heute sehr einflussreichen Islamisten Tariq Ramadan – nach Washington D.C. ein und unterstützte ihn, wie Johnson bei seiner Archivarbeit herausfand:

> „Insbesondere erinnere ich mich an die Archivquellen in der Eisenhower Präsidentenbibliothek in Abilene, Kansas. Ich habe Eisenhowers Terminkalender aus dem Jahr 1953 gefunden. Es war ein dickes, Leder gebundenes Buch – so wie ein Terminkalender eines Präsidenten aussehen sollte. Darin fand ich mit dem Datum 23. September den Namen Said Ramadan, ‚Abgeordneter der Muslimbrüder'. Es war kein großes, bedeutendes Treffen, aber es war der Höhepunkt der frühen Versuche der Administration Eisenhower, den Islam im Kampf gegen den Kommunismus zu benutzen. Je mehr Zeit ich in den Archiven verbrachte, desto faszinierter war ich. Der Präsident war ein praktizierender Christ und sah Muslime als Glaubensgenossen an. Er dachte, der Glaube könnte ihnen helfen, sich gegen den Kommunismus zu immunisieren, wenn man sie auf die atheistische Botschaft des Kommunismus hinweist. Also befürwortete er alle Arten von Maß-

nahmen, um die Religion zu benutzen – seine Berater nannten es den ‚religiösen Faktor'. Die Muslimbrüder einzubeziehen war Teil dieser Bemühungen."[880]

In Deutschland hatten alsbald die Muslimbrüder um Said Ramadan die Oberhand, was spätestens durch die finanzielle Führerschaft von Ghalib Himmat ab 1973 und die Eröffnung der Münchner Moschee deutlich wurde. Himmat wurde Vorsitzender der *Islamischen Gemeinschaft Deutschlands* (IGD). Sein Nachfolger war von 2002 bis 2010 Ibrahim al-Zayat.

Kelek bezieht sich auf einen Essay von Johnson aus dem Jahr 2005. Johnson hat in den letzten Jahren weitergeforscht und im Mai 2010 ein Buch vorgelegt: *A Mosque in Munich. Nazis, The CIA, And the Rise of the Muslim Brotherhood in the West*[881]; die deutsche Ausgabe erschien 2011 *(Die vierte Moschee. Nazis, CIA und der islamische Fundamentalismus*[882]). Johnson entdeckte vor Jahren in einem Londoner Buchladen für islamistische Literatur eine mit Bildern berühmter Moscheen gespickte Karte, die die Verbreitung des Islam darstellte. Darunter war auch die Moschee in München-Freimann. Das machte ihn stutzig, und er begann zu recherchieren.[883]

Wer sich hingegen neue Bücher einheimischer Provenienz über „Moscheen in Deutschland" anschaut, muss zu dem Schluss kommen, dass viele führende Forscher an der skandalösen Geschichte der Münchener Moschee sowie an der Geschichte des Islamismus in Deutschland und Europa mit ihren direkten Verbindungen zu früheren SS-Männern überhaupt kein Interesse haben. Das ist typisch für die deutsche Forschungslandschaft und Gesellschaft. Die Geschichte des Islamismus in der Bundesrepublik wird in dem Buch *Moscheen in Deutschland. Religiöse Heimat und gesellschaftliche Herausforderung* aus dem Jahr 2009, verfasst vom Leiter des *Kulturwissenschaftlichen Instituts Essen* Claus Leggewie und von der Religionswissenschaftlerin Bärbel Beinhauer-Köhler, ignoriert.[884] Auf Seite 33 des Bandes von Leggewie und Beinhauer-Köhler wird das *Islamische Zentrum* München zwar erwähnt, aber weder der im *Wall Street Journal* veröffentlichte Beitrag von Johnson aus dem Jahr 2005 noch die Berichte des *Focus*[885] in den Jahren 2005/2006 werden rezipiert oder zitiert.[886]

Leggewie attackiert Necla Kelek persönlich und hält ihre Kritik an der Großmoschee in Köln-Ehrenfeld für falsch. Der deutsche Multikulti-Vorzeigeprofessor projiziert dabei die Schuld des Islamismus auf die potenziellen Opfer des Islamismus:

„Keleks und Giordanos Grundthese, der Islam sei ‚kollektiv nicht integrierbar' ist nicht nur ahistorisch und soziologischer Nonsens, sie lenkt auch Wasser auf die Mühlen der konservativen und fundamentalistischen Kräfte im Islam."[887]

Schließlich stellt Leggewie den Holocaustüberlebenden Ralph Giordano auch noch als „‚Halbjuden'"[888] vor:

> „Ihr Mentor und prominentester Gegner des Moscheevorhabens ist Ralph Giordano, als junger Mann (und ‚Halbjude') ein Verfolgter des Nazi-Regimes und in der bundesrepublikanischen Debattengeschichte stets als meinungsstarker und streitbarer Publizist aufgefallen."

Zudem wird Antisemitismus von Leggewie mit ‚Islamophobie' gleichgesetzt:

> „Islamophob nennt man Personen oder Gruppen, die eine generell ablehnende Einstellung gegenüber muslimischen Personen und allen Glaubensrichtungen, Symbolen und religiösen Praktiken des Islams an den Tag legen. Analog zum Antisemitismus werden Muslime stereotyp dafür herabgesetzt, wie sie angeblich sind, ungeachtet dessen, wie sie tatsächlich handeln."[889]

Damit trivialisiert Leggewie den Antisemitismus und banalisiert den Holocaust, der das Resultat des eliminatorischen Antisemitismus der Deutschen war und nicht lediglich ein ‚stereotypes Herabsetzen'.

Leggewie verkennt den Hauptgrund für die Kritik einiger weniger am Islamismus, der im Massenmord vom 11. September 2001 besteht. Es sind die konkreten Taten der Islamisten, die Islamismuskritiker aktiv werden lassen.

Kelek hingegen stellt einige wichtige Aspekte der Geschichte des Islamismus in der Bundesrepublik vor und gibt z.B. auch Hinweise zur *Islamischen Gemeinschaft in Deutschland* (IGD), die für den „lawful Islamism", den „gesetzestreuen Islamismus" also, sowie für einen die Lücken der Gesetze ausnutzenden Islamismus bekannt ist – was Konflikte mit dem Gesetz jedoch nicht ausschließt:

> „Im März 2009 durchsuchte die Staatsanwaltschaft die Räume des Islamischen Zentrums und ermittelte gegen sieben Männer, unter ihnen auch Ibrahim El-Zayat, wegen der Unterstützung von verbotenen Organisationen wie der Hamas. (...) Noch wird gefeiert – zum Beispiel der 50. Jahrestag der Gründung der IGD mit einem Festakt im Berliner Tempodrom im Oktober 2008. Dort verlieht El-Zayat gemeinsam mit Tariq Ramadan den ‚Dr. Said Ramadan Friedenspreis für Dialog und Völkerverständigung' an den Publizisten Peter Scholl-Latour für sein Lebenswerk. Der bedankte sich herzlich."[890]

Über El-Zayat[891] und viele andere wichtige Figuren des Islamismus in Deutschland schreibt der Historiker Stefan Meining in seinem 2011 veröffentlichten (und bereits zitierten) Band *Eine Moschee in Deutschland. Nazis, Geheimdienste und der Aufstieg des politischen Islam im Westen*.

Interessant ist, dass sich mit Meining, Johnson oder Kelek keine Islamwissenschaftler oder Arabisten kritisch mit dem Islamismus befassen – dabei hätten diese beiden Gruppen leicht Zugang zu allerhand Quellen (wie in Arabisch, Farsi, Urdu und anderen Sprachen) und könnten damit die Forschungen von Meining, Johnson, Kelek und anderen unterstützen.

4.7) Für das „Ich“ der Muslime...

Necla Kelek ist eine kritische Soziologin, eine feministische und islamkritische Aktivistin und Publizistin. Sie nimmt Fragen der Philosophie in den Blick: Ontologie, Metaphysik, Dialektik und Erkenntnistheorie, die Liebe zum Seienden und die Hinterfragung ewiger (ontologischer) Seins-Gewissheiten prägen ihr Denken. Sie ist eine Intellektuelle, entgegen ihren gegenintellektuellen, keine „zerstörerische Kritik“[892] (am Islamismus und seinen Freunden) übenden Widersachern.

Kelek versucht, die Aufklärung des 18. ins 21. Jahrhundert zu transponieren, mit aller gebotenen Selbstreflexion und Ansätzen einer *Dialektik der Aufklärung* (ohne explizite Bezugnahme auf die gleichnamige Studie von Horkheimer und Adorno). Kelek sieht den islamischen, muslimischen und jede substanzielle Islamkritik diffamierenden Status quo als einen zu überwindenden an. Sie kämpft für das Ich, gegen die Gemeinschaft und den Zwang zu kollektiver Identität:

> „Muslime aller Länder, bekennt euch zum Ich,
> ihr habt nichts zu verlieren außer der Scharia.“[893]

5) Das Ende seriöser Antisemitismusforschung

„‚Antisemitismusforscher' gehen der Frage nach, WARUM Juden gehasst werden, nicht warum JUDEN gehasst werden."[894]

HENRYK M. BRODER, 2008

5.1) Zentrum für Antisemitismus*forschung*?

Der iranische Präsident Mahmud Ahmadinejad sprach am 23. September 2008 vor der UN-Generalversammlung in New York. Es war das erste Mal, dass ein großes Land und ein militärisch gefährliches und nach Atomwaffen strebendes Regime einem anderen UN-Mitgliedsstaat, dem jüdischen Staat Israel, und allen Juden, die in dieser Hetzrede[895] als „Zionisten" attackiert wurden, mit der Auslöschung drohte.

Wenige Wochen später publizierte der Historiker Wolfgang Benz das 17. *Jahrbuch für Antisemitismusforschung*. Ungeachtet der Frage, ob Benz' Vorwort zu diesem Jahrbuch möglicherweise schon *vor* der Rede des iranischen Präsidenten fertiggestellt wurde, zeigt es an, worauf der Schwerpunkt der Forschung von Benz und seinem ZfA bezüglich des Islamismus liegt:

> „Ressentiments gegen den Islam haben seit dem 11. September 2001 weltweit Konjunktur. Die Ermordung des niederländischen Filmemachers Theo van Gogh im November 2004 löste emotionale Reaktionen im Publikum aus, die sich zu einem Phänomen steigerten, das man mittlerweile als Islamophobie bezeichnet."[896]

Wie kommt ein Antisemitismusforscher dazu, kein einziges kritisches Wort über den Massenmord vom 11. September und die dahinter stehende islamistische Ideologie des Jihad zu verlieren, die Mörder und ihre Motivation hingegen in Schutz zu nehmen, wenn er davon spricht, „antiislamische Ressentiments" hätten seither zugenommen? Die genozidalen Drohungen, die Ahmadinejad schon zuvor auf der Konferenz *A World without Zionism* Ende Oktober 2005 in Teheran geäußert hatte[897] und die allgemein bekannt waren und sind, werden von Benz auf ‚elegante' Weise derealisiert. Er nimmt nicht den islamischen Judenhass und Antisemitismus – der auf die Tötung von Juden abstellt und die explizite Drohung enthält, Israel solle von der Landkarte getilgt werden – ins Visier, vielmehr die Kritiker des Antisemitismus.

9/11 – für Benz eine Reaktion auf die „Arroganz“ von Gebäuden wie dem *World Trade Center*[898] – und die Ermordung des holländischen Filmemachers Theo van Gogh durch Mohammed Bouyeri werden als spezifische Phänomene des Islamismus und des jihadistischen Terrorismus entwirklicht. Der Angriff an jenem Dienstag, diese Kriegserklärung, galt den USA und der „Ostküste“, die bis heute als Symbol von „jüdisch“ und „westlich-kapitalistisch-urban“ weltweite Ressentiments auf sich ziehen.

Nicht nur in Deutschland, sondern auch international ist es in Mode gekommen, „Islamophobie“ zum Thema zu machen, wie eine Konferenz in England im Jahr 2008 zeigt, auf der Matti Bunzl (Jg. 1971) auftrat, ein im amerikanischen Bundesstaat Illinois lehrender Ethnologe (in den USA: „Anthropologe“)[899] und Antizionist österreichischer Herkunft. Laut einem (zustimmenden) Tagungsbericht wurde dabei die Tendenz deutlich, Antisemitismus mit „Islamophobie“ gleichzusetzen.[900] Das zeigen auch die Schriften von Bunzl. Für ihn gibt es keinen neuen und keinen muslimischen Antisemitismus. Es handele sich bei beiden Phänomenen eher um Aspekte oder Resultate eines antikolonialen Kampfes („anti-colonial struggle“), wie er in einem breit diskutierten Text über „Antisemitismus und Islamophobie“ schreibt.[901] In der Publikation sind neben Bunzl auch Beiträge von Dan Diner, Brian Klug, Paul A. Silverstein, Adam Sutcliffe, Esther Benbassa und Susan Buck-Morss versammelt, die sich alle recht positiv auf Bunzls „Islamophobie“-Konzept beziehen. Es gibt eine deutsche Version des Aufsatzes von Bunzl, in dem er sich gegen „Alarmisten“[902] wendet.[903] Entgegen dem internationalen Forschungsstand der Antisemitismusforschung leugnet Bunzl die antisemitische Struktur des antiisraelischen Antizionismus. Sein Vater John Bunzl aus Wien, der Herausgeber des Sammelbandes, sieht in Israel eine böswillige „Zionist colonization“.[904]

Zurück zu Benz: Die Ermordung Theo van Goghs am 2. November 2004 ist ihm im oben erwähnten Vorwort keine Silbe des Bedauerns oder der Analyse wert. Vielmehr glaubt er, die Muslime in Europa seien seit jenem Tag im Jahr 2004 in der *Defensive*. Tatsächlich gibt es Muslime, die in Todesgefahr leben – vor allem (Ex-) Musliminnen, die sich einer patriarchal-religiös-fanatischen Religion nicht fügen. Um es sarkastisch zu formulieren: Die Muslime sind seit 2001 und nach dem Mord an Theo van Gogh 2004 dermaßen in die Defensive geraten, dass am 7. Februar 2005 in Berlin Hatun Aynur Sürücü von einem ihrer Brüder hingerichtet wurde, weil sie zu „unislamisch“, sprich: westlich und deutsch (was immer sich Islamisten darunter vorstellen) lebte.

Die erwähnte ZfA-Konferenz *Feindbild Muslim – Feindbild Jude*[905] fand nur zwei Wochen nach dem Massaker in der indischen Metropole Mumbai (Bombay) vom 26. November 2008 statt (das definitive Ende wurde dieser mörderischen Attacke am 29. November bereitet), als fast 200 Menschen von pakistanischen Islamisten als Geiseln genommen, gefoltert und ermordet wurden. Das jüdische Gemeindezentrum der Chabad-Gemeinde wurde gezielt angegriffen, und nach Berichten von Ärzten wurden Juden vor ihrer Ermordung am grausamsten gefoltert. Das Ehepaar Rabbi Gavriel Noach und Rivka Holtzberg war unter den Ermordeten.[906] Diesem antisemitisch und anti-westlich motivierten Massenmord der Jihadisten hätten Benz und die anderen Berliner Forscher ihre Tagung *widmen* können. Dann allerdings wäre deutlich geworden: Nicht „Islamophobie" ist *das* Thema dieser Tage, dafür der Islamismus und der islamistische Terrorismus.

Die islamistischen Massenmörder hingegen können frohlocken: Ob sie nun in London oder Madrid Dutzende oder gar hunderte Menschen im öffentlichen Nahverkehr ermorden, Luxushotels in Pakistan mit Selbstmordattentätern angreifen und etliche Menschen in den Tod reißen oder wie in Mumbai tagelang hunderte Geiseln halten sowie fast 200 Menschen ermorden – die Forschung, die Medien und die Gesellschaften (nicht nur in Deutschland) widmen sich häufig lieber der „Islamophobie" als der Gefahr, die der Islamismus darstellt.

Die Tagung *Feindbild Muslim – Feindbild Jude* ist nur die logische Konsequenz der Gleichsetzung von Antisemitismus und „Islamophobie"; ihre Inhalte korrelieren aufs Engste mit denen der in dieser Studie analysierten Islamwissenschaft.[907] Zwar erwähnt Benz, es gebe auch „Judenfeindschaft von Muslimen", aber das ist nicht mehr als ein Lippenbekenntnis. In einer nur von ihm unterzeichneten Presseerklärung des Zentrums zu der umstrittenen Konferenz vom 8. Dezember 2008 teilte der Professor mit, die Kritik an jener Konferenz sei „nicht verhandlungsfähig".[908]

Kritiker des Antisemitismus werden also als „nicht verhandlungsfähig" diffamiert, während dasselbe Zentrum im Sommer 2007 auf einer *Sommeruniversität* zum Thema Antisemitismus einen Rechtsextremen als ‚verhandlungsfähig' einschätzte und ihn teilnehmen ließ:

> „Auch ein Beispiel für die klassische anti-antisemitische Arbeit im Feld wurde den ‚Multiplikatoren aus der Praxis' frei Haus geboten: Zu Gast im Hörsaal war Stefan Lux, langjähriges Mitglied der NPD. Da er ordnungsgemäß angemeldet

> war, sahen die Veranstalter keinen Grund, ihn des Saales zu verweisen. Jegliche Diskussion über die Anwesenheit eines Rechtsextremisten auf einer Veranstaltung gegen Antisemitismus wurde unterbunden. Im Laufe der in den drei Tagen immer wieder aufflammenden Auseinandersetzungen konnte man beobachten, wie die Dinge verdreht wurden. Antifas wurden von einigen Anwesenden in aggressiver Weise aufgefordert, den Mann von der NPD nicht weiter zu ‚stigmatisieren', man kam zu dem Schluss, er sei zwar Antisemit, aber das sei ‚eben seine Meinung'. Wolfgang Benz solidarisierte sich in einem kleinen Showdown am Ende der Veranstaltung mit dem demokratischen Mob, indem er die Antifaschisten als ‚aufgebrachte Vorkämpfer politischer Moral' diffamierte."[909]

So viel zum diesbezüglichen politischen Aktivismus am ZfA. Im Folgenden werden einige kategoriale Unterschiede von Islamkritik und Antisemitismus analysiert.

5.2) Antisemitismus ist eine Gefahr – „Islamophobie" ein Phantasma

Wie oben bereits erwähnt hielt am 23. September 2008 der iranische Präsident Ahmadinejad eine antisemitische Rede auf der Generalversammlung der *Vereinten Nationen* (UN).[910] Am Tag zuvor hatten geschätzte 10.000 Menschen gegen die Erlaubnis protestiert, diesen Antisemiten und Holocaustleugner in die USA einreisen und vor den *Vereinten Nationen* sprechen zu lassen. Ahmadinejad erwähnte in seiner Rede mit keiner Silbe den Staat Israel. Das ist typisch für die Ideologie des Islamismus und nichts wirklich Neues, gleichwohl jedoch schockierend: Israel wird rundweg negiert. Die „Zionisten" sind Ahmadinejads Feinde, wenn er sie als „zionistische Mörder" diffamiert und die ‚Aggression Russlands' in Georgien als von der NATO und den angeblich hinter ihr stehenden „Zionisten" gesteuert sieht. Er bezichtigt die „Zionisten" einer „dominierenden Rolle in den Finanz- und Geldzentren sowie den Zentren politischer Macht in europäischen Ländern und Amerikas". Schließlich hetzt er gegen das „zionistische Netzwerk" und das „zionistische Regime". Juden sind für Ahmadinejad – wie schon für die Deutschen im Nationalsozialismus – die ultimativen Feinde. Er benutzt jedoch den Begriff „Zionisten".

Das macht die Attacken des Iran gegen Israel so bezeichnend: Israel steht in den Augen der Antisemiten für die Judenheit insgesamt, der Antisemitismus des Iran speist sich aus Erinnerungsabwehr und Holocaustleugnung sowie aus althergebrachten Topoi des Antisemitismus wie der Mär von der „jüdischen Weltverschwörung", den „jüdischen Kapitalisten" oder „der kleinen, aber einflussreiche Gruppe der Juden" ganz generell. Ahmadinejads Rede muss als Ausdruck der wahnhaften, auf die Tötung von Juden zielenden Ideologie des heutigen Iran ernst genommen werden. Antizionismus ist der Kern der Ideologie Ahmadinejads und ein Code für „den Juden".

Was aber tut das *Zentrum für Antisemitismusforschung* nach einer solchen Rede? Veranstaltet es ein Symposium über die Gefahren des Antisemitismus? Organisiert es eine Konferenz über den auf die Vernichtung der Juden zielenden Judenhass des heutigen Iran? Ein Seminar über die Ignoranz des Westens bezüglich der Gefahr des neuen Antisemitismus, namentlich des muslimischen Antisemitismus, des Antiamerikanismus und des *Islamic Jihad*? Oder eine Konferenz über die Gefahren des Islamismus für moderate, abtrünnige oder aufmüpfige Muslime, die die Trennung von Religion und Staat, Privatheit und Öffentlichkeit fordern und sich gegen Ehrenmorde, Zwangsehen und Verschleierung wenden?

Im Gegenteil: Das ZfA veranstaltet eine Konferenz unter dem Titel *Feindbild Muslim – Feindbild Jude*. In der Ankündigung für diese Konferenz heißt es:

> „Gleichzeitig wurden Muslime selbst in Debatten um Moscheebauten, Zwangsehen oder das Kopftuch Ziel pauschaler Anfeindungen. Verschwörungsphantasien über eine ‚Islamisierung Europas' wurden dabei ebenso laut wie der Vorwurf, der Islam gebiete seinen Anhängern die Täuschung der Nichtmuslime. Die Denkmuster sind aus der Geschichte des Antisemitismus bekannt und werfen die Frage auf, welche Gemeinsamkeiten Judenfeinde und Islamfeinde teilen."[911]

Folgende Fragen drängen sich auf:

- Sollten „Zwangsehen" nicht „pauschalen Anfeindungen" ausgesetzt sein?
- Waren Juden in der Geschichte lediglich „pauschalen Anfeindungen" ausgesetzt?
- Gibt es ähnliche „Denkmuster" bezüglich Juden und Muslimen?

„Denkmuster" ist ohnehin ein interessanter Terminus. In der Antisemitismusforschung werden das Ressentiment gegen die Abstraktion und die Vergöttlichung des Konkreten – sprich: das Ressentiment gegen Börse, Geld und Kapital und die Liebe zur Fabrik, zur Produktion und zum „deutschen Arbeiter" – als elementare Bestandteile des Antisemitismus, insbesondere seit der Mitte des 19. Jahrhunderts, analysiert. Die problematische Gleichsetzung von „Schacher", „Geld" und „Juden", wie sie selbst den frühen Karl Marx[912] kennzeichnet, ist bis heute gängig.

- Wo und wann jedoch wurde Muslimen unterstellt, die Zirkulationssphäre zu beherrschen und andere Menschen oder ‚Völker' auszusaugen?
- „Mammon" ist in der antijüdischen Agitation der Gott des Geldes, dem die Juden verpflichtet seien. Dieser antimammonistische Antisemitismus (der oft mit Antiamerikanismus einhergeht) ist weltweit zu konstatieren[913] – er ist ein elementarer Bestandteil der antijüdischen Weltanschauung, welchen der Begriff Rassismus nicht beinhaltet.
- Die erfundenen *Protokolle der Weisen von Zion*, Anfang des 20. Jahrhunderts erstmals in Russland publiziert, imaginieren eine jüdische Weltverschwörung. Es ist bis heute die wirkungsmächtigste Fantasie über eine Verschwörung. Juden stehen demnach hinter Geld, Kapital oder Börse, auch die Politik sei wesentlich von ihnen bestimmt. Die Französische Revolution sei von Juden mit dem Ziel geplant worden, ihre eigene Herrschaft zu sichern; selbst U-Bahnen seien von Juden erfunden worden, um gleichsam die Gesellschaften von unten zu unterwandern.
- Apropos Wandern: Eines der wirkungsmächtigsten Bilder des Antisemitismus ist Ahasver, der „ewige Jude". So hießen Filmtitel der Nazi-Propaganda, und bereits seit 1602 transportiert die Rede vom „ewigen Juden" in ungezählten Varianten das Bild des ewig umherwandernden Juden, der Jesus mit dem Kreuz auf dem Rücken vermeintlich eine kurze Pause verweigerte.[914]
- Zudem gibt es die Phantasmagorie des Blutopfers, das Nicht-Juden leisten müssten, um Juden mit dem Blut von armen, nichtjüdischen Kindern ihre Matze-Klößchen kneten zu lassen. Bis heute wird diese Propaganda im arabischen Fernsehen verbreitet. Das *Middle East Media Research Institute* (Memri) berichtet regelmäßig darüber.[915] Im Jahr 2006 wurde der türkische Film *Tal der Wölfe – Irak*, der das antisemitische Stereotyp des Organdiebstahls reichlich bedient, zum Kassenschlager; sein Nachfolger im Januar 2011, *Tal der Wölfe – Palästina* – der sich mit der ‚Gaza-Flottille' (insbesondere mit der *Mavi Marmara*) befasst –, ist nicht weniger antisemitisch und antiwestlich. Er ist mit zehn Millionen Dollar Produktionskosten der bislang teuerste türkische Film.[916]
- Ein weiteres historisches Beispiel aus dem Arsenal des Antisemitismus ist nicht minder eindrücklich: Am 13. Dezember 1934 wurde durch die „Reichshabilitationsordnung" die Habilitation in

> Deutschland von der „arischen Abstammung" abhängig gemacht.[917]

Kein einziges der genannten Beispiele aus dem schier unerschöpflichen Repertoire des Antisemitismus existiert bezüglich der Muslime. Kein einziges!

Rassismus hingegen, eine Diskriminierung im weiteren Sinne, gegenüber muslimischen und nichtmuslimischen Türken sowie anderen Migranten in Deutschland ist existent. Das würde niemand leugnen.[918] Es ist an Unwissenschaftlichkeit aber schwer zu überbieten, diese Form der (teilweisen) Ausgrenzung mit dem Antisemitismus, der *immer* auf Vernichtung zielt, zu vergleichen oder gar auf eine Stufe zu stellen. Mit diesem Vergleich – bzw. mit dieser Gleichsetzung – wird lediglich vom islamischen und muslimischen Antisemitismus abgelenkt, obwohl dieser die Hauptgefahr für Juden, Israel und den Westen darstellt. Auf Schulhöfen in Deutschland ist „Jude" längst zu einem Schimpfwort geworden, das vor allem von muslimischen Schülern eingesetzt wird.

Wenn manche Islamismuskritiker Imame oder islamistische Agitatoren zitieren, die in der Tat Europa islamisch oder islamischer machen wollen oder zum Jihad, zu Terror und Mord aufrufen, dann beziehen sie sich notwendig auf bekannte Fakten und Aussagen. Der Film *Obsession* von 2005 – wissenschaftlicher Berater war der Historiker Robert Wistrich – dokumentiert das Treiben von einigen dieser Islamisten.[919] Im September 2008 wurden ca. 28 Millionen Kopien des Films als kostenlose DVD verschiedenen Tageszeitungen in Amerika beigelegt.[920] Der Film dokumentiert islamistische Propaganda und Aufrufe zum gewalttätigen Jihad. Die Texte und Reden von Bin Ladin, Ahmadinejad und ungezählten anderen Islamisten rufen zuerst auf, Israel vom ‚muslimischen Boden' wegzufegen, um hiernach weitere (westliche) Gesellschaften anzugehen. Ohne Zweifel sehen nationalistische, rechtsextreme und andere (auf ‚das Abendland' und ‚das Christentum' stolze) Kreise bereits in der bloßen Existenz von Muslimen in Europa eine Gefahr. Das ist rassistisch.

Folgender Unterschied zwischen Antisemiten und Rassisten ist gleichwohl von elementarer Bedeutung:

- Antisemiten ‚wittern' einen Feind, den es nicht gibt.
- Viele heutige Rassisten übertreiben tatsächlich existente islamistische Drohungen zu einer Gefahr, die von ‚*den* Muslimen' ausgehe.

Die Konferenz des ZfA ist ein weiterer Schritt in Richtung einer Normalisierung der deutschen Geschichte. Denn wenn es den Muslimen heute in Deutschland ähnlich ginge wie den Juden Ende des 19. Jahrhunderts, vor 1933 oder bis 1945 – denn diese Zeiten werden von der Ankündigung alle inkludiert –,

- dann wäre der Holocaust kein Zivilisationsbruch gewesen,
- dann wäre die Hetze gegen die Juden von Seiten der NSDAP und von Joseph Goebbels in dessen 1926 veröffentlichter Schrift *Der Nazi-Sozi*, in der Juden mit Flöhen gleichgesetzt werden[921], vergleichsweise harmlos gewesen,
- dann wäre jene Agitation von 1926 den x-beliebigen ‚Ausgrenzungsmechanismen' gegenüber Muslimen (und vielen anderen Gruppen von Migranten), die es heutzutage gibt, ähnlich gewesen.

Das rassistische Aufwiegeln gegen Muslime wird heute im Zweifelsfall juristisch bekämpft – und nicht propagiert und in Form von Broschüren zehntausendfach legal verkauft wie die Schriften von Goebbels in den 1920er Jahren und danach. Trotzdem wird von einer Gruppe teils bekannter muslimischer Autoren und ihren Freunden im Jahr 2011 postuliert, „Hetztiraden" „über den Islam und die Muslime" in „Meinungsforen" oder „Blogs" könnten „es locker mit den übelsten Pamphleten nationalsozialistischen Schrifttums aufnehmen", wie es in dem von der Publizistin Hilal Sezgin herausgegebenen Band *Manifest der Vielen. Deutschland erfindet sich neu* heißt.[922] Damit wird der Nationalsozialismus banalisiert und der Holocaust trivialisiert. Diese antisemitische Erinnerungsabwehr möchte alles, was als ‚böse' oder ‚übel' betrachtet wird (oder wirklich übel ist), mit der Shoah und dem SS-Staat in eine direkte Verbindung bringen, während die gleichen Leute sich weigern, die nachweisbaren Beziehungen von Nazis, Muslimen und Arabern auch nur zu diskutieren. Und schließlich wird der teilweise existierende Rassismus gegenüber Migranten (z.B. bei der Wohnungssuche – auch hier werden Muslime, wenn überhaupt, nicht anders diskriminiert als andere Einwanderer) zu einem Phänomen stilisiert, das Analogien zum Antisemitismus des SS-Staates aufweise.

Diese (Selbst-)Viktimisierung von Muslimen ist so modisch wie realitätsfern. Noch nie waren Muslime in Deutschland so integriert wie heute, da sie Ministerin, Parteivorsitzender oder Forschungsprojektleiterin an einer führenden Universität werden können (vgl. Kapitel 6). Viele andere Muslime schotten sich hingegen *auch von sich aus* ab und leben in Parallelgesellschaften, was unter anderem deshalb ein Problem darstellt, da Islamisten auf ein breites islamisches Umfeld wie Moscheen, Frisöre, Teesalons, Geschäfte und islamische Kulturzentren, wo sie ungestört sind, angewiesen sind. Gleichzeitig gab es noch nie so viel muslimischen Antisemitismus in Deutschland wie heute (vgl. etwa Kapitel 1.7.4).

Wenn das *Zentrum für Antisemitismusforschung*, das regelmäßig öffentliche Veranstaltungen mit Holocaustüberlebenden organisiert, ausführt, es gehe den Muslimen in Deutschland tendenziell so wie *früher* den Juden – dann ging es den Juden seinerzeit offenbar nicht so schlecht. Weitere Beispiele mögen verdeutlichen, wie abwegig das Phantasma namens „Islamophobie"[923] ist:

- Wo sind heute Debatten über eine Gefahr, die angeblich von türkischen Gemüsehändlern ausgeht?
- Wo sind explizit antitürkische oder antimuslimische Parteien in Deutschland, die gar ins Parlament gewählt werden?
- Wird nicht in rechten Periodika wie der *Jungen Freiheit* durchaus mit Islamisten wie den Brüdern Özoguz vom berüchtigten *Muslim-Markt*[924] diskutiert (siehe z.B. *Junge Freiheit* vom 20. August 2004)[925]? Das liegt nahe, da Rechte wie Islamisten und Linke, die ein großes Spektrum abdecken und weit in die Mitte der Gesellschaft hineinreichen, die gleichen Feinde haben: Amerika und Israel (vgl. zur Beziehung von Islamisten und extremen Rechten Kapitel 1.7.2).
- Wo sind die ‚Muslim-Zählungen' bei der Bundeswehr, wenn man an die ‚Judenzählung' denkt, die es 1916 während des Ersten Weltkriegs in der Reichswehr gab? Eigentlich ist es abwegig, derlei auch nur erwähnen zu müssen.

Um weltpolitisch zu sprechen: Wenn der Präsident eines Staates wie der Islamischen Republik Iran vor den UN eine antisemitische Rede halten kann und danach sogar vom Vorsitzenden, dem Nicaraguaner Miguel d'Escoto Brockmann, umarmt wird, während viele Delegierte Beifall klatschen[926] und *nur* die USA und Israel von vornherein der Rede dieses Holocaustleugners und obsessiven Antisemiten fern bleiben – leben wir dann in einer Zeit der Bedrohung für Muslime?

Wer die heutige Situation der Muslime mit der Geschichte der deutschen und europäischen Juden bis 1945 und des Antisemitismus seither vergleicht, beendet die seriöse Antisemitismusforschung.

Wer sich internationale Forschungen zum Antisemitismus und zum Islamismus betrachtet, wird bemerken, dass dort seit den 1960er Jahren (wenn nicht schon früher) der „islamische Faschismus" von Forschern wie Manfred Halpern, Walter Laqueur und Robert Wistrich analysiert wird. Das antiwestliche Ressentiment des Islamismus und sein Hass auf Aufklärung, Emanzipation, Freiheit und Individualität sind hierbei im Blickfeld.

Zu analysieren und zu kritisieren sind die islamistische Ablehnung der Trennung von Staat und Religion; das Ressentiment gegen selbstbestimmten Sex, gegen Rock'n'Roll und Heavy Metal[927] sowie gegen allein lebende Frauen (oder Männer), die nicht heiraten wollen; die Ressentiments gegen Homosexuelle, Vielfältigkeit, Uneindeutigkeit und Heterogenität sowie gegen mehr oder weniger lustige Mohammed-Karikaturen und gegen scharf gewürzte Religionskritik ganz generell.

Hinzu kommen müsste eine Kritik an postorientalistischer Ideologie, an Kulturrelativismus, Antiamerikanismus, Antisemitismus und Antizionismus. Nicht erst die letzten Jahre der Forschung in der Bundesrepublik zeigen jedoch, dass diese Analysen und diese Kritik überhaupt nicht erwünscht sind.

Festzuhalten ist, was an der Rede von der Ähnlichkeit von Antisemitismus und „Islamkritik" grundsätzlich falsch ist:

- Juden sehen sich auch nach 1945 genozidalen Drohungen ausgesetzt, zumeist von Seiten der arabischen und islamischen Welt, zuletzt aus dem Iran und von dessen Ablegern im Gaza-Streifen (Hamas) und im Libanon (Hizballah) sowie von Seiten weiterer jihadistischer Gruppen.
- In Deutschland werden Juden immer wieder Opfer muslimischer Jugendlicher – und nicht umgekehrt.[928]
- Es gibt keine „Protokolle der weisen Muslime von Berlin-Kreuzberg".
- Es gibt zum Pessach-Fest in Israel keine Hetzvideos über türkische, arabische oder muslimische Familien, die jüdische Kinder aus religiösen Gründen („Ramadan-Klöße") in Kölner Hinterhaus-Kellern töten.
- Es gibt keine jüdischen oder andere Selbstmordattentäter, die Menschen in muslimischen Gesellschaften in tägliche Todesgefahr stürzen.

Darüber hinaus: Antisemitismus ist kein bloßer Rassismus. Während sich Weiße den Schwarzen überlegen fühlten (und heute oft noch fühlen) und diese rassistische Einschätzung ‚biologisch' zu sichern suchten, ist es im Antisemitismus umgekehrt: Juden werden als (über-)mächtig imaginiert. Das Nicht-

Sichtbare mache Juden gefährlich. Ein entscheidender Unterschied von Rassismus und Antisemitismus liegt in diesem Aspekt: Judenfeinde sehen sich Juden nicht als überlegen an. Vielmehr wird eine ‚jüdische Macht‘ imaginiert – in der Konsequenz die *jüdische Weltverschwörung*, wie sie in den *Protokollen der Weisen von Zion* herbeifantasiert wird –, die nur durch die Eliminierung der Juden besiegt werden könne. Eigentlich sollte ein *Zentrum für Antisemitismusforschung* sich dieser grundsätzlichen Differenzen von Rassismus und Antisemitismus bewusst sein.

Zentren für Antisemitismusforschung oder die Medien in Deutschland sollten Antisemitismus in all seinen Formen analysieren und nicht die Antisemitismuskritiker, vom Berliner *Tagesspiegel* als „Antisemitenentlarver“[929] belächelt, attackieren. Für die politische Kultur und eine wissenschaftlich angemessene Analyse der islamwissenschaftlichen und nahostwissenschaftlichen Desiderate (Leerstellen der Forschung) ist es wichtig, kritische Fragen zu stellen und darüber eine breite fachwissenschaftliche wie gesamtgesellschaftliche Debatte zu beginnen.

Mainstream-Medien, Nichtregierungsorganisationen, Politiker und Politaktivisten sowie die Wissenschaften mit ihren Instituten und Forschungszentren in der Antisemitismus-, Islam- und Nahostforschung sind dabei eher Objekte der Analyse denn Subjekte der Aufklärung.

5.3) Wolfgang Benz: Von Karl Bosl zur „Islamophobie“

Bei der Verabschiedung von Wolfgang Benz, bis Frühjahr 2011 Leiter des *Zentrums für Antisemitismusforschung* an der *Technischen Universität Berlin*, wurden am 21. Oktober 2010 Grußworte gehalten.[930] Der bekannte Historiker („Bielefelder Schule“) Jürgen Kocka, im selben Jahr wie Benz zur Welt gekommen, sagte:

> „Wolfgang Benz, 1941 im württembergischen Ellwangen in einer bürgerlich-katholischen Familie geboren, studierte Geschichte, Politologie und Kunstgeschichte, schrieb nebenher für die Ellwanger ‚IPF- und Jagstzeitung‘ und promovierte 1968 in München bei Karl Bosl, einem eindrucksvollen, auch sozialgeschichtlich versierten, sehr fruchtbaren Kenner vor allem der bayrischen Geschichte.“[931]

Wer war Karl Bosl? Kocka bezeichnet ihn als „eindrucksvoll“, „versiert“ und „sehr fruchtbaren Kenner“. Der Historiker hat sich in seiner Karriere auch mit der Geschichte des Nationalsozialismus befasst.[932] Vor diesem Hintergrund ist es bemerkenswert, wie er im Jahr 2010 auf Bosl einging. Karl Bosl war seit

1933 Mitglied der NSDAP (Mitgliedsnummer 1884319) und der SA sowie wenig später des NS-Lehrerbundes und anderer NS-Organisationen, wie mehrere Historiker, darunter die Historikerin Anne Christine Nagel, erforscht haben.[933] 1938 bewarb Bosl sich beim *SS-Ahnenerbe* und dessen Projekt *Wald und Baum in der arisch-germanischen Geistes- und Kulturgeschichte*; er wurde angenommen und von der SS bezahlt, wie der Historiker Bernd-A. Rusinek ausführt.[934] Am 16. und 17. Januar 1945 schließlich nahm Bosl an einer Tagung der *Aktion Ritterbusch,* der wohl letzten Historikertagung im Nationalsozialismus teil – aus tiefer Treue zum „Führer" fand diese Tagung im Geburtshaus Hitlers in Braunau am Inn statt. Die örtliche NSDAP lieferte Wild und Fisch ins Gasthaus *Gann,* wie der Historiker Frank-Rutger Hausmann berichtet.[935]

Am 12. Mai 1964 sprach Karl Bosl in Nürnberg im Rahmen des *Sudetendeutschen Tages* beim revanchistischen *Witikobund* über „Nürnberg – Böhmen – Prag" und beschuldigte die Tschechoslowakei einer „radikalen Endlösung des deutschen ‚Problems' nach hitlerschem Modell".[936] Bosl war ein Antisemit, was sich auch in der von ihm propagierten Gleichsetzung der präzedenzlosen Verbrechen der Deutschen (und Hitlers) im Holocaust und der Vertreibung der Deutschen aus Osteuropa zeigt.

Für den 26. November 2009 lud der Verein *Gegen Vergessen – für Demokratie e.V.* Wolfgang Benz zu einem Vortrag in das *Ostalbkreishaus* in Aalen (Baden-Württemberg) ein.[937] Angekündigt wurden Landrat Klaus Pavel sowie Alfred Geisel, Sprecher der Regionalgruppe Baden-Württemberg des Vereins. In der Ankündigung heißt es unter anderem zur Vita von Benz:

> „1968 folgte die Promotion in München bei Karl Bosl mit einer Analyse über Süddeutschland in der Weimarer Zeit."[938]

Wie selbstverständlich wird also im Jahr 2009 erwähnt, bei wem Benz 1968 promoviert hat. Da Bosl ein Nazi war, ist das eine bemerkenswerte Vorgehensweise. Die Einladung lässt in Vergessenheit geraten, dass Karl Bosl ein aktiver Nationalsozialist war, der noch in den 1960er Jahren in antisemitischen und revisionistischen Kreisen agierte.

Am 11. November 2008 wurde in der oberpfälzischen Stadt Cham der Prof.-Dr.-Karl-Bosl-Platz feierlich eingeweiht[939], und am 6. Juli 2009 wurde vom *Bayerischen Philologenverband* (BPV) erstmals die *Karl-Bosl-Medaille* verliehen. Preisträger ist der ehemalige Kultusminister Bayerns Hans Maier[940]. Karl Bosl ist also en vogue.[941]

Benz sagte öffentlich auf einer Veranstaltung in Erlangen am 21. März 2010, dass Bosl „kein Nazi“[942] gewesen sei. Bosl war ebenfalls in Erlangen – am 18. und 19. April 1944 auf einer weiteren Tagung der Nazi-Historiker der *Aktion Ritterbusch*, welche Teil der Aktion „Kriegseinsatz der Geisteswissenschaften“ war.[943] 1983 war Benz Teil einer umfangreichen „Tabula Gratulatoria“ anlässlich Bosls 75. Geburtstag[944], fünf Jahre später ehrte er seinen Doktorvater mit einem Beitrag in der Festschrift zum 80. Geburtstag Bosls.[945] In dem Text fällt auf, dass Benz den nationalsozialistischen Antisemitismus unter der Rubik „etliche Feindbilder“ (wie „Juden oder Bolschewisten“ bzw. „Juden, Kommunisten, zersetzende Intellektuelle“) subsumiert und den Holocaust nicht als *präzedenzloses* Verbrechen analysiert. Die Shoah ist zwar nicht das Thema des Aufsatzes; dennoch ist diese Ungenauigkeit schon deshalb von Bedeutung, da Kommunisten auf andere Weise Opfer wurden als Juden: Kommunisten konnten sich notfalls arrangieren; der eliminatorische Antisemitismus hingegen verfolgte jeden einzelnen Juden als solchen. Der Begriff „Volksgemeinschaft“ taucht im Text von Benz – zweifellos ganz bewusst – nur in Anführungsstrichen auf, so, als wäre die antisemitische deutsche Gesellschaft zwischen 1933 und 1945 nur am Rande oder nicht wirklich als Volksgemeinschaft aktiv gewesen. Benz geht es um „Herrschaftstechnik“, „Propaganda“, die „Regie des öffentlichen Lebens“, „Ästhetik“, „Kulthandlungen als Religionsersatz“ sowie um „die Stilisierung des Volks als Kultverband“. Auffallend ist die weitgehende Abwesenheit von Deutschen, die den NS-Staat aktiv gestalteten. So ist es auch kein Wunder, dass Wolfgang Benz 1998 auf dem 42. Deutschen Historikertag in Frankfurt am Main, wo es um die Biografien von führenden deutschen Historikern während der NS-Zeit ging – wie Theodor Schieder, Werner Conze und Otto Brunner –, keine Rolle spielte. Nicht erst, aber verschärft seit diesem Historikertag sind die Lebensläufe und produzierten Ideologeme sowie die Tätigkeiten von Historikern und anderen Wissenschaftlern im Nationalsozialismus Gegenstand vielfältiger Forschungen. Und Benz hätte allen Grund nachzuhaken: Er selbst hat 1976 für einen dieser kritikwürdigen Historiker, Hans Rothfels, einen Gedächtnisband herausgegeben.[946]

Interessant ist – zumal angesichts der Tatsache, dass Benz heute Antisemitismusforscher ist –, dass in diesem Band der Großmufti von Jerusalem, Muhammad Amin al-Husaini, in einem Beitrag von Alexandre Kum'a N'dumbe III gänzlich positiv und als Retter der Araber vorgestellt wird, ohne dass dessen Antisemitismus thematisiert würde.[947] N'dumbe III geht auf das Ersuchen des Großmufti bezüglich der Unabhängigkeit der arabischen Welt ein; die Involviertheit al-Husainis in den Holocaust und die Kooperation mit den Nazis irritieren ihn überhaupt nicht:

> „Der Großmufti von Jerusalem, der als Sprachrohr der arabischen Welt galt und tatsächlich großen Einfluß ausübte, ersuchte die Regierungen der Achse mehrmals, eine Garantie-Erklärung zugunsten der Araber abzugeben. ‚C'est en reconnaissant l'indépendance du Maghreb que l'axe accélère l'effondrement de la base sur laquelle les Alliés ont établi leurs plans de guerre', meinte er im Januar 1943. Bereits im März 1941 hatte man im Auswärtigen Amt erwogen, dem Großmufti eine – unverbindliche – Zusage zu geben. Staatssekretär v. Weizsäcker entwarf nämlich einen Brief des Auswärtigen Amts an den Großmufti (...) Am 12. Januar 1943 erhielt der Großmufti vom Auswärtigen Amt eine eindeutige und endgültige Stellungnahme, welche die Hoffnungen der Nordafrikaner zerschlug."[948]

Zurück zu Wolfgang Benz und seinem Doktorvater. Karl Bosl war – man muss es so deutlich sagen – ein Lügner und Feigling, der als alter Mann 1990 in einem langen Interview[949] explizit betonte, „damals" „nirgends dabei" gewesen zu sein:

> „Diese Wanderjahre habe ich eigentlich in aller Stille verbracht, ich hab mich überall zurückgezogen, denn von zu Haus aus hat die antihitleristische Haltung meines Elternhauses bei mir schon sehr stark nachgewirkt. Und ich hab meine Doktorarbeit gemacht. Ich war nirgends dabei damals, ich hab meine Doktorarbeit gemacht, und ich habe im Jahre 1938 dann in München promoviert und hab mich dann sofort entschlossen, nachdem das sehr gut gelang, Karl Alexander von Müller zu bitten, mich als Habilitanden anzunehmen."[950]

Vor dem Hintergrund dieser Fakten ist Benz' Reaktion bemerkenswert. Dem *Kölner Stadtanzeiger* sagt er am 24. Januar 2010, neun Tage nach dem Erscheinen des Textes *Ein Nazi und sein Schüler: Karl Bosl und Wolfgang Benz*[951], der die Diskussion ins Rollen brachte:

> „Mein Doktorvater war als junger Mensch offensichtlich in der NSDAP. Als er 1947 habilitierte und wenig später einen Lehrstuhl bekam und mich 1965 als Doktorand annahm, da war er nun wirklich kein Nazi, sondern ein hochangesehener liberaler Gelehrter. Und wenn jetzt irgendein Dummkopf auf die Idee kommt, ich hätte bei einem Nazi studiert und NS-Gedankengut aufgeschnappt, dann ist das einfach nur perfide."[952]

„Aufgeschnappt"? Benz war Schüler und Doktorand von Bosl und hat ihn 1983 und 1988 in einer Festschrift geehrt; bis heute lässt er damit werben, dass er bei ihm promoviert hat.[953] Bosl war zudem keineswegs als „junger Mann" in der NSDAP; vielmehr war er im Jahr 1933 bald 25 Jahre und 1945, am ‚Kriegsende', 36 Jahre alt. Von einer ‚Jugendsünde', die Benz offenbar insinuieren möchte, kann also keine Rede sein. Bosl war zweifellos ein aktiver Nazi-Wissenschaftler. Als Antisemitismusforscher, Historiker und Bürger müsste Benz sich dazu eigentlich kritisch positionieren. Er hat sich jedoch bis heute nicht (selbst-)kritisch geäußert, was selbst seinen ihm sonst wohlgesonnenen[954] Kollegen Micha Brumlik irritiert:

> „Durch die Recherchen von Clemens Heni ist jetzt bekannt geworden, dass der 1908 geborene Bosl nicht nur ab Mai 1933 Mitglied der NSDAP und des NS-Lehrerbundes, später wohl auch der SA war, sondern sich 1938 für eine Mitarbeit im Forschungsprojekt des SS-Instituts ‚Ahnenerbe' zum Thema ‚Wald und Baum in der arisch-germanischen Geistes- und Kulturgeschichte' bewarb und aufgenommen wurde. (...)
>
> Dass ein ehemaliger Doktorand einem ihm freundlich gesonnenen Doktorvater die Loyalität hält, ist verständlich. Doch der Umstand, dass sich die bundesdeutsche Geschichtswissenschaft mit der nationalsozialistischen Vergangenheit ihrer Leitfiguren, etwa Theodor Schieders, der den Generalplan Ost mitentworfen hatte, oder Werner Conzes, dessen Karriere als Sozialhistoriker mit völkischen Studien zur Siedlungsgeschichte begann, auseinandersetzen musste, hat ihr nicht geschadet.
>
> Wolfgang Benz' Schweigen (...) stellt in dieser Hinsicht einen Rückschritt dar."[955]

Während Benz von „Islamophobie" redet, schweigt er zu einer wirklich skandalösen, typisch deutschen Geschichte: jener seines bis heute verehrten Doktorvaters Karl Bosl, der nicht ‚nur' ein Nazi, vielmehr noch in den 1960er Jahren in revanchistischen, antisemitischen Kreisen wie dem *Witikobund* aktiv war und Bände zur Ehrung anderer, während des Nationalsozialismus sehr einflussreicher Historiker und Nazis wie Karl Alexander von Müller[956] oder Theodor Mayer[957] herausgab. *Seilschaften* nennt man das, betont auch der Historiker Michael Wolffsohn.[958]

Die Abschiedsvorlesung von Benz[959] im Oktober 2010 ist bemerkenswert. 20 Jahre lang war Benz Leiter des ZfA – doch kein einziger internationaler, renommierter Antisemitismusforscher dankte ihm zum Abschied an der *Technischen Universität* Berlin; die Pressestelle der TU schrieb:

> „TU-Präsident Prof. Dr.-Ing. Jörg Steinbach würdigte ihn und sein hohes wissenschaftliches Engagement mit der Goldenen Ehrennadel der Universität. ‚Sie hinterlassen uns und Ihrer Nachfolgerin ein einzigartiges Lehr- und Forschungsinstitut von internationalem Rang, das an der TU Berlin seinen Platz gefunden und behauptet hat.'"[960]

Wenn kein einziger international bekannter Antisemitismusforscher (dafür jedoch der deutsche Sozialhistoriker Jürgen Kocka, der wenig Fachkompetenz bezüglich der Antisemitismusforschung besitzt[961]) Benz nach 20 Jahren Institutsleitung würdigt, ist das dann ein Zeichen für den „internationalen Rang" des *Zentrums für Antisemitismusforschung*?

Was aber sagte Benz in seiner Abschiedsvorlesung? Man erinnere sich: Im Zuge der zweiten *Intifada* im Herbst 2000 wurden mehrere hundert Israelis durch arabische („palästinensische") Selbstmordattentäter und Bomben ermordet. Am 11. September 2001 wurden in New York City im *World Trade Center*, im *Pentagon* sowie in Pennsylvania 3.000 Menschen von Jihadisten getötet. Doch Benz betont:

> „Der zweiten Intifada gegen Israel, dem Terrorakt des 11. September 2001, dem Bramabarsieren[962] und Säbelrasseln des iranischen Diktators Ahmadinedschad ist im Westen viel Vernunft und Liberalität zum Opfer gefallen."[963]

Der Iran agitiert demnach nicht antisemitisch, sondern ‚rasselt' bloß mit dem ‚Säbel' und trägt ein wenig zu dick auf („Bramarbasieren"). Benz nimmt den Aufruf zum Genozid an Juden und Israelis durch die Islamische Republik Iran offenbar nicht ernst. Mögen Ahmadinejad und die Führung im Iran auch an Atomwaffen basteln, gegen Israel hetzen („A World without Zionism") und den Holocaust leugnen – Benz macht daraus ein „Säbelrasseln", das eher nach mittelalterlichen muslimischen Kriegern auf Pferden klingt und weniger nach Atomkrieg und totaler Vernichtung.

Dabei zeichnet sich der Islamismus dadurch aus, dass er die technische Moderne übernimmt (Automobile, Flugzeuge, Elektronik, Computertechnik, Atomwaffen, biologische Waffen, Internet etc.), die politische Moderne hingegen ablehnt. Doch auf den Islamismus geht Benz in seiner Abschiedsrede nicht kritisch ein. Ganz im Gegenteil.

Von Benz ist in seiner Abschiedsvorlesung kein Wort der Trauer über die ermordeten Juden bzw. Israelis oder über die Opfer im *World Trade Center* zu hören. Vielmehr sei „viel Vernunft" „im Westen" dem „Terrorakt des 11. September 2001" „zum Opfer gefallen".

Benz praktiziert eine Art kulturrelativistischen Amoklauf, wenn er den islamistisch motivierten Massenmord mit der Kritik am Islamismus in eine direkte Beziehung setzt. Für ihn ist die primäre Lehre aus dem Holocaust der Kampf gegen die Islamkritik. Nachdem er sich über die Kritik am Islamismus ausgelassen hat, endet seine Abschiedsvorlesung:

> „Es geht auch darum, aus der Geschichte der Judenfeindschaft zu lernen. Alle Anstrengung, den Holocaust zu erforschen und zu verstehen, um die Erfahrung der Katastrophe des Judenmords für die Entwicklung einer demokratischen, hu-

> manen und toleranten Gesellschaft zu nutzen, wäre vergeblich, wenn anstelle der Juden andere Gruppen stigmatisiert würden. Diese Nutzanwendung aber ist der Sinn einer Antisemitismusforschung, die sich nicht in die Pflicht von Interessen nehmen lassen darf, die sich vielmehr über die akademische Erkenntnis hinaus als Dienst für die Gesellschaft versteht.“[964]

Das hört sich so an, als habe es den Deutschen im SS-Staat nur an etwas „Toleranz“ für Juden gemangelt, und ‚wir‘ sollten diesen Fehler heute nicht wiederholen. Damit wird der eliminatorische Charakter des Antisemitismus im Nationalsozialismus weggewischt und in eine Relation zu heutiger ‚Toleranz‘ oder Intoleranz gesetzt.

Begriffe wie ‚Integration‘ oder ‚Toleranz‘ sind jedoch längst zu Floskeln geworden. Häufig sind provokante Thesen weit erfolgversprechender und auch für die Forschung von Bedeutung. Intoleranz zum Beispiel ist ein probates Mittel gegenüber dem Islamismus, wie ein Essay Henryk M. Broders[965] verdeutlicht:

> „Sind die Taliban Terroristen oder Widerstandskämpfer? Nicht einmal die ‚tagesschau‘ und ‚heute‘ wollen sich festlegen und sprechen gerne von ‚radikalen Islamisten‘, denn es soll ja auch ‚moderate‘ geben, vermutlich diejenigen, mit denen der rheinland-pfälzische Ministerpräsident Kurt Beck und der US-Vizepräsident Joe Biden verhandeln möchten. (...)
>
> Ich bin bei Lesungen aus diesem Buch oft gefragt worden, ob Toleranz gegenüber Intoleranten am Ende nicht doch besser wäre als Intoleranz im Dienste der Freiheit. Ob an dem Satz ‚Der Klügere gibt nach‘ nicht doch was dran wäre. Nein. Es haben sich schon genug Dumme durchgesetzt.“[966]

Zurück zu Benz, dem Toleranzliebhaber. Der verabschiedete Historiker verharmloste den muslimischen Antisemitismus und agitierte gegen die israelische Tageszeitung *Jerusalem Post,* als er in seiner (publizierten) Rede am 21.10.2010 erklärte:

> „Wieder andere, denen Internetforen, aber auch Zeitungen wie die ‚Jerusalem Post‘ als Forum ihrer Kampagnen dienen, werfen dem Zentrum vor, dass es nicht in Diensten einseitiger Interessen steht. Das Zentrum ist ein unabhängiges akademisches Institut an der Technischen Universität Berlin, und sein weltweites Renommee gründet nicht auf politischen Aufträgen, der Teilnahme an Kampagnen oder auf Aktionismus, sondern auf seinen Forschungen.“[967]

Die Kritik am antizionistischen Antisemitismus (darum geht es in den Beiträgen des Deutschland-Korrespondenten der *Jerusalem Post* häufig) ist demnach für Benz ein „einseitiges Interesse“ und somit verwerflich. Benz hatte im gut besuchten Lichthof der TU Berlin keine Hemmungen, einen *jüdischen* Journalisten (denn *als solchen* griff er ihn an) zu attackieren. Benz sagte, „auch von jüdischer Seite" werde Hass gegen Muslime geschürt:

> „Die aktuelle Islamkritik, wie sie auch von jüdischer Seite (aus nachvollziehbaren Gründen angesichts der Bedrohung Israels und offensiv gelebter Judenfeindschaft von Muslimen) vehement vorgetragen wird, hat kein historisches Gedächtnis und kein Problembewusstsein für die Austauschbarkeit der Stigmatisierung von Gruppen. Fixiert auf ihr Feindbild müssen Populisten gegen differenzierende Betrachtungsweisen wüten und ihre eindimensionale Weltsicht verteidigen. Dass demagogische Islamfeindschaft, die Hass gegen eine fremde Kultur predigt und Intoleranz proklamiert, an anderen Traditionen der Feindseligkeit gegen Menschen wie dem Antisemitismus oder dem Antiziganismus zu messen ist, steht wissenschaftlich außer Frage."[968]

Benz hat keinen Begriff von Judenfeindschaft oder Antisemitismus; der Begriff „Intoleranz" wird für ihn zur Allzweckwaffe. Dabei ist Intoleranz gegenüber dem Jihad oder dem Islamismus etwas Begrüßenswertes. In der typischen Manier des deutschen Schuldabwehrantisemitismus wandte sich Benz gleich mehrfach gegen Juden und Israelis (hier vertreten durch die *Jerusalem Post*); er warf ihnen Hass, Islamfeindschaft oder Intoleranz vor und meinte, die „jüdische Seite" habe „kein historisches Gedächtnis". Er selbst – als nichtjüdischer Deutscher mit Nazi-Doktorvater – geriert sich dabei als Oberlehrer.

Benz ist in Rente gegangen, doch der Betrieb wird in die von ihm aufgezeigte Richtung weitergehen. Ein *Jahrbuch für Islamophobieforschung* gibt es bereits, und Benz ist mit dabei (vergleiche Kapitel 1.7.13). Der Initiator dieses Jahrbuches ist der Politologe Farid Hafez (Jg. 1981) aus Österreich.[969] Hafez[970] hat 2009 an der *Universität Wien* promoviert[971] und wendet sich gegen moderate Muslime wie Bassam Tibi, den führenden Vertreter eines ‚Euro-Islam':

> „Zudem ist der Topos der ‚nachzuholenden/fehlenden Aufklärung' ein ebenso bekannter Topos. Dieser Topos ist schon älter, wurde im deutschsprachigen Raum v.a. von Bassam Tibi vorgetragen und hat spätestens seit der umstrittenen Regensburger Papstrede Einkehr in christliche Kreise erhalten (...). Diese Forderung nach einer Aufholung der Aufklärung sei nach Reissner ‚von einem Denken bestimmt, das die eigene Geschichte idealisiert und letztlich kulturelle Modernisierung als maßgeblichen Bestimmungsfaktor gesellschaftlicher Modernisierungsprozesse ansieht'."[972]

Damit liegt Hafez in mehrfacher Hinsicht daneben. Tibi schreibt in seinem 2004 erschienenen Band *Der neue Totalitarismus*:

> „Ich möchte hier den Islamismus in eine Tradition einordnen, deren Ablehnung ich von meinem jüdischen Lehrer Horkheimer übernommen habe. Von ihm habe ich gelernt, das Europa der Freiheit zu lieben und kompromißlos gegen seine

> Feinde – diese sind nach Horkheimer der Hitler-Faschismus und Stalins Kommunismus – zu verteidigen. In meinem Max Horkheimer gewidmeten Europa-Buch habe ich in dieser Tradition als dritten Feind der europäischen Freiheit den islamischen Fundamentalismus hinzugefügt.“[973]

Tibi idealisiert also nicht – jedenfalls nicht die Geschichte Europas im 20. Jahrhundert –, vielmehr sieht er überwundene europäische Regime des 20. Jahrhunderts (jene Stalins und Hitlers) im Islamismus des 21. Jahrhunderts wiederkehren. Hafez fantasiert, Tibi verordne dem Islam Aufklärung und „idealisiere“ dabei Europa respektive den Westen. In Wirklichkeit argumentiert Tibi jedoch in seinen Schriften gegen den Nationalsozialismus und gegen den Stalinismus – beide sind europäische Phänomene – sowie gegen den Islamismus, der vor allem mit dem Nationalsozialismus Gemeinsamkeiten hat. Er sieht die Gefahr, dass die Verbindungslinien, die von Nazi-Deutschland und vom europäischen Antisemitismus in den Nahen Osten und die islamische Welt führen, geleugnet werden und Islamisten zu Opfern stilisiert werden.

Hafez agitiert gegen Tibi und stellt ihn im Kontext seines Buches in die Nähe von Rechtsextremen wie dem *Bündnis Zukunft Österreich* (BZÖ) oder der *Freiheitlichen Partei Österreichs* (FPÖ). Hafez wendet sich gegen einen moderaten Islam, wie ihn Tibi vertritt (vgl. zu Tibi Kapitel 7.2), und sekundiert dem Mainstream der Islamwissenschaft und der Nahostforschung in Deutschland und Österreich.

Der an der *Beuth Hochschule für Technik Berlin*[974] lehrende Soziologe Achim Bühl[975] reiht sich in die den Antisemitismus banalisierende und mit Islamkritik vergleichende Agitation ein und wendet sich nicht nur gegen Tibi[976]; auch Necla Kelek[977], Seyran Ates[978], Ralph Giordano[979] sowie die Gruppe *Aktion Dritte Welt Saar*[980] sind ihm zuwider.

Bühl setzt Kelek, eine Kritikerin des Islamismus, sogar mit Islamisten gleich:

> „Die antimuslimische Haltung deckt sich hier mit der Position radikal-islamistischer Strömungen des politischen Islams, die ebenfalls die Ansicht vertreten, Islam und Demokratie, islamische Kultur und westliche Gesellschaft seien unvereinbar.“[981]

Das Bezeichnende an dieser Agitation ist die Tatsache, dass Bühl seine Thesen als staatlich bezahlter Forscher an einer Hochschule verbreitet. Kritikerinnen des Islamismus wie Kelek mit Islamisten gleichzusetzen, ist so perfide, wie einen Vergewaltiger und sein weibliches Opfer als gleich schuldig zu bezeichnen, da sich beide zum selben Zeitpunkt am selben Ort aufgehalten hätten. Bühl fantasiert zudem, Seyran Ates wie Necla Kelek wollten die Deutschen von der Schuld am Holocaust entlasten, indem sie erklärten, die Shoah habe zu einem „Angstkomplex" geführt und verhindere heute die Islamkritik. Das befördere die „Historisierung des deutschen Faschismus", glaubt Bühl. Dass sich Kelek (vgl. Kapitel 4) gerade mit dem Anteil der Muslime am Holocaust befasst und Aufklärung über den Antisemitismus auch bei Muslimen einfordert, leugnet Bühl mit seiner an Unwissenschaftlichkeit schwer zu überbietenden Pamphletistik.

Hätte Bühl ein ernsthaftes Interesse an einer Kritik des Nationalsozialismus, dann müsste er sich zum Beispiel mit den deutsch-arabischen und deutsch-muslimischen Beziehungen während des SS-Staats befassen.

Farid Hafez und das Projekt eines *Jahrbuchs Islamophobie* – in Anlehnung an das von Benz gegründete *Jahrbuch für Antisemitismusforschung* – zeigen, welch problematischen Wissenschaftsbegriff auch die junge Generation hat. 9/11 führte nicht etwa zu einem Umdenken und einem Reflektieren auf die Gefahr des Islamismus; eher ist das Gegenteil der Fall. Bemerkenswert ist, wie sehr die Arbeit von Farid Hafez derjenigen von Bühl, Benz und vielen anderen gleicht.[982] Hafez verharmlost den Antisemitismus, richtet den Fokus nicht auf den Islamismus oder den *Islamic jihad* und postuliert:

> „Islamophobie muss meiner Ansicht nach nicht offen ausgetragen werden. Phobie drückt aus, dass etwas im Unterbewusstsein stattfindet. Wie auch im Falle des Antisemitismus werden hier Bilder über etwas konstruiert, um sich vor etwas zu schützen."[983]

Das hat mit der Wirklichkeit nichts zu tun. Der Antisemitismus ist der Antisemitismus des 21. Jahrhunderts – und nicht die herbeifantasierte „Islamophobie", so das grundsätzliche Fazit bezüglich der jahrelangen Debatte um „Islamophobie" und Antisemitismus von Richard Herzinger in der *Welt*:

> „Gewiss gibt es in Europa, außer berechtigter Furcht vor radikalislamischer Aggression, auch bedenkliche, fremdenfeindlich und rassistisch geprägte Affekte gegen Muslime, wie es sie gegen Sinti und Roma oder Schwarzafrikaner gibt. Der Antisemitismus aber reicht weit über diese Art von Aversion gegen ‚das Andere' hinaus. Er ist eine projektive Verschwörungstheorie über geheime Drahtzieher, die für alles Unglück dieser Welt verantwortlich gemacht werden – und er lässt nicht dadurch nach, dass auf dem gesamten Planeten gerade einmal 14 Millionen Juden übrig geblieben sind. Denn als Antithese zum Aufbruch in die weltliche Moderne, der einst von Europa ausging, nagt er weiter am Kern europäischer aufklärerischer Identität. Nicht ‚Islamophobie' ist der Antisemitismus des 21. Jahrhunderts, sondern – der Antisemitismus."[984]

5.4) Deutsche mögen nur tote Juden, Islamisten gar keine

Viele Konservative, Stolzdeutsche, Reaktionäre, Nationalisten, Rechte (von Rechtsextremen und Neonazis zu schweigen) wollen nichts von der Geschichte des Holocaust hören und präsentieren Deutschland lieber in einem rosigen Licht; nur widerwillig oder gar nicht wird von ihnen auf die Zeit 1933–1945 eingegangen, von einer Analyse der Geschichte des deutschen (zumal: christlichen) Antisemitismus schon vor 1933 ganz zu schweigen. Viele andere Deutsche – häufig sind es linke oder links-liberale Aktivisten, Forscher, Künstler, Journalisten, Blogger, Autoren oder Politiker – betrauern zwar einerseits die toten Juden des Holocaust, andererseits agitieren sie jedoch gegen den jüdischen Staat Israel und die lebenden Juden. Ich habe diese Art von Deutsch-Sein im Jahr 2002 in einem Text sowie in einem Vortrag an der *Hebräischen Universität* Jerusalem so zusammengefasst: „Deutsche mögen nur tote Juden, Islamisten gar keine.“[985]

Im Frühjahr 2002 protestierte eine bundesweite *Initiative gegen Antizionismus und Antisemitismus* unter anderem gegen Internet-Links wie zur Seite *www.muslim-markt.de*, die auf der Homepage einer großen, staatlich geförderten Ausstellung über *Ex-oriente*[986] in Aachen zu finden waren. Es ging bei dieser Ausstellung vorgeblich um die mittelalterliche Reise eines deutschen Kaisers in den Nahen Osten.

Muslim-Markt ist eine einschlägig bekannte, führende pro-iranische und islamistische Internetseite in Deutschland. Seit Jahren ist sie ein Vorbild für die Aktivisten der Boykott-Kampagnen gegen Israel in Deutschland[987] (oder der Schweiz[988] und Österreich), die heute international unter dem Label BDS (*Boycott, Divestment, Sanctions*[989]) ähnlich wie die Deutschen im Nationalsozialismus antisemitisch agieren sowie in Berlin, Bremen und andernorts ihr Unwesen[990] treiben. Auf die Beziehung der nationalsozialistischen Boykotte gegen die deutschen Juden, die wenige Jahre später in den Holocaust mündeten, und der heutigen antisemitischen Boykotte gegen den jüdischen Staat Israel weist der Historiker und Antisemitismusforscher Robert Wistrich nachdrücklich hin. Er führt aus, Antisemitismus beginne z.B. mit einem Boykott, entwickele eine Eigendynamik und werde immer gefährlicher.[991]

Das *Hamburger Abendblatt* berichtete im Mai 2010 über *Muslim-Markt*:

> „Frieden im Herzen – Ein Herz voller Frieden. So lautet der Titel eines Referats, das Yavuz Özoguz am Pfingstsonntag um 11.30 Uhr in der Hamburger Imam-Ali-

> Moschee halten will. Das Gotteshaus liegt an einem der schönsten Plätze Hamburgs direkt an der Alster. Die Straße heißt nicht umsonst Schöne Aussicht. Özoguz ist gemeinsam mit seinem Bruder Gürhan Leiter des Vereins ‚Islamischer Weg', der seinen Sitz in der Provinz hat: in Delmenhorst bei Bremen. Die Schwester der beiden ist Aydan Özoguz. Sie ist verheiratet mit dem Hamburger SPD-Fraktionschef Michael Neumann und sitzt selber für die SPD im Bundestag. Aydan Özoguz ist eine Bilderbuch-Sozialdemokratin und ein gern zitiertes Beispiel für gelungene Integration. Von ihren Brüdern würde das niemand behaupten. Deren Verein der ‚Islamische Weg' wird seit Jahren vom Verfassungsschutz beobachtet. Vor einigen Jahren musste Yavuz Özoguz aus den Diensten der Universität Bremen ausscheiden, da man von der Homepage seines Vereins direkt zum Internetauftritt der libanesischen Schiitenmiliz Hisbollah gelangte, die für zahlreiche Anschläge auf israelische Soldaten verantwortlich ist. Sie steht dem Regime in Teheran nahe. Sehr nahe."[992]

Interessant ist, dass die „Bilderbuch-Sozialdemokratin" und Integrationsbeauftragte der SPD-Bundestagsfraktion, Aydan Özoguz, sich Ende März 2011 für einen „Boykott" der *Deutschen Islamkonferenz* aussprach, nachdem erstmals von Regierungsseite eine etwas deutlichere Kritik am Islamismus vorgetragen worden war und die Muslime und Muslimverbände in Deutschland in die Pflicht genommen wurden, Islamisten in ihren Reihen zu isolieren und mit staatlichen Organen bei der Terrorismusprävention zu kooperieren.[993] Zum Antisemitismus von Islamisten, wie er zum Beispiel im Februar 2011 auf der zitierte Seite des *Muslim-Markt* in einem aktuellen Eintrag (und in den sonstigen seit Jahren dort publizierten Agitationstexten) zu lesen war[994], sagte die erwähnte „Bilderbuch-Sozialdemokratin" nichts.

Der neue Bundesinnenminister Hans-Peter Friedrich (CSU) plädierte auf der *Islamkonferenz* in Berlin am 29. März 2011 dafür – unter anderem vor dem Hintergrund des antiamerikanisch motivierten Mordes an zwei amerikanischen Soldaten auf dem *Verkehrsflughafen Frankfurt am Main* am 2. März 2011[995] durch einen in Deutschland lebenden jihadistischen Islamisten –, den Kampf gegen den Islamismus als wichtigen Aspekt der *Deutschen Islamkonferenz* wie auch als Vorbereitung zu einem für Mai 2011 geplanten „Präventionsgipfel"[996] zu betrachten. Das stieß auf große Ablehnung bei den muslimischen Teilnehmern der *Islamkonferenz*.[997]

Ein Vergleich des Umgangs mit dem *Muslim-Markt* in den Jahren 2002 und 2010 ist aufschlussreich. Federführender Organisator der Aachener Ausstellung mit ihren Internet-Links zum *Muslim-Markt* im Jahr 2002 war der Historiker, Rechtsextremismusforscher, Altlinke und '68er Wolfgang Dreßen von der *Fachhochschule Düsseldorf.* Auf die Kritik an der staatlich unterstützten Ausstellung und den Verweisen auf der dazu gehörigen Homepage wurde seinerzeit reagiert. In einem Brief des Düsseldorfer *Ministeriums für Städtebau und Wohnen, Kultur und Sport des Landes Nordrhein Westfalen* (NRW) hieß es:

> „Wir haben die Organisatoren (von *Ex-oriente*, d.V.) mit heutigem Fax gebeten, unverzüglich missverständliche, antisemitische oder gar volksverhetzende Hinweise, insbesondere die von Ihnen genannten Links aus der Homepage zur Ausstellung zu entfernen. Im übrigen haben wir auch Herrn Prof. Dreßen gebeten, zu den von Ihnen erhobenen Vorwürfen Stellung zu nehmen (28.03.2002)."[998]

Was ist seitdem geschehen? Vor einigen Jahren gab der NPD-Funktionär Andreas Molau dem *Muslim-Markt* ein Interview[999] und indizierte damit die Nähe der extremen Rechten zu den Islamisten (die sich mit einem Interview für die NPD-Zeitung *Deutsche Stimme* revanchierten[1000]), wie die *Frankfurter Allgemeine Zeitung* 2007 analysierte:

> „Andreas Molau, stellvertretender Chefredakteur des NPD-Organs ‚Deutsche Stimme', hatte als deutschen Beitrag des iranischen Karikaturen-Wettbewerbs zu Holocaust und Nahost-Konflikt eine Zeichnung seiner Zeitung eingereicht, die das Mahnmal für die ermordeten Juden Europas zum israelischen Raketensilo umdeutet. Molau war auch schon Gesprächspartner des fundamentalistischen Internetportals ‚Muslim-Markt', wo er seinen Respekt vor dem Islam als einer ‚gewachsenen Kultur' bekundete. Nach der deutschen Vergangenheit gefragt, antwortete er: ‚Die Kollektivscham über angebliche oder tatsächliche Untaten haben wir in Deutschland zur Religion gemacht.' Das passt zur iranischen Staatspropaganda: Während man die Achtung des religiösen Mythos als Faktum einfordert, wird das historische Faktum als Mythos diskreditiert."[1001]

Wolfgang Benz gab dem *Muslim-Markt* am 1. November 2010 ein Interview.[1002] Dabei war die antiisraelische Agitation des *Muslim-Markt* in jenem Jahr die gleiche wie schon im Jahr 2002. Mit Hermann Dierkes[1003], Felicia Langer[1004] und Menno[1005] Aden[1006], die zu den ausgewählten Interviewpartnern des Muslim-Markt gehören, befindet sich Benz in außerordentlich illustrer Gesellschaft.

2002 protestierte also ein Ministerium gegen Antisemitismus und Islamismus und das Verlinken von Seiten wie *Muslim-Markt* – 2010 klatschten Israelfeinde, Verharmloser oder Fans des *Islamic Jihad* und Linke Beifall. Die übergroße Mehrzahl der Antisemitismusforscher im In- und Ausland, von denen die meisten Benz seit Jahren oder Jahrzehnten kennen oder von ihm gehört und gelesen haben, schwieg und schweigt.

Die Kooperation – und ein freundliches Interview ist eine Kooperation – des Leiters des *Zentrums für Antisemitismusforschung* mit antisemitischen Islamisten zeigt Folgendes: Israelhass ist gegenwärtig noch salonfähiger als

2002. Das Beispiel *Muslim-Markt* und der Umgang mit dieser Seite belegen das. Das Land Nordrhein-Westfalen hat heutzutage keinerlei Probleme mehr mit Freunden des islamistischen *Muslim-Markt*: Am 7. Dezember 2010 bestritt Wolfgang Benz gemeinsam mit Alfred Grosser in Berlin in der Landesvertretung dieses Bundeslandes eine Buchvorstellung.

Der dazu gehörige Hintergrund ist bemerkenswert: Grosser sprach kurz zuvor, am 9. November 2010, in Frankfurt am Main in der Paulskirche lieber von Israel und Juden als Täter als von Juden als Opfer der Deutschen und des Antisemitismus. Damit generierte er eine typische Form des sekundären Antisemitismus und bediente die Schuldprojektion. Er trieb also an einem 9. November die Wiedergutwerdung der Deutschen auf neue Spitzen. Grosser hatte angekündigt, an diesem 72. Jahrestag der Pogromnacht über Israel und Juden als Täter reden zu wollen, und er hat es getan. Für den sekundären Antisemitismus sind die Abwehr der Erinnerung an die Shoah und eine Schuldprojektion auf den jüdischen Staat kennzeichnend.

Die Debatte um Islamkritik und Antisemitismus kann prägnant zugespitzt werden. Spätestens seit dem 11. September 2001 ist für jeden klar denkenden Menschen offenkundig:

- Islamisten attackieren und bedrohen Amerika und die freie Welt, Israel und die Juden, und machen das Leben für selbst denkende und Selbstbestimmung einfordernde Musliminnen und Muslime (sowie für als solche kategorisierte) zur Hölle auf Erden.
- Islamkritik und Anti-Islamismus haben einen rationalen Grund.
- Antisemitismus ist irrational und genozidal.
- Das konkrete Verhalten von Islamisten führt zu Islamkritik.
- Das konkrete Verhalten von Juden war und ist irrelevant für die Entwicklung des Antisemitismus.

5.5) „Gruppenbezogene Menschenfeindlichkeit"

Die geplante Einrichtung eines Magister-Artium-Studiengangs *Antisemitismus- und Vorurteilsforschung* am *Zentrum für Antisemitismusforschung* der *Technischen Universität Berlin*[1007] spricht Bände und negiert die Spezifik des Antisemitismus. Im zu Beginn des Jahres 2011 verabschiedeten „Konzept für ein universitätsübergreifendes Zentrum für Jüdische Studien in der Region Berlin-Brandenburg"[1008], das eine Art Konglomerat aus bereits existierenden universitären und außeruniversitären Forschungseinrichtungen sowie anderen Einrichtungen sein soll, wird dieser Studiengang positiv erwähnt. Wenn aber die Untersuchung x-beliebiger Vorurteile gleichermaßen wie die Analyse des Antisemitismus als Teil des Studiums an Hochschulen betrachtet wird, werden ‚Jüdische Studien' ad absurdum geführt.

Während ein Vorurteil wie beispielsweise jenes, dass alle Fahrradfahrer rosa-blau geringelte Socken tragen, sich unschwer ausräumen lässt, verhält es sich mit Antisemitismus völlig anders. Antisemitismus kann nicht mit Sexismus, Rassismus, Behindertenfeindlichkeit oder dem ‚Klassenkampf' in eine Reihe gestellt werden. Genau das geschieht jedoch im Projekt *Gruppenbezogene Menschenfeindlichkeit,* das an der *Universität Bielefeld* unter der Leitung des Pädagogen Wilhelm Heitmeyer (Jg. 1945) durchgeführt wird. Antisemitismusforschung verkommt dabei zum Geplänkel, Antisemitismus wird mit *Vorurteilen* gegenüber Hartz-IV-Empfängern, Muslimen oder Einwanderern gleichgesetzt.

Die Psychologin Beate Küpper ist Co-Autorin des 2002 publizierten Buches *Warum wir aufeinander fliegen. Die Gesetze der Partnerwahl*[1009] sowie langjährige Mitarbeiterin des im gleichen Jahr gestarteten und auf zehn Jahre angelegten Langzeitprojekts *Gruppenbezogene Menschenfeindlichkeit.*[1010] Wilhelm Heitmeyer ist Leiter des *Instituts für interdisziplinäre Gewalt- und Konfliktforschung* an der *Universität Bielefeld* und hat ein mittlerweile zehn „Elemente“ umfassendes Schema für jene Formen von „Menschenfeindlichkeit“ erarbeitet. Der von der Islamischen Republik Iran kurz nach der „islamischen Revolution“ 1979 eingesetzte Kampfbegriff „Islamophobie“ taucht selbstverständlich darin auf.

Die zehn Elemente des Projekts *Gruppenbezogene Menschenfeindlichkeit* sind „Rassismus“, „Fremdenfeindlichkeit“, „Antisemitismus“, „Homophobie“, „Abwertung Obdachloser“, „Abwertung Behinderter“, „Etabliertenvorrechte“, „Sexismus“, „Abwertung Langzeitarbeitsloser“ und „Islamophobie“.[1011]

Niemand würde die Kritik des Christentums als „Christentumphobie“ bezeichnen. Es spricht auch niemand von „Hinduismusphobie“ oder „Buddhismusphobie“. Warum soll dann Kritik am Islam „Islamophobie“ und Teil einer *gruppenbezogenen Menschenfeindlichkeit* sein? Angenommen, jemand ist aus philosophischen oder anderen Überlegungen heraus tatsächlich kritisch oder ablehnend gegenüber Religion eingestellt – könnte das nicht eher eine *auf den Einzelnen bezogene Menschenfreundlichkeit* sein? Die Etymologie des Wortes ‚Phobie' stellt „Islamophobie“ eher der Spinnen- oder Mäuseangst zur Seite; die

Rede von „Islamophobie" ist jedenfalls kein wissenschaftliches Konzept im Hinblick auf menschliche Gesellschaften und soziale Interaktion.

Der Politikwissenschaftler Gideon Botsch (Jg. 1970) vom Potsdamer *Moses Mendelssohn Zentrum* (MMZ)[1012] ist ein Anhänger des Konzepts *Gruppenbezogene Menschenfeindlichkeit* (GMF). In einem von der SPD in Auftrag gegebenen und 2009 veröffentlichten Gutachten zu einem Text des SPD-Politikers Thilo Sarrazin schreibt Botsch[1013]:

> „Gruppenbezogene Vorurteile gegen soziale Gruppen (oder zu Gunsten sozialer Gruppen) können sich prinzipiell auf jede Schicht, jedes Milieu oder jede wie auch immer geartete soziologisch fixierbare oder konstruierte Sondergruppe beziehen, etwa als Feindseligkeit gegen Adlige, ‚kleinbürgerliche Spießer' oder ‚Yuppies'."[1014]

Botsch reduziert den Antisemitismus ganz im Sinne des Konzepts GMF zu einem Vorurteil unter vielen und schreibt:

> „Die Fülle an Vorurteilen und Ressentiments, wie etwa latent antisemitische Zuschreibungen (in ‚positiver' Wendung), Ressentiments gegen sozial Schwache sowie gegen Muslime, in Verbindung mit einem eher respektlosen Blick auf Frauen, der massiven Einforderung von Etabliertenvorrechten sowie weiteren unspezifischen bzw. nicht dem GMF-Syndrom zugehörigen Ressentiments erhöht die Plausibilität des Befunds, da Rassismus entsprechend den Forschungsergebnissen der GMF Surveys häufig in typischer Verbindung mit anderen gruppenbezogenen Vorbehalten auftritt."[1015]

Der Holocaust und die heutige Agitation gegen den jüdischen Staat Israel werden somit auf eine Ebene mit „Vorurteilen" gegen „sozial Schwache" gestellt. Letzteres hört sich zartfühlend an und ist doch das Ende seriöser Forschung zum Antisemitismus, da es keine Aufrufe zum Mord an „sozial Schwachen" gibt, islamistische Prediger oder Organisationen wie die Terrorgruppe Hamas dagegen explizit zum Mord an Juden aufrufen.

Darüber hinaus platziert Botsch den Nationalsozialismus und die Shoah in eine Schublade mit dem früheren Apartheidregime in Südafrika und dem Rassismus in den USA:

> „Die Rassismus-Forschung konnte überzeugend herausarbeiten, dass mit dem Ende der drei bedeutendsten rassistischen Herrschaftsordnungen – nationalsozialistische Rassenherrschaft in Deutschland und Europa, Rassentrennung in den Südstaaten der USA und Apartheid in Südafrika – an die Stelle des offenen Bezugs auf Rassen inzwischen der Verweis auf unterschiedliche ‚kulturelle' Voraussetzungen gewählt wird. Etienne Balibar spricht in diesem Zusammenhang von einem ‚Rassismus ohne Rassen'."[1016]

Wie kommt Botsch darauf, den Nationalsozialismus und die Vernichtung von sechs Millionen Juden mit dem Rassismus in den USA in einem Atemzug zu nennen und gleichermaßen als „bedeutende rassistische Herrschaftsordnungen“ zu bezeichnen? Damit banalisiert er den Antisemitismus. Er bedient zudem den Antiamerikanismus und projiziert die deutsche Schuld auf die USA, die nicht als Befreier vom NS-Staat, eher als ein (damals) ähnlich schlimmes Regime dargestellt werden. Wer aber zwischen der „Rassentrennung“ in Südafrika und der Vernichtung der europäischen Juden im Zweiten Weltkrieg keinen unüberbrückbaren Unterschied sieht, vielmehr beides gleichermaßen unter dem Label „Rassismus“ subsumiert, hantiert völlig hilflos mit Begriffen wie ‚Rassismus‘, die zu Schablonen des Bösen regredieren. Der Nationalsozialismus war auch nicht lediglich eine „Herrschaftsordnung“ wie der Rassismus in Südafrika; der NS-Staat war ein Regime, das den präzedenzlosen Mord an den Juden plante und durchführte, ‚dank‘ Hitlers willigen Vollstreckern. Das Regime in Südafrika zielte in der Tat auf Herrschaft, der SS-Staat hingegen auf Vernichtung. Wer das mehr als 65 Jahre nach dem Ende des Nationalsozialismus noch immer nicht verstanden hat, wird es, so steht zu befürchten, auch nicht mehr lernen.

Botsch platziert den Antisemitismus mit dem Rassismus auf eine Stufe und betrachtet Muslime in Anlehnung an das Heitmeyersche Konzept der „gruppenbezogenen Menschenfeindlichkeit“ genauso als potenzielle Opfer wie Juden. Das hat jedoch mit der Wirklichkeit nichts zu tun und wird von der Geschichte des Antisemitismus widerlegt. Der Politologe Botsch wird in einem am 27. April 2011 ausgestrahlten Fernsehbeitrag des *Bayerischen Rundfunks* über den „politischen Islam“ als „Historiker“ vorgestellt[1017] und wendet sich gegen den Nazi Gerhard von Mende (vgl. Kapitel 4.6) und dessen Politik zugunsten der muslimischen Kriegsgefangenen aus der Sowjetunion. Botsch geht jedoch nicht auf die Tatsache ein, dass die Muslime aus eigenem Antrieb mit den Nazis kooperierten; vielmehr betont er, Muslime seien „Opfer“ des Nationalsozialismus gewesen, und die Nazis hätten sie nur im Kampf gegen den Sowjet-Kommunismus instrumentalisiert.

Botsch warf 2009 (wie analysiert) den Antisemitismus mit der „Islamophobie“ und den anderen Kategorien „gruppenbezogener Menschenfeindlichkeit“ in einen Topf. Auch die Rede vom „sozialen Rassismus“[1018] passt dazu. Dabei ist Antisemitismus etwas völlig anderes als die Diffamierung oder Diskriminierung von „Langzeitarbeitslosen“. Er ist ein irrationales Ressentiment ohne den geringsten Bezug zum konkreten Verhalten von Juden. Das ganze

Konstrukt namens *Gruppenbezogene Menschenfeindlichkeit* ist für die Kritik des Antisemitismus kontraproduktiv und Wasser auf den Mühlen derer, die Antisemitismus mit Islamkritik gleichsetzen.

Der Historiker Robert Wistrich analysiert die Spezifika des heutigen Antisemitismus:

> „Uncle Sam hat sich sozusagen mit Shylock in ein Angst einflößendes Gespenst der Globalisierung (‚Amerikanisierung') verbunden, welches die Welt des Islam zu überschwemmen droht, ähnlich wie die europäischen Antisemiten Ende des neunzehnten Jahrhunderts das ‚internationale Judentum' als teuflische Kraft des Finanzkapitalismus und supranationalen Kosmopolitismus darstellten."[1019]

Auf der weltpolitischen Bühne ist der Antisemitismus unübersehbar. Wie man vor diesem Hintergrund auf die Idee kommen kann, die Diskriminierung von Langzeitarbeitslosen oder die Situation von Muslimen in einem Land wie Deutschland mit einem weltweiten Ressentiment gegen Juden und einem Antisemitismus, der weltweit so stark ist wie selten zuvor, in direkte Beziehung zu setzen, ist schleierhaft und wissenschaftlich jedenfalls nicht haltbar.

Je stärker der Antizionismus und die Israelfeindschaft werden, desto weniger wird der Antisemitismus kritisiert. Längst muss die Analyse und Kritik der spezifischen, genozidalen Gefahr des Antisemitismus der Rede von der „Islamophobie" oder der „gruppenbezogenen Menschenfeindlichkeit", die ebenso Hartz-IV-Empfänger, Obdachlose oder Frauen treffen könne, weichen. Das führt direkt zu Albert Einstein und dem Prolog des nächsten Kapitels.

6) Universitäre Gegenaufklärung, „hybrid"

„Zwei Dinge sind unendlich, das Universum und die menschliche Dummheit, aber bei dem Universum bin ich mir noch nicht ganz sicher."

ALBERT EINSTEIN

Da in Deutschland Forscherinnen und Forscher kaum Interesse an der Analyse des Islamismus haben, wird ein neues Siegel ausprobiert. Das erinnert in gewisser Weise an die Automobilindustrie, die derzeit hybride Wagen testet (und teilweise schon serienmäßig produziert). Solche gemischten, hybriden ‚Antriebsformen' (bzw. in der Wissenschaft: Konzepte) sind nicht nur bei Kraftfahrzeugen, der Elektroindustrie sowie in der Kommunikations- und in der Politikwissenschaft ‚in'. Auch die Islamwissenschaft und die sich mit Muslimen in Europa befassende Sozialwissenschaft macht auf ‚hybrid'.

6.1) Verharmlosen des Islamismus als Universitätsprojekt

Die Politologin Naika Foroutan (Jg. 1971) ist eine sich selbst als ‚hybrid' betrachtende Person und Leiterin des von der VW-Stiftung[1020] geförderten Projekts *Hybride europäisch-muslimische Identitätsmodelle. Identitäts- und Abgrenzungsrituale von Menschen mit muslimischem Migrationshintergrund im deutsch-europäischen Innen- und Außenverhältnis*[1021] an der *Humboldt-Universität zu Berlin.* In der Projektbeschreibung heißt es:

> „Während internationale Konfliktereignisse wie der 11. September, der Afghanistan-Konflikt, der Irak- oder der Libanon-Krieg, samt der täglichen Berichterstattung über Terroranschläge islamistischer Fanatiker, die außenpolitische Ebene dominieren, findet auf der nationalen Ebene eine schleichende gesellschaftliche Vergiftung statt. Begriffe wie Parallelgesellschaft, Home-Grown-Terrorism, Hassprediger, Zwangsehe und Ehrenmord überlagern die Wahrnehmung der Mehrheitsgesellschaft zum Thema Islam und führen zu ansteigender Islamophobie und anti-muslimischem Rassismus."[1022]

Foroutan und ihr Projekt sprechen von „Vergiftung" und stellen damit auf das politisch-kulturelle Klima in der Bundesrepublik ab. 9/11 wird in eine Reihe gestellt mit antifaschistischen militärischen Interventionen wie dem Afghanistan-Krieg der USA und der Alliierten gegen die Taliban oder dem Libanon-

Krieg Israels gegen die Hizballah. Die alltägliche islamistische Gewalt in Deutschland, die zuerst westlich orientierte Musliminnen trifft, wird geleugnet und stattdessen von „Islamophobie“ dahergeredet.

In einer 2011 erschienenen Festschrift für Bassam Tibi, Foroutans Doktorvater, schreibt die Autorin:

> „Die politischen Milleniumsvisionen von Friedensdividende und internationaler Moralität, von der Welt als globalem Dorf und von der Priorität gemeinsamer Abrüstungsverhandlungen sind besonders nach dem 11. September ersetzt worden durch verstärkte Tendenzen zur Wiederaufrüstung mit Kriegsbereitschaft auch und vor Allem [sic, d.V.] auf Seiten westlicher Staaten, die teilweise seit Jahrzehnten keine militärischen Interventionen praktiziert hatten und für eine solche Intervention sogar Verfassungsänderungen herbeiführen mussten. Begründet wird diese militärpolitische Neuausrichtung der Weltpolitik mit dem Argument, somit Schutz vor fundamentalistischen Terroristen und unterstützenden Terrorstaaten zu erlangen. Diese werden in vorderster Front in den islamischen Ländern geortet. Zu der Angst vor einem ‚Zivilisationsfeind‘ Islam gesellt sich die These der Bedrohung durch ‚Schurkenstaaten‘ wie z.B. Iran als Legitimation erneuter weltweiter Verteidigungs- und Aufrüstungsbereitschaft.“[1023]

Foroutan versucht gar nicht erst, so etwas wie Empathie für die in den beiden Türmen des *World Trade Centers* Ermordeten vorzutäuschen. Vielmehr stellt sie sich offensiv gegen jede Form von Analyse, Kritik und Abwehr der offensichtlichen jihadistischen Gefahr. Vergegenwärtigen wir uns: Am 11. September 2001 – und auch schon zuvor – waren Afghanistan, der Irak, Saudi-Arabien, der Iran und alle anderen Länder des Nahen Ostens selbst verantwortlich für ihr Handeln; es gab keine „Fremdherrschaft“.

Viele dieser Länder des Nahen Ostens sind bekannt für islamistische Politiken im Innern wie auch für antiwestliche Agitation, für Antiamerikanismus und Antisemitismus, insbesondere seit der Revolution im Iran im Jahr 1979. Die Jungforscherin Foroutan leugnet jedoch, dass der Iran eine Bedrohung für den Weltfrieden und für seine eigene, in Teilen dissidente Bevölkerung darstellt. Sie derealisiert jeglichen Aufruf zum Mord an den ‚Ungläubigen‘ von Seiten der Islamisten und Jihadisten, sie entwirklicht die frauenverachtenden, islamistischen Praktiken der Zwangsverschleierung und Genitalverstümmelung von Mädchen, und sie rationalisiert den Antiamerikanismus, die antiwestliche Ideologie sowie Antisemitismus und Antizionismus, wenn sie schreibt:

> „Im Westen gilt die viel verbreitete Meinung, dass der Krieg der Islamisten gegen die Werte der westlichen Welt gerichtet sei, sprich gegen Pluralismus, Demokratie, Freiheit und offene Gesellschaften. In der islamischen Welt ist man vielfach der Überzeugung, der Terror richte sich gegen Fremdherrschaft, Korruption, ver-

> steckte Kriegstreiberei, Unterstützung diktatorischer Regime, Ausbeutung der islamischen Länder aus machtpolitischen und energiepolitischen Motiven und zerfallende moralische Strukturen – daher distanzieren sich viele Muslime auch nicht so eindeutig von den Terroranschlägen."[1024]

Damit rechtfertigt die stolz-hybrid-deutsch-muslimische Forscherin die klammheimliche und auch offene Schadenfreude der Muslime (wie auch anderer Antiamerikaner in Deutschland) über 9/11. Die Liebe zum Islam und zum Tod, die Mohammed Atta und seine jihadistischen Freunde motivierte, schockiert Foroutan anscheinend nicht. Sie rationalisiert den Islamismus und den Jihadismus, das heißt: Sie sucht rationale Gründe für das irrationale Morden. Sie möchte verstehen, wo nichts zu verstehen ist. Von welcher „Fremdherrschaft" in den Jahren vor 9/11 im Nahen Osten fantasiert sie?

Auffallend ist, dass Foroutan die Rationalisierung des Antisemitismus, Antiamerikanismus und Islamismus in einer von ihr mit herausgegebenen Festschrift für Bassam Tibi, der sich bekanntlich eher gegen die Verwendung des Kampfbegriffs „Islamophobie" wendet, publiziert.

In einem im März 2011 veröffentlichten Beitrag für die Wochenzeitung *Freitag* plädiert sie dann ganz unverhohlen für mehr Nationalstolz in Deutschland, für Heimat – „Heymat" nennt sich ihr hybrides Projekt an der *Humboldt-Universität* – und ‚nationale Identität'.[1025] Sie mag Deutschland und geht neue Wege – da stört der Holocaust, der einer positiven nationalen Identität im Wege steht.

Der Großmufti von Jerusalem, al-Husaini, und viele Muslime an seiner Seite waren in den Nationalsozialismus verstrickt (vgl. die Kapitel 1.4 und 3.1). Darüber hinaus könnte sich Foroutan mit der Entwicklung des Islamismus in der Bundesrepublik der 1950er bis 1970er Jahre und der Weiterentwicklung bis heute beschäftigen (vgl. Kapitel 4.6).

Die Politologin verharmlost den Antisemitismus, und sie leugnet dessen Spezifik und genozidalen Zug, wenn sie die in dieser Studie mehrfach analysierte und kritisierte Analogie von Antisemitismus und ‚Islamophobie' (vgl. u.a. Kapitel 1.7 und Kapitel 5) proklamiert:

> „Es ist Konsens in Deutschland, dass aufgrund einer traumatischen Vergangenheit eine verallgemeinernde Ausländerfeindlichkeit nicht sein darf. Daher schützt man sich gegen den Vorwurf, ganze Menschengruppen aufgrund ihres Andersseins abzuwerten – indem man etwa die Vietnamesen oder die osteuropäischen Juden verschont und den abwertenden Diskurs vornehmlich auf die Muslime bezieht. Man sieht es als explizite Errungenschaft des Westens an, dass man nicht frauenfeindlich sein darf, und konzentriert sich auf Kopftuchträgerinnen als zu befreiende Su-

balterne. Man darf nicht antisemitisch sein und schiebt die eigene Verantwortung dafür weg, indem man kollektiv die Muslime für die nach dem deutschen Antisemitismus frei gewordene Leerstelle besetzt und sogleich die jüdisch-christliche Tradition als Gegenpol zum Islam und als Basis einer deutschen Leitkultur stilisiert."[1026]

Der erste Satz des Zitats insinuiert, im Nationalsozialismus und davor seien Juden als „Ausländer" betrachtet worden. Ausländer waren die deutschen Juden aber nicht – sie wurden durch die „Nürnberger Rassegesetze" von 1935 erst dazu gemacht. Der Publizist Henryk M. Broder antwortete Foroutan:

> „Der große Revolutionär Dieter Kunzelmann hat schon 1969, lange bevor Frau Foroutan geboren wurde, gefordert, die Deutschen sollten sich von ihrem ‚Judenknacks' befreien; vor allem die Linke müsste, um revolutionär zu werden, die ‚Vorherrschaft des Judenkomplexes' brechen. Nun setzt Frau Foroutan dort an, wo Kunzelmann umständehalber aufhören musste. Offensichtlich haben die Deutschen ihren ‚Judenknacks' noch immer nicht überwunden, sondern nur ‚auf die Muslime' verlagert. Die ‚frei gewordene Leerstelle' wird mit Muslimen besetzt. Und weil sich die Deutschen außerdem nicht trauen, frauenfeindlich und homophob zu sein, werden die Muslime ‚zu Trägern jener Rassismen, die die Deutschen nicht mehr zu haben glauben'.
>
> Mit dieser Konstruktion hat sich Frau Dr. Foroutan für ihr nächstes Forschungsprojekt über hybride Identitätsmodelle qualifiziert, diesmal mit Unterstützung der Wilhelm-Marr-Stiftung. Die Frage ist nur: Warum ziehen sich ‚die Muslime' den Schuh an, den die Deutschen loswerden wollen? Dabei wäre es so einfach, die antisemitischen, frauen- und schwulenfeindlichen Deutschen zu beschämen. Die Muslime müssten nur ein paar Häuser für geschlagene Frauen aufmachen, verfolgten Schwulen ihre Moscheen als Zufluchtsorte öffnen und Juden, die einen Bogen um ihre Kieze machen, Begleitschutz anbieten. Da würden die Deutschen aber blöd gucken! Und Frau Foroutan hätte jede Menge neues empirisches Material und wäre nicht mehr auf ihren morgendlichen Kaffeesatz angewiesen."[1027]

Foroutans Dissertation aus dem Jahr 2004 – *Kulturdialoge zwischen dem Westen und der islamischen Welt. Eine Strategie zur Regulierung von Zivilisationskonflikten*[1028] – deutet bereits an, in was für eine problematische Richtung ihre Forschung geht. Das einzige Kapitel, das sich mit „religiösem Fundamentalismus" befasst, negiert sofort die Anerkennung der Spezifik des Islamismus:

> „Der Anspruch auf eine Entwestlichung der Welt wird nicht nur von Seiten der islamischen Fundamentalisten erhoben: auch jüdische Ultra-Orthodoxe und christliche Fundamentalisten oder radikale Sikhs fordern eine Abkehr von der westlichen Moderne."[1029]

Bar jedes Blickes auf die Wirklichkeit der letzten zehn Jahre behauptet sie, ‚Fundamentalismen' gebe es allüberall, und alle seien potenziell ähnlich gefährlich. Anstatt schockiert zu sein über die Todesliebe und die entgrenzte Gewalt der Islamisten, wird Schuld projiziert, verallgemeinert und abgewehrt. Dadurch zeigt auch eine vielleicht eher weltlich geprägte, sich als ‚hybrid-deutsch' verstehende Muslima eine gewisse Solidarität mit den Islamisten und streng religiösen Muslimen unter der Fuchtel Gottes.

Diejenigen, die sich weigern, die Spezifik des Antisemitismus zu erkennen, universalisieren gerne. Da wird dann entweder von ‚der Moderne' gesprochen, die zu Auschwitz geführt habe, von ‚dem Europa', das in orientalistischer Manier sowohl Muslime bzw. Araber als auch Juden als Feinde bestimme, oder es wird von ‚den Fundamentalismen' ‚der Religionen' gesprochen, als gäbe es etwas, das mit dem von Islamisten durchgeführten Massenmord im *World Trade Center* vergleichbar wäre.

Die Universalisierung und Entspezifizierung von Schuld ist jedoch kein singulärer Spleen von Naika Foroutan; vielmehr ist in den Sozial- und Geisteswissenschaften insgesamt eine solche Verallgemeinerung des Antisemitismus üblich. Tibis Schülerin verharmlost und rationalisiert die Terrorangriffe auf Amerika vom 11. September und schreibt:

> „Zwar erkennen die islamischen Fundamentalisten momentan ihre Unterlegenheit an, schaffen es aber, sich durch Rückbesinnung auf ihre ‚privilegierte' Religion eine kulturelle Überlegenheit einzureden und so ihr Minderwertigkeitsgefühl auszugleichen. Sie bilden eine Defensivkultur aus und propagieren die totale Ablehnung der westlichen Welt, samt aller Ideen und Ideale, die sie mit sich bringt. So argumentierten fundamentalistische Denker des Islam wie Seyyed Qutb oder Hassan al Turabi, sie wollten von der liberalen Regierungsform, wie sie der Westen propagiert abweichen. Sie sahen die liberale Regierungsform des Westens als gescheitert an, da sich nach Ihrer Ansicht die moderne westliche Gesellschaft offensichtlich in einer Krise befindet. Hier finden sich Parallelen zu Ideen der französischen Existentialisten, ebenso wie zu Vorstellungen deutscher Philosophen, wie Horkheimer oder Heidegger."[1030]

Die Nachwuchsforscherin setzt islamistische, antisemitische Vordenker des weltweiten Jihad wie Sayyid Qutb und Nazis wie Martin Heidegger mit einem Dialektiker und kritischen Theoretiker wie Max Horkheimer gleich. Das ist an Perfidie schwer zu überbieten: Nur zufällig – weil er rechtzeitig fliehen konnte – überlebte der Jude Horkheimer den Holocaust. Gemeinsam mit Theodor W. Adorno, der 1933 genauso zufällig und mit Glück der Barbarei entrinnen konnte, schrieb er die *Dialektik der Aufklärung*, die im Namen der Aufklärung die westliche Welt analysiert, verteidigt *und* kritisiert.[1031] Heidegger und Qutb hingegen waren antimoderne, antisemitische Agitatoren: Der eine war Mitglied der NSDAP und theoretischer Vordenker des Nationalsozialismus schon vor 1933, der andere ein islamistischer Autor mit einiger Bedeutung für Islamisten bis heute.

Horkheimer schrieb angesichts von Auschwitz und angesichts des Versagens auch der freien Welt, dieses präzedenzlose Menschheitsverbrechen zu verhindern. Von alledem scheint Foroutan noch nie etwas gehört zu haben. Dabei hat sich Tibi selbst 2007 in *Die islamische Herausforderung* dezidiert zu Horkheimer geäußert:

> „Als Gegner jeder totalitären Herrschaft habe ich als 68er bei Theodor Adorno und Max Horkheimer andere Inhalte mit ‚links' verbunden als heutige Linke, nämlich Aufklärung und Freiheit, also keine Selbstzensur und kein Appeasement gegenüber einem neuen Totalitarismus der Gotteskrieger.“[1032]

Wer, wie Foroutan, Horkheimer und Heidegger/Qutb als Gegner der Moderne gleichsetzt, könnte nicht unwissenschaftlicher handeln. Hierdurch zeigt sich, wie wenig diese Frau sowohl von der Kritischen Theorie als auch von der Spezifik des deutschen und islamistischen Vorlaufens-zum-Tode verstanden hat. Ihr Doktorvater widerspricht ihr doch vehement – womöglich ohne zu wissen, was Foroutan in ihrer Dissertation über Horkheimer, Heidegger und Qutb geschrieben hat.

Foroutan rechtfertigt den Antizionismus der arabischen Welt und fantasiert von einer „jüdischen Lobby“, die die USA dazu gebracht habe, im September 2001, vor 9/11, die so genannte UN-Antirassismuskonferenz im südafrikanischen Durban zu boykottieren.[1033] Verschwörungstheorien und die Rede von einer ‚jüdischen Lobby' sind allseits bekannte Elemente des Antisemitismus. Kein Wunder, dass Foroutan den Massenmord von 9/11 rationalisiert:

> „Noch schmerzlicher mussten die USA diese Erfahrung jedoch am 11. September 2001 machen, als die Terrorakte der islamischen Fundamentalisten das Land heimsuchten. Nicht nur in der islamischen Welt wurde dabei eine direkte Verbindung zu der Erniedrigung der Palästinenser durch den Staatsterror Scharons in Israel hergestellt, auch in Europa und den USA wurde ein solcher Zusammenhang erkannt.“[1034]

Die einzige Demokratie im Nahen Osten wird von der Deutsch-Iranerin also als ‚staatsterroristisch' bezeichnet, und die Ermordung von 3.000 Menschen im *World Trade Center*, im *Pentagon* sowie in den vier entführten Flugzeugen wird de facto gerechtfertigt, da Israel (das über die ‚jüdische Lobby' die USA beherrsche) die „Erniedrigung“ der Palästinenser (siehe die Position von al-Azm am 11. September 2001, Kapitel 1.1) zu verantworten habe.

Eine solche Leugnung der jihadistischen Ideologie, die sich Jahrzehnte vor 9/11 entwickelte und mit der Gründung der Muslimbruderschaft im Jahr 1928 ein erstes Etappenziel erreichte, ist umso beachtlicher, als Foroutans Dissertation unter der Betreuung des Doktorvaters Bassam Tibi an der *Universität Göttingen* eingereicht wurde. Entweder hat Tibi, der gar ein „Geleitwort“ zu der Studie verfasste[1035], die Studie nicht en detail gelesen, oder er möchte seine eigenen Forschungen dementieren. Oder sieht er die Dinge gar ähnlich wie seine Schülerin? (vgl. Kapitel 7.2).

6.2) Khatami

Naika Foroutan bezieht sich in ihrer Studie mehrfach[1036] auf Muhammad Khatami, den zum Zeitpunkt ihrer Dissertation amtierenden iranischen Präsidenten:

> „Auch Kofi Annan und der iranische Staatspräsident Mohammad Chatami gelten auf internationaler Ebene als Wortführer des Dialogs zwischen den Zivilisationen. Der Begriff Kulturdialog bleibt in diesen Werken immer ein moralischer, normativer Begriff, was mit dem folgenden Zitat Chatamis verdeutlich wird. ‚Der Dialog ist die Logik des Sprechens und des Hörens. Er hat weder mit den Skeptikern zu tun noch mit denen, die glauben, im Besitz der Wahrheit zu sein. (...) In einem echten Dialog können durch die Anerkennung dieser Potenziale, Identitäten und Einstellungen in Ost und West der gebührende Anteil der Parteien akzeptiert, ihre höheren Wahrheiten herausgestellt und für die sich im Wandel befindliche Welt eine gemeinsame menschliche Essenz zwischen der Materialität und der Spiritualität gesucht werden.‘“[1037]

Diese Rede und die Person Khatamis sind für die Dissertation von Foroutan von einiger Bedeutung, wie das direkt anschließende Kapitel *Schlußbetrachtung und Zukunftsperspektive* zeigt:

> „Aufgrund der zumindest medial plötzlichen Konfrontation mit dem Islam als politischem Phänomen ist es innerhalb kürzester Zeit zu einem Rekrutierungsengpass von Experten innerhalb der deutschen Medien gekommen. Daher sind in dieser Zeit leider auch viele ‚Halbexperten‘ zu einer großen Medienpräsenz gelangt und feuilletonistisches Halbwissen verunsichert teilweise die Öffentliche Meinung und die politischen Interessenten. Für jene, die sich eine fundierte wissenschaftliche Meinung zur Entstehung der interzivilisatorischen Konflikte und zu den Chancen ihrer Behebung durch Kulturdialoge bilden wollen und sich über die Funktionsformen und die Einflussmöglichkeiten der Kulturdialoge in der Internationalen Politik informieren wollen, ist diese Dissertation geschrieben.“[1038]

Demnach sieht sich Naika Foroutan als Expertin und betrachtet Khatami als positives Beispiel für einen „Kulturdialog“. Vor diesem Hintergrund sei Khatami näher untersucht. Er hat am 12. Juli 2000 in Weimar auf einer großen Veranstaltung gesprochen und gesagt (auf diese Rede bezieht sich auch Foroutan im obigen Zitat):

> „Die Erfahrung der Islamischen Revolution in Iran hat ein neues Kapitel in diesem Bereich aufgeschlagen. Die neue religiös-gesellschaftliche Ordnung wurde in Iran etabliert, um auf die sich immer erneuernden Bedürfnisse und Fragestellungen des heutigen Menschen Antworten zu finden. Der Revolutionsführer, Imam Chomeini, bestand sowohl auf der Erhaltung der Grundlagen der Religion als auch auf der Rolle des Volkes in der Gesellschaftsordnung. Das ist eine Lösung, die im heutigen Iran erprobt wird: die Etablierung der Volksherrschaft im Einklang mit den traditionellen geistig-religiösen Grundlagen der Gesellschaft mit gleichzeitiger Entwicklung einer modernen Zivilgesellschaft.“[1039]

Weiter unten werden andere Texte Khatamis angeführt, die in deutschen Medien selten zitiert werden, da sein *doublespeak* goutiert wird und ein Nachhaken oder gar wissenschaftliches Analysieren des iranischen Antisemitismus und Islamismus verpönt, ja, jenseits des Blickfeldes ist. Viele Araber und Muslime (wie aus dem Iran) wissen, was europäische oder westliche Medien hören wollen. Allerdings kann Khatami nicht alles verleugnen, was den Islamismus des Iran ausmacht, doch Redewendungen wie die „neue religiös-gesellschaftliche Ordnung“ führten in Weimar nicht etwa zu einem Eklat oder wenigstens zu Kopfschütteln, vielmehr zu Applaus.

Dabei ist eine solche „religiös-gesellschaftliche Ordnung“ nichts anderes als der Kern von Scharia und Islamismus: die Übertragung religiöser Vorstellungen auf die Politik und die Gesellschaft, die Leugnung der Trennung von Staat und Religion. Wer privat einer Religion Glauben schenken möchte, kann das tun. In der Gesellschaft jedoch hat Religion als Ordnungsmacht oder normative Instanz nichts verloren.

Der Politologe Wahied Wahdat-Hagh befasste sich in seiner an der *Freien Universität Berlin* eingereichten, 2003 veröffentlichten Dissertation – *Die Islamische Republik Iran. Die Herrschaft des politischen Islam als eine Spielart des Totalitarismus*[1040] – mit Khatami und stellte ihn als einen Linksislamisten vor:

> „Das Prinzip der ‚Ijtihad‘ müsse so wie Khomenei es interpretiert habe, angewandt werden, konstatiert der ‚liberale‘ Präsident. Denn eine islamische Gesellschaft müsse das ‚Vorbild für die heutige Welt‘ werden. Khatami ist der Überzeugung, dass die iranische Bevölkerung für die Einführung der islamischen Werte und Prinzipien die Revolution unternommen habe. Diese Revolution habe viele Märtyrer hervorgebracht, bis ein ‚unabhängiger Staat‘ geschaffen worden sei. Es könne die Situation

> eintreten, dass der Schutz der staatlichen Prinzipien dem Land Probleme auf der internationalen Bühne bereiten. Der ‚Feind', der ‚Westen', müsse wie in dem achtjährigen Krieg gegen Irak, international erfolglos bleiben. Bis heute werden die ‚Märtyrer der Revolution' und des Krieges zeremoniell von allen islamistischen Fraktionen gefeiert. In einem Vortrag vor den Mitgliedern der ‚rechtsislamistischen' Jameeye Motalefeye Eslami (JME) spricht der ‚Linksislamist' Khatami über die Märtyrer der Revolution. Er stellt fest, dass sicherlich ‚Mitkämpfer' von Nawab Safawi, den er einen ‚Märtyrer' nennt, auch bei seinem Vortrag anwesend seien."[1041]

Safawi war ein Vorbild für Bin Ladin.[1042]

2002 publizierte Bassam Tibi einen längeren Beitrag, in dem er sich gegen seinen Lehrer Jürgen Habermas wandte, der in seiner Rede als Preisträger des *Friedenspreises des Deutschen Buchhandels* am 15. Oktober 2001 die ‚Rückkehr der Religion' unterstützte. Wenige Wochen nach 9/11 ließ sich Habermas zu antiamerikanischen Invektiven hinreißen, die anzeigten, wie wenig ihn dieser islamistisch motivierte Massenmord berührte.[1043] Tibi hingegen war schockiert von Habermas[1044], zumal dieser 2002 das Regime im Iran besuchte und den Mullahs eine gute Presse verschaffte. In seinem Beitrag zu Habermas geht Tibi auf die Rede Khatamis in Weimar vom Juli 2000 ein:

> „Ich glaube nicht, dass der so genannte Reformpräsident Mohammed Khatami ein seriöser Partner für den inter-zivilisatorischen Dialog ist. Sein Verständnis von Religion ist politisch und daher der ‚Islamischen Republik Iran' verpflichtet, deren Präsident er nicht zufällig ist. (...) In Weimar habe ich meinen Glauben an Khatami verloren."[1045]

Man muss allerdings sicherlich nicht erst nach Weimar reisen, um einen Vertreter der *Islamischen Republik Iran* abstoßend zu finden.

Merkwürdig ist in diesem Zusammenhang Tibis Lob für den deutschen Orientalisten Joseph van Ess, der ein „einsames Licht in der deutschen Orientalistik" sei, wie Tibi 2001 schrieb.[1046] Dabei wird van Ess bis heute (2011) als wissenschaftlicher Berater der Zeitschrift *Spektrum Iran* geführt[1047], einer staatsoffiziellen Postille des Iran, und van Ess hat 1999 auch einen Literaturpreis des Iran angenommen.[1048]

Merkwürdig ist es auch, dass Tibi sich im Jahr 2002, während Foroutan an ihrer Dissertation bei ihm arbeitete, gegen Khatami wandte, für seine Doktorandin jene Khatami-Rede hingegen ein positives Zeichen von „Kulturdialog"[1049] ist. Foroutan erwähnt nicht, dass im Vorfeld der Rede Dutzende Exil-Iraner, die gegen den Auftritt des Mullahs protestierten, festgenommen wurden.[1050] Foroutan stellt sich gegen Iraner, die vor dem islamistischen Regime geflohen sind – obwohl sie selbst als junges Mädchen im Jahr 1983 mit ihren Eltern den Iran verlassen hatte.

Die von 1998 bis 2005 amtierende rot-grüne Bundesregierung mit Bundeskanzler Gerhard Schröder und Außenminister Joschka Fischer intensivierte die deutsch-iranischen Beziehungen. Nach einem Besuch im Iran lud die Regierung den iranischen Präsidenten Khatami nach Deutschland ein. Die *Heinrich-Böll-Stiftung* organisierte eine Konferenz mit den Islamisten aus Teheran, wie der Politologe Matthias Küntzel in seiner breit angelegten Studie *Die Deutschen und der Iran. Geschichte und Gegenwart einer verhängnisvollen Freundschaft*, die sich vom Kaiserreich über den Nationalsozialismus bis in die heutige Zeit erstreckt, berichtet:

> „Als die Konferenz am ersten Aprilwochenende 2000 begann, wurde sie von Protestaktionen überlagert, waren doch im Saal ‚diejenigen versammelt, die ihr Land verlassen mussten', erinnert sich die deutsch-persische Publizistin Nasrin Amirsedghi, während ‚auf dem Podium einige Teilnehmer/innen (saßen), die sich zumindest im Großen und Ganzen konform mit demjenigen Regime zeigten, das über drei Millionen Iraner/innen zur Flucht aus ihrer Heimat veranlasst hatte.'"[1051]

Kritik an Khatami ist für die Soziologin und Islamismuskritikerin Necla Kelek von einiger Bedeutung. Sie bezieht sich dabei auf Gotthold Ephraim Lessing, produziert dabei allerdings nicht den „Nathan-Kitsch"[1052] vom interreligiösen Dialog, wie er bis heute en vogue ist:

> „Der österreichische Schriftsteller Robert Schindel nennt ein politisch entschärftes multikulturelles Toleranzbekenntnis ‚Nathan-Kitsch': ‚Wir wollen doch alle angenehm sein und gar angenehm gemacht werden, damit wir uns ergehen im Bewusstsein unserer Gutheit, unserer Toleranz. Jeden nach seiner Fasson glücklich werden lassen, gemütlich dem Treiben der Welt zusehen, durchdrungen von Wohlgeratenheit. Rassisten sind immer die anderen. Selbst durchtunneln wir Lebenswelten, sind zukunftsoffen, weitwinklig. (...) Jeder ist von seiner Religion überzeugt und achtet zugleich die Überzeugung der andern von deren Religion. Wir sagten es immer wieder, bis es zur Sage ward. Hernach kann Gottes Sonne wohl Myriaden von gerechten Scheiteln bescheinen'."[1053]

Kelek bezieht sich auf Lessing als Kritiker. Die Kritik an Tradition und Althergebrachtem, an Religion und Unvernunft, wie sie für Lessing und das aufklärerische 18. Jahrhundert typisch ist, bekommt ein Echo:

> „Während der Hamburger Pastor Goeze an der Bibel als Offenbarung und an dem Wahrheitsgehalt der in ihr geschilderten Ereignisse für den christlichen Glauben festhielt, forderte Lessing, Abschied zu nehmen von der ‚Buchstabenhörigkeit' –

auch das heilige Buch der Christen müsse Kritik und Widerspruch ausgesetzt und mit Mitteln der historischen Forschung hinterfragt werden."[1054]

Die Islamismuskritikerin und Aufklärerin verknüpft erkenntnistheoretische, philosophische Fragestellungen des 18. Jahrhunderts mit einer Analyse der heutigen Post-9/11-Welt und widerspricht Altbundespräsident Johannes Rau:

> „Im Januar 2004 wurde aus Anlass des 275. Geburtstages des Dichters das Lessing-Jahr von dem damaligen Bundespräsidenten Johannes Rau mit einer Rede in der Wolfenbüttler Herzog-August-Bibliothek eröffnet. Rau widmete sich, unter Berufung auf ‚Nathan der Weise', dem Thema des Zusammenlebens von Menschen unterschiedlicher Religionen und bezog unmissverständlich Position gegen das vom Bundesverfassungsgericht erlassene Kopftuchverbot für Lehrerinnen. ‚Ich fürchte nämlich', sagte der Bundespräsident, ‚dass das Kopftuchverbot der erste Schritt auf dem Weg in einen laizistischen Staat ist, der religiöse Zeichen und Symbole aus dem öffentlichen Leben verbannt. Ich will das nicht. Das ist nicht meine Vorstellung von unserem seit vielen Jahrhunderten christlich geprägten Land.'"[1055]

Im Juli 2000 eröffnete Rau gemeinsam mit dem damaligen iranischen Staatspräsidenten Mohamed Khatami in Weimar ein Denkmal im Park an der Ilm, der Teil des *Unesco*-Weltkulturerbes *Klassisches Weimar* ist. Im Gedenken an Goethe und den persischen Dichter Hafis war dies eine weitere interreligiös-kulturrelativistische und antiuniversalistische Propagandaveranstaltung.[1056]

Dabei wäre eine Analyse der Rolle von Khatami für die Entwicklung des iranischen Antisemitismus der jüngeren Zeit von Relevanz:

> „Jedoch war es gerade während der Präsidentschaft von Mohammad Khatami, dessen rhetorische Rufe nach einem Dialog der Zivilisationen Beifall von Europa und der UN bekam, dass die Islamische Republik eine Zufluchtsstätte für Revisionisten wurde. Tehran gab nicht nur [Jürgen, d.V.] Graf Asyl, sondern auch Wolfgang Frölick [Fröhlich, d.V.], einem österreichischen Ingenieur, der vor Gericht unter Eid aussagte, dass Zyklon-B nicht zum Töten von Menschen benutzt werden konnte. Tatsächlich war es unter Khatami, dass die iranische Politik ganz ungeniert vom Antizionismus zum Antisemitismus verschoben wurde."[1057]

Kelek ergänzt diese Kritik und betrachtet die „unheiligen Interessen" Khatamis, wenn er an einem Ort wie Weimar auftritt. Die kritische Iranforschung sowie die kritische Publizistik zum Nahen Osten und zu Antisemitismus haben herausgearbeitet, wie unter der Präsidentschaft des „Reformers" Muhammad Khatami (1997–2005) der Antisemitismus im Iran stärker wurde; auch das obige Zitat zeigt dies. Im Dezember 2000 nannte Khatami Israel einen zu beseitigenden „krebshaften Tumor"[1058], und bereits am 24. Oktober 2000 hatte Khatami im iranischen Staatsfernsehen gesagt, die islamische Welt solle sich auf eine harte Konfrontation mit dem „zionistischen Regime“ einstellen, wie der Historiker Michael Rubin berichtet:

> „Dann sprach er im iranischen Fernsehen am 24. Oktober 2000 und erklärte: ‚Wenn wir die Menschenrechte befolgen, dann sollten wir die gesamte islamische Welt für eine scharfe Konfrontation mit dem zionistischen Regime mobilisieren. Wenn wir den Koran befolgen, sollten wir alle uns mobilisieren, um zu töten.“[1059]

Vor diesem Hintergrund ist es beachtlich, wenn sich die Politologin Naika Foroutan in ihrer Dissertation 2004 positiv auf den Islamisten und Antisemiten Mohammed Khatami bezieht.

6.3) Täter/Opfer Verkehrung nach 9/11

Beim Begriff „Islamophobie“ und seiner Propagierung durch Naika Foroutan kann man nur den Kopf schütteln. Tibi lehnt diesen islamistischen Kampfbegriff (jedenfalls meistens) ab.[1060] Darüber hinaus sollte Foroutan sich mit der Realität in Deutschland befassen:

Während in Deutschland

- tausende Muslime, Araber, Palästinenser, Türken, Linke und andere auf Demonstrationen „Tod, Tod den Juden“ rufen können wie im Januar 2009,
- hunderte zumeist Deutsch-Türken im Internet-Netzwerk *Facebook* zum Mord an Juden und Israeli aufrufen und Hitler loben wie im Mai/Juni 2010 (vgl. Kapitel 1.7.4) sowie
- im Zeitraum zwischen 2000 und 2007[1061] mindestens sieben Terroranschläge von Jihadisten nur zufällig oder Dank der Sicherheitskräfte nicht in die Tat umgesetzt wurden,

wird abgewiegelt und geleugnet, dass es diese Phänomene gibt und sie Ausdruck des Islamismus sind.[1062] Vielmehr spricht die Dozentin und Forschungsprojektleiterin Foroutan von der *Humboldt-Universität* von einer „gesellschaftlichen Vergiftung“ durch die Kritiker des Islamismus.

In den letzten Jahren ereigneten sich in der Bundesrepublik mehrere ‚Ehrenmorde‘; selbst das *Bundeskriminalamt* (BKA), das eine eher zurückhaltende Statistik aufstellt, führt 48 ‚Ehrenmorde’ in Deutschland im Zeitraum zwischen 1996 und Mai 2006 auf.[1063] Auch von zum Mord aufrufenden Hasspredigern ist einiges bekannt.[1064]

Das iranische Regime hat in Deutschland eine Botschaft, obwohl verschiedene seiner Offiziellen mehrfach den Holocaust leugneten, es offen gegen Israel agitiert und im Oktober 2005 eine Konferenz mit dem Titel „Welt ohne Zionismus" veranstaltete. Zudem baut der Iran an der Atombombe (vgl. Kapitel 3.3). Gleichzeitig blühen die deutschen Geschäfte mit dem Iran wie eh und je.

Vor diesem Hintergrund schrieb Foroutan 2011 ihren Text für die Wochenzeitung *Freitag*, worin sie den Antisemitismus im heutigen Deutschland leugnet, Muslime für die ‚neuen Juden' hält und von „Islamophobie" schwadroniert.

Zeitgleich publizierte sie wie erwähnt die von ihr mit herausgegebene Festschrift für ihren Lehrer Bassam Tibi:

> „Die zivilisatorische Abgrenzungsrhetorik setzt sich von der internationalen Ebene bis in die regionale und nationale Ebene fort und ist in den westlichen Industrienationen besonders im deutlich verschlechterten Verhältnis zwischen der nichtmuslimischen Mehrheitsgesellschaft und den muslimischen Migrantencommunities. Gleichsam equivalent zu internationalen Konfliktereignissen wie dem 11. September, dem Afghanistan-Konflikt, dem Irak-Konflikt oder der täglichen Berichterstattung über Terroranschläge islamistischer Fanatiker, findet auf der nationalen Ebene eine schleichende gesellschaftliche Vergiftung statt. Begriffe wie Parallelgesellschaft, Home-Grown-Terrorism, Hassprediger, Zwangsehe und Ehrenmord überlagern die Wahrnehmung der Mehrheitsgesellschaft zum Thema Islam und führen besonders innerhalb der europäischen Einwanderungsländer zu ansteigender gruppenbezogener Menschenfeindlichkeit und Islamophobie."[1065]

Tibi unterstützt auch das „Habilitationsprojekt" der Deutsch-Iranerin.[1066] Dabei zeigen seine Texte eigentlich an, dass er die unüberbrückbare Differenz von Existenzialontologie, antimodernem Ressentiment und Antisemitismus auf der einen und der *Dialektik der Aufklärung* oder der *Kritik der instrumentellen Vernunft* auf der anderen Seite kennt.

Er hat außerdem dieselbe Rede Khatamis, die seiner Schülerin als Vorbild für den ‚Kulturdialog' gilt, als Versagen attackiert und sich vom iranischen Mullah abgewendet. Schließlich sieht er im Begriff „Islamophobie" einen Trick der Islamisten und ein unwissenschaftliches, propagandistisches Wortgebilde. Ist dies nur eine Inkonsistenz von Tibi oder eine tiefere Verbundenheit mit Foroutan und anderen, die von „Islamophobie" reden?

Naika Foroutan betreibt das Geschäft der Gegenaufklärung; sie schmiegt sich an Islamisten und Antisemiten wie Khatami und an islamistische Kampfbegriffe wie „Islamophobie“ an und preist das Ganze als Projekt einer ‚hybriden', muslimisch-deutschen Identität. Das verkauft sich in Deutschland derzeit gut.[1067] „Heymat“ und Stolz – Nationalismus mit gutem Gewissen, hybrid, anti-israelisch, den Jihad verniedlichend, zeitgeistig.

7) Die Zukunft der Kritik

„Terrorismus hat nicht allein islamistische Wurzeln. Die Spirale der Gewalt kann auch mitten im so aufgeklärten Europa ihren Ausgang nehmen. (...) Es wäre unsinnig, aus islamfeindlichen Einträgen des Massenmörders von Oslo in Internetforen zu folgern, es führe eine direkte Linie von auch hierzulande verbreiteten obsessiv muslimfeindlichen – oft zugleich auch antisemitischen – Affekten zu terroristischer Aktivität. Die Gefahr aber, dass sich fanatische Randgruppen unter dem Vorwand der Angst vor der (Selbst-)Auslöschung des ‚christlichen Abendlandes' ihren islamistischen Antipoden – deren paranoiden Wahn sie in Wahrheit teilen – angleichen und ihre Methoden übernehmen könnten, ist nach dem Horror von Oslo nicht mehr von der Hand zu weisen."

RICHARD HERZINGER, 23.07.2011[1068]

7.1) Dialektik der Bildung

Islamwissenschaft und Antisemitismusforschung und viele ihrer repräsentativen Vertreterinnen und Vertreter in Deutschland zeigen an, wie problematisch diese Forschungsbereiche (nicht erst) seit dem 11. September 2001 sind. Viele der in dieser Studie analysierten Wissenschaftler geben sich ‚tolerant' oder ‚liberal'. Sie schweigen jedoch zu den intolerantesten und antiliberalsten Tendenzen in der arabischen und muslimischen Welt und den entsprechenden Communities in Europa und der westlichen Welt. Nicht wenige Forscher liebäugeln gar mit dem Islamismus, wie diese Studie quellengesättigt zeigt.

Bereits die Nationalsozialisten hatten ein Faible für solche antiliberale Tendenzen in der islamischen Welt und sahen durchaus Parallelen zwischen der deutschen Ideologie und jener in der arabischen und muslimischen Welt: die Hinwendung zu Gewalt, Führertum und (Volks-) Gemeinschaft, Authentizität und ‚nationaler Identität', wie auch zum Kampf gegen den Westen, gegen ‚Dekadenz' und die Juden.[1069]

Islamisten in Deutschland (wie auch in Europa und weltweit) promoten die Scharia, was in erster Linie für Musliminnen, aber auch für aufgeklärte Muslime eine Gewaltandrohung darstellt. Deutsche Islamforscher unterstützen die Islamisten gleichwohl, wenn sie behaupten, die Scharia sei mit der Demokratie vereinbar.

Die Debatte über den Islam in Deutschland spiegelt die neue deutsche Ideologie wider: Demokraten und Aufklärer werden als „Aufklärungsfundamentalisten" und „Hetzer mit Parallelen" diffamiert, während Islamisten Podien erhalten. Ähnlich irritierend sieht es in der Forschung aus – und dies ist ein kaum beachtetes Phänomen: Eher noch gefährlicher als Islamisten ohne Schulabschluss und Berufsausbildung oder ohne Abitur und Studium sind in Deutschland Islamisten mit Abitur oder Abschluss sowie deren Freunde, oft promovierte oder sogar habilitierte deutsche Islam- und Nahostforscher. Damit könnte sich ein Autor wie Thilo Sarrazin[1070] eventuell befassen, anstatt Ressentiments gegen ‚bildungsferne' Gruppen zu verbreiten und zudem stolz auf die ‚deutschen Tugenden' zu sein. Wozu die Deutschen mit ihren Sekundärtugenden und mit allerbester Ausbildung in der Lage sind, haben das 20. Jahrhundert und der Holocaust gezeigt.

Die Nationalsozialisten förderten die deutsch-islamischen Beziehungen, so gut sie konnten. Der *Nah- und Mittelostverein* (NUMOV) wurde 1934 gegründet und wird heute vom deutschen Establishment, angeführt von Altbundeskanzler Gerhard Schröder (SPD), repräsentiert (vgl. Kapitel 2.3).

Weite Teile der deutschen Antisemitismusforschung setzen den Antisemitismus mit der „Islamophobie" gleich (vgl. die Kapitel 1 und 5) und geben damit zum Beispiel türkischen Politikern wie dem Ministerpräsidenten Recep Tayyip Erdogan eine Steilvorlage. Erdogan sagte am 27. Februar 2011[1071] in Düsseldorf vor 10.000 Deutsch-Türken: „Islamophobie ist ein Verbrechen gegen die Menschlichkeit, genauso wie Antisemitismus."[1072] Er legte damit den antisemitischen Kern der gesamten Szene der Islam-Apologeten frei.

Antisemitismus war die Motivation der deutschen Mörder und ihrer Gehilfen im Holocaust. Den Islam und die Muslime als Opfer wie die Juden in Auschwitz, Babi Yar oder Treblinka zu betrachten, ist antisemitisch. Es ist eine Soft-core-Leugnung der Shoah und an Infamie nicht zu überbieten, da jeder Mensch weiß, dass Muslime in Deutschland weder erschossen noch vergast noch in ein KZ gesteckt werden. Erdogan kann sich auf die deutsche Islam- und die Antisemitismusforschung wie auch auf die Politik und das deutsche Feuilleton, von wenigen Ausnahmen abgesehen, verlassen: Sein antisemitischer Redeschwall schadet ihm nicht. Der Politologe und *Zeit*-Mitherausgeber Josef Joffe analysiert die Position des türkischen Ministerpräsidenten:

> „Gibt es hier eine ‚Antimuslimliga', die wie Wilhelm Marrs Antisemiten-Bund Petitionen gegen die rechtliche Gleichstellung von Türken verbreitet? Wer will Araber aus der Universität werfen, ihnen den Anwaltsberuf verwehren? ‚Muslime raus!'?

> Das Gegenteil ist richtig: ‚Rein mit ihnen!' – in die Kulturtechniken, die den Aufstieg verheißen, in die Schule, Uni und Staatsbürgerschaft."[1073]

Joffe hat Recht mit seiner Kritik am Gerede von der „Islamophobie". Die Situation ist allerdings eher *noch* ungemütlicher: Auch manche Muslime an den Universitäten verharmlosen den Holocaust, verbreiten das Unwort ‚Islamophobie' und indoktrinieren ihre Studenten (vgl. Kapitel 6). Nicht wenige meinen, die Geschichte und Ideologie, die zum Holocaust führte, gehe sie nichts an. Dabei ist die Shoah ein Zivilisationsbruch mit weltweiter Bedeutung, die Erinnerung an dieses Verbrechen an der Menschheit geht alle an.

Joffe versucht, eine seriöse Diskussion über Muslime in Deutschland anzufachen. Es steht hingegen zu befürchten, dass die Forschung längst den falschen, gegenaufklärerischen Weg eingeschlagen hat. Jedenfalls sind Muslime in den Sozial- und Geisteswissenschaften mitunter Propagandisten des „Islamophobie"-Vorwurfs, obschon sie gleichberechtigt sind und keinerlei Schwierigkeiten haben, einen Studienplatz oder eine Professur zu bekommen.

Wenn heute junge muslimische oder nichtmuslimische Erwachsene in Deutschland ihr Studium in Islamwissenschaft, Nahoststudien oder Geschichte (inklusive der Geschichte des Antisemitismus) beginnen, ist die Wahrscheinlichkeit gering, dass sie im Lehrangebot kritische Seminare zu Islamismus, muslimischem Terrorismus, Home-Grown-Terroristen, Antisemitismus im Islam, Israelfeindlichkeit und Antizionismus als Gefahren für den Weltfrieden oder über den Islamfaschismus des derzeitigen iranischen Regimes finden werden. Sicher könnten Studierende sich selbst für diese Fragestellungen interessieren, doch sie werden eher wenig Unterstützung finden bei den Lehrkräften und Dozenten, jedenfalls kaum bei den Dutzenden in dieser Studie untersuchten führenden und repräsentativen Islam-, Nahost- und Antisemitismusforschern in der Bundesrepublik Deutschland.

Wer hingegen den Islamismus unterstützen, die Shoah verharmlosen, westliche Kritik am Islamismus mit antisemitischen Islamisten und Jihadisten vergleichen und parallelisieren möchte, rennt an deutschen Universitäten offene Türen ein. Die deutsche Wirtschaft wie auch die deutsche Politik und Wissenschaft rekrutieren ihren Nachwuchs aus den Absolventen des deutschen Bildungssystems. Abitur und Hochschulabschlüsse sind die Basis für deutsch-iranische Wirtschaftsbeziehungen. Diplom-Ingenieure, Betriebs- und Volkswirtschaftler, Musiker, Theaterleute, Politiker, Philosophen, Theologen und viele andere kuscheln und kooperieren mit dem Iran. Daher ist die Forderung von Joffe, Muslime sollten die Chancen, die sich ihnen in Deutschland bieten, nutzen, unter den Bedingungen des real existierenden Wissenschaftsbetriebs gerade in den Bereichen Islam-, Nahost- und Antisemitismusforschung nicht unbedingt erfolgversprechend. Was bringen Abitur, ein B.A.- oder ein M.A.-Abschluss, eine Promotion oder ein Lehrstuhl, wenn die Inhalte, die vermittelt werden, Antizionismus, Islamismus, antiwestliche Ideologie, Scharia und mehr Religion heißen? Solange es in Deutschland keinen Konsens für Aufklärung und Kritik, gegen Antisemitismus und Antizionismus, Islamismus und Scharia gibt, ist es womöglich kontraproduktiv, mehr Bildung und eine stärkere Förderung bislang benachteiligter Gruppen zu fordern.

Ein islamistischer Gemüsehändler ohne Schulabschluss hätte kaum die Möglichkeit gehabt, eine hoch komplexe Terroraktion wie das Steuern eines Flugzeuges in einen Turm des *World Trade Center* in New York City zu planen und zu ‚meistern', wie es Mohammed Atta aus Hamburg am 11. September 2001 getan hat. Er könnte Schadenfreude empfunden haben an jenem schrecklichen Dienstag, aber er wäre kaum in der Lage gewesen, selbst ein Flugzeug zu fliegen und die Terroraktion penibel mitzuplanen.

Es braucht Aufklärung. Eine, die Bildung und Ausbildung auf die ihr immanenten Ideologeme hin befragt und Bildung nicht von vornherein als erstrebenswert deklariert. Der Islamismus ist deshalb gefährlich, weil er die technische Moderne akzeptiert und benutzt, während er die politische und kulturelle Moderne ablehnt und bekämpft. Ohne gut ausgebildete Islamisten, die Bomben bauen, Geldgeschäfte organisieren, Videos produzieren und Propaganda auch mit Hilfe ihrer Freundinnen und Freunde im Westen via Internet, Fernsehen, Radio, Moscheen, Flugblätter, Bücher, Broschüren, Zeitungen, Karikaturen, Graffiti, Aufkleber, Konferenzen, Demonstrationen und Mahnwachen verbreiten, wäre der Islamismus im 21. Jahrhundert nicht möglich.

Wir haben es mit einer Dialektik der Bildung zu tun; Bildung fungiert im Zeitalter des Islamismus als eine Art trojanisches Pferd.

7.2) Von der Islamwissenschaft zur Islamologie?

Bassam Tibi möchte als Politikwissenschaftler und ‚Islamologe' den Islam gesellschaftstheoretisch analysieren und nicht in philologischer Exegese und Affirmation stecken bleiben, wie es seiner Ansicht nach weite Teile der deutschen Islamwissenschaft tun. 1981 schrieb er:

> „In Europa ist es heute Mode geworden, Selbstanklagen zu formulieren und hierüber zu diskutieren. Antiinstitutionelle Attitüden und ökologische Romantik er-

setzen die stringente Gesellschaftskritik, die differenzieren helfen könnte. Der romantisch regredierende Protest gegen die skurrile Wachstumsideologie und deren inhumane Praxis übersieht, daß die bestehenden Institutionen in den entwickelten westlich-industriellen Gesellschaften erstmals in der Weltgeschichte eine Institutionalisierung der Menschenwürde durch die entsprechende Absicherung des Individuums gegenüber möglichen Angriffen von Staat und Kirche garantieren. Der Islam kennt keine Tradition autonomer Institutionen, die die Würde des Menschen schützen und auch keine der Toleranz gegenüber den Anders-Denkenden."[1074]

Tibi ging seinerzeit noch weitere Kernprobleme des Islamismus an:

> „Modernes Recht einer industrialisierten Gesellschaft muß in der Lage sein, industrielle Beziehungen zu regeln und auch zu formalisieren. Das islamische Recht, die Schari'a, enthält solche Formalisierungsansätze nicht (...). Bemerkenswert ist die Arbeit des westlich gebildeten, aber auf Arabisch publizierenden Juristen Subhi al-Salih, der auch apologetisch argumentiert, jedoch Lücken im islamischen Recht sieht, die auf dem Weg der Igtihad, also der selbständigen Rechtsfindung, überwunden werden könnten. Seine Lösung heißt: ‚Öffnung aller Tore für die Igtihad' und Verpönung der Taqlid, also der Unterwerfung unter die Autorität der Tradition. al-Salih pointiert, daß wir in einem wissenschaftlich-technischen Zeitalter leben, meint allerdings, daß die islamische Schari'a den Anforderungen dieses Zeitalters voll entspricht. Ich neige dazu, dies zu bestreiten."[1075]

Tibi kritisiert die geistige Trägheit der islamischen Welt und betont, im Zeitalter der Abbasiden (750–1258)

> „deuteten hellenisierte muslimische Philosophen die Welt rational, und Anhänger des Sufi-Islam erhoben sich gegen den Mißbrauch der Religion als Herrschaftslegitimität für die Obrigkeit."[1076]

Er spricht sich für eine Beibehaltung des Islam als Ethik aus, bei strikter Trennung von Staat und Religion, öffentlicher und privater Sphäre. Dabei betont Tibi die Bedeutung von Religion für sich selbst, er möchte den Islam durch Entpolitisierung ‚retten':

> „Diese Studie illustriert die Spannung zwischen der abendländischen und der muslimischen Kultur, in der der Autor lebt. Wissenschaft findet nicht außerhalb des Lebensbereiches der Individuen, die sie betreiben, statt. Als ein in Damaskus traditionell sozialisierter Muslim habe ich meine Lehrjahre in den Seminaren von Adorno und Horkheimer in Frankfurt verbracht und während der sechziger Jahre in der neo-marxistisch orientierten Protestbewegung meine muslimische Identität verdrängt. Dies hinderte mich jedoch nicht daran, mit den in Frankfurt erlernten Methoden der Ideologiekritik den Islam in meiner Dissertation über den Nationalismus und in meiner Habilitationsschrift über das Militär wissenschaftlich zu durchdringen. Dieses Buch nun dokumentiert meine eigene, allerdings nicht-defensiv-kulturelle Rückbesinnung und meine Erkenntnis, daß ich ein europäisch

> aufgeklärter kultureller Muslim bin. Für mich als einen Säkularisten ist der Islam eine Ethik und eine kulturelle Identität, aber keine religiöse Pflichtenlehre, die historisch gesehen stets in jeder Religion scholastiziert und zum Unterdrückungsinstrument wird.“[1077]

Heute fördert Tibi mit Forscherinnen wie Naika Foroutan eher die Totengräber(innen) der Islamologie, wenn die ‚hybride‘ Jungforscherin die Islamkritik im Jahr 2011 als „Islamophobie“ diffamiert (vgl. Kapitel 6).[1078]

Bassam Tibi ist – wie auch Irshan Manji, die bekannte lesbische Muslima aus Kanada, die eine moderne Koran-Übersetzung angefertigt hat[1079] – ein Beweis für die Existenz von moderaten Muslimen. Es gibt gläubige Muslime, die gegen die Scharia und alle anderen Elemente des Islamismus sind.

Dann aber kommen doch gewisse, begrenzte Zweifel bei Tibi, denn einige Arbeiten wie ein Band aus dem Jahr 2001 – *Einladung in die islamische Geschichte*[1080] –, zeigen einen anderen Tibi. Worum geht es?

Es sei noch einmal darauf hingewiesen, wie aggressiv deutsche Forscher bis heute mit Tibi umgehen: Seine Arbeiten werden entweder ignoriert, oder seine Leistungen auf dem Feld der Islamforschung und vor allem der Kritik des Islamismus werden diffamiert. Wie diese Studie dokumentiert, ist Tibi für viele Islamwissenschaftler in Deutschland und Österreich ein regelrechtes Feindbild.[1081]

Das darf jedoch kein Grund sein, nicht kritisch nachzuhaken. Im besagten Buch Tibis aus dem Jahr 2001 gibt es ein längeres Kapitel über die „Orientalismus-Debatte“[1082], und der Autor stellt sein Plädoyer für eine „Islamologie“ als Gegenmodell zur althergebrachten (deutschen) philologischen Islamwissenschaft vor.[1083] Er führt Edward Said wohlwollend ein[1084], nennt dessen Werk *Orientalism* von 1978 eine „Provokation!“, die gut tue, zitiert den Islamforscher Maxim Rodinson, der Said schon 1981 anpries, und bezieht sich auf eine Diskussionsveranstaltung der *Middle East Studies Association* (MESA), auf deren Jahrestagung 1998 in Chicago Tibi mit Said vor 2.000 Zuhörern diskutierte.[1085] Tibi bestärkt Said in dessen ‚Kritik‘ am Westen und in dessen Bild vom Orient; insbesondere ist der deutsche ‚Islamologe‘ der Ansicht, die Philologie müsse ihre Vorherrschaft bei der Beschäftigung mit dem Islam[1086] verlieren:

> „Said hat lange an seinem Buch gearbeitet und alle erforderlichen Quellen herangezogen bzw. wissenschaftlich ausgewertet. Sein Werk ist zudem ein literaturkritisches Buch über die Sichtweise der Orientalisten, also kein Buch über den Islam. Die Orientalisten, die Said anfechten, um eine Diskussion über den Orientalismus

> zu blockieren, verstehen als Philologen seine Literaturkritik nicht; sie konzentrieren sich darauf, dass er kein Islamkundler sei und ihre Handschriften nicht kenne. (...) Dennoch sind Mängel in Saids Islam-Wissen auch für sympathisierende Kollegen unübersehbar. Diese Schwäche beeinträchtigt jedoch seine Orientalismus-Kritik nicht im geringsten. Sein Beitrag bleibt sachlich unanfechtbar."[1087]

Edward Saids Buch *Orientalismus* ist für Tibi „sachlich unanfechtbar". Ein Blick in dieses Werk lehrt jedoch anderes: Das längste Kapitel, *Die jüngste Phase* (des Orientalismus), ist zugleich das letzte, die Studie kulminiert darin. Said kommt zum Kern seiner Ideologie, die Muslime der 1970er Jahre werden als die ‚neuen Juden' vorgestellt:

> „Nach dem Krieg von 1973 erschien der Araber jedoch durchweg etwas bedrohlicher. Karikaturen zeigten arabische Ölscheichs hinter auf vollen Touren laufenden Zapfsäulen; allerdings waren das eindeutig ‚Semiten': Die Hakennasen und das boshafte Grinsen ihrer schnauzbärtigen Gesichter sollten (ein weitgehend nichtsemitisches Publikum) unmissverständlich daran erinnern, wer da im Grunde für ‚unsere' Misere, in diesem Fall die Ölkrise, verantwortlich war. Die Übertragung des volkstümlichen Antisemitismus von einem jüdischen auf ein arabisches Opfer gelang mühelos, da es sich im Wesentlichen um den gleichen Typus handelte."[1088]

Edward Said setzt den Antisemitismus mit ‚anti-arabischen Ressentiments' gleich – die, wenn es sie denn gab, ursächlich den Unterschied aufwiesen, dass die Ölkrise von 1973 Realität war und die erdölproduzierenden Länder des Nahen Ostens ihre Macht über den Ölhahn ausspielten. Wenige Jahrzehnte nach dem Holocaust, bevor auch nur irgendwo auf der Welt (von Israel abgesehen) eine substanzielle, gesamtgesellschaftliche Erinnerung an die Shoah einsetzte (das geschah erstmals 1978/79 mit der TV-Serie *Holocaust*), benutzte Said die Ermordung von sechs Millionen Juden, um die Araber zu Opfern zu stilisieren. Es ist nicht weniger als eine Leugnung der Geschichte des Antisemitismus, wenn Araber als ‚die Juden von heute' betrachtet werden.

Die Derealisierung, die Entwirklichung des Spezifischen des Antisemitismus ist grundlegend für die gesamte Forschung[1089], die sich positiv auf Edward Said, den Vordenker des *Postorientalismus*, bezieht (vgl. Kapitel 1.7.6).

Schon 1969 sprach Said von einer gemeinsamen „semitischen Vergangenheit" und „Tragödie" und sah Araber *und* Juden als Opfer des „Westens": „[D]ie Juden im Zweiten Weltkrieg" und die „Araber in Palästina", die von der „Macht" des „vom Westen gestützten Zionismus" vertrieben worden seien, hätten gleichermaßen gelitten.[1090] Damit macht Said Juden zu Tätern. 1979 bezeichnete Said die amerikanische TV-Serie *Holocaust* als „Rechtfertigung für den Zionismus“[1091], 1999 sprach er sich für ein ‚multikulturelles‘ Reich in Anlehnung an das Osmanische Reich aus und hätte am liebsten gar keinen Staat Israel, schließlich könnten Juden als Minderheit im Nahen Osten leben.[1092] Die Said'sche Ideologie sollte Tibi zur Kenntnis nehmen, wenn er sich auf Said bezieht und sich mit ihm[1093] (wie zum Beispiel 1998) freundlich-kollegial vor tausenden Zuhörern unterhält, von den antiisraelischen Ideologemen in *Orientalismus*, die damit wie selbstverständlich affirmiert werden, ganz zu schweigen.

Auch Tibis positive Bezugnahme auf den französischen Orientalisten Maxime Rodinson sticht ins Auge:

> „Ohne Hemmungen kann sich Rodinson erlauben, einer der engagiertesten Kritiker Israels zu sein und somit reiht er sich in die Tradition des jüdischen Humanismus ein.“[1094]

Solche Zeilen publizierte Tibi im Jahr 2001, während der fürchterlichen zweiten *Intifada* der Palästinenser, mit so vielen Selbstmordattentaten gegen Israelis wie nie zuvor. Warum versteckt sich Tibi hinter einem Juden wie Rodinson und dem Codewort „Kritiker Israels“? Warum soll ein „Kritiker Israels“ ein Vertreter eines „jüdischen Humanismus“ sein? Maxime Rodinson war ein bekannter Antizionist, Robert Wistrich reihte ihn 2010 in die Liste der „Juden gegen Zion“ ein.[1095] Der britische Historiker David Cesarani schrieb 1990 über Rodinson, der ein antisemitisches Theaterstück in England, *Perdition*, zusammen mit einem Verteidiger des Holocaustleugners Robert Faurrison, Noam Chomsky, öffentlich unterstützte.[1096]

1984 publizierte Tibi einen Literaturbericht über die „*Orientalismus*-Debatte“ und schlug sich darin auf die Seite Saids.[1097] Darin analysiert er weder den Antisemitismus bei Said, noch unternimmt er eine kritische Untersuchung der antiisraelischen Invektiven seit den 1960er Jahren, die für *Orientalism* zentral sind; das ganze Buch ist, wie erwähnt, eine Attacke gegen Israel. Doch es kommt noch bemerkenswerter. Ohne jeden Beleg behauptet Tibi:

> „Said ist Professor in Columbia und lebt in New York, wo die anti-arabische Hetze und die Darstellung des arabo-muslimischen Menschen als eine ‚untermenschliche irrationale Kreatur‘ unangefochten dominiert.“[1098]

Da in New York bekanntermaßen viele Juden leben, ist diese Diffamierung von Seiten Tibis beachtlich. Amerikaner und Juden behandelten Araber und Muslime wie ‚Untermenschen‘: Amerika als Naziland also, 1984? Dem Einwanderungsland USA anzudichten, es betrachte einen Teil seiner Bevölkerung als ‚irrationale Untermenschen‘, ist ungeheuerlich. Der deutsch-syrische Politologe möchte offenbar bewusst Amerika nazifizieren, und das in einem Beitrag, in dem er sich hinter Edward Said stellt, und obwohl er in Vorträgen bis heute häufig betont, wie viel er Amerika verdanke.

2006 behauptete Tibi, er habe sich von „Said distanziert“[1099], womit er jedoch lediglich den Said nach 9/11 meint. Zum Kern der Ideologie von Said, dem Stilisieren von Arabern und Muslimen zu Semiten, und zu dessen Antizionismus bemerkt Tibi nichts. Vielmehr lobt Tibi den frühen Said weiterhin:

> „Der im Westen noch vor kurzem gefeierte (inzwischen verstorbene) Palästinenser Edward Said ist ein Christ und somit kein Islamist. Früher hat er eine wichtige und erforderliche Kritik im Rahmen der Orientalismus-Debatte initiiert, wenngleich diese sich später zu einer Gegenaufklärung entwickelt hat.“[1100]

Wie oben gezeigt, ist diese Aussage von Tibi falsch. Said hat von Anfang an eine postkoloniale, postorientalistische, Araber und Muslime zu den ‚neuen Juden‘ stilisierende, den Antisemitismus unterstützende und Israel attackierende Ideologie vertreten.

Noch 2009 sagte Tibi, der Ausgangspunkt von Said sei nachvollziehbar, eine richtige und wichtige Kritik des Orientalismus und westlichen Denkens. Problematisch seien lediglich die „Saidianer“, die Anhänger Saids also.[1101] Dabei müsste Tibi die Schriften Saids kennen. Die palästinensische Perspektive, der Antizionismus, stand stets im Zentrum der Publikationen von Said, jedenfalls seit 1969. Tibi ist Said gleichwohl verbunden, da dieser der Erste war, der ihn – 1972 – zu einem Vortrag in die USA einlud. Es ging um die „arabische Linke“.[1102] Zum oben analysierten Kern der Said'schen Ideologie und zu all diesen postkolonialen, postorientalistischen Ungeheuerlichkeiten und wissenschaftlichen Absurditäten aus der Feder Edward Saids sagte Tibi bis 2009 nichts; dafür lobte er jedoch den antiisraelischen Said-Anhänger Maxime Rodinson. Wie erwähnt hat sich Tibi zwar spät von Said distanziert, jedoch lediglich in eher kurzen Ausführungen, die zudem in krassem Widerspruch zu seinem langen, im selben Jahr (2001) veröffentlichten Pro-Said-Kapitel stehen.[1103]

Schließlich resümiert Tibi in seinem (zitierten und) 2009 erschienenen Buch sein wissenschaftliches Leben in Deutschland seit den 1960er Jahren auf bemerkenswerte Weise:

> „Niemand kann mir meine Gefühlen verweigern: Im Hinblick auf meine in Deutschland veröffentlichten Arbeiten wurde ich an das Vermächtnis der in Deutschland ermordeten Juden erinnert. Das ist ein niederschmetterndes Resultat meines Lebens in Deutschland, was ich hier in harten Worten zum Ausdruck bringe – Worte,

> die ausdrücken, wie fremd ein Muslim sich in dem Land fühlt, das ich einst liebte. Selbst jene Muslime in Europa, die mit meinen Ansichten zu einem Reformislam heftig in Widerspruch stehen, stimmen vollkommen mit mir überein, wenn ich die Art und Weise kritisiere, auf die wir von den Europäern in der Alten Welt behandelt werden."[1104]

Tibi stellt sich als Erbe der Ermordeten vor und macht sich als Muslim zum Juden. Die unschönen Attacken gegen ihn wie auch die Schließung seines Quasi-Fachbereichs „Islamologie" als Teil der *Internationalen Beziehungen* im Fach Politikwissenschaft an der *Universität Göttingen* setzt er in direkte Beziehung zur Shoah. Damit sekundiert er in der Tat seinem Vorbild Edward Said, der seit den 1960er Jahren die Muslime und Araber als Opfer Europas und der westlichen Welt herbeifantasierte.

Obwohl er der Seite der ‚Islamkritiker' zugerechnet wird, merkt Tibi nicht, in was für einer Welt wir seit 9/11 leben: Die Islamkritik wird attackiert und verfemt, Muslime werden von Islamwissenschaftlern, vom *Zentrum für Antisemitismusforschung*, vom Feuilleton und von ungezählten Jung- wie Altforschern unterschiedlicher Disziplinen als ‚neue Juden' halluziniert – und Tibi, der in der Tat in der Wissenschaft in Deutschland nicht wohlgelitten ist, macht dabei mit, nicht zuletzt durch seine Unterstützung von Naika Foroutan (vgl. Kapitel 6).

Das Besorgniserregende ist zudem seine Selbsteingemeindung in die Umma der Muslime; Tibi sieht sich primär als Muslim – und nicht als ganz normaler Mensch oder als Staatsbürger der Bundesrepublik, der er ist. Tibi wird von den Islamforschern deshalb attackiert, weil er die Scharia und den Islamismus kritisiert, Said ist dagegen einer der Superhelden dieser Forscher; da befindet sich Tibi also in schlechter Gesellschaft. Sollte ihn das nicht nachdenklich stimmen?

Tibi betont, er habe in den 1970er Jahren eine „Rückkehr zum Islam" erlebt und sich daran erinnert, wie er als Kind in Damaskus „anhand der Koran-Lektüre" „lesen und schreiben" lernte.[1105] Ist es erstrebenswert, schon als Kind derart fremdbestimmt zu werden und die ersten Schritte in die Welt (nach dem Laufenlernen) anhand eines religiösen Textes zu unternehmen – und nicht etwa aus Spaß und mit Hilfe eines x-beliebigen Textes, eines kinderfreundlichen obendrein?

Für einen Wissenschaftler darf es schlechterdings keine Rolle spielen, ob er oder sie gläubig ist oder nicht – und vor allem ist es für die Zuhörenden eine Zumutung, unaufhörlich damit konfrontiert zu werden, ob jemand gläubig ist oder nicht. Diesen Diskurs jedoch zwingen nicht wenige Muslime seit dem 11. September 2001 allen anderen Menschen auf.

Tibi kapituliert gegenüber diesen den Glauben ins Zentrum stellenden geistigen Pimpfen. Er beteiligt sich an Reden à la „Ich-als-gläubiger-Muslim". Gleichzeitig stilisiert er sich zu einem Opfer Europas, wie es auch die Islamisten und die Vertreter des die Islamkritik diffamierenden Mainstream-Diskurses in Deutschland tun.

Resümee

Weite Teile der deutschen Gesellschaft reagierten auf 9/11 mit einem „Sowas kommt von sowas." Wie diese Studie zeigte, tragen die Islam- und Nahostwissenschaften sowie die Antisemitismusforschung in Deutschland ihren akademischen Anteil am Generieren von Schadenfreude.

Islamwissenschaft, Nahostforschung und Antisemitismusforschung in Deutschland sind Teil der gegenwärtigen politischen Kultur und spiegeln gesellschaftliche Debatten wider. Nach dem 11. September 2001 haben Antiamerikanismus, Islamismus und die Feindschaft gegenüber dem jüdischen Staat Israel einen herausgehobenen Stellenwert für akademische, publizistische und sonstige tagesaktuelle Debatten. Wohl selten zuvor seit Gründung der Bundesrepublik gab es über mehrere Jahre hinweg ohne wesentliche Unterbrechung eine Auseinandersetzung über diese Themen in allen Bereichen der Gesellschaft.

Zusammenfassend seien der Übersichtlichkeit wegen fünf Gruppen von Forschern und Ideologen angeführt, die für die Studie von Bedeutung sind:

1) Analysierte und kritisierte Islamwissenschaftler (darunter Stefan Wild, Gudrun Krämer, Bettina Gräf, Achim Rohde, Rüdiger Lohlker, Michael Kiefer, Götz Nordbruch, Stefan Reichmuth, René Wildangel, Barbara Freyer-Stowasser, Peter Heine, Katajun Amirpur, Alexander Flores, Birgit Krawietz, Mathias Rohe, Birgit Schäbler, Stefan Weidner, Naika Foroutan (Sozialwissenschaftlerin, hat Islamwissenschaft studiert), Kai Hafez (Politologe, hat Islamwissenschaft studiert), Farid Hafez (Politologe, hat Islamwissenschaft studiert) und Muriel Asseburg (Politologin)).
2) Analysierte und kritisierte Antisemitismusforscher (darunter Wolfgang Benz, Werner Bergmann, Wilhelm Heitmeyer, Beate Küpper und Gideon Botsch).
3) Häufig als ‚moderat' vorgestellte arabische oder/und muslimische Autoren (Sadiq J. al-Azm, Hassan Hanafi, Saleh Bashir und Hazem Saghiyeh).
4) Weltweit bekannte Islamisten (darunter Yusuf al-Qaradawi, Mahmud Ahmadinejad, Hasan al-Banna, Mohammed Khatami, Abu al-Ala Maududi, Muhammad Amin al-Husaini und Osama Bin Ladin).

5) Theoretiker des Postorientalismus und Postkolonialismus (darunter Edward Said, Giorgio Agamben, Gil Anidjar, Jürgen Zimmerer, Henning Melber, Gurminder K. Bhambra und Mike Davis).

Diese Aufzählung macht deutlich, wie viele unterschiedliche Forschungsbereiche in diesem Buch angesprochen wurden. Jeder einzelne davon verdiente weit mehr Beachtung. Um nur einen Aspekt zu nennen: Es wird die Beziehung von Postorientalismus, Antisemitismus und Islamismus angedeutet; der Postorientalismus und der damit einhergehende Postkolonialismus sind an Universitäten derzeit gern gelehrte Ansätze, dabei wird jedoch kaum auf die diesen Theorien immanenten antisemitischen Tendenzen eingegangen. Der *Postorientalismus* im Sinne Saids basiert auf dem Antizionismus und ist grundlegend für die Stilisierung der Araber zu ‚Semiten' und den ‚neuen Juden' sowie für das Fantasiekonstrukt namens „Islamophobie". Der *Postkolonialismus* verharmlost den Holocaust, der in einer Kontinuität europäischer Verbrechen seit dem 15. Jahrhundert (Conquista) oder später gesehen wird.

Viele Tendenzen der Forschung stehen in einem engen Bezug zu den gesamtgesellschaftlichen Entwicklungen in Deutschland seit 9/11. Jürgen Habermas' „Europatümelei"[1106] gegen die USA fand im Jahr 2003 ihre Entsprechung in der ‚Friedensbewegung'. Antiamerikanische Ressentiments, Antizionismus und Antisemitismus sowie die rabiate Abwehr einer substanziellen Islamismuskritik sind en vogue. Islamisten erklären dem Westen unzweideutig den Krieg. Weite Teile der Gesellschaft jedoch, insbesondere ‚Linke' und ‚Liberale', reden lieber vom Frieden, den die Islamisten nicht wollen – jedenfalls nicht bevor die Welt unter der Herrschaft des Islam steht. Die Deutschen merken das nicht; sie fühlen sich wohl, immer im Einsatz für ‚Frieden' und eine ‚bessere Welt'.

Habermas – der als einer der großen *public intellectuals* der Bundesrepublik gilt und nach einer Umfrage des *Prospect Magazine* aus England und *Foreign Policy* aus USA im Jahr 2008 der einflussreichste deutsche Intellektuelle weltweit mit Platz 22 von 100 auf der dortigen Rangliste war – sekundiert der Islam- und Nahostwissenschaft auf seine Weise und macht die Rückkehr der Religion[1107], den Antiamerikanismus und die Isolierung Israels sowie das Verharmlosen der Gefahr des islamischen Jihad noch salonfähiger.

Die Islamwissenschaft wurde exemplarisch untersucht, da dieser Forschungszweig nach 9/11 eine besondere Bedeutung hat bzw. haben könnte. Kapitel eins und Teile der Kapitel zwei und drei analysierten die wichtigsten Veröffentlichungen zum Islamismus in der internationalen islamwissenschaftlichen Fachzeitschrift *Die Welt des Islams* von Ende 2001 bis 2010. Die Abwehr einer fundierten Analyse und Kritik des Islamismus ist kennzeichnend für die meisten Beiträge. Zudem wird die Scharia verteidigt (Stichworte sind das *Islamic banking*, das Kopftuch und die Fatwas) und Israel isoliert; die wenigen Islamismus-Kritiker werden diffamiert.

Der neueste Trend der Islamwissenschaft ist die Konstruktion eines doppelten Opfers des verhassten Europas: Juden und Muslime seien als „Orientalen" gleichermaßen seit dem Mittelalter verfolgt worden. Dieser Leugnung der Spezifik des antisemitischen Ressentiments wurde in mehreren Kapiteln nachgegangen. Beispiele aus der Geschichte des Antisemitismus im Deutschen Kaiserreich, in der Weimarer Republik, während des Nationalsozialismus und in anderen Epochen unterstrichen hingegen die Relevanz des Antisemitismus in Deutschland. Sie belegen die Unwissenschaftlichkeit der Thesen einer gleichwertigen Feindschaft der Deutschen gegenüber Juden sowie Türken, Arabern und Muslimen.

Die deutsche Nation hat sich gegen die Juden und nicht gegen die Muslime konstituiert. Eher waren Muslime die Verbündeten der Deutschen, wie beim Ausrufen des Jihad im Ersten Weltkrieg und bei der Kooperation des Großmufti von Jerusalem, Muhammad Amin al-Husaini, mit den Nationalsozialisten im SS-Staat 1933–1945. Zudem boten die Deutschen (nicht zuletzt die vormaligen Nationalsozialisten) dem Islamismus nach 1945 in der Bundesrepublik eine staatlich unterstützte Infrastruktur, während die DDR einem Antizionismus sowjetischen Stils frönte und antiisraelische Terrorgruppen unterstützte.

Erst im Jahr 2004 publizierte *Die Welt des Islams* einen Text zum 11. September, mit dem sie zudem keine Kritik des islamistischen Antisemitismus und Antiamerikanismus versuchte, aber „Schadenfreude" ausbreitete und rationalisierte.

Im weiteren Verlauf der Studie (Kapitel 2 und 3) wurden mehrere zentrale Figuren des Islamismus und deren heutige Rezeption in der Forschung untersucht. Während vom Islamismus entweder geschwiegen oder er abgewiegelt wird, wird Kritik immer häufiger als „Aufklärungsfundamentalismus" bezeichnet, obschon dieses Wort einen Widerspruch in sich darstellt, eine *contradictio in adjecto*. In Zeiten bis dato nicht gekannter islamistischer Massenmorde wie in New York City, London, Madrid, Bali, Mumbai, Israel, Irak, Afghanistan, Pakistan etc. warnen Islamwissenschaftler vor einem „Alarmismus“. Das kann nicht unwidersprochen bleiben.

Sodann wurde am Beispiel der Soziologin und Publizistin Necla Kelek (Kapitel 4) eine Kritik am Islam und Islamismus vorgestellt, die in vielfältiger Weise anregend sein könnte für vertiefte wissenschaftliche Forschungen. Bis heute wenig diskutiert ist der von dem Journalisten Ian Johnson sowie dem Historiker Stefan Meining und anderen erforschte ‚Beitrag‘ ehemaliger Imame und Muslime aus der Zeit des Nationalsozialismus für die Etablierung des Islamismus nach 1945.

Keleks Bemühungen um eine *Entschleierung* der Gesellschaft sind bedeutsam und können helfen, moderaten Musliminnen bzw. in muslimischen Familien eingezwängten Mädchen und Frauen eine verstärkte Präsenz in der Öffentlichkeit zu ermöglichen und private familiäre Gewaltverhältnisse aufzulösen oder wenigstens abzuschwächen.

Im fünften Kapitel wurde das Ende seriöser Antisemitismusforschung festgestellt. Die allgegenwärtige Rede von der „Islamophobie“, die so etwas wie Antisemitismus gegenüber Muslimen sei, oder die geplante Einrichtung von Studiengängen zu „Antisemitismus- und Vorurteilsforschung“ wie an der *Technischen Universität Berlin* zeigen dieses Ende an. Darüber hinaus spricht einer der oft zitierten Antisemitismusforscher, Wolfgang Benz, zwar gerne über „Islamophobie“; zur konkreten Geschichte seines Nazi-Doktorvaters Karl Bosl, zu dessen Seilschaften zu anderen Altnazis nach 1945 und zu Bosls antisemitischen Texten noch in den 1960er Jahren jedoch schweigt er. Ähnlich merkwürdig wie die Rede von der „Islamophobie“ ist das Konstrukt „gruppenbezogene Menschenfeindlichkeit“, demzufolge Antisemitismus auf einer Ebene anzusiedeln ist mit Kritik am Islamismus („Islamophobie“), mit der Diskriminierung von Frauen, Obdachlosen, Langzeitarbeitslosen und anderen vermeintlich oder tatsächlich benachteiligten Gruppen. Diese Banalisierung des Antisemitismus ist unter alten wie jungen Forschern sehr beliebt und findet auch in der Politik ein Echo.

Kapitel sechs beleuchtete einen aktuellen Hype der jungen Wissenschaft: ‚hybride‘ Identitäten von Muslimen in Deutschland. Kennzeichnend ist dabei ein Plädoyer für mehr Identität und Stolz auf Deutschland (ohne die Geschichte des Islamismus und seine Nähe zum Nationalsozialismus anzusprechen), ein aggressives Abwehren von Islamismuskritik sowie damit einhergehend die Fantasie von den Muslimen als den ‚neuen Juden'.

Kapitel sieben untersuchte die Dialektik der Bildung. Mehr Bildung wird allerorten gefordert, doch jene, die ‚es geschafft haben' – die Forscherinnen und Forscher mit Hochschulabschlüssen weltweit und guten Zeugnissen –, indizieren nur die Hilflosigkeit des Systems. Es geht um die *Inhalte* von Bildung; die Forderung „Mehr Kinder von den Klugen" kann nach der (für diese Studie unternommenen) Lektüre hunderter Bücher und Artikel deutscher (und anderer) Islam-, Nahost- und Antisemitismusforscher auch als Drohung aufgefasst werden.

Zudem ging es im siebten Kapitel um den Ansatz von Bassam Tibi, die Islamismuskritik oder die Forschungsrichtung einer „Islamologie" zu etablieren; selbst hier bleiben am Ende Fragezeichen, die viel mit Israel, dem Muslim-Sein und Edward Said zu tun haben.

Mehrfach wurde in dieser Studie auf die Bedeutung des Antizionismus als neuester Form des Antisemitismus abgehoben.

Viele der untersuchten Forscherinnen und Forscher sind an Universitäten oder Forschungseinrichtungen angestellt oder/und als bekannte Publizisten sowie Interviewpartner Teil des islam- und nahostwissenschaftlichen Mainstreams. Insofern beansprucht diese Studie, eine repräsentative Kritik der Islamwissenschaft in Deutschland nach dem 11. September zu sein.

Es gibt öffentliche Aufrufe zum Judenmord wie zum Beispiel durch das iranische Regime, die Hamas, die Hizballah und viele anderen Organisationen oder von Muftis wie Yusuf al-Qaradawi. Der weltweit quantitativ wie qualitativ neue Antisemitismus seit der zweiten *Intifada* und vor allem seit dem 11. September 2001 hätte die Islam- und Nahostwissenschaften sowie die Antisemitismusforschung veranlassen müssen, die Kritik des islamischen Jihad, des muslimischen Antisemitismus und anderer Facetten des Islamismus auf die Tagesordnung zu setzen.

Geschehen ist bislang jedoch das Gegenteil: Die Kritik am Jihad wird marginalisiert, der Antizionismus produziert und toleriert, Israel isoliert und eine Einflussnahme von Islamisten im Westen willentlich hingenommen oder in Erwägung gezogen (Stichwort: Scharia als Teil des Rechtssystems in USA, England, Deutschland und anderen Staaten). Das iranische Regime baut an Atomwaffen, droht Israel mit der Vernichtung, deutsche Politiker hofieren iranische Parlamentarier und die deutsch-iranischen Wirtschaftsbeziehungen blühen.

Und selbst wenn die untersuchten Islamwissenschaftler den Antisemitismus analysieren, dann nur, um ihn klein zu reden oder um ihn mit der „Islamophobie" kurzzuschließen und in seiner genozidalen Spezifik zu leugnen. Der *antizionistische* Antisemitismus wird von vielen führenden deutschen Islam-, Nahost- und Antisemitismusforschern nicht analysiert und kritisiert, vielmehr unterstützt.

Eine wissenschaftliche Untersuchung anderer Wissenschaftszweige und der sonstigen Publizistik sowie der politischen Kultur seit dem 11. September in der Bundesrepublik in Bezug auf Israel, Amerika, den islamistischen Terrorismus und den Islamismus insgesamt könnte in Zukunft die Abgründe deutscher Zustände im frühen 21. Jahrhundert weiter beleuchten.

Die Forschung tendiert seit Jahren dazu, die Shoah mit anderen Verbrechen in eine direkte Beziehung zu setzen und jedwede Spezifik des eliminatorischen Antisemitismus, der zum Holocaust führte, zu negieren.

Das postkolonialistische und poststrukturalistische Paradigma setzt Kolonialismus und ‚Faschismus' (Nationalsozialismus) gleich und leugnet damit die Sinnlosigkeit der Shoah. Ausbeutung, Sklaverei und Imperialismus sind kategorial verschieden vom Antisemitismus, der nicht dem Nützlichkeits- oder Cui-bono-Prinzip folgt, sondern irrational ist.

Die Verschiebung des Schwerpunktes des Antisemitismus nach 1945 von Deutschland und Europa in den Nahen Osten und die muslimische Welt wird in Deutschland nur von wenigen Forschern wahrgenommen. Viele fühlen sich bereits als links oder liberal, wenn sie nur proklamieren, gegen (Neo-)Nazis zu sein. Die gleichen selbst ernannten Antifaschisten haben jedoch oft keine Probleme mit der Kooperation des Großmufti von Jerusalem mit den Nationalsozialisten oder heutigen antisemitischen Ressentiments von Muslimen weltweit, insbesondere mit jenen judenfeindlichen Ressentiments, die von Regimes wie dem iranischen und von Terrororganisationen wie der Hamas und der Hezballah sowie von Seiten führender Prediger, Gegenintellektueller und theoretischer Vordenker des Islamismus propagiert werden.

Die narzisstische Kränkung durch den Tod Hitlers 1945 haben viele Deutsche nie be- oder verarbeitet. Bis heute sind Filme wie *Der Untergang* sowie stundenlange ‚Dokumentationen' über Erlebnisse von Hitlers Sekretärin oder anderen Vertrauten beliebte Fernsehsendungen. Es gibt durchaus eine Beziehung zu Bin Ladin, der nur als Symbol für den Islamismus und die deutsche Beziehung zu ihm steht.

Diese wissenschaftliche Studie über die deutsche Islamwissenschaft und die Antisemitismusforschung nach 9/11 bekam unerwartet einen weiteren Beweis für ihre Befunde: Der Tod Osama Bin Ladins wurde von der ARD, *Spiegel Online*, der FAZ, den Grünen, der evangelischen wie der katholischen Kirche, allzu deutschen Richtervereinigungen und 64% der Deutschen (laut einer repräsentativen Umfrage) keineswegs freudig begrüßt[1108], sondern eher betrauert. Die antiamerikanische Agitation, die unmittelbar nach der Tötung Bin Ladins durch die amerikanische Armee in Pakistan am 2. Mai 2011 durch alle deutschen Fernsehkanäle, Zeitungen, Radiostationen, Büroflure und Häuserschluchten sich wie eine ätzende Säure Bahn brach, ist der vorläufige Kulminationspunkt der deutsch-islamischen Liebesgeschichte seit dem 11. September 2001 – genau genommen sogar schon seit 1898, als sich Kaiser Wilhelm II. zum Schutzherrn über 300 Millionen Muslime erklärte.

Vor diesem Hintergrund überraschen die Reaktionen über den Tod Bin Ladins nicht. Die meisten ach so friedfertigen Deutschen – vor allem Wissenschaftler in den Geistes- und Sozialwissenschaften, Journalisten, Aktivisten, Politiker und bekannte Figuren des Establishments – haben weder aus der militärischen Niederschlagung des Nationalsozialismus noch aus der Beendigung des Holocaust durch die Rote Armee und die Armeen der Engländer, Amerikaner und Franzosen gelernt, dass ohne Krieg ein Regime wie der Nationalsozialismus niemals zu besiegen ist. Sie haben auch nicht aus dem 11. September 2001 gelernt, dass der *Islamic Jihad* dem Westen den Krieg erklärt hat und Islamisten nur militärisch und politisch besiegt, aber nicht per E-Mail, Anruf oder Brief zu einem ‚Beratungsgespräch über Sinn und Unsinn von Gewalt im Zeitalter globaler Interdependenz' eingeladen werden können.

Die Theorien von Postorientalismus und Postkolonialismus sind der letzte Schrei an den Universitäten, was nachdrücklich beweist, dass die Theoriebildung der Wirklichkeit um Jahrzehnte hinterherhinkt. Der Islamismus hat mit der Gründung der Muslimbrüder durch Hasan al-Banna 1928 in Ägypten ein erstes großes Etappenziel erreicht. Seither haben sich die Theorie und die Praxis des Islamismus nur unwesentlich verändert. Es gab in den 1930er Jahren noch keine Mobiltelefone, kein Internet und keine Videos, die Extremisten online aufwiegeln konnten. Ein Kernpunkt des Islamismus ist hingegen seit damals gleich geblieben: Islamisten lieben den Tod und verachten den Westen, alle „Ungläubigen" und die freie Welt dafür, das Leben zu lieben.

Die Islamwissenschaft in Deutschland hat sich mit diesem Grundtheorem zu keinem Zeitpunkt intensiv und kritisch befasst; eher werden bis heute ehrfürchtige, lobpreisende und einfühlsame Bücher, Artikel und Studien zu einem der Begründer dieses todessehnsüchtigen Jihad-Konzepts, Hasan al-Banna, verfasst, wie von Gudrun Krämer, einer führenden deutschen Islamwissenschaftlerin an der *Freien Universität Berlin*.

Dafür sind die Deutschen eifrig dabei, Muslime zu den ‚Juden von heute' zu stilisieren. Die Forschung spielt dabei eine entscheidende Rolle. Das *Zentrum für Antisemitismusforschung* (ZfA) an der *Technischen Universität Berlin* unter der Leitung von Wolfgang Benz (der bis Frühjahr 2011 amtierte) spricht von ganz ähnlichen „Feindbildern" – *Feindbild Muslim – Feindbild Jude,* wie die folgenreiche Konferenz vom Dezember 2008 hieß. Damit verharmlost und banalisiert das ZfA nicht nur die Geschichte des Antisemitismus bis zum Holocaust, es verleugnet auch die weltpolitisch akute Gefahr des Islamismus, des muslimischen und arabischen Antisemitismus sowie des islamistischen Terrorismus.

Schließlich wird an der dritten großen Berliner Hochschule, der *Humboldt-Universität zu Berlin*, ein ‚hybrides' Projekt über die ‚Identität' von Muslimen im heutigen Deutschland unter der Leitung der Protagonistin Naika Foroutan durchgeführt. Sie wendet sich aggressiv gegen Kritik am Islamismus und redet wie das ZfA und viele andere von „Islamophobie".

Noch einmal: Was hat es also mit den „Klugen" auf sich? Jene, die in der Öffentlichkeit als „Islamkritiker" wahrgenommen werden, sind mitunter tatsächlich zu kritisieren – allerdings auf ganz andere Weise, als es sich angepasste, den Islamismus umarmende und den Antisemitismus minimierende oder hofierende Feuilletonisten und Wissenschaftler wünschen. Eines der am meisten verkauften Sachbücher in Deutschland seit Jahrzehnten plädiert im Jahr 2010 für „mehr Kinder von den Klugen".[1109] In dieser Studie ging es um diese ‚Klugen' – denn sie sind es, die oft ein Problem darstellen, wenn es um die Analyse und Kritik des Islamismus, des Antiamerikanismus, der Schadenfreude am und nach dem 11. September sowie des Antisemitismus geht. Diese Studie beschäftigte sich intensiv mit deutschen Islamwissenschaftlern und Antisemitismusforschern, mit Historikern und Nahostforschern; die meisten der untersuchten Forscher würden von vielen Beobachtern vermutlich als ‚klug' oder ‚gebildet' bezeichnet werden. Viele haben promoviert, manche sogar habilitiert.

Es liegt nicht an der Bildung, an Abschlüssen oder zu späten Karrieresprüngen, wie es der ‚Bologna-Prozess' Studierenden weismachen möchte. Viele Studierende der Islamwissenschaft, Orientalistik und Nahostforschung, der *Area Studies* und der *Global History*, der Politikwissenschaft, Amerikanistik, Religionswissenschaft, Literaturwissenschaft und Soziologie, der Geschichte, Geografie, Psychologie, Philosophie oder der Geschichte und Gegenwart des Antisemitismus werden in einem langen Studium oft ähnliche islamistische, antizionistische, den Holocaust verharmlosende, antiamerikanische oder antiwestliche, kulturrelativistische Ideologeme lernen wie in einem verkürzten B.A.- und M.A.-Studium (und später als Doktorand, Post-Doc etc.). Es gibt Ausnahmen, also Einzelgängerinnen oder Skeptiker, die einen eigenen Kopf haben und ihn benutzen – leicht haben es diese Studierenden jedoch nicht.

Es muss eine inhaltliche Diskussion darüber beginnen, was deutsche Forscher in den genannten Bereichen tagein, tagaus tun, welche *Inhalte* sie lehren und welche Bücher und Beiträge sie publizieren.

Es geht darum, die von der Gesellschaft als die ‚Klugen' Herausgehobenen zu hinter-fragen. Der Historiker und Antisemitismusforscher Robert Wistrich hat im August 2009 das Phänomen der Klugen, Gebildeten, Wissenschaftler und Eliten in einem Vortrag in Montréal analysiert. Mit seinen Worten möchte ich diese Studie beenden:

> „George Orwell sagte, es gebe manche Sachen, für die nur ein Intellektueller dumm genug sei, um sie zu glauben. Und wenn ich mich umschaue, was in letzter Zeit im intellektuellen Diskurs alles durchgeht, in den Medien, an den Universitäten, unter den Eliten unserer Gesellschaften im Westen, muss ich festhalten, dass ich verstehe, was Orwell meinte.
>
> Lassen Sie es mich so sagen: Wenn wir uns die Situation an den Universitäten anschauen, was eine sehr ernste Angelegenheit ist, denke ich, wir müssen uns erinnern, dass in der Geschichte des Antisemitismus Intellektuelle, sowohl in der vormodernen als auch in der modernen Gesellschaft, eine führende Rolle im Formulieren, Artikulieren, Kommunizieren und Propagieren der Ideologien von Judenhass hatten. Es ist ernüchternd für diejenigen, die irgendwie naiv glauben,

dass Erziehung die Antwort zu all unseren Problemen sei. Sie ist es und sie ist es nicht. Es ist nicht genug.

Einige der am besten gebildeten Schichten in westlichen Gesellschaften, zum Beispiel der Klerus im Mittelalter, waren die Hauptpropagandisten von christlichem Antijudaismus und, in der Tat, von Antisemitismus. Und wenn wir uns die Aufklärung anschauen, sollten wir nicht so naiv sein zu denken, dass Aufklärung an und für sich die Probleme, mit denen wir es in Bezug auf den Antisemitismus zu tun haben, lösen wird. (...)

Intellektuelle erfanden den modernen Antisemitismus, sie waren seine Pioniere. Deshalb sollten wir uns besonders darum kümmern und besonders wachsam sein, auf welche Weise die gegenwärtigen Intellektuellen zu neuem und modernerem, oder auch in einigen Fällen postmodernem, Antisemitismus beitragen."[1110]

Anhang

Endnoten

[1] Henryk M. Broder (2011b): Abschied vom Club der toten Seelen, *Die Welt*, 31.05.2011, http://www.welt.de/print/die_welt/kultur/article13404290/Abschied-vom-Club-der-toten-Seelen.html (31.05.2011).

[2] Darüber berichtete Jean Améry, der bereits 1969 vom „ehrbaren Antisemitismus" und 1976 von einem „neuen Antisemitismus" – dem Antizionismus – sprach, vgl. Jean Améry (1969): Der ehrbare Antisemitismus. Die Barrikade vereint mit dem Spießer-Stammtisch gegen den Staat der Juden, *Die Zeit*, 25.07.1969, ebenso in: Ders. (1971): Widersprüche, Stuttgart: Ernst Klett Verlag, 242–249; Jean Améry (1976): Der neue Antisemitismus, *Tribüne. Zeitschrift zum Verständnis des Judentums*, 15. Jg., Heft 59, 7010–7014, 7012. „Die Linke aber ganz offensichtlich schaut wie gebannt auf die tapferen palästinensischen Partisanen, die freilich ärmer sind als die Männer Moshe Dayans. Sie sieht nicht, dass trotz Rothschild und einem wohlhabenden amerikanisch-jüdischen Mittelstand der Jude immer noch schlechter dran ist als Frantz Fanons Kolonisierter, sieht das so wenig wie das Phänomen des antiimperialistischen jüdischen Freiheitskampfes, der gegen England ausgefochten wurde" (Améry 1969). Seitenzahlen werden in dieser Studie immer ohne Kürzel angegeben, eine mögliche zweite Seitenangabe bezieht sich auf die soeben zitierte Seite. Im obigen Beispiel bei Améry bedeutet das: „7010–7014" begrenzt den gesamten Artikel, während „7012" anzeigt, dass an dieser Stelle von Seite 7012 zitiert wird. In manchen Fällen können Zitate auch mehreren aufeinander folgenden Seiten entstammen, sodass sich Zahlenkombinationen wie 68–81, 77–79 ergeben können.

[3] Dan Diner (1993a): „USA–SA–SS": Bundesrepublikanische Verschiebungen, in: Ders. (1993): Verkehrte Welten. Antiamerikanismus in Deutschland. Ein historischer Essay, Frankfurt am Main: Eichborn, 117–167.

[4] Ich war ein Augenzeuge dieser Szenerie und habe darüber 2010 in der internationalen Zeitschrift *Journal for the Study of Antisemitism* geschrieben, welche 2009 in USA gegründet wurde; die übersetzte Passage lautet: „Da ich von dieser Demonstration gehört hatte, bereitete ich hunderte Flugblätter vor, unter anderem mit Slogans wie ‚Hinter dem Ruf nach Frieden verschanzen sich die Mörder' oder ‚Ihr ignoriert die Gefahr des Islamic Jihad'. Alleine habe ich dann diese Flugblätter auf die Demonstration geworfen" (Clemens Heni (2010e): German Ideology: Understanding Ahasver, Mammon, and Moloch, *Journal for the Study of Antisemitism*, Vol. 2, No. 1, 49–87, 77, Anm. 106, http://www.jsantisemitism.org/pdf/jsa_2-1.pdf (11.03.2011)).

[5] Neil J. Kressel/Adam Brodsky (1992): Multiculturalism and Sensitivity on Campus, *Midstream*, December 1992, 26–29, Zitate von den Seiten 27, 28 und 29, Übersetzung des Verfassers; Neil ist Professor für Psychologie an der *William Paterson University* in New Jersey; er hat mich bei einem unserer Treffen auf seinen Text von 1992 hingewiesen, herzlichen Dank, Neil! Mehr Informationen finden sich auf seiner Homepage http://aboutextremism.com (18.02.2011). Zum Gedenken an die Opfer des 11. September hat Neil ein Bild der Skyline von New York City inklusive der Twin Towers (World Trade Center) auf seine Homepage gestellt. Seine Schwägerin, Mathi Fuchs, war am 11. September 2001 im World Trade Center (Südturm) bei der Arbeit und hat überlebt. Sie war im 36. Stockwerk, als es einen Feueralarm gab. Sofort ging sie über das Treppenhaus hinunter und hörte somit nicht mehr das Dementi des Alarms, da es zu diesem Zeitpunkt noch kein Feuer in diesem Gebäude gab. Wenig später sah sie dann von der Straße aus den Einschlag des Flugzeugs in ihren Südtower des WTC. Viele ihrer Kolleginnen und Kollegen waren wieder zurück am Arbeitsplatz (auf unterschiedlichen Stockwerken) und wurden durch den islamistischen Angriff ermordet. Herzlichen Dank für diese Auskünfte an Adam Brodsky.

Allgemeiner Hinweis zur Zitierweise in dieser Studie: In den *Endnoten* stehen mitunter bei Literaturangaben zwei Jahreszahlen. Das ist manchmal von Bedeutung, da es wenig erkenntnisreich ist, zum Beispiel die *Dialektik der Aufklärung* von Max Horkheimer und Theodor W. Adorno als ein Buch des Jahres 1998 anzugeben – schließlich wurde es 1947 erstmals (in einem Amsterdamer Verlag) publiziert (jedoch schon im Mai 1944 in Kalifornien abgeschlossen, bis 1947 wurde lediglich der Text etwas überarbeitet und es kam die letzte und siebte These zu den „Elementen des Antisemitismus" hinzu). In dieser

Studie zitiere ich dieses Werk zwar nach einer Ausgabe von 1998, aber bei der Erstnennung und im Literaturverzeichnis wird klar ersichtlich, dass die Studie erstmals 1947 publiziert wurde; ähnlich verhält es sich mit einigen anderen Werken. Daher ist die Jahreszahl der Erstpublikation eines Werkes (oder der Entstehungszeit) grundsätzlich von Bedeutung. Die erste Zahl zeigt das Jahr der Erstpublikation (oder der Entstehung eines Textes) an, die zweite das Jahr der Veröffentlichung der herangezogenen Ausgabe, was entweder eine Erstauflage, eine weitere Auflage des Buches oder eine Übersetzung sein kann. Bei nochmaliger Erwähnung wird immer die zweite Jahreszahl genannt. Texte von Homepages aus dem Internet, die nicht als *Artikel* eines Autors bzw. einer Autorin im Literaturverzeichnis aufgeführt sind, werden unter dem *Uniform Resource Locator* (URL) im Literatur- und Quellenverzeichnis in alphabetischer Reihenfolge gelistet. Das Datum in Klammern nach einer URL (z.B. http://aboutextremism.com/ (18.02.2011)) zeigt deren letztes Aufrufen durch den Verfasser an. Im Folgenden werden englische Zitate (bis auf leicht verständliche Ausdrücke oder einzelne Wörter) im Haupttext immer übersetzt (was in der jeweiligen Endnote dann meist mit „Übersetzung d.V." gekennzeichnet wird), während in den Endnoten englische Zitate meistens im Original zitiert werden. Noch ein Wort zum Stil und zur Methodik: In dieser Studie wird aus Gründen der Lesbarkeit und nicht aus patriarchaler Ignoranz bei Personen zumeist nur die männliche Form benutzt. Zudem werden Autoren mitunter ausführlich zitiert, damit sich Interessierte das Material im Original anschauen und ggf. weitere Stellen in der angegebenen Literatur besser auswählen können. Bei den näher untersuchten deutschen und österreichischen Islam- und Nahostforschern sowie Antisemitismusforschern (vgl. die Liste im Resümee unter 1. und 2.) wird meistens bei der ersten Erwähnung ein kurzer Hinweis auf das Alter (wenn möglich), den Beruf und die gegenwärtige Position gegeben.

[6] Siehe die Rede des US-Präsidenten Barack Obamas in Kairo am 4. Juni 2009, „On a New Beginning". Er erwähnt darin zwar den Holocaust und lehnt antiisraelische Agitation vordergründig ab (ohne zu sagen, *wer* denn konkret in der arabischen und muslimischen Welt antisemitische Texte, Predigten, Slogans etc. produziert, hält, verbreitet und propagiert), um jedoch im nächsten Absatz mit der Floskel „auf der anderen Seite" fortzufahren und die Palästinenser *genauso* als Opfer der Geschichte darzustellen. Palästinenser werden als Flüchtlinge erwähnt, ohne dass der US-Präsident die Frage streifen würde, welche Interessen manche arabische Staaten oder Regierungen bzw. Machthaber haben, Palästinenser seit Jahrzehnten gezielt in einem Flüchtlingsstatus zu belassen und auch Kinder und Kindeskinder als „Flüchtlinge" zu definieren. Wie viele Islam- und Nahostforscher erliegt auch der Politiker Obama dem Fehlschluss, eine Lösung des israelisch-palästinensischen Konflikts sei der Schlüssel zum Frieden im Nahen Osten. So einfach ist die Welt nicht, wie diese Studie und die Kritik der arabischen wie islamistischen Ideologie sowie ihrer westlichen, wissenschaftlichen ‚Begleiter' zu zeigen versuchen. Ebenso erwähnt Obama in seiner Rede lediglich den „europäischen Antisemitismus" bis zum Holocaust, während er zum gegenwärtigen islamischen und arabischen Antisemitismus schweigt – das sind einige Kritikpunkte an dieser insgesamt problematischen Rede; Barack Obama (2009): Remarks by the President. On a New Beginning, Cairo University, Cairo, Egypt, 4. Juni 2009, http://www.whitehouse.gov/the-press-office/remarks-president-cairo-university-6-04-09 (20.05.2011).

[7] Barack Obama (2011): Transcript: Obama Announces the Killing of Bin Laden, 01.05.2011, http://www.foxnews.com/politics/2011/05/02/transcript-obama-announces-killing-bin-laden/#ixzz1LBvx0AA5 (02.05.2011); „As we do, we must also reaffirm that the United States is not and will never be at war with Islam. I have made clear, just as President Bush did shortly after 9/11, that our war is not against Islam; bin Laden was not a Muslim leader. He was a mass murderer of Muslims. Indeed al Qaeda has slaughtered scores of Muslims in many countries including our own." Obama redet so, als seien die USA ein muslimisches Land, es ist völlig unklar, was und wen er mit der „großen Anzahl" („scores") von *in den USA* getöteten Muslimen meint.

[8] „Hamas condemns killing of ‚holy warrior' bin Laden", *ynetnews.com*, 02.05.2011, http://www.ynetnews.com/articles/0,7340,L-4063399,00.html (02.05.2011).

[9] „Pressestatement von Bundeskanzlerin Angela Merkel zur Tötung von Osama bin Laden", 02.05.2011, http://www.bundesregierung.de/Content/DE/Mitschrift/Pressekonferenzen/2011/05/2011-05-02-merkel-osama-bin-laden.html (04.05.2011).

[10] „Die demonstrative Freude von Bundeskanzlerin Angela Merkel über die Tötung von Al-Kaida-Chef Osama bin Laden ist auf erhebliche Kritik gestoßen. ‚Ich hätte das nicht so formuliert. Das sind Rachegedanken, die man nicht hegen sollte. Das ist Mittelalter', sagte der Vorsitzende des Bundestags-Rechtsauschusses, Siegfried Kauder, der ‚Passauer Neuen Presse'. ‚Ich freue mich nicht, dass ein Mensch gestorben ist', sagte auch der außenpolitische Sprecher der CDU/CSU, Philipp Mißfelder" („Freude über

Bin Ladens Tod. Merkel will die Wogen glätten", *n-tv*, 04.05.2011, http://www.n-tv.de/politik/Merkel-will-die-Wogen-glaetten-article3246031.html (12.05.2011)).

[11] Schönenborn erhielt 1993 den „Axel-Springer-Preis für junge Journalisten" in der Kategorie „Fernsehreportage", http://www.axel-springer-preis.de/11-bisherige-preis-tv.html (18.05.2011).

[12] „*Kommentar zum Tod Bin Ladens. Eine ganz einfache Rechnung*. Was ist das für ein Land, das eine Hinrichtung derart bejubelt? Zivilisierte Nationen haben einst das Völkerrecht geschaffen. Sie verständigten sich darauf, dass Verbrecher vor Gericht gestellt und nicht einfach getötet werden" (Kommentar Jörg Schönenborn, *ARD-Tagesthemen*, 2. Mai 2011, 22.35 Uhr, http://www.tagesthemen.de/kommentar/kommentarschoenenborn100.html (04.05.2011)).

[13] „Kommentatoren erinnern daran, dass der Chefterrorist ein ‚54-jähriger Familienvater' gewesen sei. Bürger stellen Strafantrag gegen Angela Merkel, weil die Kanzlerin Freude über Bin Ladens Tod bekundete. Der Vorwurf: ‚öffentliche Billigung eines vorsätzlichen Tötungsdelikts'" („Kritik an Euphorie in den USA. Warum Amerika über Bin Ladens Tod jubeln darf", Gregor Peter Schmitz, *Spiegel Online*, 09.05.2011, http://www.spiegel.de/politik/ausland/0,1518,761407,00.html (20.05.2011)).

[14] Frank Schirrmacher (2011): „Tod und Jubel", *Frankfurter Allgemeine Zeitung*, 04.05.2011, http://www.faz.net/s/RubAB001F8C99BB43319228DCC26EF52B47/Doc~EA1D03AAC7C82430CAC20907B1E1F91CE~ATpl~Ecommon~Scontent.html (04.05.2011).

[15] Jakob Augstein (2011): Bin Laden, der Sieger, *Spiegel Online*, 05.05.2011, http://www.spiegel.de/politik/deutschland/0,1518,760646,00.html (12.05.2011).

[16] „Merkels Freude – Regierung rudert zurück", 04.05.2011, http://www.stern.de/politik/ausland/tod-von-osama-bin-laden-merkels-freude-regierung-rudert-zurueck-1681129.html (04.05.2011).

[17] Michael Butter/Birte Christ/Patrick Keller (Hg.) (2011): 9/11. Kein Tag, der die Welt veränderte, Paderborn/München/Wien/Zürich: Ferdinand Schöningh. Angaben über die Autoren ebd., 167f.

[18] Lutz Schowalter (2011): Religion, in: Butter/Christ/Keller (Hg.) (2011), 63–74, 66. Kein Wort hierin über die Bedeutung des Islamismus in den USA; der Beitrag steht exemplarisch für den ganzen Band, der einem deutschsprachigen Publikum vorgaukelt, in den USA gehe es gar nicht um eine seriöse, auch wissenschaftliche Analyse und Kritik des Islamismus, vielmehr um die gleichen Bilder von der *Umwelt*, der *Männlichkeit* oder dem *Patriotismus* (so die Titel einiger der Kapitel) wie schon vor 9/11. Dabei hat z.B. ein amerikanischer Thinktank, das *American Council for Foreign Policy* (AFPC), einen der weltweit ersten *World Almanac[s] of Islamism* publiziert, der sich mit der *weltweiten* Gefahr des Islamismus befasst. Dieses (durchaus heterogene) Projekt gibt es aufgrund von 9/11. Der Almanach, der sowohl Länderberichte als auch Einträge über einzelne islamistische Gruppierungen enthält, ist online abrufbar und ab Sommer 2011 als Buch erhältlich; siehe die Hinweise unter http://almanac.afpc.org/ (04.05.2011).

[19] Einer der Protagonisten des Bandes ist Mitherausgeber Patrick Keller, Koordinator für Außen- und Sicherheitspolitik der *Konrad-Adenauer-Stiftung* (KAS), http://www.kas.de/wf/de/37.3222/ (04.05.2011). Er geht in seinem Beitrag – Patrick Keller (2011a): Weltmacht, in: Butter/Christ/Ders. (Hg.) (2011), 15–29 – überhaupt nicht auf den Islamismus ein und sieht die USA lediglich unter den Gesichtspunkten 1) der Bedrohung durch internationalen Terrorismus, die nicht neu sei; 2) der Weltmachtrolle der USA, die sich ebenfalls durch 9/11 nicht grundlegend verändert habe, und 3) der „machtpolitische[n] Fehlkalkulationen", womit Keller den „völlig unnötige[n] Irakkrieg" meint (ebd., 17f.). Man kann den Irakkrieg sicher kritisieren – ein Angriff auf den Iran wäre *womöglich* sinnvoller gewesen –, doch Keller behauptet zu wissen, was *nötig* ist, und das ist eine Anmaßung.

[20] Der promovierte Literaturwissenschaftler und Journalist Richard Herzinger bevorzugt in Anlehnung an John F. Kennedy den Ausdruck „Freie Welt", Richard Herzinger (2011): Es lebe die Freie Welt!, 01.04.2011, http://freie.welt.de/2011/04/01/es-lebe-die-freie-welt/ (02.04.2011).

[21] Patrick Bahners (2011): Die Panikmacher. Die deutsche Angst vor dem Islam. Eine Streitschrift, München: C.H.Beck. In der *Frankfurter Allgemeinen Zeitung* erschienen gleich zwei Vorabdrucke aus dem Buch, am 13.02.2011 sowie am 16.02.2011.

[22] Wolfgang Benz (2010d): Hetzer mit Parallelen. Antisemiten des 19. Jahrhunderts und manche „Islamkritiker" des 21. Jahrhunderts arbeiten mit ähnlichen Mitteln an ihrem Feindbild, *Süddeutsche Zeitung*, 04.01.2010, http://www.sueddeutsche.de/politik/antisemiten-und-islamfeinde-hetzer-mit-parallelen-1.59486 (08.07.2011).

[23] Thomas Steinfeld (2010): Unsere Hassprediger. „Mit der Axt ins Bad": Wer mit den „westlichen Werten" ebenso kämpferisch umgeht, wie es der radikale Islam mit seinen heiligen Schriften tut, wird selbst

zum Fundamentalisten, *Süddeutsche Zeitung*, 14.01.2010, http://www.sueddeutsche.de/politik/kritik-an-auslegung-des-islam-unsere-hassprediger-1.63364 (11.03.2011).

[24] Henryk M. Broder (2011): Augen auf, Kollege! Der „FAZ"-Feuilletonchef Patrick Bahners hat eine Streitschrift gegen die Kritiker des Islam geschrieben. Unser Autor Henryk M. Broder gehört zu den Angegriffenen. Eine Erwiderung, *Welt am Sonntag*, 20.02.2011, http://www.welt.de/print/wams/kultur/article12597611/Augen-auf-Kollege.html (11.03.2011).

[25] Tobias Kaufmann (2011): Die Wetzlar-Verschwörung, *Kölner Stadtanzeiger*, 24.02.2011, http://www.ksta.de/html/artikel/1298478947262.shtml (24.02.2011)).

[26] „Im November 1879 erörterte Heinrich von Treitschke, der berühmte Historiker der Berliner Universität, in einem Aufsatz in den nationalliberalen ‚Preußischen Jahrbüchern' unter den Aussichten der Zeit auch die ‚leidenschaftliche Bewegung gegen das Judentum', die durch die Einwanderung von Juden, die an ihrem Religionsgesetz festzuhalten gewillt schienen, die Integration des nationalen Staates im Zeichen des bürgerlichen Rechts gefährdet glaubte. Der Historiker, der in seiner ‚Deutschen Geschichte im neunzehnten Jahrhundert' die öffentliche Meinung als umwälzende Kraft geschildert hatte, berichtete aus der guten Gesellschaft: ‚Bis in die Kreise der höchsten Bildung hinauf, unter Männern, die jeden Gedanken kirchlicher Unduldsamkeit oder nationalen Hochmuts von sich weisen würden, ertönt es heute wie aus einem Munde: die Juden sind unser Unglück!' Ein Jahr später zog Treitschkes nicht minder berühmter Fakultätskollege Theodor Mommsen ein Resümee der von Treitschke ausgelösten Debatte. ‚Ohne Zweifel hat Herr von Treitschke diese Woge und diesen Schaum nicht gewollt, und es fällt mir nicht ein, ihn für die einzelnen Folgen seines Auftretens verantwortlich zu machen. Aber die Frage ist doch unerlässlich: was hat er gewollt? Jene ‚tiefe und starke Bewegung' hatte doch wohl irgend einen Zweck? Herr von Treitschke ist ein redegewaltiger Mann; aber er selbst hat doch wohl kaum geglaubt, dass auf seine Allokution hin die Juden nun, wie er es ausdrückt, sämtlich deutsch werden würden. Und wenn nicht, was dann? Ein kleines klares Wort darüber wäre nützlicher gewesen als all die ziellosen großen. Nur so viel ist klar: Jeder Jude deutscher Nationalität hat den Artikel in dem Sinne aufgefasst und auffassen müssen, dass er sie als Mitbürger zweiter Klasse betrachtet, gleichsam als eine allenfalls besserungsfähige Strafkompanie.' Nicht wie aus einem Munde, aber immer lauter ertönt es heute: Der Islam ist das Problem. Was haben diejenigen gewollt, die diese Parole lancieren? Ralph Giordano und Henryk M. Broder sind redegewaltige Männer. Aber sie haben wohl kaum geglaubt, dass sämtliche Muslime deutscher Nationalität nach Lektüre der Autobiographie von Ayaan Hirsi Ali vom Glauben abfallen würden. Aber wenn nicht – was dann?" (Patrick Bahners (2010): Fanatismus der Aufklärung. Zur Kritik der Islamkritik, *Blätter für deutsche und internationale Politik*, Heft 9/2010, 105–118, online: http://www.blaetter.de/archiv/jahrgaenge/2010/september/fanatismus-der-aufklaerung(31.05.2011)).

[27] Özdemir lobt Bahners und somit auch die antisemitische Gleichsetzung von Treitschke und Giordano/Broder wie folgt: „Doch nicht nur angesichts der Debatten rund um Sarrazins Thesen hat Patrick Bahners ein wichtiges, kluges und längst überfälliges Buch geschrieben. (...)" (Cem Özdemir (2011): Wir sind doch keine statistischen Ausreißer, *Frankfurter Allgemeine Zeitung*, 27.05.2011, http://www.faz.net/artikel/C30297/integrationsdebatte-wir-sind-doch-keine-statistischen-ausreisser-30376659.html (29.05.2011)). „Besonders wertvoll ist Bahners Streitschrift, weil er mit chirurgischer Präzision die Diskursstrategien der radikalen Islamkritik offenlegt" (ebd.).

[28] Siehe die Ankündigung: „Schwanitz, Wolfgang G.: ‚Islam in Europa, Revolten in Mittelost. Millenniumsgespräche mit Bernard Lewis', 2011, [= Regionalhistorische Komparatistik Amerika-Mittelost-Europa: Politik, Wirtschaft, Militär und Kultur, Bd. 2], ca. 200 S., ISBN 978-3-89626-974-4, ca. 40,00 EUR", http://www.trafoberlin.de/neuerscheinungen_2011_im_wissenschaft.htm (14.04.2011).

[29] Wolfgang G. Schwanitz (2011): Islamismus und Euroislam. Deutsche Mitteloststudien nach 9/11, Berlin: trafo Verlag (angekündigt für 2011), http://www.trafoberlin.de/neuerscheinungen_2011_im_wissenschaft.htm (14.04.2011).

[30] Auf diese Zeitschrift wird in der Studie Bezug genommen, vgl. Kapitel 2.3.

[31] *Der Islam. Zeitschrift für Geschichte und Kultur des Islamischen Orients*, Herausgeber ist Benjamin Jokisch, Hamburg, begründet wurde die Zeitschrift von Carl Heinrich Becker.

[32] *Wiener Zeitschrift für die Kunde des Morgendlandes.* Herausgegeben von Markus Köhbach, Stephan Prochházka, Gebhard J. Selz, Rüdiger Lohlker im „Selbstverlag des Instituts für Orientalistik" der Universität Wien, vgl. die Angaben im 99. Band, Wien 2009. Zu Lohlker vgl. Kapitel 2.1.

[33] *Zeitschrift der Deutschen Morgenländischen Gesellschaft.* Im Auftrag der Gesellschaft herausgegeben von Florian C. Reiter. 2010 erschien mit Heft 2 der 160. Band dieser Zeitschrift.

[34] *Inamo. Informationsprojekt Naher und Mittlerer Osten*, Heft 64 erscheint im 16. Jahrgang der Zeitschrift im Winter 2010.

[35] *Spektrum Iran. Zeitschrift für Islamisch-Iranische Kultur*. Herausgeber ist die „Kulturabteilung der Botschaft der Islamischen Republik Iran – Berlin", vgl. Heft 1, 22. Jahrgang 2009. Geschäftsführer ist Mohsen Pourmohseni, bemerkenswert ist, welche Universitätsprofessoren sich für die offizielle Unterstützung des derzeitigen islamistischen Regimes hergeben bzw. das bewusst und gerne tun: „Prof. Dr. Hans Daiber, Universität Frankfurt, Prof. Dr. Hans-Georg Ebert, Universität Leipzig, Prof. Dr. Josef van Ess, Universität Tübingen, Prof. Dr. Homayoun Hemmati, Universität Teheran, Prof. Dr. Gerd R. Hoff, Freie Universität Berlin, Prof. Dr. Roland Pietsch, Universität München, Prof. Dr. Eckehard Schulz, Universität Leipzig, Prof. Dr. Aslam Syed, Humboldt Universität zu Berlin, Prof. Dr. Dr. Ina Wunn, Universität Bielefeld", ebd.

[36] *Zenith. Zeitschrift für den Orient* wurde 1999 gegründet. Die Zeitschrift hat einen Online-Auftritt, wo weitere Texte publiziert werden, http://www.zenithonline.de/ (19.02.2011).

[37] Zum Versagen des Westens und Deutschlands bezüglich Iran vgl. Alex Feuerherdt/Thomas von der Osten-Sacken/Oliver M. Piecha (Hg.) (2010a): Verratene Freiheit. Der Aufstand im Iran und die Antwort des Westens, Berlin: Verbrecher Verlag; Stephan Grigat/Simone Dinah Hartmann (Hg.) (2010): Iran im Weltsystem. Bündnisse des Regimes und Perspektiven der Freiheitsbewegung, Innsbruck/Wien/Bozen: Studienverlag; Stephan Grigat/Simone Dinah Hartmann (Hg.) (2008): Der Iran. Analyse einer islamischen Diktatur und ihrer europäischen Förderer, Innsbruck/Wien/Bozen: Studienverlag.

[38] Zur Kritik an der Ideologie der „Israelkritiker" siehe einen Vortrag des Publizisten Alex Feuerherdt (2010): Die Agenda der Israelkritiker, 28.01.2010, http://www.mideastfreedomforum.org/fileadmin/editors_de/Artikel/Agenda_der_Israelkritik__Alex_Feuerherdt.pdf (20.02.2011). „Ich fasse also zusammen: Israel kann tun und lassen, was es will – stets wird es nach Ansicht der ‚Israelkritiker' und damit großer Teile der Öffentlichkeit für alles Unheil im Nahen Osten verantwortlich gemacht. Als sich die israelische Armee und jüdisch-israelische Siedler noch im Gazastreifen aufhielten, galten sie als Besatzer. Als sie sich 2005 zurückzogen, intensivierten palästinensische Terrorgruppen zum Dank ihren Raketenbeschuss, woraufhin Israel die Grenzkontrollen verschärfte – und sich fortan dem Vorwurf ausgesetzt sah, ‚das größte Gefängnis der Welt' errichtet zu haben. Lässt der jüdische Staat den Raketenhagel über sich ergehen, wird er in der arabisch-muslimischen Welt als Schwächling verhöhnt. Reagiert er aber mit Sanktionen oder Gegenschlägen, dann handelt er ‚unverhältnismäßig' oder ‚alttestamentarisch', befördert die ‚Gewaltspirale' oder begeht gar ein ‚Massaker'. Kurzum: Gleich, was Israel unternimmt, seine Gegner und Feinde sehen darin immer nur weitere Belege für seine abgrundtiefe Bösartigkeit. Dieses Denkmuster ist altvertraut undwohlbekannt; es ist ein antisemitisches" (ebd.).

[39] Bassam Tibi (1973)/1979: Internationale Politik und Entwicklungsländer-Forschung. Materialien zu einer ideologiekritischen Entwicklungssoziologie, Frankfurt am Main: Suhrkamp, 7.

[40] Daniel Jonah Goldhagen (1996): Hitlers willige Vollstrecker: Ganz gewöhnliche Deutsche und der Holocaust, Berlin: Siedler.

[41] http://www.yoni.org.il/en/index.php (11.03.2011). Yoni Netanyahu (1946–1976) war der ältere Bruder des 1949 geborenen derzeitigen israelischen Ministerpräsidenten Benjamin Netanyahu.

[42] Clemens Heni (2007): Salonfähigkeit der Neuen Rechten. ‚Nationale Identität', Antisemitismus und Antiamerikanismus in der politischen Kultur der Bundesrepublik Deutschland 1970–2005: Henning Eichberg als Exempel, Marburg: Tectum Verlag.

[43] Clemens Heni (2009a): Antisemitismus und Deutschland. Vorstudien zur Ideologiekritik einer innigen Beziehung, Morrisville, NC: Lulu Publisher, auch online verfügbar: http://clemensheni.files.wordpress.com/2009/10/antisemitismus-und-deutschland.pdf (03.03.2011).

[44] So beginnt Christoph Schuck eine Studie über Islamismus in Indonesien, welche das Resultat eines Post-Doc-Projektes ist, das er unter anderem an der *Yale University* durchführte, Christoph Schuck (2008): Die Entgrenzung des Islamismus. Indonesische Erfahrungen im globalen Kontext. Mit einem Vorwort von Franz Magnis-Suseno, Baden-Baden: Nomos, 15. Er resümiert: „Trotz seiner Zunahme und der strukturellen Entgrenzung scheint der in Indonesien zu beobachtende Islamismus noch nicht die Stärke erreicht zu haben, die eine demokratische Konsolidierung der Systemtransformation unmöglich machen würde. Allerdings belegen die Ausführungen in diesem Buch auch, die Islamismusproblematik in Indonesien nicht zu unterschätzen. (...) Vor allem jedoch ist es notwendig, dass die Gefahren einer Islamisierung und der damit verbundenen Einführung eines ‚göttlichen Rechts' thematisiert werden" (ebd., 245).

[45] Stefan Wild (2003): In Memoriam Annemarie Schimmel, *Die Welt des Islams*, Vol. 43, Nr. 2, 131–142, 136.

[46] Vgl. dazu Bassam Tibi (1981): Die Krise des modernen Islam. Eine vorindustrielle Kultur im wissenschaftlich-technischen Zeitalter, München: C.H.Beck, 177f. Der Orientalist Stefan Wild hat sich seinerzeit mit der „Al-Azm-Affäre" befasst, vgl. ebd., 217, Anm. 47.

[47] Kersten Knipp (2009): Porträt Sadik Al-Azm. Ein streitbarer arabischer Aufklärer, *Qantara.de*, 13.12.2009, http://de.qantara.de/webcom/show_article.php/_c-469/_nr-1126/i.html (03.09.2010).

[48] http://www.tagesschau.de/ausland/meldung134530.html (03.09.2010). Aufgrund des „12. Rundfunkänderungsstaatsvertrags" sind die öffentlich-rechtlichen, gebührenfinanzierten Medien (wie ARD, ZDF, 3sat) verpflichtet, ca. 80% der im Internet publizierten Dokumente nach einer unterschiedlichen „Verweildauer" zu löschen, „Staatsvertrag zwingt zum Löschen von Online-Inhalten. Warum Sie nicht mehr finden, was Sie suchen", 13.07.2010, http://www.tagesschau.de/hilfe/rundfunkstaatsvertrag/rundfunkaenderungsstaatsvertrag112.html (13.05.2011).

[49] http://www.uni-tuebingen.de/en/print/news/archive/thematische-archive/leopold-lucas-preis.html (18.05.2011).

[50] Vgl. Sadik J. Al-Azm (1993): Unbehagen in der Moderne. Aufklärung im Islam, Frankfurt am Main: Fischer Taschenbuch Verlag, 77–137. Da die deutschen Verleger *Sadik* schreiben, und nicht *Sadiq*, wie die Transkription des arabischen Vornamens korrekt wäre, übernehme ich hier in den Literaturangaben diese Schreibweise („Sadik"), im Personenregister wird der Name jedoch korrekt geschrieben, das gilt auch für manche andere orientalische Namen, deren Schreibweisen oft variieren.

[51] Im Mai 2010 lud die *Evangelische Akademie Bad Boll* den Gesundheitsminister der islamistisch-faschistischen Hamas aus dem Gazastreifen zu einer Tagung nach Baden-Württemberg ein, was nur ein Beleg für die seit Jahren bekannte antiisraelische Einstellung und Politik dieser Akademie ist. Die Deutsche Botschaft stellte kein Visum aus, und der Hamas-Mann konnte nicht einreisen, „Germany: Hamas official won't be issued visa to attend conference Hamas health minister had been invited to attend conference in southern German city of Bad Boll in June", Barak Ravid, 28.04.2010, http://www.haaretz.com/news/germany-hamas-official-won-t-be-issued-visa-to-attend-conference-1.285182 (11.03.2011).

[52] http://www.fes.de/BerlinerAkademiegespraeche/interkultureller-dialog/islam-gesellschaft/Berlin-Forum/ (03.09.2010).

[53] Sadik J. Al-Azm (2004): Islam, Terrorism and The West Today, *Die Welt des Islams*, Vol. 44, Nr. 1, 114–128.

[54] Al-Azm 2004, 114, Übersetzung d.V.

[55] Al-Azm 2004, 114, Übersetzung d.V.

[56] Al-Azm 2004, 115, Übersetzung d.V.

[57] Al-Azm 2004, 115, Übersetzung d.V.

[58] Al-Azm 2004, 126, Übersetzung d.V.

[59] Edward Said (1978)/1979: Orientalism, New York: Vintage Books.

[60] Ein Ausschnitt aus Saids *Orientialism* ist als Basistext in einen Überblicksband zur postkolonialen Theorie aufgenommen worden, siehe Padmini Mongia (Hg.) (1996): Contemporary Postcolonial Theory. A Reader, London/New York/Sydney/Auckland: Arnold, 20–36. Weitere Vordenker postkolonialer Ideologie in diesem *Reader* sind Homi Bhabha, Stuart Hall, Gayatri Chakravorty Spivak und Paul Gilroy.

[61] Ein Beispiel für postkoloniale Ideologie: Die Befreiung des Irak von der Herrschaft des Massenmörders Saddam Hussein wird von den Protagonisten des Postkolonialismus als Zeichen des „galoppierenden US-Imperialismus" bezeichnet. So jedenfalls schreiben es fünf Forscher in der Einleitung zu einem charakteristischen Band über „Postcolonial Studies", welcher das Ergebnis einer Tagung vom April 2002 und eine typisch antiamerikanische Antwort auf 9/11 darstellt. Die Autoren sehen den antifaschistischen Kampf gegen Diktatoren und Antisemiten wie Hussein als imperialistisch an, daher sei die Rede von „der postkolonialen Welt" im Jahr 2003 „absurd", Ania Loomba/Suvir Kaul/Matti Bunzl/Antoinette Burton/Jed Esty (2005): Beyond What? An Introduction, in: Dies. (Hg.) (2005): Postcolonial Studies and Beyond. Zweite Auflage 2006, Durham/London: Duke University Press, 1–38, 1.

[62] Al-Azm 2004, 114, Übersetzung d.V.

[63] Al-Azm 2004, 116, Übersetzung d.V.

[64] Al-Azm 2004, 116, Übersetzung d.V.

[65] Al-Azm 2004, 125, Übersetzung d.V.

[66] Sadik J. Al-Azm (2005): Die Zeit aus den Fugen. Westliche Vorherrschaft, islamistischer Terror und die arabische Vorstellung, *Wespennest*, Nr. 138, online http://www.eurozine.com/articles/2005-05-09-alazm-de.html (03.09.2010).

[67] Ralph Giordano (2007): Erinnerungen eines Davongekommenen. Die Autobiographie, Köln: Kiepenheuer & Witsch, 516.

[68] Navid Kermani (2005): Strategie der Eskalation. Der Nahe Osten und die Politik des Westens, Göttingen: Wallstein, 8.

[69] Die Abwehr luzider Kritik am Islamismus und das Verharmlosen von bzw. das Flirten mit ‚moderaten' Islamisten (worunter man sich vermutlich so etwas Ähnliches wie Nazis, die Vegetarier sind, vorzustellen hat) ist auch kennzeichnend für den Publizisten Albrecht Metzger. 2002 fantasierte er von „Islamisten" im Iran, die eine „islamische Demokratie" zu entwickeln versuchten, und lehnte sich an die Analysen von Gudrun Krämer an (Albrecht Metzger (2002): Die vielen Gesichter des Islamismus, in: *Aus Politik und Zeitgeschichte* (APuZ), Nr. 3–4/2002, 7–15, 15). 2005 publizierte Metzger ein kleines, preisgünstiges Büchlein (€ 8,60) über „Islamismus" in der Reihe „ohne wissen kein verstehen" der *Europäischen Verlagsanstalt*. Darin wandte er sich gegen den Islamforscher Bernard Lewis: „‚They hate us because of our values, and not because of what we do', lautet sinngemäß die Formel, mit der Lewis seinen Standpunkt zusammenfasst und der zum offiziellen Mantra der amerikanischen Regierung geworden ist" (Albrecht Metzger (2005): Islamismus, Hamburg: Europäische Verlagsanstalt, 21). Er fantasierte, dass es 1947/48 in den USA eine große Zustimmung zur Gründung Israels gegeben habe, was nur beweist, wie wenig Einblick er in die Geschichte des Antisemitismus in den Vereinigten Staaten hat. Denn es war unsicher, ob die USA Israel anerkennen würden oder nicht (bekanntlich war die UdSSR schneller mit der Anerkennung des jüdischen Staates); zudem gibt es viel Literatur über den Antisemitismus in den USA, vgl. Leonard Dinnerstein (1994): Antisemitism in America, New York/Oxford: Oxford University Press; Theodore S. Hamerow (2009): Why we watched. Europe, America, and the Holocaust, New York/London: W.W. Norton & Company). Schließlich verteidigte Metzger, der iranischen Friedensnobelpreisträgerin Schirin Ebadi (und deren Apologetin Katajun Amirpur) folgend, das Kopftuch und warnte die USA vor einem Angriff auf den Iran: Ein solcher Angriff würde es den „progressive[n] Muslimen" schwerer machen, „sich Gehör zu verschaffen" (ebd., 93). Metzger verbreitete das Märchen, dass westliche Politik für die Entwicklung des Islamismus zentral sei: „Denn damit [einem Angriff auf den Iran, d.V.] würde sich das Gefühl in der islamischen Welt nur vertiefen, in einem endlosen Konflikt mit dem Westen zu stehen" (ebd.). Die antiwestliche, antisemitische und anti-individuelle Ideologie des Islamismus wird damit als bloße *Re-Aktion* diminuiert und in ihrer Eigenständigkeit geleugnet.

[70] Katajun Amirpur/Ludwig Ammann (2006a): Vorwort: Der Islam am Wendepunkt, in: Dies. (2006) (Hg.): Der Islam am Wendepunkt. Liberale und konservative Reformer einer Weltreligion, Freiburg/Basel/Wien: Herder, 9–22.

[71] Amirpur/Ammann 2006a, 17.

[72] „Der Anschlag auf diesen Doppelphallus war, banal gesagt, ein Tritt in die Eier, der auch auf den Kopf zielte" (Klaus Theweleit (2001): Interview, „Innere Panzerung wäre die Idiotenlösung", *taz*, 19.09.2001, http://www.taz.de/1/archiv/archiv/?dig=2001/09/19/a0117 (09.04.2011)).

[73] Zitiert bei Henryk M. Broder (2002): Kein Krieg, nirgends: Die Deutschen und der Terror. Mit einem Text von Reinhard Mohr, Berlin: Berlin Verlag, 39.

[74] Ulrich Wickert (2001): „Wickert-Artikel in Max." Dokumentation, 03.10.2001, *Spiegel Online*, http://www.spiegel.de/kultur/gesellschaft/0,1518,160595,00.html (19.02.2011).

[75] Volker Heins (2003): Krieg und politische Sinnschöpfung in der Berliner Republik. Die deutsche Beteiligung am Afghanistan-Feldzug als Medien-Story, in: Wolfgang Bergem (Hg.) (2003): Die NS-Diktatur im deutschen Erinnerungsdiskurs, Opladen: Leske & Budrich, 187–204, 191.

[76] Andrei S. Markovits (2004): Amerika, dich haßt sich's besser. Antiamerikanismus und Antisemitismus in Europa, Hamburg: KVV konkret, 160.

[77] Markovits 2004, 161.

[78] Markovits 2004, 162f. Vgl. zu den Verschwörungstheoretikern Mathias Bröckers, Gerhard Wisnewski und Andreas von Bülow die Endnote 1000.

[79] Andrei S. Markovits (2005): European Anti-Americanism (and Anti-Semitism): Ever Present Though Always Denied, *Jerusalem Center for Public Affairs, Post-Holocaust and Anti-Semitism*: Web Publications,

No. 21, August 2005/25 Tammuz 5765, http://www.jcpa.org/phas/phas-markovits-05.htm (19.02. 2011), Übersetzung d.V.; vgl. Andrei S. Markovits (2007): Uncouth Nation: why Europe dislikes America, Princeton: Princeton University Press; Siehe vor allem Andrei S. Markovits (2002): Ein Tabu fällt. Antisemitismus in Europa, *Gewerkschaftliche Monatshefte*, 53. Jg., Heft 7, 366–370: „In Europa und Deutschland mutiert in den letzten Monaten der Antisemitismus zu jener Hoffähigkeit, die er fast zweitausend Jahre lang stets innehatte, und die allein durch die Zerstörung des Nationalsozialismus und den darauf folgenden 40-jährigen Kalten Krieg kurz unterbrochen war. Nur historischer Unwissenheit oder einem Optimismus, der an gefährliche Naivität grenzt, kommt diese massive Wiederkehr des europäischen und deutschen Antisemitismus überraschend. Ich habe bereits andernorts über die wachsende Salonfähigkeit des Antisemitismus in Deutschland und Europa geschrieben, will mich also nicht wiederholen. Dass Antisemitismus in Deutschland und Europa eng mit Antiamerikanismus verwoben ist, habe ich nach dem Verbrechen vom 11. September 2001 in dieser Zeitschrift erörtert" (ebd., 366). Dazu, in Anlehnung an Markovits, Clemens Heni (2002): Deutsche mögen nur tote Juden, Islamisten gar keine, *Gewerkschaftliche Monatshefte*, 53. Jg., Heft 9, 555–556.

[80] Die Karriere von Rohe liest sich so: „Studium der Rechts- und Islamwissenschaften in Tübingen und Damaskus; Magister Artium in Islamwissenschaften; Promotion 1993 und Habilitation 1997 in Tübingen; venia legendi für Bürgerliches Recht, Internationales Privat- und Zivilverfahrensrecht, Rechtsvergleichung und Europarecht; Privatdozent an der Universität Tübingen; seit 2001 Richter am OLG Nürnberg im Nebenamt; Vorsitzender der Gesellschaft für arabisches und islamisches Recht" (http://www.jura.uni-erlangen.de/professoren/rohe.shtml (01.04.2011)).

[81] Mathias Rohe (2004): Application of Shari'a Rules in Europe – Scope and Limits, *Die Welt des Islams*, Vol. 44, Nr. 3, 323–350, 324, Übersetzung d.V.

[82] Rohe 2004, 326, Übersetzung d.V. Die folgenden Zitate von Rohe 2004 wurden alle vom Verfasser übersetzt.

[83] Rohe 2004, 325.

[84] Rohe 2004, 327.

[85] Rohe 2004, 330.

[86] Rohe 2004, 337–339.

[87] Rohe 2004, 339f.

[88] Rohe 2004, 338.

[89] Rohe 2004, 341.

[90] Rohe 2004, 348f.

[91] Rohe 2004, 348.

[92] http://www.ezire.uni-erlangen.de/studium-lehre/lehrveranstaltungen.shtml (09.05.2011).

[93] Siehe die Selbstdarstellung auf der Homepage: http://www.ezire.uni-erlangen.de/wir-ueber-uns/ (09.05.2011).

[94] Alexandre Caeiro (2004): The Social Construction of Shari'a, Bank Interest, Home Purchase, and Islamic Norms in the West, *Die Welt des Islams*, Vol. 44, Nr. 3, 351–375.

[95] „Als Merkmale einer islamischen Ordnung eint Islamisten die Forderung nach Einführung des islamischen Rechts, der Scharia, als gesellschaftlicher Ordnungsrahmen, und nach einer Wirtschaftsordnung, die als Kernelement das islamische Zinsverbot beachtet" (Verfassungsschutzbericht Baden-Württemberg 2003, http://opus.bsz-bw.de/hdms/volltexte/2004/422/pdf/Verfassungsschutzbericht_2003.pdf (20.03.2011)).

[96] Caeiro 2004, 361.

[97] Caeiro 2004, 361.

[98] Caeiro 2004, 355.

[99] Caeiro 2004, 358.

[100] Timur Kuran (2004): Islam and Mammon. The Economic Predicaments of Islamism, Princeton/Oxford: Princeton University Press.

[101] Kuran 2004, 2.

[102] Kuran 2004, 5, Übersetzung d.V.

[103] Kuran 2004, 15.

[104] Die Werbung für FMF ist auf der Startseite der „Islamwoche Berlin", 22.–26. März 2011, zu sehen: http://www.islamwoche-berlin.de/?page_id=1 (22.03.2011).

[105] „Dieses Wirtschaftsverständnis geht zurück auf den Propheten Mohammed (s.a.s.), der es den arabischen Händlern ausdrücklich verbot, Zinsen zu zahlen oder anzunehmen. Dieses Zinsverbot ist im Qur´an festgehalten" (http://www.f-m-f.de/islam_und_zinsen.php (23.03.2011)).

[106] Benz „verglich den Hinweis von Islamkritikern auf die hohe Anzahl von Moslems in Berliner Gefängnissen (ca. 70%, so Benz) mit dem Geifern Adolf Hitlers über die hohe Anzahl jüdischer Berliner Kinderärzte in den 1930er-Jahren (89%, so Benz). Beide ‚Hinweise' stellte er an Verwerflichkeit auf eine Stufe" (Til Biermann (2011): Benz dreht durch, 23.03.2011, http://www.achgut.com/dadgdx/index.php/dadgd/article/benz_dreht_durch/ (23.03.2011)).

[107] Für den 23.03.2011 ist angekündigt: „18:00 Uhr Impulsvortrag ‚Islamic Finance – Eine Alternative im Zeitalter der Wirtschaftskrisen?' Zaid el-Mogaddedi, Gründer und Leiter des Institute for Islamic Banking and Finance. 19:00 Uhr Podiumsdiskussion ‚Islamische Wirtschaftsethik – Zukunftsweisend oder Utopie?' Taoufik Bouhmidi, Managing Director der Finanzberatung für Muslime und Freunde Dr. Klaus Hachmeier, Bundesministerium für Wirtschaft und Technologie, Dr. Philip Wackerbeck, Senior Associate bei Booz and Company (angefragt)" (http://www.islamwoche-berlin.de/?page_id=8 (23.03.2011)).

[108] „Grußwort des Integrationsbeauftragten zur Islamwoche Berlin 2011 Günter Piening" (http://www.islamwoche-berlin.de/?page_id=25 (23.03.2011)).

[109] Dilwar Hussain (2004): Muslim Political Participation in Britain and the ‚Europeanisation' of Fiqh, *Die Welt des Islams*, Vol. 44, Nr. 3, 376–401.

[110] Hussain 2004, 382f.

[111] „It is no surprise then to find that many of the current advocates of democracy in the Arab world (amongst the Muslim scholars and activists), including Muhammad Imara, Salim al'Awwa, and Fahmi Huwaidi have had at least an informal relationship with the Muslim Brotherhood" (Hussain 2004, 382, Anm. 11).

[112] Hussain 2004, 392.

[113] Hussain 2004, 393.

[114] „Dilwar Hussain is a Research Fellow at the Islamic Foundation, Leicester, UK" (Hussain 2004, 376, ii).

[115] http://www.charitycommission.gov.uk/SHOWCHARITY/RegisterOfCharities/FinancialHistory.aspx?RegisteredCharityNumber=263371&SubsidiaryNumber=0 (23.03.2011).

[116] Man findet die Publikationen der *Islamic Foundation* in Kooperation mit *Islamonline* hier: http://www.onlineislamicstore.com/syedqutb.html (16.04.2011), inklusive einer kurzen inhaltlichen (positiven) Einführung in das Leben von Sayyid Qutb.

[117] Herzlichen Dank für diese Information an Douglas Murray und vor allem an Hannah Stuart vom *Center for Social Cohesion* in London.

[118] Adnan Oktar alias Harun Yahya ist ein Vertreter des so genannten Kreationismus und wendet sich gegen die darwinsche Evolutionstheorie. Yahya ist auch als Holocaustleugner bekannt, siehe zur Kritik Martin Riexinger (2008): Propagating Islamic Creationism on the Internet, http://mujlt.law.muni.cz/storage/1236040130_sb_07-riexinger.pdf (22.03.2011).

[119] Ian Johnson (2011): Die vierte Moschee. Nazis, CIA und der islamische Fundamentalismus, Stuttgart: Klett-Cotta, 237.

[120] Bassam Tibi (2005): Religion, Recht und Politik im Islam. Der Islamismus als eine fundamentalistische Ideologie, in: Stefan Alkier/Hermann Deuser/Gesche Linde (Hg.) (2005): Religiöser Fundamentalismus, Tübingen: Francke Verlag, 131–153, 140.

[121] Mathias Rohe (2009): Scharia und deutsches Recht, *Recht und Politik. Vierteljahreshefte für Rechts- und Verwaltungspolitik*, 45. Jg., H. 2, 86–93, 91.

[122] Raymond Ibrahim (2010): How Taqiyya alters Islam's rules of war, *Middle East Quarterly*, Vol. 17, Nr. 1, 3–13. „Peer-Review" ist ein Überprüfungsverfahren, das den wissenschaftlichen Standard gewährleisten soll. Dabei werden die anonymisierten wissenschaftlichen Beiträge von unabhängigen (meistens bis zu drei) Fachwissenschaftlern gelesen und geprüft. Das Verfahren ist jedoch nicht unumstritten, da es häufig sehr lange dauert, bis ein Artikel schließlich publiziert wird – darüber hinaus fördert es eher Zitierkartelle, sprich: wer entsprechende Platzhirsche wohlwollend zitiert, hat häufig größere Chancen, auch publiziert zu werden etc. Daher war das MEQ lange Zeit kein peer-review journal, hat sich aber schließlich doch dafür entschieden.

[123] Rohe 2009, 91f.

[124] Vgl. Rohe 2009, 93.

[125] Ibrahim 2010.

[126] http://www.geschkult.fu-berlin.de/e/islamwiss/mitarbeiterinnen/professorinnen/Krawietz/index.html (24.05.2011).

[127] Birgit Krawietz (2002): Cut and paste in legal rules: Designing Islamic norms with Talfiq, *Die Welt des Islams*, Vol. 42, Nr. 1, 3–40.

[128] Krawietz 2002, 3.

[129] Birgit Krawietz (2008): Unzulässiges und Erlaubtes im islamischen Recht, *dīwān,* 06.2008, 16–17, Angabe nach http://www.birgit-krawietz.de/publika.html (12.07.2010), zitiert nach http://www.zmo.de/pressekit/material/scherzen%20im%20islamischen%20Recht,%20diwan%206_08.pdf (11.03.2011).

[130] Krawietz 2008, 1.

[131] Krawietz 2008, 2. Krawietz erwähnt im gleichen Kontext auch die dänischen Mohammed-Karikaturen bzw. den „Karikaturenstreit", ebd., 1.

[132] Wolfgang G. Schwanitz (2007): Rezension zu: *Spuler-Stegemann, Ursula: Die 101 wichtigsten Fragen: Islam. München 2007, H-Soz-u-Kult,* 23.11.2007, http://hsozkult.geschichte.hu-berlin.de/rezensionen/id=9655 (03.01.2010).

[133] Gerhard Scheit (2004): Suicide Attack. Zur Kritik der politischen Gewalt, Freiburg: ça ira, 439. Er zitiert aus „Marian, Esther: Zum Begriff des Jihad. Hausarbeit. Univ. Marburg 2003", Scheit 2004, 607.

[134] Michael Kemper (2002): Khalidiyya networks in Daghestan and the question of Jihad, *Die Welt des Islams,* Vol. 42, Nr. 1, 41–71.

[135] Kemper 2002, 70.

[136] Kemper 2002, 69.

[137] Michael Kemper (2005): Rezension zu Hassan Ahmed Ibrahim: Sayyid 'Abd al-Rahman al Mahdi: A Study of Neo-Mahdism in the Sûdan, 1899–1956, Leiden/Boston: Brill 2004, *Die Welt des Islams,* Vol. 45, Nr. 2, 298–300.

[138] Kemper 2005, 300.

[139] Armin Hasemann (2002): Zur Apostasiediskussion im modernen Ägypten, *Die Welt des Islams,* Vol. 42, Nr. 1, 72–121.

[140] Hasemann 2002, 72–75.

[141] An dieser Stelle wird auf eine Fußnote verwiesen, in der es quellenbasiert heißt: „Dies ist in Libyen sogar gesetzlich verankert."

[142] Hasemann 2002, 115.

[143] Hasemann 2002, 119. Der Autor zitiert zustimmend einen Artikel, der von vielen Nahostwissenschaftlern in Deutschland eher der groben Vereinfachung oder antiislamischen Propaganda zugerechnet werden würde: „Totalitär wie Hitler: Der liberale ägyptische Richter Mohammed Said el-Aschmawi über die Aggression der Islamisten. In: Spiegel special 1/1998, 44f.", zitiert bei Hasemann 2002, 119, Anm. 178: „al-Ashmawi, ehemaliger Präsident des Obersten Staatssicherheitsgerichts, der selber auf der Todesliste der radikalen Gruppierungen steht, macht in Totalität wie Hitler sehr deutlich, welche Brisanz die Situation in Ägypten besitzt und plädiert klar für die Durchsetzung eines toleranten und aufgeklärten Islams."

[144] Efraim Karsh (2006)/2007: Imperialismus im Namen Allahs. Von Muhammad bis Osama Bin Laden, München: Deutsche Verlags-Anstalt.

[145] Thomas Philipp (2009): Rezension zu Efraim Karsh „Imperialismus im Namen Allahs: von Muhammad bis Osama bin Laden, München: Deutsche Verlagsanstalt 2007", *Die Welt des Islams,* Vol. 49, Nr. 1, 134–136, 136.

[146] Philipp 2009, 134.

[147] Philipp 2009, 134.

[148] Wolfgang G. Schwanitz (2006): Islam imperial. Suche nach einem grünen Faden in der Geschichte, *Neue Zürcher Zeitung,* 5. August 2006, http://www.trafoberlin.de/pdf-dateien/Efraim%20Karsh%20Islamic%20%20Imperialism.pdf (17.02.2011).

[149] Karsh 2007, 336.

[150] Karsh 2007, 340f.

[151] Peter Wien/René Wildangel (2004): Blind für die Geschichte? Arabische Begegnungen mit dem Nationalsozialismus zwischen zeitgenössischer Rezeption, Geschichtspolitik und Holocaustleugnung, in: Gerhard Höpp/Peter Wien/René Wildangel (Hg.) (2004a): Blind für die Geschichte? Arabische Begegnungen mit dem Nationalsozialismus, Berlin: Klaus Schwarz Verlag, 7–17, 7.

[152] „Reisebericht Palästinensische Gebiete und Israel 29.3.-3.4.2009 Kerstin Müller, MdB, außenpolitische Sprecherin von Bündnis 90/Die Grünen, begleitet von René Wildangel (Fraktionsreferent)", http://www.gruene-bundestag.de/cms/themenspecial_nahost/dokbin/284/284760.kerstin_mueller_in_den_palaestinensichen.pdf (24.05.2011).

[153] Wien/Wildangel 2004, 8f.

[154] Persönliches Gespräch des Verfassers mit Robert Wistrich, Dezember 2002, *Hebräische Universität*, Mount Scopus, Jerusalem. Wistrich wurde 2002 Leiter des *Vidal Sassoon International Center for the Study of Antisemitism* (SICSA) an der *Hebrew University*, die Räumlichkeiten von SICSA befinden sich unweit dieser Cafeteria. Bericht des israelischen Außenministeriums über den Anschlag: http://www.mfa.gov.il/MFA/MFAArchive/2000_2009/2002/7/Terrorist%20bombing%20at%20Hebrew%20University%20cafeteria%20- (21.09.2010); Bericht über die Opfer des Mordanschlages sowie über eine Demonstration der Hamas mit 10.000 Teilnehmern, auf der das Massaker gerechtfertigt wurde: Lloyd de Vries, „Bush ‚Furious' Over Mideast Bombing. Israel Likely To Retaliate; Bush Says Israel Has Right To Defense", 1. August 2002, http://www.cbsnews.com/stories/2002/08/01/world/main517275.shtml (21.09.2010).

[155] Vgl. z.B. einen offenen Brief vom 27.07.2008 von Carol Greenwald von der Gruppe *Holocaust Museum Watch* an die Direktorin des USHM, Sara Bloomfield, http://www.hmwatch.org/bloomfield.html (03.01.2011); siehe auch Wolfgang G. Schwanitz (2009), The sheikh and the Shoah, *Jerusalem Post*, 24.03.2009, http://www.jpost.com/Opinion/Op-edContributors/Article.aspx?id=137001 (17.02.2011).

[156] Gerhard Höpp (Hg.) (2001): Mufti-Papiere. Briefe, Memoranden, Reden und Aufrufe Amin al-Husainis aus dem Exil, 1940–1945, Berlin: Klaus Schwarz Verlag, 9.

[157] René Wildangel (2007): Zwischen Achse und Mandatsmacht. Palästina und der Nationalsozialismus, Berlin: Klaus Schwarz Verlag, 410. Die Studie wird in einer Publikationsreihe für das „Zentrum Moderner Orient. Geisteswissenschaftliche Zentren Berlin e.V." von Ulrike Freitag herausgegeben. Die Dissertation hat der Autor 2004 „im Fach Mittlere und Neuere Geschichte an der Universität zu Köln" eingereicht, Doktorvater war „Prof. Dr. Dr. hc. Wolfgang Schieder". Wildangel bedankt sich unter anderem bei seinen „Freunde[n]" „Prof. Dr. Gerhard Höpp und Peter Wien" und für die „außergewöhnlich kollegiale und anregende Atmosphäre am ZMO" (Zentrum Moderner Orient), ebd., ohne Paginierung („Vorbemerkung"). Wildangel war Stipendiat der *Heinrich-Böll-Stiftung* wie auch des *Deutschen Akademischen Austausch Dienstes* (DAAD), ebd. „Während meines Aufenthalts in Israel waren besonders Prof. Nazmi al-Jubeh (Ramallah) und Prof. Israel Gershoni (Tel Aviv) mit wichtigen Hinweisen behilflich" (ebd.).

[158] Wildangel 2007, 39.

[159] Wildangel 2007, 41.

[160] Wildangel 2007, 42.

[161] Wildangel 2007, 45f. Eine Autorin bezieht sich ausführlich auf Wildangels Attacken auf Küntzel und wirft schließlich Walter Laqueur, Robert Wistrich, Daniel Pipes und anderen in der Studie kritisierten Islamismusforschern vor, sie seien als ‚Betroffene' ‚nicht objektiv' – eine typische antisemitische Reaktionsweise, hier gekoppelt mit antiamerikanischen Ressentiments: „Des Weiteren sind die textexternen Einflüsse auf die Verortungsversionen der rechts- und linksextremismustheoretischen Diskursgemeinschaften auffällig. Sowohl persönlichkeitsprägende Erlebnisse der Autoren, etwa die direkte Konfrontation mit dem Nationalsozialismus, die Ermordung von Familienangehörigen, Flucht und Vertreibung als auch gesinnungsrelevante Einflüsse wie die politische Sozialisation im neokonservativen Umfeld der US-amerikanischen Bush-Administration, fließen in die Verortungsversionen ein. Hier manifestiert sich in beiden Diskursgemeinschaften ein weiterer wissenschaftstheoretischer Defekt: das Abweichen von wissenschaftlicher Objektivität. Vielmehr konstituieren subjektive Erlebnisse und Überzeugungen der Autoren die Verortungsvorschläge. Die Schlussfolgerungen sind dabei abhängig von der Willkür des Einzelnen und im Sinne Poppers nicht intersubjektiv nachvollziehbar" (Maria-Rosa Scharinger (2009): Islamismus. Konkurrierende Interpretationen eines politischen Phänomens, Wiesbaden: Drewipunkt, 136). Die Reihe nennt sich „Studien zum politischen Extremismus" und wird von Jürgen R. Winkler herausgegeben. Scharingers Bezug auf Wildangel findet sich auf den Seiten 25 und 48–50.

[162] Sonja Hegasy/René Wildangel (2004): Des Führers Mufti. Der Begriff des Islamo-Faschismus ist historisch nicht korrekt, *Süddeutsche Zeitung*, 08./09.05.2004, zitiert nach: http://www.zmo.de/pressekit/material/Wildangel_Hegasy.pdf (09.04.2011).

[163] Robert Wistrich (2002): Muslim Anti-Semitism. A Clear and Present Danger, New York: The American Jewish Committee.

[164] Wistrich 2002, 51, Anm. 60. Die Tageszeitung, die diesen „Thanks to Hitler" druckte ist *Al-Akhbar*.

[165] Reichstag-Handbuch, II. Wahlperiode 1924, 293–295, 293f. Herzlichen Dank für den Hinweis auf diese Quelle an die Historikerin Susanne Wein, die derzeit an ihrer Dissertation mit dem Arbeitstitel „Antisemitismus in der politischen Kultur der Weimarer Republik. Eine Untersuchung anhand der Debatten im Reichstag 1920 bis 1932" arbeitet.

[166] Gerhard Scheit (2002)/2009: Die Selbstzerstörung der Linken: Von Jean Améry zu Edward Said, in: Friends of Israel (Hg.) (2009): Antizionismus – Nationalsozialismus, Wien: Verein zur Förderung politischer Bildung und gesellschaftskritischer Studien, http://www.keepandshare.com/doc/1116626/brosch2009a-pdf march-16-2009-7-17-pm-280k?da=y (05.04.2011), 14–19, 19.

[167] Zitiert nach Michael M. Laskier (1992): The Jews of Egypt, 1920–1970. In the Midst of Zionism, Anti-Semitism, and the Middle East Conflict, New York/London: New York University Press, 85, Übersetzung d.V. (dort ist eine englische Übersetzung des arabischen Flugblatts abgedruckt).

[168] Laskier 1992, 87, Übersetzung d.V. Er zitiert nach den *Central Zionist Archives* aus Jerusalem, CZA, Z4/14620, S25/5218 – „This is the additional information submitted to the Jewish Agency" (Laskier 1992, 95, Anm. 45).

[169] Laskier 1992, 87.

[170] Israel Gershoni (2001): Beyond Anti-Semitism: Egyptian Responses to German Nazism and Italian Fascism in the 1930s, European University Institute, Florenz, EUI Working Paper RSC No. 2001/32. Zu seinen Quellen vgl. ebd., 24, Anm. 19. Die Wochenzeitung, welche als Quelle für Gershonis These des nazikritischen demokratischen Spektrums Ägyptens herhält, heißt *al-Risala*. Er nennt al-Risala das „wichtigste intellektuelle Forum des Jahrzehnts" (in Ägypten), ebd., und bemerkt, dass er in anderen Schriften weitere Quellen wie Tageszeitungen heranziehe. Hier (und somit für seine These) reicht ihm als Beispiel (pars pro toto) diese eine Wochenzeitung. Dagegen stehen alleine schon die Reden und Texte eines der einflussreichsten Agitatoren der 1930er Jahre bis Ende der 1940er Jahre, Hasan al-Banna, von den pro-nazistischen Einstellungen und antisemitischen Ressentiments der beiden langjährigen späteren ägyptischen Präsidenten Nasser und Sadat ganz zu schweigen. Wenig erkenntnisreich ist die Dissertation von Edmond Cao-Van-Hoa über die Positionen mancher ägyptischer Autoren bezüglich des Nationalsozialismus; er resümiert seine (analytisch und vom Umfang her) dürftige Doktorarbeit: „Die zweifellos in Teilen der arabischen (und damit auch der ägyptischen) Öffentlichkeit gehegten Sympathien für die Person Hitlers und den Nationalsozialismus haben sich in der hier untersuchten ägyptischen Literatur nur in geringem Maße niedergeschlagen" (Edmond Cao-Van-Hoa (1988)/1990: „Der Feind meines Feindes..." Darstellungen des nationalsozialistischen Deutschland in ägyptischen Schriften, Frankfurt am Main u.a.: Peter Lang, 170). Cao-Van-Hoa bedankt sich wie selbstverständlich und ohne Distanz für eine Information beim Orientalisten Bertold Spuler, der im Nationalsozialismus für die Wehrmacht und die Waffen-SS Schulungen mit Muslimen durchführte. Cao-Van-Hoa glaubt Spulers Behauptung, dass es bei den „sog. Mullah-Lehrgängen" nicht um die Vermittlung der Gemeinsamkeiten von Deutschen/dem NS und den Muslimen gegangen sei, vgl. ebd., 66, Anm. 15. Zu Spuler vgl. Stefan Meining (2011): Eine Moschee in Deutschland. Nazis, Geheimdienste und der Aufstieg des politischen Islam im Westen, München: C.H.Beck, 31f.: „Bereits während des Feldzugs im Kaukasus war deutschen Frontoffizieren aufgefallen, dass der Islam trotz der seit über zwanzig Jahren bestehenden kommunistischen Herrschaft noch recht lebendig war. Aus rein pragmatischen Erwägungen hatten deutsche Offiziere 1942 Moscheen geöffnet, die Stalin geschlossen hatte oder entweihen ließ. ‚Überzeugte Anhänger des Islams können keine Bolschewisten sein', erklärte Generalleutnant von Heygendorff nach dem Krieg. (...) Der Islam stand nicht im Widerspruch zu deutschen Kriegszielen. Ein weiterer Vorteil war offensichtlich: Glauben und Beten verschlangen keine Ressourcen an Mensch und Material und waren ungeheuer motivierend. So verwandelte sich der Islam in eine heute weitgehend vergessene Propagandawaffe deutscher Kriegsführung in der Schlussphase des Zweiten Weltkriegs. An hohen Feiertagen und Freitagnachmittag konnten die Legionäre freinehmen. Fastentage wurden, wann immer möglich, respektiert. Soldatengräber wurden nach Mekka ausgerichtet, Kopien des Koran gedruckt und an Soldaten verteilt. Seit dem Juni 1944 bestand in Göttingen sogar für einige Monate eine

Fortbildungseinrichtung für Wehrmachtsimame. Geleitet wurden die Kurse von dem bekannten deutschen Orientalisten Bertold Spuler."

[171] Er publiziert auch den notorischen Antizionisten Rashid Khalidi, einen der treuesten Anhänger Edward Saids. In einem Artikel, den Gershoni herausgegeben hat, geht Khalidi, *Edward Said Professor for Modern Arab Studies* an der *Columbia University*, nicht auf die UN-Resolution vom November 1947 ein und bejammert stattdessen die Niederlage der Araber und Palästinenser im Jahr 1948, als Israel gegründet wurde. Diesen Beitrag haben Israel Gershoni und Ursula Woköck als ‚neue Richtung' in der Geschichtsschreibung zum Nahen Osten publiziert, vgl. Rashid Khalidi (2002): Arab Society in Mandatory Palestine: The Half-Full Glass?, in: Israel Gershoni/Hakan Erdem/Ursula Woköck (Hg.) (2002): Histories of the Modern Middle East. New Directions, Boulder/London: Lynne Rienner Publishers, 229–245. Zu Khalidi und seiner früheren Involviertheit in die 1964 gegründete und bis 1991 und erneut ab 2004 von den USA als Terrororganisation eingestufte *Palestine Liberation Organization* (PLO) – und das vor dem Hintergrund der heutigen Nähe von US-Präsident Barack Obama zu Khalidi – siehe Martin Kramer (2008): Khalidi of the PLO, 30.10.2008, *Sandbox Blog*, http://sandbox.blogcity.com/khalidi_of_the_plo.htm (09.04.2011).

[172] Aus der Ankündigung des *Zentrums für Antisemitismusforschung* (ZfA): „Prof. Israel Gershoni (Tel Aviv Universität) – Kooperation mit dem Zentrum Moderner Orient 22. Juni 2010 (...) Modern Egyptian intellectual history, composed by both Egyptians and non-Egyptians (mainly Western scholars), tend to emphasize the pro-Fascist and pro-Nazi positions and attitudes on the part of important intellectual groups in Egypt, particularly in the years 1936–1945. The lecture will attempt to deconstruct this commonly held narrative, by underlining intellectual mainstream, which actually rejected vehemently Nazism, Fascism, Hitler and Mussolini. Special attention will be given to one of the most important intellectual voices of that era, Ahmad Hasan al-Zayyat. The owner and editor of the most important intellectual weekly in 1930s Egypt and the Arab world, Al-Risala, Zayyat expressed in a most lucid manner stands against Nazi Germany and Hitler, particularly on the eve of the war and its outbreak. Prof. Israel Gershoni is Kaplan Chair Prof. for Modern History of Egypt and is teaching at the Department of Middle Eastern and African History at Tel Aviv University" (http://zfa.kgw.tu-berlin.de/alte_veranstaltungen/veranstaltungen_alt.htm (09.04.2011)).

[173] Sonja Wagenhofer (2004)/2010: „Rassischer" Feind – politischer Freund? Inszenierung und Instrumentalisierung des Araberbildes im nationalsozialistischen Deutschland, Berlin: Klaus Schwarz Verlag. Die Bezugnahme auf Wildangels Abwehr der Analyse der Beziehung von Nationalsozialismus und Arabern findet sich gleich auf Seite 9 (d.h. auf der ersten Seite der Einleitung). „Wie bereits erwähnt war die Arbeit von Gerhard Höpp eine große Inspiration und auch Hilfe für meine Forschung. Ein herzlicher Dank gilt an dieser Stelle dem Zentrum Moderner Orient, das mir die Arbeit mit Gerhard Höpps Nachlass ermöglicht hat. Danken möchte ich Prof. Ulrike Freitag und Prof. Bernd Sösemann, die mich bei der Erarbeitung des vorliegenden Bandes, der 2004 als Magisterarbeit an der Freien Universität eingereicht wurde, betreut und unterstützt haben" (ebd., 7f.).

[174] Häufig werden auch „BMW" oder „Mercedes" als tolle deutsche Produkte gelobt, eigene Erlebnisse des Verfassers mit arabischen Taxifahrern in Israel zwischen 2002 und 2009 belegen dies.

[175] Wildangel 2007, 74.

[176] Wildangel 2007, 75.

[177] Bassam Tibi (1971)/1991: Vom Gottesreich zum Nationalstaat. Islam und panarabischer Nationalismus. Zweite Auflage, Frankfurt am Main: Suhrkamp; Bassam Tibi (1981a)/1997: Arab Nationalism. Between Islam and the Nation-State. Dritte Auflage, London: Macmillan, New York: St. Martin's Press.

[178] Es ist für eine Dissertation dürftig, wenn Wildangel kein einziges Buch von al-Husri im Original auf Arabisch anführt und zitiert, vielmehr bezieht er sich auf eine Sekundärquelle, Cleveland (siehe zu diesem Endnote 182).

[179] Tibi 1991, 105.

[180] Tibi 1991, 189.

[181] Tibi 1991, 190.

[182] Wildangel bezieht sich in seinen wenigen Zitaten zu al-Husri vor allem auf William L. Cleveland, gleichwohl ohne die Kritik von Tibi an dessen Ansatz auch nur zu erwähnen. Tibi kritisierte Cleveland schon in den 1970er Jahren: „Leider verfehlt Cleveland in seiner Darstellung eine zentrale Dimension des Husrischen Werkes. Er verweist zwar stets auf den deutschen Einfluß, kann ihn aber nicht stringent

erklären" (Tibi 1979, 146). Das mag auch daran liegen, dass Cleveland keine deutschen Quellen heranzog (im Gegensatz zu Tibi, der arabische, deutsche, englische und französische Quellen benutzte).

183 Wildangel 2007, 156.

184 Robert Wistrich (2010): A Lethal Obsession. Anti-Semitism from Antiquity to the Global Jihad, New York: Random House.

185 Wistrich 2010, 676, Übersetzung d.V.

186 Wistrich 2010, 676, Übersetzung d.V.

187 Wistrich 2010, 676, Übersetzung d.V.

188 Wistrich 2010, 676, Übersetzung d.V.

189 Wistrich 2010, 678, Übersetzung d.V.

190 Wistrich 2010, 678, Übersetzung d.V.

191 Wistrich 2010, 678, Übersetzung d.V.

192 Wistrich 2010, 679, Übersetzung d.V.

193 Der Bundestagspräsident schloss die Debatte am 1. Juli 2010 im Deutschen Bundestag wie folgt: „Wir kommen zur Abstimmung über den Antrag der Fraktionen der CDU/CSU, der SPD, der FDP und des Bündnisses 90/Die Grünen auf Drucksache 17/2328 mit dem Titel ‚Ereignisse um die Gaza-Flottille aufklären – Lage der Menschen in Gaza verbessern – Nahost-Friedensprozess unterstützen'. Wer stimmt für diesen Antrag? – Wer stimmt dagegen? – Enthaltungen? – Der Antrag ist einstimmig angenommen. (Beifall im ganzen Hause)" (Deutscher Bundestag (2010): Stenografischer Bericht 51. Sitzung, Berlin, Donnerstag, den 1. Juli 2010, Plenarprotokoll 17/51, http://dip21.bundestag.de/dip21/btp/17/17051.pdf (21.05.2011), 5395). Zum Lob für Inge Höger seitens ihres Kollegen Wolfgang Gehrcke vgl. ebd., 5387, die positive Bezugnahme von Philipp Mißfelder auf Gehrcke (und die nur angedeutete Kritik an der Fraktion *Die Linke*) ebd., 5394: „Selbst wenn in der Außendarstellung häufig der Eindruck entsteht, dass die Linkspartei grundsätzlich anderer Meinung sei, so glaube ich doch, Herr Gehrcke, dass gerade auch die Wortbeiträge, die Sie schon an verschiedenen Stellen abgegeben haben, keinen Zweifel daran lassen, dass Sie sich auf einem ähnlichen, gemeinsamen Boden befinden, wie wir das tun. Das gilt für Ihre Fraktion allerdings nur eingeschränkt. Diesen Eindruck habe ich leider häufig. Ich wünschte mir, dass Sie sich vielleicht hätten überwinden können, unseren Antrag zu unterstützen und auf Ihren eigenen Antrag heute zu verzichten."

194 Wien/Wildangel 2004, 9. Wildangel wendet sich gegen Matthias Küntzel und die These, Antisemitismus sei die Ursache und nicht lediglich das Resultat des Nahostkonflikts, vgl. ebd., 393f. Damit vertritt Wildangel eine bekannte These des Antizionismus; er möchte Israelfeindschaft von Antisemitismus trennen.

195 Götz Nordbruch (2009): Rezension zu Klaus-Michael Mallmann/Martin Cüppers (2006): Halbmond und Hakenkreuz. Das Dritte Reich, die Araber und Palästina, Darmstadt: Wissenschaftliche Buchgesellschaft, *Die Welt des Islams*, Vol. 49, Nr. 2, 269–273.

196 Klaus-Michael Mallmann/Martin Cüppers (2006): Halbmond und Hakenkreuz. Das Dritte Reich, die Araber und Palästina, Darmstadt: Wissenschaftliche Buchgesellschaft.

197 Vgl. zum Beispiel Mallmann/Cüppers 2006, 102.

198 Mallmann/Cüppers 2006, 221.

199 Mallmann/Cüppers 2006, 222.

200 Mallmann/Cüppers 2006, 228.

201 Mallmann/Cüppers 2006, 229.

202 Mallmann/Cüppers 2006, 230f.

203 Mallmann/Cüppers 2006, 114f.

204 Mallmann/Cüppers 2006, 253.

205 http://www.sdu.dk/staff/gn?&po=0&ps=30 (24.05.2011).

206 Nordbruch 2009, 272.

207 Götz Nordbruch (2009a): Nazism in Syria and Lebanon. The ambivalence of the German option, 1933–1945, New York/London: Routledge.

208 Nordbruch 2009a, 135, Übersetzung d.V.

209 Der Politikwissenschaftler Karl Rohe hat dafür eine für die Forschung klassische Definition geliefert: „Konzeptionell gesehen besteht der Unterschied zwischen politischer Deutungskultur und politischer

Sozialkultur nur darin, dass sich politische Designs im letzteren Fall zu Mentalitäten (...) auskristallisiert haben, während sie sich im Fall der Deutungskultur entweder noch in der Mappe des Designers befinden oder gerade zwischen Kultursystem und politischem System hin und her gereicht werden" (Karl Rohe (1987): Politische Kultur und der kulturelle Aspekt von politischer Wirklichkeit, in: Dirk Berg-Schlosser/Jakob Schissler (Hg.) (1987): Politische Kultur in Deutschland. Bilanz und Perspektiven der Forschung, *Politische Vierteljahresschrift*, Sonderheft 18, 39–48, 44).

[210] Mallmann/Cüppers 2006.

[211] Mallmann/Cüppers 2006, 7.

[212] Nordbruch 2009, 271f.

[213] Vgl. Thomas Schmidinger (2008): Zur Islamisierung des Antisemitismus, in: Dokumentationsarchiv des österreichischen Widerstandes (Hg.) (2008): Jahrbuch 2008, Wien u.a.: Lit Verlag, 103–139, online: http://www.doew.at/publikationen/jahrbuch/jb08/schmidinger_jb08.pdf (23.07.2010).

[214] Schmidinger ist mitunter auch als Aktivist engagiert, wenn er, ganz der Arbeiterbewegung verpflichtet, zu der Rebellion (er nennt es „Revolution") in Ägypten schreibt: „Für die Linke besteht ein Anlass zum Optimismus darin, dass sich hier soziale Bewegungen gebildet haben, die sich als Teil eines globalen Widerstands gegen die von neoliberalen Strategen durchgesetzten sogenannten Reformen verstehen. Diese neuen sozialen Bewegungen verknüpfen Arbeiterrechte mit demokratischen Rechten, sie sind antiautoritär, undogmatisch und in der Arbeiterklasse verankert. Sie sollten nicht als Gefahr, sondern als potentielle Verbündete begriffen werden, Verbündete, mit denen es sicher viel zu diskutieren und zu streiten gibt, denen wir aber ebenso kritisch wie solidarisch begegnen sollten" (Thomas Schmidinger (2011): Revolution wider den Neoliberalismus, *Jungle World*, 10.03.2011, http://jungle-world.com/artikel/2011/10/42758.html (02.05.2011)).

[215] Nordbruch 2009, 271f.

[216] Matthias Küntzel (2002): Jihad und Judenhass. Über den neuen antisemitischen Krieg, Freiburg: ca ira.; Matthias Küntzel (2004): Von Zeesen bis Beirut. Nationalsozialismus und Antisemitismus in der arabischen Welt, http://www.matthiaskuentzel.de/contents/von-zeesen-bis-beirut (19.02.2011). Der Text erschien auch in dem Sammelband Doron Rabinovici/Ulrich Speck/Nathan Sznaider (Hg.) (2004): Neuer Antisemitismus? Eine globale Debatte, Frankfurt am Main: Suhrkamp; Matthias Küntzel (2009): Die Deutschen und der Iran. Geschichte und Gegenwart einer verhängnisvollen Freundschaft, Berlin: wjs Verlag.

[217] Jeffrey Herf (2010): *Hitlers Dschihad.* Nationalsozialistische Rundfunkpropaganda für Nordafrika und den Nahen Osten, *Vierteljahreshefte für Zeitgeschichte*, 58. Jg., Heft 2, 259–286; Jeffrey Herf (2009): Nazi Propaganda for the Arab World, New Haven: Yale University Press.

[218] Die Stiftung schreibt, der emeritierte Professor Stefan Wild erhalte den Preis „für seine wissenschaftliche Arbeit auf dem Gebiet der islamisch-arabischen Geistesgeschichte, insbesondere seine Studien zum sprachlichen Verständnis des Koran sowie zur Einordnung des sozialen und politischen Umfeldes von islamischer Religiosität" (http://www.reuter-stiftung.de/projekt/index.html (22.05.2011)). Die „Festansprache" hielt der damalige Bundesinnenminister Otto Schily. Weitere Preisträger des Preises der *Helga und Edzard Reuter-Stiftung* sind z.B. die in dieser Studie kritisierten Navid Kermani (vgl. Kapitel 1.1) und Werner Schiffauer (vgl. Kapitel 4.5). Kermani erhielt den Preis 2003 „für seine wissenschaftliche Arbeit zur Förderung des gegenseitigen Verstehens zwischen Christentum und Islam", die Festansprache hielt der Oberbürgermeister der Stadt Mannheim, Gerhard Widder; Schiffauer bekam die Auszeichnung 2011 „für seine wissenschaftlichen Arbeit und sein beharrliches Bemühen um eine vorurteilsfreie und deswegen fruchtbare Integration innerhalb der europäischen Gesellschaften", Festansprache von der Politikwissenschaftlerin und ehemaligen Bundespräsidenten-Kandidatin Gesine Schwan, alle Informationen auf der Stiftungsseite http://www.reuter-stiftung.de/projekt/index.html (22.05.2011).

[219] Wild 2003.

[220] Wild 2003, 133.

[221] Schaul Baumann (2005): Die Deutsche Glaubensbewegung und ihr Gründer Jakob Wilhelm Hauer (1881–1962), Marburg: Diagonal Verlag. Es handelt sich dabei die Doktorarbeit des israelischen Religionswissenschaftlers Schaul Baumann, der 1939 als Jude aus Wien fliehen musste und seine Mutter nie wieder sah.

[222] Hans Lindemann (1941): Der Islam im Aufbruch, in Abwehr und Angriff. Mit 1 Karte und 4 Kunstdrucktafeln, Leipzig: Friedrich Brandstetter, 3.

[223] Lindemann 1941, 4.

[224] Lindemann 1941, 4.

[225] Lindemann 1941, 84.

[226] Hinweis von Wolfgang G. Schwanitz, Oktober 2010.

[227] Wild 2003, 139f. Wild sagt: „Dennoch waren manche ihrer Äußerungen missverständlich und von unpolitischer Naivität" (ebd., 139).

[228] http://www.anglistik.uni-muenster.de/en/ptts/Muenster/team/schmitz.html (11.06.2011).

[229] Als ein Beispiel sei eine größere Konferenz zu Postkolonialismus am „Frankfurt Research Center for postcolonial studies" im Juni 2011 genannt: „Colonial Legacies, Postcolonial contestations: Decolonizing the Social Sciences and the Humanities, International Graduate Conference. 16th-18th June 2011, Goethe University Frankfurt", http://www.frcps.uni-frankfurt.de/wordpress/wp-content/uploads/2010/07/FRCPS-IGC-2011-Program1.pdf (11.06.2011).

[230] Markus Schmitz (2008): Kulturkritik ohne Zentrum. Edward W. Said und die Kontrapunkte kritischer Dekolonisation, Bielefeld: transcript.

[231] Martin Kramer (2001): Ivory towers on sand: the failure of Middle Eastern studies in America, Washington D.C.: The Washington Institute for Near East Policy, online: http://scholar.harvard.edu/martinkramer/files/IvoryTowers.pdf (30.04.2011).

[232] Vgl. Kramer 2001, 131.

[233] Kramer 2001, 37, Übersetzung d.V.

[234] Kramer 2001, 28, Übersetzung d.V.

[235] Kramer 2001, 51, Übersetzung d.V.

[236] Vgl. Kramer 2001, 52–55.

[237] Kramer 2001, 56.

[238] Kramer 2001, 56.

[239] Schmitz 2008, 228. Das *Middle East Forum* Projekt „Campus Watch" wird als „McCarthyesk" diffamiert, ebd., 227.

[240] Stefan Wild (2003a): Rezension von Martin Kramer, Ivory Towers on Sand. The Failure of MiddleEastern Studies in America, Washington D.C. 2001, ISBN 0-94 4029-49-3, 130 S., U.S. $ 19,95, *Die Welt des Islams*, Vol. 43, Nr. 2, 290–292, 290f.

[241] Wild 2003a, 292.

[242] Vgl. Wickert 2001: „Wenn aber die politischen Vertreter der westlichen Zivilisation solche Aussagen hinnehmen, dann verstärken sie das Gefühl der Erniedrigung in den islamischen Ländern und bestätigen, was Arundhati Roy, die wichtigste Schriftstellerin Indiens, dieser Tage sagt: ‚Osama Bin Laden ist das amerikanische Familiengeheimnis, der dunkle Doppelgänger des amerikanischen Präsidenten.' Bush ist kein Mörder und Terrorist. Aber die Denkstrukturen sind die gleichen."

[243] Vgl. Clemens Heni (2008b): „Giftmischer von Bush bis Bin Laden." Die Muslime sind die Juden von heute, sagt der Scheibenwischer Hagen Rether in der ARD, *SPME*, 08.01.2008, http://spme.net/cgi-bin/articles.cgi?ID=3433 (07.07.2011).

[244] „Die Preisträger 2008", *Unterhaus Mainz*, http://www.unterhaus-mainz.de/ver03/Kleinkunstpreis/K_Preistraeger_2008.php (19.02.2011).

[245] http://www.orient.uni-freiburg.de/islam/mitarbeiter/poya (11.06.2011).

[246] Abbas Poya/Maurus Reinkowski (Hg.) (2008): Das Unbehagen in der Islamwissenschaft. Ein klassisches Fach im Scheinwerferlicht der Politik und der Medien, Bielefeld: transcript.

[247] Siehe Abbas Poya (2008a): Ist das Tor des ‚Igtihad' in der Islamwissenschaft geschlossen?, in: Ders./Maurus Reinkowski (Hg.) (2008), 243–262, 258f.

[248] Udo Steinbach (2008): Die Täter zu Opfern, die Opfer zu Tätern machen – Räume und Grenzen islamwissenschaftlicher Politikdeutung, in: Poya/Reinkowski (Hg.) (2008), 223–239, 228.

[249] http://www.ash-berlin.eu/hsl/index.phtml?id=762 (11.06.2011).

[250] Iman Attia (2007): Kulturrassismus und Gesellschaftskritik, in: Dies. (Hg.) (2007a): Orient- und IslamBilder. Interdisziplinäre Beiträge zu Orientalismus und antimuslimischem Rassismus, Münster: Unrast Verlag, 5–28, 9.

[251] Renate Dieterich (2003): Rezension von Tariq Ramadan „Muslimsein in Europa. Untersuchungen der islamischen Quellen im europäischen Kontext, Köln: MSV-Verlag 2001, *Die Welt des Islams*, Vol. 43, Nr. 2, 300–302, 300.

[252] Dieterich 2003, 302.

[253] Christian Noack (2003): Rezension von Sebastian Cwiklinski: Wolgatataren im Deutschland des Zweiten Weltkriegs. Deutsche Ostpolitik und tatarischer Nationalismus, Berlin: Klaus Schwarz Verlag 2002, *Die Welt des Islams*, Vol. 43, Nr. 3, 396–398, 397. Noack hat über „muslimisch-tatarische Selbstkonzepte" promoviert, wie eine Besprechung seiner Dissertation „Muslimischer Nationalismus im Russischen Reich. Nationsbildung und Nationalbewegung bei Tataren und Baschkiren 1861–1917, Stuttgart: Franz Steiner Verlag 2000" zeigt, siehe Eva-Maria Auch (2003): Rezension von Noack, Muslimischer Nationalismus..., *Die Welt des Islams*, Vol. 43, Nr. 3, 407f.

[254] Stephan Rosiny (2004): Rezension von Ferdinand Smit (2000): The Battle for South Lebanon. The Radicalisation of Lebanon's Shi'ites 1982–1985, Amsterdam: Bulaaq, *Die Welt des Islams*, Vol. 44, Nr. 1, 147–150, 149.

[255] Stephan Rosiny (2002): Rezension von: Waddah Scharara, Daulat „Hizb Allah." Lubnan mugtama'an islamiyan (Der Hizb Allah–Staat. Der Libanon – eine islamische Gesellschaft), Beirut: Dar an-Nahar 1997², *Die Welt des Islams*, Vol. 42, Nr. 2, 272–274.

[256] Rosiny 2002, 273.

[257] Rosiny 2002, 272.

[258] Ulrike Freitag (2003): Der Orientalist und der Mufti: Kulturkontakt im Mekka des 19. Jahrhunderts, *Die Welt des Islams*, Vol. 43, Nr. 1, 37–60.

[259] Freitag 2003, 59.

[260] http://www.zmo.de/Mitarbeiter/Freitag/Curriculum_Vitae.htm (11.06.2011).

[261] Marielle Ourghi (2009): „Ein Licht umgab mich..." – Die eschatologischen Visionen des iranischen Präsidenten Mahmud Ahmadinezad, *Die Welt des Islams*, Vol. 49, Nr. 2, 163–180, 165.

[262] Ourghi 2009, 164.

[263] Ourghi 2009, 171.

[264] Ourghi 2009, 171ff.

[265] Amidu Olalekan Sanni (2009): Rezension von Katajun Amirpur/Ludwig Ammann (Hg.) (2006), Der Islam – Liberale und konservative Reformer am Wendepunkt einer Weltreligion, Freiburg/Basel/Wien: Herder Verlag, *Die Welt des Islams*, Vol. 49, Nr. 2, 248–250, 249.

[266] Jamal Malik (2009): Rezension von Jörg Hüttermann (2002), Islamische Mystik – Ein ‚gemachtes Milieu' im Kontext von Modernität und Globalität, Würzburg: Ergon Verlag, *Die Welt des Islams*, Vol. 49, Nr. 1, 130–133, 132.

[267] Siehe die Liste der einzelnen Projekte: http://www2.uni-erfurt.de/mobilisierung_religion/einzelprojekte.htm (22.09.2010).

[268] Lutz Berger (2010): Islamische Theologie, Wien: facultas wuv (UTB).

[269] Lutz Berger (2005): Ein türkischer Reformtheologe? Zekeriya Beyaz zwischen Tradition und Politik, *Die Welt des Islams*, Vol. 45, Nr. 1, 74–107.

[270] Lutz Berger (2008): Mit der Waffe des Islams gegen Zionisten und Anthropomorphisten. Die politische Relevanz mittelalterlicher Theologie im ibaditischen Islam der Gegenwart, *Die Welt des Islams*, Vol. 48, Nr.2, 222–239.

[271] Berger 2005, 77, Anm. 12: „Woher Beyaz seine Kenntnis um die Irrlehren der Christen nimmt, bleibt folglich unklar. Eigentlich könnte man gerade von ihm bessere Informationen über christliche Lehren erwarten, denn sein Verhältnis zu den Vertretern des etablierten Christentums etwa in Deutschland ist erstaunlich gut entwickelt. Eine auf deutsche Seiten beschränkte Internetrecherche zeigt (...) dass er gern gesehener Gast bei den Tagungen der zur Evangelischen Landeskirche Kurhessen-Waldeck gehörenden Akademie Hofgeismar ist; auch der Landesbischof tritt mit ihm zusammen auf. Bei einer für Herbst 2003 in Kassel in Zusammenarbeit mit der Evangelischen Akademie Hofgeismar geplanten Tagung der nordhessischen Wirtschaft sollte Beyaz als Vertreter eines aufgeklärten Islam mit von der Partie sein. Aber auch ansonsten hat Beyaz in Deutschland gute Kontakte. Die Münchner Frauenverbände zählten 2003 auf ihn für den internationalen Frauentag 8.3.2003 zum Thema ‚Die Frau im Islam'. Ebenfalls in München trat Beyaz bei von der Friedrich-Ebert-Stiftung veranstalteten Kulturwochen auf."

[272] Berger 2005, 97–101.

[273] Berger 2005, 103.

[274] Berger 2005, 102, Anm. 101.

[275] Berger 2005, 93f.

[276] Berger 2005, 94.

[277] Berger 2005, 93.

[278] Berger 2010, 143f.

[279] „Eklat beim Wirtschaftsforum. Erdogans Gespür für Wut“, *Spiegel Online*, 30.01.2009, http://www.spiegel.de/politik/ausland/0,1518,604631,00.html (26.02.2011).

[280] Bassam Tibi (2009): Islamists Approach Europe. Turkey's Islamist Danger, *Middle East Quarterly*, Vol. XVI, No. 1, 47–54, online: http://www.meforum.org/2047/islamists-approach-europe (26.02.2011), Übersetzung d.V.

[281] Aus dem Album „Damenwahl“ der Toten Hosen von 1986, Text auf http://www.dietotenhosen.de/veroeffentlichungen_songtexte.php?text=alben/bzbe/wort_zum_sonntag.php (22.07.2010).

[282] Die fürchterliche Geschichte der jungen, 18jährigen (von der Presse so genannten) Aisha aus Afghanistan, der die Ohren und die Nase abgeschnitten wurden wegen ihrer Unangepasstheit an den Islamistischen Alltag, hat für einen kurzen Augenblick die Medien und die Öffentlichkeit aufgeschreckt. Aisha hat überlebt, *Time*, 29.07.2010, Aryn Baker, „Afghan Women and the Return of the Taliban“, http://www.time.com/time/world/article/0,8599,2007238,00.html (13.08.2010).

[283] „Jürgen Trittin fordert mehr Macht für die Taliban. Jürgen Trittin möchte die Taliban an der Macht in Afghanistan beteiligen. Ein Kandidat: Taliban-Führer Mullah Omar“, *Welt Online*, 09.08.2010, http://www.welt.de/politik/deutschland/article8897936/Juergen-Trittin-fordert-mehr-Macht-fuer-die-Taliban.html (13.08.2010).

[284] „Die israelische Regierung ist empört über die Verleihung des Bundesverdienstkreuzes an die Jüdin Felicia Langer. Sie hatte Israel in der Vergangenheit unter anderem als ‚Apartheid der Gegenwart‘ bezeichnet“ (Benjamin Weinthal (2009a): Israel kritisiert Köhler wegen Orden für Jüdin, *Der Tagesspiegel*, 24.07.2009, http://www.tagesspiegel.de/zeitung/israel-kritisiert-koehler-wegen-orden-fuer-juedin/1564032.html (11.03.2011)).

[285] http://web.apb-tutzing.de/apb/cms/uploads/Tagungsprogramme/2011/3-2-11-programm.pdf (03.01.2011). Der Titel ist „Feindbild Islam und Antisemitismus – ein umstrittener Vergleich“ – das erinnert stark an eine Tagung am ZfA in Berlin im Dezember 2008, auf die in dieser Studie mehrfach Bezug genommen wird. Auf der Seite *H-Soz-u-Kult*, einem bekannten Internetportal für die Geschichtswissenschaft und verwandte Forschungsgebiete, wurde die Ankündigung für diese Tagung am 19.12.2010 online gestellt, http://hsozkult.geschichte.hu-berlin.de/termine/id=15368 (03.01.2011). Mancher vorgesehene Referent sagte doch noch ab; das veränderte Tagungsprogramm ist auf der Seite der Tutzinger Organisatoren dokumentiert, http://web.apb-tutzing.de/apb/cms/uploads/Tagungsprogramme/2011/3-2-11-programm.pdf (08.02.2011).

[286] Julius H. Schoeps (2010): Abwegige Parallelen. Wenn Islamophobie und Antisemitismus in einem Topf landen, *Die Jüdische*, www.juedische.at (15.01.2010), online: http://spme.net/cgi-bin/articles.cgi?ID=6406 (14.04.2011).

[287] Zum MMZ vgl. auch Kapitel 5.5.

[288] Achim Rohde (2010): Unter Südländern. Zur Geschichte der Orientalistik und Judaistik in Deutschland, *Zeitschrift für Geschichtswissenschaft*, 58. Jg., H. 7/8, 639–652, 651f.

[289] http://www.uni-marburg.de/cnms/politik/team/gastdozierende/rohde/rohde-kurz-bio (24.05.2011).

[290] Rainer Glagow (2005): Die „Islamische Charta“ des Zentralrats der Muslime – eine kritische Wertung, in: Hans Zehetmair (Hg.) (2005): Der Islam. Im Spannungsfeld von Konflikt und Dialog, Wiesbaden: VS Verlag für Sozialwissenschaften, 334–352.

[291] „8. Mai 1945 – Gegen das Vergessen – 8. Mai 2005“; darin heißt es: „Zum anderen ist der 8. Mai 1945 der Tag der Niederlage der Wehrmacht, der Beginn der deutschen Teilung und des teilweise grausamen Schicksals der Zivilbevölkerung und der Soldaten in den ersten Nachkriegsjahren“ (http://www.staatspolitik.de/downloads/sonstiges/050426_aufruf_faz.pdf (25.03.2011)). Der 8. Mai ist der Tag der Befreiung Europas und der Welt vom nationalsozialistischen Deutschland.

[292] „Nachruf auf Dr. phil. Rainer Glagow – 1941–2010“, *Politically Incorrect*, 29.07.2010, http://www.pi-news.net/2010/07/nachruf-auf-dr-phil-rainer-glagow-1941-2010/ (26.03.2011).

[293] Neben teils interessanten Beiträgen in einem Sammelband wurde auch ein Autor wie Meier aufgenommen, siehe Conny Axel Meier (2010): Feindbild Islam kontra Wunschbild Islam, in: Hartmut Krauss (Hg.) (2010): Feindbild Islamkritik. Wenn die Grenzen zur Verzerrung und Diffamierung überschritten werden, Osnabrück: Hintergrund Verlag, 131–136. In dem Buch selbst wird erwähnt, Meier sei „Bundesgeschäftsführer des BPE", was etwas verdruckst wirkt, da kaum alle Leser wissen dürften, was BPE (Bürgerbewegung Pax Europa) heißt, vgl. Krauss (Hg.) (2010), 360. Die „Bürgerbewegung Pax Europa e.V." wurde am 17. Mai 2008 aus einem Zusammenschluss der „BDB Bundesverband der Bürgerbewegungen e.V." und dem Verein „Pax Europa e.V." gegründet (http://www.buergerbewegung-pax-europa.de/verein/index.php (11.05.2011)). Die Programmatik der *Bürgerbewegung Pax Europa* lautet wie folgt: „Er ist ausschließlich der Bewahrung der christlich-jüdischen Tradition unserer europäischen Kultur und der Erhaltung der freiheitlich-demokratischen Grundordnung verpflichtet. Der Verein will über die schleichende Islamisierung Europas aufklären. Er richtet sich nicht ‚gegen die Muslime', er tritt vielmehr für den Erhalt des christlich-jüdisch geprägten europäischen Werteverbundes ein" (ebd.). Dieses Geschwätz geht über die Tatsache hinweg, dass es einen solchen „christlich-jüdischen Werteverbund" niemals gab. Vgl. z.B. zum Antisemitismus im Deutschen Kaiserreich die Kapitel 1.7.7 und 1.7.8 dieser Studie. Dagegen gibt es historisch eine Nähe vom islamischen zum christlichen Antisemitismus. Die Agitation gegen Muslime, Moscheen etc., häufig unter das Label „Islamisierung" rubriziert, ist lediglich ein neuer Zug im (extrem) rechten Spektrum, das sich pro-israelisch gibt, aber verleugnet, dass die europäische Geschichte eine des Antisemitismus ist. Im Internet wird die „Bürgerbewegung Pax Europa" unter anderem vom einflussreichen Blog „Politically Incorrect" unterstützt; Gleiches gilt für die Seite „europenews", http://europenews.dk/de/node/10274 (11.05.2011). Kritik an der *Bürgerbewegung Pax Europa* (BPE) bei Sebastian Edathy/Bernd Sommer (2009): Die zwei Gesichter des Rechtsextremismus in Deutschland – Themen, Machtressourcen und Mobilisierungspotentiale der extremen Rechten, in: Stephan Braun/Alexander Geisler/Martin Gerster (Hg.) (2009): Strategien der extremen Rechten. Hintergründe – Analysen –Antworten, Wiesbaden: VS Verlag für Sozialwissenschaften, 45–57, 53. Zur Kritik an der extrem rechten „pro-Bewegung" siehe Alexander Häussler (2009): Antiislamischer Rechtspopulismus in der extremen Rechten – die „PRO"-Bewegung als neue Kraft?, in: Braun/Geisler/Gerster (Hg.) (2009), 130–147. Der Begriff „Rechtspopulismus" ist wenig hilfreich, kaum jemand redet von „Linkspopulismus" oder „Islampopulismus". Zudem hat Häussler selbst eine problematische Sicht auf den Islamismus und verharmlost ihn eher, insbesondere in seiner weltpolitischen Dimension. Er bezieht sich auf unseriöse Autorinnen wie Sabine Schiffer (Häussler 2009, 143); zu Schiffer siehe Jan-Philipp Hein (2010): Das seltsame Institut der Sabine S., *Kölner Stadtanzeiger*, 12.01.2010, http://www.ksta.de/html/artikel/1262688277997.shtml (10.03.2011).

[294] „In Neukölln ist ein Fahnenstreit entbrannt. An der Neuköllner Sonnenallee haben arabischstämmige Anwohner eine große Deutschlandflagge an der Fassade ihres Hauses angebracht. Nun müssen sie die Fahne gegen Übergriffe aus der linken Szene verteidigen", *Berliner Morgenpost*, 26.06.2010, http://www.morgenpost.de/berlin-aktuell/article1332648/In-Neukoelln-ist-ein-Fahnenstreit-entbrannt.html (26.03.2011).

[295] Der Politologe Volker Kronenberg, bekannt als Interviewpartner diverser Fernsehsender, plädiert für den 9. November als „Tag der Deutschen"; 1989 schlägt also 1938 – das ist die neu-deutsche Ideologie. Das nennt sich „Patriotismus 2.0" und ist doch nur sekundärer Antisemitismus, eine Erinnerungsabwehr und Propaganda für ein Wohlfühldeutschland, für eine ‚Volksgemeinschaft', gegen – wörtlich – ein „Gesellschaftsmodell egoistischer, bindungsloser ‚Ichlinge'" (Volker Kronenberg (2010): Patriotismus 2.0. Gemeinwohl und Bürgersinn in der Bundesrepublik Deutschland, München: Olzog Verlag, 134). Kronenberg hat ein 10-Punkte-Programm für seinen „Patriotismus 2.0" entwickelt und schreibt zum Jahrestag des Novemberpogroms von 1938: „9. Ein geschichtsbewusster Patriotismus legt den 9. November als ‚Tag der Deutschen' nahe. Die Vielschichtigkeit der deutschen Geschichte spiegelt sich nicht im 3. Oktober, dem ‚Tag der Deutschen Einheit', wider, sondern im 9. November. Der 9. November ist als geschichtsmächtiger und zukunftsverpflichtender Tag des Leidens und der Leidenschaften ‚der' Tag, an dem die Deutschen sich künftig ihrer republikanischen Fundamente – Gemeinwohl und Bürgersinn – in Frieden und Freiheit vergewissern sollten" (ebd.). Mit seiner Aversion gegen das ‚ich' und seinem Einsatz für das Aufgehen (=Untergehen) der einzelnen in einer Gemeinschaft hat Kronenberg mit den Islamisten viel gemeinsam.

[296] http://www.linkstrend-stoppen.de/index.php?id=unterzeichner (25.03.2011).

[297] Menno Aden (2009): Interview mit Muslim-Markt, 07.01.2009, http://www.muslim-markt.de/interview/2009/aden.htm (07.01.2011).

[298] Wolfgang Benz (2010a): Interview mit Muslim-Markt, 01.11.2010, www.muslim-markt.de/interview /2010/benz.htm (06.01.2011).

[299] Frank Jansen/Heike Kleffner/Johannes Radke/Toralf Staud (2010): 137 Todesopfer rechter Gewalt, *Der Tagesspiegel*, 15.09.2010, http://www.tagesspiegel.de/politik/rechtsextremismus/137-todesopfer-rechter-gewalt/1934424.html (23.03.2011). Zur Kritik an Staud, der einen der einflussreichsten Neuen Rechten, Henning Eichberg, falsch (und eher als irgendwie ‚links') einschätzt und den Forschungsstand zur Neuen Rechten an diesem Punkt um Jahrzehnte zurückwirft, siehe Heni 2007, 35, Anm. 37.

[300] Heni 2007, 380f.

[301] Claudia Dantschke (2009): Zwischen Feindbild und Partner: Die extreme Rechte und der Islamismus, in: Braun/Geisler/Gerster (Hg.) (2009), 440–460, 449.

[302] Heni 2007, 309f.

[303] Heni 2007, 340.

[304] Dantschke 2009, 457f.

[305] Zitiert nach Heni 2007, 340.

[306] Dantschke 2009, 448. „Als muslimische Vereine und Verbände aus verschiedenen Städten Westfalens am 15. März 2008 in Bielefeld für ‚ein freies Palästina' demonstrierten, marschierten dann auch Anhänger der ‚Nationalen Sozialisten aus Schaumburg und OWL' (Freie Kameradschaft Gütersloh) mit. (...) Dass sich rechtsextreme Kameraden unter die 300 Teilnehmer dieser Demonstration mischten, dürfte vor dem Hintergrund dieser völlig einseitig gegen den Staat Israel ausgerichteten Losungen kaum verwundern. In ihrem Internetportal feiern sie danach diese ‚Demonstration gegen Landraub, Rassismus und Mord' als Ausdruck der Forderung nach ‚Freiheit und Selbstbestimmung nicht nur für unser Volk, sondern für alle Völker in ihrer angestammten Heimat'. Der ‚wahre Rassismus', so die Argumentation der Neonazis, sei ‚für uns Nationale Sozialisten auch Multikulti-Wahn, der alle freien Völker beseitigen will um einen Einheitsmenschen zu schaffen, der dem ‚Geist' willens und untertan ist'. Und deshalb sei der wahre Schuldige eben jener ‚Geist', ‚der seit Tausenden von Jahren seinen Pesthauch in die gesunden Völker dieser Welt streut'. Es handelt sich hier um eine Verklausulierung des rechtsextremistischen antisemitischen Topos der ‚jüdisch-amerikanischen Verschwörung zur Weltherrschaft'" (ebd.). Diese völkische Theorie basiert auf dem „Ethnopluralismus" („Deutschland den Deutschen" oder den „deutschen Deutschen", die „Türkei den Türken", „Russland den Russen" etc.), einem Kernpunkt neu-rechter Ideologie, in der Bundesrepublik federführend von Henning Eichberg seit den 1970er Jahren propagiert; zu Eichberg und seiner Bedeutung für die politische Kultur der Bundesrepublik von 1970–2005 siehe umfassend Heni 2007.

[307] Dantschke 2009, 457.

[308] Ralph Ghadban (2006): Tariq Ramadan und die Islamisierung Europas, Berlin: Verlag Hans Schiler, 8.

[309] Vgl. zum Beispiel den Artikel des Herausgebers Thorsten Gerald Schneiders (2009): Die Schattenseite der Islamkritik. Darstellung und Analyse der Argumentationsstrategien von Henryk M. Broder, Ralph Giordano, Necla Kelek, Alice Schwarzer und anderen, in: Ders. (Hg.) (2009a): Islamfeindlichkeit. Wenn die Grenzen verschwimmen, Wiesbaden: VS Verlag für Sozialwissenschaften, 403–432.

[310] Zu den bekannteren Autoren zu zählen sind Micha Brumlik, Navid Kermani, Birgit Rommelspacher und Y. Michal Bodemann, zudem schreiben z.B. Siegfried Jäger, Jochen Hippler, Sabine Schiffer, Kai Hafez, Dieter Oberndörfer und Heiner Bielefeldt in dem Band, selbst der Islamismuskritiker Martin Riexinger (unabhängig davon, ob seine Kritik an Hans-Peter Raddatz zutreffend ist) ist unter den Autoren (vgl. zu Riexingers Kritik an Hassan Hanafi Kapitel 2.4).

[311] Thorsten Gerald Schneiders (2009b): Einleitung, in: Ders. (Hg.) (2009a), 9–15, 9f.

[312] Schneiders 2009b, 12.

[313] Heni 2002, vgl. Kapitel 5.4.

[314] Auch der in England an der University Warwick lehrende Soziologe Robert Fine verharmlost den Antisemitismus und setzt ihn mit „Rassismus" gleich, den es gleichermaßen (!) gegen „Schwarze" oder „Muslime" gebe bzw. geben könne. In der bekannten Zeitschrift *Patterns of Prejudice* schrieb er 2009: „Anti-racism implies resistance to all forms of racism, whether against Jews or Blacks or Muslims, and alertness to their inter-connections" (Robert Fine (2009): Fighting with phantoms: a contribution to the debate on antisemitism in Europe, *Patterns of Prejudice*, Vol. 43, No. 5, 459–479, 473). Dabei müsste Fine der Unterschied zwischen Rassismus auf der einen und Antisemitismus und Genozid auf der anderen Seite bewusst sein, hat er sich doch intensiv mit Südafrika befasst, vgl. ebd. 477, Anm. 51. Dort gab

es keinen Holocaust. Unter Wissenschaftlern wie Aktivisten ist es fälschlicherweise Usus („Gewohnheit"), Rassismus als Obergriff zu nehmen und die Spezifik sowie den präzedenzlosen Charakter des Holocaust und des Antisemitismus von vornherein aus dem Analysehorizont zu verbannen. Es ist bemerkenswert und ein Zeichen des Zeitgeistes, dass Fine gerade nach 9/11 und inmitten eines weltweit sehr heftigen Antisemitismus' den Judenhass verharmlost und mit Rassismus gegenüber Schwarzen und Muslimen in eine Schublade steckt. Zu Fine vgl. Kapitel 1.7.12.

315 Henning Melber (1992): Kontinuitäten totaler Herrschaft: Völkermord und Apartheid in „Deutsch-Südwestafrika." Zur kolonialen Herrschaftspraxis im Deutschen Kaiserreich, in: Wolfgang Benz (Hg.) (1992): Jahrbuch für Antisemitismusforschung 1, Frankfurt am Main/New York: Campus Verlag, 91–116.

316 Melber zitiert Karl-Heinz Roth aus dem Buch „Das Fünfhundertjährige Reich" (1990), Melber 1992, 110, vgl. ebd., 114, Anm. 60–64.

317 Melber 1992, 109.

318 Peter Schmitt-Egner (1975): Kolonialismus und Faschismus. Eine Studie zur historischen und begrifflichen Genesis faschistischer Bewußtseinsformen am deutschen Beispiel, Giessen/Lollar: Verlag Andreas Achenbach.

319 Für „die Durchsicht des Manuskripts und manche Anregung aufgrund gemeinsamer Diskussionen" bedankt sich Schmitt-Egner bei „Barbara Brick, Dan Diner, Moische Postone und Helmuth Reinicke", Schmitt-Egner 1975, 5.

320 Clemens Heni (2008): „Sekundärer Antisemitismus." Ein kaum erforschter Teil des Post-Holocaust-Antisemitismus, *Tribüne. Zeitschrift zum Verständnis des Judentums*, 47. Jg., Heft 187, 132–142, 138, online: http://www.tribuene-verlag.de/TRI_Heni.pdf (11.03.2011); vgl. Clemens Heni (2008a): Secondary Anti-Semitism. From Hard-core to soft-core denial of the Shoah, *Jewish Political Studies Review*, Vol. 20, Nrs. 3–4, 73–92, online: http://www.jcpa.org/JCPA/Templates/ShowPage.asp?DBID=1&LNGID=1&TMID=111&FID=624&PID=0&IID=2675 (11.03.2011).

321 Melber 1992, 110.

322 Jürgen Zimmerer (2003): Holocaust und Kolonialismus. Beitrag zu einer Archäologie des genozidalen Gedankens, *Zeitschrift für Geschichtswissenschaft*, 51. Jg., H. 12, 1098–1119, 1118.

323 Mike Davis (2001): Late Victorian Holocausts. El Nino Famines and the Making of the Third World, London/New York: Verso, 22, Übersetzung d.V.

324 Davis 2001, 15, Übersetzung d.V.

325 Mike Davis (2005): The Great Wall of Capital, in: Michael Sorkin (Hg.) (2005): Against the Wall. Israel's Barrier to Peace, New York/London: The New Press, 88–99.

326 Davis 2005, 88, Übersetzung d.V.

327 Davis 2005, 88, Übersetzung d.V.

328 In einem Essay hat Davis sein Buchprojekt vorgestellt, Mike Davis (2006): Poor Man's Air Force. A History of the car bomb. Introduction by Tom Engelhardt, Coldtype, http://www.coldtype.net/Assets.06/Essays.06/0906.Davis.Bomb.pdf (23.04.2011).

329 http://www.metropol-verlag.de/pp/zfg/pp/redaktion.htm (21.09.2010).

330 http://www.metropol-verlag.de/pp/zfg/pp/presse.htm (21.09.2010).

331 „‚I want to be a shahid': Flotilla activist hoped for martyrdom", 03.06.2010, http://www.haaretz.com/news/diplomacy-defense/i-want-to-be-a-shahid-flotilla-activist-hoped-for-martyrdom-1.293953 (08.02.2011).

332 Screenshots einiger dieser Einträge sind aus dokumentarischen Zwecken hier zu finden: http://clemensheni.files.wordpress.com/2010/06/mordaufrufe-deutsch-turkischer-antisemitismus-fb-krass.pdf (21.09.2010).

333 Clemens Heni (2010a): Schabbat Schalom. Eine Seminarreihe, *Tribüne. Zeitschrift zum Verständnis des Judentums*, 49. Jg., Heft 195, 21–25, 21.

334 Heni 2010a, 21.

335 Wolfgang Benz (2010): Zur Genese und Tradition des Feindbildes Islam. Einleitende Bemerkungen zum Themenheft Islambilder vom Mittelalter bis zum Ersten Weltkrieg. Traditionen der Abwehr, Romantisierung, Exotisierung, *Zeitschrift für Geschichtswissenschaft*, 58. Jg., Heft 7/8, 585–590, 585.

336 Benz 2010, 586.

[337] Rohde 2010, 639.

[338] Häufig wird Washington D.C. als Anschlagsort genannt, obwohl sich das *Pentagon* im angrenzenden Bundesstaat Virginia befindet.

[339] Broder 2002, 27.

[340] Broder 2002, 30.

[341] Broder 2002, 39.

[342] Peter Heine (2003): Islam zur Einführung, Hamburg: Junius Verlag, 7. Die im Junius Verlag erscheinenden Bände aus der Reihe „Zur Einführung" sind günstig, haben ein handliches Format und stellen einflussreiche Denker wie auch Theorien, philosophische Strömungen, Ideologien etc. vor.

[343] Heine 2003, 139.

[344] Rohde 2010, 645.

[345] Siegfried Kohlhammer (2002): Populistisch, antiwissenschaftlich, erfolgreich. Edward Saids „Orientalismus", *Merkur*, Jg. 56, Heft 636, April 2002, 289–299, 298.

[346] Siegfried Kohlhammer (2010): Das Ende Europas? Ansichten zur Integration der Muslime, *Merkur*, Jg. 64, Heft 731, April 2010, 337–347, 347.

[347] Siegfried Kohlhammer (2011): Islam und Toleranz. Von angenehmen Märchen und unangenehmen Tatsachen, Springe: zu Klampen.

[348] Kohlhammer 2011, 137.

[349] Kohlhammer 2011, 138f., Anm. 15.

[350] „CBS, Stastistical abstracot of Israel 2010", http://www1.cbs.gov.il/shnaton61/shnaton61_all_e.pdf (13.06.2011).

[351] Rohde 2010, 647.

[352] Rohde 2010, 649.

[353] Edward Said (1978a)/2009: Orientalismus, Frankfurt am Main: S. Fischer, 351.

[354] In meinem in der Einleitung erwähnten Buch zu „Antisemitismus und Deutschland" (Heni 2009a) gibt es das Kapitel *Unerbittlich ‚eigen-artig': Natur und Heimat – Deutsche ‚Liebe zur Landschaft', Naturschutz, Antisemitismus und Nationalsozialismus.* Darin wird ein Text des Publizisten Bernd Schütze zitiert, der die blinden Flecken der Naturschutzgeschichte thematisiert. Auch hier – ergänzend würde ich sagen: ganz ähnlich wie beim arabischen und muslimischen Antisemitismus seit den 1920er Jahren – handelt es sich um einen „Gesichtsfeldausfall". Schütze schreibt: „Dementsprechend wird bis heute auch kaum nachgefragt oder kritisiert, welche ehrenamtlichen Naturschützer wie in ihren Nicht-Naturschutz-Funktionen als NSDAP-Mitglieder, Staatsangestellte, SS- oder Wehrmachtsangehörige direkt an nationalsozialistischen Aktionen, völkerrechtswidrigem Krieg und Völkermord mitwirkten. So war Günther Niethammer (1908–1974), Ornithologe, 1967 Präsident der Deutschen Ornithologen-Gesellschaft, Mitglied der NSDAP seit 1937, der SS seit 1940, Dienstgrad SS-Obersturmführer (=Oberleutnant), von Oktober 1940 bis Oktober 1941 und von Juni 1942 bis Oktober 1942 in Auschwitz tätig. (...) Man hinterließ uns Nachfolgern Entschuldungslegenden, produzierte Erinnerungs-‚Lücken' als Skotom (medizinischer Begriff für den Gesichtsfeldausfall). Der völkisch-antisemitisch orientierte Täterblick beherrscht die Bewertung ihres Wirkens auch für moderne Demokraten bis heute ungebrochen", zitiert nach Heni 2009a, 195, dort die Literaturangabe.

[355] Der Politologe Yves Pallade analysiert Schemata der Rationalisierung des Antisemitismus: „Norbert Blüm scheint nunmehr den Nahostkonflikt neben Auftritten in Fernsehshows, Karnevalsvereinen und quirligen Werbespots als neues mediales Betätigungsfeld für sich entdeckt zu haben. Nach seinem Ausscheiden aus der aktiven Politik trat er als Gastredner bei der antizionistischen ‚Stop-the-Wall'-Konferenz im Juni 2004 in Köln auf, wo er mittels einer seinem Vortrag vorangeschickten Bemerkung weitere Einblicke in sein Seelenleben zum Besten gab: ‚Ich kann kein Antisemit sein, schließlich ist Jesus mein Boss.' In diesem Sinne stellte er auch Rupert Neudeck in dessen Buch einen Koscher-Stempel aus: ‚Ein Antisemit kann er gar nicht sein, weil der, an der er glaubt, selbst ein Semit war, und dieser Jesus ist nicht nur für die Juden gestorben, sondern für alle Menschen.' Eine ähnliche apologetische Logik bedient der in Nahostfragen medial omnipräsente Peter Scholl-Latour. In einem Interview mit der Zeitschrift konkret meinte er ernsthaft und in dem ihm eigenen Brustton der Überzeugung, dass Araber als ‚authentische Semiten' gar nicht antisemitisch sein könnten. ‚Abdallah Franghi sieht doch semitischer aus als Scharon'. Einen ähnlichen semantischen Eiertanz vollführte auch Jürgen Möllemann in einem Interview mit Ulrich Wickert, in dem er behauptete, der syrisch-stämmige Ex-Grüne Jamal Karsli könne

kein Antisemit sein, er sei doch ‚selbst ein Semit'. Nicht nur, dass derartige dummdreiste und dazu noch falsche Binsenweisheiten nicht besonders originell sind – schließlich hat schon der jüdische Antizionist Erich Fried sie seinerzeit gerne benutzt, wodurch die Dummheit keineswegs richtiger wurde; ihre Protagonisten machen sich damit zudem die Logik der Arabischen Liga und ihrer Verbündeten zu Eigen, die bei der Anti-Rassismus-Konferenz der UNO in Durban im September 2001 darauf bestanden, den Begriff ‚Antisemitismus' ebenfalls für Feindschaft gegenüber Arabern zu verwenden" (Yves Pallade (2006): Medialer Sekundärantisemitismus, öffentliche Meinung und das Versagen gesellschaftlicher Eliten als bundesdeutscher Normalfall, in: Klaus Faber/Julius H. Schoeps/Sacha Stawski (Hg.) (2006): Neu-alter Judenhass. Antisemitismus, arabisch-israelischer Konflikt und europäische Politik, Berlin: Verlag für Berlin-Brandenburg, 49–66, 56f).

[356] Heinrich Graf Coudenhove (1901): Das Wesen des Antisemitismus, Berlin: Verlag von S. Calvary & Co, Kapitel 1, Seite 33–111. Ich besitze eine Originalausgabe des Buches von 1901, ein Geschenk von Simcha Epstein, Jerusalem, im Dezember 2009 – merci, Simcha!

[357] Coudenhove 1901, 109.

[358] Coudenhove 1901, 110. Broder würdigt Coudenhove(-Kalergi), Henryk M. Broder (1986)/2005: Der ewige Antisemit. Über Sinn und Funktion eines beständigen Gefühls, Berlin: Berliner Taschenbuch Verlag, 227–232.

[359] Robert Wistrich (1991): Antisemitism. The Longest Hatred, London: Methuen, 252f., Übersetzung d.V.

[360] Said 2009, 419f.

[361] Das zeigt sich auch in einem Text von 1979, *Der Zionismus vom Standpunkt seiner Opfer aus betrachtet,* wo Said die USA mit dem Apartheidregime in Südafrika in Beziehung setzt und schreibt, manch Kritiker lehne zwar sowohl südafrikanischen als auch amerikanischen Rassismus ab, unterstütze aber stillschweigend die „zionistische rassische Diskriminierung gegen Nicht-Juden in Palästina"; dabei verwahrt sich Said gegen die Analyse, der heutige Antisemitismus argumentiere antizionistisch, vgl. Edward Said (1979): Zionism from the Standpoint of its Victims, in: Moustafa Bayoumi/Andrew Rubin (Hg.) (2001): The Edward Said Reader, London: Granta Books, 114–168, 118, Übersetzung d.V. Said leugnet den Holocaust nicht direkt, vielmehr propagiert er eine Art Wohlfühlantisemitismus und geriert sich als Kritiker, der verstehe, was Zionismus für Juden bedeute, da sie im 20. Jahrhundert Antisemitismus erfahren hätten, vgl. ebd., 119. Er möchte eine Täter-Opfer-Umkehr mit gutem Gewissen – ein Phänomen, das er mit vielen (linken) Antisemiten teilt. Auch die Medienwissenschaftlerin Sabine Schiffer unternimmt in ihrer Dissertation einen Vergleich von Antisemitismus und Islamkritik (die bei ihr „Islamfeindlichkeit" heißt). Sie sieht „Parallelen" zwischen dem Nazi-Film „Der ewige Jude" und dem heutigen „diskriminatoris[c]hen Diskurs über den Islam" (Sabine Schiffer (2004): Die Darstellung des Islams in der Presse. Sprache, Bilder, Suggestionen. Eine Auswahl von Techniken und Beispielen. Inaugural-Dissertation in der Philosophischen Fakultät II (Sprach- und Literaturwissenschaften) der Friedrich-Alexander-Universität Erlangen-Nürnberg, o.O.: o.V., 229). Die Studie wurde zudem 2005 im Würzburger Ergon-Verlag publiziert.

[362] http://www2.uni-erfurt.de/westasiatische_geschichte/team.htm (24.05.2011).

[363] http://www2.uni-erfurt.de/westasiatische_geschichte/ (24.05.2011).

[364] Birgit Schäbler (2008): Post-koloniale Konstruktionen des Selbst als Wissenschaft: Anmerkungen einer Nahost-Historikerin zu Leben und Werk Edward Saids, in: Alf Lüdtke/Reiner Prass (Hg.) (2008): Gelehrtenleben. Wissenschaftspraxis in der Neuzeit, Köln/Weimar/Wien: Böhlau Verlag, 87–100, 100. Der Beitrag ist Teil eines Sammelbandes, der „auf eine Tagung der ‚Arbeitsstelle Historische Anthropologie' an der Universität Erfurt vom 28. bis 30. Oktober 2004 zurück[geht], aus Anlass des 65. Geburtstages von Hans Medick" (Alf Lüdtke/Reiner Prass (2008a): Einleitung. Gelehrtenleben. Wissenschaftspraxis in der Neuzeit, in: Dies. (Hg.) (2008), 1–29, 28). Der antiisraelische Ideologe Said wird auf gleichsam absurde Weise eingebettet, siehe die Vorstellung des Beitrags von Schäbler: „Die Beiträge sind in vier Themenschwerpunkte gruppiert. Im ersten Abschnitt geht es um Lebensläufe von Wissenschaftlern. In den geschilderten Einzelfällen kommen ihre Mühen zur Sprache, wissenschaftliches Arbeiten institutionell abzusichern (Benigna von Krusenstjern; Hans Medick); untersucht werden eine (Ehe-)Paarbeziehung, in der beide Partner wissenschaftlich arbeiten (Theresa Wobbe), aber auch die Auswirkungen wie selbstreflexiven Brechungen einer spezifischen Lebensgeschichte der Migration auf wissenschaftliches wie publizistisches Arbeiten (Birgit Schäbler)" (ebd.). Einer der weltweit einfluss-

reichsten antiisraelischen Autoren seit den 1970er Jahren wird so zu einem „selbstreflexiven" Autoren der Migration – was für eine Derealisierung!

[365] Schäbler 2008, 98.

[366] Schäbler 2008, 95.

[367] Edward Said (1999): An Interview with Edward Said, in: Bayoumi/Rubin (Hg.) (2001), 419–444, 426, Übersetzung d.V.

[368] Schäbler 2008, 89.

[369] Birgit Schäbler/Ute Behr/Stephanie Dumke (2004): The Israel-Palestinian Conflict as Result of Colonial Border-Making, Tagungsbericht, 18.06.2004, http://hsozkult.geschichte.hu-berlin.de/tagungsberichte/id=499 (01.04.2011). *H-Soz-u-Kult* ist das wichtigste moderierte (!) Online-Portal der Geschichtswissenschaft in deutscher Sprache, was solche Berichte umso problematischer macht.

[370] Schäbler/Behr/Dumke 2004.

[371] Schäbler/Behr/Dumke 2004.

[372] Benny Morris (2011): The Liar as Hero, *The New Republic*, 17.03.2011. Morris untersucht und seziert in seinem Text drei Bücher von Ilan Pappe: „The Rise and Fall of a Palestinian Dynasty: The Husaynis, 1700-1948 (University of California Press, 399 pp., $29.95); Out of the Frame: The Struggle for Academic Freedom in Israel (Pluto Press, 246 pp., $22), The Ethnic Cleansing of Palestine (Oneworld, 313 pp., $14.95)."

[373] Schäbler bezeichnet auch den antiamerikanischen und antiisraelischen Agitator Noam Chomsky, dessen Bücher von vielen Buchhandlungen angepriesen werden, neben Said als Teil „eines moralischen Gewissens der Nation" USA, Schäbler 2008, 91. 1978 bedankte sich Said bei Noam Chomsky für die „stets hilfreiche Ermutigung" beim Verfassen von *Orientalism*, vgl. Said 2009, 421.

[374] Stefan Weidner (2011): Vom Nutzen und Nachteil der Islamkritik für das Leben, *Aus Politik und Zeitgeschichte* (APuZ), Nr. 13–14/2011, 9–15, 10f. Auf den Antisemitismus von Said reflektiert Weidner nicht.

[375] Walter Laqueur (1996)/1997: Faschismus: Gestern – heute – morgen, Berlin: Propyläen. Darin geht er auch auf „islamischen Fundamentalismus" ein, ebd., 251–259.

[376] Weidner 2011, 15.

[377] Stephan Grigat (2011): Spielverderber Israel. Die Sorgen Israels angesichts der Entwicklungen in den arabischen Ländern können nicht durch gutes Zureden oder Schönfärberei ausgeräumt werden, *jungle world*, 03.03.2011, http://jungle-world.com/artikel/2011/09/42712.html (02.07.2011).

[378] Weidner 2011, 11.

[379] „Viel Aufsehen erregt haben in diesem Zusammenhang Äußerungen von Wolfgang Benz, dem ehemaligen Direktor des Zentrums für Antisemitismusforschung an der TU Berlin: Hetzer mit Parallelen, in: Süddeutsche Zeitung vom 4. 10. 2010" (Weidner 2011, 11, Anm. 6). Weidner zitiert falsch: Der Artikel von Benz erschien am 4. Januar 2010 und nicht am 4. Oktober, was auch die Fülle von Artikeln zur „Islamkritik" seit Januar 2010 belegt (alleine im Januar 2010 sind dutzende Texte dazu erschienen, vgl. „Die Islam Debatte", *Die Achse des Guten*, 01.02.2010, http://www.achgut.com/dadgdx/index.php/dadgd/article/die_islam_debatte/ (14.04.2011)). Bei den wenigen Texten, die Weidner in seinem knappen Text zitiert, fällt ein solcher Fehler umso mehr auf.

[380] Weidner 2011, 11.

[381] Vgl. dazu insbesondere die Kapitel 1.7.1, 1.7.3, 1.7.7, 1.7.8 sowie Kapitel fünf in dieser Studie.

[382] Weidner 2011, 15.

[383] Weidner 2011, 15, Anm. 18.

[384] Amirpur/Ammann 2006a.

[385] „Wenn die Gefahren des politischen Islams aber so groß sind, wie die Islamkritik behauptet, schiene es doch angeraten, nicht nur Iran, sondern auch Saudi-Arabien, den Hauptförderer der sunnitisch-fundamentalistischen Mission, politisch und wirtschaftlich zu isolieren. Aber wenn es ums Geld geht, setzt auch beim Islamkritiker der Realismus ein: So groß erscheint ihm die Gefahr dann doch nicht, dass ihm ein Benzinpreis von zwei Euro infolge eines Boykotts saudischen Öls politisch vermittelbar wäre" (Weidner 2011, 15).

[386] Über Stefan Weidner schreibt *APuZ*: „Islamwissenschaftler, Journalist und Übersetzer; er ist Chefredakteur der vom Goethe-Institut auf Arabisch, Persisch und Englisch herausgegebenen Dialogzeitschrift

‚Art&Thought/Fikrun wa Fann'; Autor von: Manual für den Kampf der Kulturen. Warum der Islam eine Herausforderung ist, Frankfurt/M. 2008" (Weidner 2011, 9).

[387] Anti Defamation League (2002): Demonizing Jews: Anti-Semitism in the Saudi Media, http://www.adl.org/anti_semitism/arab/saudi_as_print.asp (06.04.2011).

[388] Arnon Groiss (Hg.) (2003): The West, Christians, and Jews in Saudi Arabian Schoolbooks. Compiled, translated, and edited by Dr. Arnon Groiss, New York: Center for Monitoring the Impact of Peace und The American Jewish Committee.

[389] Mittlerweile arbeitet sie als Professorin für Sozial- und Wirtschaftsgeschichte an der Universität Duisburg Essen, http://www.uni-due.de/geschichte/publikationen.php?ID=111&SORT=STD (17.09. 2010).

[390] Ute Schneider (2002)/2004: Von Juden und Türken. Zum gegenwärtigen Diskurs über Religion, kollektive Identität und Modernisierung, *Zeitschrift für Geschichtswissenschaft*, 52. Jg., H. 5, 426–440.

[391] Schneider 2004, 432.

[392] Vgl. Clemens Heni (2006): Ahasver, Moloch und Mammon. Der „ewige Jude" und die deutsche Spezifik in antisemitischen Bildern seit dem 19. Jahrhundert, in: Andrea Hoffmann u.a. (Hg.) (2006): Die kulturelle Seite des Antisemitismus zwischen Aufklärung und Shoah, Tübingen: TVV, 51–79.

[393] Vgl. Schneider 2004, 440.

[394] Altbundespräsident (1974–1979) und Ex-Bundesaußenminister (1969–1974) Walter Scheel (Jg. 1919) war Mitglied der NSDAP und später der FDP wie der langjährige Bundesaußenminister Hans-Dietrich Genscher (Jg. 1927), „FDP soll Nazi-Aufklärung behindert haben", *Spiegel Online*, 29.10.2010, http://www.spiegel.de/politik/deutschland/0,1518,725900,00.html(28.03.2011); deutsche Karrieren.

[395] Henryk M. Broder (1980)/1982: Zur Demokratie angetreten – ein Volk macht Dienst nach Vorschrift, in: Lea Fleischmann (1980)/1982: Dies ist nicht mein Land. Eine Jüdin verläßt die Bundesrepublik. Mit einem Nachwort von Henryk M. Broder, 4. Auflage, Hamburg: Hoffmann und Campe Verlag, 251–272, 255f.

[396] Zu einer Analyse von Julius Langbehns *Rembrandt als Erzieher* Heni 2009a, 147–152.

[397] Hartmut Zelinsky (1991): Kaiser Wilhelm II. und die Werk-Idee Richard Wagners und der „Weltkampf", in: John C.G. Röhl (Hg.) (1991): Der Ort Kaiser Wilhelms II. in der deutschen Geschichte; unter Mitarbeit von Elisabeth Müller-Luckner, München: Oldenbourg, 297–356, 326f.

[398] Zitiert nach Zelinsky 1991, 303.

[399] Fritz Ahmad Gross (o.J.): Kaiser Wilhelm II. – Deutschland und der Islam, *Islamische Zeitung*, zitiert nach http://www.enfal.de/grund44.htm (21.07.2010). Zu Fritz Ahmad Gross: „Die Keimzelle der deutschen Murabitun [eine Richtung im Sufi-Islam, d.V.] liegt allerdings in Süddeutschland. In Freiburg begannen Vadillo und Dallas, die Personen um sich zu scharen, die dann Mitte der neunziger Jahre in Richtung Osten zogen. Zum Freiburger Kreis gehören der Vorsitzende des Weimar Instituts und Herausgeber der Islamischen Zeitung Andreas Abu Bakr Rieger, der Geschäftsführer Fritz Ahmad Gross sowie Tilo Mujahid Hirsch, auf dessen Internetfirma das gesamte Online-Netzwerk der Gemeinschaft angemeldet ist" (Claudia Dantschke (2001): Der Kreis schließt sich. Die Leugnung des Holocaust verbindet islamistische und rechtsextreme Gruppen. Konvertiten spielen dabei eine herausragende Rolle, *Jungle World*, 19.12.2001, http://jungle-world.com/artikel/2001/51/24713.html (08.02.2011)).

[400] Zitiert nach Norbert Kampe (1983)/1988: Studenten und „Judenfrage" im Deutschen Kaiserreich, Göttingen: Vandenhoeck & Ruprecht, 201. Die Dissertation von Kampe hat 709 Seiten (vgl. ebd., 213, Anm. 1 zum „Vorwort"), während das Buch (eine „vollständig überarbeitete Fassung" der Diss., ebd., 11) 327 Seiten hat. „Den Zugang zur Antisemitismusforschung hat mir Prof. Reinhard Rürup gewiesen, dem ich an dieser Stelle auch für die fachliche Betreuung der Dissertation danke. Zugleich danke ich Prof. Herbert A. Strauss. Als seinen wissenschaftlichen Mitarbeiter am Zentrum für Antisemitismusforschung an der TU Berlin hat er mich fachlich und menschlich in großzügiger Weise unterstützt" (ebd., 11).

[401] Kampe 1988, 313, Zitat aus „Die ‚Juden-, und die ‚Ausländerfrage' auf dem dritten Verbandstag der Deutschen Freien Studentenschaft", in Kampe 1988, 313–316.

[402] Zitiert nach Kampe 1988, 291, Auszug aus der genannten Broschüre ebd., 290–292.

[403] Peter Viereck (1941)/1961: Metapolitics. The Roots of the Nazi mind, New York: Capricorn books; 2003 kam eine Neuauflage mit einem aktuellen Vorwort Vierecks heraus, worin er auch die Gefahr des Islamismus und die positive Bezugnahme mancher Islamisten und arabischer Nationalisten auf deutsche Denker erwähnt, vgl. Peter Viereck (2003): Metapolitics: From Wagner and the German Ro-

mantics to Hitler. Expanded edition, with a new introduction by the author, New Brunswick/London: Transaction Publishers.

404 Vgl. Heni 2010e, 50–53.

405 George L. Mosse (1964)/1991: Die Völkische Revolution. Über die geistigen Wurzeln des Nationalsozialismus, Frankfurt am Main: Anton Hain. Die Originalausgabe erschien 1964 unter dem Titel „The Crisis of German ideology."

406 John C.G. Röhl (1987)/2002: Kaiser, Hof und Staat. Wilhelm II. und die deutsche Politik, München: C.H.Beck.

407 Paul Lawrence Rose (1990)/1992: German Question/Jewish Question. Revolutionary Antisemitism from Kant to Wagner, Princeton: Princeton University Press; Paul Lawrence Rose (1992)/1999: Richard Wagner und der Antisemitismus, Zürich/München: Pendo.

408 Hartmut Zelinsky (1990): Sieg oder Untergang: Sieg und Untergang. Kaiser Wilhelm II., die Werk-Idee Richard Wagners und der „Weltkampf", München: Keyser.

409 Röhl 2002, 219.

410 Es geht auch andersherum; die Faszination mancher Islamisten oder auch arabischer Nationalisten für die Deutschen ist dabei bemerkenswert. Siehe zu dem oben analysierten arabischen Nationalisten Sati al-Husri (vgl. Kapitel 1.4) die Studie von William L. Cleveland (1971): The Making of an Arab Nationalist. Ottomanism and Arabism in the Life and Thought of Sati' al-Husri, Princeton: Princeton University Press. „Al-Husri told the author that of all the European thinkers he had read, he felt that the German theorists and the example of German nationalism were the most instructive for the needs of the Arabs. Interview with Sati' al-Husri, September 28, 1966" (ebd., 86, Anm. 7). Zur Kritik an Cleveland vgl. Endnote 182.

411 „Text der Proklamation des Heiligen Krieges durch Sultan Muhammad Reschad V. vom 11. November 1914", zitiert nach Salvador Oberhaus (2006): „Zum wilden Aufstande entflammen". Die deutsche Ägyptenpolitik 1914 bis 1918. Ein Beitrag zur Propagandageschichte des Ersten Weltkrieges. Dissertation, Philosophische Fakultät, Heinrich-Heine-Universität Düsseldorf, http://docserv.uni-duesseldorf.de/servlets/DerivateServlet/Derivate-3695/-Zum%20wilden%20Aufstande%20entflammen-%20Die%20deutsche%20%C3%84gyptenpoliti.pdf (21.03.2011), 311–314.

412 Herbert Landolin Müller (1991): Islam, ğihād („Heiliger Krieg") und Deutsches Reich. Ein Nachspiel zur wilhelminischen Weltpolitik im Maghreb 1914–1918, Frankfurt am Main u.a.: Peter Lang, 173.

413 Müller 1991, 193.

414 Müller 1991, 196f.

415 Wolfgang Kruse (2009): Der Erste Weltkrieg, Darmstadt: Wissenschaftliche Buchgesellschaft, 29.

416 Fritz Fischer (1961): Griff nach der Weltmacht. Die Kriegszielpolitik des kaiserlichen Deutschland 1914/1918, 31 Abbildungen, 4 Faltkarten, Düsseldorf: Droste Verlag, 133.

417 Fischer 1961, 137.

418 Fritz Fischer hat sich zeitlebens nicht zu der Tatsache geäußert, dass er ein Nazi war, seit 1933 Mitglied in der Sturmabteilung (SA) und seit 1937 in der NSDAP; bereits in der Weimarer Republik war er in antisemitischen und nationalistischen Organisationen wie dem *Bund Oberland* aktiv, Volker Ullrich (2004): Griff nach der Wahrheit. Der berühmte Historiker Fritz Fischer im Zwielicht, *Zeit*, 15.01.2004, http://www.zeit.de/2004/04/L-Glosse_04 (01.03.2011).

419 Martin Kröger (1994): Revolution als Programm. Ziele und Realität deutscher Orientpolitik im Ersten Weltkrieg, in: Wolfgang Michalka (Hg.) (1994): Der Erste Weltkrieg. Wirkung Wahrnehmung Analyse. Im Auftrag des Militärgeschichtlichen Forschungsamtes herausgegeben, München/Zürich: Piper, 366–391. „Herrn Professor Dr. Fritz Fischer ist daher dieser Band gewidmet", heißt es im Vorwort von Dr. Günter Roth, Brigadegeneral und Amtschef des Militärgeschichtlichen Forschungsamtes, in: Michalka (Hg.) (1994), XII.

420 Donald M. McKale (1987): Curt Prüfer. German Diplomat from the Kaiser to Hitler, Kent (Ohio)/London: The Kent State University Press, 14. Die Beziehung von Hitler und dem SS-Staat zum Großmufti von Jerusalem stellt McKale hingegen nicht überzeugend dar, vgl. ebd., 168ff.

421 Maren Bragulla (2003)/2007: Die Nachrichtenstelle für den Orient. Fallstudie einer Propagandainstitution im Ersten Weltkrieg, Saarbrücken: VDM Verlag Dr. Müller.

422 „Erstmals widmete sich 1979 Fritz Fischer in seinem folgenreichen Werk ‚Griff nach der Weltmacht' dem Konzept der Revolutionierung als Kriegsmittel und Kriegsziel" (Bragulla 2003, 12); das ist falsch,

da Fischers folgenreiche Studie 1961 publiziert wurde und wenig später zur Fischer-Kontroverse führte (auf welche Bragulla selbst mit einer Literaturangabe verweist, ebd., 12, Anm. 56). Zu weiterer Forschungsliteratur bezüglich von Oppenheim vgl. ebd., 12–15.

[423] Bragulla 2003, 64f. Siehe auch eine Abbildung des Titelblatts des Verlags Dietrich Reimer, Berlin 1915, ebd., 119.

[424] At-Tunisi 1915, zitiert nach Bragulla 2003, 66.

[425] At-Tunisi 1915, zitiert nach Bragulla 2003, 66.

[426] Zum Genozid an den Armeniern und den deutsch-türkischen Beziehungen im Ersten Weltkrieg in dieser Hinsicht vgl. Kröger 1994, 383–385. Zur grundsätzlichen Diskussion über Holocaust und Genozid siehe Leonidas Donskis (2009): The inflation of genocide, Europeanvoice.com, 24.07.2009, http://www.europeanvoice.com/article/2009/07/the-inflation-of-genocide/65613.aspx (22.03.2011); „The massacre of Armenians during the First World War; the slaughter of Roma during the Second World War; Stalin's Holodomor, which unleashed mass starvation on the Ukranian populace; the killing spree that saw millions of Tutsis cut down in Rwanda; and, lastly, the ethnic cleansing of Bosniaks and Albanians in the former Yugoslavia – all of these macabre 20th century events can be considered mass killings with genocidal traits. Compared with the Holocaust, these mass murders were smaller in scale, were not as global and were somewhat less international in their ideological reach and practical scope, but they were nonetheless horrific and were certainly crimes against humanity of a genocidal type. Their aim was not to destroy isolated groups or social strata among the enemy, but to liquidate as many members of an ethnic group as possible. (...) After all, we cannot regard the history of all our civilisations as one ongoing crime and one endless genocide of some group or other. Whitewashing a concept benefits no one. Whether we like it or not, the Holocaust was the one and only bona fide genocide in human history. It was unique not only because of its scale, its praxis and its industrial methods of annihilation, but because of its determination never to call a halt to the Final Solution as long as a single Jew remained alive. Ultimately, it was not a garden-variety mass killing; it was a policy decision taken by an industrial and civilised state; one into which the country's entire economic and industrial machinery was plugged in, bolstered by military might and a political propaganda apparatus" (Donskis 2009).

[427] Bragulla 2003, 69.

[428] Bragulla 2003, 73.

[429] Peter Hopkirk (1994)/1996: Östlich von Konstantinopel. Kaiser Wilhelms Heiliger Krieg um die Macht im Orient, Wien/München: Europaverlag, 18.

[430] Wolfgang G. Schwanitz (2003): Djihad „Made in Germany": Der Streit um den Heiligen Krieg 1914–1915, *Sozial.Geschichte*, Heft 2/2003, 7–34, online: http://www.trafoberlin.de/pdf-dateien/Djihad%20Heiliger%20Krieg%201914%20WGS.pdf (11.03.2011); Wolfgang G. Schwanitz (2004a): Die Berliner Djihadisierung des Islam. Wie Max von Oppenheim die islamische Revolution schürte, Konrad-Adenauer-Stiftung, *Auslandsinformationen*, Nr. 10/2004, 17–37, http://www.kas.de/db_files/dokumente/auslandsinformationen/7_dokument_dok_pdf_5678_1.pdf (08.02.2011); Wolfgang G. Schwanitz (2004b): Max von Oppenheim und der Heilige Krieg. Zwei Denkschriften zur Revolutionierung islamischer Gebiete 1914 und 1940, *Sozial.Geschichte*, 19 (2004) 3, 28–59, online: http://www.trafoberlin.de/pdf-dateien/Oppenheims (08.02.2011); Wolfgang G. Schwanitz (2008): Euro-Islam by Jihad Made in Germany, in: Nathalie Clayer/Eric Germain (Hg.) (2008): Islam in Inter-War Europe, London: Hurst & Company, 271–301.

[431] Wolfgang G. Schwanitz (2004): Paschas, Politiker und Paradigmen: Deutsche Politik im Nahen und Mittleren Orient 1871–1945, in: Ders. (Hg.) (2004c): Deutschland und der Mittlere Osten, Leipzig: Leipziger Universitätsverlag; zgl. *Comparativ*, Jg. 14, H.1, 22–45, 29.

[432] Schwanitz 2004, 30.

[433] „Kaiser Wilhelms heiliger Krieg. Deutsche erfanden den weltweiten Jihad." Bericht von Stefan Buchen, Skript online: http://www.trafoberlin.de/pdf-Neu/Stefan%20Buchen%20Kaiser%20Wilhelms%20Heiliger%20Krieg.pdf (08.02.2011); Die Homepage von *Panorama* schreibt zur Sendung: „Sendung vom 12. Mai 2005. Kaiser Wilhelms heiliger Krieg – Deutsche erfanden den weltweiten Djihad. In Propagandaflugblättern, tausendfach aus Berlin verschickt in die muslimische Welt, ist zu lesen: ‚Oh Volk der Schawia, zieht in den Djihad gegen die Ungläubigen'. Mit deutschen Waffen und in deutschem Auftrag wurden verübt", http://daserste.ndr.de/panorama/media/djihad100.html (08.02.2011).

[434] Sean McMeekin (2010): The Berlin-Baghdad Express. The Ottoman Empire and Germany's bid for World Power, Cambridge, Mass.: The Belknap Press of Harvard University Press. „Convinced that he

was now the Kaiser's own personal envoy to the Islamic world, Oppenheim's work in Cairo took on an almost hypomanic quality. Between 1896 and 1909, he filed no less than 467 reports on Arab politics for the German Foreign Office, many of them running to a hundred pages or more. (...) Oppenheim's reports have a relentless and repetitive quality, and yet we should not dismiss their importance on grounds of lack of originality. Like all hack-work, his dispatches from Cairo reveal the animating obsession of his time and place, in this case the increasingly chauvinistic and anti-British thinking of pan-Germans encouraged by the Kaiser's *Weltpolitik*, and how their pan-Germanism opportunistically merged together with anti-imperialist pan-Islam" (ebd., 23f.). Ob jedoch die Kooperation des Kaisers und von Oppenheims bloßer Opportunismus war, ist zweifelhaft. Die Analyse der ideologischen Anziehungskraft des Islam für die deutsche, pro-jihadistische Ideologie wird damit etwas vorschnell über Bord geworfen.

[435] Oberhaus 2006. Zur Kritik an Oberhaus siehe Schwanitz: „Historiker wie Oberhaus, die Diplomatie und Krieg nur durch Quellen einer Seite erkunden, werten es als Propagandatrick. Den arabischen Diskurs erhellen Nahosthistoriker. Dabei geht es um die Grenzen des Jihad bis zum Jahr 1918, aber auch um die Dauerwirkung" (Wolfgang G. Schwanitz (2008a): Kriegspropaganda. Wie das deutsche Reich den Jihad in Ägypten entflammte, *Süddeutsche Zeitung*, 08.02.2008, online: http://www.trafoberlin.de/pdf-dateien/Schwanitz_neu/Salvador%20Oberhaus%20Deutsche%20Orientpropaganda.pdf(14.04.2011)). Oberhaus wehrt eine ideologiekritische Analyse der deutschen Affinität für den Jihad von vornherein ab und sieht alles nur als bloße Taktik oder Propaganda. Er wendet sich zum Beispiel gegen die These der Kontinuität deutsch-islamischer Kooperation vom Ersten Weltkrieg (oder zuvor) bis hin zum Nationalsozialismus, obwohl gerade dies eine wichtige Frage für die Forschung ist: „Wie die vorliegende Untersuchung nachweisen wird, ist die Entscheidung für die Revolutionierung der islamischen Kolonien der Ententemächte als Reaktion auf den beginnenden Stellungskrieg an der Westfront gefallen. Damit wird der problematischen These einer inhaltlichen und strategischen Kontinuität und Zielidentität der deutschen Orient- bzw. Ägyptenpolitik zwischen 1904 und 1918 widersprochen, die besonders von englischen und amerikanischen Historikern verfochten wird, namentlich von Donald M. McKale, der gar auf die These einer orientpolitischen Kontinuität ‚from the Kaiser´s Germany to Hitler´s' kapriziert" (Oberhaus 2006, 52).

[436] Achim Rohde (2005): Der Innere Orient. Orientalismus, Antisemitismus und Geschlecht im Deutschland des 18. bis 20. Jahrhunderts, *Die Welt des Islams*, Vol. 45, Nr. 2, 370–411, 385.

[437] Tidiane N'Diaye (2008)/2010: Der verschleierte Völkermord. Die Geschichte des muslimischen Sklavenhandels in Afrika, Reinbek bei Hamburg: Rowohlt.

[438] N'Diaye 2010, 25.

[439] N'Diaye 2010, 214

[440] N'Diaye 2010, 209.

[441] Winston S. Churchill (1899)/2008: Kreuzzug gegen das Reich des Mahdi. Übersetzt und ediert von Georg Brunold, Frankfurt am Main: Eichborn Verlag.

[442] Giorgio Agamben (1995)/2002: Homo sacer. Die souveräne Macht und das nackte Leben, Frankfurt am Main: Suhrkamp, 175 (Kapitelüberschrift). Dieser Band erschien in der Reihe „Erbschaft unserer Zeit". Vorträge über den Wissensstand der Epoche, Band 16. Im Auftrag des Einstein Forums herausgegeben von Gary Smith und Rüdiger Zill.

[443] Agamben 2002, 183.

[444] „Erbschaft unserer Zeit", Agamben 2002, 5.

[445] Ebd.

[446] Zur Kritik am Theorem, die Moderne trüge Schuld und nicht die Deutschen, siehe z.B. Goldhagen 1996.

[447] Agamben 2002, 39.

[448] Thierry Chervel (2009): Godard Antisemit? Material, *Perlentaucher*, 17.12.2009, http://www.perlentaucher.de/blog/69_godard_antisemit%3F_material (21.02.2011).

[449] Rohde 2010, 645; Rohde 2005, 385, 400f.

[450] Siehe ein langes Interview mit Anidjar über dessen Buch, Gil Anidjar (2003): Interview „The Jew, the Arab", http://asiasociety.org/policy-politics/international-relations/us-asia/the-jew-arab-an-interview-gil-anidjar (31.07.2010).

[451] Ebd., Übersetzung d.V.

[452] Agamben 2002, 64.

[453] Emmanuel Faye (2005)/2009: Heidegger. Die Einführung des Nationalsozialismus in die Philosophie. Im Umkreis der unveröffentlichten Seminare zwischen 1933 und 1935, Berlin: Matthes & Seitz, 407.

[454] Martin Heidegger (1949a): Die Gefahr, in: Ders. (1949): Bremer und Freiburger Vorträge, Frankfurt am Main: Vittorio Klostermann, Gesamtausgabe Band 79, 46–67, 56.

[455] Vgl. Agamben 2002, 64–66.

[456] Faye 2009, 408.

[457] Faye verweist auf eine Studie von Victor Farias, „Heidegger y su Herencia", Faye 2009, 523, Anm. 63.

[458] Mohamed Soffar (2004): The Political Theory of Sayyid Qutb. A Genealogy of Discourse, Berlin: Köster, Part I.: „The Context of Sayyid Qutbs Discourse (The Muslim Dasein)", 47–179, darin das Unterkapitel „Heidegger's notion of death", 125–128.

[459] Soffar 2004, 128, Übersetzung d.V. Ohne Rekurs auf diese Doktorarbeit (deren Gutachter neben Krämer Friedemann Büttner von der FU Berlin war) siehe die Hinweise in Avishai Margalit (2005): „‚Islamisten lesen Heidegger'. Der israelische Philosoph Avishai Margalit über den Hass auf den Westen", *Jüdische Allgemeine*, Nr. 32, 11.08.2005, 13 sowie die Studie von Scheit 2004.

[460] Afshin Matin-Asgari (2009): Iranian Modernity in Global Perspective: Nationalist, Marxist, and Authenticity Discourses, in: Sucheta Mazumdar/Vasant Kaiwar/Thierry Labica (Hg.) (2009): From Orientalism to Postcolonialism. Asia, Europe and the lineages of difference, London/New York: Routledge, 129–153, 145, Übersetzung d.V. Problematisch ist gleichwohl die Gleichsetzung von „anti-Semitic and anti-Islamic biases" im Europa des 19. Jahrhunderts, eine typische und nicht belegte These der Postorientalisten in der Folge Saids, wobei die Differenz von genozidalem Antisemitismus und Rassismus verwischt wird, vgl. ebd., 130.

[461] Agamben 2002, 64.

[462] Martin Heidegger (1949b): Das Ge-Stell, in: Ders. 1949, 24–45, 27.

[463] Vgl. die Kritik in Heni 2008, 136f.

[464] Zu einer Kritik an Givsan vgl.: „Unter ‚inhuman' versteht Givsan dabei eine Philosophie, die sich (lachend) von den Menschen verabschiedet und fröhlich den ‚Tod des Subjekts' feiert. (...) Ein großes Fragezeichen muss jedoch hinter folgende Stelle bei ihm gesetzt werden: ‚Der Faschismus von 1933 – und mithin die ‚deutsche Ideologie' – ist nur eine Weise, wie das Zeitalter der Inhumanität sich äußert. Die Frage ist aber, was dieses Zeitalter in sich birgt und wohin es unterwegs ist, ob es nicht dahin unterwegs ist, Weisen an den Tag zu legen, die den Faschismus von 1933 in den Schatten stellen' (...). Eine solche, sich kritisch imaginierende, Trivialisierung oder einfach Ausblendung der präzedenzlosen und von niemandem erahnbaren Konsequenzen von 1933 – eliminatorischer Antisemitismus, Auschwitz und die Massenmorde der Polizeibataillonsdeutschen – ist beachtlich und stimmt nachdenklich" (Heni 2009a, 67, Anm. 175).

[465] Hassan Givsan (1998): Eine bestürzende Geschichte: Warum Philosophen sich durch den „Fall Heidegger" korrumpieren lassen, Würzburg: Königshausen & Neumann, 83. Diese dünne Buch (133 Seiten) ist eine etwas längere „Anmerkung" zu Givsans Habilitationsschrift aus demselben Jahr, ebd., 9.

[466] Geulen ist Professorin am Institut für Germanistik, Vergleichende Literatur- und Kulturwissenschaft, Abteilung für Neuere deutsche Literaturwissenschaft der Universität Bonn, http://www.zfkw.uni-bonn.de/zentrumsrat/mitglieder/profile/geulen.html (21.02.2011).

[467] Zum Begriff des Gegenintellektuellen vgl. Heni 2007, 87–89.

[468] Eva Geulen (2005): Giorgio Agamben zur Einführung, Hamburg: Junius, 101. Auch an anderer Stelle verharmlost die Autorin selbst den Nationalsozialismus, wenn sie in Anlehnung an Agamben die „Schutzhaft im Nationalsozialismus" mit der Situation „der Gefangenenlager in Guantanamo Bay" gleichsetzt und jeweils als „Ausnahmezustand" bezeichnet (vgl. ebd., 96f.); Letzteres ist eine Begrifflichkeit des Nazijuristen Carl Schmitt, einer Referenzquelle Agambens.

[469] Achim Rohde (2006): Facing Dictatorship. State-Society Relations in Ba'Thist Iraq. Zur Erlangung des Doktorgrades eingereicht am Fachbereich Geschichts- und Kulturwissenschaften der Freien Universität Berlin im April 2006, Manuskript, FU Berlin, Institut für Islamwissenschaft, 425, Übersetzung d.V.

[470] Rohde 2006, 425.

[471] Siehe Fußnote 12 zu den „Conclusions", Rohde 2006, 428: „Edward Said, Freud and the Non-European (London: Verso, 2003), 49, 53/54. See also Stephen Sheehi, ‚Failure, Modernity, and the Works of Hisham Sharabi: Towards a Post-Colonial Critique of Arab Subjectivity,' Critique 10 (1997):

39–54; Daniel Boyarin, ‚The Colonial Drag: Zionism, Gender, and Mimikry,' in the Pre-Occupation of Post-Colonial Studies, eds. Fawzia Afzal-Khan and Kalpana Seshadri-Crooks (Durham/London: Duke Univ. Press, 2000), 234–265; Jacqueline Rose, The Question of Zion (Princeton: Princeton Univ. Press, 2005)."

[472] Alvin H. Rosenfeld (2007): „Fortschrittliches" jüdisches Denken und der Neue Antisemitismus. Mit einem Vorwort von Leon de Winter, http://henryk-broder.de/r2/content/startseite/images/rosenfeld.pdf (10.04.2011), 12. Die Arbeit gibt es auch als Broschüre (veröffentlicht vom Augsburger Ölbaum Verlag); das Original erschien 2006 als Broschüre des *American Jewish Committee.*

[473] Achim Rohde (2010a): State-Society Relations in Ba'Thist Iraq Facing Dictatorship, London/New York: Routledge, 161.

[474] Der Text von Daniel Boyarin, auf den Rohde sich bezieht, zeigt schon in der Widmung an, wohin die judenfeindliche Reise geht: „To Michel Warschawsky and Tikva Parnas, tireless fighters against the Zionist occupation in all Palestine" (Daniel Boyarin (2000): ‚The Colonial Drag: Zionism, Gender, and Mimikry,' In: Fawzia Afzal-Khan/Kalpana Seshadri-Crooks (Hg.) (2000): The Pre-Occupation of Post-Colonial Studies, Durham/London: Duke University. Press, 234–265, 234). „All Palestine" ist das Stichwort – hier wird von Boyarin die Zerstörung des jüdischen Staates Israel herbeigesehnt. „I wish to express gratitude to Homi K. Bhabha, who read a much earlier and a very recent version of this essay and whose influence is felt on every page, even where I have not been able to assimilate it completely" (ebd., 259, Vorbemerkung zu den Anmerkungen). Bhabha ist einer der wichtigsten Theoretiker des Postkolonialismus – diese Widmung von Boyarin zeigt, welch große Bedeutung der antizionistische Antisemitismus für die Theorie(n) des Postkolonialismus hat.

[475] Rosenfeld 2007, 8.

[476] Rosenfeld 2007, 8f.

[477] Rosenfeld 2007, 9.

[478] Vgl. die Kurzschlüsse bei Rohde 2005, 389, Anm. 40, der Bezug zu Zimmerer (vgl. zu Zimmerer Kapitel 1.7.3).

[479] Rohde 2010a, 209, Anm. 84. „Constructions of masculinity in societies which place great emphasis on gender difference and segregation between the sexes usually revolve around notions of autonomous male subjects carrying a heroic component, which lies in their ability to stand up to countless challenges, to face enemies in a disciplined and self-confident way and to protect ‚their' womenfolk. Iraq has been no exception to this rule. The semantic shift from nationalist to romantic love and the sexualized imagery which comes along with it in the Iraqi war literature, have been noted also in other war related contexts" (ebd., 143). Er bezieht sich u.a. auf Klaus Theweleit und Ulrike Brunotte.

[480] Rohde 2010a, 213, Anm. 4, Übersetzung d.V.

[481] „An seinen Schriften zeigt sich insbesondere, daß es nur in zweiter Linie um den Islam geht, in erster Linie aber um den Gesichtspunkt von Auschwitz und um die Position zu Israel. Gemäßigt erscheint Said, da er sich von den ordinären Holocaust-Leugnern distanziert, sie jedoch zugleich auch toleriert. (So zog er im Vorjahr seine Unterschrift unter den Aufruf an die libanesische Regierung zurück, der gegen die Abhaltung einer international besetzten Holocaust Denial-Konferenz in Beirut protestiert hatte. Gewiß sei er gegen die Leugnung des Holocaust; aber er sei auch dagegen, eine Regierung aufzufordern, die Meinungsfreiheit zu beschränken, ließ Said verlauten. (...) Tatsächlich war es Said selbst, der in früheren Aufsätzen und Büchern die Massenvernichtung der Juden ausgeblendet hat, wo es irgend möglich war" (Scheit 2009, 18).

[482] Vgl. dazu Kapitel 1.7.6 und 7.2.

[483] Edward Said (1998): Der dritte Weg führt weiter. An die arabischen Unterstützer von Roger Garaudy, *Le Monde Diplomatique*, deutsche Version online: http://www.monde-diplomatique.de/pm/1998/08/14/a0226.text.name,askOg6bPY.n,36 (04.08.2010).

[484] Hazem Saghiyeh/Saleh Bashir (1997)/1998: Universalizing the Holocaust. How Arabs and Palestinians relate to the Holocaust and how the Jews relate to the Palestinian victim, *Palestine-Israel Journal*, Vol. 5, Nos. 3 & 4 1998, online: http://www.pij.org/details.php?id=382 (04.08.2010).

[485] Saghiyeh/Bashir 1998, Übersetzung d.V.

[486] Dabei wird nicht erwähnt, dass es Araber waren, welche die ‚Palästinenser' bzw. die in Israel lebenden Araber aus dem jüdischen Staat vertrieben haben, da ein Verbleiben von Muslimen und Arabern eine Anerkennung Israels bedeutet hätte; vgl. dazu die Studie von Efraim Karsh „Palestine Betrayed"

(Yale University Press 2010), deren Analyse eine eigene längere Abhandlung verdiente. Karsh ist seit Juni 2011 Direktor des Thinktank *Middle East Forum* in Philadelphia, auf welches in dieser Studie mehrfach Bezug genommen wird. In einer Rezension von Karshs neuem Buch heißt es: „Am 29. November 1947 beschloss die UN-Vollversammlung die Teilung Palästinas in zwei Staaten. Jerusalem sollte unter internationale Kontrolle kommen. Mit einem mörderischen Überfall auf einen jüdischen Bus begann schon am nächsten Tag die Gewalt in Palästina, sozusagen die allererste Intifada – und Al-Nakba, die Katastrophe der Palästinenser. Wie die ablief, zeigte sich exemplarisch in der Hafenstadt Haifa. 1947 waren von 145000 Einwohnern 71000 muslimische und christliche Araber. Gegen ihren Willen wurden die Haifa-Palästinenser in Gewalt und Krieg hineingezogen. Ihre eigene palästinensische Führung, damals in Kairo, verbot ihnen den Waffenstillstand und befahl im April 1948 die Evakuierung der arabischen Stadtbevölkerung. Freiwillige arabische Kämpfer aus dem Irak und muslimische Söldner aus Bosnien verliehen dem Befehl aus Kairo mit Terror Nachdruck. Mit Tränen in den Augen flehte der jüdische Bürgermeister von Haifa seine arabischen Verhandlungspartner an, als gleichberechtigte Bürger in der Stadt zu bleiben: ‚Wir Juden haben ein Interesse daran, dass ihr bleibt.' Auch General Hugh Stockwell, Kommandeur der britischen Mandatsmacht in Haifa, beschwor die arabischen Stadtväter: ‚Sie haben eine dumme Entscheidung gefällt. Überlegen Sie sich das gut, denn Sie werden es später bereuen.' Vergeblich. 70000 Haifa-Araber wurden aus der Stadt getrieben – weil ihre eigenen politischen Führer es so wollten. Karsh erklärt warum: ‚Wenn die Araber sich bereit erklärt hätten, unter jüdischer Herrschaft zu leben, wäre das der stillschweigenden Anerkennung des jüdischen Staatswesens gleichgekommen.' Das durfte nicht sein" (Heinrich Maetzke (2011): Verrat an Palästina. Wettlauf um die Macht in Nahost: Jahrzehntelang haben die arabischen Nachbarn den Palästinenser-Staat verhindert, *Bayernkurier*, 62. Jg., Nr. 26, 02.07.2011, online: http://www.bayernkurier.de/index.php?id=224&showUid=2193 (01.07.2011)).

[487] Saghiyeh/Bashir 1998, Übersetzung d.V.

[488] Die UN veranschaulichen die Widersprüchlichkeit der Rede von einer „Nakba" mit ihren eigenen Zahlen: Aus 860.000 arabischen „Vertriebenen" im Jahr 1951, http://unrwa.org/etemplate.php?id=87#beneficiaries (21.02.2011), wurden bis heute ca. 4.8 Millionen „Flüchtlinge", http://unrwa.org/etemplate.php?id=85 (21.02.2011). Da viele antiisraelische Aktivisten und Organisationen den Holocaust mit der „Nakba" in Beziehung setzen, fällt Folgendes auf: Die Bevölkerungszunahme der „vertriebenen Palästinenser" bzw. der „palästinensischen Flüchtlinge" ist offenbar eine besonders hinterhältige Form von Genozid, ähnlich dem Bevölkerungswachstum im Gazastreifen in den letzten Jahren.

[489] Saghiyeh/Bashir 1998, Übersetzung d.V.

[490] In einem Interview mit Said aus dem Jahr 1987, 2010 erneut publiziert, heißt es: „[Frage] Given the history of the Jews and the creation of the Israeli state, because of their historical experience with persecution and suffering and holocaust [kleines ‚h' im Original, d.V.] and death camps, should one feel that Israelis and Jews in general should be more sensitive, should be more compassionate? Is that racist? [Said] No, I don't think it's racist. As a Palestinian I keep telling myself that if I were in a position one day to gain political restitution for all the suffering of my people, I would, I think, be extraordinarily sensitive to the possibility that I might in the process be injuring another people" (Edward Said (1987)/2010: The Pen and the Sword. Conversations with Edward Said. David Barsamian, introductions by Eqbal Ahmad and Nubar Hovsepian, Chicago: Haymarket Books, 42).

[491] Der Kurs heißt „Coloniality, Slavery and the Holocaust: Introducing the Decolonial Option", die Organisatoren sind Dr. Walter Mignolo and Dr. Rolando Vázquez. Im Ankündigungstext heißt es: „‚Coloniality, Slavery and the Holocaust: Introducing the Decolonial Option' is a pioneering course in the social sciences and the humanities. The events of slavery and the holocaust illuminate the geopolitical sources of decolonial thinking in the Global South and critical thought in the Global North. The course builds a dialogue between these currents of thought, and introduces the decolonial option as a path towards global justice" (alle Informationen von http://www.utrechtsummerschool.nl/index.php?type=courses&code=S21 (10.03.2011)). Dabei soll u.a. das *Holocaust Memorial Museum* in Washington D.C. mit einem Sklavereimuseum in Liverpool, England, verglichen werden, was noch einmal die Irrsinnigkeit des Vergleichs von Vernichtung und Ausbeutung illustriert. Wer eine Verbindung vom Holocaust zur Sklaverei herstellt, braucht auch keine Analyse des Antisemitismus mehr zu unternehmen, kann zudem Deutschland von seiner Schuld befreien und schließlich mit bestem Gewissen die Geschichte umschreiben sowie die ‚Dritte Welt' von ihrem Mittun am Holocaust – wie von Seiten der Muslime und Imame, die für Hitler und die Deutschen, die SS oder die Wehrmacht kämpften – exkulpieren.

[492] Siehe die Seite „Faculty for ‚Slavery, the Holocaust, and the Challenge of Global Justice' Course at Utrecht University" an der Duke University, USA, http://trinity.duke.edu/globalstudies/people/faculty-for-slavery-the-holocaust-and-the-challenge-of-global-justice-course-at-utrecht-university (01.04.2011).

[493] Max Horkheimer/Theodor W. Adorno (1947)/1998: Dialektik der Aufklärung. Philosophische Fragmente, Theodor W. Adorno, Gesammelte Schriften, Band 3, Darmstadt: Wissenschaftliche Buchgesellschaft.

[494] „The One State Declaration was issued by participants in the July 2007 Madrid meeting on a one-state solution and the November 2007 London Conference", http://www.odsg.org/co/index.php?option=com_content&view=article&id=292:list-of-endorsers-of-the-one-state-declaration&catid=39:Statements&Itemid=62 (01.04.2011).

[495] „Universität Bremen. Institut für postkoloniale und transkulturelle Studien (INPUTS), ‚Denkplatz Bremen' 2011: Prof. Walter Mignolo (Duke University, USA). Mit der internationalen Gastprofessur ‚Denkplatz Bremen' hat sich INPUTS zum Ziel gesetzt, renommierte Wissenschaftler und Wissenschaftlerinnen für die Universität Bremen zu gewinnen, wo sie sich einen Sommer lang an wissenschaftlichen und öffentlichen Debatten auf dem Campus und darüber hinaus beteiligen. Jeder Professor, jede Professorin unterrichtet ein Seminar, nimmt am INPUTS Forum teil und hält zwei öffentliche Vorträge. Denkplatz Bremen findet über einen Zeitraum von fünf Jahren statt und zielt auf einen nachhaltigen Transfer postkolonialer und transkultureller Wissensproduktion. Die Gastprofessur wird großzügig von der Universität Bremen und dem ‚Verein der Freunde und Förderer der Universität Bremen und der Jacobs University' unterstützt. Der gegenwärtige Gastprofessor ist Walter Mignolo, the William H. Wannamaker Professor of Literature and Romance Studies, Duke University, USA", http://www.fb10.uni-bremen.de/inputs/professuren/denkplatz2011.aspx (01.04.2011).

[496] Vgl. exemplarisch ihre explizit auf Edward Said aufbauende Studie Gurminder K. Bhambra (2007): Rethinking Modernity. Postcolonialism and the Sociological Imagination, Basingstoke (UK): Palgrave Macmillan.

[497] Siehe die Konferenz „Rethinking the Modern: Colonialism, Empire, and Slavery", welche für Mitte Juli 2011 angekündigt wurde, http://www.h-net.org/announce/show.cgi?ID=182829 (01.04.2011). Sie behandelte eine ganz ähnliche Thematik wie die Sommerschule in Utrecht kurz zuvor. Walter Mignolo war im November 2010 Gastforscher am soziologischen Institut der *Universität Warwick* in England (ein „Visiting Fellow in the Institute of Advanced Study (IAS)") und kooperierte dabei mit Robert Fine, Gurminder Bhambra und anderen, siehe http://www2.warwick.ac.uk/fac/soc/sociology/rsw/research_centres/theory/conf/mignolo/ (01.04.2011); Bhambra hat zudem mit Mignolo während dieses Gastaufenthalts einen Kurs zu „historischer Soziologie" organisiert, http://www2.warwick.ac.uk/fac/soc/sociology/rsw/research_centres/theory/pastactivities/201011events/ (01.04.2011).

[498] „‚Theory for a Global Age: Postcolonial and Cosmopolitan Perspectives' – Advance Summer School, University of Warwick, UK", http://www.h-net.org/announce/show.cgi?ID=166914 (01.04.2011).

[499] Saghiyeh/Bashir 1998, Übersetzung d.V.

[500] Anidjar 2003. Der Interviewer war Nermeen Shaikh von der *Asia Society*, Übersetzung d.V.

[501] Anidjar 2003, Übersetzung d.V.

[502] Auch die bereits erwähnte Zeitschrift *Patterns of Prejudice* gibt Anidjar für seine antiisraelischen und den Antisemitismus als spezifisches Phänomen leugnenden Absurditäten ein Forum, Gil Anidjar (2009): Can the walls hear?, *Patterns of Prejudice*, Vol. 43, No. 3, 251–268, 267. Anidjar setzt Kolonialismus und Auschwitz gleich; beide basierten auf der gleichen Kultur, was nicht weniger bedeutet als die Leugnung der völkischen (d.h. antisemitischen) und antiwestlichen Ideologie Deutschlands. Er meint, heutzutage erhalte Israel in den USA noch mehr Unterstützung, während die armen Araber mit dem *war on terror* überzogen würden, ebd. Anidjars Text strotzt nur so vor Ungeheuerlichkeiten, auf die hier nicht näher eingegangen werden kann; da diese Zeitschrift ein „peer review journal" ist (vgl. dazu Endnote 122), ist die Publikation jedenfalls bemerkenswert. Schon Anidjars These „guter Semit" = Jude *versus* „böser Semit" = Araber („Jew and Arab – /good Semite, bad Semite", ebd.), ist an Absurdität kaum zu übertreffen. Es ist die totale Leugnung, dass Antisemitismus Judenhass ist. Anidjars Kernpunkt ist die These, Juden wie Araber seien als Feinde des christlichen Europas über die Jahrhunderte hinweg konstruiert worden (ebd., 264f.). Das ist eine Leugnung und eine Schuldbefreiung („Exkulpation") des arabischen (bzw. muslimischen) Antisemitismus.

[503] Siehe seine Magisterarbeit: „Rohde, Achim, Gender and Nationalism. Discourses on Women and Femininity in the Iraqi Press 1969–98 (Unpublished MA-dissertation, Hamburg University, 1999)", Rohde 2006, 453.

[504] Siehe Rosenfeld 2007.

[505] Agamben wird mit seinem „Ausnahmezustand"-Konzept rezipiert, welches der italienische Autor von Carl Schmitt übernommen hat, vgl. Rohde 2006, 427, Anm. 7; ebenso rezipiert Rohde Agambens „Homo Sacer", ebd., 41, Anm. 80.

[506] In einer Zusammenfassung seiner englischsprachigen Dissertation steht: „Im Zweiten Teil werden Teilbereiche des öffentlichen Diskurses in Irak über die gesamte Zeit der Ba'th-Herrschaft untersucht, mit Blick auf die irakische Frauenbewegung unter dem Regime, soziale wie politische Normen und die Künste. Dieser Teil basiert weitgehend auf Recherchen im Pressearchiv des Moshe Dayan Centers an der Universität Tel Aviv sowie am Deutschen Orient Institut in Beirut. Darüber hinaus stammt das hier verwendete Material aus den Bibliotheken der Universitäten Haifa und Hamburg sowie der Londoner SOAS" (Rohde 2006, 464f.). Rohde reichte die Arbeit wie zitiert in Berlin an der FU ein, Erstgutachterin war Prof. Dr. Gudrun Krämer, Zweitgutachter war Prof. Dr. Amatzia Baram, Haifa University, Rohde 2006, III. Sein Dank liest sich so: „Thank you! I would like to thank Rema Hammami who introduced me to Middle East Gender Studies, Amatzia Baram who taught me how to read Iraq, Gudrun Krämer for comments and criticism, Anat Frumkin for being there through the years, her ideas and graphic talents have helped to shape this thesis. I thank Noga Efrati, Martina Kamp, and Ronit Lentin for advice and criticism on various parts of the study. My research further benefited from the insight offered by the Colloquium at the Free University's Institut für Islamwissenschaft in June 2004 and by a forum of scholars on Iraq at the Harry S. Truman Research Institute for the Advancement of Peace at the Hebrew University of Jerusalem in March 2005. Last not least, I thank (...) the Evangelisches Studienwerk e.V. Villigst for funding and inspiration" (ebd., V).

[507] Rohde 2005. Eine gekürzte englische Version ist Achim Rohde (2009): The Orient Within. Orientalism, Anti-Semitism and Gender in 18th to early 20th Century Germany, in: Benjamin Jokisch/Ulrich Rebstock/Lawrence I. Conrad (Hg.) (2009): Fremde, Feinde und Kurioses. Innen- und Außenansichten unseres muslimischen Nachbarn, Berlin/New York: Walter de Gruyter, 147–165.

[508] Rohde 2005, 370, Anm. 1.

[509] Rohde 2005, 409.

[510] Rohde 2005, 409.

[511] Siehe dazu die klassische Studie von Yosef Hayim Yerushalmi (1993): Assimilierung und rassischer Antisemitismus. Die iberischen und deutschen Modelle, in: Ders. (1993a): Ein Feld in Anatot. Versuche über jüdische Geschichte, Berlin: Wagenbach, 53–80.

[512] Bereits 1944/47 haben die Philosophen Max Horkheimer und Theodor W. Adorno analysiert: „Der Antisemitismus heute gilt den einen als Schicksalsfrage der Menschheit, den anderen als bloßer Vorwand. Für die Faschisten sind die Juden nicht eine Minorität, sondern die Gegenrasse, das negative Prinzip als solches" (Horkheimer/Adorno 1998, 192).

[513] Rohde 2005, 409.

[514] Rohde 2005, 410.

[515] Rohde 2005, 411.

[516] Rohde taucht als Unterstützer des Solidaritätsbriefes hier auf: http://www.arendt-art.de/deutsch/palestina/Honestly_Concerned/watzal_ludwig_aktion.htm (17.02.2011): „307 Dr. Achim Rohde D Hamburg wissenschaftlicher Mitarbeiter, Georg-Eckert-Institut für internationale Schulbuchforschung." „Heute am 7.12.2008 haben wir nach 3 Wochen die Unterschriftenliste geschlossen. Wir werden nun in den nächsten Tagen den Brief an den Innenminister und den Präsidenten der Bundeszentrale für politische Bildung versenden" (ebd.).

[517] Richard Herzinger (2008): Mitarbeiter schreibt israelfeindliche Texte. Bundeszentrale für Politische Bildung, *Die Welt*, 10.04.2008, http://www.welt.de/politik/article1885758/Mitarbeiter_schreibt_israelfeindliche_Texte.html (11.03.2011).

[518] Die *AntiDefamationLeague* (ADL) berichtete am 10. März 2010 in einem Update über die *IsraelApartheidWeek* (IAW) 2010 wie auch über jene von 2009; zu Letzterer heißt es: „At Columbia University (CU), a recently formed group called the Columbia Palestine Forum (CPF) hosted a teach-in on March 4 that featured CU professors and students that are members of CPF, a group advocating for the univer-

sity to divest from Israel. Speakers compared the Israeli-Palestinian conflict to apartheid in South Africa and one professor, Gil Anidjar, an Assistant Professor in the Middle East and Asian Languages and Cultures (MEALAC) department, advocated for a boycott as an ‚exercise of freedom'" (http://www.adl.org/NR/exeres/2F101AAE-F472-450F-8C13-53825A79D075,DB7611A2-02CD-43AF-8147-649E26813571,frameless.htm (04.08.2010)).

[519] Jens J. Scheiner (2004): Vom Gelben Flicken zum Judenstern? Genese und Applikation von Judenabzeichen im Islam und christlichen Europa (849–1941), Frankfurt am Main u.a.: Peter Lang, 141.

[520] Alan Dershowitz (2007): Ahmadinejad's Holocaust Myths, FrontPage Magazine, 28.09.2008, http://archive.frontpagemag.com/readArticle.aspx?ARTID=28288 (04.02.2011), Übersetzung d.V.

[521] „Team, Herausgeber: Dr. Farid Hafez, Politikwissenschafter, Wissenschaftlicher Beirat: Prof. Wolfgang Benz (Deutschland), Prof. Fritz Hausjell (Österreich), Prof. Damir Skenderovic (Schweiz)" (http://jahrbuch-islamophobie.de/team/ (04.08.2010)).

[522] http://jahrbuch-islamophobie.de/ (01.01.2011).

[523] Ralph Giordano (2011): Publizist Ralph Giordano: Ich, Türkenschreck?, *Hamburger Abendblatt*, 04.06.2011, http://www.abendblatt.de/kultur-live/article1803390/Publizist-Ralph-Giordano-Ich-Tuerkenschreck.html (04.06.2011).

[524] Rohde 2010, 651.

[525] http://www.dieuniversitaet-online.at/professuren/curricula-vitae/beitrag/news/univ-prof-dr-rudiger-lohlker-1/80.html (24.05.2011).

[526] Rüdiger Lohlker (2009): Zwischen Anspruch und Wirklichkeit: Zwei neuere Werke zum Islam in Österreich, *Wiener Zeitschrift für die Kunde des Morgenlandes*, 99. Band, 381–394, 383. Es handelt sich um folgende beiden Bände: Dunja Larise/Thomas Schmidinger (Hg.) (2008): Zwischen Gottesstaat und Demokratie. Handbuch des politischen Islam, Wien: Zsonlay-Verlag; Eva Pentz u.a. (2008): „Dies ist kein Gottesstaat!" Terrorismus und Rechtsstaat am Beispiel des Prozesses gegen Mohamed M. und Mona S., Wien: Passagen Verlag. Einer der drei weiteren Autoren dieses Bandes ist Schmidinger.

[527] „Hamas leistet für uns alle Widerstand." Wiener Starprediger Adnan Ibrahim lobt beim Freitagsgebet radikale Islamisten, *Der Standard*, 13.01.2009, http:/derstandard.at/1231151670080/Hamas-leistet-fuer-uns-alle-Widerstand?seite=4 (12.05.2011).

[528] Siehe eine Sammlung von einigen Artikeln aus dem Jahr 2007 von Schmidinger, Ibrahim, Omar al-Rawi (Integrationsbeauftragter der *Islamischen Glaubensgemeinschaft in Österreich*, IGGiÖ) und anderen: http://homepage.univie.ac.at/thomas.schmidinger/php/texte/pol_islam_debatte_scheich_adnan_ibrahim.pdf (16.09.2010).

[529] Lohlker 2009, 391.

[530] Lohlker 2009, 386.

[531] Rüdiger Lohlker (2009a): Dschihadismus. Materialien, Wien: Facultas WUV (UTB).

[532] Lohlker 2009, 384.

[533] Wistrich 2010, 694f., Übersetzung d.V.

[534] Wistrich 2010, 695f., Übersetzung d.V.

[535] Lohlker 2009, 383.

[536] Lohlker 2009, 382.

[537] Lohlker 2009, 389f.

[538] Azmi Bishara (2002): Religion und Politik im Nahen und Mittleren Osten, in: Jochen Hippler/Andrea Lueg (Hg.) (2002): Feindbild Islam oder Dialog der Kulturen, Hamburg: Konkret Literatur Verlag, 116–158, 123.

[539] Lohlker 2009, 392.

[540] Dunja Larise/Thomas Schmidinger (2009): Zwischen „Aufklärungsfundamentalismus" und affirmativ verstandener Moderne: Eine Replik auf Prof. Lohlkers Buchbesprechung, *Wiener Zeitschrift für die Kunde des Morgenlandes*, 99. Band, 395–398, 397.

[541] Larise/Schmidinger 2009, 396.

[542] Siehe seinen Lebenslauf http://www2.hu-berlin.de/asaf/suedasien/sa/?main=70&sub=70 (22.05.2011).

[543] Peter Heine (2001)/2004: Terror in Allahs Namen. Extremistische Kräfte im Islam, Freiburg: Herder Verlag, Lizenzausgabe der Bundeszentrale für politische Bildung (Bonn), 159.

[544] Peter Heine (2009): Einführung in die Islamwissenschaft, Berlin: Akademie Verlag.

[545] Heine 2009, 180.

[546] Heine 2009, 181.

[547] Heine führt keine Quelle dafür an, welche „Gelehrten" er meint. Einer der einflussreichsten Islamisten weltweit, Yusuf al-Qaradawi, befürwortet Selbstmordattentate in Israel, vgl. Kapitel 2.3.

[548] Man beachte den ‚logischen' Aufbau des gesamten hier zitierten Absatzes von Heine. Zuerst spricht er von „Anders verhält es sich", dann von „durchaus ambivalente[n] Haltungen" und schließlich von „große[r] Übereinstimmung" bei der „Beurteilung von Selbstmordattentaten."

[549] Heine 2009, 187.

[550] George Habash (1926–2008) war ein führender palästinensischer Terrorist und mitverantwortlich für die Entführung des Flugzeuges *Landshut* im Jahr 1977; mit dieser Aktion sollten Terroristen der *Rote Armee Fraktion* (RAF) freigepresst werden, was bekanntlich zum *Deutschen Herbst* führte, vgl. „Drahtzieher der ‚Landshut'-Entführung ist tot", *Welt Online*, 27.01.2008, http://www.welt.de/politik/article1601934/Drahtzieher_der_Landshut_Entfuehrung_ist_tot.html (16.04.2011).

[551] Peter Heine/Haitham Aiash (Hg.) (2006): Vom 11. September zum 20. März. Der Dialog mit dem Islam als Herausforderung an die westliche Welt, Berlin: VIW Verlag für Integration und Wissenschaft.

[552] „Die Veröffentlichung dieses Buches wurde durch die Unterstützung S.H. Scheich Dr. Sultan Bin Mohammed Al-Qasimi, Emir von Sharjah und Mitglied des Obersten Rates der Vereinigten Arabischen Emirate, ermöglicht, um den interkulturellen Austausch zwischen Deutschland und der Arabischen Welt zu fördern" (Heine/Aiash (Hg.) (2006), 5).

[553] Heine schreibt: „Angesichts der internationalen politischen und militärischen Konflikte, in denen der Islam immer wieder als ideologischer Faktor eine Rolle spielt, bietet der christlich-islamische Dialog in Deutschland eine große Chance, den Islam in Deutschland und die christlichen Kirchen zu Vorreitern eines verständnisvollen Miteinanders der beiden großen Weltreligionen zu machen und damit ein wenig zu einer friedvolleren Welt beizutragen" (Peter Heine (2006a): Einleitung. Die Zukunft des Dialogs zwischen Muslimen und Christen, in: Ders./Aiash (Hg.) (2006), 15–40, 40). Mit derselben Ignoranz, insbesondere gegenüber den Juden und dem Judentum, formuliert auch Heines Co-Herausgeber reichlich schwülstig: „Der Dialog zwischen dem Islam, dem Christentum und anderen Religionen stammt aus der Zeit des Propheten Mohammad. Dieser Dialog gründet sich auf einer Empfehlung Allahs. Der Dialog zwischen den beiden großen Religionen der Welt hat nur dann Erfolg, wenn Kenner und Angehörige dieser Religionen miteinander diskutieren. Christen und Muslime kommen dem Sinn ihrer spannungsvollen Beziehung nur näher, wenn sie sich ganz aufeinander einlassen und einander die wesentlichen Inhalte ihres Glaubens bezeugen, die seine Substanz ausmachen und die ihr Leben tragen: Wie erfährt der Muslim Gott und wie der Christ? Wo sieht der eine und wo der andere das Herzstück seiner Frömmigkeit? Und vor allem, wie können die Angehörigen beider Religionen erfolgreich und friedlich zusammenleben?" (Haitham Aiash (2006a): Vorwort, in: Heine/Ders. (Hg.) (2006), 9–14, 13f). Auch in diesem Band wird Bassam Tibi attackiert und regelrecht als Inquisitor diffamiert: „Wie die o.g. muslimische Dialogpartnerin zu bedenken gab, ist die von zwei Schülern des Mystikers Hasan al-Basri begründete einflussreiche rationalistische islamisch-theologische Richtung der Mu'tasila im 9. Jahrhundert vom Kalifen zur Einrichtung der Mihna, einer inquisitionsartigen Einrichtung, herangezogen worden. Diese – vorübergehende – Instrumentalisierung habe dem Ansehen des Rationalismus nachhaltig geschadet und lassen noch heute etwa in Bassam Tibis Selbstdarstellung als aufgeklärter Muslim der Mihna vergleichbare gesinnungsprüfende- und vorschreibende Züge sehen. Die Aufarbeitung dieses Teils der islamischen Geschichte sollte dringend nachgeholt werden, und zwar ‚mit dem Islam von Muslimen': indem ‚der Islam als eine Religion, die die gesamten Lebensbereiche der Muslime bestimmt, ernst genommen wird und in ihr Aufklärungsstrukturen erkannt werden, die der europäischen Aufklärung entsprechen'" (Christoph Elsas (2006): Wieviel Freiheit der Religion verträgt die deutsche Gesellschaft? Überlegungen aus dem christlich-islamischen Dialog, in: Heine/Aiash (Hg.) (2006), 95–123, 120f.).

[554] Muriel Asseburg (Hg.) (2008): Moderate Islamisten als Reformakteure?, Bonn: Bundeszentrale für politische Bildung.

[555] Muriel Asseburg (2008a): Moderte Islamisten als Reformakteure? Rahmenbedingungen und programmatischer Wandel, in: Dies. (Hg.) (2008), 9–33, 18.

[556] Asseburg 2008a, 10f.

[557] „Charta der Hamas", zitiert nach http://www.usahm.de/Dokumente/Hamasdeu.htm (09.05.2011).

[558] Asseburg 2008a, 15.

[559] Asseburg 2008a, 19.

[560] Hasan al-Banna (o.J.)/1978a: Five Tracts of Hasan Al-Banna (1906–1949). A Selection from the Majmu 'at Rasa'il al-Imam al-Shahid Hasan al-Banna, Berkeley/Los Angeles/London: University of California Press.

[561] Hasan al-Banna (o.J.)/1978: On Jihad, in: Ders. (o.J.)/1978a, 133–161, Übersetzung d.V.

[562] Al-Banna 1978, 151, Übersetzung d.V.

[563] Al-Banna 1978, 156, Übersetzung d.V.

[564] Hasan al-Banna (o.J.)/1978b: Our Mission, in: Ders. (o.J.)/1978a, 40–68, 49f., Übersetzung d.V.

[565] Jan Buschbom (2011): Verteidigung der Buchstäblichkeit. Elemente islamistischer Radikalisierung – Die Aufzeichnungen des „Deutschen Taliban Mujahideen" Eric Breininger, Teil 2, *Infobrief – Violence Prevention Network*, Nr. 1/2011, 2–41, 36; Jan Buschbom (2010): Verteidigung der Buchstäblichkeit. Elemente islamistischer Radikalisierung – Die Aufzeichnungen des „Deutschen Taliban Mujahideen" Eric Breininger, *Infobrief – Violence Prevention Network*, Nr. 3/2010, 2–23. Buschbom 2011 zitiert aus Hasan al-Banna (o.J.)/1978c: Between Yesterday and Today, in: Ders. (o.J.)/1978a, 13–39, 26–28.

[566] Al-Banna 1978, 156.

[567] Bassam Tibi (1992)/2003: Die fundamentalistische Herausforderung. Der Islam und die Weltpolitik, München: C.H.Beck, vierte, durchgesehene und erweiterte Auflage, 13.

[568] Tibi 2003, 178. Tibi schreibt in der Fußnote: „Vgl. den Essay ‚Risalat al-Djihad', in: Hassan al-Banna, Madjmu'at rasail al-Imam al-schahid Hassan al-Banna (al-Bannas gesammelte Essays), ‚legale Ausgabe' (so im Impressum), Alexandria 1990, 271–292. Für al-Banna ist der Djihad eine Farida/Pflicht" (Tibi 2003, 282, Anm. 52).

[569] The Covenant of the Islamic Resistance Movement – Hamas, zitiert nach der englischen Übersetzung aus dem Arabischen von MEMRI, dem *Middle East Media Research Institute*, http://www.memri.org/report/en/0/0/0/0/0/0/1609.htm#_edn2 (19.08.2010), Übersetzung d.V. In der englischen Fassung heißt es: „‚Israel will exist, and will continue to exist, until Islam abolishes it, as it abolished that which was before it.' [From the words of] The martyr, Imam Hasan al-Banna', Allah's mercy be upon him" (ebd.).

[570] Kai Hafez (2009): Heiliger Krieg und Demokratie. Radikalität und politischer Wandel im islamisch-westlichen Vergleich, Bielefeld: transcript, 180.

[571] http://www.uni-erfurt.de/kommunikationswissenschaft/personen/personenuebersicht/prof-dr-kai-hafez/ (24.05.2011).

[572] Hafez 2009, 181.

[573] Hafez 2009, 180.

[574] Zitiert nach http://www.usahm.de/Dokumente/Hamasdeu.htm (09.05.2011).

[575] Hafez hat sowohl Islamwissenschaft als auch Politologie studiert.

[576] Hafez 2009, 180.

[577] Siehe eine Liste seiner „Tätigkeiten" im „ausführlichen Lebenslauf" von „Prof. Dr. Kai Hafez" im Internet, http://www.uni-erfurt.de/kommunikationswissenschaft/personen/personenuebersicht/prof-dr-kai-hafez/ausfuehrlicher-lebenslauf/ (09.05.2011).

[578] Wistrich 2010, 748f.

[579] Wistrich 2010, 749.

[580] Zitiert nach Wistrich 2010, 661.

[581] Khaled Hroub verteidigt die Hamas in einem Büchlein, Khaled Hroub (2006): Hamas – A Beginner's Guide, London: Pluto Press. Er leugnet, dass Araber Antisemiten sein können, da sie selbst „Semiten" (Hroub 2006, 31, Übersetzung d.V.) seien. Diese unsinnige Behauptung wurde bereits durch Coudenhove 1901 widerlegt. Hroub verteidigt den Israelhass und den Antizionismus der Hamas und droht dem Westen: Wer die Hamas boykottiere und gar als politische Macht vom Thron stoße, müsse damit rechnen, „Hamas would be elevated to the status of a persecuted martyr, and the Hamas movement would simply resume its militant pre-election position, taking up arms and fighting back" (Hroub 2006, 159). Damit beendet Hroub seine Apologie der Hamas. Vor dem Hintergrund psychoanalytischer Kritik ist die Analyse von Joseph Croitoru, der sich in seinem Buch *Der Märtyrer als Waffe. Die historischen Wurzeln des Selbstmordattentats* von 2003 mit der historischen Genese des Selbstmordterrorismus befasst – ausgehend von den japanischen Kamikaze-Soldaten, die jedoch nicht auf Zivilisten zielten wie ‚moder-

ne' *suicide bomber* –, etwas schal: „Althergebrachte Prinzipien von Gruppenloyalität und bedingungslosem Gehorsam brechen sich hier ebenso Bahn wie traditionelle Ehrenkodices tribalen Ursprungs. Diese Konstellationen, gepaart mit nationaler Unterdrückung und Erniedrigung durch einen militärisch weit überlegenen Feind, liefern den Nährboden für das Selbstmordattentat, das gerade durch seine mediale Inszenierung im Rahmen einer psychologischen Kriegsführung auch die Funktion eines Rituals zur kollektiven Ehrenrettung zu erfüllen scheint" (Joseph Croitoru (2003): Der Märtyrer als Waffe. Die historischen Wurzeln des Selbstmordattentats, München/Wien: Carl Hanser Verlag, 225). Croitoru rationalisiert in gewisser Weise das *suicide bombing*, wenn er meint, die „Erniedrigung" von Seiten des politischen Gegners sei ursächlich oder ausschlaggebend. Doch wo wurde ein Mohammed Atta, aus Ägypten kommend und in Deutschland weiter studierend, „erniedrigt", und wo stand er einem „militärisch weit überlegenen Feind" gegenüber? In Hamburg-Harburg?

[582] Gudrun Krämer (2010): Hasan al-Banna, Oxford/New York: Oneworld Publications. Der Band erscheint in der Reihe „Makers of the Muslim World", Herausgeberin ist Patricia Crone vom *Institute for Advanced Study* in Princeton, USA.

[583] Krämer 2010, 23, Übersetzung d.V.

[584] Krämer 2010, 28.

[585] Krämer 2010, 54.

[586] Krämer 2010, 102.

[587] Gudrun Krämer (1993)/1999: Gottes Staat als Republik. Reflexionen zeitgenössischer Muslime zu Islam, Menschenrechten und Demokratie, Baden-Baden: Nomos. 1993 hat Krämer eine Vorläuferversion der Arbeit als Habilitationsschrift an der Universität Hamburg eingereicht, vgl. ebd., 5. Zu al-Banna ebd., 182–192.

[588] Krämer 1999, 211–226. Die theoretische Hilflosigkeit bzw. Affirmation islamistischer, reaktionärer Bewegungen zeigt sich auch an der Sprache: Krämer spricht vom „Islam als Befreiungsideologie", um Qutb näher zu kennzeichnen, ebd., 214. Eine Ideologie wird in der Wissenschaft selten als harmlose „Idee" oder „Vorstellung" betrachtet, eher als (gesellschaftlich gesehen) starres Gebilde, häufig mit autoritären Zügen (auf das Individuum bezogen) und als notwendig falsches Bewusstsein. Ideologie steht für die Vernebelung bestehender Zustände sowie als fixe Idee für eine in die Zukunft gerichtete Herrschaftsform. „Befreiungsideologie" ist ein Widerspruch in sich: Unter „Befreiung" verstehen Islamisten die Unterwerfung unter Gott sowie die Strukturierung der gesamten Gesellschaft im Sinne Gottes und seiner Verkünder (Mohammed etc.).

[589] Krämer 1999, 37.

[590] Krämer 2010, 103.

[591] Hasan al-Banna, „Our mission", zitiert nach Krämer 2010, 107, Übersetzung d.V. Im englischen Text heißt es: „Our mission is one described most comprehensively by the term ‚Islamic.' This word has a broad meaning, unlike the meaning normally understood by people. We believe that Islam is an all-embracing concept which regulates all aspects of life, providing for every one of its concerns and prescribing for it a fixed and detailed order."

[592] Krämer 2010, 118, Übersetzung d.V.

[593] Krämer 2010, 122, Übersetzung d.V.

[594] Richard P. Mitchell (1960)/1969: The Society of the Muslim Brothers, London: Oxford University Press, 207, Übersetzung d.V.

[595] Küntzel 2002, 23.

[596] Gudrun Krämer (2005): Aus Erfahrung lernen? Die islamische Bewegung in Ägypten, in: Clemens Six/Martin Riesebrodt/Siegfried Haas (Hg.) (2005): Religiöser Fundamentalismus. Vom Kolonialismus zur Globalisierung, Innsbruck u.a.: Studien Verlag, 185–200, 187f.

[597] Krämer 2005, 198.

[598] „A journey completed. Eight years after a scholar's death, his life's work is published", *Princeton Alumni Weekly* (PAW), Mark F. Bernstein 24. Februar 2010, http://paw.princeton.edu/issues/2010/02/24/pages/2380/index.xml (18.04.2011).

[599] Manfred Halpern (1963): The Politics of Social Change in the Middle East and North Africa, Princeton, NJ: Princeton University Press.

[600] Halpern 1963, 135: „Die neo-islamischen totalitären Bewegungen sind im Kern faschistische Bewegungen", Übersetzung d.V.

[601] Halpern 1963, 142, Übersetzung d.V. Halpern bezieht sich hierbei auf Mitchell 1960 (vgl. ebd., 142, Anm. 19), dessen Dissertation er als Manuskript am *Department of Oriental Studies* der *Princeton University* einsehen konnte, wo sie Mitchell am 30. Dezember 1959 eingereicht hatte, vgl. Halpern 1963, 137f., Anm. 10.

[602] Halpern 1963, 147f. Er zitiert aus „The Call of the Moslem Brotherhood, Cairo, October 1938", ebd., 148, Anm. 27.

[603] Zitiert nach Halpern 1963, 148f.

[604] Gudrun Krämer (1982): Minderheit, Millet, Nation? Die Juden in Ägypten 1914–1952, Wiesbaden: Verlag Otto Harrasowitz, 287.

[605] Krämer 1982, 315.

[606] Krämer 1982, 433.

[607] Gudrun Krämer (1989): The Jews in Modern Egypt, 1914–1952, Seattle: University of Washington Press.

[608] Krämer 1989, 235, Übersetzung d.V.

[609] Krämer 1989, 235, Übersetzung d.V.

[610] Krämer 1982, 6.

[611] Krämer 1982, 4f.

[612] American Jewish Committee (1957): The Plight of the Jews in Egypt, New York: American Jewish Committee, online: http://www.ajcarchives.org/AJC_DATA/Files/551.PDF (15.08.2010), Übersetzung d.V. Robert Wistrich schrieb 1985 über von Leers: „In Nasser's Egypt, in Iraq, Syria or Jordan, such statements [gemeint ist eine Lobrede vom späteren ägyptischen Präsidenten Anwar as-Sadat auf Hitler aus dem Jahr 1953, d.V.] were commonplace enough and it was no accident that the Free Officers' Junta in the 1950s welcomed with open arms the old German Nazis who now came flooding into the country. Their qualifications as experts on ‚Jewish Affairs' probably made them seem like valuable adjuncts to Arab antisemitic propaganda which increasingly bore their trademark after the mid-1950s. The most prominent of these former collaborators of Hitler and Goebbels was the notorious antisemite Johann von Leers, invited to Cairo by Haj Amin el-Husseini. Von Leers had initially settled after the war in the Argentine where he edited the neo-Nazi monthly Der Weg. The Grand Mufti had repeatedly sent messages of encouragement to von Leers and his fellow Nazis in Buenos Aires and in August 1956 he had publicly complimented Der Weg for having ‚always championed the Arabs' righteous cause against the powers of darkness embodied in World Jewry''. An exalted figure in Nasser's entourage, the ex-Mufti of Jerusalem obtained a post for von Leers as political adviser in the Egyptian Information Department, where, according to the Manchester Guardian, he exercised ‚considerable influence on the nature of the current anti-Jewish measures'. Von Leers continued to be active as an antisemitic propagandist in Cairo under his Muslim name, Omar Amin, until his death in 1965" (Robert Wistrich (1985): Hitler's Apocalypse. Jews and the Nazi Legacy, London: Weidenfeld & Nicolson, 176). Wenig später erschien die deutsche Übersetzung des Bandes, Robert Wistrich (1985a)/1987: Der antisemitische Wahn: von Hitler bis zum Heiligen Krieg gegen Israel, Ismaning bei München: Max Hueber Verlag. Interessant ist die Entstehungsgeschichte des Buches; Wistrich geht dabei auf den Antisemitismus der 1970er Jahre in England ein, und es hört sich an, als hätte er über die politische Situation in Großbritannien wie in Europa im Jahr 2011 geschrieben: „The original idea out of which this book had arisen went back almost ten years to the time when I began working at the Institute of Contemporary History and the Wiener Library in London. Since 1975 I had become increasingly concerned by certain trends in Western Europe towards denying the Holocaust, by the resurgence of racism, and the increasingly hostile climate towards young Jews at British universities engendered by fashionable left-wing anti-Zionism. Having grown up in England, I was acutely aware from personal experience that anti-Jewish feeling, though generally of a mild and genteel variety, was far more widespread even in that liberal country than is often realized abroad. I also knew from my own studies and my parents' continental background (they had emigrated from Poland to France and then to England in 1948) that antisemitism had been an endemic feature of twentieth-century European history. During my post-graduate work, which led me to specialize in aspects of the ‚Jewish' question in late nineteenth-century Germany and Austria and in subsequent research on the Holocaust, the nagging question of Nazism, its causes and consequences, was never far from my mind. Through the 1970s, moreover, my intuitive feeling that there was a historical connection which had never been seriously investigated between the Nazi legacy and the more sophisticated contemporary forms of anti-Zionist antisemitism with which I was immediately concerned began to crystallize into a firm conviction" (Wistrich 1985, viif.). Zur Geschichte des Antisemi-

tismus bei „frühen Sozialisten", Bruno Bauer, Karl Marx, der Hegelschen Linken, der Sozialdemokratie, Karl Kautsky, in Österreich-Ungarn bis hin zum „Austromarxismus" vgl. die umfassende Studie von Robert Wistrich (1982): Socialism and the Jews. The Dilemmas of Assimilation in Germany and Austria-Hungary, Rutherford/Madison/Teaneck: Fairleigh Dickinson University Press.

[613] Krämer 1982, 6.

[614] Ivesa Lübben (2003): „Die Träume von heute sind die Wahrheiten von morgen" – Geschichtsbewusstsein und Zeitkonzeptionen bei Hasan al-Banna, in: Amr Hamzawy/Ferhard Ibrahim (Hg.) (2003): Religion, Staat und Politik im Vorderen Orient. Festschrift für Friedemann Büttner, in Zusammenarbeit mit Katharina Lenner, Münster/Hamburg/London: LIT Verlag, 233–262, 259.

[615] „Dieser Essay hat den Einfluss des Totalitarismus auf den Gründer der Muslimbruderschaft, Scheich Hasan al-Banna, gezeigt. Die Dokumente belegen nachdrücklich, dass dieser Mann vom Faschismus fasziniert war – wie viele der Kameraden seiner Zeit – und dass er sich wohl der propagandistischen Wirkung schallender Slogans und von Massendemonstrationen bewusst war. Es gab auffallende Ähnlichkeiten zwischen seiner Gesellschaft und der am meisten am Faschismus orientierten ägyptischen Partei, dem Jungen Ägypten, und beide erhielten großzügige Unterstützung vom Pro-Achsen-Palast sowie möglicherweise von Achsenmächten selbst" (Ana Belén Soage (2008a): Hasan al-Banna or the Politicisation of Islam, *Politics, Religion & Ideology*, Vol. 9, No. 1, 21–42, 34, Übersetzung d.V.).

[616] http://www.berlinerliteraturkritik.de/detailseite/artikel/sarrazin-bei-literaturfestival-ausgeladen-1.html (09.09.2010).

[617] http://www.literaturfestival.com/programm/veranstaltungen-nach-kategorien/reflections/global-mufti-2013-medialer-islam-von-yusuf-al-qaradawi (09.09.2010).

[618] Der Begriff wurde z.B. von J. Skovgaard-Petersen als Titel eines Vortrags im Jahr 1999 auf einer Konferenz an der *Harvard University*, USA, verwendet, siehe Gräf 2000, 12, Anm. 22.

[619] „Global Mufti – medialer Islam von Yusuf al-Qaradawi. Buchpräsentation mit Bettina Gräf, Gudrun Krämer und Jakob Skovgaard-Petersen. Die Podiumsdiskussion zum Sammelband ‚The Global Mufti. The Phenomenon of Yusuf al-Qaradawi' (2009) und zur Monographie ‚Medien-Fatwas@Yusuf al-Qaradawi. Die Popularisierung des islamischen Rechts' (2010) stellt den ebenso bekannten wie umstrittenen Medien-Mufti Yusuf al-Qaradawi vor. Neben einem Ausschnitt aus der Fernsehsendung auf Al-Jazeera ‚Die Scharia und das Leben' (mit Übersetzung und Kommentar) werden kontroverse Themen des 1926 in Ägypten geborenen und 1961 nach Katar emigrierten al-Qaradawi diskutiert. Eine Veranstaltung des Zentrums Moderner Orient in Kooperation mit dem ilb" (http://www.literaturfestival.com/programm/veranstaltungen-nach-kategorien/reflections/global-mufti-2013-mediaier-islam-von-yusuf-al-qaradawi (09.09.2010)).

[620] http://www.geschkult.fu-berlin.de/e/islamwiss/mitarbeiterinnen/professorinnen/kraemer/index.html (09.09.2010).

[621] http://sderotmedia.org.il/bin/content.cgi?ID=388&q=1&s=4 (06.09.2010).

[622] Gudrun Krämer (2002): Geschichte Palästinas, München: C.H.Beck, 304f.

[623] Krämer 2002, 305.

[624] Krämer 2002, 307.

[625] Mallmann/Cüppers 2006, 24.

[626] Gudrun Krämer (2006): Drawing Boundaries. Yusuf al-Qaradawi on Apostasy, in: Dies./Sabine Schmidtke (Hg.) (2006): Speaking for Islam. Religious Authorities in Muslim Societies, Leiden/Boston: Brill, 181–217, 214, Übersetzung d.V.

[627] http://www.zmo.de/Mitarbeiter/Graef/Lebenslauf.htm (22.05.2011).

[628] Bettina Gräf (2000): Die Fatwa als politisches Instrument am Beispiel der Fatwa „Der politische Islam" (al-islam as-siyasi) von Yusuf Abdallah al-Qaradawi, Berlin, Magister Artium am Fachbereich Geschichts- und Kulturwissenschaften am Institut für Islamwissenschaft der Freien Universität Berlin. Gutachterin war Gudrun Krämer.

[629] Vgl. Gräf 2000, 43.

[630] Gräf 2000, 44. Gräf übersetzt die Fatwa, welche im Anhang der Arbeit auf Arabisch dokumentiert wird.

[631] Gräf 2000, 82.

[632] Zitiert nach der Übersetzung in Gräf 2000, 47.

[633] Zitiert nach Gräf 2000, 57.

[634] Gräf 2000, 66.

[635] Zitiert nach Gräf 2000, 60.

[636] Vgl. auch Gräf 2000, 23.

[637] Gräf 2000, 80.

[638] „Eine kürzere Version des Artikels erschien erstmals in der Zeitschrift ISIM-REVIEW, herausgegeben vom ‚International Institute for the Study of Islam in the Modern World'. Der Artikel basiert auf acht Texten, die auf al-Qaradawis Homepage vom 13.7. bis 3.9. 2004 in verschiedenen Rubriken zur IAMS veröffentlicht wurden sowie auf der Sendung ‚Das islamische Recht und das Leben' des Satellitenfernsehsenders al-Jazeera vom 27.7.2004, die transkribiert unter www.aljazeera.net zu finden ist. Bettina Gräf ist Direktionsassistentin am Zentrum Moderner Orient in Berlin. In ihrer Doktorarbeit beschäftigt sie sich mit der ‚Produktion und Rezeption von islamischen Rechtsgutachten im Zeitalter der elektronischen Medien am Beispiel von Yusuf al-Qaradawi'" (Bettina Gräf (2005): Yusuf al-Qaradawi und die Bildung einer ‚globalen islamischen Autorität'. Internationale Vereinigung muslimischer Gelehrter, http://de.qantara.de/webcom/show_article.php/_c-468/_nr-323/i.html (07.09.2010)).

[639] Gräf 2005.

[640] The International Association of Muslim Scholars (IAMS).

[641] Bettina Gräf (2006): Yusuf al-Qaradawi: Das Erlaubte und das Verbotene im Islam, in: Amirpur/Ammann (Hg.) (2006), 109–117.

[642] Gräf 2006, 115.

[643] http://www.bbc.co.uk/pressoffice/pressreleases/stories/2004/07_july/07/newsnight.shtml (07.09. 2010).

[644] http://www.tau.ac.il/Anti-Semitism/asw2004/uk.htm (07.09.2007). Ebenso kritisch gegenüber al-Qaradawi ist Jeff Barak (2005): Anti-Semitism or a war with the ‚Mail'? It would be simpler if Ken just said sorry. Livingstone's stance has shocked gays and lesbians, *The Independent*, 11.12.2005, http://www.independent.co.uk/opinion/commentators/jeff-barak-antisemitism-or-a-war-with-the-mail-it-would-be-simpler-if-ken-just-said-sorry-518932.html (01.07.2011).

[645] Wistrich 2010, 400–402.

[646] Bettina Gräf (2010): Media Fatwas, Yusuf al-Qaradawi and Media-Mediated Authority in Islam, *Orient. Zeitschrift für Politik, Wirtschaft und Kultur des Orients*, 51. Jahrgang, H. 1, 6–15, 9, Anm. 18.

[647] Bettina Gräf (2007): Sheikh Yusuf Al-Qaradawi in Cyberspace, *Die Welt des Islams*, Vol. 47, Nrs. 3–4, 403–421.

[648] Gräf 2007, 413.

[649] http://www.memri.org/report/en/0/0/0/0/0/0/3062.htm (21.02.2011), Übersetzung aus dem Englischen d.V.

[650] http://www.memri.org/report/en/0/0/0/0/0/0/3062.htm (21.02.2011), ein Video mit den Botschaften ist hier zu sehen: „Yusuf al-Qaradawi Praises Hitler and the Holocaust", http://www.youtube.com/watch?v=VcB_DZ4YQYQ (07.09.2010).

[651] Das andere Gesicht des Islam, *Der Tagesspiegel*, 12.12.2010, http://www.tagesspiegel.de/wissen/das-andere-gesicht-des-islam/3620702.html (04.01.2011).

[652] Bettina Gräf/Jakob Skovgaard-Petersen (Hg.) (2009): Global Mufti. The Phenomenon of Yusuf al-Qaradawi, London: Hurst & Company.

[653] Bettina Gräf (2009a): The Concept of Wasatiyya in the Work of Yusuf al-Qaradawi, in: Gräf/Skovgaard-Petersen (Hg.) (2009), 213–238, 228.

[654] Gudrun Krämer (2009): Preface, in: Gräf/Skovgaard-Petersen (Hg.) (2009), ix–xi. Krämer setzt so ein: „How do we explain the fact that Yusuf al-Qaradawi is easily the best-known if not the most popular Muslim preacher-scholar-activist of the early 21st century?" (ebd., ix). In einem anderen Text in diesem Band wird erwähnt, al-Qaradawi habe ein Einreiseverbot in die USA wegen seiner Verteidigung des „Märtyrertums"; das ist jedoch für den Autor Husam Tammam kein Grund, Kritik an al-Qaradawi zu üben: Husam Tammam (2009): Yusuf al-Qaradawi and the Muslim Brothers. The Nature of a Special Relationship, in: Gräf/Skovgaard-Petersen (Hg.) (2009), 55–83, 62f.

[655] Götz Nordbruch (2010): Rezension zu: Gräf, Bettina; Skovgaard-Petersen, Jakob (Hrsg.): The Global Mufti. The Phenomenon of Yusuf Al-Qaradawi. London 2008, *H-Soz-u-Kult*, 03.03.2010, http://hsozkult.geschichte.hu-berlin.de/rezensionen/2010-1-164 (09.09.2010).

[656] Götz Nordbruch (2001): The Socio-historical Background of Holocaust Denial in Arab Countries: Arab reactions to Roger Garaudy's The Founding Myths of Israeli Politics, *Analysis of Current Trends in Antisemitism* (ACTA), Nr. 17, http://sicsa.huji.ac.il/17nordbruch.html (09.09.2010).

[657] Nordbruch 2001, Übersetzung d.V.

[658] Barbara Freyer Stowasser (2009): Yusuf al-Qaradawi on Women, in: Gräf/Skovgaard-Petersen (Hg.) (2009), 181–211.

[659] http://explore.georgetown.edu/people/stowassb/ (24.05.2011).

[660] Eine Dokumentation der Fatwas, vor dem Hintergrund der Einladung an al-Qaradawi nach England im Jahr 2004, ist hier zu finden: The Qaradawi Fatwas, *Middle East Quarterly*, Vol. XI, Nr. 3, Sommer 2004, http://www.meforum.org/646/the-qaradawi-fatwas (07.07.2011).

[661] Freyer Stowasser 2009, 208, Übersetzung d.V.

[662] Küntzel 2002, 156.

[663] Wistrich 2010, 754, Übersetzung d.V.

[664] http://www.numov.org/content/view/49/55/lang,de_DE/ (03.03.2011). Die anderen Vorstandsmitglieder seien hier ebenfalls aufgeführt, da sich daraus eine Liste des deutschen Establishments ergibt und auch zu Studien über ‚Kapitalismus, Deutschland und der Islam' anregen könnte (alle Angaben nach der Homepage von Numov, http://www.numov.org/content/view/49/55/lang,de_DE/ (03.03.2011)): Vorsitzender: Martin Bay, Vorsitzender der Geschäftsführung, Deutsche Bahn International; Geschäftsführender Vorstand: Helene Rang, Inhaberin, Helene Rang & Partner; Stellvertretende Vorsitzende: Dr. Martin Herrenknecht, Vorsitzender des Vorstandes, Herrenknecht AG; Dr. Norbert Kloppenburg, Mitglied des Vorstandes, KfW Bankengruppe; Bernd Romanski, Mitglied der Geschäftsführung, HOCHTIEF Facility Management GmbH; Jens-Ove R. Stier, Geschäftsführer, Winterstein-Kontor GmbH; Ehrenvorstand 1998–2005: Hans-Jürgen Wischnewski, Bundesminister/Staatsminister a.D.; Weitere Vorstandsmitglieder: Martin Bachmann, Mitglied des Vorstandes, Wintershall Holding AG; Jürgen Chrobog, Vorsitzender des Vorstandes, BMW Stiftung Herbert Quandt; Burkhard Dahmen, Mitglied des Vorstandes, SMS Siemag AG; Klaus Eberhardt, Vorsitzender des Vorstandes, Rheinmetall AG; Dr. Bernd Eisenblätter, Mitglied der Geschäftsführung, Deutsche Gesellschaft für Internationale Zusammenarbeit GmbH (GIZ); Joachim Enenkel, Mitglied des Vorstandes, Bilfinger Berger SE; Dieter Ernst, Vorsitzender des Vorstands, Berlinwasser International AG; Jürgen Fitschen, Mitglied des Vorstands, Deutsche Bank AG, Head of Regional Management weltweit, Deutsche Bank AG; Hans-Peter Floren, Mitglied der Geschäftsführung, E.ON Ruhrgas AG; Michael Glos, MdB, Bundesminister für Wirtschaft und Technologie a.D.; Marc Hall, Geschäftsführer Bayerngas GmbH; Joachim Hörster, MdB, Vorsitzender der Parlamentariergruppe Arabische Länder im Deutschen Bundestag, Deutscher Bundestag; Elke Hoff, MdB, Mitglied des Deutschen Bundestags, Deutscher Bundestag; Dr. Peter A. Kaemmerer, Mitglied des Vorstands, Landesbank Baden-Württemberg; Michael Ludwig, Mitglied des Vorstandes, Verbundnetz Gas AG; Martin Marsmann, Head of International Business, UniCredit Bank AG; Hartmut Mehdorn, Vorsitzender des Vorstandes a.D., Deutsche Bahn AG; Günther Mull, Geschäftsführer, DERMALOG Identification Systems GmbH; Marc Neumann, Vorsitzender der Geschäftsführung, Ferrostaal Industrieanlagen GmbH; Jürgen Sander, Geschäftsführer, VEM motors GmbH; Maria-Elisabeth Schaeffler, Gesellschafterin, Schaeffler KG; Paul Schockemöhle, Inhaber, Paul Schockemöhle Pferdehaltung GmbH; Werner Schoeltzke, Inhaber, ENTRACON; Erich Staake, Vorsitzender des Vorstandes, Duisburger Hafen AG; Prof. Dr. Rainer Schwarz, Sprecher der Geschäftsführung, Airport Berlin Brandenburg International BBI; Dr. Monika Wulf-Mathies, Mitglied der Europäischen Kommission a.D., wulf.mathies.consult.

[665] http://www.numov.org/component/option,com_docman/task,doc_download/gid,22/lang,de_DE/ (20.12.2010).

[666] Gräf 2010.

[667] *Orient.* Zeitschrift für Politik, Wirtschaft und Kultur des Orients, 51. Jg., H. 1, 81.

[668] „Numov gratuliert Qatar zur WM", http://qgbf.numov.org/images/stories/qgbf_forumiv_frontsite.jpg (03.03.2011). Interessant ist in diesem Zusammenhang auch folgende Selbstdarstellung des NUMOV, die direkt oberhalb dieser Gratulation auf der Homepage zu finden ist: „Der Nah- und Mittelost-Verein e.V. (NUMOV) ist Deutschlands älteste Fachorganisation für die Region des Nahen und Mittleren Ostens. Wir unterstützen seit 75 Jahren Mitgliedsfirmen beim Auf- und Ausbau von Geschäftskontakten in Ländern der Region. Neben Informationen aus erster Hand bieten wir unseren Mitgliedern exzellente Möglichkeiten für Geschäftsanbahnungen und Networking" (http://www.numov.org/content/view/48/54/lang,de_DE/ (03.03.2011)).

[669] „Sheik Yusuf al-Qaradawi: Theologian of Terror", *AntiDefamationLeague*, 4. August 2009, http://www.adl.org/NR/exeres/788C5421-70E3-4E4D-BFF4-9BE14E4A2E58,DB7611A2-02CD-43AF-8147-649E26813571,frameless.htm (10.09.2010).

[670] http://www.literaturfestival.com/teilnehmer/autoren/2010/jacob-skovgaard-petersen (21.02.2011).

[671] Zur Kritik an al-Qaradawi vgl. auch Raymond Ibrahim (2010a): Top Muslim Cleric Qaradawi Urges Western Muslims to ‚Liberalize', http://www.meforum.org/2693/qaradawi-urges-western-muslims-liberalize (23.09.2010). „Qaradawi, who is touted by the likes of John Esposito and CAIR [Council on American-Islamic Relations, d.V.] as a ‚moderate' – even as he legitimizes suicide attacks against Israel (including by women) and death for apostates."

[672] Bettina Gräf/Jakob Skovgaard-Petersen (2009b): Introduction, in: Dies. (Hg.) (2009), 1–15.

[673] Gräf/Skovgaard-Petersen 2009b, 8, Übersetzung d.V.

[674] Gräf/Skovgaard-Petersen 2009b, 8, Übersetzung d.V.

[675] Gräf 2009a, 228.

[676] Ana Belén Soage (2008): Shaykh Yusuf al-Qaradawi: Portrait of a Leading Islamist Cleric, *Meria. The Middle East Review of International Affairs*, Jg. 12, Nr. 1, http://meria.idc.ac.il/journal/2008/issue1/jv12no1a5.asp (23.09.2010).

[677] Carsten Polanz (2010): Yusuf al-Qaradawi und sein Konzept der Mitte, *Materialdienst. Zeitschrift für Religions- und Weltanschauungsfragen*, 73. Jg., H. 5, 170–179, 178.

[678] Vgl. die Kritik an al-Ansari des Politikwissenschaftlers Jeff Weintraub (2009): Celebrating the Holocaust on Egyptian TV, 3. Februar 2009, http://jeffweintraub.blogspot.com/2009/02/celebrating-holocaust-on-egyptian-tv.html (19.09.2010).

[679] Richard L. Rubenstein (2010): Defeat, Rage, and Jew Hatred, *Journal for the Study of Antisemitism*, Vol. 1, No. 2, 95–138, 122; http://www.jsantisemitism.org/pdf/jsa_1-2.pdf (10.09.2010), Übersetzung d.V.

[680] Rubenstein 2010, 124.

[681] „Bettina Gräf, Medien-Fatwas@Yusuf al-Qaradawi. Die Popularisierung des islamischen Rechts, Berlin: Klaus Schwarz Verlag, Hrsg.: Zentrum Moderner Orient. Geisteswissenschaftliche Zentren Berlin e.V. Reihe: *ZMO-STUDIEN* 27 2010 541 Seiten Taschenbuch ISBN 978-3-87997-653-9 lieferbar; 39 Euro", Ankündigung zitiert nach der Homepage des *Zentrums Moderner Orient*, http://www.zmo.de/publikationen/zmo_studien.html (11.09.2010).

[682] Gräf/Skovgaard-Petersen 2009b, 11.

[683] Müller 1991.

[684] Herbert Landolin Müller (2005): „Vagabunden" im Zeichen des globalen gihad: Fehlgeleitete Idealisten, „Freiheitskämpfer" oder „Terroristen"?, in: Zehetmair (Hg.) (2005), 66–81, 77. Müller bezieht sich auf eine öffentliche „Anhörung des Innenausschusses des Deutschen Bundestages, Berlin am 20.09.2004; eigene Aufzeichnung des Verfassers" (Müller 2005, 77, Anm. 32).

[685] Zu Nasser vgl.: „Besonders der erwähnte el-Misri spielte eine Schlüsselrolle im Kreis der islamistischen, nationalistischen und englandfeindlichen Kräfte Ägyptens. Als junger Offizier hatte er sich im Widerstand gegen das osmanische Reich politisiert; nach dessen Ende gelang ihm eine Karriere in der ägyptischen Armee, die er ab 1939 als Generalstabschef anführte. Selbst als er im folgenden Jahr auf britischen Druck hin in den Ruhestand geschickt wurde, unterhielt el-Misri weiterhin sowohl beste Beziehungen zu den Deutschen, als auch zur nationalistischen Bewegung ‚Junges Ägypten' sowie zur Moslembruderschaft, mit dessen Führer al-Banna er persönlich befreundet war. Großen Einfluß übte er außerdem auf die ‚Freien Offiziere', einen nationalistischen Geheimbund ägyptischer Militärs aus. Diese hatten im Zuge des deutsch-italienischen Vormarschs in Nordafrika und des Staatsstreichs im Irak eigene Putschpläne gegen die Briten ausgearbeitet, die auf Initiative el-Misris 1941 jedoch noch einmal aufgeschoben wurden. Mit Gamal Abdel Nasser und Anwar el-Sadat gehörten dem Zirkel zwei Männer an, die als spätere Staatspräsidenten die Nachkriegsgeschichte des Landes entscheidend prägen sollten. Von dem einen, Nasser, ist unter anderem bekannt, daß er ein begeisterter Leser und Fürsprecher der ‚Protokolle der Weisen von Zion' war. Der andere, Sadat, brachte das Verhältnis ägyptischer Militärs zum Nationalsozialismus wohl durchaus zutreffend auf den Punkt, als er nach dem Krieg in aller Kürze feststelle: ‚We acted in complete harmony with them'" (Mallmann/Cüppers 2006, 160).

[686] Martin Riexinger (2007): Nasserism revitalized. A criticial reading of Hasan Hanafi's projects ‚The Islamic Left' and ‚Occidentalism' (and their uncritical reading), *Die Welt des Islams*, Vol. 47, Nr. 1, 63–118, 64.

[687] Vgl. die Angaben hier http://sgt.gr/uploads/Hassan_Hanafi.pdf (10.02.2011).

[688] http://www.uni-frankfurt.de/fb/fb09/islam/personen/ehemalige/hanafi/index.html (23.09.2010).

[689] „Religion, Reform and Progress. Critical Voices from Egypt", Oktober 2008, http://www.kas.de/wf/doc/kas_14769-544-1-30.pdf (12.02.2011).

[690] Fakhri Salih (2006): Gott ist kein kleiner Diktator. Ein muslimischer Gelehrter provoziert das religiöse Establishment, *Neue Zürcher Zeitung*, 25. September 2006, http://www.nzz.ch/2006/09/25/fe/articleEHD6Q.html (12.02.2011).

[691] Caryle Murphy (2002): Passion for Islam: Shaping the Modern Middle East: The Egyptian Experience, New York u.a.: Scribner, 225.

[692] *Qantara* schreibt über sich selbst: „Das arabische Wort ‚qantara' bedeutet Brücke. Qantara.de ist ein Projekt der Deutschen Welle, an dem auch das Goethe-Institut, das Institut für Auslandsbeziehungen und die Bundeszentrale für politische Bildung beteiligt sind. Das Projekt will zum Dialog mit der islamischen Welt beitragen und wird vom Auswärtigen Amt der Bundesrepublik Deutschland gefördert" (http://de.qantara.de/webcom/show_article.php/_c-349/_nr-1/_lkm-5/i.html (12.02.2011)).

[693] Hassan Hanafi (2003): Globalisierung als neue Form westlicher Hegemonie, Interview mit *www.qantara.de*, 25.02.2003, http://de.qantara.de/webcom/show_article.php/_c-469/_nr-1075/webcom/show_article.php/_c-295/_nr-12/i.html (12.02.2011).

[694] Hassan Hanafi (2004): From Orientalism to Occidentalism, *www.fortschritt-weltweit.de*, http://www.fortschritt-weltweit.de/dokumente/aegypten/fortschritt_aegypten_hanafi.pdf (12.05.2011).

[695] Zu dem damaligen „Team" des Projekts gehörten Marlis Weissenborn, Leiterin des Büros der *Gesellschaft für Technische Zusammenarbeit* (GTZ) in Kairo, sowie Dr. Stefan Winkler, Programmleiter des *Goethe-Instituts* Alexandria, Ägypten, http://www.fortschritt-weltweit.de/de/veranstalter/team (17.02.2011).

[696] Riexinger 2007, 63, Anm. 1: „This article is based on an M.A. thesis at the ‚Orientalisches Seminar' of the Eberhard-Karls-Universität Tübingen in 1996."

[697] Riexinger 2007, 66, Übersetzung d.V.

[698] Riexinger 2007, 68.

[699] Riexinger 2007, 84, Übersetzung d.V.

[700] Riexinger 2007, 85.

[701] Hanafi „even hails the persecution of the Bahai minority as eradication of a crypto-Zionist movement that wants to abolish jihad" (Riexinger 2007, 107).

[702] Riexinger 2007, 86, Übersetzung d.V.

[703] Mallmann/Cüppers 2006, 160.

[704] Riexinger 2007, 102, Übersetzung d.V.

[705] http://www.ajc.org/atf/cf/%7B42d75369-d582-4380-8395-d25925b85eaf%7D/ANTI-SEMITISM-IN-TAHRIR-SQUARE_1.PDF (21.02.2011).

[706] „After a series of attacks in Egypt, one of which killed a German tourist, the Egyptian Governor of South Sinai, Muhammad Abdel Fadil Shousha, suggested, ‚What is being said about the Mossad throwing the deadly shark [in the sea] to hit tourism in Egypt is not out of the question, but it needs time to be confirmed'" (Alex Joffe (2010): Conspiracy Theories, Anti-Semitism and the Parable of the Shark, *Hudson New York*, 31. Januar 2011, http://www.hudson-ny.org/1844/conspiracy-theories-anti-semitism (11.02.2011)).

[707] Murphy 2002, 190.

[708] Vladimir Jankélévitch (1971)/2006: Verzeihen?, Frankfurt am Main: Suhrkamp, 12f.

[709] Siehe http://www.hs-bremen.de/internet/de/hsb/struktur/mitarbeiter/flores/ (22.05.2011); http://www.perlentaucher.de/autoren/13730/Alexander_Flores.html (22.05.2011).

[710] Alexander Flores (2006): Judeophobia in Context: Anti-Semitism among Modern Palestinians, *Die Welt des Islams*, Vol. 46, Nr. 3, 307–330.

[711] Flores 2006, 308.

[712] Flores 2006, 311.

[713] Wistrich 2010, 1080, Anm. 73, Übersetzung d.V.

[714] Schon in seiner Dissertation aus dem Jahr 1980 diffamiert Flores Israel als kolonialistisch, er leugnet die Jahrtausende alte Verbundenheit der Juden mit Israel und er scheint den antisemitischen Ver-

schwörungstheorien von der großen jüdischen Macht Glauben zu schenken; zudem ist es bemerkenswert, mit welcher Eiseskälte Flores den Holocaust erwähnt, ihn als „brutale Verfolgung" in seinem *genozidalen Charakter leugnet* (die Juden wurden in Auschwitz, Sobibor, Babi Bar und allen anderen Orten der Shoah nicht nur verfolgt, sie wurden vernichtet) und Juden vorwirft, aus dem Antisemitismus Kapital zu schlagen: „Schließlich verfügte keine andere Siedlungskolonie über einen so effektiven weltweiten Unterstützungs- und Propagandaapparat wie die Zionisten mit der Zionistischen Weltorganisation. Diese verstand es, die Weltmeinung massiv zugunsten ihres Siedlungsprojektes in Palästina zu beeinflussen, indem sie die Leiden der Juden ausnutzte, die in vielen Ländern, besonders während des Zweiten Weltkriegs im faschistisch besetzten Europa, brutalen Verfolgungen und sich verschärfendem Antisemitismus ausgesetzt waren" (Alexander Flores (1980): Nationalismus und Sozialismus im arabischen Osten. Kommunistische Partei und arabische Nationalbewegung in Palästina, 1919–1948. Vorwort von Maxime Rodinson, Münster: Periferia Verlag, 126). Rodinson war ein jüdischer Antizionist und Anhänger Edward Saids, dessen Buch *Orientalism* er wärmstens empfahl, siehe Maxime Rodinson (1980)/1991: Die Faszination des Islam, München: C.H.Beck, 13–15. Rodinson (1915–2004) war ebenso ein Islamforscher, der Historiker Dan Diner widmete ihm ein Buch, Dan Diner (2005)/2007: Versiegelte Zeit. Über den Stillstand in der islamischen Welt, Berlin: List Taschenbuch, 5 (ohne Paginierung); vgl. zu Rodinson Kapitel 7.2.

[715] Flores 2006, 308.

[716] Flores 2006, 323, Anm. 34, Übersetzung d.V.

[717] Flores 2006, 323, Übersetzung d.V.

[718] In Bezug auf den Antisemitismus beim Großmufti al-Husaini sowie auf dessen Liebe zu Hitler und den Nazi-Deutschen schreibt Flores, bevor er die oben zitierte Fußnote zu Wiesenthal setzt: „After the war, it was exploited by the Palestinians' critics and enemies in order to discredit them and their cause in general" (Flores 2006, 323). Wer also in antifaschistischer Manier Nazis wie den Großmufti kritisiert, möchte damit nur den Gegner diskreditieren – das ist die ‚Logik' von Flores. Antisemitismus und der Holocaust sowie die Zuneigung vieler Muslime wie die des Großmuftis zu den Nazis und den Deutschen des NS-Staates schockieren einen Mann wie Alexander Flores nicht – mit dieser Position repräsentiert er allerdings erhebliche Teile der deutschen Nahost- und Islamforschung.

[719] Simon Wiesenthal (1947): Großmufti – Großagent der Achse, Salzburg/Wien: Ried-Verlag.

[720] Ohne Paginierung.

[721] Wolfgang G. Schwanitz (2008b): Hitlers Helfer in Jerusalem. Wurzeln des Islamismus im Leben des Großmufti al-Husaini? Rezension von: David G. Dalin, John F. Rothmann: Icon Of Evil. Hitler's Mufti And The Rise Of Radical Islam. Random House, New York 2008, *Neue Zürcher Zeitung*, 15.08.2008, online auf http://www.trafoberlin.de/pdf-Neu/David%20G%20Dalin%20Hitlers%20Mufti.pdf (10.05.2011).

[722] Wiesenthal 1947, 2.

[723] Wiesenthal 1947, 5.

[724] Wiesenthal 1947, 11.

[725] Wiesenthal 1947, 12.

[726] Wiesenthal 1947, 13.

[727] Zitiert nach Wiesenthal 1947, 44.

[728] Wiesenthal 1947, 39.

[729] Wiesenthal 1947, 19.

[730] Wiesenthal 1947, 24f.

[731] Vgl. Küntzel 2004; Herf 2009; Herf 2010.

[732] Wiesenthal 1947, 26.

[733] Wiesenthal 1947, 29.

[734] Wiesenthal 1947, 32.

[735] Wiesenthal 1947, 33.

[736] Wiesenthal 1947, 31.

[737] Wiesenthal 1947, 28.

[738] Wiesenthal 1947, 28f. Dabei bezieht sich Wiesenthal auf „Walter Kolarz – Rußland und das Mufti-Problem, ‚Die Tat', Zürich, 9. Juli 1946", ebd., 29.

[739] Stefan Reichmuth (2006): The Second Intifada and the „Day of Wrath“: Safar al-Hawālī and his anti-Semitic reading of Biblical Prophecy, *Die Welt des Islams*, Vol. 46, Nr. 3, 331–351.

[740] http://www.uv.ruhr-uni-bochum.de/pvz-planung/i3v/00032900/03956822.htm (24.05.2011).

[741] Seit dem ersten Heft im Jahrgang 2002 ist Stefan Reichmuth der neue „Hauptherausgeber“, *Die Welt des Islams*, Vol. 42, Nr. 1, 1.

[742] Reichmuth 2006, 335.

[743] Reichmuth 2006, 346, Übersetzung d.V.

[744] Reichmuth 2006, 348.

[745] Vgl. Jonathan Dahoah-Halevi (2007): Al-Qaeda: The Next Goal Is to Liberate Spain from the Infidels, *Jerusalem Issue Briefs*, Vol. 7, No. 16, 11 October 2007, *Jerusalem Center for Public Affairs*, http://jcpa.org/JCPA/Templates/ShowPage.asp?DRIT=1&DBID=1&LNGID=1&TMID=111&FID=442&PID=0&IID=1885&TTL=Al-Qaeda:_The_Next_Goal_Is_to_Liberate_Spain_from_the_%20Infidels (03.07.2011); „Sheikh Safar al-Hawali, who was one of the most powerful Islamist preachers in Saudi Arabia, wrote a letter to President George W. Bush on October 15, 2001 – after the 9/11 attacks – in which he explained: ‚Imagine Mr. President, we still weep over Andalusia and remember what Ferdinand and Isabella did there to our religion, culture and honor! We dream of regaining it‘“ (ebd.).

[746] Reichmuth 2006, 346, Übersetzung d.V.

[747] Krämer 2006, 214.

[748] Reichmuth 2006, 336, Anm. 16.

[749] Michael Kiefer (2006): Islamischer, islamistischer oder islamisierter Antisemitismus?, *Die Welt des Islams*, Vol. 46, Nr. 3, 277–306.

[750] http://www2.uni-erfurt.de/religionswissenschaft/ma_religious_studies/de/people/islamic_studies.shtml (24.05.2011).

[751] Kiefer 2006, 299 und 302.

[752] Kiefer 2006, 299.

[753] Kiefer 2006, 301.

[754] Kiefer 2006, 306.

[755] Kiefer 2006, 295–297.

[756] Kiefer 2006, 295, Anm. 55.

[757] Gudrun Krämer (2006a): Anti-Semitism in the Muslim world. A critical review, *Die Welt des Islams*, Vol. 46, Nr. 3, 243–276.

[758] Krämer 2006a, 269.

[759] Krämer 2006a, 270, Übersetzung d.V.

[760] Daniel Pipes (1998): Verschwörung. Faszination und Macht des Geheimen, München: Gerling Akademie Verlag, 138.

[761] Krämer 2006a, 244, Anm. 1, Übersetzung d.V.

[762] Krämer 2006a, 244, Anm. 2

[763] Krämer 2006a, 245, Anm. 3.

[764] Krämer 1982, 4f.

[765] Krämer 2006a, 247, Anm. 6.

[766] Krämer 2006a, 274f., Übersetzung d.V.

[767] Michael Kiefer (2002): Antisemitismus in den islamischen Gesellschaften. Der Palästina-Konflikt und der Transfer eines Feindbildes, Düsseldorf: Verein zur Förderung gleichberechtigter Kommunikation e.V.

[768] Kiefer 2002, 136.

[769] Kiefer 2006, 305f.

[770] Kiefer 2002, 9.

[771] Kiefer 2002, 14.

[772] Kiefer 2002, 13. Er bezieht sich auf Reinhard Schulze, Geschichte der islamischen Welt, München 1994.

[773] Reinhard Schulze (1990): Das islamische achtzehnte Jahrhundert. Versuch einer historiographischen Kritik, *Die Welt des Islams*, Vol. 30, Nrs. 1–4, 140–159; Gottfried Hagen/Tilman Seidensticker (1998): Reinhard Schulzes Hypothese einer islamischen Aufklärung. Kritik einer historiographischen Kritik, *Zeitschrift der Deutschen Morgenländischen Gesellschaft*, Band 148, 83–110.

[774] Michael Kiefer (2008): Rezension von Hans-Peter Raddatz: „Allah und die Juden. Die islamische Renaissance des Antisemitismus", wjs Verlag, Berlin 2007 und Matthias Küntzel: „Islamischer Antisemitismus und deutsche Politik. ‚Die Juden werden brennen, wir werden auf ihren Gräbern tanzen …'", LIT Verlag, Münster 2008, *tageszeitung*, 15.03.2008.

[775] Kiefer 2002, 7.

[776] Susanne Wein (2007): Rezension zu: Benz, Wolfgang; Wetzel, Juliane (Hrsg.): Antisemitismus und radikaler Islamismus. Essen 2007, *H-Soz-u-Kult*, 11.09.2007, http://hsozkult.geschichte.hu-berlin.de/rezensionen/2007-3-188 (16.09.2010). Es handelt sich um eine Sammelrezension von vier Büchern zu Antisemitismus.

[777] Vgl. dazu umfassend Lars Rensmann (2004)/2005: Demokratie und Judenbild. Antisemitismus in der politischen Kultur der Bundesrepublik Deutschland, 1., durchgesehener Nachdruck, Februar 2005, Wiesbaden: VS Verlag für Sozialwissenschaften.

[778] *Jerusalem Center for Public Affairs* (JCPA), *Jerusalem Issue Brief*, Vol. 1, No. 4, 1. Oktober 2001, http://www.jcpa.org/art/brief1-4.htm (16.09.2010), Übersetzung d.V.

[779] Suzanne Gershowitz/Emanuele Ottolenghi (2005): Europe's Problem with Ariel Sharon, *Middle East Quarterly*, Vol. 12, Nr. 4, 13–23, http://www.meforum.org/743/europes-problem-with-ariel-sharon (16.09.2010), Übersetzung d.V.

[780] Kiefer 2008.

[781] Der Pulitzer-Preis-Gewinner und Cartoonist Pat Oliphant publizierte im März 2009 einen antisemitischen Cartoon in der *New York Times* und anderen Zeitungen. Dieser Cartoon stellt einen kopflosen Kämpfer im Stechschritt mit ausgestrecktem Arm und einem Schwert in der Hand dar, der einen Davidstern vor sich stehen hat; in der rechten unteren Ecke steht ein kleiner, verängstigter Mensch mit der Aufschrift „Gaza". Diese Art von Antisemitismus in der *New York Times* wurde umgehend von der Hezballah auf ihre Internetseite übernommen. Eine Abbildung sowie Kritik an Oliphants Antisemitismus findet sich hier: http://www.haaretz.com/jewish-world/news/jewish-groups-slam-hideously-anti-semitic-cartoon-on-gaza-1.272931 (22.02.2011).

[782] Mahmud Ahmadinejad (2005): Rede auf der Konferenz „Eine Welt ohne Zionismus" am 26. Oktober 2005 in Teheran im Innenministerium, zitiert nach der Übersetzung von Nazila Fathi, *New York Times*, 30.10.2005, http://www.nytimes.com/2005/10/30/weekinreview/30iran.html?pagewanted=1&_r=1 (16.09.2010), Übersetzung d.V. In der englischen Übersetzung: „Our dear Imam said that the occupying regime must be wiped off the map and this was a very wise statement. We cannot compromise over the issue of Palestine."

[783] Ahmadinejad 2005, Übersetzung d.V. In der englischen Version heißt es: „Many who are disappointed in the struggle between the Islamic world and the infidels have tried to spread the blame. They say it is not possible to have a world without the United States and Zionism. But you know that this is a possible goal and slogan."

[784] Katajun Amirpur (2009): Ahmadinedschad, Mahmud, in: Wolfgang Benz (Hg.) (2009c): Handbuch des Antisemitismus. Judenfeindschaft in Geschichte und Gegenwart, Band 2/1 Personen A – K, Berlin: Walter de Gruyter – Saur, 8–9, 8. Dieses Handbuch ist als siebenbändiges Werk konzipiert und wird im „Auftrag des Zentrums für Antisemitismusforschung der Technischen Universität Berlin herausgegeben von Wolfgang Benz in Zusammenarbeit mit Werner Bergmann, Johannes Heil, Juliane Wetzel und Ulrich Wyrwa", „Redaktion: Brigitte Mihok".

[785] Joshua Teitelbaum (2008): What Iranian Leaders really say about doing away with Israel. A refutation of the Campaign to excuse Ahmadinejad's incitement to Genocide, *Jerusalem Center for Public Affairs*, http://www.jcpa.org/text/ahmadinejad2-words.pdf (02.03.2011). „The author wishes to thank Dr. Denis MacEoin, most recently Royal Literary Fund Fellow at Newcastle University, for his help with the Persian translations and transliteration. Dr. MacEoin holds a Ph.D. degree in Persian/Islamic Studies from Cambridge University (King's College)" (ebd.).

[786] Wistrich 2010, 893, Übersetzung d.V.

[787] Benz und Schiffer traten z.B. auf der Tagung *Feindbild Muslim – Feindbild Jude* am 8. Dezember 2008 des *Zentrums für Antisemitismusforschung* an der *Technischen Universität Berlin* auf, http://zfa.kgw.tu-

berlin.de/feindbild_muslim_feindbild_islam.pdf (13.05.2011); weiterhin auf einer vom *Bundesinnenministerium* geförderten Veranstaltung in Erlangen am 21. März 2010, „Vorurteile und Ressentiments gegen Muslime – ein neuer Rassismus?“, http://www.erlangen.de/de/Portaldata/1/Resources/080_stadtverwaltung/dokumente/Fachtagung_Rassismuswoche_2010.pdf (10.03.2011); zu Schiffer vgl. Hein 2010 sowie die Endnote 361.

788 „Die Strategien der ‚PRO‘-Bewegung entstammen dem Lager der organisierten extremen Rechten. Ausganspunkt dieser neuen Rechtsaußenformation ist der 1996 gegründete eingetragene Verein ‚Bürgerbewegung Pro Köln‘ (PRO KÖLN), einem lokalen Ableger der später aufgelösten extrem rechten Partei ‚Deutsche Liga für Volk und Heimat‘ (DLVH). Schon an der DLVH war erkennbar, worum die Rechtsaußen-Strategen in Köln seit Jahrzehnten bestrebt waren: die Schaffung einer neuen Sammlungsbewegung am rechten Rand des demokratischen Spektrums. Einer der Strategen der ‚PRO‘-Bewegung, Manfred Rouhs, blickt auf eine über 20-jährige Karriere in der extremen Rechten zurück, die ihn von der NPD/JN über die REPs und die DLVH hin zu PRO KÖLN führte, deren Fraktionsgeschäftsführer im Stadtrat von Köln er ist. Ähnlich verhält es sich mit dem Vorsitzenden von PRO KÖLN, dem Leverkusener Rechtsanwalt Markus Beisicht, der ebenfalls Funktionär der REPs und der DLVH war, für die er von 1989 bis 1994 im Kölner Stadtrat saß, bevor er mit seinem Weggefährten Rouhs auf PRO KÖLN setzte“ (Alexander Häusler (2009): Antiislamischer Rechtspopulismus in der extremen Rechten, in: Braun/Geisler/Gerster (Hg.) (2009), 130–147, 132). Ein Blick auf eine weitere typische Vertreterin von *Pro Köln* ist aufschlussreich, insbesondere der sekundäre Antisemitismus und der Deutsch-Nationalismus stechen hervor: „Judith Wolter, Jahrgang 1978, gehört als geschäftsführende stellvertretende Vorsitzende von ‚Pro Köln‘ und Vorsitzende ihrer Fraktion im Rat der Stadt zu deren Spitzenfunktionären. Die Juristin, die früher für die Republikaner in den Rat einziehen wollte, versteht sich nach eigenen Angaben als ‚wertkonservativ‘. An anderer Stelle erklärt sie: ‚Wir bekennen uns aus voller Überzeugung zu Demokratie und Rechtsstaat. Die Bundesrepublik muss nicht abgewickelt werden, sondern bestehende gesellschaftliche Mißstände müssen auf demokratischem Wege beseitigt werden. Wir orientieren uns an den erfolgreichen europäischen rechtsdemokratischen Politikmodellen unserer Partner FPÖ oder ‚Vlaams Belang‘ und haben mit klischierten NS-Apologeten-Trüppchen von gestern nichts zu tun.‘ Gleichzeitig ist für sie der 8. Mai, der Jahrestag des Endes des Zweiten Weltkriegs, ‚sicherlich kein Datum zu feiern‘. Schließlich sei damals ‚de facto ein Drittel des damaligen Reichsgebietes verloren gegangen‘“ (Stephan Braun/Anton Maegerle (2009): Rechtsanwälte der extremen Rechten, in: Braun/Geisler/Gerster (Hg.) (2009), 378–403, 390).

789 Ebenfalls am rechten Rand angesiedelt ist das Buch „Das Dschihadsystem. Wie der Islam funktioniert“ von Manfred Kleine-Hartlage, veröffentlicht im Jahr 2010 im Gräfelfinger Resch-Verlag. Der Autor leugnet jede Differenz von Islamismus und Islam und wirbt für sein Buch im rechten Periodikum *Junge Freiheit*, „‚Wie funktioniert der Islam?‘ Diese Frage stellte sich Manfred Kleine-Hartlage. Erstmals seziert ein Sozialwissenschaftler die Tiefenstruktur der islamischen Kultur“, *Junge Freiheit*, 25.02.2011, 3. Über die Beziehung von Agitation gegen ‚den Islam‘ und Rechtsextremismus, Neonazismus, Konservativismus, Neuer Rechter, Antisemitismus sowie vermeintlich pro-israelischem Aktivismus mancher Parteien und Gruppierungen wie *FPÖ*, *Die Freiheit*, *Bürgerbewegung Pax Europa* und anderen schreibt der Publizist Heribert Schiedel: „Der Hass auf Israel und die USA lässt die extreme Rechte Europas, allen voran den *Front National* und die FPÖ, seit jeher außenpolitisch die Nähe zu arabischen und islamistischen Despotien suchen. Nach Gaddafi und Hussein wurde der iranische Präsident Ahmadinejad zum Idol des globalisierten Antisemitismus. Dementsprechend zahllos sind die Unterstützungs- und Sympathiebekundungen für die Islamische Republik Iran seitens Freiheitlicher. FPÖ-Außenpolitiker Mölzer, dessen *Zur Zeit* 2007 T-Shirts mit Ahmadinejads Konterfei und der massenmörderischen Forderung nach einer ‚World without Zionism‘ vertrieb, verlangte wiederholt, dass sich die EU ‚ganz klar von einer drohenden militärischen Aggression Washingtons gegen den Iran abgrenzen‘ müsse. Tatsächlich verbindet sich im Falle der FPÖ Hetze gegen Muslime mit Unterstützung für ein islamistisches Regime, das offen mit der atomaren Vernichtung Israels droht“ (Heribert Schiedel (2011): Rechtsextreme auf Pilgerreise, 08.01.2011, *SPME*, http://www.spme.net/cgi-bin/articles.cgi?ID=7569 (02.03.2011)).

790 Sabine Schiffer (2009): Grenzenloser Hass im Internet. Wie „islamkritische“ Aktivisten in Weblogs argumentieren, in: Schneiders (Hg.) (2009a), 341–362, 341–343, die zitierten Blogs werden unter dem Titel „Die Liste der deutschsprachigen antiislamischen Websites ist lang. Sie umfasst in etwa folgende Links“ angeführt (ebd., 341; die Liste der Blogs ebd., 341–343).

791 Seine Texte gibt es in 33 Sprachen, in 15 Sprachen gibt es eigene Homepages, die alle von den jeweiligen Übersetzern entwickelt wurden. Derzeit hat Pipes’ amerikanische Homepage monatlich über eine

Million Seitenaufrufe; „Statistical Overview. DanielPipes.org received about 10,000 unique visitors a month from its opening in December 2000 until 9/11. After 9/11, the number of visitors jumped to about 50,000 a month. The readership has continued to grow and has reached over 300,000 unique visitors a month. The number of page views per month increased from about 50,000 to over a million. In all, the site has received 56 million page visits (Source: internal tracking)" (http://www.danielpipes.org/about.php (21.09.2010)). Dort finden sich auch weitere Informationen über die Seite.

792 Vgl. zum Beispiel Daniel Pipes (2007): Bolstering Moderate Muslims, *New York Sun*, 17.04.2007, online: http://www.meforum.org/pipes/4426/bolstering-moderate-muslims (21.09.2010).

793 Daniel Pipes (2000): Islam and Islamism – Faith and Ideology, *National Interest*, Spring 2000, online: http://www.danielpipes.org/366/islam-and-islamism-faith-and-ideology (04.05.2011), Übersetzung d.V.

794 „Pipes says while he shares a concern about radical Islam with today's crop of bloggers, he considers them ‚anti-Islam' because in his view they see the faith and it scripture as fundamentally problematic for a pluralistic, democratic society like the United States and unchangeable. Pipes said the bloggers have brought an unsophisticated tone to the debate, ‚which I think is unfortunate'", „Controversial Islam scholar says he's now in the middle", Michelle Boorstein, *Washington Post*, 18.08.2010.

795 Birgit Krawietz (2006): Khaled Abou El Fadl: Mit der Scharia gegen den Puritanismus, in: Amirpur/Ammann (Hg.) (2006), 118–126, 118.

796 Daniel Pipes (2004): Stealth Islamist: Khaled Abou El Fadl, *Middle East Quarter*ly, Vol. 11, Nr. 2, 55–62, online: http://www.meforum.org/602/stealth-islamist-khaled-abou-el-fadl (22.09.2010).

797 Josef Joffe (2005): Nations We Love to Hate: Israel, America and the New Antisemitism, Jerusalem, The Vidal Sassoon International Center for the Study of Antisemitism (ed.) (2005), *Posen Papers in Contemporary Antisemitism*, No. 1, 1.

798 Hans Mayer (1975)/1981: Außenseiter, Frankfurt am Main: Suhrkamp, 451 bzw. 457.

799 Kunst gegen Tabus. Die Gruppe Surrend und die Provokation, *Kulturzeit*, 26.05.2010, der TV-Beitrag war auf der Website von *3sat* als Video zu sehen: http://www.3sat.de/mediathek/mediathek.php?obj=18764 (28.05.2010), dort ist er mittlerweile jedoch nicht mehr zu finden (Stand: 11.05.2011), vgl. hierzu Endnote 48.

800 Benjamin Weinthal (2010): Danish artists in Berlin wipe Israel off the map, *Jerusalem Post*, 30.04.2010, http://www.jpost.com/International/Article.aspx?id=174350 (11.03.2011), Übersetzung d.V.

801 Thomas Haury (1992): Zur Logik des bundesdeutschen Antizionismus, in: Leon Poliakov (1992): Vom Antizionismus zum Antisemitismus. Mit einem Vorwort von Detlev Claussen, Freiburg: ça ira, 125–155, online (unter dem Titel „Zur Logik des deutschen Antizionismus"): http://www.rote-ruhr-uni.com/cms/Zur-Logik-des-deutschen.html (28.05.2010).

802 Fernsehsendung *Kulturzeit* auf 3sat, 26. Mai 2010, Transkription d.V., siehe Clemens Heni (2010): „Winkeladvokaten", „Trotzkisten aus New York City", Antizionismus und der „ewige Jude". Antisemitismus und deutsche Medien, Teil 2: *Kulturzeit, Leviathan, Die Welt* und *Freitag,* http://clemensheni.wordpress.com/2010/05/29/%E2%80%9Ewinkeladvokaten%E2%80%9C-%E2%80%9Etrotzkisten-aus-new-york-city%E2%80%9C-antizionismus-und-der-%E2%80%9Eewige-jude%E2%80%9C/ (04.07.2011).

803 Zur Kritik an Benz und dessen Buch „Was ist Antisemitimsus", das auch von der *Bundeszentrale für politische Bildung* vertrieben wird, siehe die Analyse und Kritik von Christian J. Heinrich (2009): Eyes wide shut, Teil 1 und Teil 2, September 2009, http://lizaswelt.net/2009/09/08/eyes-wide-shut-i/ (15.02.2011); http://lizaswelt.net/2009/09/09/eyes-wide-shut-ii/ (15.02.2011).

804 http://www.jankelevitch.fr/pages/accueil.html (29.05.2010).

805 Jankélévitch 2006, 9f.

806 „Indiana University inaugurated an Institute for the Study of Contemporary Anti-Semitism in mid-January. The center is the second in the United States devoted to scholarly research on anti-Semitism, joining the Yale Institute for the Interdisciplinary Study of Anti-Semitism in New Haven, Conn" (*JTA*, „Indiana U. opens anti-Semitism institute", 31.01.2010, http://www.jta.org/news/article/2010/01/31/1010399/indiana-u-opens-anti-semitism-institute (13.05.2011)).

807 Alvin H. Rosenfeld (2004): Anti-Zionism in Great Britain and beyond: A ‚Respectable' anti-Semitism?, New York City: The American Jewish Committee, 42f., Übersetzung d.V.

808 Wistrich 2010, 249 bzw. 253, Übersetzung d.V.

809 Henryk M. Broder (1976): Linke Tabus, Berlin: Verlag Klaus Bär, 45.

[810] Wie Benz sind auch international manche Historiker und Antisemitismusforscher weniger kritisch bezüglich des Antizionismus. Bezüglich des antizionistischen Antisemitismus ist das auffallend, da manche dieser Forscher sich mit anderen Formen des Antisemitismus durchaus kritisch befassen. Die israelische Historikerin Shulamit Volkov z.B. rationalisiert den Antizionismus in Ansätzen und auf bemerkenswerte Weise, indem sie zwar zugesteht, es könne Überschneidungen von Antisemitismus und Antizionismus geben, doch keineswegs sei der heutige Antizionismus (sie schrieb das in den 1980er Jahren) antisemitisch. Ihre Begründung: Während der Antisemitismus „undifferenziert" gegen Juden vorgehe, meine der Antizionismus etwas Bestimmtes und sei etwas „Politisches". Wenn Israelhasser den jüdischen Staat Israel zerstören wollen, ist das auch ein Angriff auf Juden, wie sie selbst zugesteht – potenziell einer auf *alle Juden*. Gleichwohl sei der Antizionismus nicht per se antisemitisch, so die in sich unlogische Argumentation der Historikerin: „Es trifft ferner zu, daß der Anti-Zionismus als Tarnung älterer, judenfeindlicher Vorurteile benutzt werden kann. Das alles reicht jedoch nicht hin, um die Identität von Antisemitismus und Anti-Zionismus herzustellen. Zwar richtet sich beides gegen (einige oder alle) Juden; aber während der Antisemitismus undifferenziert, schematisch, emotional und oft instinktiv ist, ist der Anti-Zionismus etwas Spezifisches, Ideologisches, Politisches. Die Affinität beider Haltungen ist manchmal nicht zu übersehen, aber die Unterschiede sind darum nicht weniger wesentlich. Von Identität kann hier keine Rede sein" (Shulamit Volkov (1984)/1990: Antisemitismus und Anti-Zionismus, in: Dies. (1990): Jüdisches Leben und Antisemitismus im 19. und 20. Jahrhundert, München: C.H.Beck, 76–87, 78). Wie die Historikerin darauf kommt, die Antizionisten und der heutige (im Westen vor allem seit 1967 aktive) Antizionismus seien entgegen dem älteren Antisemitismus nicht „emotional", „undifferenziert" oder „instinktiv", ist völlig schleierhaft.

[811] Vgl. Schäfers Curriculum Vitae: http://www.princeton.edu/religion/people/data/p/pschafer/CV.pdf (29.05.2010).

[812] Die allermeisten Forscher und Autoren beginnen die Geschichte des Antisemitismus erst mit dem Christentum, vgl. zum Beispiel Kiefer 2006, 282, der sich hierbei auf Wolfgang Benz bezieht. Dagegen Robert Wistrich: „The paranoid power of anti-Semitic myth cannot, in fact, be understood without reference to its religious sources and deeper roots in classical antiquity. (...) However, for the leading pagan cultures of antiquity – Egyptian, Greek, and Roman – the chosenness of the Jews appeared to be something incorrigibly exclusivist and separatist, and more like a stubborn, intolerant, and incomprehensible resistance to cultural assimilation" (Wistrich 2010, 80).

[813] Peter Schäfer (2010): Judenhass und Judenfurcht. Die Entstehung des Antisemitismus in der Antike, Berlin: Verlag der Weltreligionen im Insel Verlag, 227f. Schäfers Studie liegt nun auch auf Deutsch vor, nachdem sie bereits 1997 auf Englisch erschien.

[814] Ein Video der vom *Rundfunk Berlin-Brandenburg* (RBB) ausgestrahlten Sendung *Kontraste* vom 15. Januar 2009 mit Bildern von Demonstrationen in Berlin am 10. Januar 2009 sowie am selben Tag in Duisburg dokumentiert den Antisemitismus der arabischen und muslimischen Demonstrationsteilnehmer; als Ordner sind in Duisburg Mitglieder der islamistischen Organisation „Milli Görüs" mit gelben Ordnerwesten zu erkennen: http://www.youtube.com/watch?v=qNZrSSlDlz0&feature=related (13.05.2011).

[815] „Empörung über Polizeieinsatz", *Focus*, 12.01.2009, http://www.focus.de/politik/deutschland/zentralrat-der-juden-empoerung-ueber-polizeieinsatz_aid_361621.html (13.05.2011).

[816] Werner Bergmann (2009): Judenfeindliche Haltungen nehmen kaum zu, wohl aber Straftaten. Wie misst man Antisemitismus? – Ein Gespräch, *Neue Zürcher Zeitung*, 09.02.2009, http://www.nzz.ch/nachrichten/kultur/aktuell/judenfeindliche_haltungen_nehmen_kaum_zu_wohl_aber_straftaten_1.1940432.html (02.03.2011).

[817] Vgl. zur Kritik an Bergmanns Bewertung der antiisraelischen und antisemitischen Demonstrationen in Deutschland Clemens Heni (2009): Antisemitism as a Specific phenomenon, *Journal for the Study of Antisemitism*, Vol. 1, No. 1, 29–38, 37f., http://www.jsantisemitism.org/pdf/jsa_1-1.pdf (11.03.2011).

[818] Werner Bergmann (1988): Politische Psychologie des Antisemitismus. Kritischer Literaturbericht, in: Helmut König (Hrsg.) (1988): Politische Psychologie. *Leviathan. Zeitschrift für Sozialwissenschaft*, Sonderheft 9/1988, 217–234, 230f.

[819] Dorothea Hollstein (1971)/1983: „Jud Süß" und die Deutschen. Antisemitische Vorurteile im nationalsozialistischen Spielfilm, Frankfurt am Main/Wien/Berlin: Ullstein, 109. Die Autorin hat diese Dissertation bereits 1968 abgeschlossen, aber keinen Verlag gefunden, der willens war, ihre Arbeit zu publizieren. Erst 1971 wurde sie veröffentlicht, allerdings in einer Reihe eines Verlages, die kaum rezipiert wurde; es dauerte bis 1983, ehe *Ullstein* die Arbeit als Taschenbuch druckte, vgl. ebd., 6.

[820] Broder 2005, 246.

[821] Bergmann 1988, 231.

[822] Seyran Ates (2009)/2011: Der Islam braucht eine sexuelle Revolution. Eine Streitschrift, Berlin: Ullstein Taschenbuch, 185f.

[823] http://www.deutsche-islam-konferenz.de (18.09.2010).

[824] Necla Kelek (2010): Himmelsreise. Mein Streit mit den Wächtern des Islam, Köln: Kiepenheuer & Witsch, 193.

[825] Zum Begriff des Gegenintellektuellen vgl. Heni 2007, 87–89 sowie Kapitel 1.7.11 in dieser Studie.

[826] Eren Güvercin (2010): Der Glaube unter Generalverdacht. Necla Kelek unterschlägt, dass in Deutschland eine Generation modern denkender Muslime herangewachsen ist – eine Polemik, *Der Freitag*, 22.04.2010, http://www.freitag.de/kultur/1016-der-glaube-unter-generalverdacht (11.03. 2011).

[827] Tanjev Schultz (2010): Hier der gute Westen – dort die bösen Muslime. Rezension von NECLA KELEK: Himmelsreise. Mein Streit mit den Wächtern des Islam. Kiepenheuer & Witsch, Köln 2010. 267 Seiten, 18,95 Euro. AYAAN HIRSI ALI: Ich bin eine Nomadin. Mein Leben für die Freiheit der Frauen. Piper Verlag, München 2010. 345 Seiten, 19,95 Euro, *Süddeutsche Zeitung*, online Shop, http://www.buecher.de/shop/frau-im-islam/ich-bin-eine-nomadin/hirsi-ali-yaan/products_products/detail/prod_id/28022800/ (04.07.2011).

[828] Claudia Keller (2010): Necla Kelek: Ein Hoch auf Atatürk. Auf ihrer „Himmelsreise" wettert die islamkritische Soziologin Necla Kelek gegen Religiosität jeglicher Couleur, *Der Tagesspiegel*, 12.04.2010.

[829] Vgl. Daniel Pipes (2007a): Bush Returns to the „Religion of Peace" Formulation, 04.10.2007, http://www.danielpipes.org/blog/2007/10/bush-returns-to-the-religion-of-peace/ (05.01.2011).

[830] Carolin Emcke (2010): Liberaler Rassismus. Die Gegner des Islams tun so, als würden sie Aufklärung und Moderne verteidigen. In Wahrheit predigen sie den Fremdenhass, *Die Zeit*, 25.02.2010, http://www.zeit.de/2010/09/Rassismus?page=all (19.04.2010).

[831] Emcke 2010.

[832] Johannes Kandel (2010): Glaube und Wahn. Es ist nicht rassistisch, auf den Zusammenhang von Islam und Islamismus hinzuweisen. Eine Erwiderung auf Carolin Emcke, *Die Zeit*, 15.04.2010, http://www.zeit.de/2010/16/oped-Rassismus?page=all (19.04.2010).

[833] Kelek 2010, 12.

[834] Kelek 2010, 13.

[835] So Kelek in der Sendung *tacheles TV* der evangelischen Kirche unter dem Titel „Neugier, Zweifel und Integration. Junge Muslime und die Bildung", http://www.tacheles.tv/Dokumentation-jung-muslimisch-arbeitslos.php (19.09.2010).

[836] Kelek 2010, 65.

[837] Kelek 2010, 250.

[838] Kelek 2010, 173.

[839] Siehe dagegen die unkritische Studie zur Gülen-Bewegung von einer Soziologin der Universität Texas, USA, Helen Rose Ebaugh (2010): The Gülen Movement. A Sociological Analysis of a Civic Movement Rooted in Moderate Islam, Dordrecht/Heidelberg/London/New York: Springer, z.B. das Resümee der Autorin auf Seite 128.

[840] Kelek 2010, 174.

[841] Vgl. Emmanuel Sivan (1990): Islamic Fundamentalism, Antisemitism and Anti-Zionism, in: Robert Wistrich (Hg.) (1990): Anti-Zionism and Antisemitism in the Contemporary World, London: Macmillan, 74–84, 75.

[842] Kelek 2010, 148.

[843] Kelek 2010, 155.

[844] Ralph Ghadban (2002): Das Kopftuch in Koran und Sunna. Mit einer Einleitung von Johannes Kandel, http://library.fes.de/pdf-files/akademie/online/50370.pdf (22.04.2010).

[845] Kelek 2010, 157.

[846] Kelek 2010, 147 bzw. 160.

[847] Kelek 2010, 77.

[848] Kelek 2010, 78.

[849] Kelek 2010, 29–37.

[850] Abraham Geiger (1833)/1896: Judaism and Islám. A Price Essay. Translated From the German by a Member of the Ladies' League in Aid of the Delhi Mission, Madras: M.D.C.S.P.C.K. Press. Die Dissertation Geigers an der Universität Bonn im Jahr 1833 hatte den Titel: „Inquirator in fonts Alcorani seu legis Mohammedicae eas, qui ex Judaismo derivandi sunt", ebd., v. Vgl. Clemens Heni (2010d): Islamic Antisemitism and the Failure of Western Academia. Experiences from Yale, America and the Western world, *Mentalities/Mentalité*, Vol. 24, Nr. 2, 24–35.

[851] Kelek 2010, 40.

[852] Kelek 2010, 44.

[853] Kelek 2010, 170.

[854] Kelek 2010, 196f.

[855] Werner Schiffauer (2010): Nach dem Islamismus. Eine Ethnographie der Islamischen Gemeinschaft Milli Görüs, Berlin: Suhrkamp.

[856] Schiffauer 2010, 359.

[857] Schiffauer 2010, 374.

[858] Schiffauer 2010, 373f.

[859] Vgl. Baumann 2005.

[860] Kelek 2010, 231.

[861] Stefan Meining/Ahmet Senyurt (2010): Islamisten oder Demokraten? Neuer Streit um die Islamische Gemeinschaft Milli Görüs, *Report München*, 08.02.2010, http://www.br-online.de/das-erste/report-muenchen/report-milli-goerues-ID1265632747597.xml (21.04.2010).

[862] Meining/Senyurt 2010.

[863] Johannes Kandel (2011): Islamismus in Deutschland. Zwischen Panikmache und Naivität, Freiburg/Basel/Wien: Herder.

[864] Meining 2011.

[865] Vgl. den Verfassungsschutzbericht 2009, http://www.verfassungsschutz.de/download/SHOW/vsbericht_2009.pdf (19.04.2011), 264.

[866] Erbakan 1991, zitiert nach Kandel 2011, 100.

[867] Zu Qutb Kandel 2011, 37, zu Judenfeindschaft im Koran und den Hadithen ebd., 37–39.

[868] Kandel 2010. Kandel 2011 bezieht sich auf Literatur ganz unterschiedlicher Qualität und stellt eher kritikwürdige Literatur wie die von Gudrun Krämer, Rüdiger Lohlker, Michael Kiefer oder auch Sadiq J. al-Azm in eine Reihe mit kritischen Analysen wie jenen von Mallmann/Cüppers, Küntzel, Bernard Lewis oder Walter Laqueur, vgl. die Literaturhinweise in Kandel 2011, 62–64. Kiefer und Krämer beispielsweise verwahren sich in ihren Schriften explizit gegen Küntzel, während Mallmann/Cüppers Krämer kritisieren. Von alldem bekommen die interessierten Leserinnen und Leser bei Kandel jedoch nichts mit. Dabei kritisiert er das Fehlen einer Analyse des „Antisemitismus bei der Muslimbruderschaft" bei (in Deutschland wenig bekannten) Autoren wie Robert S. Leiken und Steven Brooke sehr wohl (Kandel 2011, 26f., Anm. 7).

[869] Kelek 2010, 220.

[870] Kelek 2010, 223.

[871] Meining 2011, 266, Anm. 112. Er bezieht sich dabei auf die „Akte BA-MA Freiburg V 200-Ostmuselmanisches SS-Regiment" im Bundesarchiv, Abteilung Militärarchiv, Freiburg/Breisgau.

[872] Ian Johnson (2005): The Beachhead. How a Mosque for Ex-Nazis became Center for Radical Islam, *The Wall Street Journal*, 12.07.2005. Über die Geschichte berichtete sodann das Nachrichtenmagazin *Focus*, Göran Schattauer/Christian Sturm (2005): Heiße Adresse in Freimann. Eine Moschee im Norden Münchens soll für radikale Muslime der entscheidende Brückenkopf auf dem Weg nach Europa gewesen sein, *Focus*, Nr. 30, 25.02.2005, http://www.focus.de/politik/deutschland/extremismus-heisse-adresse-in-freimann_aid_210568.html (22.02.2011); Hartmut Kistenfeger/Markus Krischer/Göran Schattauer (2006): Es begann in München. Wie die Muslimbruderschaft eine Moschee als Brückenkopf für ihre radikale Ideologie aufbaute, *Focus*, Nr. 29, 17.07.2006, http://www.focus.de/politik/deutschland/islam-es-begann-in-muenchen_aid_215889.html (21.04.2010).

[873] Damit meint Kelek die Wehrmacht; die *Reichswehr* wurde im Jahr 1935 in *Wehrmacht* umbenannt.

[874] Kelek 2010, 224.

[875] Vgl. „Wendiger Weltmann", *Spiegel Spezial* 2/2008, Andrea Brandt, 25.03.2008, http://www.spiegel.de/spiegel/spiegelspecial/d-56323061.html (19.09.2010).

[876] Vgl. Johnson 2005.

[877] Meining 2011, 37f.

[878] Kelek 2010, 224.

[879] Siehe die Agenturmeldung der *Austria Presse Agentur* (APA), „Mitglieder von SS-Brigade sollen verfolgt werden", 23.05.2008, http://diepresse.com/home/politik/aussenpolitik/385620/print.do (31.03.2011); ebenso die von Efraim Zuroff gegründete „Operation Last Chance", http://www.operationlastchance.org/POLAND_80.29.htm (31.03.2011).

[880] http://www.ian-johnson.com/qanda.html (22.04.2010), Übersetzung d.V.

[881] Ian Johnson (2010): A Mosque in Munich. Nazis, the CIA and the Rise of the Muslim Brotherhood in the West, San Diego (CA): Houghton Mifflin Harcourt.

[882] Johnson 2011.

[883] Johnson 2010. Der Verlag hat auf seiner Homepage ein kurzes Video hochgeladen, in dem der Autor seine Gründe dafür erläutert, dieses Buch geschrieben zu haben: http://www.houghtonmifflinbooks.com/catalog/titledetail.cfm?titleNumber=1101280 (22.04.2010).

[884] Bärbel Beinhauer-Köhler/Claus Leggewie (2009): Moscheen in Deutschland. Religiöse Heimat und gesellschaftliche Herausforderung, München: C.H.Beck.

[885] Schattauer/Sturm 2005, Kistenfeger/Krischer/Schattauer 2006.

[886] Vgl. die Anmerkungen bei Beinhauer-Köhler/Leggewie 2009, 219–231.

[887] Beinhauer-Köhler/Leggewie 2009, 156. Beide Autoren sind verantwortlich für das Buch, das Zitat entstammt dem Abschnitt, den Leggewie verfasste.

[888] Beinhauer-Köhler/Leggewie 2009, 151.

[889] Beinhauer-Köhler/Leggewie 2009, 230, Anm. 42.

[890] Kelek 2010, 227f.

[891] Zu El-Zayat vgl. Meining 2011, 247–250.

[892] Vgl. zum Begriff des Intellektuellen Heni 2007, 87–89 und zur Definition vor allem Siegfried Kracauer (1889–1966), der vom „Intellekt" als dem „Instrument der Zerstörung aller mythischen Bestände in und um uns" spricht, vgl. ebd., 88.

[893] Kelek 2010, 251.

[894] Henryk M. Broder (2008): Aliens und Antisemiten, *Die Achse des Guten*, 12.12.2008, http://www.achgut.com/dadgdx/index.php/dadgd/article/aliens_und_antisemiten/ (18.09.2010).

[895] Mahmud Ahmadinejad (2008): Rede auf der 63. Generalversammlung der Vereinten Nationen, 23.09.2008, New York City, http://www.un.org/en/ga/63/generaldebate/pdf/iran_en.pdf (07.01.2011).

[896] Ich zitiere hier nach einem Tagungsband, der Texte enthält, die bereits im *Jahrbuch für Antisemitismusforschung* Nr. 17 erschienen sind, Wolfgang Benz (2009): Einführung zur Konferenz „Feindbild Muslim – Feindbild Jude", in: Ders. (Hg.) (2009a): Islamfeindschaft und ihr Kontext, Berlin: Metropol Verlag, 9–20, 9.

[897] Ahmadinejad 2005.

[898] Vgl. Broder 2002, 39.

[899] http://www.anthro.illinois.edu/people/bunzl (23.05.2011).

[900] Siehe die Konferenz *Antisemitism and Islamophobia in Europe: comparisons / contrasts / connections. 22nd – 24th June 2008* am *University College London* (UCL). Die Abteilung für Hebräisch und Jüdische Studien am UCL war der Ausrichter und ist nach Eigendarstellung die größte Abteilung ihrer Art in ganz Europa, vgl. http://www.ucl.ac.uk/hebrew-jewish/home/index.php (20.09.2010), was dieser problematischen Konferenz eine gewisse Bedeutung zuweist. Hier das Tagungsprogramm, http://www.edgehill.ac.uk/documents/english/history/ConferenceProgramme08.pdf (20.09.2010), und hier ein Bericht über die Tagung, http://www.edgehill.ac.uk/documents/english/history/ConferenceReport.pdf (20.09.2010).

[901] Matti Bunzl (2007): Anti-Semitism and Islamophobia: Hatreds Old and New in Europe, Chicago: Prickly Paradigm Press, 27.

[902] Zum „Alarmismus" vgl. Kapitel 3.3.

[903] Matti Bunzl (2009): Zwischen Antisemitismus und Islamophobie: Überlegungen zum neuen Europa, in: John Bunzl/Farid Hafez (Hg.) (2009): Islamophobie in Österreich, Innsbruck/Wien/Bozen: Studien-Verlag, 34–49, 34.

[904] Vgl. Ruth Contreras (2007): On the Situation in Austrian Universities, http://www.jcpa.org/JCPA/Templates/ShowPage.asp?DBID=1&LNGID=1&TMID=111&FID=381&PID=470&IID=2572 (20.09.2010), aus dem Buch *Academics against Israel and the Jews*, herausgegeben von Manfred Gerstenfeld vom *Jerusalem Center for Public Affairs* (JCPA).

[905] Die Tagung des *Zentrums für Antisemitismusforschung* (ZfA) am 8. Dezember 2008 sowie die Debatte darum wären eine eigene Studie wert; hier werden einige Artikel zur Kritik der Tagung und der Gleichsetzung von „Islamophobie" und Antisemitismus aufgeführt und kontextualisiert, Clemens Heni (2010f): Der Antisemitismus als Wille und Vorstellung: Benz und die Blogger, *Die Achse des Guten*, 13.10.2010, http://www.achgut.com/dadgdx/index.php/dadgd/article/der_antisemitismus_als_wille/ (31.03.2011).

[906] Zusammen mit einer meiner Kolleginnen von Yale war ich wenige Tage nach dem Mumbai-Massaker auf einer Gedenkfeier in der Chabad-Gemeinde in New Haven, Connecticut (CT), USA. Der Rabbi der Chabad-Gemeinde in New Haven war ein Freund der Holtzbergs.

[907] Diese Zusammenarbeit von Antisemitismusforschung und Islamwissenschaft zeigt sich exemplarisch daran, dass Achim Rohde von Benz publiziert wird; siehe Kapitel 1.7.

[908] Zitat aus einer Erklärung des ZfA, Wolfgang Benz (2009b): Vergleich von Feindbildern. Wissenschaftliche Notwendigkeit – politisches Ärgernis, http://zfa.kgw.tu-berlin.de/feindbild_konferenz.pdf (06.01.2011). „Die Konferenz stellte die ersten Ergebnisse zur Diskussion und verstand sich als Anstoß einer Debatte. Wie die Reaktion der Konferenzteilnehmer zeigte, war diese Absicht erfolgreich. Böswillige Kommentatoren der Konferenz, die mehrheitlich nicht daran teilgenommen haben, stattdessen mit Mutmaßungen und Unterstellungen agieren, nutzen den Anlass zu Kampagnen auf einem Niveau, das nicht verhandlungsfähig ist" (ebd.).

[909] Sonja Niehaus (2007): Demokratie ohne Grenzen. Antisemitismus ist keine Meinung. Das Dilemma der akademischen Antisemitismusforschung. Kommentar, *Jungle World*, 20.09.2007, http://jungle-world.com/artikel/2007/38/20358.html (08.07.2011).

[910] Ahmadinejad 2008.

[911] http://zfa.kgw.tu-berlin.de/feindbild_muslim_feindbild_islam.pdf (13.05.2011), bereits dieser Dateiname des Ankündigungsflugblattes für die Tagung *Feindbild Muslim – Feindbild Jude* am 8. Dezember 2008 am ZfA der *TU Berlin* – „Feindbild Muslim – Feindbild Islam" – ist verräterisch.

[912] Zu Marx und Antisemitismus vgl. Heni 2010e, 61–63.

[913] Heni 2006.

[914] Heni 2006.

[915] „Arab and Islamic Antisemitism", *Memri*, 27.05.2008, http://www.memritv.org/report/en/2680.htm (07.01.2011).

[916] „Antisemitismus-Vorwürfe. FSK stoppt ‚Tal der Wölfe'-Film", *Spiegel Online*, 25.02.2011, http://www.spiegel.de/kultur/kino/0,1518,741483,00.html (01.05.2011).

[917] Heni 2007, 295.

[918] Vgl. Kapitel 1.7.2.

[919] http://www.obsessionthemovie.com/ (07.01.2011). Wistrich war „academic advisor for the widely viewed film: Obsession: Radical Islam's War Against the West", http://www.ljcc.org.uk/events/1425-i-british-antisemitism-a-suitable-case-for-treatment-i-br-with-professor-robert-wistrich.html (07.01.2011).

[920] Siehe den Bericht „Muslim DVD rattles voters in key battleground states", *CNN*, 15.10.2008, http://edition.cnn.com/2008/US/10/14/muslim.dvd/index.html?iref=mpstoryview (07.01.2011).

[921] Zur Analyse des Goebbelschen *Nazi-Sozi* vgl. Heni 2007, 145. „Spätestens 1926 war somit *die* antisemitische Parole des Nationalsozialismus, die später am Eingang von Konzentrations- und Vernichtungslagern angebracht wurde – ‚Arbeit macht frei' –, durch Goebbels und die ‚NS-Linke' mitentwickelt und popularisiert worden: ‚... die Arbeit frei machen'" (Heni 2007, 142). Der Text von Goebbels zeigt die Spezifik des Antisemitismus; in Zeiten der Analogisierung von Antisemitismus und „Islamophobie" ist es von Relevanz, das in Erinnerung zu rufen und eine luzide Analyse des Antisemitismus einzufordern, entgegen der oft plumpen Rede von bloßen „Vorurteilen" – Goebbels hatte keine „Vorurteile" gegen

Juden, denn er wusste, dass sie keine „Flöhe“ sind. Goebbels generierte schon lange vor 1933 einen auf die Vernichtung der Juden gerichteten antisemitischen Hass. Eine solche Ideologie, ein solcher Hass und ein solches Ressentiment können nicht einfach ‚aufgeklärt‘ oder widerlegt werden wie ein bloßes Vorurteil.

922 Christoph Peters (2011): Geleitwort, in: Hilal Sezgin (Hg.) (2011): Manifest der Vielen. Deutschland erfindet sich neu, Berlin: Blumenbar Verlag, 7–10, 9.

923 Zur Kritik an der Parallelisierung von Antisemitismus und „Islamophobie“ vgl. auch Klaus Faber (2009): Der „Edle Wilde“ und der neue Antisemitismus. Zum Israelbild der „Postkolonialen“ Ideologie, in: Elke-Vera Kotowski/Reinhard Sonnenschmidt (Hg.) (2009): Grenzgänge zwischen Politik und Religion. Festschrift für Claus-Ekkehard Bärsch zum 70. Geburtstag, München: Wilhelm Fink, 193–220, 216.

924 Zum *Muslim-Markt* sowie zum so genannten Al-Quds-Tag vgl. Udo Wolter (2004): Gutachten. Beispiel Al-Quds-Tag. Islamistische Netzwerke und Ideologien unter Migrantinnen und Migranten in Deutschland und Möglichkeiten zivilgesellschaftlicher Intervention, November 2004. Erstellt im Auftrag der Beauftragten der Bundesregierung für Migration, Flüchtlinge und Integration, http://www.ufuq.de/online-bibliothek/islamismus-und-antisemitismus/329-beispiel-al-quds-tag-islamistische-netzwerke-und-ideologien (11.03.2011).

925 Vgl. Heni 2007, 386, Anm. 1635.

926 Vgl. Clemens Wergin (2008): Ahmadinedschad-Show zeigt Naivität des Westens, *Welt Online*, 26.12.2008, http://www.welt.de/politik/article2933585/Ahmadinedschad-Show-zeigt-Naivitaet-des-Westens.html (01.05.2011)).

927 Im ägyptischen Fernsehsender *Dream 2 TV* wurde am 7. März 2010 in einer Diskussionsrunde von Seiten Offizieller wie dem ehemaligen Berater des ägyptischen Mufti Tuhami Muntasir jungen Heavy-Metal-Fans vorgeworfen, Satan zu frönen, und die Behauptung aufgestellt, Heavy Metal sei ein „zionistischer“ Versuch, die Gesellschaft zu unterminieren, siehe den Bericht „Heavy Metal is a Zionist Plot“, *Middle East Quarterly*, Vol. 17, No. 2, 81. Ein Video-Clip mit Ausschnitten der Sendung ist hier zu sehen, „Egyptian Heavy Metal Fans Reject Accusations of Satan Worship, Collaboration with Zionism“, Memri clip No. 2437, http://www.memritv.org/clip/en/0/0/0/0/0/0/2437.htm (31.05.2011). Die Begründung eines des Heavy Metal-Fans lautete: Wie bitteschön soll er einen mehr oder weniger sinnlosen (Arbeits-)Tag ohne (morgendliche) Heavy-Metal-Musik aushalten?

928 Siehe die Biografie von Arye Sharuz Shalicar (2010): „Ein nasser Hund ist besser als ein trockener Jude.“ Die Geschichte eines Deutsch-Iraners, der Israeli wurde. Autobiografie. Vorwort von Richard C. Schneider, München: Deutscher Taschenbuch Verlag.

929 „Die Rolle des hyperventilierenden Antisemitenentlarvers folgt gelegentlich aus einer solchen Überkompensation“ (Malte Lehming (2010): Ein jüdischer Folklorist, *Der Tagesspiegel*, 18.05.2010, http://www.tagesspiegel.de/meinung/ein-juedischer-folklorist/1840868.html (11.05.2011)).

930 „Grußwort von Dr. Barbara Distel, ehem. Leiterin der KZ-Gedenkstätte Dachau; Grußwort von Romani Rose, Vorsitzender des Zentralrats Deutscher Sinti und Roma; Grußwort von Dr. Charlotte Knobloch, ehem. Präsidentin des Zentralrats der Juden in Deutschland; Grußwort von Seiner Exzellenz Mordechay Lewy, Botschafter des Staates Israel beim Heiligen Stuhl; Grußwort von Prof. Dr. Dr. h.c. mult. Jürgen Kocka, Wissenschaftszentrum Berlin für Sozialforschung Grußwort von TU-Präsident Prof. Dr. Jörg Steinbach“ (http://zfa.kgw.tu-berlin.de/Abschiedsvorlesung_Professor_Benz.htm (01.01.2011)).

931 Jürgen Kocka (2010): Der Zeithistoriker Wolfgang Benz. Anlässlich seiner Verabschiedung in der TU Berlin am 21. Oktober 2010, http://zfa.kgw.tu-berlin.de/Abschiedsvorlesung%20Professor%20Benz/Grusswort_von_Juergen_Kocka.pdf (11.03.2011).

932 Jürgen Kocka (1999): Interview, „Neubeginn und Entwicklung der deutschen Geschichtswissenschaft in den 1950/60er Jahren“, *H-Soz-u-Kult*, 15.06.1999, http://hsozkult.geschichte.hu-berlin.de/BEITRAG/intervie/kocka.htm (11.03.2011).

933 „Bosl trat im Mai 1933 in die NSDAP (Nr. 1884319) und gleichzeitig auch in die SA ein, 1934 kam die Mitgliedschaft im NSLB hinzu. Dies nach R 21 (Hochschullehrerkartei; BDC Ahnenerbe, Karl Bosl sowie Bosl, Karl (NSLB), 11.11.08 (Technisches zur Mitgliedschaft im NSLB) sämtlich im BAB)“ (Anne Christine Nagel (2005): Im Schatten des Dritten Reiches. Mittelalterforschung in der Bundesrepublik Deutschland 1945–1970, Göttingen: Vandenhoeck & Ruprecht, 137, Anm. 140). „BAB“ ist die Abkürzung für: *Bundesarchiv Berlin*, 137, Anm. 140. „Denn entgegen seiner Selbstdarstellung übte Bosl nach der Machtergreifung alles andere als Distanz zum Regime. Als Parteimitglied der ersten Stunde, Mitglied in SA und Leiter verschiedener nationalpolitischer Schulungslager setzte er sich vielmehr ausgesprochen

aktiv für die Ziele des Nationalsozialismus ein. Begeisterter Gymnasiallehrer, der Bosl, aus ländlichem Milieu stammend, über Jahre hinweg war, spielte er eine maßgebliche Rolle im Nationalsozialistischen Lehrerbund" (Nagel 2005, 137).

934 Bernd-A. Rusinek (2000): „Wald und Baum in der arisch-germanischen Geistes- und Kulturgeschichte" - Ein Forschungsprojekt des „Ahnenerbe" der SS 1937 - 1945, in: Albrecht Lehmann/Klaus Schriewer (Hg.) (2000): Der Wald–Ein deutscher Mythos? Perspektiven eines Kulturthemas, Berlin/Hamburg: Dietrich Reimer Verlag, 267–363, 300.

935 Frank-Rutger Hausmann (1998)/2002: „Deutsche Geisteswissenschaft" im Zweiten Weltkrieg. Die „Aktion Ritterbusch" (1940–1945). Zweite, erweiterte Auflage, Dresden: Dresden University Press, 253.

936 Karl Bosl (1964): Nürnberg – Böhmen – Prag. Beiträge des Witikobundes zu Fragen der Zeit, Band 13, München: Eigenverlag des Witikobundes e.V., 6.

937 http://www.ostalbmap.de/sixcms/media.php/26/PM459_2009Einladung-Benz.pdf (23.02.2011).

938 http://www.ostalbmap.de/sixcms/media.php/26/PM459_2009Einladung-Benz.pdf (23.02.2011).

939 „Ehre für einen großen Sohn Chams: Platz nach Prof. Dr. Karl Bosl benannt", Mittelbayrische Zeitung, 11.11.2008, http://www.mittelbayerische.de/index.cfm?pid=3073&pk=317550&p=1 (23.02.2011).

940 http://www.bpv.de/mobile/pda/aktuelles-presse/presse-2009/presse-2009-ii/karl-bosl-medaille-an-prof-dr-hans-maier.html (23.02.2011).

941 Clemens Heni (2010b): Ein Nazi und sein Schüler: Karl Bosl und Wolfgang Benz, 15. Januar 2010, http://www.achgut.com/dadgdx/index.php/dadgd/article/ein_nazi_und_sein_schueler_karl_bosl_und_wolfgang_benz/ (14.02.2011)

942 Doris Kalveram (2010): Antisemitismusforscher verteidigt NS-Historiker, 3. Oktober 2010, http://www.juedische.at/TCgi/_v2/TCgi.cgi?target=home&Param_Kat=3&Param_RB=31&Param_Red=12874 (14.02.2011).

943 Nagel 2005, 116 und ebd., Anm. 72.

944 Siehe die Tabula Gratulatoria in Ferdinand Seibt (1983): Die böhmischen Länder zwischen Ost und West. Festschrift für Karl Bosl zum 75. Geburtstag, München: Oldenbourg, IX–XVI.

945 Wolfgang Benz (1988): Herrschaft und Gesellschaft im nationalsozialistischen Staat, in: Ferdinand Seibt (Hg.) (1988): Gesellschaftsgeschichte. Festschrift für Karl Bosl zum 80. Geburtstag, herausgegeben im Auftrag des Collegium Carolinum von Ferdinand Seibt, 2 Bände, München: Oldenbourg, Band 1, 243–255. Der Herausgeber schweigt zur Vergangenheit von Bosl, siehe Ferdinand Seibt (1988a): Zur Gratulation, in: Ders. (Hg.) (1988): Band 1, 9f.

946 Wolfgang Benz/Hermann Graml (Hg.) (1976): Aspekte deutscher Außenpolitik im 20. Jahrhundert. Aufsätze Hans Rothfels zum Gedächtnis, Stuttgart: Deutsche Verlags-Anstalt.

947 Alexandre Kum'a N'dumbe III (1976): Pläne zu einer nationalsozialistischen Kolonialherrschaft in Afrika, in: Benz/Graml (Hg.) (1976), 165–192, 170.

948 N'dumbe III 1976, 170.

949 Karl Bosl (1990)/1996: Karl Bosl. Eine Bibliographie. Haus der Bayerischen Geschichte. Materialien zur Bayerischen Geschichte und Kultur 3/96, Augsburg: Bayerische Staatskanzlei. Haus der Bayerischen Geschichte.

950 Bosl 1990, 19.

951 Heni 2010b.

952 Wolfgang Benz (2010c): „Mir schlägt Hass entgegen", Interview, *Kölner Stadtanzeiger*, 24.01.2010, http://www.ksta.de/html/artikel/1264185764758.shtml (14.02.2011).

953 Das von Journalisten gern herangezogene *Munzinger-Archiv* im Internet schweigt über die Nazi-Vergangenheit Bosls – weder die gekürzte, für alle Internetbenutzer einsehbare Version noch die komplette Version des Eintrags erwähnen diese Geschichte, http://www.munzinger.de/search/start.jsp (23.02.2011). Dafür schreibt das Archiv: „Nach Besuch des Humanistischen Gymnasiums der Benediktiner zu Metten bei Deggendorf studierte er an der Universität München Geschichte. 1938 promovierte er zum Dr. phil. – Wirken – Nach Abschluß des Studiums ging B. zunächst als Studienrat in das Lehrfach an höheren Schulen. Erst nach dem Zweiten Weltkrieg habilitierte er sich im Fach Mittelalterliche Geschichte an der Universität München mit einer noch heute als Standardwerk geltenden Arbeit über die Reichsministerialität der Salier und Staufer (50/51). Er lehrte anschließend von 1948 bis 1953 in München als Privatdozent" (ebd.).

[954] „Eine Gruppe von Autoren, unter ihnen Matthias Küntzel, Henryk M. Broder, Clemens Heni sowie der Berliner Korrespondent der Jerusalem Post, Benjamin Weinthal, vertraten in einer publizistischen Kampagne die Auffassung, dass die geplante Tagung Antisemitismus und Islamophobie nicht nur miteinander vergleiche, sondern dadurch auch gleichsetze. Damit wurde – ohne nähere Begründung – der Veranstalter selbst zumindest in die Nähe des Antisemitismus gerückt" (Micha Brumlik (2009): Vergleichen heißt nicht gleichsetzen, *taz*, 21.03.2009, http://www.taz.de/1/debatte/theorie/artikel/1/vergleichen-heisst-nicht-gleichsetzen/ (23.02.2011)).

[955] Micha Brumlik (2010): Loyalität und Reflexion. Wolfgang Benz und die Causa Karl Bosl, *taz*, 06.04.2010, http://www.taz.de/1/archiv/print-archiv/printressorts/digi-artikel/?ressort=ku&dig=2010%2F04%2F06%2Fa0027&cHash=c757783f9e (14.02.2011).

[956] „Karl Bosl (Hg.), Land und Volk, Herrschaft und Staat in der Gesellschaft und Geschichtsforschung Bayerns. Karl Alexander von Müller zum 80. Geburtstag, München 1964. Die vorangehende Festschrift zum 60. Geburtstag dieses einflußreichen NS-Historikers wurde 1943 von Kurt v. Raumer und Theodor Schieder herausgegeben. Überhaupt wäre das Festschriftenwesen der 50er u. 60er Jahre im Blick auf das Weiterbestehen aller ‚Seilschaften' eine kleine Studie wert" (Peter Schöttler (1997): Geschichtsschreibung als Legitimationswissenschaft 1918 – 1945. Einleitende Bemerkungen, in: Ders. (Hg.) (1997a): Geschichtsschreibung als Legitimationswissenschaft 1918 – 1945, Frankfurt am Main: Suhrkamp, 7–30, 25, Anm. 26).

[957] Karl Bosl (Hg.) (1963): Bohemia. Jahrbuch des Collegium Carolinum. Band 4, München: Verlag Robert Lerche; Karl Bosl (1963a): Zum 80. Geburtstag von Prof. Theodor Mayer, dem 1. Vorsitzenden des Collegium Carolinum, in: Ders. (Hg.) (1963), 9–15. Bosl rechtfertigt die historischen Tagungen der NS-Historiker: „Unter dem Motto ‚Einsatz der Geisteswissenschaften im Krieg' gelang es dem Präsidenten in schwerster Zeit, in der sonst Klio als Wissenschaft schweigt, jedoch in geschichtemachendem Sturm durch die Völker rast, die deutschen Mediävisten und Rechtshistoriker zu gemeinsamen Tagungen zusammenzuführen, auf denen kein Wort ‚historische Politik' gesprochen, aber genau so wie auf Mainau und Reichenau in höchstem Ernst mit den Problemen des deutschen Mittelalters gerungen wurde. Ich denke an Magdeburg, wo eine das Dritte Reich so erregende Frage wie die der germanischen Kontinuität in scharfer Diskussion und mit größter Sachlichkeit erörtert wurde, sodaß einer der Hauptredner und Hauptkritiker von damals, Hermann Aubin, die Ergebnisse noch 1945 in einem großen Aufsatz ohne Streichung veröffentlichen konnte" (ebd., 12). Bosl rechtfertigt damit auch die Tagung vom Januar 1945 im Geburtshaus des ‚Führers'.

[958] Michael Wolffsohn (2010): Gespräch mit *NDR Info Radio*, Sendung *Schabbat Schalom*, 22.01.2010, Transkript auf http://www.wolffsohn.de/index.php?mact=News,cntnt01,print,0&cntnt01articleid=264&cntnt01showtemplate=false&cntnt01returnid=67 (31.05.2011)).

[959] Wolfgang Benz (2010b): Antisemitismusforschung als akademisches Fach und öffentliche Aufgabe, 21. Oktober 2010, http://www.pressestelle.tu-erlin.de/fileadmin/a70100710/Fotos/TU_intern/2010/November/Abschiedsvorlesung_Benz.pdf (01.01.2011).

[960] „Weltweit Maßstäbe gesetzt", 16.10.2010, http://www.pressestelle.tu-berlin.de/newsportal/innenansichten/2010/antisemitismusforschung_als_akademisches_fach_und_oeffentliche_aufgabe/ (01.01.2011).

[961] Im 25-seitigen Schriftenverzeichnis von Jürgen Kocka (Stand: 06.07.2009) findet sich keine einzige Monografie, welche im Titel oder Untertitel den Terminus „Antisemitismus" führt oder sich mit dem Antisemitismus beschäftigt; es findet sich auch kein Kapitel in einem Sammelband, geschweige denn ein fachwissenschaftlicher Zeitschriftenartikel oder eine andere Publikation zum Antisemitismus, http://www.wzb.eu/eme/pdf/kocka_sverz_09.pdf (23.02.2011). Kocka hat viel zu Unternehmensgeschichte und zur Geschichte des Kapitalismus sowie der Industriegesellschaft und der Sozialgeschichte geforscht. Doch ist er damit prädestiniert, den *Antisemitismusforscher* Benz zu würdigen?

[962] Falsche Schreibweise im Original, d.V.

[963] Benz 2010b.

[964] Benz 2010b.

[965] Henryk M. Broder (2008a)/2009: Kritik der reinen Toleranz, München: Pantheon.

[966] Broder 2008a, 16 bzw. 18.

[967] Benz 2010b.

[968] Benz 2010b.

[969] http://jahrbuch-islamophobie.de/ (01.01.2011).

[970] http://faridhafez.com/ (24.05.2011).

[971] Farid Hafez (2010): Islamophober Populismus. Moschee- und Minarettbauverbote österreichischer Parlamentsparteien. Mit einem Geleitwort von Anton Pelinka, Wiesbaden: VS Verlag für Sozialwissenschaften.

[972] Hafez 2010, 168.

[973] Tibi 2003, 195.

[974] http://www.beuth-hochschule.de/339/detail/256/ (31.05.2011).

[975] Achim Bühl (2010): Islamfeindlichkeit in Deutschland. Ursprünge – Akteure – Stereotype, Hamburg: VSA-Verlag.

[976] Bühl 2010, 262–265.

[977] Bühl 2010, 183–190.

[978] Bühl 2010, 190–194.

[979] Bühl 2010, 198–205.

[980] Bühl 210–215. Bühl wirft der *Aktion Dritte Welt Saar* einen „Rassismus ohne Rassen" vor, da sie die „Exkludierung des Anderen" mit ihren Schriften befördere, ebd., 215. Bühl bezieht sich dabei auf die *Flugschrift* Aktion Dritte Welt Saar/Emanzipation und Frieden (Hg.) (2010): Bye bye Multikulti – Es lebe Multikulti, http://www.a3wsaar.de/fileadmin/A3WSaar/flugschrift/Flugschrift-Multikulti-010.pdf (22.03.2011). Diese Flugschrift ist ein interessantes und bedeutendes Dokument der Aufklärung über Islamismus und seine deutschen Freunde. Zudem wendet sie sich gegen Rassismus und Deutschtümelei, was Bühl in seiner ignoranten und die Inhalte eines Textes in ihr Gegenteil verkehrenden Art verleugnet. In der Flugschrift heißt es: „Sarrazin, der ehemalige Finanzsenator der rot-roten Koalition in Berlin, spricht von ‚zwanzig Prozent der Bevölkerung, die nicht ökonomisch gebraucht werden' und liefert die rassistische Begleitmusik zur kapitalistischen Krise gleich mit. Dieser gefährlichen Melange aus Rassismus und Sozialdarwinismus ist entschieden entgegenzutreten. Als Ruf nach der Durchsetzung gleicher Rechte und Entfaltungsmöglichkeiten für alle hier lebenden Menschen ist die Forderung nach einer multikulturellen Gesellschaft nach wie vor berechtigt und aktuell. (...) Es geht um ein gutes Leben für ausnahmslos alle Menschen. Und es ist gerade der ‚Schmelztiegel' und die ‚Vermischung', die einen emanzipatorischen Multikulturalismus kennzeichnen. Es geht nicht um den ‚Erhalt von Kulturen', weder der ‚deutschen' noch der ‚christlichen', der ‚westlichen' oder der ‚islamischen'. Es geht um die Verteidigung und Durchsetzung zivilisatorischer Mindeststandards wie Freiheit von Folter, gleiche Rechte und gleiche Wertschätzung für alle Menschen, um das Recht aller Menschen, weder ‚illegal' noch ‚überflüssig' zu sein, um Gleichstellung der Geschlechter und Emanzipation der Frau, Befreiung von der Herrschaft religiösen Wahns, Trennung von Staat und Religion, Befreiung aus Clanherrschaft und Patriarchat – um nur einige zu nennen. Hinter sie darf es kein Zurück geben."

[981] Bühl 2010, 190.

[982] Inhaltlich in eine ganz ähnliche Richtung wie Hafez geht (die Magisterarbeit von) Thomas Schönberger (2009): „Die Perzeption des Islam in der Öffentlichkeit". Eine empirische Untersuchung in einer oststeirischen Kleinstadt unter besonderer Berücksichtung der Islamophobie-Debatte, http://othes.univie.ac.at/5927/2/MagisterarbeitSch%C3%B6nberger.pdf (24.02.2011).

[983] Hafez 2010, 63.

[984] Richard Herzinger (2010): Europa lässt sich von den Judenhassern täuschen. Der militante Judenhass in Europa hat nur die Färbung gewechselt, nicht die mörderische Substanz. Die Gewalttäter gerieren sich als Opfer des „Zionismus", *Welt Online*, 27.12.2010, http://www.welt.de/debatte/kommentare/article11847743/Europa-laesst-sich-von-den-Judenhassern-taeuschen.html (11.03.2011).

[985] Heni 2002. Am 18. Dezember 2002 fand am Vidal Sassoon International Center for the Study of Antisemitism (SICSA) der Hebräischen Universität Jerusalem eine internationale Konferenz zu Antisemitism and Anti-Zionism in Westen Europe since 2000 statt. Die zum Zentrum gehörende Zeitschrift *Antisemitism International* berichtete in ihrer Ausgabe 2003 davon: „The Vidal Sassoon International Center for the Study of Antisemitism organized a one day international conference on the theme Antisemitism and Anti-Zionism in Western Europe since 2000, which took place at the Beit Maiersdorf Faculty Club on December 18, 2002. Martin Ulmer talked about the current trends in Germany, characterized by a certain switch from latent to manifest antisemitism. German anti-Zionism before and after September 11, 2001 was dealt with by Clemens Heni, a younger German scholar. These two presentations provoked a

protest by Reinhard Wiemer of the German Embassy, one of the patrons of the conference, who felt they were excessively critical of the Federal Republic. This intervention led to a lively debate and controversy" (Antisemitism International. An Annual Research Journal of the Vidal Sassoon International Center for the Study of Antisemitism, 97, http://sicsa.huji.ac.il/antisemitismint.pdf (14.05.2011)). 2003 und 2004 erhielt ich ein Felix Posen Fellowship des *Vidal Sassoon International Center for the Study of Antisemitism* (SICSA). Vidal Sassoon wurde als Teenager Mitglied der 1946 gegründeten legendären Group 43 in London, einer antifaschistischen jüdischen Straßenkampfgruppe, die englische Faschisten und Nazis um Oswald Mosleys Schwarzhemden bekämpfte. 1948 kämpfte Sassoon als Soldat im israelischen Unabhängigkeitskrieg, in den 1960er Jahre avancierte er zu einem weltberühmten Frisör – unter anderem wegen des (geometrischen) Kurzhaarschnitts bei Frauen –, und 1982 gründete er das Vidal Sassoon International Center for the Study of Antisemitism; „Vidal Sassoon – hero of the Jewish people", Dennis Wilen, JewishJournal.com, 14.04.2008, http://www.jewishjournal.com/bloggish/item/vidal_sassoon_hero_of_the_jewish_people/ (14.05.2011); „Vidal Sassoon: the man who made English hairstyling great. Vidal Sassoon, appointed CBE yesterday, revolutionised hair and created a short, sharp look that defined the 1960s", Lisa Armstrong, *The Times*, 21.10.2009, http://women.timesonline.co.uk/tol/life_and_style/women/beauty/article6882818.ece (14.05.2011); „How King of Crimpers Vidal Sassoon cut Britain's fascist thugs down to size", Andrew Roberts, *Dailymail*, 14.04.2008, http://www.dailymail.co.uk/news/article-559709/How-King-Crimpers-Vidal-Sassoon-cut-Britains-fascist-thugs-size.html#ixzz1MH5SJFIi (14.05.2011). Die andere wichtige Person für die Geschichte des Vidal Sassoon International Center for the Study of Antisemitism ist Felix Posen. Er wurde in Deutschland geboren und konnte mit seinen Eltern vor dem Beginn des Zweiten Weltkriegs als Zehnjähriger zunächst nach England und dann in die USA fliehen. Posen tritt für ein säkulares Judentum ein und unterstützt mit seiner Stiftung – http://www.posenfoundation.com (14.05.2011) – Projekte, die die kulturelle Dimension und Definition des Judentums erforschen. Er ist nicht nur ein finanzieller Unterstützer von SICSA, auch das *Middle East Media Research Institute* (MEMRI), auf deren Übersetzungen (aus dem Arabischen) in dieser Studie häufig Bezug genommen wird, unterstützt er finanziell, „,Zionism was founded by the seculars'. Felix Posen attacks the GA participants for their disregard of secularism and berates ‚cultural Jews,' who have allowed the religious to dominate Jewish culture, he says", Anshel Pfeffer, *Haaretz*, 17.11.2003, http://www.haaretz.com/print-edition/features/zionism-was-founded-by-the-seculars-1.105893 (14.05.2011).

986 http://www.ex-oriente.com/sec_index.html (07.01.2011).

987 „Muslim-Markt interviewt Hermann Dierkes, Oberbürgermeisterkandidat der LINKEN, dem wegen eines Boykottaufrufs gegen Israel Antisemitismus vorgeworfen wurde. 12.3.2009" (http://www.linke.cc/article.php?story=20090314001930224 (07.01.2011)).

988 Siehe die Seite http://www.bds-info.ch/?id=103 (07.01.2011). „Die deutsche muslimische Homepage Muslim-Markt.de hat eine Liste mit israelischen Produkten und Unternehmen, die einen Bezug zu Deutschland haben, zusammengestellt: http://www.muslim-markt.de/boykott/israelischefirmen.htm. Auf derselben Homepage findet sich eine Liste (inkl. Begründungen) mit Unternehmen, die die zionistische Politik Israels aktiv unterstützen: http://www.muslim-markt.de/boykott/unterstuetzer_zionismus.htm" (ebd.). Die Nazis boykottierten die Juden, der *Muslim-Markt*, Linke und Islamisten boykottieren die „Zionisten".

989 Siehe die Erklärung gegen Israel-Boykotte, die 40 Nobelpreisträger im November 2010 veröffentlichten und die von der Wissenschaftlervereinigung *Scholars for Peace in the Middle East* (SPME) initiiert worden war, „Statement of 40 Nobel Laureates on Academic Boycotts, Divestments and Sanctions (BDS) Actions against Israeli Academics, Israeli Academic Institutions and Academic Centers and Institutes of Research and Training with Affiliations in Israel", http://spme.net/cgi-bin/articles.cgi?ID=7339 (07.01.2011).

990 http://berlinacademicboycott.wordpress.com/ (07.01.2011); zu Bremen vgl. Christian Jakob (2011): Friedenstauben essen keine Blutorangen. Ein Aufruf zum Boykott israelischer Waren sorgte in Bremen für Diskussionen. Die Verfasser sind weiterhin von ihrer Sache überzeugt, *Jungle World*, 24.03.2011, http://jungle-world.com/artikel/2011/12/42858.html (30.03.2011).

991 Robert Wistrich (2010a): Interview with World Expert on Anti-Semitism: Danger is Real, 15.11.2010, http://www.israelnationalnews.com/News/news.aspx/140661 (11.03.2011).

992 Sascha Balasko/Jens Meyer-Odewald (2010): Islamisten mit Alsterblick, *Hamburger Abendblatt*, 14.05.2010,http://www.abendblatt.de/hamburg/article1495294/Islamisten-mit-Alsterblick.html(23.11.2010).

[993] „SPD fordert Muslime zum Boykott der Islamkonferenz auf", *Der Tagesspiegel*, 30.03.2011, http://www.tagesspiegel.de/politik/spd-fordert-muslime-zum-boykott-der-islamkonferenz-auf/4003362.html (30.03.2011).

[994] In einem Forumsbeitrag eines *Muslim-Markt*-Lesers vom 4. Februar 2011 ist dort folgende antisemitische Hetze zu lesen: „Israel hat mittlerweile fast alles nachgemacht, was man Juden im 3. Reich angetan hat. Hat sogar Napalm und weißen Phosphor gegen Zivilisten eingesetzt, hat gefoltert, vergewaltigt, Brunnen vergiftet, in großem Stile Land geraubt, hat eine Mauer gebaut die höher und entsetzlicher ist als die der DDR" (http://www.muslim-markt.de/forum/messages/2600.htm (12.05.2011)). Für die Publikation und das Stehenlassen dieses (längeren) Hasstextes auf der Seite des *Muslim-Markt* sind dessen Betreiber verantwortlich; es passt zum Erscheinungsbild und der Ideologie der ganzen Seite.

[995] „Der Ablauf der Tat lässt für die Ermittler keinen Zweifel, dass Arid U. so viele US-Soldaten wie möglich töten wollte: Zuerst habe er direkt am Terminal 2 vor dem blauen Bus der US-Armee einen einzelnen amerikanischen Soldaten angesprochen und ihn nach einer Zigarette gefragt. Als dieser in einem kurzen Gespräch bestätigte, dass die Gruppe auf dem Weg nach Afghanistan sei, sich umdrehte und in den Bus einsteigen wollte, schoss ihm Arid U. mit seiner Pistole zweimal direkt in den Hinterkopf. Der Soldat war sofort tot" („Spuren des Airport-Killers", Matthias Gebauer, *Spiegel Online*, 04.03.2011, http://www.spiegel.de/politik/deutschland/0,1518,749118,00.html (30.03.2011)).

[996] „Bundesinnenminister Hans-Peter Friedrich (CSU) plant im Mai einen ‚Präventionsgipfel' gegen islamistischen Extremismus. Friedrich wolle auf der Deutschen Islamkonferenz am Dienstag zur Teilnahme an dem Präventionsgipfel aufrufen, berichtete die in Berlin erscheinende Tageszeitung ‚Die Welt' (Dienstagsausgabe) unter Berufung auf Quellen aus dem Innenministerium. Anlass sei das jüngst auf dem Flughafen Frankfurt am Main verübte Attentat, bei dem ein in kurzer Zeit radikalisierter Islamist US-Soldaten getötet und verletzt hatte. Geplant ist dem Bericht zufolge eine bundesweite Anti-Extremismus-Kampagne mit Broschüren und Plakaten, die unter dem Motto ‚Gemeinsam gegen Extremismus – gemeinsam für Sicherheit' steht" („Friedrich plant ‚Präventionsgipfel', *Stern*, 29.03.2011, http://www.stern.de/news2/aktuell/kampf-gegen-islamistischen-extremismus-friedrich-plant-praeventionsgipfel-1668747.html (30.03.2011)).

[997] „Angesicht des Anschlags am Flughafen Frankfurt und der ‚Selbstradikalisierung' von Jugendlichen gehe es um Prävention und Aufklärung. (...) ‚Diese Konferenz des Bundesinnenministers ist eine Frechheit', sagte Grünen-Fraktionsvorsitzende Renate Künast. ‚Mit dem neuen Innenminister Friedrich ist die Islamkonferenz als Beitrag zur Integration an ihr Ende gekommen.' Friedrich versuche die muslimischen Verbände als Hilfssheriffs zu verhaften, ergänzte Memet Kilic, integrationspolitischer Sprecher der Grünen-Fraktion im Bundestag. (...) Auch aus den Reihen des Koalitionspartners fielen harte Worte. ‚Den Islam mit Islamismus in Verbindung zu bringen ist genauso falsch, wie vorhandene Probleme nicht anzugehen', erklärte Serkan Tören, integrationspolitische Sprecher der FDP-Fraktion. Tören forderte Friedrich auf, er solle die Zuständigkeit für die Islamkonferenz abgeben, wenn er „weiterhin Realitätsverweigerung" betreibe. Der Politologe Hamed Abdel-Samad fasste die Stimmung der Konferenz so zusammen: ‚Alle inhaltlichen Themen wurden überschattet von den Friedrichs Äußerungen über Deutschland und den Islam. Viele Muslime waren sehr verstimmt. Ich versuche das locker zu nehmen, auch wenn seine Äußerung fehl am Platz ist. Es ist nicht die Aufgabe eines Politikers, eine Religion in die Gesellschaft einzubürgern. Die Diskussion, ob der Islam zu Deutschland gehört oder nicht, hilft der Integration nicht weiter'" („Friedrich verursacht Eklat auf Islamkonferenz", *Die Welt*, 29.03.2011, http://www.welt.de/politik/deutschland/article13004465/Friedrich-verursacht-Eklat-auf-Islamkonferenz.html (30.03.2011)). Demnach hat offenbar kein einziger muslimischer Vertreter auf der *Islamkonferenz* grundsätzlich dem Bundesinnenminister zugestimmt, dass die Kritik und Bekämpfung des *Islamismus* höchste Priorität für die Muslime (auf der *Islamkonferenz*) haben sollte. Während die deutsche Bevölkerung angesichts einer 9.000 Kilometer entfernten Atomkatastrophe (die das Resultat eines fürchterlichen Erdbebens und eines Tsunamis war) fast durchdrehte – „Fukushima" – und die Grünen damit Wahlen gewannen, war die gezielte Ermordung von amerikanischen Soldaten am Frankfurter Flughafen kurz zuvor kein Thema.

[998] Der Verfasser ist im Besitz des Briefwechsels.

[999] Andreas Molau (2006): Interview mit Muslim-Markt, 09.03.2006, http://www.muslim-markt.de/interview/2006/molau.htm (11.03.2011).

[1000] Die Islamismusexpertin Claudia Dantschke analysiert den *Muslim-Markt* und andere Beispiele der Beziehung von extremer Rechter und dem Islamismus, darunter auch „die gegenseitigen Interviews von Yavuz Özoguz und dem NPD-Funktionär Andreas Molau im Muslim-Markt und im NPD-Organ ‚Deutsche

Stimme' (...) sowie [ein] Interview des Muslim-Markt mit Michael Friedrich Vogt, der gemeinsam mit dem NPD-Kader Dr. Olaf Rose 2004 den [g]eschichtsrevisionistischen Film ‚Geheimakte Hess' drehte, und heute im rechtsesoterischen Fernsehkanal ‚Secret TV' des antisemitischen Verschwörungsautors Jan van Helsing als Moderator tätig ist" (Dantschke 2009, 456, Anm. 16). Zu van Helsing und antisemitischen Verschwörungstheorien, welche nach 9/11 enormen Zulauf bekommen haben, siehe die Studie von Tobias Jaecker (2004): Antisemitische Verschwörungstheorien nach dem 11. September. Neue Varianten eines alten Deutungsmusters. 4. Auflage 2009, Münster: LIT Verlag; zu van Helsing: „Als Verschwörer benennt van Helsing immer wieder die Juden – diese besäßen in finanzieller Hinsicht die USA, aber auch Deutschland. Zudem seien einige Politiker Juden, von denen man dies nicht wüsste. Helmut Kohl etwa heiße eigentlich ‚Henoch Kohn'" (ebd., 56f.). „Der Name ‚Jan van Helsing' ist ein Pseudonym, der Klarname des Autors lautet vermutlich Jan Udo Holey. ‚Van Helsing' ist auch der Name des Vampirjägers in Bram Stokers Roman Dracula" (ebd., 56, Anm. 227). Jaecker analysiert in seiner Studie unter anderem den in Deutschland bekannten Bestseller-Autoren und Verschwörungstheoretiker Mathias Bröckers. Ein Detail sagt viel aus über die Nähe dieses ehemaligen *taz*-Journalisten zum Neonazismus; Jaecker schreibt: „So verwundert es denn auch nicht, dass während einer Veranstaltung zum ‚Inszenierten Terrorismus' am 30.06.2003 in der Berliner Humboldt-Universität, an der u.a. Mathias Bröckers, Gerhard Wisnewski und Andreas von Bülow als Referenten teilnahmen, der Rechtsextremist Horst Mahler im Publikum Platz nahm. Protestierende ‚Nazis raus'-Rufer wurden umgehend vom Sicherheitspersonal aus dem Saal geleitet, Mahler durfte sitzen bleiben" (Jaecker 2004, 95, Anm. 359).

1001 „Islamisten und die NPD. Etwas mehr Kopftuch auch für deutsche Mädel", *Frankfurter Allgemeine Zeitung*, 21.08.2007, http://www.faz.net/s/RubCF3AEB154CE64960822FA5429A182360/Doc~E7C1BAC908B384ADE9D9D5985FA1B8F65~ATpl~Ecommon~Scontent.html (20.11.2010).

1002 Benz 2010a.

1003 Hermann Dierkes (2009): Interview mit Muslim-Markt, http://www.muslim-markt.de/interview/2009/dierkes.htm (07.01.2011). Zur Kritik: Stefan Laurin (2010): „Linkenpolitiker Dierkes: ‚Das läppische Existenzrecht Israels'", 10.03.2010, http://www.ruhrbarone.de/linkenpolitiker-dierkes-das-lappische-existenzrecht-israels/ (07.01.2011).

1004 Felicia Langer (2008): Interview mit Muslim-Markt, 30.12.2008, http://www.muslim-markt.de/interview/2008/langer.htm (07.01.2011). Vgl. zu Langer Benjamin Weinthal (2009): Jüdischer Selbsthass, *Welt Online*, 28.07.2009, http://www.welt.de/die-welt/debatte/article4206689/Juedischer-Selbsthass.html (11.03.2011).

1005 „Hier bei der Staats- und Wirtschaftspolitischen Gesellschaft (SWG) ist man schon lange der Meinung, die CDU sei weit nach links gerutscht. Dass eine ehemalige FDJ-Sekretärin die CDU und Deutschland führt, ist wohl kaum in ihrem Sinne. Seit fast 50 Jahren bemüht sich die SWG im ‚vorpolitischen Raum' um die ‚staatsbürgerliche Bildungsarbeit' für Volk, Familie, Vaterland. Das ‚konservative' Milieu bei CDU und CSU zu stärken, ist das erklärte Ziel seit ihrer Gründung im Jahr 1962. Ihr Vorsitzender, der Rechtswissenschaftler Menno Aden, gehört auch zu den Erstunterzeichnern des ‚Manifests gegen den Linkstrend'. Mit diesem Manifest beschwerten sich im Februar Politiker der CDU und Publizisten darüber, dass sich die CDU von ihren Stammwählern verabschiede. Eine geistige Wende in der Partei sei geboten, statt Homo-Ehen und Antidiskriminierungsgesetze hinzunehmen, Multikulti-Integrationspolitik und Abtreibung voranzutreiben oder gar die Würdigung der deutschen Kriegsopfer und die Gefahr der Islamisierung weiter zu missachten" (Andreas Speit (2010): Männer in feinen Anzügen, *Jungle World*, 04.03.2010, http://jungle-world.com/artikel/2010/09/40491.html (23.02.2011)).

1006 Aden 2009.

1007 Vgl. http://www.tu-berlin.de/fileadmin/f1/Pr_sentation_Fakult_t_I.pdf (06.02.2011).

1008 Pressemitteilung Informationsdienst Wissenschaft, 24.01.2011, „Konzept für ein universitätsübergreifendes Zentrum für Jüdische Studien in der Region Berlin-Brandenburg", http://idw-online.de/de/news405825 (06.02.2011).

1009 http://www.uni-marburg.de/menschenfeindlichkeit/beteiligte/Ehemalige%20KollegiatInnen/beate_kuepper (24.05.2011).

1010 Vgl. Beate Küpper (2011): Das Projekt Gruppenbezogene Menschenfeindlichkeit in Deutschland. Eine 10-Jährige Langzeituntersuchung mit einer jährlichen Bevölkerungsumfrage zur Abwertung und Ausgrenzung von schwachen Gruppen, http://www.uni-bielefeld.de/ikg/zick/GMF%20Projekt_Skizze_2011.pdf (11.04.2011). Das Langzeitprojekt *Gruppenbezogene Menschenfeindlichkeit* wird gefördert „durch ein Stiftungskonsortium unter Federführung der VolkswagenStiftung, der Freudenberg Stiftung und der Marga und Kurt Möllgaard-Stiftung". Es ist eine recht groß angelegte Kampagne für das Konzept *Gruppenbezogene Menschenfeindlichkeit*, wie auch die Kooperation mit führenden Medien und Verlagshäusern in Deutschland zeigt: „Zu den Kooperationspartnern gehören auch DIE ZEIT und der Suhrkamp-Verlag. Zentrale Ergebnisse werden jeweils im Herbst eines jeden Jahres in führenden Medien veröffentlicht. Im Suhrkamp-Verlag erscheint gleichzeitig ein jährlicher Report unter dem Titel ‚Deutsche Zustände' (...) Die Ergebnisse werden auf einer jährlichen Pressekonferenz im Dezember der Öffentlichkeit vorgestellt" (ebd.). Der wissenschaftliche Nachwuchs wird mit diesem Konzept geradezu indoktriniert: „(...) Darüber hinaus ist ein seit 2004 von der DFG gefördertes Graduiertenkolleg ‚Gruppenbezogene Menschenfeindlichkeit: Ursachen, Phänomenologie und Konsequenzen' eng an das Projekt angeschlossen. Hier untersuchen junge Nachwuchswissenschaftlerinnen und –wissen-schaftler spezifische Fragestellungen zum Thema der Gruppenbezogenen Menschenfeindlichkeit aus unterschiedlicher wissenschaftlicher Perspektive und mit einer Bandbreite wissenschaftlicher Methoden. Mittlerweile haben rund 50 Kollegiatinnen und Kollegiaten ihre Promotion abgeschlossen bzw. arbeiten derzeit daran" (ebd.). Kein Wunder, dass sich auch die Politik auf das Konzept stürzt, wie z.B. in einem Positionspaper von *Bündnis 90/Die Grünen* im Sommer 2010: „Wider die Extremismustheorie – Für ein Bundesprogramm gegen gruppenbezogene Menschenfeindlichkeit. – Positionspapier – Astrid Rothe-Beinlich MdL, Mitglied im Bundesvorstand von BÜNDNIS 90/ DIE GRÜNEN Monika Lazar MdB, Sprecherin für Strategien gegen Rechtsextremismus, Sven-Christian Kindler MdB, Haushaltsberichterstatter für die Bundesprogramme gegen Rechtsextremismus", http://www.gruene-linke.de/2010/07/12/wider-die-extremismustheorie-fur-ein-bundesprogramm-gegen-gruppenbezogene-menschenfeindlichkeit/ (11.04.2011).

1011 Wilhelm Heitmeyer (2010): Krisen – Gesellschaftliche Auswirkungen, individuelle Verarbeitungen und Folgen für die Gruppenbezogene Menschenfeindlichkeit, in: Ders. (Hg.) (2010a): Deutsche Zustände. Folge 8, Berlin: Suhrkamp, 13–46, 40.

1012 Botsch unterrichtet ebenso am Berliner Touro College, http://www.touroberlin.de/index.php?id=98 (28.04.2011).

1013 Gideon Botsch (2009): Gutachten im Auftrag des SPD-Kreisverbandes Spandau und der SPD Abteilung Alt-Pankow zur Frage: „Sind die Äußerungen von Dr. Thilo Sarrazin im Interview mit der Zeitschrift Lettre International (deutsche Ausgabe, Heft 86) als rassistisch zu bewerten?", 22.12.2009, http://www.nachdenkseiten.de/upload/pdf/100129_hinweise_2_sarrazin.pdf (28.04.2011).

1014 Botsch 2009, 15.

1015 Botsch 2009, 20.

1016 Botsch 2009, 2f.

1017 *Bayerisches Fernsehen*, „Kontrovers – Das Politikmagazin", 27.04.2011, *„Halbmond über München* – Wie der politische Islam nach Bayern kam", ein Film von Philipp Grüll, http://www.br-online.de/bayerisches-fernsehen/kontrovers/kontrovers-extra-islam-ID1303302269938.xml (18.05.2011).

1018 Botsch 2009, 15.

1019 Wistrich 2010, 4, Übersetzung d.V.

1020 Ohne den Nationalsozialismus und seine Organisation *Kraft durch Freude* (KdF) würde es weder Volkswagen (VW) noch die Stadt Wolfsburg geben, die 1938 als „Stadt des KdF-Wagens bei Fallersleben" gegründet wurde, vgl. Heni 2007, 150.

1021 http://www.alumni.charite.de/heymat/Projekt (07.03.2011). Das Projekt hat 2009 begonnen und ist auf fünf Jahre angelegt.

1022 http://www.alumni.charite.de/heymat/Projekt (07.03.2011).

1023 Naika Foroutan (2011a): Zivilisationskonflikte – zur Wirkungsmächtigkeit einer Hyperrealität, in: Marwan Abou-Taam/Jost Esser/Naika Foroutan (Hg.) (2011): Zwischen Konfrontation und Dialog. Der Islam als politische Größe, Wiesbaden: VS Verlag für Sozialwissenschaften, 95–113, 109.

1024 Faroutan 2011, 110.

1025 „Offensichtlich haben viele Menschen das Bedürfnis nach Vaterlandsliebe und Patriotismus, ebenso wie es bei vielen Menschen ein starkes Bedürfnis nach Religion und Glauben gibt. Für Menschen, die religiös und national unmusikalisch sind, um mit Max Weber zu sprechen, sind diese Zugänge unmodern" (Naika Foroutan (2011b): Das eigentliche Tabu. Sarrazin hat eine Phantomdebatte ausgelöst, die vor allem eines zutage förderte: Ängste. Loswerden können wir sie nur gemeinsam – durch eine neue Identität, *Freitag*, 06.03.2011, http://www.freitag.de/politik/1109-das-eigentliche-tabu (07.03.2011)).

[1026] Foroutan 2011b.

[1027] Henryk M. Broder (2011a): Frau Dr. Foroutan fühlt eine Leerstelle, 07.03.2011, http://www.achgut.com/dadgdx/index.php/dadgd/article/frau_dr_foroutan/ (07.03.2011).

[1028] Naika Foroutan (2004): Kulturdialoge zwischen dem Westen und der islamischen Welt. Eine Strategie zur Regulierung von Zivilisationskonflikten. Mit einem Geleitwort von Prof. Dr. Bassam Tibi, Wiesbaden: Deutscher Universitäts-Verlag.

[1029] Foroutan 2004, 75.

[1030] Foroutan 2004, 81.

[1031] Horkheimer/Adorno 1998.

[1032] Bassam Tibi (2007): Die islamische Herausforderung. Religion und Politik im Europa des 21. Jahrhunderts, Darmstadt: Wissenschaftliche Buchgesellschaft, 11.

[1033] Foroutan 2004, 96, Anm. 312.

[1034] Foroutan 2004, 96.

[1035] Bassam Tibi (2004): Geleitwort, in: Foroutan 2004, VII–IX.

[1036] Foroutan 2004, 278 bzw. 27.

[1037] Foroutan 2004, 278.

[1038] Foroutan 2004, 278.

[1039] Muhammad Khatami (2000): Orient und Okzident in Weimar. Die Rede des iranischen Präsidenten Mohammed Chatami in Weimar am 12.07.2000, http://www.druckversion.studien-von-zeitfragen.net/Chatami-Diwan.htm (08.03.2011).

[1040] Wahied Wahdat-Hagh (2003): „Die Islamische Republik Iran". Die Herrschaft des politischen Islam als eine Spielart des Totalitarismus. Mit einem Vorwort von Prof. Dr. Ulrich Albrecht, Münster/Hamburg/London: LIT Verlag. „Diese Arbeit ist meinem Vater Dipl. Ing. Hussein Wahdat-Hagh gewidmet, der am 28. Februar 1982 von den Henkern der „Islamischen Republik Iran" wegen seiner Zugehörigkeit zur Baha'i-Religion exekutiert wurde" (ebd., II).

[1041] Wahdat-Hagh 2003, 399.

[1042] Wahdat-Hagh 2003, 399.

[1043] Bassam Tibi (2002): Habermas and the Return of the Sacred. Is it a Religious Renaissance? A Pronouncement of a ‚Post-Secular Society', or the Emergence of Political Religion as a New Totalitarianism?, *Religion – Staat – Gesellschaft. Zeitschrift für Glaubensformen und Weltanschauungen*, 3. Jahrgang, Heft 2, 265–296. Habermas schlug auch dem Suhrkamp Verlag vor, ein Buch des antizionistischen kanadischen Autors Ted Honderich zu publizieren, wie der Politologe Lars Rensmann in seiner Dissertation ausführt: „Ein Buch des linken, antizionistischen kanadischen Philosophen Ted Honderich, ‚Nach dem Terror: Ein Traktat', das ein Recht auf Terror gegen Juden proklamiert, erschienen im Suhrkamp-Verlag auf Empfehlung von Jürgen Habermas, stieß weitgehend auf Ablehnung. Es wurde zuletzt aus dem Verlagsprogramm genommen; dies allerdings erst, nachdem Micha Brumlik in einem offenen Brief den ‚antisemitischen Antizionismus' und ‚philosophischen Judenhass' Honderichs kritisiert hatte. Honderich schreibt u.a.: ‚Ich für meinen Teil habe keinen ernsthaften Zweifel, [...] dass die Palästinenser mit ihrem Terrorismus ein moralisches Recht ausgeübt haben'" (Rensmann 2005, 330f.). Dabei kritisiert Rensmann einen Artikel im *Tagesspiegel*, der die Kritik am Antisemitismus Honderichs als Ausdruck einer „Aufregungsgesellschaft" gleichermaßen banalisiert wie den Antisemitismus als nicht kritisierenswert ansieht; dabei beziehen sich die Autoren ungeniert auf den Antizionisten und obsessiven Antiamerikaner Noam Chomsky, Christian Böhme/Moritz Schuller (2003): Gutes Leben, schlechtes Leben. Ted Honderichs Traktat „Nach dem Terror" gilt manchen als antisemitisch. Nun distanziert sich der Suhrkamp Verlag, *Der Tagesspiegel*, 07.08.2003, http://www.tagesspiegel.de/kultur/gutes-leben-schlechtes-leben/437250.html (30.03.2011).

[1044] Eine Analyse der Depotenzierung kritischer Theorie durch die Frankfurter Schule des Jürgen Habermas (schon lange vor 9/11) wäre vor diesem Hintergrund eine Analyse wert.

[1045] Tibi 2002, 283f., Übersetzung d.V.

[1046] Bassam Tibi (2001): Einladung in die islamische Geschichte, Darmstadt: Wissenschaftliche Buchgesellschaft, 150.

[1047] Van Ess ist Mitglied im neunköpfigen *Wissenschaftlichen Beirat* der Zeitschrift *Spektrum Iran*, die von der *Kulturabteilung der Botschaft der Islamischen Republik Iran* in Berlin herausgegeben wird, vgl. Endnote 35.

[1048] „Daß sich Prof. van Ess in der Welt der Orientalistik größter Anerkennung erfreut, fand seinen Niederschlag in der Verleihung der Ehrendoktorate der Ecole Pratique des Haute Etudes (Paris) sowie der Georgetown University (Washington). 1999 wurden ihm die Giorgio Levi DellaVida-Medaille sowie der Internationale Buchpreis der Islamischen Republik Iran verliehen" (http://uni-tuebingen.de/orientsem/vaness.htm (18.04.2011)).

[1049] Foroutan 2004, 278.

[1050] „Chatami in Weimar. Mehr als 40 Festnahmen", *Spiegel Online*, 12.07.2000, http://www.spiegel.de/politik/deutschland/0,1518,84792,00.html (07.03.2011).

[1051] Küntzel 2009, 208.

[1052] Kelek 2010, 202.

[1053] Kelek 2010, 203.

[1054] Kelek 2010, 199.

[1055] Kelek 2010, 203.

[1056] Die schwülstigen Reden von Rau, Hans Küng („Weltethos") und anderen sind hier nachzulesen (vgl. auch Khatami 2000): http://www.bundespraesident.de/dokumente/-,2.23903/Rede/dokument.htm (19.04.2010).

[1057] George Michael (2007): Deciphering Ahmadinejad's Holocaust Revisionism, *Middle East Quarterly*, Vol. 14, Nr. 3, 11–18, http://www.meforum.org/1704/deciphering-ahmadinejads-holocaust-revisionism (11.03.2011), Übersetzung d.V.

[1058] Vgl. Elihu D. Richter/Alex Barnea (2009): Tehran's Genocidal Incitement against Israel, *Middle East Quarterly*, Vol. 16, Nr. 3, 45–51 http://www.meforum.org/2167/iran-genocidal-incitement-israel (20.04.2010).

[1059] Michael Rubin (2009): Khatami is just Ahmadinejad with a silver tongue, *The Australian*, March 25, 2009, online: http://www.meforum.org/2106/khatami-is-just-ahmadinejad-with-a-silver-tongue (11.03.2011), Übersetzung d.V.

[1060] Vgl. Bassam Tibi (2008): Political Islam, World Politics and Europe. Democratic Peace and Euro-Islam versus Global Jihad, London: Routledge. Er kritisiert die Verwendung des Begriffs „Islamophobie" für die Ablehnung der Scharia (33). Tibi wendet sich generell (und an vielen anderen Stellen des Buches) gegen die Verwendung des Unwortes „Islamophobia", da dies ein Kampfbegriff der Islamisten sei, um die Kritik am Islamismus zu denunzieren und ihre eigenen Ziele und Interessen zu vernebeln (125). In einem weiteren Band von 2004 schreibt Tibi: „Meine Leser sind bereits mit der Ausgangsposition dieses Buches vertraut, wonach der djihadistische Islamismus einen neuen Totalitarismus zum Ausdruck bringt. Diese Deutung erfolgt in der Tradition von Hannah Arendt, Karl Popper und Max Horkheimer. Diese neue islamisch begründete Weltanschauung zu kritisieren, hat mit Islamophobie oder dem ‚Feindbild Islam' nichts zu tun" (Bassam Tibi (2004a): Der neue Totalitarismus. „Heiliger Krieg" und westliche Sicherheit, Darmstadt: Primus Verlag, 140).

[1061] „Verhinderte und gescheiterte Terroranschläge in Deutschland von 2000 bis 2007 – 1. Vorbereitung eines Sprengstoffanschlags auf den Straßburger Weihnachtsmarkt 2000 (...) 2. Anschlagsplanungen auf jüdische Einrichtungen in Düsseldorf und Berlin 2002 (...) 3. Anschlagsplanungen auf jüdische und amerikanische Einrichtungen in Berlin 2003 (...) 4. Anschlagsplanung/-versuch auf ein Militärhospital in Hamburg 2003/2004 (...) 5. Anschlagsplanung auf den Übergangspräsidenten des Irak Ijad Allawi in Berlin 2004 (...) 6. Kofferbomben-Anschlagsversuche auf deutsche Regionalzüge Richtung Koblenz und Hamm 2006 (...) 7. Vorbereitung eines Sprengstoffanschlages auf US-amerikanische Ziele in Deutschland 2007 (...)" (Bernd Georg Thamm (2011): Terrorziel Deutschland. Strategien der Angreifer – Szenarien der Abwehr, Berlin: Rotbuch Verlag, 172f.).

[1062] „Doppelmord am Flughafen. Attentäter streckte US-Soldaten mit Kopfschüssen nieder", *Focus*, 04.03.2011, http://www.focus.de/politik/deutschland/doppelmord-am-flughafen-attentaeter-streckte-us-soldaten-mit-kopfschuessen-nieder_aid_605550.html (10.04.2011).

[1063] http://www.spiegel.de/thema/ehrenmorde_in_deutschland/ (07.03.2011).

[1064] „Deutschland hat sich einem ARD-Fernsehbericht zufolge zur Drehscheibe für islamistische Hassprediger aus dem Ausland entwickelt. Wie das ARD-Magazin ‚Fakt' am Montag [6.12.2010, d.V.] berichtet, sollen allein in den vergangenen zwei Jahren mindestens sechs Islamisten die Bundesrepublik besucht und in Moscheen im ganzen Land gepredigt haben. Viele von ihnen seien international als religiöse Extremisten bekannt, die zum Mord an Andersgläubigen, Minderheiten und zum Jihad aufrufen. Trotzdem hätten ihnen deutsche Botschaften immer wieder ein Visum erteilt" (*Die Presse*, 06.12. 2010, http://diepresse.com/home/politik/616366/Deutschland-als-Drehkreuz-fuer-Hassprediger (07. 03.2011)).

[1065] Foroutan 2011a,105.

[1066] „Habilitationsprojekt an der Georg-August-Universität Göttingen bei Prof. Dr. Bassam Tibi mit dem Titel: ‚Hybride Identitätsmodelle: Menschen mit muslimischem Migrationshintergrund als Transitionsakteure in Deutschland'" (http://www.heymat.hu-berlin.de/team/foroutan (11.04.2011)).

[1067] Ihre Doktorarbeit wurde prämiert, was als Resultat einer politischen Kultur des Antiamerikanismus und Antizionismus sowie einer Abwehr von Kritik am Islamismus nach 9/11 nicht verwundert: „02/2006 Preisträgerin des Friedrich-Christoph-Dahlmann-Preises 2006, verliehen von der sozialwissenschaftlichen Fakultät der Georg-August-Universität-Göttingen für die beste Dissertation 2005. 11/2005 Preisträgerin des Forschungspreises 2005 für Auswärtige Kulturpolitik der Alexander Rave Stiftung, verliehen vom Institut für Auslandbeziehungen ifa" (http://www.alumni.charite.de/heymat/team/foroutan (07.03.2011)).

[1068] Richard Herzinger (2011a): Die Dimensionen des Terrors sind unfassbar, *Welt-Online*, 23.07.2011, http://www.welt.de/debatte/article13503993/Die-Dimensionen-des-Terrors-sind-unfassbar.html (24.07.2011).

[1069] Vgl. Lindemann 1941.

[1070] Sarrazin schreibt: „Die westlichen und europäischen Werte und die jeweilige kulturelle Eigenart der Völker sind es wert, bewahrt zu werden. Dänen sollen auch in 100 Jahren als Dänen unter Dänen, Deutsche als Deutsche unter Deutschen leben können, wenn sie dies wollen" (Thilo Sarrazin (2010): Deutschland schafft sich ab. Wie wir unser Land aufs Spiel setzen, München: Deutsche Verlags-Anstalt, 391). Das alles gipfelt in folgender Suada: „Die Bundesrepublik der frühen fünfziger Jahre war ein sehr modernes Staatswesen. Nach den zwei verlorenen Kriegen hatten sich katastrophale Folgen gezeigt: Die Institutionen waren zerstört, die Traditionen in Frage gestellt und die Bevölkerung durch Flucht und Vertreibung durcheinandergewirbelt. Doch die spezifischen deutschen Stärken – ein hoher Standard in Wissenschaft, Bildung und Ausbildung, eine leistungsfähige Wirtschaft und eine qualifizierte Bürokratie – waren durch die Katastrophe des Krieges und die Zerstörung der Infrastruktur erstaunlich wenig beeinträchtigt worden. Die Angehörigen der Führungsschichten und der Bürokratie waren zu 90% willige Helfer der Nazidiktatur gewesen; das wirkte sich aber keineswegs auf ihre Effizienz beim Wiederaufbau aus. Ganz und gar ungebrochen und durch die Katastrophe und die Chance zum Wiederaufbau sogar noch angestachelt waren der traditionelle deutsche Fleiß und der Hang zum Tüfteln und Verbessern" (ebd., 13). Dieses Zitat macht deutlich, warum Sarrazin für die NPD umgehend zu einem Helden wurde. Die NPD schrieb am 24. August 2010 auf ihrer Homepage: „Der NPD-Landtagsabgeordnete Jürgen Gansel erklärte dazu heute: ‚Zwar gehört Thilo Sarrazin mit seinen Ausfällen gegen deutsche Hartz-IV-Bezieher und seiner Gleichgültigkeit gegenüber der Not sozial ausgegrenzter Landsleute definitiv nicht in die soziale Heimatpartei NPD. Seine ausländerpolitischen Aussagen atmen dagegen durch und durch den Geist nationaldemokratischer Überfremdungskritik' (...) Mit seiner Kernaussage: ‚Ich möchte nicht, daß wir zu Fremden im eigenen Land werden' vertritt Sarrazin eine jahrzehntealte, lupenreine NPD-Position. Dem Bundesbank-Vorstand kommt das große Verdienst zu, die Überfremdungskritik der NPD endgültig salonfähig zu machen. Richtet man den Fokus auf seine bevölkerungs- und ausländerpolitischen Aussagen, kann man nur feststellen: hier hat jemand ein regelrechtes NPD-Buch geschrieben, das die Deutschen zum politischen und zivilen Widerstand gegen Landraub und Überfremdung aufruft" („Thilo Sarrazin schreibt regelrechtes NPD-Buch", 24.08.2010, http://www.npd.de/html/714/artikel/detail/1711/ (31.05.2011)). Mittlerweile darf die NPD nicht mehr mit Zitaten von Sarrazin für sich werben, wie sie es auf Postkarten etc. getan hat, „NPD darf nicht mehr mit Sarrazin werben", *Focus Online*, 27.04.2011, http://www.focus.de/politik/deutschland/gericht-entscheidet-npd-darf-nicht-mehr-mit-sarrazin-werben_aid_621993.html (31.05.2011)). Der NPD-Landesverband Bayern warb auf seiner Homepage im Internet am 14.09.2010 in seiner Rubrik „Zitat der Woche" mit einem alten Spruch von Franz-Josef Strauß (1915–1988), dem langjährigen Vorsitzenden der CSU (1961–1988) und bayerischen Ministerpräsidenten (1978–1988), der 1969 sagte: „„Ein Volk, das diese wirtschaftlichen Leistungen vollbracht hat, hat ein Recht darauf, von Auschwitz nichts mehr hören zu wollen'" (http://www.npd-bayern.de/index.php/menue/63/thema/2475/id/2737/akat/16/infotext/Zitat_der_Woche_Franz-Josef_Strauss_ehem_Ministerpraesident_Bayern/Zitat_der_Woche.html (11.03.2011). Henryk M. Broder hat Strauß schon vor Jahrzehnten auch wegen eines *weiteren* Zitats kritisiert, das bezeichnenderweise in einer ägyptischen Zeitung publiziert wurde, wie Broder und René Böll in einem am 16. Dezember 1978 von der *Süddeutschen Zeitung* veröffentlichten Leserbrief schreiben: „Wir wollen von niemand mehr ... an unsere Vergangenheit erinnert werden.' Verglichen mit dem Auschwitz-Zitat von 1969 ist dies eine ganz frische Äußerung. Sie stammt aus einem Interview, das Strauß dem Korrespondenten der Kairoer Zeitung Al Ahram, Hassan Suliak, im Oktober 1977 gegeben hat" (Henryk M. Broder (1978): Deutschland erwache. Die neuen Nazis. Aktionen und Provokationen. Mit Beiträgen von Ossip K. Flechtheim, Heiner Lichtenstein, Warner J. Poelchau, Klaus Thüsing. 3. Auflage, Köln: Lamuv Verlag, ohne Paginierung).

[1071] „Erdogan kritisiert Assimilation. Türkischer Wahlkampf in Düsseldorf", *WDR*, 28.02.2011, http://www.wdr.de/themen/politik/europa/erdogan_duesseldorf/110228.jhtml (14.03.2011).

[1072] Zitiert nach Josef Joffe (2011): Diskussions-Guillotine. „Islamophobie" ist eine Killer-App, die den Dialog abwürgt, *Die Zeit*, 13.03.2011, http://www.zeit.de/2011/11/P-Zeitgeist (13.03.2011).

[1073] Joffe 2011.

[1074] Tibi 1981, 182.

[1075] Tibi 1981, 184.

[1076] Tibi 1981, 186f.

[1077] Tibi 1981, 9.

[1078] Diese Studie Tibis aus dem Jahr 1981 enthält einen Dank an seine damalige wissenschaftliche Mitarbeiterin (wenn es sich nicht um eine namensgleiche andere Person handelt) Helga Baumgarten, die inzwischen eine antiisraelische Publizistin und Professorin an der Birzeit-Universität ist (Tibi 1981, 219). Matthias Küntzel schreibt über die Connection des Mufti zum NS, den Umgang damit in der deutschen Linken und Baumgartens Rolle: „Seit 1937 wurde dieser ‚heilige Krieg' des Muftis auch von Nazideutschland mit finanziellen Mitteln und Waffenlieferungen unterstützt, wie Klaus Gensicke in seiner 1988 veröffentlichten Dissertation ‚Der Mufti von Jerusalem, Amin el-Husseini, und die Nationalsozialisten' betont: ‚Der Mufti gab selbst zu, dass es seinerzeit nur durch die ihm von den Deutschen gewährten Geldmittel möglich war, den Aufstand in Palästina durchzuführen. Von Anfang an stellte er hohe finanzielle Forderungen, denen die Nazis in sehr großem Maße nachkamen.' Stets wurden in den Texten der deutschen Linken die Ausschreitungen jener Jahre von allen Nazismen reingewaschen. Denn es hätte das Bild des vom Antisemitismus freien Kampfes der Palästinenser gegen Israel eingetrübt. Stattdessen hat man sie als ‚Guerillakrieg und palästinensischer Widerstand' *(Marxistische Blätter)*, als ‚bewaffnete Revolution' *(al-Karamah)* oder als ‚arabische Revolte, mit der die Massen der Bauern gegen die zionistische Implantation in ihrem Lande rebellierten' (Helga Baumgarten), glorifiziert. Mit fast denselben Worten, mit denen 1941 der Nazipublizist Giselher Wirsing den Mufti als ‚hervorstechenden Führer' und ‚hervorragenden Propagandisten' in seinem Buch ‚Engländer, Juden, Araber in Palästina' rühmte und dessen Gegenspieler wegen ihrer liberalen Haltung Engländern und Juden gegenüber kritisierte, wurde fünfzig Jahre später in Baumgartens Studie ‚Palästina: Befreiung in den Staat' der Mufti als ‚der charismatische und einflussreiche Führer an der Spitze der Bewegung' gerühmt. Ihr Urteil über dessen liberale Widersacher fiel hingegen geradezu vernichtend aus. Heute setzt sich das Schweigen über die NS-Verbindung des Muftis als Schweigen über den islamistischen Antisemitismus fort" (Matthias Küntzel (2003): Ein Deutsches Schweigen. Die Vorfahren der islamischen Hamas arbeiteten gern mit den Nazis zusammen. Ein Umstand, den die deutsche Linke in ihrer Nahostsolidarität gerne ausblendet, *taz*, 12.04.2003, http://www.taz.de/?id=archiv&dig=2003/04/12/a0225 (19.03.2011)).

[1079] Siehe ihre Homepage im Internet http://www.irshadmanji.com/ (10.05.2011).

[1080] Tibi 2001.

[1081] Vgl. nur die gegen Bassam Tibi gerichteten Ausführungen in den zitierten Texten bei Bishara 2002, 123; Kiefer 2002, 14; Elsas 2006, 120f.; Lohlker 2009, 389f.; Schiffauer 2010, 359; Hafez 2010, 168; Bühl 2010, 262–265.

[1082] Tibi 2001, 136–190. Kapitel IV heißt: „Die Orientalismus-Debatte. Warum ist die islamische Zivilisation an der deutschen Universität Gegenstand der philologischen Islamkunde und nicht der Geschichtswissenschaft?"

[1083] Tibi 2001, 148.

[1084] Tibi 2001, 159–173.

[1085] Tibi 2001, 160.

[1086] Tibi 2001, 160.

[1087] Tibi 2001, 161f.

[1088] Said 1978a, 328.

[1089] Der Historiker Ulrich Sieg, der 2010 auf die *Shortlist* des *Zentrums für Antisemitismusforschung* für die Nachfolge von Wolfgang Benz kam, sagt über Said: „Seit Edward Saids Meisterwerk aus dem Jahre 1978 ist eine breite Literatur entstanden, die sich mit den ästhetischen, kolonialistischen, rassistischen und religiösen Motiven des Orientalismus auseinandersetzt, der im Europa des ausgehenden 19. Jahrhundert eine weltanschauliche Großmacht wurde" (Ulrich Sieg (2006): Rezension von Ian Buruma, Avishai Margali, Okzidentalismus. Der Westen in den Augen seiner Feinde, *WerkstattGeschichte*, 15. Jg., H. 43, 137–139, 137).

[1090] Edward Said (1969): The Palestinian Experience, in: Bayoumi/ Rubin (Hg.) (2001), 14–37, 34.

[1091] Said 1979, 117.

[1092] Said 1999, 430.

[1093] Auch 1996 bezog sich Tibi positiv auf Said, Bassam Tibi (1996): Der Wahre Imam. Der Islam von Mohammed bis zur Gegenwart, München/Zürich: Piper, 16, 249f.

[1094] Tibi 2001, 169.

[1095] Wistrich 2010, 524. Rodinson bezeichnete sich demnach in Anlehnung an den Schriftsteller Isaac Deutscher (1907–1967) gerne als „nicht-jüdischer Jude". Wistrich betont, dass einflussreiche Theoretiker und Autoren wie Rodinson, Hannah Arendt, Deutscher und natürlich Noam Chomsky für die Verbreitung der Israelfeindschaft eine „wichtige Rolle" spielten bzw. weiter spielen, ebd., 56, Übersetzung d.V.

[1096] David Cesarani (1990): The Perdition Affair, in: Robert S. Wistrich (Hg.) (1990): Anti-Zionism and Antisemitism in the Contemporary World, London: Macmillan, 53–60, 59. Das Theaterstück *Perdition* handelt vom antisemitischen Mythos der Kooperation von Nazis und Zionisten zur Zeit des Nationalsozialismus. Der Autor, Jim Allen, arbeitete dabei mit dem Direktor Ken Loach zusammen. Eine Aufführung im renommierten *Royal Court* in London konnte durch massive Proteste verhindert werden.

[1097] Bassam Tibi (1984): Orient und Okzident. Feindschaft oder interkulturelle Kommunikation? Anmerkungen zur Orientalismus-Debatte, *Neue Politische Literatur*, 29. Jg., Heft 3, 267–286.

[1098] Tibi 1984, 271.

[1099] Bassam Tibi (2006): Die Mär des Islamismus von der jüdischen und kreuzzüglerischen Weltverschwörung gegen den Islam, in: Faber/Schoeps/Stawski (Hg.) (2006), 179–202, Anmerkungen auf den Seiten 365–366, Anm. 362.

[1100] Tibi 2006, 186.

[1101] Bassam Tibi (2009a): Islam's Predicament with Modernity. Religious Reform and cultural change, London/New York: Routledge, 48, Übersetzung d.V.

[1102] Tibi 2009a, 7f., Übersetzung d.V.

[1103] „Zu den intellektuellen Urhebern des Vorwurfs ‚Feindbild Islam' gehört Edward Said, der den Begriff ‚TV-Muslim' geprägt hat. Said hat sich nach dem 11. September 2001 in einer höchst unqualifizierten Weise zu Wort gemeldet, als er den Fundamentalismus als ein Medienprodukt darstellte: Die Täter des 11. September 2001 seien ein Haufen ‚verrückter Menschen', die mit dem Islam nichts zu tun hätten. (...) Die Terroristen des 11. September 2001 seien weder antiwestlich noch gegen die Moderne; ihre Beherrschung moderner Technologie – bewiesen durch die Wahrnehmung der Pilotenfunktion – zeige dies. An anderer Stelle habe ich Edward Saids Denken als ‚postmoderne Gegenaufklärung' bezeichnet, hier kann es nicht darum gehen, seine Denkfehler und Fehlinformationen zu korrigieren. Vielmehr führe ich Said deshalb an, um die zwei zentralen Ideen dieses Kapitels hervorzuheben: Erstens, der islamische Fundamentalismus, zu dem die al-Qaida mit ihrem Netzwerk in ca. 60 Ländern der Erde gehört, ist eine weltpolitische Realität. Die Zerstörung der beiden Türme des World Trade Centers als Symbol des Westens war keine Konstruktion im postmodernen Sinne, die dekonstruiert werden kann, sondern eine brutale Objektivität. Und zweitens, islamische Fundamentalisten sind keine Traditionalisten, sondern moderne Menschen, die sich die institutionelle Moderne in Form von Wissenschaft und Technologie bei gleichzeitiger Ablehnung der kulturellen Moderne aneignen wollen" (Tibi 2003, 49f.).

[1104] Tibi 2009a, xv, Übersetzung d.V.

[1105] Tibi 1996, 12. Es mutet arrogant und merkwürdig an, wenn Tibi „Adorno, Horkheimer, Habermas und Mitscherlich" vorwirft, sich in den 1960er Jahren „nicht für den Islam" interessiert zu haben, ebd.

[1106] Markovits 2004, 218.

[1107] Vgl. die Kritik an Habermas von Tibi 2002.

[1108] Auf die Frage „Ist der Tod von Bin Laden für Sie ein Grund zur Freude" antworteten 64% mit „nein" und 28% mit „ja"; es wurden dabei am 5. Mai 2011 500 Personen nach den Standards der empirischen Sozialforschung befragt, „ARD-DeutschlandTrend. Deutsche reagieren nüchtern auf Tod Bin Ladens", Jörg Schönenborn, 05.05.2011, http://www.tagesschau.de/inland/deutschlandtrend/index.html (18. 05.2011).

[1109] So furchterregend Dummheit und Unbildung auch sein mögen, viele Wissenschaftler und große Teile der gebildeten Eliten sind nicht weniger gefährlich als manche Islamisten ohne Abitur und Schulabschluss – diesen entscheidenden Punkt verpasst Sarrazin mit seiner Anti-Untergruppen-Agitation und der Hoffnung auf „mehr Kinder von den Klugen", siehe das Kapitel „Demografie und Bevölkerungspolitik. Mehr Kinder von den Klugen, bevor es zu spät ist", Sarrazin 2010, 331–390. Zu Sarrazin vgl. die Endnoten 980 und 1070 sowie Clemens Heni (2010c): Vorbeigeredet. Sarrazin, Gutmenschen und die Stolzdeutschen, *Tribüne. Zeitschrift für das Verständnis des Judentums*, 49. Jg., Heft 196, 19–22.

[1110] Robert Wistrich sprach am 23.08.2009 an der *Concordia University* in Montréal, Kanada, auf der internationalen Konferenz *Israel on Campus: Defending Our Universities*, http://www.isranet.org/conference2009/Agenda.htm (01.06.2011), siehe einen Video-Mitschnitt seines zitierten Statements hier: http://www.youtube.com/user/askabigail#p/u/3/uIZKoYcP_vY (18.03.2011), Übersetzung d.V.

Literatur-und Quellenverzeichnis

Literatur

Abou-Taam, Marwan/Esse, Jost/Foroutan, Naika (Hg.) (2011): Zwischen Konfrontation und Dialog. Der Islam als politische Größe, Wiesbaden: VS Verlag für Sozialwissenschaften

Aden, Menno (2009): Interview mit Muslim-Markt, 07.01.2009, http://www.muslim-markt.de/interview/2009/aden.htm (07.01.2011)

Agamben, Giorgio (1995)/2002: Homo sacer. Die souveräne Macht und das nackte Leben, Frankfurt am Main: Suhrkamp

Ahmadinejad, Mahmud (2005): Rede auf der Konferenz „Eine Welt ohne Zionismus", am 26.10.2005 in Teheran im Innenministerium, zitiert nach der Übersetzung von Nazila Fathi, *New York Times*, 30.10.2005, http://www.nytimes.com/2005/10/30/weekinreview/30iran.html?pagewanted=1&_r=1 (16.09.2010)

-- (2008): Rede auf der 63. Generalversammlung der Vereinten Nationen, 23.09.2008, New York City, http://www.un.org/en/ga/63/generaldebate/pdf/iran_en.pdf (07.01.2011)

Aiash, Haitham (2006a): Vorwort, in: Heine/Ders. (Hg.) (2006), 9–14

Aktion Dritte Welt Saar/Emanzipation und Frieden (Hg.) (2010): Bye bye Multikulti – Es lebe Multikulti, http://www.a3wsaar.de/fileadmin/A3WSaar/flugschrift/Flugschrift-Multikulti-2010.pdf (22.03.2011)

Al-Azm, Sadik J. (1993): Unbehagen in der Moderne. Aufklärung im Islam, Frankfurt am Main: Fischer Taschenbuch Verlag

-- (2004): Islam, Terrorism and The West Today, *Die Welt des Islams*, Vol. 44, Nr. 1, 114–128

-- (2005): Die Zeit aus den Fugen. Westliche Vorherrschaft, islamistischer Terror und die arabische Vorstellung, *Wespennest*, Nr. 138, online: http://www.eurozine.com/articles/2005-05-09-alazm-de.html (03.09.2010)

Al-Banna, Hasan (o.J.)/1978: On Jihad, in: Ders. (o.J.)/1978a, 133–161

-- (o.J.)/1978a: Five Tracts of Hasan Al-Banna (1906–1949). A Selection from the Majmu 'at Rasa'il al-Imam al-Shahid Hasan al-Banna, Berkeley/Los Angeles/London: University of California Press

-- (o.J.)/1978b: Our Mission, in: Ders. (o.J.)/1978a, 40–68

-- (o.J.)/1978c: Between Yesterday and Today, in: Ders. (o.J.)/1978a, 13–39

American Jewish Committee (1957): The Plight of the Jews in Egypt, New York: American Jewish Committee, online: http://www.ajcarchives.org/AJC_DATA/Files/551.PDF (15.08.2010)

Améry, Jean (1969): Der ehrbare Antisemitismus. Die Barrikade vereint mit dem Spießer-Stammtisch gegen den Staat der Juden, *Die Zeit*, 25.07.1969, ebenso in: Ders. (1971): Widersprüche, Stuttgart: Ernst Klett Verlag, 242–249

-- (1976): Der neue Antisemitismus, *Tribüne. Zeitschrift zum Verständnis des Judentums*, 15. Jg., Heft 59, 7010–7014

Amirpur, Katajun (2009): Ahmadinedschad, Mahmud, in: Wolfgang Benz (Hg.) (2009c): Handbuch des Antisemitismus. Judenfeindschaft in Geschichte und Gegenwart, Band 2/1 Personen A – K, Berlin: Walter de Gruyter – Saur, 8–9

-- /**Ammann, Ludwig** (2006a): Vorwort, in: Dies. (2006) (Hg.), 9–22

-- /**Ammann, Ludwig** (Hg.) (2006): Der Islam am Wendepunkt. Liberale und konservative Reformer einer Weltreligion, Freiburg/Basel/Wien: Herder

Anidjar, Gil (2003): Interview „The Jew, the Arab", http://asiasociety.org/policy-politics/international-relations/us-asia/the-jew-arab-an-interview-gil-anidjar (31.07.2010)

-- (2009): Can the walls hear?, *Patterns of Prejudice*, Vol. 43, No. 3, 251–268

Anti Defamation League (2002): Demonizing Jews: Anti-Semitism in the Saudi Media, http://www.adl.org/anti_semitism/arab/saudi_as_print.asp (06.04.2011)

Asseburg, Muriel (2008a): Moderte Islamisten als Reformakteure? Rahmenbedingungen und programmatischer Wandel, in: Dies. (Hg.) (2008), 9–33

-- (Hg.) (2008): Moderate Islamisten als Reformakteure?, Bonn: Bundeszentrale für politische Bildung

Ates, Seyran (2009)/2011: Der Islam braucht eine sexuelle Revolution. Eine Streitschrift, Berlin: Ullstein Taschenbuch

Attia, Iman (2007): Kulturrassismus und Gesellschaftskritik, in: Dies. (Hg.) (2007a): Orient- und IslamBilder. Interdiszipliniäre Beiträge zu Orientalismus und antimuslimischem Rassismus, Münster: Unrast Verlag, 5–28

Auch, Eva-Maria (2003): Rezension von Christian Noack (2000), Muslimischer Nationalismus im Russischen Reich. Nationsbildung und Nationalbewegung bei Tataren und Baschkiren 1861–1917, Stuttgart: Franz Steiner Verlag, *Die Welt des Islams*, Vol. 43, Nr. 3, 407f.

Augstein, Jakob (2011): Bin Laden, der Sieger, *Spiegel Online*, 05.05.2011, http://www.spiegel.de/politik/deutschland/0,1518,760646,00.html (12.05.2011)

Bahners, Patrick (2010): Fanatismus der Aufklärung. Zur Kritik der Islamkritik, *Blätter für deutsche und internationale Politik*, Heft 9/2010, 105–118, online:

http://www.blaetter.de/archiv/jahrgaenge/2010/september/fanatismus-der-aufklaerung (31.05.2011)

-- (2011): Die Panikmacher. Die deutsche Angst vor dem Islam. Eine Streitschrift, München: C.H.Beck

Balasko, Sascha/Meyer-Odewald, Jens (2010): Islamisten mit Alsterblick, Hamburger Abendblatt, 14.05.2010, *Hamburger Abendblatt*, http://www.abendblatt.de/hamburg/article1495294/Islamisten-mit-Alsterblick.html (23.11.2010)

Barak, Jeff (2005): Anti-Semitism or a war with the ‚Mail'? It would be simpler if Ken just said sorry. Livingstone's stance has shocked gays and lesbians, *The Independent*, 11.12.2005, http://www.independent.co.uk/opinion/commentators/jeff-barak-antisemitism-or-a-war-with-the-mail-it-would-be-simpler-if-ken-just-said-sorry-518932.html (01.07.2011)

Baumann, Schaul (2005): Die Deutsche Glaubensbewegung und ihr Gründer Jakob Wilhelm Hauer (1881–1962), Marburg: Diagonal Verlag

Bayoumi, Moustafa/Rubin, Andrew (Hg.) (2001): The Edward Said Reader, London: Granta Books

Beinhauer-Köhler, Bärbel/Leggewie, Claus (2009): Moscheen in Deutschland. Religiöse Heimat und gesellschaftliche Herausforderung, München: C.H.Beck

Benz, Wolfgang (1988): Herrschaft und Gesellschaft im nationalsozialistischen Staat, in: Ferdinand Seibt (Hg.) (1988), Band 1, 243–255

-- (2009): Einführung zur Konferenz „Feindbild Muslim – Feindbild Jude“, in: Ders. (Hg.) (2009a), 9–20

-- (2009b): Vergleich von Feindbildern. Wissenschaftliche Notwendigkeit – politisches Ärgernis, http://zfa.kgw.tu-berlin.de/feindbild_konferenz.pdf (06.01.2011)

-- (2010): Zur Genese und Tradition des Feindbildes Islam. Einleitende Bemerkungen zum Themenheft Islambilder vom Mittelalter bis zum Ersten Weltkrieg. Traditionen der Abwehr, Romantisierung, Exotisierung, *Zeitschrift für Geschichtswissenschaft*, 58. Jg., Heft 7/8, 585–590

-- (2010a): Interview mit Muslim-Markt, 01.11.2010, www.muslim-markt.de/interview/2010/benz.htm (06.01.2011)

-- (2010b): Antisemitismusforschung als akademisches Fach und öffentliche Aufgabe, 21.10.2010, http://www.pressestelle.tu-berlin.de/fileadmin/a7010 0710/Fotos/TU_intern/2010/November/Abschiedsvorlesung_Benz.pdf (01.01.2011)

-- (2010c): „Mir schlägt Hass entgegen“, Interview, *Kölner Stadtanzeiger*, 24.01.2010, http://www.ksta.de/html/artikel/1264185764758.shtml (14.02.2011)

-- (2010d): Hetzer mit Parallelen. Antisemiten des 19. Jahrhunderts und manche „Islamkritiker" des 21. Jahrhunderts arbeiten mit ähnlichen Mitteln an ihrem Feindbild, *Süddeutsche Zeitung*, 04.01.2010, http://www.sueddeutsche.de/politik/antisemiten-und-islamfeinde-hetzer-mit-parallelen-1.59486 (08.07.2011)

-- (Hg.) (2009a): Islamfeindschaft und ihr Kontext, Berlin: Metropol Verlag

-- /**Graml, Hermann** (Hg.) (1976): Aspekte deutscher Außenpolitik im 20. Jahrhundert. Aufsätze Hans Rothfels zum Gedächtnis, Stuttgart: Deutsche Verlags-Anstalt

Berger, Lutz (2005): Ein türkischer Reformtheologe? Zekeriya Beyaz zwischen Tradition und Politik, *Die Welt des Islams*, Vol. 45, Nr. 1, 74–107

-- (2008): Mit der Waffe des Islams gegen Zionisten und Anthropomorphisten. Die politische Relevanz mittelalterlicher Theologie im ibaditischen Islam der Gegenwart, *Die Welt des Islams*, Vol. 48, Nr. 2, 222–239

-- (2010): Islamische Theologie, Wien: facultas wuv (UTB)

Bergmann, Werner (1988): Politische Psychologie des Antisemitismus. Kritischer Literaturbericht, in: Helmut König (Hg.) (1988): Politische Psychologie. *Leviathan. Zeitschrift für Sozialwissenschaft*, Sonderheft 9/1988, 217–234

-- (2009): Judenfeindliche Haltungen nehmen kaum zu, wohl aber Straftaten. Wie misst man Antisemitismus? – Ein Gespräch, *Neue Zürcher Zeitung*, 09.02.2009, http://www.nzz.ch/nachrichten/kultur/aktuell/judenfeindliche_haltungen_nehmen_kaum_zu_wohl_aber_straftaten_1.1940432.html (02.03.2011)

Bhambra, Gurminder K. (2007): Rethinking Modernity. Postcolonialism and the Sociological Imagination, Basingstoke (UK): Palgrave Macmillan

Biermann, Til (2011): Benz dreht durch, 23.03.2011, *Die Achse des Guten*, http://www.achgut.com/dadgdx/index.php/dadgd/article/benz_dreht_durch/ (23.03.2011)

Bishara, Azmi (2002): Religion und Politik im Nahen und Mittleren Osten, in: Jochen Hippler/Andrea Lueg (Hg.) (2002): Feindbild Islam oder Dialog der Kulturen, Hamburg: Konkret Literatur Verlag, 116–158

Böhme, Christian/Schuller, Moritz (2003): Gutes Leben, schlechtes Leben. Ted Honderichs Traktat „Nach dem Terror" gilt manchen als antisemitisch. Nun distanziert sich der Suhrkamp Verlag, *Der Tagesspiegel*, 07.08.2003, http://www.tagesspiegel.de/kultur/gutes-leben-schlechtes-leben/437250.html (30.03.2011)

Bosl, Karl (1963a): Zum 80. Geburtstag von Prof. Theodor Mayer, dem 1. Vorsitzenden des Collegium Carolinum, in: Ders. (Hg.) (1963), 9–15

-- (1964): Nürnberg – Böhmen – Prag. Beiträge des Witikobundes zu Fragen der Zeit, Band 13, München: Eigenverlag des Witikobundes e.V.

-- (1990)/1996: Karl Bosl. Eine Bibliographie. Haus der Bayerischen Geschichte. Materialien zur Bayerischen Geschichte und Kultur 3/96, Augsburg: Bayerische Staatskanzlei. Haus der Bayerischen Geschichte

-- (Hg.) (1963): Bohemia. Jahrbuch des Collegium Carolinum. Band 4, München: Verlag Robert Lerche

Botsch, Gideon (2009): Gutachten im Auftrag des SPD-Kreisverbandes Spandau und der SPD Abteilung Alt-Pankow zur Frage: „Sind die Äußerungen von Dr. Thilo Sarrazin im Interview mit der Zeitschrift Lettre International (deutsche Ausgabe, Heft 86) als rassistisch zu bewerten?“, 22.12.2009, http://www.nachdenkseiten.de/upload/pdf/100129_hinweise_2_sarrazin.pdf (28.04.2011)

Boyarin, Daniel (2000): ‚The Colonial Drag: Zionism, Gender, and Mimikry,' in: Fawzia Afzal-Khan/Kalpana Seshadri-Crooks (Hg.) (2000): The Pre-Occupation of Post-Colonial Studies, Durham/London: Duke University. Press, 234–265

Bragulla, Maren (2003)/2007: Die Nachrichtenstelle für den Orient. Fallstudie einer Propagandainstitution im Ersten Weltkrieg, Saarbrücken: VDM Verlag Dr. Müller

Braun, Stephan/Geisler, Alexander/Gerster, Martin (Hg.) (2009): Strategien der extremen Rechten. Hintergründe – Analysen –Antworten, Wiesbaden: VS Verlag für Sozialwissenschaften

Braun, Stephan/Maegerle, Anton (2009): Rechtsanwälte der extremen Rechten, in: Braun/Geisler/Gerster (Hg.) (2009), 378–403

Broder, Henryk M. (1976): Linke Tabus, Berlin: Verlag Klaus Bär

-- (1978): Deutschland erwache. Die neuen Nazis. Aktionen und Provokationen. Mit Beiträgen von Ossip K. Flechtheim, Heiner Lichtenstein, Warner J. Poelchau, Klaus Thüsing. 3. Auflage, Köln: Lamuv Verlag

-- (1980)/1982: Zur Demokratie angetreten – ein Volk mach Dienst nach Vorschrift, in: Lea Fleischmann (1980)/1982: Dies ist nicht mein Land. Eine Jüdin verläßt die Bundesrepublik. Mit einem Nachwort von Henryk M. Broder, 4. Auflage, Hamburg: Hoffmann und Campe Verlag, 251–272

-- (1986)/2005: Der ewige Antisemit. Über Sinn und Funktion eines beständigen Gefühls, Berlin: Berliner Taschenbuch Verlag

-- (2002): Kein Krieg, nirgends: Die Deutschen und der Terror. Mit einem Text von Reinhard Mohr, Berlin: Berlin Verlag

-- (2008): Aliens und Antisemiten, *Die Achse des Guten*, 12.12.2008, http://www.achgut.com/dadgdx/index.php/dadgd/article/aliens_und_antisemiten/ (18.09.2010)

-- (2008a)/2009: Kritik der reinen Toleranz, München: Pantheon

-- (2011): Augen auf, Kollege! Der „FAZ“-Feuilletonchef Patrick Bahners hat eine Streitschrift gegen die Kritiker des Islam geschrieben. Unser Autor Henryk M. Broder gehört zu den Angegriffenen. Eine Erwiderung, *Welt am Sonntag*, 20. 02.2011, http://www.welt.de/print/wams/kultur/article12597611/Augen-auf-Kollege.html (11.03.2011)

-- (2011a): Frau Dr. Foroutan fühlt eine Leerstelle, *Die Achse des Guten*, 07.03.2011, http://www.achgut.com/dadgdx/index.php/dadgd/article/frau_dr_foroutan / (07.03.2011)

-- (2011b): Abschied vom Club der toten Seelen, *Die Welt*, 31.05.2011, http://www.welt.de/print/die_welt/kultur/article13404290/Abschied-vom-Club-der-toten-Seelen.html (31.05.2011)

Brumlik, Micha (2009): Vergleichen heißt nicht gleichsetzen, *taz*, 21.03.2009, http://www.taz.de/1/debatte/theorie/artikel/1/vergleichen-heisst-nicht-gleichsetzen/ (23.02.3011)

-- (2010): Loyalität und Reflexion. Wolfgang Benz und die Causa Karl Bosl, *taz*, 06.04.2010, http://www.taz.de/1/archiv/printarchiv/printressorts/digiartikel/?ressort=ku&dig=2010%2F04%2F06%2Fa0027&cHash=c75 7783f9e (23.02.2011)

Bühl, Achim (2010): Islamfeindlichkeit in Deutschland. Ursprünge – Akteure – Stereotype, Hamburg: VSA-Verlag

Bunzl, Matti (2007): Anti-Semitism and Islamophobia: Hatreds Old and New in Europe, Chicago: Prickly Paradigm Press

-- (2009): Zwischen Antisemitismus und Islamophobie: Überlegungen zum neuen Europa, in: John Bunzl/Farid Hafez (Hg.) (2009): Islamophobie in Österreich, Innsbruck/Wien/Bozen: StudienVerlag, 34–49

Buschbom, Jan (2010): Verteidigung der Buchstäblichkeit. Elemente islamistischer Radikalisierung – Die Aufzeichnungen des „Deutschen Taliban Mujahideen“ Eric Breininger, Teil 2, *Infobrief – Violence Prevention Network*, Nr. 3/2010, 2–23

-- (2011): Verteidigung der Buchstäblichkeit. Elemente islamistischer Radikalisierung – Die Aufzeichnungen des „Deutschen Taliban Mujahideen“ Eric Breininger, *Infobrief – Violence Prevention Network*, Nr. 1/2011, 2–41

Butter, Michael/Christ, Birte/Keller, Patrick (Hg.) (2011): 9/11. Kein Tag, der die Welt veränderte, Paderborn/München/Wien/Zürich: Ferdinand Schöningh

Caeiro, Alexandre (2004): The Social Construction of Shari'a, Bank Interest, Home Purchase, And Islamic Norms in the West, *Die Welt des Islams*, Vol. 44, Nr. 3, 351–375

Cao-Van-Hoa, Edmond (1988)/1990: „Der Feind meines Feindes..." Darstellungen des nationalsozialistischen Deutschland in ägyptischen Schriften, Frankfurt am Main u.a.: Peter Lang

Cesarani, David (1990): The Perdition Affair, in: Robert S. Wistrich (Hg.) (1990): Anti-Zionism and Antisemitism in the Contemporary World, London: Macmillan, 53–60

Chervel, Thierry (2009): Godard Antisemit? Material, *Perlentaucher*, 17.12.2009, http://www.perlentaucher.de/blog/69_godard_antisemit%3F_material (21.02.2011)

Churchill, Winston S. (1899)/2008: Kreuzzug gegen das Reich des Mahdi. Übersetzt und ediert von Georg Brunold, Frankfurt am Main: Eichborn Verlag

Cleveland, William L. (1971): The Making of an Arab Nationalist. Ottomanism and Arabism in the Life and Thought of Sati' al-Husri, Princeton: Princeton University Press

Contreras, Ruth (2007): On the Situation in Austrian Universities, http://www.jcpa.org/JCPA/Templates/ShowPage.asp?DRIT=3&DBID=1&LNGID=1&TMID=111&FID=624&PID=0&IID=2572&TTL=On_the_Situation_in_Austrian_Universities (20.09.2010)

Coudenhove, Heinrich Graf (1901): Das Wesen des Antisemitismus, Berlin: Verlag von S. Calvary & Co

Croitoru, Joseph (2003): Der Märtyrer als Waffe. Die historischen Wurzeln des Selbstmordattentats, München/Wien: Carl Hanser Verlag

Dahoah-Halevi, Jonathan (2007): Al-Qaeda: The Next Goal Is to Liberate Spain from the Infidels, *Jerusalem Issue Briefs*, Vol. 7, No. 16, 11 October 2007, *Jerusalem Center for Public Affairs*, http://jcpa.org/JCPA/Templates/ShowPage.asp?DRIT=1&DBID=1&LNGID=1&TMID=111&FID=442&PID=0&IID=1885&TTL=Al-Qaeda:_The_Next_Goal_Is_to_Liberate_Spain_from_the_Infidels (03.03.2011)

Dantschke, Claudia (2001): Der Kreis schließt sich. Die Leugnung des Holocaust verbindet islamistische und rechtsextreme Gruppen. Konvertiten spielen dabei eine herausragende Rolle, *Jungle World*, 19.12.2001, http://jungle-world.com/artikel/2001/51/24713.html (08.02.2011)

-- (2009): Zwischen Feindbild und Partner: Die extreme Rechte und der Islamismus, in: Braun/Geisler/Gerster (Hg.) (2009), 440–460

Davis, Mike (2001): Late Victorian Holocausts. El Nino Famines and the Making of the Third World, London/New York: Verso

-- (2005): The Great Wall of Capital, in: Michael Sorkin (Hg.) (2005): Against the Wall. Israel's Barrier to Peace, New York/London: The New Press, 88–99

-- (2006): Poor Man's Air Force. A History of the car bomb. Introduction by Tom Engelhardt, Coldtype, http://www.coldtype.net/Assets.06/Essays.06/0906.Davis.Bomb.pdf (23.04.2011)

DERSHOWITZ, ALAN (2007): Ahmadinejad's Holocaust Myths, *FrontPageMagazine*, 28.09.2008, http://archive.frontpagemag.com/readArticle.aspx?ARTID=28288 (04.02.2011)

DEUTSCHER BUNDESTAG (2010): Stenografischer Bericht 51. Sitzung, Berlin, Donnerstag, den 1. Juli 2010, Plenarprotokoll 17/51, http://dip21.bundestag.de/dip21/btp/17/17051.pdf (21.05.2011)

DIERKES, HERMANN (2009): Interview mit Muslim-Markt, http://www.muslim-markt.de/interview/2009/dierkes.htm (07.01.2011)

DIETERICH, RENATE (2003): Rezension von Tariq Ramadan „Muslimsein in Europa. Untersuchungen der islamischen Quellen im europäischen Kontext, Köln: MSV-Verlag 2001, *Die Welt des Islams*, Vol. 43, Nr. 2, 300–302

DINER, DAN (1993a): „USA–SA–SS": Bundesrepublikanische Verschiebungen, in: Ders. (1993): Verkehrte Welten. Antiamerikanismus in Deutschland. Ein historischer Essay, Frankfurt am Main: Eichborn, 117–167

-- (2005)/2007: Versiegelte Zeit. Über den Stillstand in der islamischen Welt, Berlin: List Taschenbuch

DINNERSTEIN, LEONARD (1994): Antisemitism in America, New York/Oxford: Oxford University Press

DONSKIS, LEONIDAS (2009): The inflation of genocide, *Europeanvoice.com*, 24.07.2009, http://www.europeanvoice.com/article/2009/07/the-inflation-of-genocide/65613.aspx (22.03.2011)

EBAUGH, HELEN ROSE (2010): The Gülen Movement. A Sociological Analysis of a Civic Movement Rooted in Moderate Islam, Dordrecht u.a.: Springer

EDATHY, SEBASTIAN/SOMMER, BERND (2009): Die zwei Gesichter des Rechtsextremismus in Deutschland – Themen, Machtressourcen und Mobilisierungspotentiale der extremen Rechten, in: Braun/Geisler/Gerster (Hg.) (2009), 45–57

ELSAS, CHRISTOPH (2006): Wieviel Freiheit der Religion verträgt die deutsche Gesellschaft? Überlegungen aus dem christlich-islamischen Dialog, in: Heine/Aiash (Hg.) (2006), 95–123

EMCKE, CAROLIN (2010): Liberaler Rassismus. Die Gegner des Islams tun so, als würden sie Aufklärung und Moderne verteidigen. In Wahrheit predigen sie den Fremdenhass, *Die Zeit*, 25.02.2010, http://www.zeit.de/2010/09/Rassismus (19.04.2010)

FABER, KLAUS (2009): Der „Edle Wilde" und der neue Antisemitismus. Zum Israelbild der „Postkolonialen" Ideologie, in: Elke-Vera Kotowski/Reinhard Sonnenschmidt (Hg.) (2009): Grenzgänge zwischen Politik und Religion. Festschrift für Claus-Ekkehard Bärsch zum 70. Geburtstag, München: Wilhelm Fink, 193–220

FAYE, EMMANUEL (2005)/2009: Heidegger. Die Einführung des Nationalsozialismus in die Philosophie. Im Umkreis der unveröffentlichten Seminare zwischen 1933 und 1935, Berlin: Matthes & Seitz

FEUERHERDT, ALEX (2010): Die Agenda der Israelkritiker, 28. Januar 2010, http://www.mideastfreedomforum.org/fileadmin/editors_de/Artikel/Agenda_der_Israelkritik_Alex_Feuerherdt.pdf (20.02.2011)

-- /**OSTEN-SACKEN, THOMAS VON DER/PIECHA, OLIVER M.** (Hg.) (2010a): Verratene Freiheit. Der Aufstand im Iran und die Antwort des Westens, Berlin: Verbrecher Verlag

FINE, ROBERT (2009): Fighting with phantoms: a contribution to the debate on antisemitism in Europe, *Patterns of Prej*udice, Vol. 43, No. 5, 459–479

FISCHER, FRITZ (1961): Griff nach der Weltmacht. Die Kriegszielpolitik des kaiserlichen Deutschland 1914/1918, 31 Abbildungen, 4 Faltkarten, Düsseldorf: Droste Verlag

FLORES, ALEXANDER (1980): Nationalismus und Sozialismus im arabischen Osten. Kommunistische Partei und arabische Nationalbewegung in Palästina, 1919–1948. Vorwort von Maxime Rodinson, Münster: Periferia Verlag

-- (2006): Judeophobia in Context: Anti-Semitism among Modern Palestinians, *Die Welt des Islams*, Vol. 46, Nr. 3, 307–330

FOROUTAN, NAIKA (2004): Kulturdialoge zwischen dem Westen und der islamischen Welt. Eine Strategie zur Regulierung von Zivilisationskonflikten. Mit einem Geleitwort von Prof. Dr. Bassam Tibi, Wiesbaden: Deutscher Universitäts-Verlag

-- (2011a): Zivilisationskonflikte – zur Wirkungsmächtigkeit einer Hyperrealität, in: Abou-Taam/Esser/Foroutan (Hg.) (2011), 95–113

-- (2011b): Das eigentliche Tabu. Sarrazin hat eine Phantomdebatte ausgelöst, die vor allem eines zu tage förderte: Ängste. Loswerden können wir sie nur gemeinsam – durch eine neue Identität, *Freitag*, 06.03.2011, http://www.freitag.de/politik/1109-das-eigentliche-tabu (07.03.2011)

FREITAG, ULRIKE (2003): Der Orientalist und der Mufti: Kulturkontakt im Mekka des 19. Jahrhunderts, *Die Welt des Islams*, Vol. 43, Nr. 1, 37–60

FREYER STOWASSER, BARBARA (2009): Yusuf al-Qaradawi on Women, in: Gräf/Skovgaard-Petersen (Hg.) (2009), 181–211

Geiger, Abraham (1833)/1896: Judaism and Islám. A Price Essay. Translated From the German by a Member of the Ladies' League in Aid of the Delhi Mission, Madras: M.D.C.S.P.C.K. Press

Gershoni, Israel (2001): Beyond Anti-Semitism: Egyptian Responses to German Nazism and Italian Fascism in the 1930s, European University Institute, Florenz, EUI Working Paper RSC No. 2001/32

Gershowitz, Suzanne/Ottolenghi, Emanuele (2005): Europe's Problem with Ariel Sharon, *Middle East Quarterly*, Vol. 12, Nr. 4, 13–23, http://www.meforum.org/743/europes-problem-with-ariel-sharon (16.09.2010)

Geulen, Eva (2005): Giorgio Agamben zur Einführung, Hamburg: Junius

Ghadban, Ralph (2002): Das Kopftuch in Koran und Sunna. Mit einer Einleitung von Johannes Kandel, http://library.fes.de/pdf-files/akademie/online/50370.pdf (22.04.2010)

-- (2006): Tariq Ramadan und die Islamisierung Europas, Berlin: Verlag Hans Schiler

Giordano, Ralph (2007): Erinnerungen eines Davongekommenen. Die Autobiographie, Köln: Kiepenheuer & Witsch

-- (2011): Publizist Ralph Giordano: Ich, Türkenschreck?, *Hamburger Abendblatt*, 04.06.2011, http://www.abendblatt.de/kultur-live/article1803390/Publizist-Ralph-Giordano-Ich-Tuerkenschreck.html (04.06.2011)

Givsan, Hassan (1998): Eine bestürzende Geschichte: Warum Philosophen sich durch den „Fall Heidegger" korrumpieren lassen, Würzburg: Königshausen & Neumann

Glagow, Rainer (2005): Die „Islamische Charta" des Zentralrats der Muslime – eine kritische Wertung, in: Hans Zehetmair (Hg.) (2005), Der Islam. Im Spannungsfeld von Konflikt und Dialog, Wiesbaden: VS Verlag für Sozialwissenschaften, 334–352

Goldhagen, Daniel Jonah (1996): Hitlers willige Vollstrecker: Ganz gewöhnliche Deutsche und der Holocaust, Berlin: Siedler

Gräf, Bettina (2000): Die Fatwa als politisches Instrument am Beispiel der Fatwa „Der politische Islam" (al-islam as-siyasi) von Yusuf Abdallah al-Qaradawi, Berlin, Magister Artium am Fachbereich Geschichts- und Kulturwissenschaften am Institut für Islamwissenschaft der Freien Universität Berlin

-- (2005): Yusuf al-Qaradawi und die Bildung einer ‚globalen islamischen Autorität'. Internationale Vereinigung muslimischer Gelehrter, http://de.qantara.de/webcom/show_article.php/_c-468/_nr-323/i.html (07.09.2010)

-- (2006): Yusuf al-Qaradawi: Das Erlaubte und das Verbotene im Islam, in: Amirpur/Ammann (Hg.) (2006), 109–117

-- (2007): Sheikh Yusuf Al-Qaradawi in Cyberspace, *Die Welt des Islams*, Vol. 47, Nrs. 3–4, 403–421

-- (2009a): The Concept of Wasatiyya in the Work of Yusuf al-Qaradawi, in: Gräf/Skovgaard-Petersen (Hg.) (2009), 213–238

-- (2010): Media Fatwas, Yusuf al-Qaradawi and Media-Mediated Authority in Islam, *Orient. Zeitschrift für Politik, Wirtschaft und Kultur des Orients*, 51. Jahrgang, H. 1, 6–15

-- /**Skovgaard-Petersen, Jakob** (2009b): Introduction, in: Dies. (Hg.) (2009), 1–15

-- /**Skovgaard-Petersen, Jakob** (Hg.) (2009): Global Mufti. The Phenomenon of Yusuf al-Qaradawi, London: Hurst & Company

Grigat, Stephan (2011): Spielverderber Israel. Die Sorgen Israels angesichts der Entwicklungen in den arabischen Ländern können nicht durch gutes Zureden oder Schönfärberei ausgeräumt werden, *Jungle World*, 03.03.2011, http://jungle-world.com/artikel/2011/09/42712.html (02.07.2011)

-- /**Hartmann, Simone Dinah** (Hg.) (2008): Der Iran. Analyse einer islamischen Diktatur und ihrer europäischen Förderer, Innsbruck/Wien/Bozen: Studienverlag

-- /**Hartmann, Simone Dinah** (Hg.) (2010): Iran im Weltsystem. Bündnisse des Regimes und Perspektiven der Freiheitsbewegung, Innsbruck/Wien/Bozen: Studienverlag

Groiss, Arnon (Hg.) (2003): The West, Christians, and Jews in Saudi Arabian Schoolbooks. Compiled, translated, and edited by Dr. Arnon Groiss, New York: Center for Monitoring the Impact of Peace und The American Jewish Committee

Gross, Fritz Ahmad (o.J.): Kaiser Wilhelm II. – Deutschland und der Islam, *Islamische Zeitung*, zitiert nach http://www.enfal.de/grund44.htm (21.07.2010)

Güvercin, Eren (2010): Der Glaube unter Generalverdacht. Necla Kelek unterschlägt, dass in Deutschland eine Generation modern denkender Muslime herangewachsen ist – eine Polemik, *Freitag*, 22.04.2010, http://www.freitag.de/kultur/1016-der-glaube-unter-generalverdacht (11.03.2011)

Hafez, Farid (2010): Islamophober Populismus. Moschee- und Minarettbauverbote österreichischer Parlamentsparteien, Wiesbaden: VS Verlag für Sozialwissenschaften

Hafez, Kai (2009): Heiliger Krieg und Demokratie. Radikalität und politischer Wandel im islamisch-westlichen Vergleich, Bielefeld: transcript

Hagen, Gottfried/Seidensticker, Tilman (1998): Reinhard Schulzes Hypothese einer islamischen Aufklärung. Kritik einer historiographischen Kritik, *Zeitschrift der Deutschen Morgenländischen Gesellschaft*, Band 148, 83–110

HALPERN, MANFRED (1963): The Politics of Social Change in the Middle East and North Africa, Princeton, NJ: Princeton University Press

HAMEROW, THEODORE S. (2009): Why we watched. Europe, America, and the Holocaust, New York/London: W.W. Norton & Company

HANAFI, HASSAN (2003): Globalisierung als neue Form westlicher Hegemonie, Interview mit *Qantara.de*, 25.02.2003, http://de.qantara.de/webcom/show_article.php/_c-469/_nr-1075/webcom/show_article.php/_c-295/_nr-12/i.html (12.02.2011)

-- (2004): From Orientalism to Occidentalism, *www.fortschritt-weltweit.de*, http://www.fortschritt-weltweit.de/dokumente/aegypten/fortschritt_aegypten_hanafi.pdf (12.05.2011)

HASEMANN, ARMIN (2002): Zur Apostasiediskussion im modernen Ägypten, *Die Welt des Islams*, Vol. 42, Nr. 1, 72–121

HAURY, THOMAS (1992): Zur Logik des bundesdeutschen Antizionismus, in: Leon Poliakov (1992): Vom Antizionismus zum Antisemitismus. Mit einem Vorwort von Detlev Claussen, Freiburg: ça ira, 125–155, online (unter dem Titel „Zur Logik des deutschen Antizionismus"): http://www.rote-ruhr-uni.com/cms/Zur-Logik-des-deutschen.html (28.05.2010)

HAUSMANN, FRANK-RUTGER (1998)/2002: „Deutsche Geisteswissenschaft" im Zweiten Weltkrieg. Die „Aktion Ritterbusch" (1940–1945). 2., erweiterte Auflage, Dresden: Dresden University Press

HÄUSSLER, ALEXANDER (2009): Antiislamischer Rechtspopulismus in der extremen Rechten – die „PRO"-Bewegung als neue Kraft?, in: Stephan Braun/Alexander Geisler/Martin Gerster (Hg.) (2009), Strategien der extremen Rechten. Hintergründe – Analysen –Antworten, Wiesbaden: VS Verlag für Sozialwissenschaften, 130–147

HEGASY, SONJA/WILDANGEL, RENÉ (2004): Des Führers Mufti. Der Begriff des Islamo-Faschismus ist historisch nicht korrekt, *Süddeutsche Zeitung*, 08./09.05.2004, zitiert nach: http://www.zmo.de/pressekit/material/Wildangel_Hegasy.pdf (09.04.2011)

HEIDEGGER, MARTIN (1949): Bremer und Freiburger Vorträge. Gesamtausgabe Band 79, Frankfurt am Main: Vittorio Klostermann

-- (1949a): Die Gefahr, in: Ders. (1949), 46–67

-- (1949b): Das Ge-Stell, in: Ders. (1949), 24–45

HEIN, JAN-PHILIPP (2010): Das seltsame Institut der Sabine S., *Kölner Stadtanzeiger*, 12.01.2010, http://www.ksta.de/html/artikel/1262688277997.shtml (10.03.2011)

Heine, Peter (2001)/2004: Terror in Allahs Namen. Extremistische Kräfte im Islam, Freiburg: Herder Verlag, Lizenzausgabe der Bundeszentrale für politische Bildung (Bonn)

-- (2003): Islam zur Einführung, Hamburg: Junius Verlag

-- (2006a): Einleitung. Die Zukunft des Dialogs zwischen Muslimen und Christen, in: Ders./Aiash (Hg.) (2006), 15–40

-- (2009): Einführung in die Islamwissenschaft, Berlin: Akademie Verlag

-- /**Aiash, Haitham** (Hg.) (2006): Vom 11. September zum 20. März. Der Dialog mit dem Islam als Herausforderung an die westliche Welt, Berlin: VIW Verlag für Integration und Wissenschaft

Heinrich, Christian J. (2009): Eyes wide shut, Teil 1 und Teil 2, 08.09.2009 bzw. 09.09.2009, http://lizaswelt.net/2009/09/08/eyes-wide-shut-i/ (15.02.2011); http://lizaswelt.net/2009/09/09/eyes-wide-shut-ii/ (15.02.2011)

Heins, Volker (2003): Krieg und politische Sinnschöpfung in der Berliner Republik. Die deutsche Beteiligung am Afghanistan-Feldzug als Medien-Story, in: Wolfgang Bergem (Hg.) (2003): Die NS-Diktatur im deutschen Erinnerungsdiskurs, Opladen: Leske & Budrich, 187–204

Heitmeyer, Wilhelm (2010): Krisen – Gesellschaftliche Auswirkungen, individuelle Verarbeitungen und Folgen für die Gruppenbezogene Menschenfeindlichkeit, in: Ders. (Hg.) (2010a): Deutsche Zustände. Folge 8, Berlin: Suhrkamp, 13–46

Heni, Clemens (2002): Deutsche mögen nur tote Juden, Islamisten gar keine, *Gewerkschaftliche Monatshefte*, 53. Jg., Heft 9, 555–556

-- (2006): Ahasver, Moloch und Mammon. Der „ewige Jude" und die deutsche Spezifik in antisemitischen Bildern seit dem 19. Jahrhundert, in: Andrea Hoffmann u.a. (Hg.) (2006): Die kulturelle Seite des Antisemitismus zwischen Aufklärung und Shoah, Tübingen: TVV, 51–79

-- (2007): Salonfähigkeit der Neuen Rechten. ‚Nationale Identität', Antisemitismus und Antiamerikanismus in der politischen Kultur der Bundesrepublik Deutschland 1970–2005: Henning Eichberg als Exempel, Marburg: Tectum Verlag

-- (2008): „Sekundärer Antisemitismus". Ein kaum erforschter Teil des Post-Holocaust-Antisemitismus, *Tribüne. Zeitschrift zum Verständnis des Judentums*, Jg. 47, Heft 187, 132–142, online: http://www.tribuene-verlag.de/TRI_Heni.pdf (11.03.2011)

-- (2008a): Secondary Anti-Semitism. From Hard-core to soft-core denial of the Shoah, *Jewish Political Studies Review*, Vol. 20, Nrs. 3–4, 73–92, online: http://www.jcpa.org/JCPA/Templates/ShowPage.asp?DBID=1&LNGID=1&TMID=111&FID=624&PID=0&IID=2675 (11.03.2011)

-- (2008b): „Giftmischer von Bush bis Bin Laden.“ Die Muslime sind die Juden von heute, sagt der Scheibenwischer Hagen Rether in der ARD, *SPME*, 08.01.2008, http://spme.net/cgi-bin/articles.cgi?ID=3433 (07.07.2011)

-- (2009): Antisemitism as a Specific phenomenon, *Journal for the Study of Antisemitism*, Vol. 1, No. 1, 29–38, http://www.jsantisemitism.org/pdf/jsa_1-1.pdf (11.03.2011)

-- (2009a): Antisemitismus und Deutschland. Vorstudien zur Ideologiekritik einer innigen Beziehung, Morrisville, NC: Lulu Publisher; online: http://clemens heni.files.wordpress.com/2009/10/antisemitismus-und-deutschland.pdf (03.03.2011)

-- (2010): „Winkeladvokaten“, „Trotzkisten aus New York City“, Antizionismus und der „ewige Jude“. Antisemitismus und deutsche Medien, Teil 2: *Kulturzeit, Leviathan, Die Welt* und *Freitag,* http://clemensheni.wordpress.com/2010/05/29/%E2%80%9Ewinkeladvokaten%E2%80%9C-%E2%80%9Etrotzkisten-aus-new-york-city%E2%80%9C-antizionismus-und-der-%E2%80%9E ewige-jude%E2%80%9C/ (11.03.2011)

-- (2010a): Schabbat Schalom. Eine Seminarreihe, *Tribüne. Zeitschrift zum Verständnis des Judentums*, 49. Jg., H. 195, 21–25

-- (2010b): Ein Nazi und sein Schüler: Karl Bosl und Wolfgang Benz, *Die Achse des Guten*, 15.01.2010, http://www.achgut.com/dadgdx/index.php/dadgd/article/ein_nazi_und_sein_schueler_karl_bosl_und_wolfgang_benz/ (14.02.2011)

-- (2010c): Vorbeigeredet. Sarrazin, Gutmenschen und die Stolzdeutschen, *Tribüne. Zeitschrift für das Verständnis des Judentums*, 49. Jg., Heft 196, 19–22

-- (2010d): Islamic Antisemitism and the Failure of Western Academia. Experiences from Yale, America and the Western world, *Mentalities/Mentalité*, Vol. 24, Nr. 2, 24–35

-- (2010e): German Ideology: Understanding Ahasver, Mammon, and Moloch, *Journal for the Study of Antisemitism*, Vol. 2, No. 1, 49–87, http://www.jsantisemi tism.org/pdf/jsa_2-1.pdf (11.03.2011)

-- (2010f): Der Antisemitismus als Wille und Vorstellung: Benz und die Blogger, *Die Achse des Guten*, 13.10.2010, http://www.achgut.com/dadgdx/index.php/dadgd/article/der_antisemitismus_als_wille/ (31.03.2011)

Herf, Jeffrey (2009): Nazi Propaganda for the Arab World, New Haven: Yale University Press

-- (2010): Hitlers Dschihad. Nationalsozialistische Rundfunkpropaganda für Nordafrika und den Nahen Osten, *Vierteljahreshefte für Zeitgeschichte,* 58. Jg., Heft 2, 259–286

Herzinger, Richard (2008): Mitarbeiter schreibt israelfeindliche Texte. Bundeszentrale für Politische Bildung, *Die Welt*, 10.04.2008, http://www.welt.de/politik/article1885758/Mitarbeiter_schreibt_israelfeindliche_Texte.html (11.03.2011)

-- (2010): Europa lässt sich von den Judenhassern täuschen. Der militante Judenhass in Europa hat nur die Färbung gewechselt, nicht die mörderische Substanz. Die Gewalttäter gerieren sich als Opfer des „Zionismus", 27.12.2010, *Welt Online*, http://www.welt.de/debatte/kommentare/article11847743/Europa-laesst-sich-von-den-Judenhassern-taeuschen.html (11.03.2011)

-- (2011): Es lebe die freie Welt!, 01.04.2011, http://freie.welt.de/2011/04/01/es-lebe-die-freie-welt/ (02.04.2011)

-- (2011a): Die Dimensionen des Terrors sind unfassbar, *Welt-Online*, 23.07.2011, http://www.welt.de/debatte/article13503993/Die-Dimensionen-des-Terrors-sind-unfassbar.html (24.07.2011)

Hollstein, Dorothea (1971)/1983: „Jud Süß" und die Deutschen. Antisemitische Vorurteile im nationalsozialistischen Spielfilm, Frankfurt am Main/Wien/Berlin: Ullstein

Hopkirk, Peter (1994)/1996: Östlich von Konstantinopel. Kaiser Wilhelms Heiliger Krieg um die Macht im Orient, Wien/München: Europaverlag

Höpp, Gerhard (Hg.) (2001): Mufti-Papiere. Briefe, Memoranden, Reden und Aufrufe Amin al-Husainis aus dem Exil, 1940–1945, Berlin: Klaus Schwarz Verlag

Horkheimer, Max/Adorno, Theodor W. (1947)/1998: Dialektik der Aufklärung. Philosophische Fragmente, Theodor W. Adorno, Gesammelte Schriften, Band 3, Darmstadt: Wissenschaftliche Buchgesellschaft

Hroub, Khaled (2006): Hamas – A Beginner's Guide, London: Pluto Press

Hussain, Dilwar (2004): Muslim Political Participation in Britain and the ‚Europeanisation' of Fiqh, *Die Welt des Islams*, Vol. 44, Nr. 3, 376–401

Ibrahim, Raymond (2010): How Taqiyya alters Islam's rules of war, *Middle East Quarterly*, Vol. 17, Nr. 1, 3–13

-- (2010a): Top Muslim Cleric Qaradawi Urges Western Muslims to ‚Liberalize', http://www.meforum.org/2693/qaradawi-urges-western-muslims-liberalize (23.09.2010)

Jaecker, Tobias (2004): Antisemitische Verschwörungstheorien nach dem 11. September. Neue Varianten eines alten Deutungsmusters. 4. Auflage 2009, Münster: LIT Verlag

Jakob, Christian (2011): Friedenstauben essen keine Blutorangen. Ein Aufruf zum Boykott israelischer Waren sorgte in Bremen für Diskussionen. Die Verfasser sind weiterhin von ihrer Sache überzeugt, *Jungle World*, 24.03.2011, http://jungle-world.com/artikel/2011/12/42858.html (30.03.2011)

Jankélévitch, Vladimir (1971)/2006: Verzeihen?, Frankfurt am Main: Suhrkamp

Jansen, Frank/Kleffner, Heike/Radke, Johannes/Staud, Toralf (2010): 137 Todesopfer rechter Gewalt, *Der Tagesspiegel*, 15.09.2010, http://www.tagesspiegel.de/politik/rechtsextremismus/137-todesopfer-rechter-gewalt/1934424.html (23.03.2011)

Joffe, Alex (2010): Conspiracy Theories, Anti-Semitism and the Parable of the Shark, *Hudson New York*, 31.01.2011, http://www.hudson-ny.org/1844/conspiracy-theories-anti-semitism (11.02.2011)

Joffe, Josef (2005): Nations We Love to Hate: Israel, America and the New Antisemitism, Jerusalem, The Vidal Sassoon International Center for the Study of Antisemitism (ed.) (2005), *Posen Papers in Contemporary Antisemitism*, No. 1

-- (2011): Diskussions-Guillotine. „Islamophobie" ist eine Killer-App, die den Dialog abwürgt, *Die Zeit*, 13.03.2011, http://www.zeit.de/2011/11/P-Zeitgeist (13.03.2011)

Johnson, Ian (2005): The Beachhead. How a Mosque for Ex-Nazis became Center for Radical Islam, *The Wall Street Journal*, 12.07.2005

-- (2010): A Mosque in Munich. Nazis, the CIA and the Rise of the Muslim Brotherhood in the West, San Diego (CA): Houghton Mifflin Harcourt

-- (2011): Die vierte Moschee. Nazis, CIA und der islamische Fundamentalismus, Stuttgart: Klett-Cotta

Kalveram, Doris (2010): Antisemitismusforscher verteidigt NS – Historiker, 03.10.2010, *Die Jüdische*, http://www.juedische.at/TCgi/_v2/TCgi.cgi?target=home&Param_Kat=3&Param_RB=31&Param_Red=12874 (14.02.2011)

Kampe, Norbert (1983)/1988: Studenten und „Judenfrage" im Deutschen Kaiserreich, Göttingen: Vandenhoeck & Ruprecht

Kandel, Johannes (2010): Glaube und Wahn. Es ist nicht rassistisch, auf den Zusammenhang von Islam und Islamismus hinzuweisen. Eine Erwiderung auf Carolin Emcke, *Die Zeit*, 15.04.2010, http://www.zeit.de/2010/16/oped-Rassismus?page=all (19.04.2010)

-- (2011): Islamismus in Deutschland. Zwischen Panikmache und Naivität, Freiburg/Basel/Wien: Herder

Karsh, Efraim (2006)/2007: Imperialismus im Namen Allahs. Von Muhammad bis Osama Bin Laden, München: Deutsche Verlags-Anstalt

Kaufmann, Tobias (2011): Die Wetzlar-Verschwörung, *Kölner Stadtanzeiger*, 24.02.2011, http://www.ksta.de/html/artikel/1298478947262.shtml (24.02.2011)

Kelek, Necla (2010): Himmelsreise. Mein Streit mit den Wächtern des Islam, Köln: Kiepenheuer & Witsch

Keller, Claudia (2010): Necla Kelek: Ein Hoch auf Atatürk. Auf ihrer „Himmelsreise" wettert die islamkritische Soziologin Necla Kelek gegen Religiosität jeglicher Couleur, *Der Tagesspiegel*, 12.04.2010, http://www.tagesspiegel.de/kultur/literatur-alt/necla-kelek-ein-hoch-auf-atatuerk/1786756.html (08.07.2011)

Keller, Patrick (2011a): Weltmacht, in: Butter/Christ/Ders. (Hg.) (2011), 15–29

Kemper, Michael (2002): Khalidiyya networks in Daghestan and the question of Jihad, *Die Welt des Islams*, Vol. 42, Nr. 1, 41–71

-- (2005): Rezension zu Hassan Ahmed Ibrahim: Sayyid ‚Abd al-Rahman al Mahdi: A Study of Neo-Mahdism in the Sudan, 1899–1956, Leiden/Boston: Brill 2004, *Die Welt des Islams*, Vol. 45, Nr. 2, 298–300

Kermani, Navid (2005): Strategie der Eskalation. Der Nahe Osten und die Politik des Westens, Göttingen: Wallstein

Khalidi, Rashid (2002): Arab Society in Mandatory Palestine: The Half-Full Glass?, in: Israel Gershoni/Hakan Erdem/Ursula Woköck (Hg.) (2002): Histories of the Modern Middle East. New Directions, Boulder/London: Lynne Rienner Publishers, 229–245

Khatami, Muhammad (2000): Orient und Okzident in Weimar. Die Rede des iranischen Präsidenten Mohammed Chatami in Weimar am 12.7.2000, http://www.druckversion.studien-von-zeitfragen.net/Chatami-Diwan.htm (08.03.2011)

Kiefer, Michael (2002): Antisemitismus in den islamischen Gesellschaften. Der Palästina-Konflikt und der Transfer eines Feindbildes, Düsseldorf: Verein zur Förderung gleichberechtigter Kommunikation e.V.

-- (2006): Islamischer, islamistischer oder islamisierter Antisemitismus?, *Die Welt des Islams*, Vol. 46, Nr. 3, 277–306

-- (2008): Rezension von Hans-Peter Raddatz: „Allah und die Juden. Die islamische Renaissance des Antisemitismus", wjs Verlag, Berlin 2007 und Matthias Küntzel: „Islamischer Antisemitismus und deutsche Politik. ‚Die Juden werden brennen, wir werden auf ihren Gräbern tanzen ...'", LIT Verlag, Münster 2008, *taz*, 15.03.2008

Kistenfeger, Hartmut/Krischer, Markus/Schattauer, Göran (2006): Es begann in München. Wie die Muslimbruderschaft eine Moschee als Brückenkopf für ihre radikale Ideologie aufbaute, *Focus*, Nr. 29, 17.07.2006, http://www.focus.de/politik/deutschland/islam-es-begann-in-uenchen_aid_215889.html (21.04.2010)

Knipp, Kersten (2009): Porträt Sadik Al-Azm. Ein streitbarer arabischer Aufklärer, *Qantara.de*, 13.12.2009, http://de.qantara.de/webcom/show_article.php/_c-469/_nr-1126/i.html (03.09.2010)

KOCKA, JÜRGEN (1999): Interview, Interview, „Neubeginn und Entwicklung der deutschen Geschichtswissenschaft in den 1950/60er Jahren", *H-Soz-u-Kult*, 15.06.1999, http://hsozkult.geschichte.hu-berlin.de/BEITRAG/intervie/kocka.htm (11.03.2011)

-- (2010): Der Zeithistoriker Wolfgang Benz. Anlässlich seiner Verabschiedung in der TU Berlin am 21. Oktober 2010, http://zfa.kgw.tu-berlin.de/Abschiedsvorlesung%20Professor%20Benz/Grusswort_von_Juergen_Kocka.pdf (11.03.2011)

KOHLHAMMER, SIEGFRIED (2002): Populistisch, antiwissenschaftlich, erfolgreich. Edward Saids „Orientalismus", *Merkur*, 56. Jahrgang, Heft 636, April 2002, 289–299

-- (2010): Das Ende Europas? Ansichten zur Integration der Muslime, *Merkur*, 64. Jahrgang, Heft 731, April 2010, 337–347

-- (2011): Islam und Toleranz. Von angenehmen Märchen und unangenehmen Tatsachen, Springe: zu Klampen

KRÄMER, GUDRUN (1982): Minderheit, Millet, Nation? Die Juden in Ägypten 1914–1952, Wiesbaden: Verlag Otto Harrasowitz

-- (1989): The Jews in Modern Egypt, 1914–1952, Seattle: University of Washington Press

-- (1993)/1999: Gottes Staat als Republik. Reflexionen zeitgenössischer Muslime zu Islam, Menschenrechten und Demokratie, Baden-Baden: Nomos

-- (2002): Geschichte Palästinas, München: C.H.Beck

-- (2005): Aus Erfahrung lernen? Die islamische Bewegung in Ägypten, in: Clemens Six/Martin Riesebrodt/Siegfried Haas (Hg.), Religiöser Fundamentalismus. Vom Kolonialismus zur Globalisierung, Innsbruck u.a.: Studien Verlag, 185–200

-- (2006): Drawing Boundaries. Yusuf al-Qaradawi on Apostasy, in: Dies./Sabine Schmidtke (Hg.) (2006): Speaking for Islam. Religious Authorities in Muslim Societies, Leiden/Boston: Brill, 181–217

-- (2006a): Anti-Semitism in the Muslim world. A critical review, *Die Welt des Islams*, Vol. 46, Nr. 3, 243–276

-- (2009): Preface, in: Gräf/Skovgaard-Petersen (Hg.) (2009), ix–xi

-- (2010): Hasan al-Banna, Oxford/New York: Oneworld Publications

KRAMER, MARTIN (2001): Ivory towers on sand: the failure of Middle Eastern studies in America, Washington D.C.: The Washington Institute for Near East Policy, online: http://scholar.harvard.edu/martinkramer/files/IvoryTowers.pdf (30.04.2011)

-- (2008): Khalidi of the PLO, 30.10.2008, *SandboxBlog*, http://sandbox.blog-city.com/khalidi_of_the_plo.htm (09.04.2011)

KRAUSS, HARTMUT (Hg.) (2010): Feindbild Islamkritik. Wenn die Grenzen zur Verzerrung und Diffamierung überschritten werden, Osnabrück: Hintergrund Verlag

KRAWIETZ, BIRGIT (2002): Cut and paste in legal rules: Designing Islamic norms with Talfiq, *Die Welt des Islams*, Vol. 42, Nr. 1, 3–40

-- (2006): Khaled Abou El Fadl: Mit der Scharia gegen den Puritanismus, in: Amirpur/Ammann (Hg.) (2006), 118–126

-- (2008): Unzulässiges und Erlaubtes im islamischen Recht, *dī.wān*, 06.2008, 16–17, http://www.zmo.de/pressekit/material/scherzen%20im%20islamischen%20Recht,%20diwan%206_08.pdf (11.03.2011)

KRESSEL, NEIL J./BRODSKY, ADAM (1992): Multiculturalism and Sensitivity on Campus, *Midstream*, December 1992, 26–29

KRÖGER, MARTIN (1994): Revolution als Programm. Ziele und Realität deutscher Orientpolitik im Ersten Weltkrieg, in: Wolfgang Michalka (Hg.) (1994): Der Erste Weltkrieg. Wirkung Wahrnehmung Analyse. Im Auftrag des Militärgeschichtlichen Forschungsamtes herausgegeben, München/Zürich: Piper, 366–391

KRONENBERG, VOLKER (2010): Patriotismus 2.0. Gemeinwohl und Bürgersinn in der Bundesrepublik Deutschland, München: Olzog Verlag

KRUSE, WOLFGANG (2009): Der Erste Weltkrieg, Darmstadt: Wissenschaftliche Buchgesellschaft

KUM'A N'DUMBE III, ALEXANDRE (1976): Pläne zu einer nationalsozialistischen Kolonialherrschaft in Afrika, in: Benz/Graml (Hg.) (1976), 165–192

KÜNTZEL, MATTHIAS (2002): Jihad und Judenhaß. Über den neuen antijüdischen Krieg, Freiburg: ça ira

-- (2003): Ein Deutsches Schweigen. Die Vorfahren der islamischen Hamas arbeiteten gern mit den Nazis zusammen. Ein Umstand, den die deutsche Linke in ihrer Nahostsolidarität gerne ausblendet, *taz*, 12.04.2003, http://www.taz.de/?id=archiv&dig=2003/04/12/a0225 (19.03.2011)

-- (2004): Von Zeesen bis Beirut. Nationalsozialismus und Antisemitismus in der arabischen Welt, http://www.matthiaskuentzel.de/contents/von-zeesen-bis-beirut (19.02.2011)

-- (2009): Die Deutschen und der Iran. Geschichte und Gegenwart einer verhängnisvollen Freundschaft, Berlin: wjs Verlag

KÜPPER, BEATE (2011): Das Projekt Gruppenbezogene Menschenfeindlichkeit in Deutschland. Eine 10-Jährige Langzeituntersuchung mit einer jährlichen Bevölkerungsumfrage zur Abwertung und Ausgrenzung von schwachen Gruppen, http://www.uni-bielefeld.de/ikg/zick/GMF%20Projekt_Skizze_2011.pdf (11.04.2011)

Kuran, Timur (2004): Islam and Mammon. The Economic Predicaments of Islamism, Princeton/Oxford: Princeton University Press

Langer, Felicia (2008): Interview mit Muslim-Markt, 30.12.2008, http://www.muslim-markt.de/interview/2008/langer.htm (23.02.2011)

Laqueur, Walter (1996)/1997: Faschismus: Gestern – heute – morgen, Berlin: Propyläen

Larise, Dunja/Schmidinger, Thomas (2009): Zwischen „Aufklärungsfundamentalismus" und affirmativ verstandener Moderne: Eine Replik auf Prof. Lohlkers Buchbesprechung, *Wiener Zeitschrift für die Kunde des Morgenlandes*, 99. Band, 395–398

Laskier, Michael M. (1992): The Jews of Egypt, 1920–1970. In the Midst of Zionism, Anti-Semitism, and the Middle East Conflict, New York/London: New York University Press

Laurin, Stefan (2010): Linkenpolitiker Dierkes: „Das läppische Existenzrecht Israels", *Ruhrbarone*, 10.03.2010, http://www.ruhrbarone.de/linkenpolitiker-dierkes-das-lappische-existenzrecht-israels/ (07.01.2011)

Lehming, Malte (2010): Ein jüdischer Folklorist, *Der Tagesspiegel*, 18.05.2010, http://www.tagesspiegel.de/meinung/ein-juedischer-folklorist/1840868.html (11.05.2011)

Lindemann, Hans (1941): Der Islam im Aufbruch, in Abwehr und Angriff. Mit 1 Karte und 4 Kunstdrucktafeln, Leipzig: Friedrich Brandstetter

Lohlker, Rüdiger (2009): Zwischen Anspruch und Wirklichkeit: Zwei neuere Werke zum Islam in Österreich, *Wiener Zeitschrift für die Kunde des Morgenlandes*, 99. Band, 381–394

-- (2009a): Dschihadismus. Materialien, Wien: Facultas WUV (UTB)

Loommba, Ania/Kaul, Suvir/Bunzl, Matti/Burton, Antoinette/Esty, Jed (2005): Beyond What? An Introduction, in: Dies. (Hg.) (2005), Postcolonial Studies and Beyond. Zweite Auflage 2006, Durham/London: Duke University Press, 1–38

Lübben, Ivesa (2003): „Die Träume von heute sind die Wahrheiten von morgen" – Geschichtsbewusstsein und Zeitkonzeptionen bei Hasan al-Banna, in: Amr Hamzawy/Ferhard Ibrahim (Hg.) (2003): Religion, Staat und Politik im Vorderen Orient. Festschrift für Friedemann Büttner, in Zusammenarbeit mit Katharina Lenner, Münster/Hamburg/London: LIT Verlag, 233–262

Lüdtke, Alf/Prass, Reiner (2008a): Einleitung. Gelehrtenleben. Wissenschaftspraxis in der Neuzeit, in: Dies. (Hg.) (2008): Gelehrtenleben. Wissenschaftspraxis in der Neuzeit, Köln/Weimar/Wien: Böhlau Verlag, 1–29

Maetzke, Heinrich (2011): Verrat an Palästina. Wettlauf um die Macht in Nahost: Jahrzehntelang haben die arabischen Nachbarn den Palästinenser-Staat verhindert, *Bayernkurier*, 62. Jg., Nr. 26, 02.07.2011, online: http://www.bayern kurier.de/index.php?id=224&showUid=2193 (01.07.2011)

MALIK, JAMAL (2009): Rezension von Jörg Hüttermann (2002), Islamische Mystik – Ein ‚gemachtes Milieu' im Kontext von Modernität und Globalität, Würzburg: Ergon Verlag, *Die Welt des Islams*, Vol. 49, Nr. 1, 130–133

MALLMANN, KLAUS-MICHAEL/MARTIN CÜPPERS (2006): Halbmond und Hakenkreuz. Das Dritte Reich, die Araber und Palästina, Darmstadt: Wissenschaftliche Buchgesellschaft

MARGALIT, AVISHAI (2005): „‚Islamisten lesen Heidegger'. Der israelische Philosoph Avishai Margalit über den Hass auf den Westen", *Jüdische Allgemeine*, Nr. 32, 11.08.2005, 13

MARKOVITS, ANDREI S. (2002): Ein Tabu fällt. Antisemitismus in Europa, *Gewerkschaftliche Monatshefte*, 53. Jg., Heft 7, 366–370

-- (2004): Amerika, dich haßt sich's besser. Antiamerikanismus und Antisemitismus in Europa, Hamburg: KVV Konkret

-- (2005): European Anti-Americanism (and Anti-Semitism): Ever Present Though Always Denied, *Jerusalem Center for Public Affairs, Post-Holocaust and Anti-Semitism*: Web Publications, No. 21 August 2005/ 25 Tammuz 5765, http://www.jcpa.org/phas/phas-markovits-05.htm (19.02.2011)

-- (2007): Uncouth Nation: why Europe dislikes America, Princeton: Princeton University Press

MATIN-ASGARI, AFSHIN (2009): Iranian Modernity in Global Perspective: Nationalist, Marxist, and Authenticity Discourses, in: Sucheta Mazumdar/Vasant Kaiwar/Thierry Labica (Hg.) (2009): From Orientalism to Postcolonialism. Asia, Europe and the lineages of difference, London/New York: Routledge, 129–153

MAYER, HANS (1975)/1981: Außenseiter, Frankfurt am Main: Suhrkamp

MCKALE, DONALD M. (1987): Curt Prüfer. German Diplomat from the Kaiser to Hitler, Kent (Ohio)/London: The Kent State University Press

MCMEEKIN, SEAN (2010): The Berlin-Baghdad express. The Ottoman Empire and Germany's bid for World Power, Cambridge, Mass.: The Belknap Press of Harvard University Press

MEIER, CONNY AXEL (2010): Feindbild Islam kontra Wunschbild Islam, in: Krauss (Hg.) (2010), 131–136

MEINING, STEFAN (2011): Eine Moschee in Deutschland. Nazis, Geheimdienste und der Aufstieg des politischen Islam im Westen, München: C.H.Beck

-- /**SENYURT, AHMET** (2010): Islamisten oder Demokraten? Neuer Streit um die Islamische Gemeinschaft Milli Görüs, *Report München*, 08.02.2010, http://www.br-online.de/das-erste/report-muenchen/report-milli-goerues-ID1265632747597.xml (21.04.2010)

Melber, Henning (1992): Kontinuitäten totaler Herrschaft: Völkermord und Apartheid in „Deutsch-Südwestafrika". Zur kolonialen Herrschaftspraxis im Deutschen Kaiserreich, in: Wolfgang Benz (Hg.) (1992): Jahrbuch für Antisemitismusforschung 1, Frankfurt am Main/New York: Campus Verlag, 91–116

Metzger, Albrecht (2002): Die vielen Gesichter des Islamismus, *Aus Politik und Zeitgeschichte* (APuZ), Nr. 3–4/2002, 7–15

-- (2005): Islamismus, Hamburg: Europäische Verlagsanstalt

Michael, George (2007): Deciphering Ahmadinejad's Holocaust Revisionism, *Middle East Quarterly*, Vol. 14, Nr. 3, 11–18, http://www.meforum.org/1704/deciphering-ahmadinejads-holocaust-revisionism (11.03.2011)

Mitchell, Richard P. (1960)/1969: The Society of the Muslim Brothers, London: Oxford University Press

Molau, Andreas (2006): Interview mit Muslim-Markt, 09.03.2006, http://www.muslim-markt.de/interview/2006/molau.htm (11.03.2011)

Mongia, Padmini (Hg.) (1996): Contemporary Postcolonial Theory. A Reader, London/New York/Sydney/Auckland: Arnold

Morris, Benny (2011): The Liar as Hero, *The New Republic*, 17.03.2011

Mosse, George L. (1964)/1991: Die Völkische Revolution. Über die geistigen Wurzeln des Nationalsozialismus, Frankfurt am Main: Anton Hain

Müller, Herbert Landolin (1991): Islam, ǧihād („Heiliger Krieg") und Deutsches Reich. Ein Nachspiel zur wilhelminischen Weltpolitik im Maghreb 1914–1918, Frankfurt am Main u.a.: Peter Lang

-- (2005): „Vagabunden" im Zeichen des globalen gihad: Fehlgeleitete Idealisten, „Freiheitskämpfer" oder „Terroristen"?, in: Zehetmair (Hg.) (2005), 66–81

Murphy, Caryle (2002): Passion for Islam: Shaping the Modern Middle East: The Egyptian Experience, New York u.a.: Scribner

N'Diaye, Tidiane (2008)/2010: Der verschleierte Völkermord. Die Geschichte des muslimischen Sklavenhandels in Afrika, Reinbek bei Hamburg: Rowohlt

Nagel, Anne Christine (2005): Im Schatten des Dritten Reiches. Mittelalterforschung in der Bundesrepublik Deutschland 1945–1970, Göttingen: Vandenhoeck & Ruprecht

Niehaus, Sonja (2007): Demokratie ohne Grenzen. Antisemitismus ist keine Meinung. Das Dilemma der akademischen Antisemitismusforschung. Kommentar, *Jungle World*, 20.09.2007, http://jungle-world.com/artikel/2007/38/20358.html (08.07.2011)

Noak, Christian (2003): Rezension von Sebastian Cwiklinski: Wolgatataren im Deutschland des Zweiten Weltkriegs. Deutsche Ostpolitik und tatarischer Nationalismus, Berlin: Klaus Schwarz Verlag 2002, *Die Welt des Islams*, Vol. 43, Nr. 3, 396–398

Nordbruch, Götz (2001): The Socio-historical Background of Holocaust Denial in Arab Countries: Arab reactions to Roger Garaudy's The Founding Myths of Israeli Politics, *Analysis of Current Trends in Antisemitism* (ACTA), Nr. 17

-- (2009): Rezension zu Klaus-Michael Mallmann/Martin Cüppers (2006): Halbmond und Hakenkreuz. Das Dritte Reich, die Araber und Palästina, Darmstadt: Wissenschaftliche Buchgesellschaft, *Die Welt des Islams*, Vol. 49, Nr. 2, 269–273

-- (2009a): Nazism in Syria and Lebanon. The ambivalence of the German option, 1933–1945, New York/London: Routledge

-- (2010): Rezension zu: Gräf, Bettina; Skovgaard-Petersen, Jakob (Hg.): The Global Mufti. The Phenomenon of Yusuf Al-Qaradawi. London 2008, *H-Soz-u-Kult*, 03.03.2010, http://hsozkult.geschichte.hu-berlin.de/rezensionen/2010-1-164 (09.09.2010)

Obama, Barack (2009): Remarks by the President. On a New Beginning, Cairo University, Cairo, Egypt, 04.06.2009, http://www.whitehouse.gov/the-press-office/remarks-president-cairo-university-6-04-09 (20.05.2011)

-- (2011): Transcript: Obama Announces the Killing of Bin Laden, 01.05.2011, http://www.foxnews.com/politics/2011/05/02/transcript-obama-announces-killing-bin-laden/#ixzz1LBvx0AA5 (02.05.2011)

Oberhaus, Salvador (2006): „Zum wilden Aufstande entflammen". Die deutsche Ägyptenpolitik 1914 bis 1918. Ein Beitrag zur Propagandageschichte des Ersten Weltkrieges, Dissertation, Philosophische Fakultät, Heinrich-Heine-Universität Düsseldorf, http://docserv.uni-duesseldorf.de/servlets/DerivateServlet/Derivate-3695/-Zum%20wilden%20Aufstande%20entflammen-%20Die%20deutsche%20%C3%84gyptenpoliti.pdf (21.03.2011)

Ourghi, Marielle (2009): „Ein Licht umgab mich…" – Die eschatologischen Visionen des iranischen Präsidenten Mahmud Ahmadinezad, *Die Welt des Islams*, Vol. 49, Nr. 2, 163–180

Özdemir, Cem (2011): Wir sind doch keine statistischen Ausreißer, *Frankfurter Allgemeine Zeitung*, 27. Mai 2011, http://www.faz.net/artikel/C30297/integrationsdebatte-wir-sind-doch-keine-statistischen-ausreisser-30376659.html (31.05.2011)

Pallade, Yves (2006): Medialer Sekundärantisemitismus, öffentliche Meinung und das Versagen gesellschaftlicher Eliten als bundesdeutscher Normalfall, in: Klaus Faber/Julius H. Schoeps/Sacha Stawski (Hg.) (2006): Neu-alter Judenhass. Antisemitismus, arabisch-israelischer Konflikt und europäische Politik, Berlin: Verlag für Berlin-Brandenburg, 49–66

Peters, Christoph (2011): Geleitwort, in: Hilal Sezgin (Hg.) (2011): Manifest der Vielen. Deutschland erfindet sich neu, Berlin: Blumenbar Verlag, 7–10

Philipp, Thomas (2009): Rezension zu Efraim Karsh „Imperialismus im Namen Allahs: von Muhammad bis Osama bin Laden, München: Deutsche Verlagsanstalt 2007, *Die Welt des Isłams*, Vol. 49, Nr. 1, 134–136

Pipes, Daniel (1998): Verschwörung. Faszination und Macht des Geheimen, München: Gerling Akademie Verlag

-- (2000): Islam and Islamism – Faith and Ideology, *National Interest*, Spring 2000, online: http://www.danielpipes.org/366/islam-and-islamism-faith-and-ideology (04.05.2011)

-- (2004): Stealth Islamist: Khaled Abou El Fadl, *Middle East Quarterly*, Vol. 11, Nr. 2, 55–62, online: http://www.meforum.org/602/stealth-islamist-khaled-abou-el-fadl (22.09.2010)

-- (2007): Bolstering Moderate Muslims, *New York Sun*, 17.04.2007, online: http://www.meforum.org/pipes/4426/bolstering-moderate-muslims (21.09.2010)

-- (2007a): Bush Returns to the „Religion of Peace" Formulation, 04.10.2007, http://www.danielpipes.org/blog/2007/10/bush-returns-to-the-religion-of-peace / (05.01.2011)

Polanz, Carsten (2010): Yusuf al-Qaradawi und sein Konzept der Mitte, *Materialdienst. Zeitschrift für Religions- und Weltanschauungsfragen*, 73. Jg., H. 5, 170–179

Poya, Abbas (2008a): Ist das Tor des ‚Igtihad' in der Islamwissenschaft geschlossen?, in: Ders./Reinkowski (Hg.) (2008), 243–262

-- /**Reinkowski, Maurus** (Hg.) (2008): Das Unbehagen in der Islamwissenschaft. Ein klassisches Fach im Scheinwerferlicht der Politik und der Medien, Bielefeld: transcript

Reichmuth, Stefan (2006): The Second Intifada and the „Day of Wrath": Safar al-Hawālī and his anti-Semitic reading of Biblical Prophecy, *Die Welt des Islams*, Vol. 46, Nr. 3, 331–351

Reichstag-Handbuch, II. Wahlperiode 1924

Rensmann, Lars (2004)/2005: Demokratie und Judenbild. Antisemitismus in der politischen Kultur der Bundesrepublik Deutschland, 1., durchgesehener Nachdruck, Februar 2005, Wiesbaden: VS Verlag für Sozialwissenschaften

Richter, Elihu D./Barnea, Alex (2009): Tehran's Genocidal Incitement against Israel, *Middle East Quarterly*, Vol. 16, Nr. 3, 45–51, http://www.meforum.org/2167/iran-genocidal-incitement-israel (11.03.2011)

Riexinger, Martin (2007): Nasserism revitalized. A criticial reading of Hasan Hanafi's projects ‚The Islamic Left' and ‚Occidentalism' (and their uncritical reading), *Die Welt des Islams*, Vol. 47, Nr. 1, 63–118

-- (2008): Propagating Islamic Creationism on the Internet, http://mujlt.law.muni.cz/storage/1236040130_sb_07-riexinger.pdf (22.03.2011)

Rodinson, Maxime (1980)/1991: Die Faszination des Islam, München: C.H.Beck

Rohde, Achim (2005): Der Innere Orient. Orientalismus, Antisemitismus und Geschlecht im Deutschland des 18. bis 20. Jahrhunderts, *Die Welt des Islams*, Vol. 45, Nr. 2, 370–411

-- (2006): Facing Dictatorship. State-Society Relations in Ba'Thist Iraq. Zur Erlangung des Doktorgrades eingereicht am Fachbereich Geschichts- und Kulturwissenschaften der Freien Universität Berlin im April 2006, Manuskript, FU Berlin, Institut für Islamwissenschaft

-- (2009): The Orient Within. Orientalism, Anti-Semitism and Gender in 18th to early 20th Century Germany, in: Benjamin Jokisch/Ulrich Rebstock/Lawrence I. Conrad (Hg.) (2009): Fremde, Feinde und Kurioses. Innen- und Außenansichten unseres muslimischen Nachbarn, Berlin/New York: Walter de Gruyter, 147–165

-- (2010): Unter Südländern. Zur Geschichte der Orientalistik und Judaistik in Deutschland, *Zeitschrift für Geschichtswissenschaft*, 58. Jg., H. 7/8, 639–652

-- (2010a): State-Society Relations in Ba'Thist Iraq Facing Dictatorship, London/New York: Routledge

Rohe, Karl (1987): Politische Kultur und der kulturelle Aspekt von politischer Wirklichkeit, in: Dirk Berg-Schlosser/Jakob Schissler (Hg.) (1987): Politische Kultur in Deutschland. Bilanz und Perspektiven der Forschung, *Politische Vierteljahresschrift*, Sonderheft 18, 39–48

Rohe, Mathias (2004): Application of Shari'a Rules in Europe, *Die Welt des Islams*, Vol. 44, Nr. 3, 323–350

-- (2009): Scharia und deutsches Recht, *Recht und Politik. Vierteljahreshefte für Rechts- und Verwaltungspolitik*, 45. Jg., H. 2, 86–93

Röhl, John C.G. (1987)/2002: Kaiser, Hof und Staat. Wilhelm II. und die deutsche Politik, München: C.H.Beck

Rose, Paul Lawrence (1990)/1992: German Question/Jewish Question. Revolutionary Antisemitism from Kant to Wagner, Princeton: Princeton University Press

-- (1992)/1999: Richard Wagner und der Antisemitismus, Zürich/München: Pendo

Rosenfeld, Alvin H. (2004): Anti-Zionism in Great Britain and beyond: A ‚Respectable' anti-Semitism?, New York City: The American Jewish Committee, http://www.pidfweb.org/book_antiZionism_aZionistView.pdf (11.03.2011)

-- (2007): „Fortschrittliches" jüdisches Denken und der Neue Antisemitismus. Mit einem Vorwort von Leon de Winter, http://henryk-broder.de/r2/content/startseite/images/rosenfeld.pdf (04.08.2010)

ROSINY, STEPHAN (2002): Rezension von: Waddah Scharara, Daulat „Hizb Allah". Lubnan mugtama'an islamiyan (Der Hizb Allah-Staat. Der Libanon – eine islamische Gesellschaft), Beirut: Dar an-Nahar 1997², *Die Welt des Islams*, Vol. 42, Nr. 2, 272–274

-- (2004): Rezension von Ferdinand Smit (2000): The Battle for South Lebanon. The Radicalisation of Lebanon's Shi'ites 1982–1985, Amsterdam: Bulaaq, *Die Welt des Islams*, Vol. 44, Nr. 1, 147–150

RUBENSTEIN, RICHARD L. (2010): Defeat, Rage, and Jew Hatred, *Journal for the Study of Antisemitism*, Vol. 1., No. 2, 95-138, http://www.jsantisemitism.org/pdf/jsa_1-2.pdf (11.03.2011)

RUBIN, MICHAEL (2009): Khatami is just Ahmadinejad with a silver tongue, *The Australian*, 25.03.2009, online: http://www.meforum.org/2106/khatami-is-just-ahmadinejad-with-a-silver-tongue (11.03.2011)

RUSINEK, BERND-A. (2000): „Wald und Baum in der arisch-germanischen Geistes- und Kulturgeschichte" – Ein Forschungsprojekt des „Ahnenerbe" der SS 1937 – 1945, in: Albrecht Lehmann/Klaus Schriewer (Hg.) (2000): Der Wald – Ein deutscher Mythos? Perspektiven eines Kulturthemas, Berlin/Hamburg: Dietrich Reimer Verlag, 267–363

SAGHIYEH, HAZEM/BASHIR, SALEH (1997)/1998: Universalizing the Holocaust. How Arabs and Palestinians relate to the Holocaust and how the Jews relate to the Palestinian victim, *Palestine-Israel Journal*, Vol.5, Nos. 3 & 4 1998, http://www.pij.org/details.php?id=382 (11.03.2011)

SAID, EDWARD (1969): The Palestinian Experience, in: Bayoumi/ Rubin (Hg.) (2001), 14–37

-- (1978)/1979: Orientalism, New York: Vintage Books

-- (1978a)/2009: Orientalismus, Frankfurt am Main: S. Fischer

-- (1979): Zionism from the Standpoint of its Victims, in: Bayoumi/ Rubin (Hg.) (2001), 114–168

-- (1987)/2010: The Pen and the Sword. Conversations with Edward Said. David Barsamian, introductions by Eqbal Ahmad and Nubar Hovsepian, Chicago: Haymarket Books

-- (1998): Der dritte Weg führt weiter. An die arabischen Unterstützer von Roger Garaudy, *Le Monde Diplomatique*, deutsche Version online unter: http://www.monde-diplomatique.de/pm/1998/08/14/a0226.text.name,askOg6bPY.n,36 (04.08.2010)

-- (1999): An Interview with Edward Said, in: Bayoumi/Rubin (Hg.) (2001), 419–444

Salih, Fakhri (2006): Gott ist kein kleiner Diktator. Ein muslimischer Gelehrter provoziert das religiöse Establishment, *Neue Zürcher Zeitung*, 25.09.2006, http://www.nzz.ch/2006/09/25/fe/articleEHD6Q.html (12.02.2011)

Sanni, Amidu Olalekan (2009): Rezension von Katajun Amirpur/Ludwig Ammann (Hg.) (2006), Der Islam – Liberale und konservative Reformer am Wendepunkt einer Weltreligion, Freiburg/Basel/Wien: Herder Verlag, *Die Welt des Islams*, Vol. 49, Nr. 2, 248–250

Sarrazin, Thilo (2010): Deutschland schafft sich ab. Wie wir unser Land aufs Spiel setzen, München: Deutsche Verlags-Anstalt

Schäbler, Birgit (2008): Post-koloniale Konstruktionen des Selbst als Wissenschaft: Anmerkungen einer Nahost-Historikerin zu Leben und Werk Edward Saids, in: Alf Lüdtke/Reiner Prass (Hg.) (2008): Gelehrtenleben. Wissenschaftspraxis in der Neuzeit, Köln/Weimar/Wien: Böhlau Verlag, 87–100

-- /**Behr, Ute/Dumke, Stephanie** (2004): The Israel-Palestinian Conflict as Result of Colonial Border-Making, Tagungsbericht, 18.06.2004, http://hsozkult.geschichte.hu-berlin.de/tagungsberichte/id=499 (01.04.2011)

Schäfer, Peter (2010): Judenhass und Judenfurcht. Die Entstehung des Antisemitismus in der Antike, Berlin: Verlag der Weltreligionen im Insel Verlag

Scharinger, Maria-Rosa (2009): Islamismus. Konkurrierende Interpretationen eines politischen Phänomens, Wiesbaden: Drewipunkt

Schattauer, Göran/Sturm, Christian (2005): Heiße Adresse in Freimann. Eine Moschee im Norden Münchens soll für radikale Muslime der entscheidende Brückenkopf auf dem Weg nach Europa gewesen sein, *Focus*, Nr. 30, 25.02.2005, http://www.focus.de/politik/deutschland/extremismus-heisse-adresse-in-freimann_aid_210568.html (22.02.2011)

Scheiner, Jens J. (2004): Vom Gelben Flicken zum Judenstern? Genese und Applikation von Judenabzeichen im Islam und christlichen Europa (849–1941), Frankfurt am Main u.a.: Peter Lang

Scheit, Gerhard (2002)/2009: Die Selbstzerstörung der Linken: Von Jean Améry zu Edward Said, in: Friends of Israel (Hg.) (2009): Antizionismus – Nationalsozialismus, Wien: Verein zur Förderung politischer Bildung und gesellschaftskritischer Studien, online: http://www.keepandshare.com/doc/1116626/brosch2009a-pdf-march-16-2009-7-17-pm-280k?da=y (05.04.2011), 14–19

-- (2004): Suicide Attack. Zur Kritik der politischen Gewalt, Freiburg: ça ira

Schiedel, Heribert (2011): Rechtsextreme auf Pilgerreise, 08.01.2011, *SPME*, http://www.spme.net/cgi-bin/articles.cgi?ID=7569 (02.03.2011)

Schiffauer, Werner (2010): Nach dem Islamismus. Eine Ethnographie der Islamischen Gemeinschaft Milli Görüs, Berlin: Suhrkamp

Schiffer, Sabine (2004): Die Darstellung des Islams in der Presse. Sprache, Bilder, Suggestionen. Eine Auswahl von Techniken und Beispielen. Inaugural-Dissertation in der Philosophischen Fakultät II (Sprach- und Literaturwissenschaften) der Friedrich-Alexander-Universität Erlangen-Nürnberg, o.O.: o.V.

-- (2009): Grenzenloser Hass im Internet. Wie „islamkritische“ Aktivisten in Weblogs argumentieren, in: Schneiders (Hg.) (2009a), 341–362

Schirrmacher, Frank (2011): „Tod und Jubel“, *Frankfurter Allgemeine Zeitung*, 04.05.2011, http://www.faz.net/s/RubAB001F8C99BB43319228DCC26EF52B47/Doc~EA1D03AAC7C82430CAC20907B1E1F91CE~ATpl~Ecommon~Scontent.html (04.05.2011)

Schmidinger, Thomas (2008): Zur Islamisierung des Antisemitismus, in: Dokumentationsarchiv des österreichischen Widerstandes (Hg.) (2008): Jahrbuch 2008, Wien u. a.: Lit Verlag, 103–139, http://www.doew.at/publikationen/jahrbuch/jb08/schmidinger_jb08.pdf (23.07.2010)

-- (2011): Revolution wider den Neoliberalismus, *Jungle World*, 10.03.2011, http://jungle-world.com/artikel/2011/10/42758.html (02.05.2011)

Schmitt-Egner, Peter (1975): Kolonialismus und Faschismus. Eine Studie zur historischen und begrifflichen Genesis faschistischer Bewußtseinsformen am deutschen Beispiel, Giessen/Lollar: Verlag Andreas Achenbach

Schmitz, Markus (2008): Kulturkritik ohne Zentrum. Edward W. Said und die Kontrapunkte kritischer Dekolonisation, Bielefeld: transcript

Schneider, Ute (2002)/2004: Von Juden und Türken. Zum gegenwärtigen Diskurs über Religion, kollektive Identität und Modernisierung, *Zeitschrift für Geschichtswissenschaft*, 52. Jg., H. 5, 426–440

Schneiders, Thorsten Gerald (2009): Die Schattenseite der Islamkritik. Darstellung und Analyse der Argumentationsstrategien von Henryk M. Broder, Ralph Giordano, Necla Kelek, Alice Schwarzer und anderen, in: Ders. (Hg.) (2009a), 403–432

-- (2009b): Einleitung, in: Ders. (Hg.) (2009a), 9–15

-- (Hg.) (2009a): Islamfeindlichkeit. Wenn die Grenzen verschwimmen, Wiesbaden: VS Verlag für Sozialwissenschaften

Schoeps, Julius H. (2010): Abwegige Parallelen. Wenn Islamophobie und Antisemitismus in einem Topf landen, *Die Jüdische*, www.juedische.at (15.01.2010), online: http://spme.net/cgi-bin/articles.cgi?ID=6406 (14.04.2011)

Schönberger, Thomas (2009): „Die Perzeption des Islam in der Öffentlichkeit“. Eine empirische Untersuchung in einer oststeirischen Kleinstadt unter besonderer Berücksichtung der Islamophobie-Debatte, http://othes.univie.ac.at/5927/2/MagisterarbeitSch%C3%B6nberger.pdf (24.02.2011)

Schöttler, Peter (1997): Geschichtsschreibung als Legitimationswissenschaft 1918 – 1945. Einleitende Bemerkungen, in: Ders. (Hg.) (1997a): Geschichtsschreibung als Legitimationswissenschaft 1918 – 1945, Frankfurt am Main: Suhrkamp, 7–30

Schowalter, Lutz (2011): Religion, in: Butter/Christ/Keller (Hg.) (2011), 63–74

Schuck, Christoph (2008): Die Entgrenzung des Islamismus. Indonesische Erfahrungen im globalen Kontext. Mit einem Vorwort von Franz Magnis-Suseno, Baden-Baden: Nomos

Schultz, Tanjev (2010): Hier der gute Westen – dort die bösen Muslime. Rezension von NECLA KELEK: Himmelsreise. Mein Streit mit den Wächtern des Islam. Kiepenheuer & Witsch, Köln 2010. 267 Seiten, 18,95 Euro. AYAAN HIRSI ALI: Ich bin eine Nomadin. Mein Leben für die Freiheit der Frauen. Piper Verlag, München 2010. 345 Seiten, 19,95 Euro, Online Shop der *Süddeutschen Zeitung*, http://www.buecher.de/shop/fachbuecher/ich-bin-eine-nomadin/hirsi-ali-ayaan/products_products/detail/prod_id/28022800/ (31.03.2011)

Schulze, Reinhard (1990): Das islamische achtzehnte Jahrhundert. Versuch einer historiographischen Kritik, *Die Welt des Islams*, Vol. 30, Nrs. 1–4, 140–159

Schwanitz, Wolfgang G. (2003): Djihad „Made in Germany“: Der Streit um den Heiligen Krieg 1914–1915, *Sozial.Geschichte*, Heft 2/2003, 7–34, online: http://www.trafoberlin.de/pdf-dateien/Djihad%20Heiliger%20Krieg%201914%20WGS.pdf (11.03.2011)

-- (2004): Paschas, Politiker und Paradigmen: Deutsche Politik im Nahen und Mittleren Orient 1871–1945, in: Ders. (Hg.) (2004c): Deutschland und der Mittlere Osten, Leipzig: Leipziger Universitätsverlag; zgl. *Comparativ*, Jg. 14, H.1, 22–45

-- (2004a): Die Berliner Djihadisierung des Islam. Wie Max von Oppenheim die islamische Revolution schürte, Konrad-Adenauer-Stiftung, *Auslandsinformationen*, Nr. 10/2004, 17–37, http://www.kas.de/db_files/dokumente/auslandsinformationen/7_dokument_dok_pdf_5678_1.pdf (08.02.2011)

-- (2004b): Max von Oppenheim und der Heilige Krieg. Zwei Denkschriften zur Revolutionierung islamischer Gebiete 1914 und 1940, *Sozial.Geschichte*, 19 (2004) 3, 28–59, online: http://www.trafoberlin.de/pdf-dateien/Oppenheims%20Jihad%20Dokumente%20WGS%20%20120207.pdf (08.02.2011)

-- (2006): Islam imperial. Suche nach einem grünen Faden in der Geschichte, *Neue Zürcher Zeitung*, 5. August 2006, online: http://www.trafoberlin.de/pdf-dateien/Efraim%20Karsh%20Islamic%20%20Imperialism.pdf (17.02.2011)

-- (2007): Rezension zu: Spuler-Stegemann, Ursula: Die 101 wichtigsten Fragen: Islam. München 2007, *H-Soz-u-Kult*, 23.11.2007, http://hsozkult.geschichte.hu-berlin.de/rezensionen/id=9655 (03.01.2010)

-- (2008): Euro-Islam by Jihad Made in Germany, in: Nathalie Clayer/Eric Germain (Hg.) (2008): Islam in Inter-War Europe, London: Hurst & Company, 271–301

-- (2008a): Kriegspropaganda. Wie das deutsche Reich den Jihad in Ägypten entflammte, *Süddeutsche Zeitung*, 08.02.2008, online: http://www.trafoberlin.de/pdf-dateien/Schwanitz_neu/Salvador%20Oberhaus%20Deutsche%20Orientpropaganda.pdf (14.04.2011)

-- (2008b): Hitlers Helfer in Jerusalem. Wurzeln des Islamismus im Leben des Großmufti al-Husaini? Rezension von: David G. Dalin, John F. Rothmann: Icon Of Evil. Hitler's Mufti And The Rise Of Radical Islam. Random House, New York 2008, *Neue Zürcher Zeitung*, 15.08.2008, online: http://www.trafoberlin.de/pdf-Neu/David%20G%20Dalin%20Hitlers%20Mufti.pdf (10.05.2011)

-- (2009): The sheikh and the Shoah, *Jerusalem Post*, 24.03.2009, http://www.jpost.com/Opinion/Op-EdContributors/Article.aspx?id=137001 (17.02.2011)

-- (2011): Islamismus und Euroislam. Deutsche Mitteloststudien nach 9/11, Berlin: trafo Verlag (angekündigt für 2011)

Seibt, Ferdinand (1983): Die böhmischen Länder zwischen Ost und West. Festschrift für Karl Bosl zum 75. Geburtstag, München: Oldenbourg

-- (1988a): Zur Gratulation, in: Ders. (Hg.) (1988), Band 1, 9f.

-- (Hg.) (1988): Gesellschaftsgeschichte. Festschrift für Karl Bosl zum 80. Geburtstag, herausgegeben im Auftrag des Collegium Carolinum von Ferdinand Seibt, 2 Bände, München: Oldenbourg

Shalicar, Arye Sharuz (2010): „Ein nasser Hund ist besser als ein trockener Jude". Die Geschichte eines Deutsch-Iraners, der Israeli wurde. Autobiografie. Vorwort von Richard C. Schneider, München. Deutscher Taschenbuch Verlag

Sieg, Ulrich (2006): Rezension von Ian Buruma, Avishai Margali, Okzidentalismus. Der Westen in den Augen seiner Feinde, *WerkstattGeschichte*, 15. Jg., H. 43, 137–139

Sivan, Emmanuel (1990): Islamic Fundamentalism, Antisemitism and Anti-Zionism, in: Robert Wistrich (Hg.) (1990): Anti-Zionism and Antisemitism in the Contemporary World, London: Macmillan, 74–84

Soage, Ana Belén (2008): Shaykh Yusuf al-Qaradawi: Portrait of a Leading Islamist Cleric, *Meria. The Middle East Review of International Affairs*, Jg. 12, Nr. 1, http://meria.idc.ac.il/journal/2008/issue1/jv12no1a5.asp (23.09.2010)

-- (2008a): Hasan al-Banna or the Politicisation of Islam, *Politics, Religion & Ideology*, Vol. 9, No. 1, 21–42

Soffar, Mohamed (2004): The Political Theory of Sayyid Qutb. A Genealogy of Discourse, Berlin: Köster

Speit, Andreas (2010): Männer in feinen Anzügen, *Jungle World*, 04.03.2010, http://jungle-world.com/artikel/2010/09/40491.html (23.02.2011)

Steinbach, Udo (2008): Die Täter zu Opfern, die Opfer zu Tätern machen – Räume und Grenzen islamwissenschaftlicher Politikdeutung, in: Poya/Reinkowski (Hg.) (2008), 223–239

Steinfeld, Thomas (2010): Unsere Hassprediger. „Mit der Axt ins Bad": Wer mit den „westlichen Werten" ebenso kämpferisch umgeht, wie es der radikale Islam mit seinen heiligen Schriften tut, wird selbst zum Fundamentalisten, *Süddeutsche Zeitung*, 14.01.2010, http://www.sueddeutsche.de/politik/kritik-an-auslegung-des-islam-unsere-hassprediger-1.63364 (11.03.2011)

Tammam, Husam (2009): Yusuf al-Qaradawi and the Muslim Brothers. The Nature of a Special Relationship, in: Gräf/Skovgaard-Petersen (Hg.) (2009), 55–83

Teitelbaum, Joshua (2008): What Iranian Leaders really say about doing away with Israel. A refutation of the Campaign to excuse Ahmadinejad's incitement to Genocide, *Jerusalem Center for Public Affairs*, http://www.jcpa.org/text/ahmadinejad2-words.pdf (02.03.2011)

Thamm, Bernd Georg (2011): Terrorziel Deutschland. Strategien der Angreifer – Szenarien der Abwehr, Berlin: Rotbuch Verlag

Theweleit, Klaus (2001): Interview, „Innere Panzerung wäre die Idiotenlösung", *taz*, 19.09.2001, http://www.taz.de/1/archiv/archiv/?dig=2001/09/19/a0117 (09.04.2011)

Tibi, Bassam (1971)/1991: Vom Gottesreich zum Nationalstaat. Islam und panarabischer Nationalismus. Zweite Auflage, Frankfurt am Main: Suhrkamp

-- (1973)/1979: Internationale Politik und Entwicklungsländer-Forschung. Materialien zu einer ideologiekritischen Entwicklungssoziologie, Frankfurt am Main: Suhrkamp

-- (1981): Die Krise des modernen Islam. Eine vorindustrielle Kultur im wissenschaftlich-technischen Zeitalter, München: C.H.Beck

-- (1981a)/1997: Arab Nationalism. Between Islam and the Nation-State. 3. Auflage, London: Macmillan, New York: St. Martin's Press

-- (1984): Orient und Okzident. Feindschaft oder interkulturelle Kommunikation? Anmerkungen zur Orientalismus-Debatte, *Neue Politische Literatur*, 29. Jg., Heft 3, 267–286

-- (1992)/2003: Die fundamentalistische Herausforderung. Der Islam und die Weltpolitik, 4., durchgesehene und erweiterte Auflage, München: C.H.Beck

-- (1996): Der Wahre Imam. Der Islam von Mohammed bis zur Gegenwart, München/Zürich: Piper

-- (2001): Einladung in die islamische Geschichte, Darmstadt: Wissenschaftliche Buchgesellschaft

-- (2002): Habermas and the Return of the Sacred. Is it a Religious Renaissance? A Pronouncement of a ,Post-Secular Society', or the Emergence of Political Religion as a New Totalitarianism?, *Religion – Staat – Gesellschaft. Zeitschrift für Glaubensformen und Weltanschauungen*, 3. Jg., Heft 2, 265–296

-- (2004): Geleitwort, in: Foroutan 2004, VII–IX

-- (2004a): Der neue Totalitarismus. „Heiliger Krieg" und westliche Sicherheit, Darmstadt: Primus Verlag

-- (2005): Religion, Recht und Politik im Islam. Der Islamismus als eine fundamentalistische Ideologie, in: Stefan Alkier/Hermann Deuser/Gesche Linde (Hg.) (2005): Religiöser Fundamentalismus, Tübingen: Francke Verlag, 131–153

-- (2006): Die Mär des Islamismus von der jüdischen und kreuzzüglerischen Weltverschwörung gegen den Islam, in: Klaus Faber/Julius H. Schoeps/Sacha Stawski (Hg.) (2006): Neu-alter Judenhass. Antisemitismus, arabisch-israelischer Konflikt und europäische Politik, Berlin: Verlag für Berlin-Brandenburg, 179–202

-- (2007): Die islamische Herausforderung. Religion und Politik im Europa des 21. Jahrhunderts, Darmstadt: Wissenschaftliche Buchgesellschaft

-- (2008): Political Islam, World Politics and Europe. Democratic Peace and Euro-Islam versus Global Jihad, London: Routledge

-- (2009): Islamists Approach Europe. Turkey's Islamist Danger, *Middle East Quarterly*, Vol. XVI, No. 1, 47–54, http://www.meforum.org/2047/islamists-approach-europe (26.02.2011)

-- (2009a): Islam's Predicament with Modernity. Religious Reform and cultural change, London/New York: Routledge

Ullrich, Volker (2004): Griff nach der Wahrheit. Der berühmte Historiker Fritz Fischer im Zwielicht, *Die Zeit*, 15.01.2004, http://www.zeit.de/2004/04/L-Glosse_04 (01.03.2011)

Verfassungsschutzbericht Baden-Württemberg 2003, http://opus.bsz-bw.de/hdms/volltexte/2004/422/pdf/Verfassungsschutzbericht_2003.pdf (20.03.2011)

Verfassungsschutzbericht (Bund) 2009, http://www.verfassungsschutz.de/download/SHOW/vsbericht_2009.pdf (19.04.2011)

Viereck, Peter (1941)/1961: Meta-politics. The Roots of the Nazi mind, New York: Capricorn books

-- (2003): Metapolitics: From Wagner and the German Romantics to Hitler. Expanded edition, with a new introduction by the author, New Brunswick/London: Transaction Publishers

Volkov, Shulamit (1984)/1990: Antisemitismus und Anti-Zionismus, in: Dies. (1990): Jüdisches Leben und Antisemitismus im 19. und 20. Jahrhundert, München: C.H.Beck, 76–87

Wagenhofer, Sonja (2004)/2010: „Rassischer" Feind – politischer Freund? Inszenierung und Instrumentalisierung des Araberbildes im nationalsozialistischen Deutschland, Berlin: Klaus Schwarz Verlag

Wahdat-Hagh, Wahied (2003): „Die Islamische Republik Iran". Die Herrschaft des politischen Islam als eine Spielart des Totalitarismus. Mit einem Vorwort von Prof. Dr. Ulrich Albrecht, Münster/Hamburg/London: LIT Verlag

Weidner, Stefan (2011): Vom Nutzen und Nachteil der Islamkritik für das Leben, *Aus Politik und Zeitgeschichte* (APuZ), Nr. 13–14/2011, 9–15

Wein, Susanne (2007): Rezension zu: Benz, Wolfgang; Wetzel, Juliane (Hg.): Antisemitismus und radikaler Islamismus. Essen 2007, *H-Soz-u-Kult*, 11.09.2007, http://hsozkult.geschichte.hu-berlin.de/rezensionen/2007-3-188 (16.09.2010)

Weinthal, Benjamin (2009): Jüdischer Selbsthass, *Welt Online*, 28.07.2009, http://www.welt.de/die-welt/debatte/article4206689/Juedischer-Selbsthass.html (11.03.2011)

-- (2009a): Israel kritisiert Köhler wegen Orden für Jüdin, *Der Tagesspiegel*, 24.07.2009, http://www.tagesspiegel.de/zeitung/israel-kritisiert-koehler-wegen-orden-fuer-juedin/1564032.html (11.03.2011)

-- (2010): Danish artists in Berlin wipe Israel off the map, *Jerusalem Post*, 30.04.2010, http://www.jpost.com/International/Article.aspx?id=174350 (11.03.2011)

Weintraub, Jeff (2009): Celebrating the Holocaust on Egyptian TV, 03.02.2009, http://jeffweintraub.blogspot.com/2009/02/celebrating-holocaust-on-egyptian-tv.html (19.09.2010)

Wergin, Clemens (2008): Ahmadinedschad-Show zeigt Naivität des Westens, *Welt Online*, 26.12.2008, http://www.welt.de/politik/article2933585/Ahmadinedschad-Show-zeigt-Naivitaet-des-Westens.html (01.05.2011)

Wickert, Ulrich (2001): „Wickert-Artikel in Max". Dokumentation, *Spiegel Online*, 03.10.2001, http://www.spiegel.de/kultur/gesellschaft/0,1518,160595,00.html (19.02.2011)

Wien, Peter/Wildangel, René (2004): Blind für die Geschichte? Arabische Begegnungen mit dem Nationalsozialismus zwischen zeitgenössischer Rezeption, Geschichtspolitik und Holocaustleugnung, in: Gerhard Höpp/Peter Wien/René Wildangel (Hg.) (2004a): Blind für die Geschichte? Arabische Begegnungen mit dem Nationalsozialismus, Berlin: Klaus Schwarz Verlag, 7–17

Wiesenthal, Simon (1947): Großmufti – Großagent der Achse, Salzburg/Wien: Ried-Verlag

Wild, Stefan (2003): In Memoriam Annemarie Schimmel, *Die Welt des Islams*, Vol. 43, Nr. 2, 131–142

-- (2003a): Rezension von Martin Kramer, Ivory Towers on Sand. The Failure of MiddleEastern Studies in America, Washington D.C. 2001, ISBN 0-94 4029-49-3, 130 S., U.S. $ 19,95, *Die Welt des Islams*, Vol. 43, Nr. 2, 290–292

Wildangel, René (2007): Zwischen Achse und Mandatsmacht. Palästina und der Nationalsozialismus, Berlin: Klaus Schwarz Verlag

Wistrich, Robert S. (1982): Socialism and the Jews. The Dilemmas of Assimilation in Germany and Austria-Hungary, Rutherford/Madison/Teaneck: Fairleigh Dickinson University Press

-- (1985): Hitler's Apocalypse. Jews and the Nazi Legacy, London: Weidenfeld & Nicolson

-- (1985a)/1987: Der antisemitische Wahn: von Hitler bis zum Heiligen Krieg gegen Israel, Ismaning bei München: Max Hueber Verlag

-- (1991): Antisemitism. The Longest Hatred, London: Methuen

-- (2002): Muslim Anti-Semitism. A Clear and Present Danger, New York: The American Jewish Committee

-- (2010): A Lethal Obsession. Anti-Semitism from Antiquity to the Global Jihad, New York: Random House

-- (2010a): Interview with World Expert on Anti-Semitism: Danger is Real, 15.11.2010, http://www.israelnationalnews.com/News/news.aspx/140661 (11.03.2011)

Wolffsohn, Michael (2010): Gespräch mit NDR Info Radio, Sendung Schabbat Schalom, 22.01.2010, Transkript unter: http://www.wolffsohn.de/index.php?mact=News,cntnt01,print,0&cntnt01articleid=264&cntnt01showtemplate=false&cntnt01returnid=67 (31.05.2011)

Wolter, Udo (2004): Gutachten. Beispiel Al-Quds-Tag. Islamistische Netzwerke und Ideologien unter Migrantinnen und Migranten in Deutschland und Möglichkeiten zivilgesellschaftlicher Intervention, November 2004. Erstellt im Auftrag der Beauftragten der Bundesregierung für Migration, Flüchtlinge und Integration, http://www.ufuq.de/online-bibliothek/islamismus-und-antisemitismus/329-beispiel-al-quds-tag-islamistische-netzwerke-und-ideologien (11.03.2011)

Yerushalmi, Yosef Hayim (1993): Assimilierung und rassischer Antisemitismus. Die iberischen und deutschen Modelle, in: Ders. (1993a): Ein Feld in Anatot. Versuche über jüdische Geschichte, Berlin: Wagenbach, 53–80

Zehetmair, Hans (Hg.) (2005): Der Islam. Im Spannungsfeld von Konflikt und Dialog, Wiesbaden: VS Verlag für Sozialwissenschaften

Zelinsky, Hartmut (1990): Sieg oder Untergang: Sieg und Untergang. Kaiser Wilhelm II., die Werk-Idee Richard Wagners und der „Weltkampf", München: Keyser

-- (1991): Kaiser Wilhelm II. und die Werk-Idee Richard Wagners und der „Weltkampf", in: John C.G. Röhl (Hg.) (1991): Der Ort Kaiser Wilhelms II. in der deutschen Geschichte; unter Mitarbeit von Elisabeth Müller-Luckner, München: Oldenbourg, 297–356

Zimmerer, Jürgen (2003): Holocaust und Kolonialismus. Beitrag zu einer Archäologie des genozidalen Gedankens, *Zeitschrift für Geschichtswissenschaft*, 51. Jg., H. 12, 1098–1119

Internetquellen

http://aboutextremism.com/ (18.02.2011)
http://almanac.afpc.org/ (04.05.2011)
http://berlinacademicboycott.wordpress.com/ (07.01.2011)
http://clemensheni.files.wordpress.com/2010/06/mordaufrufe-deutsch-turkischer-antisemitismus-fb-krass.pdf (21.09.2010)
http://daserste.ndr.de/panorama/media/djihad100.html (08.02.2011)
http://de.qantara.de/webcom/show_article.php/_c-349/_nr-1/_lkm-5/i.html (12.02.2011)
http://derstandard.at/1231151670080/Hamas-leistet-fuer-uns-alle-Widerstand?seite=4 (12.05.2011)
http://diepresse.com/home/politik/616366/Deutschland-als-Drehkreuz-fuer-Hassprediger (07.03.2011)
http://diepresse.com/home/politik/aussenpolitik/385620/print.do (31.03.2011)
http://edition.cnn.com/2008/US/10/14/muslim.dvd/index.html?iref=mpstoryview (07.01.2011)
http://europenews.dk/de/node/10274 (11.05.2011)
http://explore.georgetown.edu/people/stowassb/ (24.05.2011)
http://faridhafez.com/ (24.05.2011)
http://homepage.univie.ac.at/thomas.schmidinger/php/texte/pol_islam_debatte_scheich_adnan_ibrahim.pdf (16.09.2010)
http://hsozkult.geschichte.hu-berlin.de/termine/id=15368 (03.01.2011)
http://idw-online.de/de/news405825 (06.02.2011)
http://jahrbuch-islamophobie.de/ (01.01.2011)
http://jahrbuch-islamophobie.de/team/ (04.08.2010)
http://paw.princeton.edu/issues/2010/02/24/pages/2380/index.xml (18.04.2011)
http://qgbf.numov.org/images/stories/qgbf_forumiv_frontsite.jpg (03.03.2011)
http://sderotmedia.org.il/bin/content.cgi?ID=388&q=1&s=4 (06.09.2010)
http://sgt.gr/uploads/Hassan_Hanafi.pdf (10.02.2011)
http://sicsa.huji.ac.il/antisemitismint.pdf (14.05.2011)
http://spme.net/cgi-bin/articles.cgi?ID=7339 (07.01.2011)
http://trinity.duke.edu/globalstudies/people/faculty-for-slavery-the-holocaust-and-the-challenge-of-global-justice-course-at-utrecht-university (01.04.2011)
http://uni-tuebingen.de/orientsem/vaness.htm (18.04.2011)
http://unrwa.org/etemplate.php?id=85 (21.02.2011)
http://unrwa.org/etemplate.php?id=87#beneficiaries (21.02.2011)
http://web.apb-tutzing.de/apb/cms/uploads/Tagungsprogramme/2011/3-2-11-programm.pdf (03.01.2011)
http://web.apb-tutzing.de/apb/cms/uploads/Tagungsprogramme/2011/3-2-11-programm.pdf (08.02.2011)
http://women.timesonline.co.uk/tol/life_and_style/women/beauty/article6882818.ece (14.05.2011)
http://www.3sat.de/mediathek/mediathek.php?obj=18764 (28.05.2010)
http://www.achgut.com/dadgdx/index.php/dadgd/article/die_islam_debatte/ (14.04.2011)
http://www.adl.org/NR/exeres/2F101AAE-F472-450F-8C13-53825A79D075,DB7611A2-02CD-43AF-8147-649E26813571,frameless.htm (04.08.2010)
http://www.adl.org/NR/exeres/788C5421-70E3-4E4D-BFF4-9BE14E4A2E58,DB7611A2-02CD-43AF-8147-649E26813571,frameless.htm (10.09.2010)
http://www.alumni.charite.de/heymat/Projekt (07.03.2011)
http://www.alumni.charite.de/heymat/team/foroutan (07.03.2011)

http://www.anglistik.uni-muenster.de/en/ptts/Muenster/team/schmitz.html (11.06.2011)
http://www.anthro.illinois.edu/people/bunzl (23.05.2011)
http://www.arendt-art.de/deutsch/palestina/Honestly_Concerned/watzal_ludwig_aktion.htm (17.02.2011)
http://www.ash-berlin.eu/hsl/index.phtml?id=762 (11.06.2011)
http://www.axel-springer-preis.de/11-bisherige-preis-tv.html (18.05.2011)
http://www.bbc.co.uk/pressoffice/pressreleases/stories/2004/07_july/07/newsnight.shtml (07.09.2010)
http://www.bds-info.ch/?id=103 (07.01.2011).
http://www.berlinerliteraturkritik.de/detailseite/artikel/sarrazin-bei-literaturfestival-ausgeladen-1.html (09.09.2010)
http://www.beuth-hochschule.de/339/detail/256/ (31.05.2011)
http://www.birgit-krawietz.de/publika.html (12.07.2010)
http://www.bpv.de/mobile/pda/aktuelles-presse/presse-2009/presse-2009-ii/karl-bosl-medaille-an-prof-dr-hans-maier.html (23.02.2011)
http://www.br-online.de/bayerisches-fernsehen/kontrovers/kontrovers-extra-islam-ID1303302269938.xml (18.05.2011)
http://www.buergerbewegung-pax-europa.de/verein/index.php (11.05.2011)
http://www.bundespraesident.de/dokumente/-,2.23903/Rede/dokument.htm (19.04.2010)
http://www.bundesregierung.de/Content/DE/Mitschrift/Pressekonferenzen/2011/05/2011-05-02-merkel-osama-bin-laden.html (04.05.2011)
http://www.cbsnews.com/stories/2002/08/01/world/main517275.shtml (21.09.2010)
http://www.charitycommission.gov.uk/SHOWCHARITY/RegisterOfCharities/FinancialHistory.aspx?RegisteredCharityNumber=263371&SubsidiaryNumber=0 (23.03.2011)
http://www.dailymail.co.uk/news/article-559709/How-King-Crimpers-Vidal-Sassoon-cut-Britains-fascist-thugs-size.html#ixzz1MH5SJFIi (14.05.2011)
http://www.danielpipes.org/about.php (21.09.2010)
http://www.deutsche-islam-konferenz.de (18.09.2010)
http://www.dietotenhosen.de/veroeffentlichungen_songtexte.php?text=alben/bzbe/wort_zum_sonntag.php (22.07.2010)
http://www.dieuniversitaet-online.at/professuren/curricula-vitae/beitrag/news/univ-prof-dr-rudiger-lohlker-1/80.html (24.05.2011)
http://www.edgehill.ac.uk/documents/english/history/ConferenceProgramme08.pdf (20.09.2010)
http://www.edgehill.ac.uk/documents/english/history/ConferenceReport.pdf (20.09.2010)
http://www.enfal.de/grund44.htm (21.07.2010)
http://www.erlangen.de/de/Portaldata/1/Resources/080_stadtverwaltung/dokumente/Fachtagung_Rassismuswoche_2010.pdf (10.03.2011)
http://www.ex-oriente.com/sec_index.html (07.01.2011)
http://www.ezire.uni-erlangen.de/studium-lehre/lehrveranstaltungen.shtml (09.05.2011)
http://www.ezire.uni-erlangen.de/wir-ueber-uns/ (09.05.2011)
http://www.faz.net/s/RubCF3AEB154CE64960822FA5429A182360/Doc~E7C1BAC908B384ADE9D9D5985FA1B8F65~ATpl~Ecommon~Scontent.html (20.11.2010)
http://www.fb10.uni-bremen.de/inputs/professuren/denkplatz2011.aspx (01.04.2011)
http://www.fes.de/BerlinerAkademiegespraeche/interkultureller-dialog/islam-gesellschaft/Berlin-Forum/ (03.09.2010)
http://www.f-m-f.de/islam_und_zinsen.php (23.03.2011)
http://www.focus.de/politik/deutschland/doppelmord-am-flughafen-attentaeter-streckte-us-soldaten-mit-kopfschuessen-nieder_aid_605550.html (10.03.2011)

http://www.focus.de/politik/deutschland/gericht-entscheidet-npd-darf-nicht-mehr-mit-sarrazin-werben_aid_621993.html (31.05.2011)
http://www.focus.de/politik/deutschland/zentralrat-der-juden-empoerung-ueber-polizeieinsatz_aid_361621.html (13.05.2011)
http://www.fortschritt-weltweit.de/de/veranstalter/team (17.02.2011)
http://www.frcps.uni-frankfurt.de/wordpress/wp-content/uploads/2010/07/FRCPS-IGC-2011-Program1.pdf (11.06.2011)
http://www.geschkult.fu-berlin.de/e/islamwiss/mitarbeiterinnen/professorinnen/Krawietz/index.html (24.05.2011)
http://www.geschkult.fu-berlin.de/e/islamwiss/mitarbeiterinnen/professorinnen/kraemer/index.html (09.09.2010)
http://www.gruene-bundestag.de/cms/themenspecial_nahost/dokbin/284/28 4760.kerstin_mueller_in_den_palaestinensichen.pdf (24.05.2011)
http://www.gruene-linke.de/2010/07/12/wider-die-extremismustheorie-fur-ein-bundesprogramm-gegen-gruppenbezogene-menschenfeindlichkeit/ (11.04.2011)
http://www.haaretz.com/jewish-world/news/jewish-groups-slam-hideously-anti-semitic-cartoon-on-gaza-1.272931 (22.02.2011).
http://www.haaretz.com/news/diplomacy-defense/i-want-to-be-a-shahid-flotilla-activist-hoped-for-martyrdom-1.293953 (08.02.2011)
http://www.haaretz.com/news/germany-hamas-official-won-t-be-issued-visa-to-attend-conference-1.285182 (11.03.2011)
http://www.haaretz.com/print-edition/features/zionism-was-founded-by-the-seculars-1.105893 (14.05.2011)
http://www.heymat.hu-berlin.de/team/foroutan (11.04.2011)
http://www.hmwatch.org/bloomfield.html (03.01.2011)
http://www.h-net.org/announce/show.cgi?ID=166914 (01.04.2011)
http://www.h-net.org/announce/show.cgi?ID=182829 (01.04.2011)
http://www.houghtonmifflinbooks.com/catalog/titledetail.cfm?titleNumber=1101280 (22.04.2010)
http://www.hs-bremen.de/internet/de/hsb/struktur/mitarbeiter/flores/ (22.05.2011)
http://www.ian-johnson.com/qanda.html (22.04.2010)
http://www.irshadmanji.com/ (10.05.2011)
http://www.islamwoche-berlin.de/?page_id=1 (22.03.2011)
http://www.islamwoche-berlin.de/?page_id=25 (23.03.2011)
http://www.islamwoche-berlin.de/?page_id=8 (23.03.2011)
http://www.isranet.org/conference2009/Agenda.htm (01.06.2011)
http://www.jankelevitch.fr/pages/accueil.html (29.05.2010)
http://www.jcpa.org/art/brief1-4.htm (16.09.2010)
http://www.jewishjournal.com/bloggish/item/vidal_sassoon_hero_of_the_jewish_people/ (14.05.2011)
http://www.jta.org/news/article/2010/01/31/1010399/indiana-u-opens-anti-semitism-institute (13.05.2011)
http://www.jura.uni-erlangen.de/professoren/rohe.shtml (01.04.2011)
http://www.kas.de/wf/de/37.3222/ (04.05.2011)
http://www.kas.de/wf/doc/kas_14769-544-1-30.pdf (12.02.2011)
http://www.linke.cc/article.php?story=20090314001930224 (07.01.2011)
http://www.linkstrend-stoppen.de/index.php?id=unterzeichner (25.03.2011)
http://www.literaturfestival.com/programm/veranstaltungen-nach-kategorien/reflections/global-mufti-2013-medialer-islam-von-yusuf-al-qaradawi (09.09.2010)
http://www.literaturfestival.com/teilnehmer/autoren/2010/jacob-skovgaard-petersen (21.02.2011)

http://www.ljcc.org.uk/events/1425-i-british-antisemitism-a-suitable-case-for-treatment-i-br-with-professor-robert-wistrich.html (07.01.2011)
http://www.meforum.org/646/the-qaradawi-fatwas (07.07.2011)
http://www.memri.org/report/en/0/0/0/0/0/0/1609.htm#_edn2 (19.08.2010)
http://www.memri.org/report/en/0/0/0/0/0/0/3062.htm (21.02.2011)
http://www.memritv.org/clip/en/0/0/0/0/0/0/2437.htm (31.05.2011)
http://www.memritv.org/report/en/2680.htm (07.01.2011)
http://www.metropol-verlag.de/pp/zfg/pp/presse.htm (21.09.2010)
http://www.metropol-verlag.de/pp/zfg/pp/redaktion.htm (21.09.2010)
http://www.mfa.gov.il/MFA/MFAArchive/2000_2009/2002/7/Terrorist%20bombing%20at%20Hebrew%20University%20cafeteria%20- (21.09.2010)
http://www.mittelbayerische.de/index.cfm?pid=3073&pk=317550&p=1 (23.02.2011)
http://www.morgenpost.de/berlin-aktuell/article1332648/In-Neukoelln-ist-ein-Fahnenstreit-entbrannt.html (26.03.2011)
http://www.munzinger.de/search/start.jsp (23.02.2011)
http://www.muslim-markt.de/forum/messages/2600.htm (30.03.2011)
http://www.npd.de/html/714/artikel/detail/1711/ (31.05.2011)
http://www.npd-bayern.de/index.php/menue/63/thema/2475/id/2737/akat/16/infotext/Zitat_der_Woche_Franz-Josef_Strauss_ehem._Ministerpraesident_Bayern/Zitat_der_Woche.html (11.03.2011)
http://www.n-tv.de/politik/Merkel-will-die-Wogen-glaetten-article3246031.html (12.05.2011)
http://www.numov.org/component/option,com_docman/task,doc_download/gid,22/lang,de_DE/ (20.12.2010)
http://www.numov.org/content/view/48/54/lang,de_DE/ (03.03.2011)
http://www.numov.org/content/view/49/55/lang,de_DE/ (03.03.2011)
http://www.obsessionthemovie.com/ (07.01.2011)
http://www.odsg.org/co/index.php?option=com_content&view=article&id=292:list-of-endorsers-of-the-one-state-declaration&catid=39:Statements&Itemid=62 (01.04.2011)
http://www.onlineislamicstore.com/syedqutb.html (16.04.2011)
http://www.operationlastchance.org/POLAND_80.29.htm (31.03.2011)
http://www.orient.uni-freiburg.de/islam/mitarbeiter/poya (11.06.2011)
http://www.ostalbmap.de/sixcms/media.php/26/PM459_2009Einladung-Benz.pdf (23.02.2011)
http://www.perlentaucher.de/autoren/13730/Alexander_Flores.html (22.05.2011)
http://www.pi-news.net/2010/07/nachruf-auf-dr-phil-rainer-glagow-1941-2010/ (26.03.2011)
http://www.posenfoundation.com (14.05.2011)
http://www.pressestelle.tu-berlin.de/newsportal/innenansichten/2010/antisemitismus forschung_als_akademisches_fach_und_oeffentliche_aufgabe/ (01.01.2011)
http://www.princeton.edu/religion/people/data/p/pschafer/CV.pdf (29.05.2010)
http://www.reuter-stiftung.de/projekt/index.html (22.05.2011)
http://www.sdu.dk/staff/gn?&po=0&ps=30 (24.05.2011)
http://www.spiegel.de/kultur/kino/0,1518,741483,00.html (01.05.2011)
http://www.spiegel.de/politik/ausland/0,1518,604631,00.html (26.02.2011)
http://www.spiegel.de/politik/ausland/0,1518,761407,00.html (20.05.2011)
http://www.spiegel.de/politik/deutschland/0,1518,725900,00.html (28.03.2011)
http://www.spiegel.de/politik/deutschland/0,1518,749118,00.html (30.03.2011)
http://www.spiegel.de/politik/deutschland/0,1518,84792,00.html (07.03.2011)
http://www.spiegel.de/spiegel/spiegelspecial/d-56323061.html (19.09.2010)
http://www.spiegel.de/thema/ehrenmorde_in_deutschland/ (07.03.2011)
http://www.staatspolitik.de/downloads/sonstiges/050426_aufruf_faz.pdf (25.03.2011)

http://www.stern.de/news2/aktuell/kampf-gegen-islamistischen-extremismus-friedrich-plant-praeventionsgipfel-1668747.html (30.03.2011)

http://www.stern.de/politik/ausland/tod-von-osama-bin-laden-merkels-freude-regierung-rudert-zurueck-1681129.html (04.05.2011)

http://www.tacheles.tv/Dokumentation-jung-muslimisch-arbeitslos.php (19.09.2010)

http://www.tagesschau.de/ausland/meldung134530.html (03.09.2010)

http://www.tagesschau.de/hilfe/rundfunkstaatsvertrag/rundfunkaenderungsstaatsvertrag112.html (13.05.2011)

http://www.tagesschau.de/inland/deutschlandtrend/index.html (18.05.2011)

http://www.tagesspiegel.de/politik/spd-fordert-muslime-zum-boykott-der-islamkonferenz-auf/4003362.html (30.03.2011)

http://www.tagesspiegel.de/wissen/das-andere-gesicht-des-islam/3620702.html (04.01.2011)

http://www.tagesthemen.de/kommentar/kommentarschoenenborn100.html (04.05.2011)

http://www.tau.ac.il/Anti-Semitism/asw2004/uk.htm (07.09.2007)

http://www.time.com/time/world/article/0,8599,2007238,00.html (13.08.2010)

http://www.touroberlin.de/index.php?id=98 (28.04.2011)

http://www.trafoberlin.de/neuerscheinungen_2011_im_wissenschaft.htm (14.04.2011)

http://www.trafoberlin.de/pdf-Neu/Stefan%20Buchen%20Kaiser%20Wilhelms%20Heiliger%20Krieg.pdf (08.02.2011)

http://www.tu-berlin.de/fileadmin/f1/Pr_sentation_Fakult_t_I.pdf (06.02.2011)

http://www.ucl.ac.uk/hebrew-jewish/home/index.php (20.09.2010)

http://www.uni-due.de/geschichte/publikationen.php?ID=111&SORT=STD (17.09.2010)

http://www.uni-erfurt.de/kommunikationswissenschaft/personen/personenuebersicht/prof-dr-kai-hafez/ (24.05.2011)

http://www.uni-erfurt.de/kommunikationswissenschaft/personen/personenuebersicht/prof-dr-kai-hafez/ausfuehrlicher-lebenslauf/ (09.05.2011)

http://www.uni-frankfurt.de/fb/fb09/islam/personen/ehemalige/hanafi/index.html (23.09.2010)

http://www.uni-marburg.de/cnms/politik/team/gastdozierende/rohde/rohde-kurz-bio (24.05.2011)

http://www.uni-marburg.de/menschenfeindlichkeit/beteiligte/Ehemalige%20KollegiatInnen/beate_kuepper (24.05.2011)

http://www.uni-tuebingen.de/en/print/news/archive/thematische-archive/leopold-lucas-preis.html (18.05.2011)

http://www.unterhaus-mainz.de/ver03/Kleinkunstpreis/K_Preistraeger_2008.php (19.02.2011)

http://www.usahm.info/Dokumente/Hamasdeu.htm (19.09.2010)

http://www.utrechtsummerschool.nl/index.php?type=courses&code=S21 (10.03.2011)

http://www.uv.ruhr-uni-bochum.de/pvz-planung/i3v/00032900/03956822.htm (24.05.2011)

http://www.wdr.de/themen/politik/europa/erdogan_duesseldorf/110228.jhtml (14.03.2011)

http://www.welt.de/politik/article1601934/Drahtzieher_der_Landshut_Entfuehrung_ist_tot.html (16.04.2011)

http://www.welt.de/politik/deutschland/article13004465/Friedrich-verursacht-Eklat-auf-Islamkonferenz.html (30.03.2011)

http://www.welt.de/politik/deutschland/article8897936/Juergen-Trittin-fordert-mehr-Macht-fuer-die-Taliban.html (13.08.2010)

http://www.wzb.eu/eme/pdf/kocka_sverz_09.pdf (23.02.2011)

http://www.ynetnews.com/articles/0,7340,L-4063399,00.html (02.05.2011)

http://www.yoni.org.il/en/index.php (11.03.2011)

http://www.youtube.com/user/askabigail#p/u/3/uIZKoYcP_vY (18.03.2011)
http://www.youtube.com/watch?v=qNZrSSlDlz0&feature=related (13.05.2011)
http://www.zenithonline.de/ (19.02.2011)
http://www.zfkw.uni-bonn.de/zentrumsrat/mitglieder/profile/geulen.html (21.02.2011)
http://www.zmo.de/Mitarbeiter/Freitag/Curriculum_Vitae.htm (11.06.2011)
http://www.zmo.de/Mitarbeiter/Graef/Lebenslauf.htm (22.05.2011)
http://www.zmo.de/publikationen/zmo_studien.html (11.09.2010)
http://www1.cbs.gov.il/shnaton61/shnaton61_all_e.pdf (13.06.2011)
http://www2.hu-berlin.de/asaf/suedasien/sa/?main=70&sub=70 (22.05.2011)
http://www2.uni-erfurt.de/mobilisierung_religion/einzelprojekte.htm (22.09.2010)
http://www2.uni-erfurt.de/religionswissenschaft/ma_religious_studies/de/people/islamic_studies.shtml (24.05.2011)
http://www2.uni-erfurt.de/westasiatische_geschichte/ (24.05.2011)
http://www2.uni-erfurt.de/westasiatische_geschichte/team.htm (24.05.2011)
http://www2.warwick.ac.uk/fac/soc/sociology/rsw/research_centres/theory/conf/mignolo/ (01.04.2011)
http://www2.warwick.ac.uk/fac/soc/sociology/rsw/research_centres/theory/pastactivities/201011events/ (01.04.2011)
http://zfa.kgw.tu-berlin.de/Abschiedsvorlesung%20Professor%20Benz/Grusswort_von_Juergen_Kocka.pdf (01.01.2011)
http://zfa.kgw.tu-berlin.de/Abschiedsvorlesung_Professor_Benz.htm (01.01.2011)
http://zfa.kgw.tu-berlin.de/alte_veranstaltungen/veranstaltungen_alt.htm (09.04.2011)
http://zfa.kgw.tu-berlin.de/feindbild_muslim_feindbild_islam.pdf (13.05.2011)

Ausführliches Inhaltsverzeichnis

Dank

Ohne die großzügige Unterstützung von Daniel Pipes, Islamwissenschaftler, Gründer und Präsident des *Middle East Forum* (MEF) in Philadelphia, wäre aus diesem (doppelten) Buchprojekt nichts geworden: thank you! Pipes und das *Middle East Forum Education Fund* (MEFEF) unterstützten dieses Projekt (meine Studie sowie jene von Wolfgang G. Schwanitz) von Anfang an mit großem Wohlwollen und Zutrauen.

Wolfgang G. Schwanitz danke ich herzlich für die Kooperation mit mir und dem MEFEF sowie für verschiedene sachdienliche Hinweise. Die Treffen mit ihm in Princeton/New Jersey waren eine prima Ausgangsbasis für diese Studie. Schwanitz verdanke ich nicht nur Hinweise bei der Schreibweise orientalischer Namen, vor allem sein Fokus auf die problematischen Aspekte der deutsch-islamischen Beziehungen (nicht erst, aber insbesondere seit dem Ersten Weltkrieg) ist wegweisend.

Für Hilfe bei der Durchsicht des Buches (in unterschiedlichen Stadien) und vielfältige Hinweise danke ich sehr herzlich meinem daddy, Anja Zibell und Thomas Weidauer!! Thomas gab zudem viele inhaltliche Hinweise und Tipps und seine Hilfe bei technischen Problemen war großartig. Sehr herzlichen Dank an den Lektor des Buches, Alex Feuerherdt, der auch darüber hinaus Unterstützung bot; alle verbleibenden Fehler liegen selbstverständlich in der Verantwortung des Verfassers. Jörg Exner brachte ebenso prima Ideen ein – ohne seine Erfahrung im Verlagswesen wäre dieses Buch nicht so unkompliziert entstanden, merci! Vielen Dank an Marek Felten für die Umschlaggestaltung.

Neben den bereits Genannten ein herzliches „merci" und „thank you" für Unterstützung, Hinweise und Kritik, für stundelange, sehr anregende Gespräche und Diskussionen in Jerusalem, New York City, New Haven (Connecticut) und Berlin an folgende Freunde: Simcha Epstein (Historiker, ehemaliger Direktor, *The Vidal Sassoon International Center for the Study of Antisemitism*, SICSA, *Hebräische Universität*, Jerusalem), Lesley Klaff (Juristin und Autorin, England (UK), *University of Sheffield* und *Tel Aviv University*), Neil Kressel (Psychologe; *William Paterson University*, New Jersey), Leslie Lebl (Connecticut, USA) und Robert Wistrich (Historiker; Direktor (seit 2002), *Vidal Sassoon International Center for the Study of Antisemitism* (SICSA), *Hebräische Universität*, Jerusalem).

Susanne hat das Buch in allen Phasen seines Entstehens intensiv erlebt, wissenschaftliche und politische Hinweise gegeben, Kritik geübt und mich always herzlich unterstützt. Nicht zuletzt unsere ersten gemeinsamen Reisen in Amerika, die Mischung aus Urlaub, Abenteuer, Wissenschaft und Politik in Verbindung mit dem *american way of life*, den wir zwischen Vermont und D.C., Rhode Island und Pennsylvania, New Haven und Berlin erlebt haben, waren super cool.

Clemens Heni, im August 2011

Personenindex